U1005038

國家古籍整理出版專項經費資助項目

教育部省屬高校人文社會科學重點研究基地河北大學宋史研究中心建設經費資助

主編　梁松濤　王曉龍
副主編　賈文龍　王曉薇

出土宋代買地券輯釋

上

鳳凰出版社

圖書在版編目（CIP）數據

出土宋代買地券輯釋 / 梁松濤，王曉龍主編. -- 南京 : 鳳凰出版社，2022.9
ISBN 978-7-5506-3077-2

Ⅰ. ①出… Ⅱ. ①梁… ②王… Ⅲ. ①葬俗－研究－中國－宋代 Ⅳ. ①K892.22

中國版本圖書館CIP數據核字(2020)第008215號

書　　名　出土宋代買地券輯釋
主　　編　梁松濤　王曉龍
責任編輯　王淳航　姜　嵩
書籍設計　姜　嵩
出版發行　鳳凰出版社（原江蘇古籍出版社）
　　　　　發行部電話025-83223462
出版社地址　江蘇省南京市中央路165號，郵編：210009
照　　排　南京新華豐製版有限公司
印　　刷　徐州緒權印刷有限公司
　　　　　江蘇省徐州市高新技術産業開發區第三工業園經緯路16號
開　　本　889毫米×1194毫米　1/16
印　　張　39.75
字　　數　801千字
版　　次　2022年9月第1版
印　　次　2022年9月第1次印刷
標準書號　ISBN 978-7-5506-3077-2
定　　價　780.00圓（全二册）
（本書凡印裝錯誤可向承印廠調換，電話0516-83897699）

序言

在多年前的一篇舊作中，我曾經表達過這樣的看法：「從某種角度講，近代史學的發展，就是一部解讀史料方法的演進史。這裏又包含了兩個不同的側面：一個是盡可能地擴大史料的範圍，搜尋利用前人留給我們的一切可能包含歷史信息的載體；另一個則是盡可能深入地解讀既有的史料，將它們背後所藴含的歷史信息全都挖掘出來。」我國傳統史學在它的後期，已有學者敏鋭地意識到了歷史信息存在的廣泛性，提出了「六經皆史」的説法。但他們更多地是從經與史、文與史的關係來討論這個問題，而且局限於正式的文獻資料。近代史學形成後，尤其是二十世紀新史學潮流興起以來，史學的每一次演進，都會伴隨着一股擴大搜尋歷史信息渠道的努力。年鑒學派的興起使得原先不被人們所關注、却藴含着歷史上人們社會經濟生活重要信息的一些資料，受到史學家們的深度關注，如自然地理信息、民間文書、日常生活用品、檔案文獻等等。近數十年來新文化史的流行，使得史學家所關注的史料更爲多樣化。

這種盡可能地擴大搜尋史料範圍的努力，在兩宋史研究領域也不例外。

近年來秦漢史領域有大量簡牘出土，隋唐史領域主要以敦煌吐魯番文書研究爲主要增長點，兩宋史領域既缺乏新資料的刺激，而又不如明清時期那樣有浩瀚的存世文獻，有着較多深化的可能性，相比之下不免略顯沉悶。因此，學者們對於搜尋新資料也更爲用心。由梁松濤、王曉龍、賈文龍、王曉薇等幾位學者輯録、校釋的《出土宋代買地券輯釋》一書，可以説就是在這種學術背景下問世的。

地下出土資料的發現有其偶然性，可遇不可求。當然所謂新資料，也可以指在既有資料中發現其此前未被人們所認識的新信息。在兩宋史研究領域，大致有如下三個方面還有較大的拓展餘地，可供學人們施展其智力。其一是明清地方志，存在着數量可觀的直接抄録宋元舊志，或者記述前朝史事的文字；其二是大量的詩賦韵文，這一類資料此前在相關歷史人物以及某些歷史事件的研究中也頗受關注，但如何作爲一種資料類型，與文學史研究互相合作，進一步深入利用，餘地仍然很大；其三，就是金石碑銘。碑銘文獻一向受人們關注，清代民國以來就彙編刊印有許多金石文獻集，各地的地方志中所輯録的也不少。近數十年來，各地在大規模基建工程中更是不斷發現新的碑銘，數量可觀。因此，碑銘文獻可謂舊傳世與新出土兩部分相兼，有其特殊意義。

可是，尤其是傳世的碑刻資料集，主要受學術眼光的制約，其所輯録者往往有一定的選擇性，人們更看重那些與社會精英階層相關的部分，例如名宦碑傳、神靈功德等等，像買地券這樣的主要出於平民墓葬的資料則很少入傳統編纂者的法眼。近年來，隨着史學研究内容的拓展，已經有一些學者開始關注中國歷史上買地券這種特定的文物，并已有幾種研究論著問世，例如魯西奇的《中國古代買地券研究》一書，以及高明的《人神之契：宋代買地券研究》一書，專題討論兩宋時期的買地券。不過，以買地券爲題，專門輯録之，注釋之，以供學人們今後的深入研究，這一項極有學術意義的工作却一直付諸闕如。《出土宋代買地券輯釋》的彙編出版，可謂彌補了這一缺憾。

對於買地券的學術意義，研究者已有不少揭示，《出土宋代買地券輯釋》輯釋者在此書《前言》中也有所討論，不過在我看來，它們最令人感興趣之處，無疑在於其平民性。此書所收録的二百六十八方買地券中，墓主身份屬於官宦階層的不過六七方而已，曾任陝西路轉運副使的宋京可能是其中地位最高的了（《宋京買地券》），此外絶大多數就是例如「開食店」的王信父母（《王信父母買地券》），「大鐵爐爲活」的陶美家人（《陶美買地券》），以及李大郎、黄二郎、都三十三郎、李氏戌娘、劉氏小五娘等等，明顯爲平民階層。平民階層雖然是社會的主體，却極少有碑銘傳記傳世，一向屬於沉默的大多數，買地券爲我們打開了管窺他們生活的一道門，儘管門縫還嫌小了一點。

正如輯釋者在《前言》中已經指出的，宋代的買地券存在着某種與碑傳相結合的特點，所以在格式化套話之外，有時能够意外地爲我們提供一些極爲珍貴的歷史信息。例如此書第〇一七方《鄧珣買地券》，税户鄧珣在天禧四年（一〇二〇）二月十日「於義榮地東邊買到黄四蔟浪乜地，東西一十五步，南北五十步。於地内置園一所，崔□作價錢八貫文，其錢當日交足。賣地人浪乜，見人屈崖錢二貫文，見人利訛錢八百，見人乜移錢四百，見人弘訛錢三百」，其所記述的墓園面積、地價，尤其是見證人酬金等，明顯不是「信幣萬萬九千九百九十九文」之類套話，而應該是紀實文字。加上它下面所記的不同家庭成員的穴墓位次，可以説是我們首次看到的北宋前期平民購置家庭墓地的實例。而且，即便是那些格式化的套話，倘若能够結合其它資料深入解讀，也能够爲我們提供許多關於當時社會、文化、宗教、經濟等等多方面的信息，極有價值。

《出土宋代買地券輯釋》一書共收録兩宋時期買地券二百六十八方，除少數摘録自傳世碑刻資料集外，絶大多數是從近兩百種文獻中輯録的新出土資料，還有少量係由輯釋者學術單位收藏的碑刻拓片，爲首次公佈。輯釋者對這些資料所作的細緻的校勘與注釋，爲讀者提供了方便，實屬不易。

對於這種爲他人作嫁衣裳式的歷史資料整理工作，我一向心存敬意，此書輯釋者囑我作序，闡發此書的意義，謹略述私意如上，以供參考。

包偉民

二〇一九年八月二十九日

前言

中國古代民間葬禮中有「買地券」之俗，其物又稱冥契、幽契、地莂、墓莂、冥券、墓券、墓覵、幽券、鐵業券、石契、買墓地券等，其實質是亡者親屬爲逝世親人準備的幽冥陰宅之土地所有權證明，因而有學者稱之爲「人神之契」。

目前學界認爲東漢章帝建初六年（八一）「武孟子男靡嬰買地玉券」是中國現存最早的買地券。自漢而後，經唐宋而訖於元明清，在各代喪葬活動中置備買地券風俗皆曾廣爲流行。清代洪亮吉在《北江詩話》中追述：「古人卜葬，必先作買地券，或鎸於瓦面，或書作鐵券，蓋俗例如此。又必高估其值，多至千百萬，又必以天地日月爲證，殊爲可笑。然此風自漢晉時已有之。」可見爲逝者準備買地券在中國古代是歷史悠久的葬俗。

宋代民間買地券之俗大爲盛行，南宋末年，周密在《癸辛雜識·別集》中感慨：「今人造墓，必用買地券。」宋代人口大爲增加，遠超漢唐時期。據專家估計，兩漢人口最高爲五千多萬，唐開元、天寶之際的人口爲六千萬，而宋徽宗年間，户數超過兩千萬，人口已超過一億。北宋滅亡，人口大量南遷，南方地域使用買地券風俗更盛，這都相應地造成宋代民間買地券的使用數量也遠超漢唐。

宋代買地券，使用的材質呈現多元化趨勢。古代買地券皆多爲木材質，久埋地底，易於腐朽，故傳至今世者寥寥。存現後世之買地券，最早的是漢代，其材質多以鉛板爲之，或用玉板及陶柱，三國、西晉、唐代存世買地券多以磚刻。宋代現有少量木質買地券出土，如本書中收入的《萬氏夫人買地券》《劉六買地券》《孫四娘買地券》《劉十三郎買地券》《馬氏四娘子買地券》《梁大郎買地券》。宋代亦有極少量鐵鑄買地券存世，如本書收入的《石氏買地券》即是此類。宋代亦有部分磚質買地券，如《劉密夫人張氏二娘買地券》《馬德元買地券》《閻氏十八娘買地券》《周一娘買地券》等。宋代陶質買地券存世數量較多，本書收入約有三十方，超過本書現收買地券數量的百分之十。宋代存世買地券的材質，最大比重的爲石質，占了百分之八十以上，在此其中，紅、青、白砂石又是主要材質。石、陶、磚材料的大量使用，使買地券大量存世，因而宋代買地券存世頗多，規模可觀，時至今日，陸續仍有出土。

宋代買地券文字內容多繼承前代，行文大多程式化、定型化。北宋政府指令王洙編修的《重校正地理新書》中載有規範的買地券樣本。宋代絕大多數買地券遵循此範式。綜觀存世的宋代買地券，其主要內容可以分爲三個部分：一是亡者的葬卒時間、籍貫、姓名，二是墓地的位置與四至信息，三爲證明墓地交易完成的保人、證明人、保證人、書寫人、念讀人、安保人等信息。亡者生前如信仰佛、道，則在第一部分會將其死亡原因婉轉寫爲「因往南山採花，路逢仙人賜酒，迷而不返」之類語句。第二部分中墓地購買金額多爲「九萬九千九百九十九貫文」等，四至多爲「上至青天，下至黄泉，東至青龍，西至白虎，南至朱雀，北至玄武，內外勾陳」之類，其土地出賣方多爲「東王父」「西王母」或「開皇地主」等。第三部分中多以張堅固、李定度爲保人或中人，書券人多爲石功曹，讀券人多爲金主簿，證見人的選擇則較爲隨意。丘丞墓伯與道路將軍則主要負責保衛墓所的地下安寧。文末多用「急急如律令」一語强調買地券的法律效力，最後多以大寫「敕」字或「謹券」一語收尾。

宋代買地券形式與内容亦有時代變化。在形式上，宋代買地券首次出現了券額，如天聖十年（一〇三二）《王信父母買地券》上券首刻「永昌大吉」四字。嘉祐二年（一〇五七）《陳氏六娘買地券》上刻「地契壹道」；有的買地券上方刻「日」「月」兩字，如《魏忻買地券》《黄長憲父黄十七郎買地券》《廖氏潤師娘買地券》《劉明母官氏買地券》都是如此。元豐四年（一〇八一）《趙德成買地券》券額更爲具體，上題「趙德成地券」。淳熙元年（一一七四）《江念三郎夫婦地券》額題「宋故濟陽念三郎夫婦地券」。在形狀上，宋代買地券多爲方形，而隨着券額的出現，也相應出現部分碑形地券。在内容上，宋代部分買地券由文人士大夫所撰寫，其内容既遵循前世之例，而又增加優美文辭，如《王德秀妻周氏買地券》即爲此例，描寫地勢：「前有方池，水光如鏡。横小洲以爲案，隔案之外，復有槎溪港、弓城之水。左右山勢回環擁顧，龜筮協從，謂爲吉壤。」《鄭文達父鄭静閲買地券》的文筆也相當優美：「山墟水國，隱者終乎，生以徜徉朴木邊，一泓澄清，群峰聳奇。先君乃得寄傲此境，結屋於蕭爽處，鷗鷺賞心，虎豹遠迹。越十年，墮雲山游，已遍之筆，終于正寢。停柩已三閲秋風，一生林壑興想，幽冥間終始在焉。」《宋故范應黄地券》則增加了叙事：「一日晨起，族侄德常告余曰：『德常夜夢九六哥游黄井之園，如平日焉。不知此夢是耶非歟』？」宋代買地券的語言因此出現雅俗風格并存的狀況。《余謙之妻孫氏地券》記載了逝者生平：「生于右族，資稟淑柔，自丹陽來歸，僅二十年。相與勤勞，始終無倦。事舅姑以孝，處妯娌以和，主中饋以儉勤，待内外以睦順。」《王晟父王德秀買地券》則罕見地出現了撰寫墓誌的具體人物：「今考終，永新令尹張公洽爲誌其墓，善言善行，備見乎辭。制帥李公鼎爲書其碑，宮使湯公壽爲題其額。」説明這類買地券已經與墓誌相融合了。

宋代買地券承載的歷史信息有獨特的學術價值：

一、在文字書寫方面，宋代平民的買地券是更多由民間陰陽師完成的，書寫隨意，因陋就簡，保留了相當多的簡化、俗寫字與異體字，因此對宋代文字學的研究有所補充。書寫順序則有三種：一是自左至右或自右至左；二是單行正書，雙行反書，文字一行爲正立，一行爲倒立；三是書寫順序呈螺旋團聚狀，相當别致。

二、在行政地理方面，宋代買地券中多細緻記録死者生前居住地址，常精確至厢、坊、鄉、里、社、保，這些行政地理信息於官方史書與相關方志多所不載，因而亦可一窺宋代城鄉基層社會組織的存在狀況。《劉六買地券》中記載逝者生前居住「揚州廣陵縣左厢北進賢坊」，《王信父母買地券》中記載逝者生前居住「并州右厢」，《陶美買地券》中記載逝者生前居住「并州左第一厢」，《李大郎買地券》中記載逝者生前居住「江南道饒州安仁縣坊市」，可以據此反映宋代基層組織。《章承諒母王五娘地券》中記載逝者生前居住「江南西道屬洪州豐城縣富城鄉長慶里同造村西坊保」，共呈現七級行政區劃。這些行政區劃信息，可以補充宋代地理書的不足。

三、在民間信仰方面，宋代買地券呈現了特別的冢墓神靈體系，除上文提到諸神之外，還有黄天父、閻羅大王、歲月主者、日月主、今日直符、年神月將、將軍亭長、墓門亭長、道路將軍、松門庭將、蒿里父老、海東童子、天官道士、河伯、水官、龍神、天上鳥、江中魚、山中鹿、青烏子、五帝使者、地下五帝、五土明王、地府主吏、土下九天使者、歲月日辰、太上老君、阮府君、地下老母鬼、王喬、傳送、玄都、玄女、天師、天神、地祁、社郎、社稷、本土地、地下仙人、安都承尉、張不明、張陸、辛道度、十二神、十二煞、左千秋、右萬歲、赤松子、武夷王、張仲景、東方朔、張天師、孔夫子、七十二賢、故炁邪精、妖精鬼魅、魑魅魍魎、不正之鬼、盤山大澤、大力鬼兵、牛鬼蛇神等。這些紛亂的神靈鬼怪展示了宋代民間信仰的繁複與多元。

四、在方位文化方面，宋代買地券展示了多姿多彩的地理維度表述。在確定墓宅四至時，標準説法是「東止甲乙青龍，南止丙丁朱雀，西止庚辛白虎，北止壬癸玄武」。但也出現了其他類型的表述，如「東至青沙，南至幽都，西至入没，北至玄武」（《阿費買地券》），「東止東王公，南止南嶽嶺，西止西王母，北止北嶽」（《毛一郎地券》），「青帝司東甲乙，炎帝掌南丙丁，白帝守西庚辛，水君保北亥子」（《榮仲妻陳氏地券》），「東方震宮青龍，西至兑宮白虎，南至離宮朱雀，北至坎宮玄武」（《仲昌言買地券》），「東至日出，南至火鄉，西至金城，北至洞真，周旋中央」（《馬氏四娘子買地券》），「東合騏驎，西合章光，南合鳳凰，北合玉堂。東不犯魁，西不犯堽，南不□□，北不錯陽」（《竇忠買地券》）。而對上至和下至的表述也有多種，比較標準的是「上止蒼天，下止黄泉」。其他類型的表述有：「上止青天吉星，下止黄泉水口」（《盧念六郎買地券》），「上至九赫青天，下拯九坎黄泉」（《馬氏四娘子買地券》），「上止昊天，下止冥泉」（《胡氏十一娘買地券》），「上依蒿里，下合黄泉」（《趙氏府君買地券》）。

五、在與民俗相關的相地方面，宋代買地券也反映了當時流行的風水之術。如《楊瓆買地券》《宋燧買地券》《譙愳父譙顔買地券》《史氏十一娘、毛氏二十娘買地券》《柳趙一郎買地券》皆反映了五音相宅法的現實運用。而相關的民風民俗術語更是經常出現。

目前出土的宋代買地券，陸續存載於各地方考古簡報與論著之中，或有圖無文，遺珠散落；或多有漫漶不清之處，屢有識讀錯訛。本書匯集其中圖像可見者共二百六十八方，時間上起宋太祖乾德元年（九六三），下訖宋恭帝德祐元年（一二七五），跨度達三百餘年，幾與兩宋相始終。每方皆言其前賢收録、實物形態與出土或收藏地點，編爲一書，圖文對照，重新校讀，以期對學者研究宋代石刻文獻有所幫助。

編纂此書，水平有限，條件簡陋，不足之處，祈請學界同仁批評指正爲盼！

凡例

一、本書收録中華人民共和國成立以來出土的且有拓片的兩宋買地券。所録買地券截止到二〇一九年十二月底已發現并搜集者，其時限上起宋太祖乾德元年（九六三），下訖宋恭帝德祐元年（一二七五），共計二百六十八方。

二、因條件所限，未見拓片的買地券，僅收入本書所附《宋代出土買地券簡目》中。

三、本書的編排，以買地券葬時爲準，按照時間先後順序編排。

四、本書買地券的命名，均以券主姓名直接稱爲某某買地券。人名缺者，則稱佚名買地券。

五、缺字或無法辨識的字用「□」表示，一字一「□」，所缺字數不詳者則用「〔上缺〕」「〔中缺〕」「〔下缺〕」標識。

六、每一方買地券均有拓片圖版、題解、釋文、校注等。題解具體包括以下内容：

（一）買地券名稱；

（二）文獻形態：買地券的尺寸大小、形制、字體、行數、字數等；

（三）券主的卒、葬時間；

（四）文獻著録情况；

（五）買地券的出土及收藏時間、地點；

（六）其他：券主情况及需要特别説明的其他内容。

七、本書採用按行著録的方式，行與行之間用「/」間隔。

八、釋文均採用規範繁體字，俗字録正，同音别字、訛字、避諱字在校注中説明。

目録

南宋

北宋

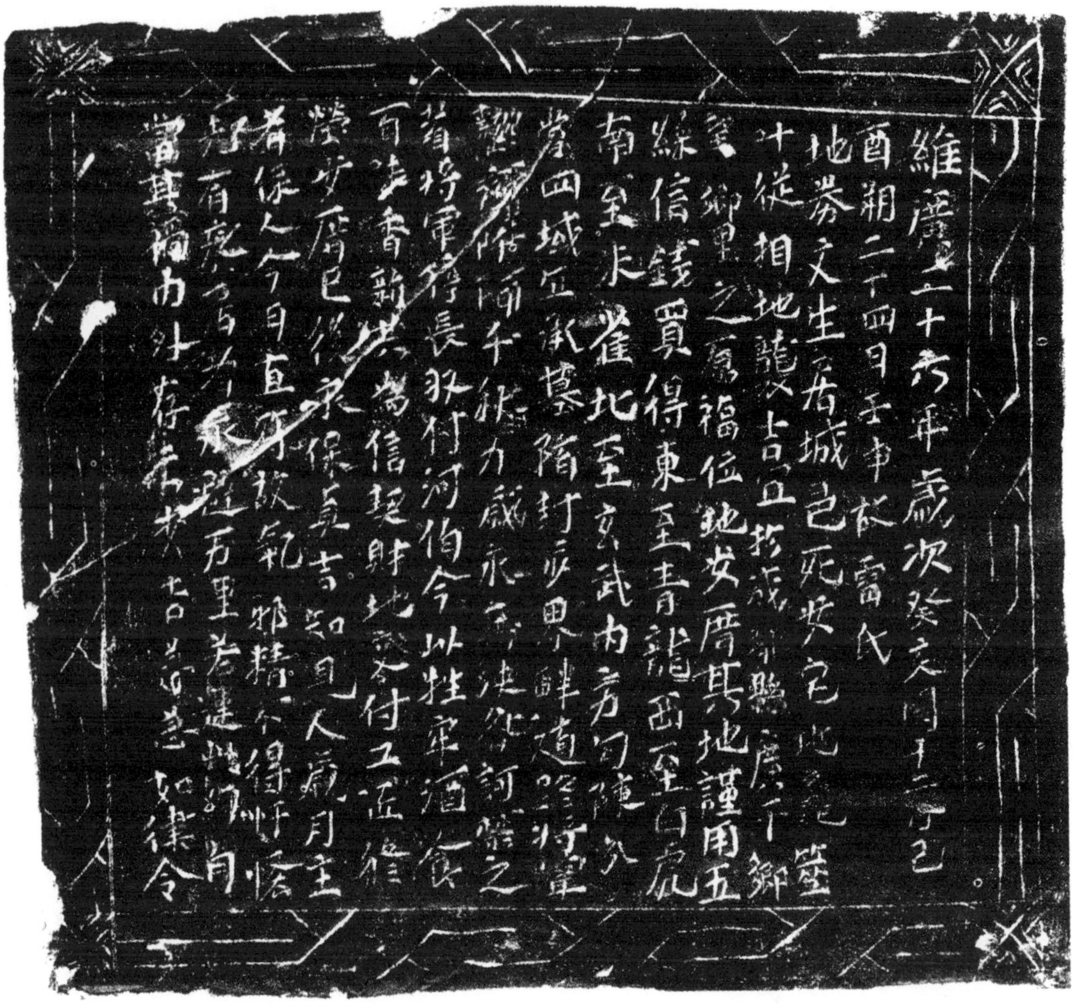

〇〇一　雷氏買地券

〇〇一　雷氏買地券　宋乾德元年（九六三）閏十二月二十四日

【題解】

一、名稱：雷氏買地券

二、文獻形態：券石長方形，長三十三點三厘米，寬三十七點二厘米，厚二點六厘米；四周陰刻單綫邊框，邊框外刻幾何圖案。本券自右向左書寫，券文行楷十五行，滿行十五字。

三、卒葬時間：後蜀廣政二十六年，即北宋乾德元年（九六三）閏十二月二十四日葬。

四、文獻著録：成都文物考古研究所：《二〇〇八年度永陵公園古遺址發掘簡報》，《成都考古發現二〇〇八》，北京：科學出版社，二〇一〇年，第三六八至四一〇頁。

五、出土及收藏情況：出土於四川省成都市金牛區，現收藏於成都文物考古研究所。

【釋文】

維廣政二十六年[一]歲次癸亥閏十二月己/酉朔二十四日壬申，故雷氏/地券文。生居城邑，死安宅兆，龜筮/叶從，相地襲吉。宜於成都縣廣千鄉/望鄉里[二]之原福位地安厝，其地謹用五/彩信錢買得。東至青龍，西至白虎，/南至朱雀，北至玄武，內方勾陳，分/掌四域。丘丞墓伯[三]，封步界畔，道路將軍，/整齊阡陌，千秋萬歲，永無殃咎。訶禁之/者，將軍亭長[四]，收付河伯。今以牲牢酒食，/百味香新，共爲信契。財地交付，工匠修/塋，安厝已後，永保貞吉。知見人[五]：歲月主/者，保人[六]：今日直符。故氣邪精，不得忏悋。/先有永居者，永避萬里。若違此約，自當/其禍，內外存亡安吉。/急急如律令[七]。

【校注】

［一］廣政二十六年：「廣政」爲後蜀後主孟昶年號。後蜀爲孟知祥所建，建都成都，國號蜀，史稱後蜀。統治地區有今四川和陝西南部、甘肅東部、湖北西部。後蜀後主廣政二十八年（九六五）被北宋所滅。歷二主，三十三年。廣政二十六年爲宋太祖乾德元年，即九六三年。

［二］成都縣廣千鄉望鄉里：古蜀國地。秦既平蜀，爲蜀郡治，西漢因之，漢末又爲益州治焉。至唐，爲成都府治，宋因之。《太平寰宇記》卷七二《劍南西道》載：「成都縣，舊二十四鄉，今十九鄉。」《元豐九域志》卷七《成都府路》載，成都縣，十六鄉。本書所收買地券有成都縣六鄉：延福鄉、□水鄉、安福鄉、仙亭鄉、文學鄉、廣千鄉。本券中的廣千鄉爲成都縣轄鄉之一，有望鄉里。

［三］丘丞墓伯：「丞」原作「承」，今改。「伯」原作「陌」，今改。《説文·土部》：「墓，丘墓也。」「丞」爲古代輔官，「伯」源自上古爵制。丘丞、墓伯同是民間信仰中管理墓冢的

神靈，大概在漢代即有雛形出現。《女青鬼律》卷六載：「丘丞鬼名地令，墓伯鬼名土下侯。」可見二官在神界中地位較低，常與「將軍亭長」組成服務墓冢的文武僚佐。

〔四〕亭長：原文作「停長」，今改。

〔五〕見人：在買地券中亦稱「委見人」「兩見人」「知見人」「相見人」「證見人」「如見人」「時見人」，指在陰地買賣契約簽訂時充當在場見證人角色的神靈，其含義與現實經濟生活中「見人」職能完全相同。有時在交易中還兼保人角色，則合稱「保見人」「保知見人」。

〔六〕保人：在買地券中亦稱「證保人」「永保人」「知證保人」「代保人」「主保人」等，指陰地買賣中担保訂約者如約履行義務之神，其含義與現實經濟生活中「保人」職能相同，顯是當時生者根據陽世生活而爲死者委托的契約交易保證人。有時爲突出其擔保作用，稱爲「大保人」。有時神靈在交易中還兼牙人角色，則合稱「牙保人」。神靈同時兼「見人」角色，則合稱「保見人」「保知見人」。

〔七〕急急如律令：急急，猶言「火急」。如律令，漢代公文用語，表示公文一到，要像對待律令一樣加以執行。道教興起於漢代，爲向世人展示符祝之類文字的神威力度，借鑒了漢代的詔書和檄文中「如律令」一語，對違反律條的鬼怪有違符篆則必究的意味。

〇〇二　魏訓買地券

○○二　魏訓買地券　開寶四年（九七一）十二月十日

【題解】

一、名稱：魏訓買地券

二、文獻形態：白沙石質，券石呈碑形，通高六十一厘米。碑座部分底厚十厘米，底寬四十九厘米，上寬三十八點二厘米，高十一厘米，雕刻八瓣蓮花。碑首半圓形，直徑四十四厘米，高十三厘米，陰刻綫條組成彩雲托日、月圖案，拱衛正中火輪圖案。碑身刻文部分長三十七厘米，寬三十七點五厘米，下部厚四厘米，上部厚三厘米。碑身及碑首邊緣各有寬一點五厘米的水波紋裝飾。碑身陰刻竪綫十四條，本地券自左向右書寫，陰刻楷書十三行，行八至十七字。

三、辛葬時間：開寶四年（九七一）十二月十日葬。

四、文獻著録：龍騰：《蒲江發現後蜀李才和北宋魏訓買地券》，《四川文物》一九九〇年第二期，第四三至四五頁；高朋：《人神之契：宋代買地券研究》，北京：中國社會科學出版社，二〇一一年，第二二九頁；魯西奇：《中國古代買地券研究》，厦門：厦門大學出版社，二〇一四年，第四三四至四三五頁。

五、出土及收藏情況：一九八四年出土於四川成都蒲江縣天華鄉，券石現收藏於蒲江縣文物保護管理所。

【釋文】

維開寶肆年歲次辛未十二月癸／亥朔十日壬申，今有邛州蒲江縣蒲川鄉／歸化里[一]殁故亡人魏訓，今用錢萬萬九／千九佰九十九貫文，於東王父[二]、西王／母[三]邊買得前件墓田一段，周流一傾[四]。／東至青龍[五]，西至白虎[六]，／南至朱雀[七]，北至玄武[八]，／上至青天，下至黄泉[九]。／四至分明，即日錢財分付天地神明了。保人：／張堅固[一〇]、李定度[一一]；知見人：東王父、西王母；／書契人：天上飛鳥[一二]；讀契人是江／中魚[一三]。契得了，鳥飛上天；讀契了，／魚歸大海。急急如律令。亡人魏訓合同契。

【校注】

〔一〕邛州蒲江縣蒲川鄉歸化里：據《太平寰宇記》卷七五《劍南西道四・邛州》載：唐武德元年（六一八）割雅州之依政、臨邛、臨溪、火井、蒲江五縣，置邛州，後移州治於臨邛。宋因唐制，領縣七：臨邛、大邑、火井、蒲江、依政、安仁、臨溪。本書所收買地券所見邛州六縣：蒲江、安仁、依政、臨邛、大邑、臨溪。唐、宋时期蒲江縣皆屬邛州，蒲川鄉爲蒲江縣轄鄉之一。《太平寰宇記》卷七五《劍南西道四・邛州》載：蒲江縣，舊五鄉。《元豐九域志》卷七《成都府路》載：蒲江縣，六鄉。本書買地券所見，蒲江縣六鄉爲：蒲川鄉、普慈鄉、鹽泉鄉、欽德鄉、善何鄉、皈寧鄉。本券與〇九二《魏忻買地券》、〇九三《魏大升買地券》、一〇一《都三十三郎買地券》、一三五《史氏十一娘、毛氏二十娘買地券》、一三六《柳趙一郎買地券》皆出自蒲川鄉，其下三里：歸化里、還和里、欽宅里。

〔二〕東王父：神話中的仙人，爲東方群仙之首，居於東海東岸之扶桑，《集仙録》載：「東華玉真之氣所化，生於碧海之上，芬芝之墟，以主陽和之氣，理於東方。」東方屬木，故又稱「木公」「東王公」「東華帝君」「扶桑大帝」。《神異經》載其形象：身長一丈，頭髮皓白，人形鳥面而虎尾。《集仙録》又載其與西王母「共同校定男女真仙階品功行以升降之」，東王公主掌男仙名籍，所以世人登仙皆拜東王公與西王母。

〔三〕西王母：道教女仙中最高尊神，居昆侖之間，宫殿附近有瑶池、弱水，由混沌道氣中西華至妙之氣結氣成形，掌管不死之藥，又稱「金母」「瑶池金母」「金母元君」「西靈王母」，與東王公對稱。西王母之名最早見於《山海經》，最初的形象是豹尾虎齒善嘯的怪物，漢代道教興起以後開始推崇王母，其形象成爲氣派雍容的貴夫人。魏晉以後則成爲道教大神、女仙首領。民間信仰中玉皇大帝成爲天界之主，西王母又轉變爲玉皇大帝的妻子，因此民間俗稱「王母娘娘」。《集仙録》又載其與東王公「共同校定男女真仙階品功行以升降之」，西王母主掌女仙名籍，所以世人登仙皆拜東王公與西王母。

〔四〕周流一傾：或作「周流一頃」。「周流」一詞出自《易·繫辭》下：「爲道也屢遷。變動不居，周流六虚。」其意爲「周遍流行」。「傾」或有兩種解釋，或釋爲「倒、灌注」義，「周流一傾」意爲自神靈處買地後，在墓址四方倒酒一圈，以示與神交易完成、確定界址之義；或釋爲「頃」，「周流一頃」疑指墓地周匝面積爲一頃。

〔五〕青龍：原文作「青竜」，道教奉信的四方四大護維天神。原是「二十八宿」中東方七宿之名。古人認爲東方七宿形象似龍，五行所屬爲東方甲乙木，位左，色青，代表春季，故名。《道門通教必用集》卷七載其形象云：「東方龍角亢之精，吐雲鬱氣，喊雷發聲，飛翔八極，周游四冥，來立吾左。」其同白虎、朱雀、玄武合稱四方之神。漢晉以後被神格化，與白虎一起成爲道教守護神，稱「孟章神君」。

〔六〕白虎：原文作「白虒」，道教奉信的四方四大護維天神。原是「二十八宿」中西方七宿之名。古人認爲西方七宿形象似虎，五行所屬爲西方庚辛金，位右，色白，代表秋季，故名。《道門通教必用集》卷七載其形象云：「西方白虎上應觜宿，英英素質，肅肅清音，威攝禽獸，嘯動山林，來立吾右。」其同青龍、朱雀、玄武合稱四方之神。漢晉以後被神格化，與青龍一起成爲道教守護神，稱「監兵神君」。

〔七〕朱雀：道教奉信的四方四大護維天神。原是「二十八宿」中南方七宿之名。古人認爲南方七宿形象似雀，五行所屬爲南方丙丁火，位南，色紅，代表夏季，故名。《道門通教必用集》卷七載其形象云：「南方朱雀，從禽之長，丹穴化生，碧雷流響，奇彩五色，神儀六象，來導吾前。」同青龍、白虎、玄武合稱四方之神。漢晉以後被神格化，成爲道教守護神，稱「陵光神君」。

〔八〕玄武（真武）：道教奉信的四方四大護維天神。原是「二十八宿」中北方七宿之名。古人認爲北方七宿形象似龜，亦稱龜蛇合體，《楚辭·遠游》洪興祖補注：「玄武，謂龜蛇。位在北方，故曰玄。身有鱗甲，故曰武。」五行所屬爲北方壬癸水，位後，色玄，代表冬季，故名。《道門通教必用集》卷七載其形象云：「北方玄武，太陰化生，虚危表質，龜蛇合形，盤游九地，統攝萬靈，來從吾右。」宋真宗時爲避聖祖趙玄朗之諱，將「玄武」改爲「真武」。將其同青龍、白虎、朱雀合稱四方之神。漢晉以後被神格化，成爲道教守護神，稱「執明神君」。

〔九〕黄泉：黄，地之色；泉，地之泉。古時打井至深時地下水呈黄色，另説爲中國以黄河流域爲中心，泉水因黄土而變黄，故謂地下極深處爲黄泉。或謂天有九重天，地有九重地，因而又稱九泉、九泉之下。古人以「黄泉」比喻死後葬身之地，如《左傳·隱公元年》：「不及黄泉，無相見也。」後世借以指代死後人居住的地下世界。

〔一〇〕張堅固：中國古代民間信仰中的地下冢墓神靈，多與李定度共同出現，其名字中「堅固」意爲陰地土地交易契約簽訂後，不得反悔或失信。因而在民間信仰中充當陰陽兩界交易的中介人、見證人與保人，亦充當賣地人、書契人或讀券人，最早見於南朝劉宋時期的買地券中。江西臨川宋墓、福建閩侯懷安宋墓中出土其形象俑，頭戴高背巾帽，身着圓領長衫，雙手合執，置於腹前。張堅固信仰自唐宋，一直延續至元明清時期。參見黄景春：《地下神仙張堅固、李定度考述》，《世界宗教研究》二〇〇三年第一期，第四六至五四頁；陳定榮、徐建昌：《江西臨川縣宋墓》，《考古》一九八八年第四期，第三二九至三三四頁；林忠幹：《福建宋墓分期研究》，《考古》一九九二年第五期，第四二七、四五六至四六三頁。

〔一一〕李定度：中國古代民間信仰中的地下冢墓神靈，多與張堅固共同出現，其名字中「度」字本意爲古代度量衡的工具及標準，買地券中的「定度」意指所買陰地邊界及面積確定，没有誤差。因而在民間信仰中充當陰陽兩界交易的中介人、見證人與保人，亦充當賣地人、書契人或讀券人，最早見於南朝劉宋時期的買地券中。江西臨川宋墓及福建閩侯懷安宋墓中出土其形象俑，頭頂綰髮髻，雙手合置於前腹。李定度信仰自唐宋一直延續至元明清時期。參見〔一〇〕「張堅固」條。

〔一二〕天上飛鳥：中國道教神話中鳥多指白鶴，因其可爲仙人坐騎工具。據《幽明録》，吴郡孫鍾家貧，種瓜爲業，忽有三人乞瓜，鍾爲具食，三人請上山以墓報鍾，既而曰：此癸地也，我三人司命也，君下山一百步勿返顧。鍾行可百八十步回看，三人皆作白鶴飛去。王維《能禪師碑》云：「擇吉祥之地，不待青烏；變功德之林，皆成白鶴。」劉禹錫《故相袁公挽歌》云：「地得青烏相，賓驚白鶴飛。」

〔一三〕魚：中國道教神話中魚多指鯉魚，因其可爲仙人坐騎工具。舊題西漢劉向《列仙傳·琴高》載：「琴高者，趙人也。以鼓琴爲宋康王舍人，行涓、彭之術，浮游冀州、涿郡之間二百餘年。後辭入涿水中取龍子……果乘赤鯉來，出坐祠中。」《列仙傳·子英》載：「子英者，舒鄉人也。善入水捕魚，得赤鯉，愛其色好，持歸著池中，數以米穀食之。一年長丈餘，遂生角，有翅翼。子英怪異，拜謝之。魚言：『我來迎汝，汝上背，與汝俱升天。』即大雨，子英上其魚背，騰昇而去。歲歲來歸故舍，食飲，見妻子，魚復來迎之，如此七十年。故吴中門户皆作神魚。」晉葛洪《抱朴子·對俗》載：「夫得道者，上能竦身於雲霄，下能潛泳於川海。是以蕭史偕翔鳳以凌虚，琴高乘朱鯉於深淵，斯其驗也。」鯉魚後被道教尊爲「赤鱓公」。

〇〇三　王二娘買地券·甲券

〇〇三　王二娘買地券　開寶七年（九七四）十月二十八日

【題解】

一、名稱：王二娘買地券

二、文獻形態：王二娘買地券共出土兩塊。甲券紅褐石質，券首半圓形，長五十八厘米，寬四十厘米，厚二厘米。券首上部陽刻兩條連體三爪龍，身上用陰綫刻畫龍甲，券首中心部位用陰綫刻畫花卉和勾卷雲紋。券文從左向右陰刻書寫，行楷十六行，行五至二十二字。乙券紅褐石質，長四十二厘米，寬二十八厘米，厚二厘米；圓額，券首陰刻花卉圖案，券首和券身連接處陰刻雙綫，雙綫內刻畫幾何圖案。券身陰刻竪綫十五條，券文從左至右書寫，楷書十四行，行四至二十二字。

三、卒葬時間：開寶七年（九七四）十月二十八日葬。

四、文獻著録：王吉允：《吉安發現一座北宋紀年墓》，《考古》一九八九年第十期，第九二〇至九二四頁；高朋：《人神之契：宋代買地券研究》，北京：中國社會科學出版社，二〇一一年，第二〇一頁；魯西奇：《中國古代買地券研究》，厦門：厦門大學出版社，二〇一四年，第三四二至三四三頁。

五、出土及收藏情况：一九八七年出土於江西省吉安縣敖城鄉泮墉村。

【釋文】

甲券

維開寶七年歲次甲戌十月乙亥朔廿八日壬寅，／今有江南西道吉州廬陵縣宣化鄉崇仁里梅溜村[一]／没故[二]亡人王氏夫人，行年八十三歲，因向後園採花，路逢／仙人賜酒，因此迷而不返。凡人生居田宅，死還丘墓。／謹用金銀錢萬萬玖千[三]貫文，於天地父母處，買得地／名半山下舍、丙向地壹墳，將與亡人王氏二娘永爲山／宅。其地東止甲乙，南止丙丁，西止庚辛，北止壬癸。上止／皇天，下止黄泉。其地左有青龍，右有白虎，前有朱雀，／後有玄武。內方勾陳[四]，外方勾陳，分爲界畔。乱絲自理，／死灰烟起，卵中鷄子能啼[五]，如此之時，不可顧問。誰爲書？水中魚[六]。誰爲讀？山中鹿[七]。鹿何在？上高山。魚何在？入深／泉。急求之不得，覔之不見。欲覔相見，直待桑田海／變相見。急急如律令。／奉太上老君[八]斬之。／見人[九]：張堅固；／保人[一〇]：李定度。

【校注】

〔一〕吉州廬陵縣崇仁里梅溜村：隋唐時皆稱吉州，宋因之。《太平寰宇記》卷一〇九《江南西道七》載：吉州，領縣七：廬陵、新淦、太和、安福、永新、吉水、龍泉。廬陵縣爲吉州屬縣。廬陵縣，舊十八鄉，今七鄉。本書所收買地券見廬陵縣兩鄉：宣化鄉、膏澤鄉。本券與〇〇六《彭司空買地券》所載宣化鄉爲廬陵縣轄鄉之一，有一里一村一團：崇仁里、梅溜村、北江團。

〔二〕没故：亦作「歿故」，表示壽終、死亡、去世的委婉語。爲買地券習用語。《廣韻·没韻》：「殁，死也。」「故」亦表示死亡。參見陳杏留《「殁故」疏證——兼談〈漢語大詞典〉之不足》，《神州民俗》二〇〇九年第一期，第九七至九八頁。

〔三〕千：原文作「阡」，徑改。

〔四〕勾陳：亦寫作「句陳」「鈎陳」「鉤陳」，俗寫爲「勾」，本義是彎曲，曲折之意。《説文》：「句，曲也。」段注：「凡曲折之物，侈爲倨，斂爲句。」「陳」意爲：布列、排列。《史記·天官書》《漢書·天文志》均作：「句四星。」正史中《晉書·天文志》開始作「鈎陳六星」。「句陳」因而指形聯綴微曲如勾的四星或六星星象。劉向《説苑·辨物》：「璿璣，謂北辰勾陳樞星也。」勾陳六星靠近北極星，《星經》稱：「勾陳六星，在五帝下，爲後宫，大帝正妃。又主天子六將軍，又主三公。」《晉書·天文志》：「鈎陳，後宫也，大帝之正妃也，大帝之常居也。」所以後人又以勾陳爲後宫。此觀念與五行説相結合，勾陳爲土，居中央，代表人，尚黄。宋代道教觀念中將勾陳上宫天皇大帝、中天紫微北極大帝、南方南極長生大帝、后土皇地祇并稱天神四御。

〔五〕死灰烟起，卵中鷄子能啼：火滅後的冷灰再次冒出青烟，鷄蛋中的公鷄能够打鳴。兩句皆意爲死者與生者永不往來。

〔六〕鹿：中國道教神話中鹿可爲仙人坐騎工具。因鹿常常出没山林間，雄鹿枝角形似龍角，而又能冬時脱落、春天重生，因此使其在宗教信仰中超越了普通的動物而具有神秘色彩，仙人行空可騎白鹿。如《神仙傳·衛叔卿》：「衛叔卿者，中山人也。服雲母得仙。……忽有一人乘浮雲駕白鹿，集於殿前。」漢樂府《長歌行》曰：「仙人騎白鹿，髮短耳何長！導我上太華，攬芝獲赤幢。」

〔七〕太上老君：省稱「太上」，亦稱「老君」。道教所尊奉的教祖，由老子神化而來。其名最早見於《魏書·釋老志》。在道教的神界體系中，由玉皇大帝執掌政治權力，太上老君則充當宗教領袖的角色。

〇〇三　王二娘買地券·乙券

【釋文】

乙券

維開元敕：賜與亡人王氏夫人柏人一軀[一]，於墓中斬/殺凶神惡鬼，條律如後：/地中有神，呼亡人長男、中男、小男名字，仰柏人知當；地/中有神，呼亡人長女、中女、小女名字，仰柏人知當；地中有神，呼/亡人長新婦[二]、中新婦、小新婦，仰柏人知當；地中有神，呼長孫、/中孫、小孫及女孫等，仰柏人知當；地中有神，呼孫新婦及姊/妹兄弟，仰柏人知當；地中有神，呼亡人良賤奴婢，仰柏人知當。/葬送亡人已後，墓中合出高官、職禄[三]，仰柏人迎取，送與[四]陽道/子孫受之；墓中合出田塘萬頃、牛馬千萬頭匹[五]，仰柏人招/取；墓中合出聰明兒孫、金銀匹帛絲蚕，仰柏人招取，送與陽道/子孫受之。水火盜賊欲至，仰柏人斬之。/急急如律令。奉太上老君敕。/見人：張堅固。/保人：李定度。人民有福。

【校注】

〔一〕敕，原文爲「勑」；「軀」，原文爲「䡨」，皆徑改。柏人：原文爲「百人」，徑改。柏人是陪葬主人的木雕人像，多用柏木，古人認爲有避邪斬妖功能。

〔二〕新婦：此券指兒媳婦。《後漢書·列女傳·周郁妻》：「郁父偉謂阿曰：『新婦賢者女，當以道匡夫。』」清黄生《義府·新婦》：「漢以還，呼子婦爲新婦。」

〔三〕職：原文爲「軄」，徑改。

〔四〕與：原文爲「与」，徑改。

〔五〕匹：原文爲「疋」，徑改下同。

〇〇四　王思買地券

〇〇四　王思買地券　雍熙四年（九八七）十一月一日

【題解】

一、名稱：王思買地券

二、文獻形態：券石呈碑形，高四十二厘米、寬三十七厘米、厚三點二厘米，券首圓弧形，上陰刻對稱卷雲紋。券底陰刻蓮花七瓣。本券自右向左書寫，竪刻文字十一行，行九至十二字。

三、卒葬時間：雍熙四年（九八七）十一月一日葬。

四、文獻著録：成都文物考古研究所、成都博物院：《成都出土歷代墓銘券文圖録綜釋》，北京：文物出版社，二〇一二年，第一〇一至一〇二頁。

五、出土及收藏情况：出土地不詳，券石現收藏於成都市蒲江縣文物保護管理所。

【釋文】

維雍熙四年歲次丁亥十一月/庚申朔/一日庚申，奉爲亡靈/王思，今將白銀信錢萬萬貫文，/於蒲江縣普慈鄉蒲同里[一]土地/神[二]處市買地一段。上至青天，下/至黄泉，東至青龍，西至白虎，南/至朱雀，北至玄武，内外勾陳，守/護墳墓。自有文書，契券分明。相/見人[三]：歲月日辰。如若地神不容，/自招其禍。急急如律令。/亡靈王思地券文。合同。

【校注】

〔一〕蒲江縣普慈鄉蒲同里：《太平寰宇記》卷七五《劍南西道四·邛州》載：蒲江縣，舊五鄉。本券與〇二六《樊氏十一娘買地券》、〇九一《温五一郎買地券》、一七八《王興父母王軫、楊氏小三娘買地券》所載普慈鄉爲蒲江縣轄鄉之一，鄉有二里：蒲同里、禮過里。

〔二〕土地神：民間俗信之神靈，亦爲道教神名。又稱土地主、土地公、土地爺，簡稱土地。土地神信仰源自中國古代「社神」崇拜，古時祭祀土地，以求年歲豐稔。《通俗常言疏證·鬼神·土地》引《孝經緯》：「社者，土地之神。土地闊不可盡祭，故封土爲社，以報功也。」《通俗編·神鬼》：「今凡社神，俱呼『土地』。」春秋以後，總司天下土地之神演變爲「后土皇地祇」，進入國家祀典。各地鄉村之社神則逐漸演變爲土地神，在神界系統中是掌管、守護某個地方的無名小神，其數無計。

〔三〕相見人：即「見人」，參見〇〇一《雷氏買地券》校釋。

〇〇五　費洪買地券

〇〇五　費洪買地券　淳化三年（九九二）二月六日

【題解】

一、名稱：費洪買地券

二、文獻形態：紅砂石質，券石呈碑形，高五十三厘米、寬三十三厘米，厚三點八厘米。碑首呈圓弧形，左右陰刻對稱卷雲圖案。券底有榫，券首與券面陰刻横綫十四行，竪綫十五條，交叉劃方格，右側部分刻劃水波紋，券文自右向左書寫，楷書十五行，行十四字。

三、卒葬時間：淳化三年（九九二）二月六日葬。

四、文獻著録：成都文物考古研究所、成都博物院：《成都出土歷代墓銘券文圖録綜釋》，北京：文物出版社，二〇一二年，第一〇三至一〇四頁。

五、出土及收藏情況：出土時地不詳，現存於成都市大邑縣文物保護管理所。

【釋文】

維淳化三年太歲[一]壬辰二月乙丑朔/六日庚午，邛州安仁縣錦鄉永安里[二]/男弟子費洪，行年七十七歲，十月生。/弟子生居塵境，長在閻浮。假四大[三]以/爲形[四]，附陰陽而得體[五]，五藴[六]之跪，濁世/陳傾，所以選求福地，建營[七]吉宅，曾益[八]/壽年。今備黄銅赤錢[九]五彩雜信，就此/東王父、西王母處[一〇]買得造延壽堂地/一所。東至青沙，南至幽都，西至入没，/北至玄武，上至青天，下至黄泉。一買/已後，用山爲界，以海[一一]爲邊。保證人：張堅/固[一二]、李定度。知證分明，財[一三]地交付，工匠/修營。造立壽堂之後，地下諸神不得/禁錮[一四]侵犯。侵犯[一五]。急急如地下五帝[一六]老/君，急急如青帝使者，急急如律令。

【校注】

〔一〕太歲：中國古代民間信仰中的凶神。太歲與歲星（木星）崇拜關係緊密。古代把天上黄道分爲十二等分，由東向西，順時針方向運行，稱十二辰，而歲星公轉周期爲十二年行一周天，因此以歲星來紀年，生成十二星次的名稱。但歲星運行的方向爲由西而東，逆時針方向而行，與黄道運行方向相反，古代天文家假設有「太歲」星與歲星反方向而行，方便與十二辰配合以紀年。太歲與黄道十二辰結合紀年時，還與東西南北四方位相結合，由此産生了方向避諱。秦漢以後，民間認爲當年太歲所經之方爲凶方，在相關方位動土、遷徙就會驚動太歲，會有破財、喪命等諸多危害。《土風録》：「術家以太歲爲大將軍，動土遷移者必避其方。」因而中國古代喪葬活動中相當注意查詢太歲的方位以避凶而趨吉。

〔二〕邛州安仁縣錦鄉永安里：唐宋皆置安仁縣，屬邛州。《太平寰宇記》卷七五《劍南西道四·邛州》載：安仁縣，十二鄉。

本書所收買地券見安仁縣兩鄉：錦鄉、慈善鄉。本券所見有錦鄉永安里。

〔三〕四大：此處指佛教四大，即「地」「火」「水」「風」四種元素。佛教認爲宇宙萬物，都是由地、火、水、風四大元素結合而成的。

〔四〕形：原文作「刑」，應爲「形」，今改。

〔五〕得體：原文作「德躰」，徑改。

〔六〕五蘊：原文作「五温」，應爲「五蘊」，今改。「蘊」是梵文的音譯，意爲積聚或和合。「五蘊」分指色、受、想、行、識五種。佛教認爲世間萬物與人皆由五蘊因緣和合而成。

〔七〕建營：原文作「見榮」，應爲「建營」，今改。意指建造。

〔八〕曾益：即「增益」。

〔九〕備：原文爲「俻」，徑改。赤錢：指含銅量較高呈紅色的銅錢。

〔一〇〕處：原文「處」徑改。

〔一一〕海：原券文無「海」字，據文意補。

〔一二〕張堅固：原文作「张堅故」，徑改。

〔一三〕財：原文作「纔」，應爲「財」，今改。

〔一四〕禁錮：原文作「禁故」，徑改。

〔一五〕侵犯：此處二字爲衍文。

〔一六〕五帝：中國民間信仰中的五方天帝，即東、南、西、北、中五方上帝，又稱爲五方帝、五天帝等，分别是東方天帝太昊（也作太皓、太皞）伏羲，屬神勾芒；南方天帝炎帝神農，屬神祝融；西方天帝少昊金天，屬神蓐收；北方天帝顓頊高陽，屬神玄冥；中央天帝黄帝軒轅，屬神后土。因而五帝亦即五方神。

〇〇六　彭司空買地券（陽面）

○○六　彭司空買地券　至道元年（九九五）十一月十九日

【題解】

一、名稱：彭司空買地券

二、文獻形態：券石底部有殘缺，碑爲半圓額，額上刻有雲紋，下刻花草圖案，券石兩面書寫；陽面拓本長四十厘米，寬三十一厘米；券文楷書，從左至右書寫直書十四行，滿行二十字；陰面拓本長三十六厘米，寬二十九厘米；陰面爲買地券，券文楷體直書十四行，行與行之間有界欄，滿行二十字。

三、卒葬時間：至道元年（九九五）十一月十九日葬。

四、文獻著録：北京圖書館金石組編：《北京圖書館藏中國歷代石刻拓本彙編》，鄭州：中州古籍出版社，一九八九年，第三七册，第二〇四至二〇五頁；郎俊彦：《北京圖書館藏北宋「彭司空買地券」考釋——兼與韓森（Valerie Hansen）女士商榷》，《四川文物》二〇〇八年第二期，第七八至八三頁；魯西奇：《中國古代買地券研究》，厦門：厦門大學出版社，二〇一四年，第三四六至三四七頁；中國國家圖書館《碑帖菁華》，墓誌三七一二。

五、出土及收藏情況：出土地點不詳，國家圖書館藏有拓本。

【釋文】

陽面

維至道元年歲次，勒一磚將與亡人。今［下缺］/地中斬斷凶神惡鬼。地中有神，來呼長男[下缺]/男、小男名字，仰柏人斬之[一]；地中有神，來呼［下缺］/女、中女、小女名字，仰柏人斬之；地中有神，來呼[下缺]/新婦、中新婦、小新婦名字，當了；地中有神，來[下缺]/亡人同床，仰柏人斬之；地中有神，來呼長男孫、中男[中缺]/孫、小男孫名字，仰柏人斬之；地中有神，來呼長女孫、中女孫、小女孫名字，仰柏人當了。葬送亡人後，地中合/出高官職禄、聰明兒孫，仰柏人招取，送與陽道/兒孫。地中合出金銀萬萬餘錠[二]，仰百人受取，將與/陽道兒孫。地中合出田蠶萬倍，仰柏人[三]受取。地中合出[四]/牛馬六畜，資生萬萬餘匹[五]，仰柏人招取，與陽道/兒孫。地中合出錢十萬萬貫文，仰柏人受取［下缺］/若有□□惡取，急付太上老君［下缺］

〇〇六　彭司空買地券(陰面)

陰面

維至道元年歲次乙未十一月癸卯朔□□/日辛酉，南贍部洲[五]大宋國江南西道吉州廬/陵縣宣化鄉北江團[六]，有歿故亡人彭司空上□□/行年六十五歲。忽被太山[七]所召，路逢仙人賜酒，因醉/迷而不返。凡人生居田宅，死還丘墓，謹用金銀/錢萬萬貫文，於東王公、西王母處買得地名半山下舍/丁部地一穴，丙向，將與亡人[八]永爲山宅。其地東止甲乙朝山[九]，南/止丙丁朝山，西止庚辛朝山，北止壬癸朝山。上止皇天，下止皇/泉[一〇]，以[一一]山爲界。其地左有白虎，右有青龍，前朱雀，後/玄武。求之不得，覓之[一二]不見。欲得相見，直待□□□/變□等待[一三]卵中鷄子能啼，死灰烟起[一四]。誰爲書？□□/鹿。誰爲讀？水中魚。魚何在？入深泉。鹿何在[一五]？上山中。地□□/有外神他鬼，不得妄言争占呵喝。如有此色□□/太上老君斬之。保人：張堅故[一六]；見人：李定度。

【校注】

〔一〕之：原文作「支」，徑改。

〔二〕錠：原文作「定」，今改。

〔三〕柏人：原券作「百人」，寫在「仰受」二字右側。

〔四〕出：原券無此字，今據文意補。

〔五〕匹：原文作「疋」，徑改。

〔五〕南贍部州：佛教經義認爲須彌山周圍鹹海中有四大洲：東勝神洲、西牛賀洲、南贍部洲和北俱盧洲。南贍部洲位於須彌山南方，有日月星辰懸掛於空中，其地盛産閻浮樹，其地形如車箱，又稱「閻浮提」「南閻浮提」，爲人類所居住之世界。

〔六〕吉州[廬]陵縣宣化鄉北江團：見〇〇三《王二娘買地券·甲券》注釋，宣化鄉屬吉州廬陵縣，補「廬」字。

〔七〕太山：即「泰山」，中國古代民間信仰中的治鬼之府。西漢時民間已經認爲東嶽神主宰陰間，知人壽命長短，决定世人的高低貴賤，泰山則爲治鬼之府。魏晉時東嶽信仰更盛，泰山神也被人格化，稱泰山府君。隨着佛教的傳播，地藏王、閻羅王爲冥主的信仰在民間影響加大，死後歸聚之地也由泰山轉爲東海。但唐宋時帝王對東嶽神仍極爲推崇，宋真宗時敕封爲「東嶽天齊仁聖大帝」，因而東嶽信仰長盛不衰。宋張君房《雲笈七籤·五嶽真形圖序》載：「東嶽太山君領群神五千九百人，主治死生，百鬼之主帥也。」明清以來，東嶽主冥和閻羅主冥二種信仰逐漸合流，二位冥神往往并存於東嶽廟中。參見劉安志《從泰山到東海——中國中古時期民衆冥世觀念轉變之一個側面》，榮新江主編《唐研究》第十三卷，北京大學出版社，二〇〇七年，第三六九至三九五頁。

〔八〕亡人：原文作「人亡」，倒文，今改。

〔九〕朝山：風水術語，指前方與穴山遥相對應，作朝揖狀之山。

〔一〇〕皇泉：意即「黄泉」。見〇〇二《魏訓買地券》校注。

〔一一〕以：原文作「已」，徑改。

〔一二〕之：原文作「支」，徑改。

〔一三〕等待：「待」字原文作「代」，今改。

〔一四〕死灰烟起：原文作「死烟灰起」，倒文，今改。

〔一五〕何在：原券無此二字，據文意補。

〔一六〕張堅故：也作「张堅固」。

〇〇七　尉暉買地券

○○七　尉暉買地券　至道二年（九九六）二月十三日

【題解】

一、名稱：尉暉買地券

二、文獻形態：券石長方形，長三十五點五厘米，寬三十一厘米，券文四周陰刻幾何及卷草紋圖案，本券自右向左書寫，陰刻楷書十一行，行六字至十八字不等。

三、卒葬時間：至道二年（九九六）二月十三日葬。

四、文獻著録：張志升：《慶城縣博物館館藏北宋至道二年尉暉買地券考釋》，《文物鑑定與鑑賞》二〇一八年第十九期（上），第一一至一三頁。

五、出土及收藏情況：二〇〇三年出土於甘肅省寧縣九龍川九陵村，二〇〇四年入藏慶城縣博物館。

【釋文】

寧州定安縣九陵鄉辛村[一]/人户尉暉邊買得鬪[二]地一所，合料/長壹拾壹步，闊玖步，衙前叁步/半，謹六至如後：/東至青龍，西至白虎，南至朱雀，/北至玄武，上至蒼天[三]，下至黄泉。/右件鬪地計錢九萬九千九百九十/九貫文，出賣以後，一任亡人永恒爲/主。書券人：石公曹[四]，見人：辛道度。/大宋至道二年二月十三日，/買鬪地人：尉暉。

【校注】

〔一〕寧州定安縣九陵鄉辛村：寧州，宋初屬關西道，後屬陝西路，太宗至道三年（九九七）定制，時轄定安、彭原、真寧、襄樂四縣，定安縣爲寧州治所。《太平寰宇記》卷三四《關西道十·邠州》記其「舊九鄉，今八鄉」，本券所載九陵鄉爲其一，有辛村。

〔二〕買得：原文作「賣得」，徑改。

〔三〕蒼天：原文作「倉天」，徑改。

〔四〕石公曹：也作「石功曹」。功曹爲道教所信奉的班值神靈，可分爲值年、值月、值日、值時的四位神祇，故又稱「四值功曹」。「功曹」秦末即已出現，漢代郡太守下有「功曹史」，簡稱「功曹」，主考察功過之職，保管功勞簿，并得與聞一郡政務。道教的神仙體系中，「功曹」成爲監察人間功過的小神，兼傳遞表文，因而成爲天帝與人世祭祀時的溝通使者，成爲舉辦法事時的必請之神。買地券中功曹是最爲常見的書券人，偶充當保人、兩見牙人、讀券人。在買地券中出現時，功曹未有名姓，但亦有相當數量明確記其爲「石功曹」，個别墓券中作「侯功曹」。石功曹常與金主簿同時出現，分别負責書券與讀券的職能。二者之姓氏應爲虚撰，其内涵與张堅固之「堅固」相類，取以金石銘刻、契約長守之意。

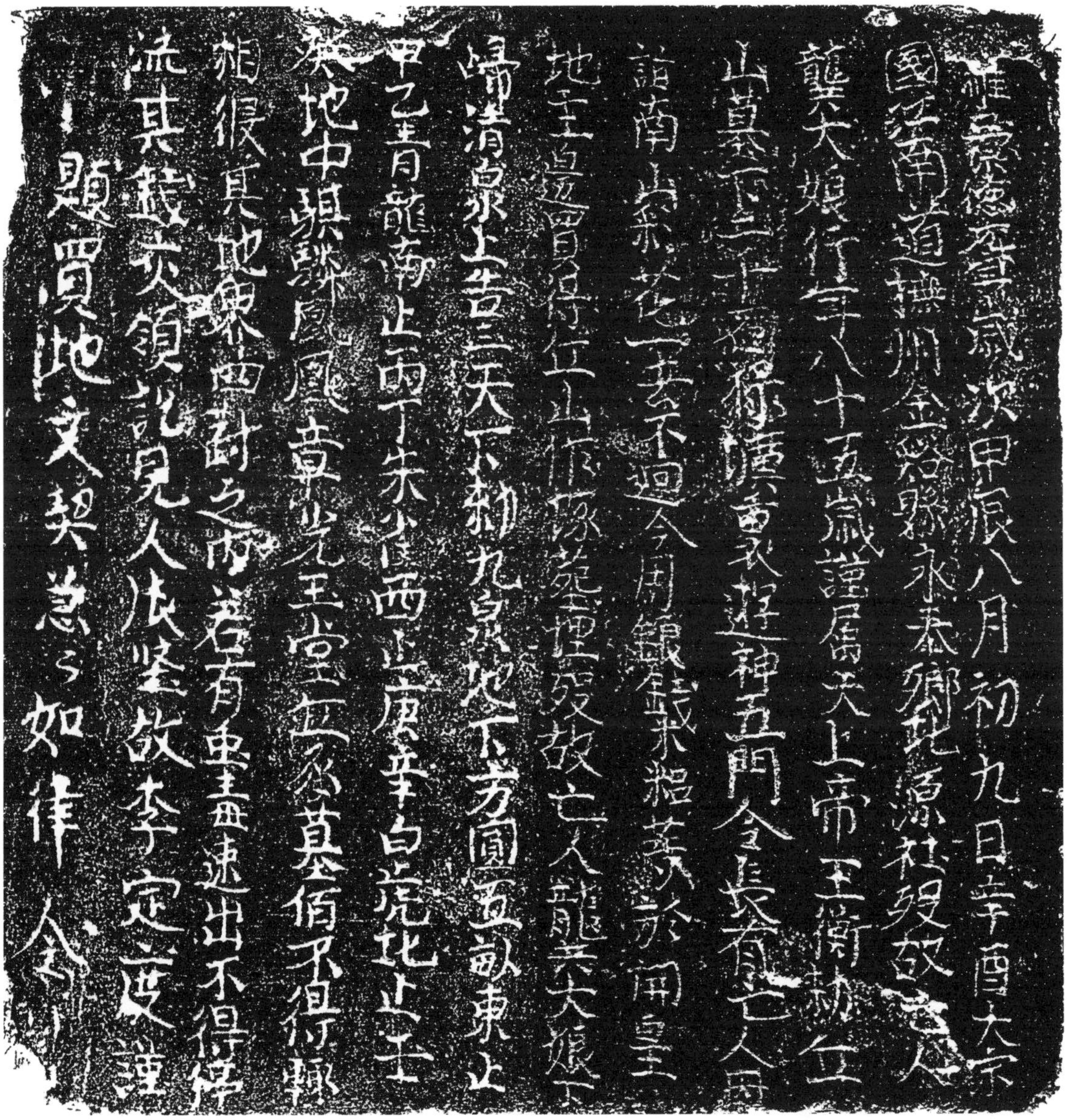

〇〇八　龔大娘地券

○○八　龔大娘地券　景德元年（一〇〇四）八月九日

【題解】

一、名稱：龔大娘地券

二、文獻形態：拓片成正方形，邊長三十七厘米。本券自右向左書寫。無題額，陰刻界欄十三行，陰刻行楷十二行，行十至十八字不等。

三、卒葬時間：景德元年（一〇〇四）八月九日。

四、文獻著録：胡抗美、曾翔主編：《書法文獻》（宋代地券卷），青島：青島出版社，二〇一四年，第一六頁。

五、出土及收藏情況：江西出土，原石收藏於百石齋。

【釋文】

維景德元年歲次甲辰八月初九日辛酉，大宋/國江南道撫州金谿縣永泰鄉北源社[一]歿故亡人/龔大娘，行年八十五歲。謹屬天上帝王衡敕丘/山墓下二千石禄[二]，壙裏游神五門令長，有亡人因/詣南山采花[三]，一去不迴。今用銀錢米糧[四]等於開皇/地主邊買得丘山作冢，葬埋歿故亡人龔大娘下/歸清泉。上告三天，下敕九泉。地下方圓五畝，東止/甲乙青龍，南止丙丁朱雀，西止庚辛白虎，北止壬/癸。地中騏驎、鳳凰、章光、玉堂[五]，丘承墓佰[六]，不得輒/相侵。其地界四封之内，若有蟲毒，速出不得停/留[七]。其錢交領訖。見人：張堅故[八]、李定度。謹/題買地文契。急急如律令。

【校注】

〔一〕江南道撫州金谿縣永泰鄉北源社：《輿地廣記》卷二五《江南西路·撫州》載：金谿縣，本臨川縣地。皇朝五年（九九四）以金谿場置。《元豐九域志》卷六《江南路·西路》載：金谿縣下設七鄉。本券所載永泰鄉爲金谿縣轄鄉之一，有北源社。

〔二〕歿，原文爲「歾」；敕，原文爲「勅」。俱徑改之。

〔三〕采花：原文作「彩花」，徑改。

〔四〕糧：原文作「粮」，徑改。

〔五〕騏驎、鳳凰、章光、玉堂：表示地中四方的吉祥神獸。古代常用來卜定吉穴，墳墓高低、墓穴深淺要與四獸相合。亡人下葬時，四神獸還具有引路啓導的作用。宋王洙《重校正地理新書》卷十三中專門記有「取地合四獸法」。

〔六〕丘承墓佰：也作「丘丞墓伯」，詳見〇〇一《雷氏買地券》注釋〔三〕。

〔七〕停留：原作「停流」，今據文意改。

〔八〕張堅故：也作「張堅固」。

〇〇九　萬氏夫人買地券

〇〇九　萬氏夫人買地券　景德二年（一〇〇五）二月十四日

【題解】

一、名稱：萬氏夫人買地券

二、文獻形態：木質，近正方形，邊長二十厘米，厚一點五厘米。用毛筆書於木板一面，另一面書「合同」二字。券文自左向右書寫，較爲潦草，共有十六行，行十字。

三、卒葬時間：景德二年（一〇〇五）二月十四日葬。

四、文獻著録：張敏：《揚州四季金輝南唐墓和宋墓考古發掘簡報》，《江漢考古》二〇一七年第一期，第三六至四一頁。

五、出土館藏：二〇一三年出土於江蘇揚州市邗江區西湖鎮蠶桑村，現收藏於揚州市文物考古研究所。

【釋文】

陽面

維大宋景德二年歲次乙/巳二月己卯朔十四日壬辰，/殁故頓丘郡[一]萬氏夫人，年/三二，甲戌大□□月十二日庚/寅天命終世。謹用□□□□/貫買得江都東興寧鄉[二]/墓地一穴。東止甲乙青龍，/西止庚辛白虎，南止丙丁/朱雀，北止壬癸玄武，上止/蒼天[三]，下止黄泉。/中□□□□□。天上保人：張堅固。/地下見人：李定度。安……/……/……/□□萬里急。

陰面

合同。

【校注】

〔一〕頓丘郡：西漢置頓丘縣，治所在今河南省清豐縣西南。西晉以此爲頓丘郡治所。北齊廢頓丘郡。唐五代曾以頓丘爲澶州治所。據《宋史·地理志》：熙寧六年（一〇七三），省頓丘縣入清豐。本券出土於今江蘇揚州市邗江區西湖鎮蠶桑村，「頓丘郡」應爲券主萬氏夫人所稱郡望。

〔二〕江都東興寧鄉：《元豐九域志》卷五《淮南路·東路》載，揚州下分江都、天長、高郵三縣。江都縣下設二十五鄉，并有揚子、板橋、大儀、彎頭、邵伯、宜陵、瓜洲七鎮。本券所載江都東興寧鄉爲江都縣轄鄉之一。

〔三〕蒼天：原文作「倉天」，徑改。

維景德三年歲次丙午十二月己巳
朔二十四日壬辰撫州臨川縣顯秀鄉
上議保和順里殁故亡人黄氏五娘行
年八十二歲不行從化命歸泉府今
將銀錢一萬貫買酒脯等於五土五帝
及開皇地主邊買得靈基並御三郭
丙向地一墳安穴東止甲乙青龍南止
丙丁朱雀西止庚辛白虎北止壬癸玄
武上止青天下止黄泉水[illegible]中央
戊己勾陳[illegible]下[illegible]四止之内[illegible]
地若有[illegible]珠[illegible]五土五帝屬亡人所管
將地神之事[illegible]靈壇不得呵責
人[illegible]地[illegible]安寧息如律令
見人張堅固
保人李定度
書人天官道士

〇一〇　周真夫人黄氏五娘地券

〇一〇　周真夫人黃氏五娘地券　景德三年（一〇〇六）十二月二十四日

【題解】

一、名稱：周真夫人黃氏五娘地券

二、文獻形態：地券拓片方形，左右陰刻雲紋，拓片長五二厘米，寬三十八厘米。券文自右向左書寫，楷書十二行，行五至十五字不等。

三、卒葬時間：景德三年（一〇〇六）十二月朔二十四日葬。

四、文獻著録：何新所：《新出宋代墓誌碑刻輯録》（北宋卷），北京：文物出版社，二〇一九年，第八九頁。

【釋文】

維景德叁年歲次丙午十二月己巳/朔二十四日壬辰，撫州臨川縣潁秀鄉/上城保和順里〔一〕歿故亡人黃氏五娘，行/年八十一歲，不行修矩，命歸泉府。今/將銀錢叁阡貫、酒脯等，於五土冥王/及開皇地主邊，買得靈臺鄉三郭/丙向地一墳安殯。東止甲乙青龍，南止/丙丁朱雀，西止庚辛白虎，北止壬癸玄/武，上止青天吉星，下止黃泉水口，中央/戊己句陳〔二〕，當心下墓。四止之內，左右南/北，若有珍珠寶玉，并屬亡人所管，不/忓地神之事，古器靈壇，不得呵責亡/人。謹具地券文，急急如律令。/見人：張堅固。/保人：李定度。/書人：天官道士。

【校注】

〔一〕撫州臨川縣潁秀鄉上城保和順里：《元豐九域志》卷六《江南路·西路》載：臨川縣下設十七鄉，并有界山、豐安、長林、清遠四鎮。本券所見：潁秀鄉爲臨川縣轄鄉之一，有上城保和順里，又有靈臺鄉。

〔二〕句陳：同「勾陳」。

〇一一　劉六買地券

〇一一 劉六買地券 景德四年（一〇〇七）九月

【題解】

一、名稱：劉六買地券

二、文獻形態：木質，長方形，長二十五厘米，寬十三厘米，厚一點五厘米。文字用毛筆書於木板一面；另一面書「合同」二字，該側面向上；地券自左向右書寫，券文較爲潦草，共十四行，行五至九字。

三、卒葬時間：景德四年（一〇〇七）九月葬。

四、文獻著録：張敏：《揚州四季金輝南唐墓和宋墓考古發掘簡報》，《江漢考古》二〇一七年第一期，第三六至四一頁。

五、出土館藏：二〇一三年出土於江蘇揚州市邗江區西湖鎮蠶桑村，現收藏於揚州市文物考古研究所。

六、其他：同一地點出土《萬氏夫人買地券》。

【釋文】

陽面

維大宋國揚州廣陵縣[一]左厢北進賢/坊[二]，殁故亡人年七十九歲劉六，到今，於/景德四年歲次丁未朔身亡。宜利/取九月□□□□□□□/理，今就書符之神□□□□/□府君爲□□□□□□/買得揚州江都縣[三]東□曹/□烏坂村桂家莊墓地一/穴。東止甲乙青龍，西止庚辛/白虎，南止丙丁朱雀，北止壬癸/玄武[四]，上止黄天[五]，下止黄泉。□/銀錢一千貫□買訖，永/爲卧堂爲主。/急急如律令。

陰面

合同。

【校注】

〔一〕揚州廣陵縣：《太平寰宇記》卷一二三《淮南道一》載：揚州，爲九江郡地。漢景帝四年（前一五三）更名江都國。自此或爲郡，或爲國，廢置不恒。隋開皇九年（五八九）改爲揚州，煬帝改爲江都郡。唐天寶元年（七四二）改爲廣陵郡，乾元元年（七五八）復爲揚州。宋因之。《太平寰宇記》卷一二三《淮南道一》載：揚州舊領縣七，今縣三，即江都、廣陵、六合三縣。

〔二〕左厢北進賢坊：厢坊制是宋代的城市行政區劃體制。宋代城市發展打破了前代以坊爲居民區、市爲商業區、坊市嚴格區分的界限；街巷都可開設店鋪，又在坊之上設厢，作爲較大的行政區劃，以加强對坊郭户的控制，厢坊制遂取代了前代的坊市制。本券主劉六生前居住在揚州廣陵縣左厢北進賢坊。

〔三〕揚州江都縣：宋代江都縣和廣陵縣同屬揚州。

〔四〕玄武：原文脱一「武」字，今補。

〔五〕黄天：也作「皇天」。

〇一二　張先買地券

〇一二 張先買地券 大中祥符三年（一〇一〇）十一月二日

【題解】

一、名稱：張先買地券

二、文獻形態：券石呈碑形，高四十八厘米、寬三十七厘米、厚三點四厘米。下方立於基座上，券首部分刻對稱雲紋圖案。基座圖案爲幾何圖案及卷草紋相間。本券爲自左至右書寫，陰刻竪綫十三行，券文行楷十二行，行八至十四字。

三、卒葬時間：大中祥符三年（一〇一〇）十一月二日葬。

四、文獻著録：成都文物考古研究所、成都博物院：《成都出土歷代墓銘券文圖録綜釋》，北京：文物出版社，二〇一二年，第一〇五至一〇六頁。

五、出土及收藏情況：一九九八年出土於成都市蒲江縣松華鄉，券石現收藏於成都市蒲江縣文物保護管理所。

【釋文】

維大中祥符三年歲次[一]庚戌十一月丙/子朔二日壬申，今有邛州依政縣/歸義鄉馬鳴里[二]殁故亡人張先，謹/用白銀信錢萬萬千貫文，於山川/社稷[三]十二神[四]邊買得墓田一所，周/流一傾。東至青龍，南至朱雀，西至/白虎，北至玄武，上至蒼天，下至黄/泉，四至分明。即日有錢財交付/天地神明了，内方拘陳[五]，停是亡人。/保券人：張堅固、李定度，書券/人：金主簿[六]，讀券人：石功曹，證見人：/青烏子[七]。急急如律令。

【校注】

〔一〕歲次：原文脱「次」字，今補。

〔二〕邛州依政縣歸義鄉馬鳴里：《太平寰宇記》卷七五載：依政縣，十鄉。本書所收買地券有依政縣四鄉：昇平鄉、歸義鄉、聖化鄉、清化鄉。本書〇三一《向正買地券》、〇五九《王之湜買地券》所載亦有歸義鄉三里：馬鳴里、壽安里、蒲川里。

〔三〕社稷：社稷神是民間所信奉的土地神和五穀神的總稱。我國自古以農立國，認爲「國以民爲本，民以食爲天」和「土爲本，萬物土中生」，很早便奉祀社神和稷神。社神爲共工氏之子，《左傳·昭公二十九年》載：「共工氏有子曰勾龍，爲后土，此其二祀也。后土爲社。」稷神爲厲山氏即炎帝之子，《禮記·祭法》載：「其子曰農，能殖百穀。夏之衰也，周棄繼之，故祀以爲稷。」

〔四〕十二神：又作「十二時神」「十二位神」「十二主」，中國古代術數家以天上十二辰分别象徵十二種人事的吉凶占卜之術。起源於秦漢時期，其時一派方士以十二地支定方位歲月，分爲建、除、滿、平、定、執、破、危、成、收、開、閉十二方位，因前兩個字是「建」「除」，故稱建除法。後世將建除法逐漸附會於曆書中，成爲占算時日凶吉的主要方法之一。《後漢書·禮儀志中·大儺》載：「凡使十二神追惡凶，赫女（汝）軀，拉女幹，節解女肉，抽女肺腸。女不急去，後者爲糧！」後亦稱「十二辰神」，《宋史·輿服志一·十二神輿》：「十二神輿，赤質，四門旁刻十二辰神，緋繡輪衣、絡帶。」

〔五〕㪺陳：也作「勾陳」。

〔六〕金主簿：道教正式神界體系中，并無主簿之位，似只在買地券中出現，應屬墓冢神靈。主簿之名稱秦末已有之，漢代自中央和地方各級官署多置此官，主要負責文書簿籍，掌管印鑒等事。《文獻通考·職官考》載：「古者官府皆有主簿一官，上自三公及御史府，下至九寺、五監以至州、郡、縣皆有之。」道教在各界神仙體系的編撰過程中，從人間官吏名稱中借鑒了這一官名。買地券中主簿是最爲常見的讀券人，亦充書券人、印契人、保人、交悶人、牙人。金主簿常與石功曹同時出現，分別負責讀券與書券的職能。二者之姓氏應爲虛撰，其內涵與張堅固之「堅固」相類，取以金石銘刻、契約長守之意。

〔七〕青烏子：又名「青衣烏公」，民間傳説中古代相墓的堪輿家。

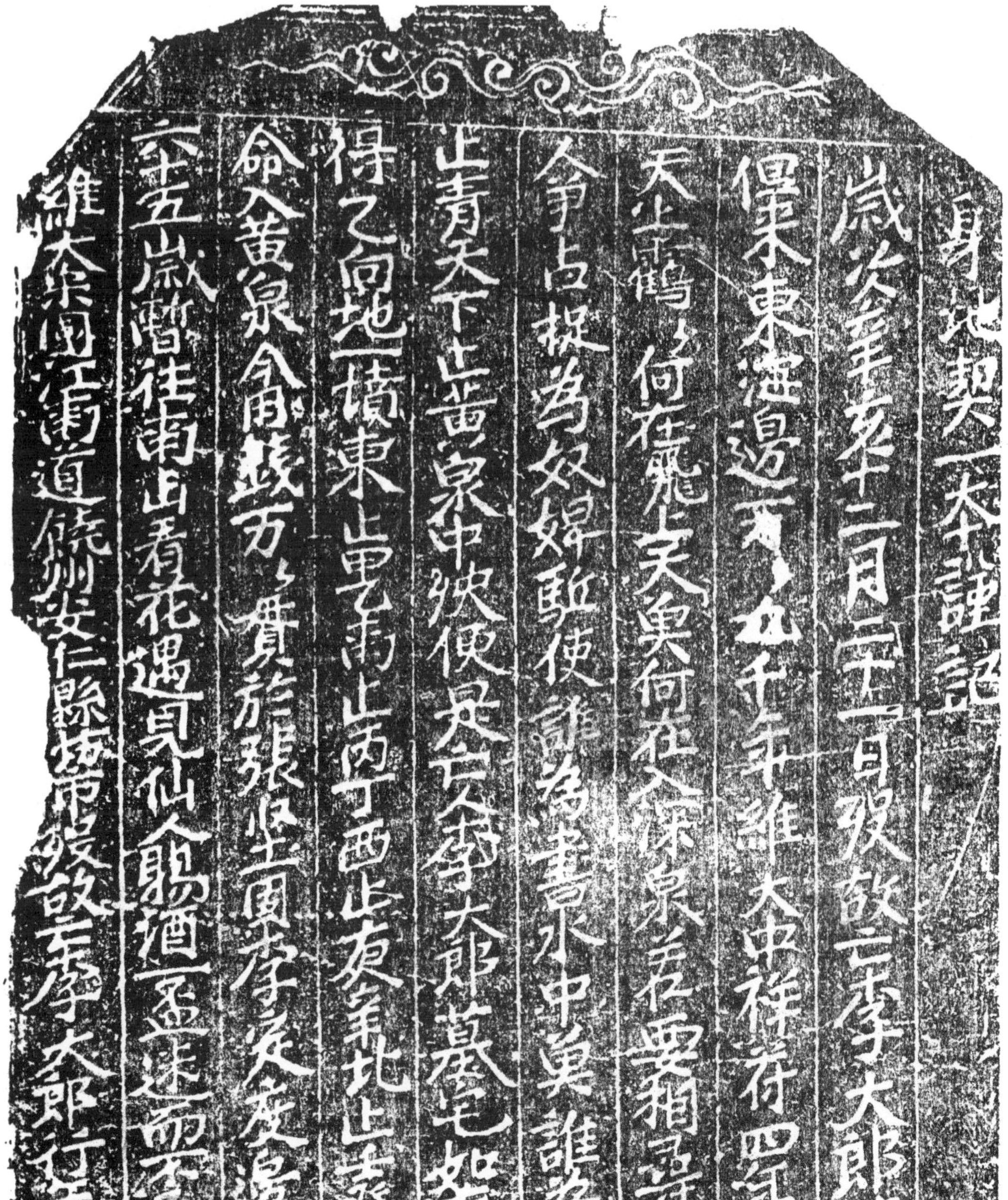

〇一三　李大郎買地券

○一三 李大郎買地券 大中祥符四年（一〇一一）十二月二十一日

【題解】

一、名稱：李大郎買地券

二、文獻形態：青石質，長方形，長三十六點五厘米，寬二九點八厘米，厚二厘米。上部左右抹角，上下分兩部分，用橫綫隔開，上部陰刻卷雲紋，下部用竪綫隔成十行，從左向右竪書十行，行七至二十二字。

三、卒葬時間：大中祥符四年（一〇一一）十二月二十一日葬。

四、文獻著録：倪任福：《餘江縣錦江紀年宋墓出土文物》，《江西文物》一九九〇年第三期，第七〇頁；高朋：《人神之契：宋代買地券研究》，北京：中國社會科學出版社，二〇一一年，第二〇一至二〇二頁；魯西奇：《中國古代買地券研究》，厦門：厦門大學出版社，二〇一四年，第三四七至三四八頁。

五、出土及收藏情況：一九八九年出土於江西餘江縣錦江鎮黄土嶺，券石現收藏於錦江縣文保所。

【釋文】

維大宋國江南道饒州安仁縣[一]坊市[二]殁故亡人[三]李大郎，行年/六十五歲，暫往南山看花，遇見仙人，賜酒一杯，迷而不返，/命入黄泉。今用錢萬萬貫，於張堅固[四]、李定度邊買/得乙向地一墳，東止甲乙，南止丙丁，西止庚辛，北止壬癸，上/止青天，下止黄泉，中央[五]便是亡人李大郎墓宅。如有外/人争占，捉爲奴婢驅使。誰爲書？水中魚[六]。誰爲作？/天上鶴。鶴何在？飛上天。魚何在？入深泉。若要相尋覓，/但來東海邊[七]，萬萬九千年。維大中祥符四年/歲次辛亥十二月二十一日殁故亡人[八]李大郎隨/身地契一本[九]。謹記。

【校注】

〔一〕饒州安仁縣：隋唐時皆稱饒州，宋因之。《太平寰宇記》卷一〇六載：饒州，領縣五：鄱陽、餘干、浮梁、樂平、德興。本書所收買地券見饒州二縣：安仁縣、浮梁縣。北宋開寶八年（九七五）以餘干縣地置安仁場，端拱元年（九八八）升爲縣。《元豐九域志》卷六載：安仁，五鄉。本書所收買地券載安仁縣一鄉：崇德鄉。

〔二〕坊市：坊，又叫里，或稱坊里，是古代城市最基本的單位。唐代城市實行嚴格的坊市制度，將商業區和居住區分開，居住區内禁止經商。宋代逐漸打破了坊市格局，允許商人經商，街道上隨處可以開設店鋪。此券主李大郎即爲在城市居住的坊市户。

〔三〕亡人：原文脱「人」字，今補。

〔四〕萬萬：原文作「萬萬」，下「萬萬九千年」亦同，張堅固：原文作「張坚固」，徑改之。

〔五〕中央：原文作「中殃」，據文意改。

〔六〕魚：原文作「奐」，今徑改之。

〔七〕東海：在兩漢魏晉時期的冥世觀念中，泰山被認爲是人死後歸聚之地。南北朝以後，死後歸聚之地變爲東海。詳參劉安志《從泰山到東海——中國中古時期民衆冥世觀念轉變之一個側面》，榮新江主編：《唐研究》第十三卷，北京大學出版社，二〇〇七年，第三六九至三九五頁。

〔八〕亡人：原文脱「人」字，今補。

〔九〕隨：原文作「隨」，今改之。

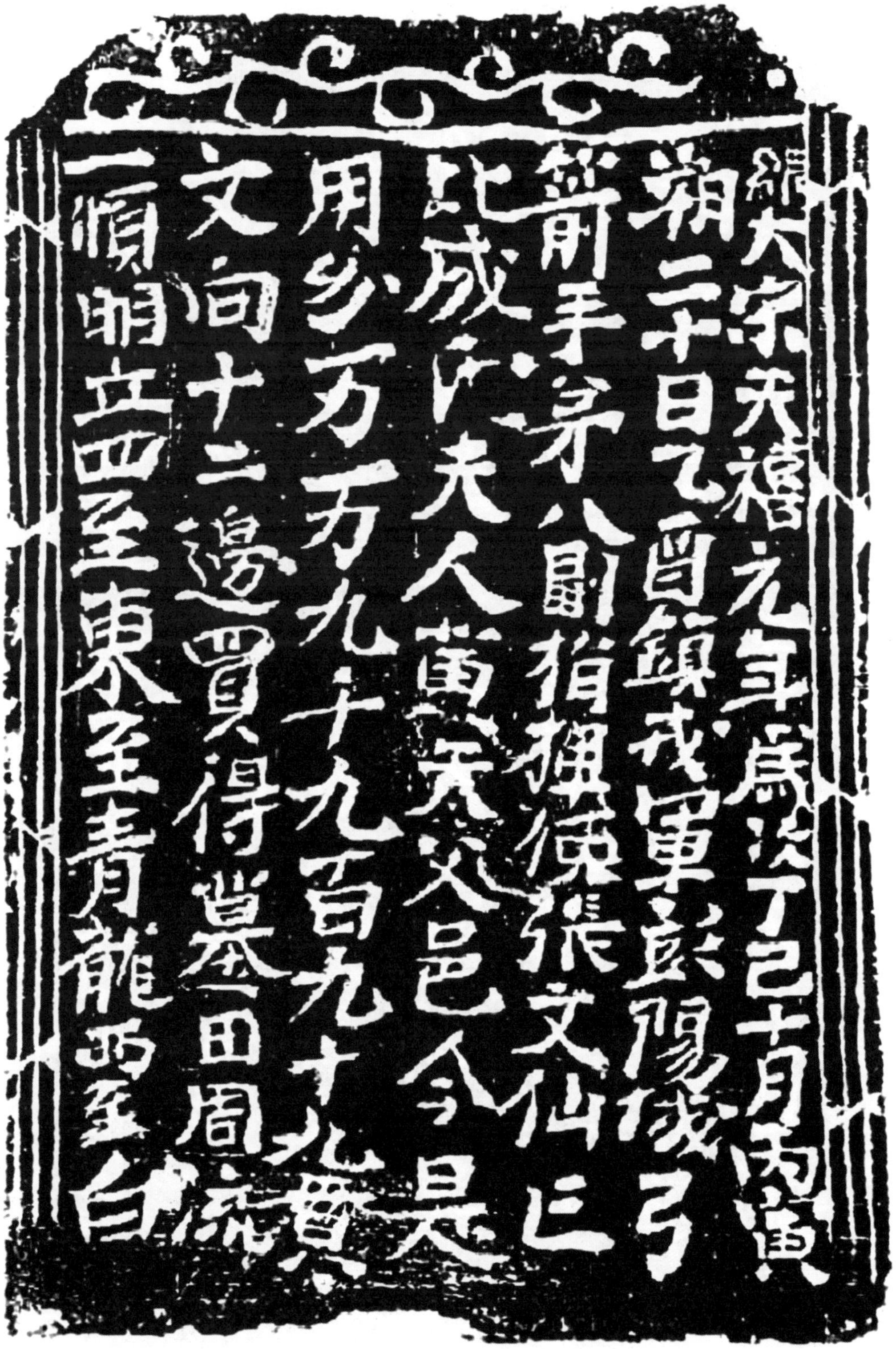

○一四（一） 張文仙母成氏夫人買地券

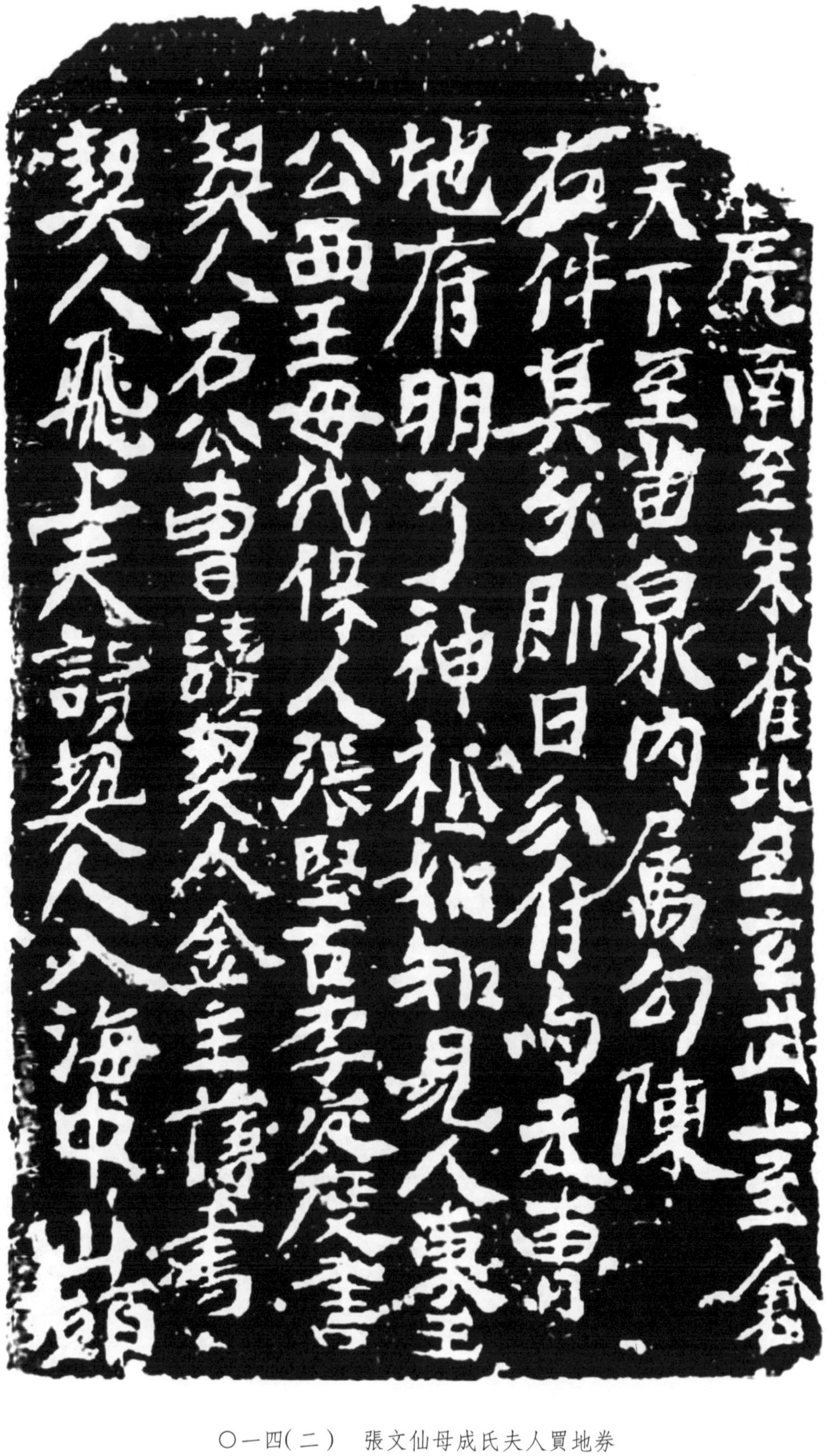

〇一四(二)　張文仙母成氏夫人買地券

〇一四（三—四） 張文仙母成氏夫人買地券

〇一四　張文仙母成氏夫人買地券　天禧元年（一〇一七）十月二十日

【題解】

一、名稱：張文仙母成氏夫人買地券

二、文獻形態：紅砂石質，長方形，長三十一點五厘米，寬二十厘米，厚七厘米。上部抹角。券石四面刻字，券文第一面：行楷七行，行十二至十五字；第二面：行楷七行，行九至十三字；第三面：行楷二行，行十至十二字；第四面：行楷二行，行四至八字。

三、卒葬時間：天禧元年（一〇一七）十月二十日葬。

四、文獻著録：寧夏固原博物館：《固原歷代碑刻選編》，銀川：寧夏人民出版社，二〇一〇年，第一一一至一一三頁。

五、出土收藏情況：寧夏回族自治區固原出土，券石現藏於寧夏固原博物館。

【釋文】

第一面

維大宋天禧元年歲次丁巳十月丙寅/朔二十日乙酉，鎮戎軍彭陽城[一]弓/箭手[二]、第八副指揮使[三]張文仙，亡/妣[四]成氏夫人，黄天父邑，今是/用錢萬萬九千九百九十九貫/文，向十二神[五]邊買得墓田，周流一傾，明立四至：东至青龍，西至白

第二面

虎，南至朱雀，北至玄武，上至蒼/天[六]，下至黄泉，内屬勾陳。/右件其錢即日分付與天曹/地府[七]明了，神祇[八]如知見人：東王/公、西王母；代保人：張堅固[九]、李定度；書/契人：石公曹[一〇]；讀契人：金主簿。書/契人飛上天；讀契人入海中。山頭

第三面

赤松子[一一]領律而攝，記之耳。/男弓箭手、第八副指揮使張文仙。

第四面

小男文秀，/成氏夫人夫張思同。

【校注】

〔一〕鎮戎軍彭陽城：《輿地廣記》卷一六《陝西秦鳳路下》載：宋至道元年（九九五），以故平高縣地置鎮戎軍。屬城一：彭陽城。寨七：東山寨、乾興寨、天聖寨、三川寨、定川寨、高平寨、熙寧寨。堡二：開元堡、張義堡。《元豐九域志》卷三《陝西路・秦鳳路》載：鎮戎軍於至道元年（九九五）以原州故平高縣地置軍，并於咸平六年（一〇〇三）置彭陽城。

〔二〕弓箭手：宋鄉兵之一。北宋河東、陝西路的沿邊閑田募蕃、漢邊民，充弓箭手，人給田二頃，出甲士一人，三頃或二頃半者兼出戰馬一匹。按畝向官府納租，免折變與科徭。弓箭手雖爲鄉兵，但戰鬥力較强，爲抵禦西夏之勁卒。相關文

章參見殷崇浩《北宋弓箭手屯田制度》，《河南大學學報》一九八六年第一期，第十一至十八頁。李清凌《試論北宋的弓箭手田制》，《西北師範大學學報》一九九二年第一期，第六十五至七十頁。魏天安《宋代弓箭手營田制度的興衰》，《中國社會經濟史研究》二〇〇六年第一期，第六十五至七十頁，等等。

〔三〕第八副指揮使：原文作「弟」，今改爲「第」。宋承五代後唐之制，以指揮爲軍隊編制單位。其上爲廂、軍，其下爲都，都百人，五都爲一指揮。統兵官爲指揮使和副指揮使。

〔四〕亡妣：原文作「亡比」，徑改。亡妣指去世的母親。

〔五〕十二神：原文缺「神」，今補。

〔六〕蒼天：原文作「倉天」，徑改。

〔七〕天曹地府：或作「陰曹地府」，中國古代神話中天上地下主管人生死的官署，或人死後所在的地方。宋孫光憲《北夢瑣言》卷一九：「書責其子曰：『生有明君真宰，死有天曹地府。』」

〔八〕神祇：指天神與地神，泛指所有神靈。

〔九〕張堅固：原文爲「張堅古」，今徑改之。

〔一〇〕石公曹：也作「石功曹」。

〔一一〕赤松子：又名赤誦子，古代傳説中的上古仙人，爲道教所尊奉。劉安《淮南子·齊俗訓》載：「今夫王喬、赤誦子，內嘔呼吸，吐故內新，遺形去智，抱素反真，以游玄眇，上通雲天。」高誘注曰：「赤誦子，上谷人也。病癘入山，尋引輕舉。」劉向《列仙傳》載：「赤松子者，神農時雨師也。服水玉以教神農，能入火自燒。往往至崑崙山上，常止西王母石室中，隨風雨上下。炎帝少女追之，亦得仙俱去。至高辛時復爲雨師，今之雨師本是焉。」《上清太極隱注玉經寶訣》：「劫始以來，赤松子、王喬、羨門、軒轅、尹子，并受五千文隱注秘訣，勤行大道，上爲真人之長者，實要注之妙矣。」

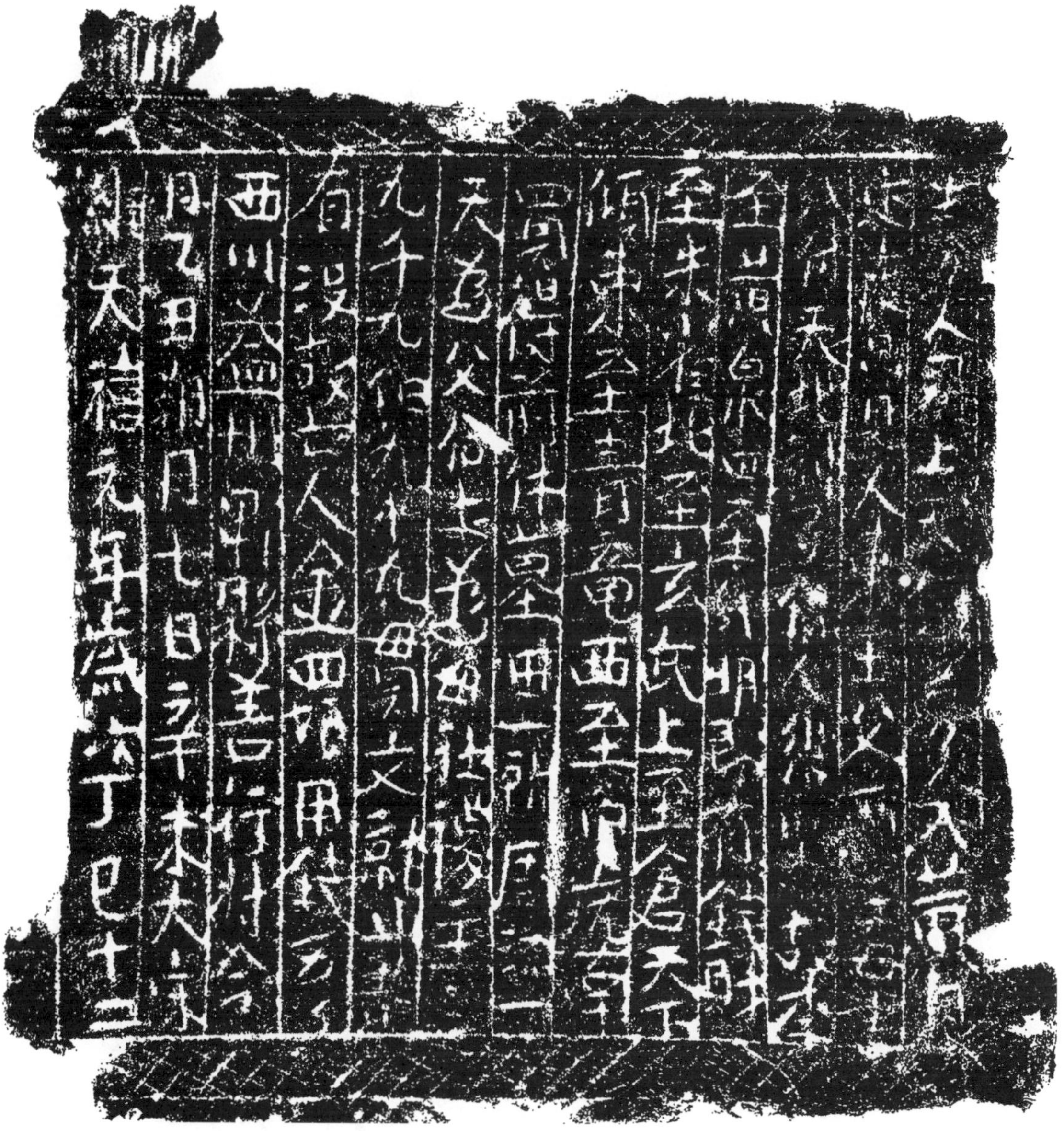

〇一五　金四娘買地券

○一五　金四娘買地券　天禧元年（一〇一七）十二月七日

【題解】

一、名稱：金四娘買地券

二、文獻形態：券石上下邊沿殘缺，殘高三十七厘米、寬三十六點五厘米、厚四厘米。券文部分四周刻有界欄，内陰刻豎綫十二條，券文自左向右書寫，行楷十三行，行十至十三字。

三、卒葬時間：天禧元年（一〇一七）十二月七日葬。

四、文獻著録：成都文物考古研究所、成都博物院：《成都出土歷代墓銘券文圖録綜釋》，北京：文物出版社，二〇一二年，第一〇七至一〇八頁。

五、出土及收藏情況：出土地點不詳，券石現收藏於成都市郫縣文物保護管理所。

【釋文】

維天禧元年歲次丁巳十二/月乙丑朔月七日辛未，大宋/西川益州郫縣善行村[一]，今/有没故亡人金四娘，用錢萬萬/九千九佰九十九貫文，就此青/天爲父、后土[二]爲母、社稷主邊/買得前件墓田一所，周流一/傾。東至青龍[三]，西至白虎，南/至朱雀，北至玄武。上至蒼天[四]，下/至黄泉，四至分明。即有錢財/分付天地神了。保人：張堅故、李/定度；知見人[五]：東王父、西王母。書/券人飛上天，讀券人入黄泉。

【校注】

〔一〕西川益州郫縣善行村：《宋史》卷八九《地理五》載：成都府，次府，本益州，蜀郡，劍南西川節度。太平興國六年（九八一），降爲益州。端拱元年（九八八），復爲劍南西川成都府。淳化五年（九九四）復爲益州，嘉祐四年（一〇五九）復置爲府，六年復爲劍南西川。《太平寰宇記》卷七二載：領縣十：成都、華陽、郫縣、新都、温江、新繁、雙流、犀浦、廣都、靈池。本書所收買地券載有五縣：華陽縣、温江縣、新繁縣、雙流縣、靈池縣。郫縣，宋屬益州。《太平寰宇記》卷七二載：郫縣，舊三十六鄉。善行村爲郫縣轄村之一，所屬鄉不詳。

〔二〕后土：原是中國最早的土地神，《禮記·月令》：「其神后土。」《釋名·釋天》曰：「土，吐也，能吐生萬物也。」《左傳·昭公二十九年》杜預注「土爲群物主，故稱后」是也。古字中「厚」與「后」通用，也寫作厚土。道教興起後成爲地神，至遲在隋代由男性神轉化成爲女性神。隨着道教宇宙創世理論的發展，后土專宰大地山川，而由玉皇大帝主宰天界。因而后土又被稱「地母」，而玉皇大帝被稱爲「天公」。宋代道教觀念中將中天紫微北極大帝、南方南極長生大帝、勾陳上宫天皇大帝、后土皇地祇并稱天神四禦，居於三清之下，位於萬神之上。

〔三〕青龍：原文作「青竜」，徑改。

〔四〕蒼天：原文作「倉天」，徑改。

〔五〕知見人：「知」原文作「只」，徑改。

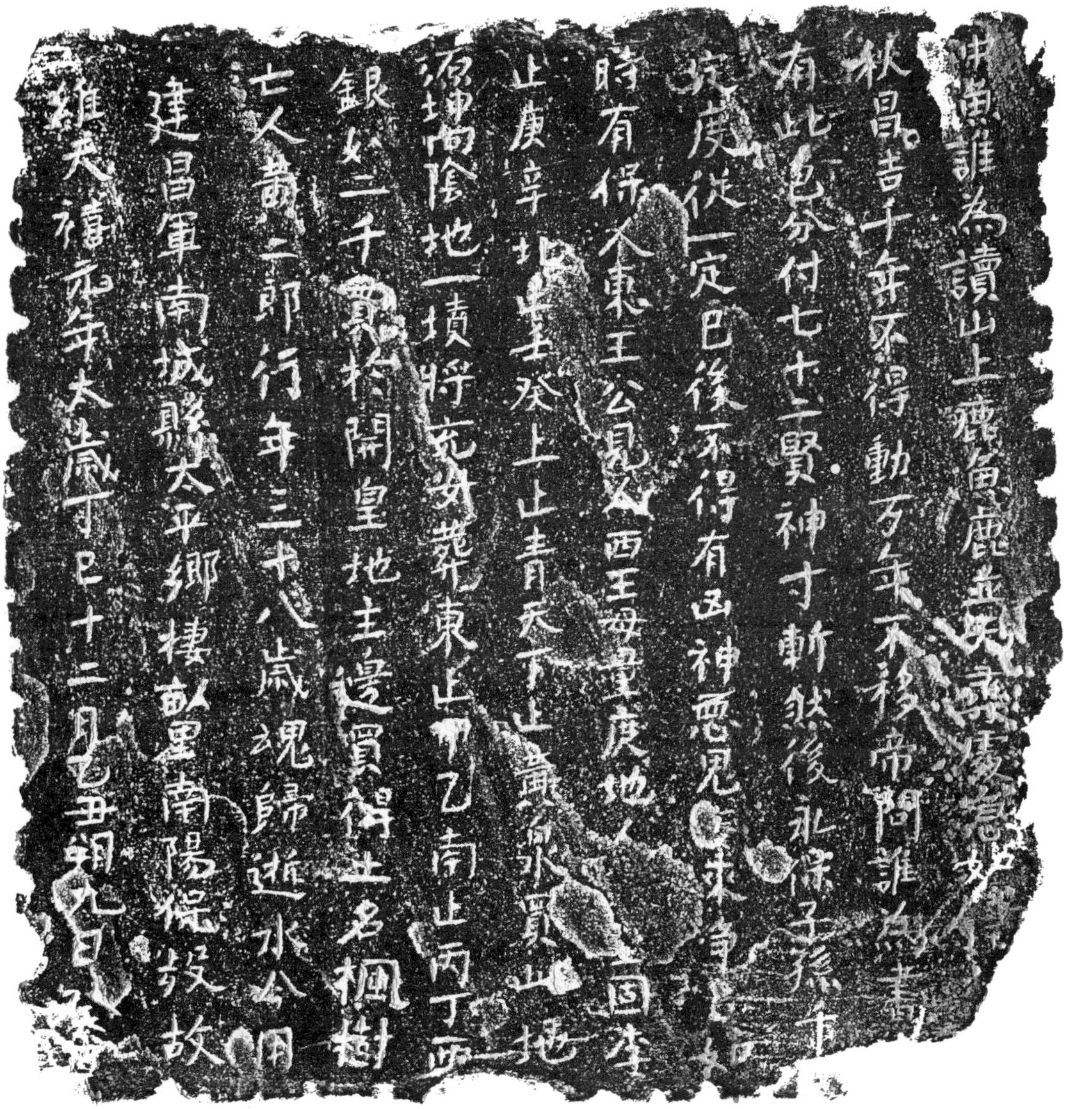

〇一六　黃二郎買地券

○一六　黄二郎買地券　天禧元年（一○一七）十二月九日

【題解】

一、名稱：黄二郎買地券

二、文獻形態：拓本正方形，邊長三十四厘米，券文自左向右書寫，行楷十一行，滿行二十字。

三、卒葬時間：天禧元年（一○一七）十二月九日葬。

四、出土及收藏情況：現收藏於河北大學宋史研究中心。

【釋文】

維天禧元年太歲丁巳十二月乙丑朔九日癸酉，/建昌軍南城縣太平鄉棲畝里南陽保[一]殁故/亡人黄二郎，行年三十八歲，魂歸逝水。今用/銀錢二千貫，於開皇地主[二]邊買得土名楓樹/源坤向陰地一墳，將充安葬。東止甲乙，南止丙丁，西/止庚辛，北止壬癸，上止青天，下止黄泉。買此地/時有保人：東王公；見人：西王母；量度地人：張堅固、李/定度。從一定已後，不得有凶神惡鬼□來争占。如/有此，已分付七十二賢神[三]寸斬[四]，然後永保子孫千/秋昌吉，千年不得動，萬年不移。帝問誰爲書？水/中魚。誰爲讀？山上鹿。魚鹿并失尋處。急如律[令]。

【校注】

〔一〕建昌軍南城縣太平鄉棲畝里南陽保：《太平寰宇記》卷一一○《江南西道八·撫州》載：建昌軍，本撫州南城縣，宋開寶二年（九六九），置建武軍。太平興國四年（九七九）改爲建昌軍，治南城縣。《元豐九域志》卷六載：建昌軍下設南城縣、南豐縣。《元豐九域志》卷六《江南路·西路》載：南城縣十鄉。本券所載太平鄉爲南城縣轄鄉之一，有棲畝里南陽保。

〔二〕開皇地主：偶作元黄地主，買地券中最主要的陰地出賣方，與五土冥王并列出現時位於其後。其在中國民間道教及冥神信仰論述中幾無記載，當在神界體系中屬於下層神祇。「開皇」一詞不知確切語義，可能源於「玄黄」。「玄黄」指天地的顔色，玄爲天色，黄爲地色。《易·坤》：「夫玄黄者，天地之雜也，天玄而地黄。」《漢書·揚雄傳上》顔師古注：「玄黄，天地色也。」「玄黄」後因而成爲天地的代稱。宋代因避宋朝皇帝遠祖趙玄朗的名諱而稱「元黄」。開皇地主可能源自掌管陽世間土地山川的土地神，是指陰間擁有土地的小神，没有確切神名而在陰界有無數存在。

〔三〕七十二賢神：我國古代大思想家、教育家孔子有三千弟子，其中精通六藝者七十二，稱「七十二賢人」。此詞在買地券中出現，應是民間對歷史人物的神化。

〔四〕寸斬：意指碎屍萬段。

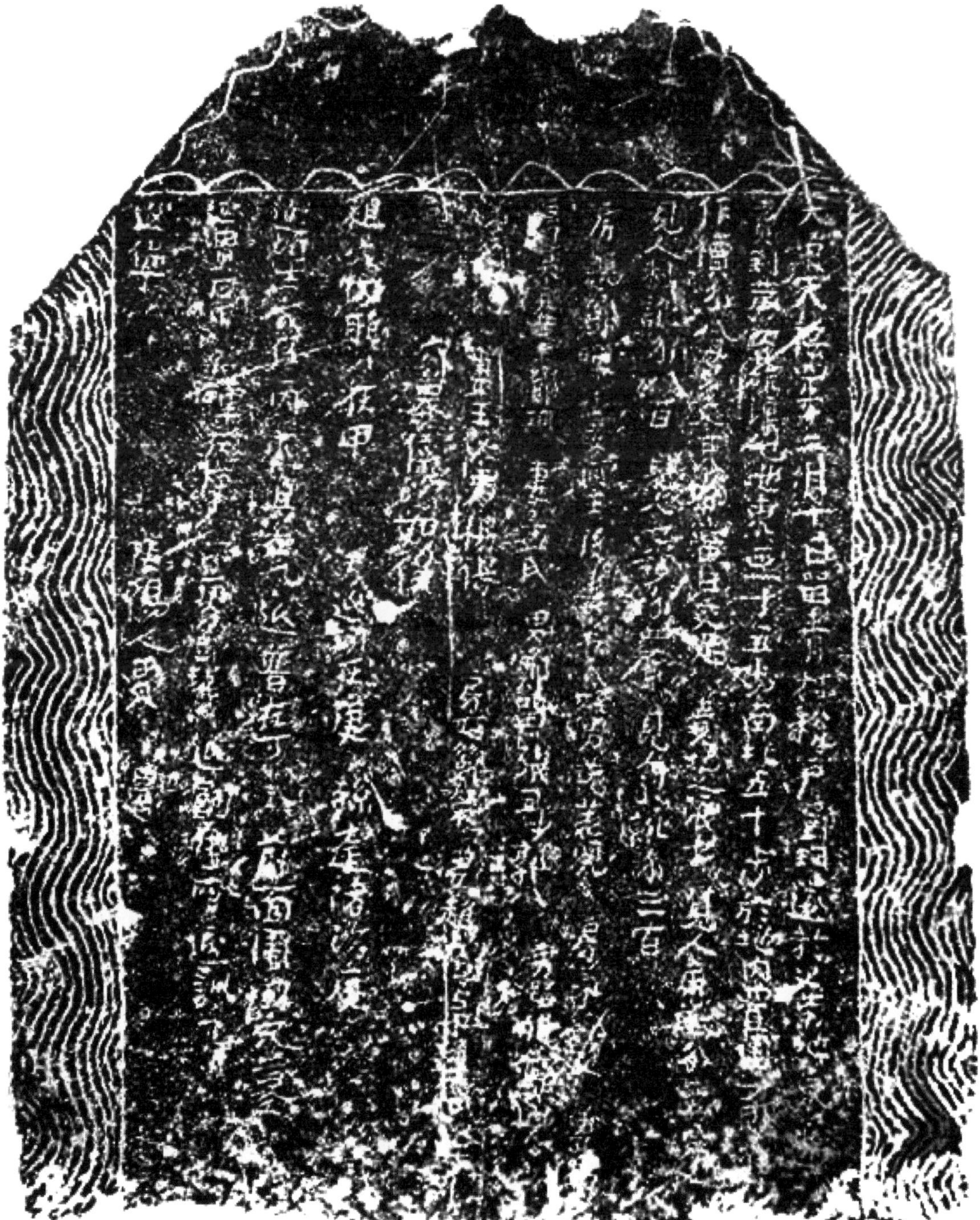

〇一七　鄧珦買地券

〇一七　鄧珣買地券　天禧四年（一〇二〇）二月十日

【題解】

一、名稱：鄧珣買地券

二、文獻形態：砂石質，券石長方形，上部左右抹角，左右刻多重水波紋，刻於鄧珣墓誌記石陰面，長六十七厘米，寬五十一點五厘米，厚八厘米；券文自右向左書寫，行楷十二行，行六至二十八字。

三、卒葬時間：天禧四年（一〇二〇）二月十日葬。

四、文獻著録：康兰英：《榆林碑石》，西安：三秦出版社，二〇〇三年，第八四、二五六頁；陝西省古籍整理辦公室編：《新中國出土墓誌·陝西·壹》，北京：文物出版社，上册第一四六頁，下册第一五五頁。

五、出土及收藏情况：一九八七年出土於神木縣永興鄉柳溝村，券石現藏於神木縣文管所。

【釋文】

大宋天禧四年二月十日，留青村税户〔一〕鄧珣，遂於義榮地東邊/買到黄四蔟浪乜地，東西一十五步，南北五十步。於地内置圍一所，崔□/作價錢八貫文，其錢當日交足。賣地人浪乜，見人屈崖錢二貫文，/見人利訛錢八百，見人乜移錢四百，見人弘訛錢三百。/房親鄧暉，妻河王，後妻宋氏。侄男若差兒。房親鄧乂，妻宫氏。/房弟□主鄧珣，妻孟氏。男鄭留、張哥、郭八，男留□、鄭兒。/弟劉□，妻王氏。男楊得。房侄鄧榮，妻趙氏。弟□□，妻劉氏/。穴墓位次如後：/祖穴□□□在甲，男延初在庚，孫□緒次庚，/延均生穴在丙，延真在乙，延普在丁。前面圍四穴墓，/延貴在甲，延暉在庚，次庚鄧璘，延飼在丙，延訓乙，/延保丁。陰陽人賈愚。

【校注】

〔一〕税户：又稱主户、編户。指鄉村有田産或城市有房産，應納税服役的人户。宋代鄉村主户按照田産多少，分成五等，一、二、三等稱鄉村上户，四、五等稱鄉村下户（又稱無産税户）。官府按户等高下攤派某些税役，或免除鄉村下户的某些税役。本券出土於神木縣永興鄉柳溝村，北宋時稱爲留青村。

〇一八　楊氏買地券

〇一八　楊氏買地券　天禧五年（一〇二一）十月七日

【題解】

一、名稱：楊氏買地券

二、文獻形態：券石中下部殘斷，裂爲二塊，長四十二厘米、寬三十六厘米、厚三點五厘米。券文上下有邊框，陰刻十二條竪綫，券文自左向右書寫，行楷十三行，行三至十四字。

三、卒葬時間：天禧五年（一〇二一）十月七日葬。

四、文獻著録：成都文物考古研究所、成都博物院：《成都出土歷代墓銘券文圖録綜釋》，北京：文物出版社，二〇一二年，第一〇九至一一〇頁。

五、出土及收藏情況：券石現收藏於成都市新津縣文物管理所。

【釋文】

維天禧五年太歲辛酉十月□□/朔七日己酉，殁故亡妣楊氏之靈，生/居堂室，死皈宅兆[一]，龜筮[二]叶從，相地/襲吉[三]，宜於蜀州新津縣合江鄉□/江里[四]之源安厝。謹用五彩[五]鎮信□□/主地□安都邊買得此地一段□□□/九步。其地用充安排者：/東至青龍，西至白虎，/南至朱雀，北至玄武。/内方拘陳[六]，上至青天，下至黄泉，分/掌四域。丘承墓伯[七]，封步[八]界畔；道路/將軍[九]，整齊阡陌[一〇]。急急如五帝使者□/□律令。

【校注】

〔一〕宅兆：指墓地。《孝經·喪親》：「卜其宅兆而安厝之。」注：「宅，葬地；兆，吉兆也。」

〔二〕龜筮：龜卜與著筮的合稱。《尚書·洪範》：「龜筮共違於人，用静吉，用作凶。」《尚書·大禹謨》：「鬼神其依，龜筮協從。」

〔三〕襲吉：占卜後確認的吉日。《文選·任昉〈齊竟陵文宣王行狀〉》：「今先遠戒期，龜謀襲吉。」吕延濟注：「襲吉，謂得吉日也。」

〔四〕蜀州新津縣合江鄉□江里：《太平寰宇記》卷七五載：唐垂拱二年（六八六）始以晉原等四縣立蜀州。天寶元年（七四二）改爲唐安郡。乾元元年（七五八）復爲蜀州。宋因唐制，領四縣：晉原、江原、新津、永康。《元豐九域志》卷七《成都府路》載：蜀州領五縣：晉原、江原、新津、永康、青城。本書所收買地券載蜀州三縣：晉源、新津、永康。《太平寰宇記》卷七五《劍南西道四·邛州》載：新津縣下舊有二十鄉。本券所載有合江鄉□江里。

〔五〕五彩：指青、赤、白、黑、黄五種顔色。古代以此五者爲正色，它們分别代表五個方位，即東方謂之青，南方謂之赤，西方謂之白，北方謂之黑，中央謂之黄。

〔六〕拘陳：也作「勾陳」。

〔七〕丘承墓伯：也作「丘丞墓伯」。

〔八〕封步：指墳墓占地的四至範圍。「封」有「墳墓」之意，《周禮·春官·冢人》：「以爵等爲丘封之度與其樹數。」鄭玄注：「王公曰丘，諸臣曰封。」「步」爲買地券中寫明的東西與南北步數。

〔九〕道路將軍：中國古代民間信仰中專掌道路的神將，此處應爲泛指，確指爲五道將軍。五道將軍爲道教神仙，省稱「五道」，又稱「五道神」。「五道」指東、西、南、北、中五大方位。宋以後因其作爲陰司道路關津的主掌之神，是死者魂魄能否通行的關鍵職位，其在民間信仰中地位上升，成爲主掌人間生死的東嶽大帝屬神，其廟宇常設在道路的十字路口處。在買地券中多以「道路將軍」代指。

〔一〇〕整齊阡陌：原券脱「阡陌」二字，今補。

〇一九　阿費買地券

〇一九　阿費買地券　乾興元年（一〇二二）九月二十五日

【題解】

一、名稱：阿費買地券

二、文獻形態：青石質，券石通高五十九點五厘米。碑首半圓形，最寬處四十厘米、高十七厘米、厚三厘米。其上陰刻雲紋及日月圖案，碑身寬三十二厘米、高二十八厘米。券面陰刻竪綫十一條，券文自右向左書寫，楷書十二行，行十一至十八字。

三、卒葬時間：乾興元年（一〇二二）九月二十五日葬。

四、文獻著録：成都文物考古研究所、成都博物院：《成都出土歷代墓銘券文圖録綜釋》，北京：文物出版社，二〇一二年，第一一一至一一二頁。

五、出土及收藏情况：出土於成都市蒲江縣五星鎮（今壽安鎮）犀羊村，現收藏於成都市蒲江縣文物保護管理局。

【釋文】

維乾興元年歲次壬戌九月戊辰朔二十五日/壬辰[一]，大宋國劍南西川邛州依政縣昇平鄉歸/厚里[二]，清信女弟子[三]阿費，行年六十五歲，六月生/誕[四]。女弟子生居塵境，長在閻浮[五]，假四大以爲/形，附陰陽而得體，五蘊[六]之軀，濁世塵傾，所/以建營吉宅，增益壽年，謹用黄銅赤錢五/綵雜信，就此東王父、西王母處買得延壽/堂吉地一所。東至青沙，西至日没，南至幽都，北至/玄武，上至蒼天，下至黄泉。一買之後，以山爲界，/以海爲[七]邊，悉屬女弟子地界，諸神不得/侵犯。急急地下五帝律令。保證人：張堅/固、李定渡[八]。赤松子等知見。

【校注】

〔一〕乾興：原作「乹興」，宋真宗年號，僅用一年。

〔二〕劍南西川邛州依政縣昇平鄉歸厚里：《太平寰宇記》卷七五《劍南西道四·邛州》載：依政縣有十鄉。本券與〇二〇《王仁明買地券》、〇四四《宋朋買地券》、〇九五《宋燧買地券》、〇九九《高氏買地券》所載昇平鄉爲依政縣轄鄉之一。其下二里：歸厚里、懷恭里。

〔三〕清信女弟子：源自梵語「優婆夷」，又稱「信女」「近事女」「近善女」「清净女」等，指受三皈五戒在家修行的女性佛教徒。

〔四〕生誕：「誕」原文作「但」，今改。

〔五〕閻浮：又作剡浮，梵語 jambu，即贍部之樹，是盛産於南贍部州的神樹。南贍部州因此樹而又稱爲「南閻浮提」，「閻浮」亦成爲南贍部州的代稱，後泛指人間世界。

〔六〕五蘊：原文作「五温」，應爲「五蘊」，今改。「五蘊」分指色、受、想、行、識五種。佛教認爲世間萬物與人，皆由五蘊因緣和合而成的。

〔七〕此處衍一「爲」字，今删。

〔八〕李定渡：也作「李定度」。

〇二〇　王仁明買地券

〇二〇　王仁明買地券　乾興元年（一〇二二）九月二十九日

【題解】

一、名稱：王仁明買地券

二、文獻形態：券石呈碑形，券石中部殘斷，裂爲兩塊。殘高六十二點五厘米。券首呈半圓形，寬四十厘米、高十六點三厘米、厚三厘米。上刻雲紋及日月圖案，碑身寬三十一厘米、高二十九厘米。券文楷書十一行，行五至十六字。

三、卒葬時間：乾興元年（一〇二二）九月二十九日葬。

四、文獻著録：成都文物考古研究所、成都博物院：《成都出土歷代墓銘券文圖録綜釋》，北京：文物出版社，二〇一二年，第一一三至一一四頁。

五、出土及收藏情況：出土情況不明，券石現收藏於成都市蒲江縣文物保護管理所。

【釋文】

維乾興元年歲次壬戌九月戊辰朔二十/九日丙申[一]，大宋國劍南西川邛州依政縣/昇平鄉歸厚里[二]，歿故亡人王仁明之靈。今用/白銀信錢萬萬[三]九千九百九十九貫文，於東/王父、西王母處買得墓地一段，謹具肆/至：東至青龍，西至白虎，南至朱雀，北/至玄武。四至分明，即日有錢物并了。保/人是張堅固、李定度；知見人：/王喬[四]、赤松子；書券人是金主簿/；交關人是鳥飛上天；讀券人魚入深泉[五]。/急急如律令。

【校注】

〔一〕乾興：原文作「乹興」，徑改。

〔二〕劍南西川邛州依政縣昇平鄉歸厚里：邛州依政縣，《太平寰宇記》卷七五《劍南西道四·邛州》載：依政縣舊有十鄉。本書所收買地券有依政縣四鄉：昇平鄉、歸義鄉、聖化鄉、清化鄉。

〔三〕白銀信錢：此處脱「銀」字，今據文意補。見〇一二《張先買地券》。

〔四〕王喬：道教神話人物，爲周靈王太子，名晉，因封地在喬（今河南武陟），所以也叫王喬，或王子喬。漢劉向《列仙傳·王子喬》載：「王子喬者，周靈王太子晉也。好吹笙，作鳳凰鳴。游伊洛之間，道士浮丘公接以上嵩高山。三十餘年後，求之於山上，見桓良曰：『告我家：七月七日待我於緱氏山巔。』至時，果乘白鶴駐山頭，望之不得到，舉手謝時人，數日而去。」

〔五〕讀券人魚入深泉：原文脱「券人魚」三字，據文意補。

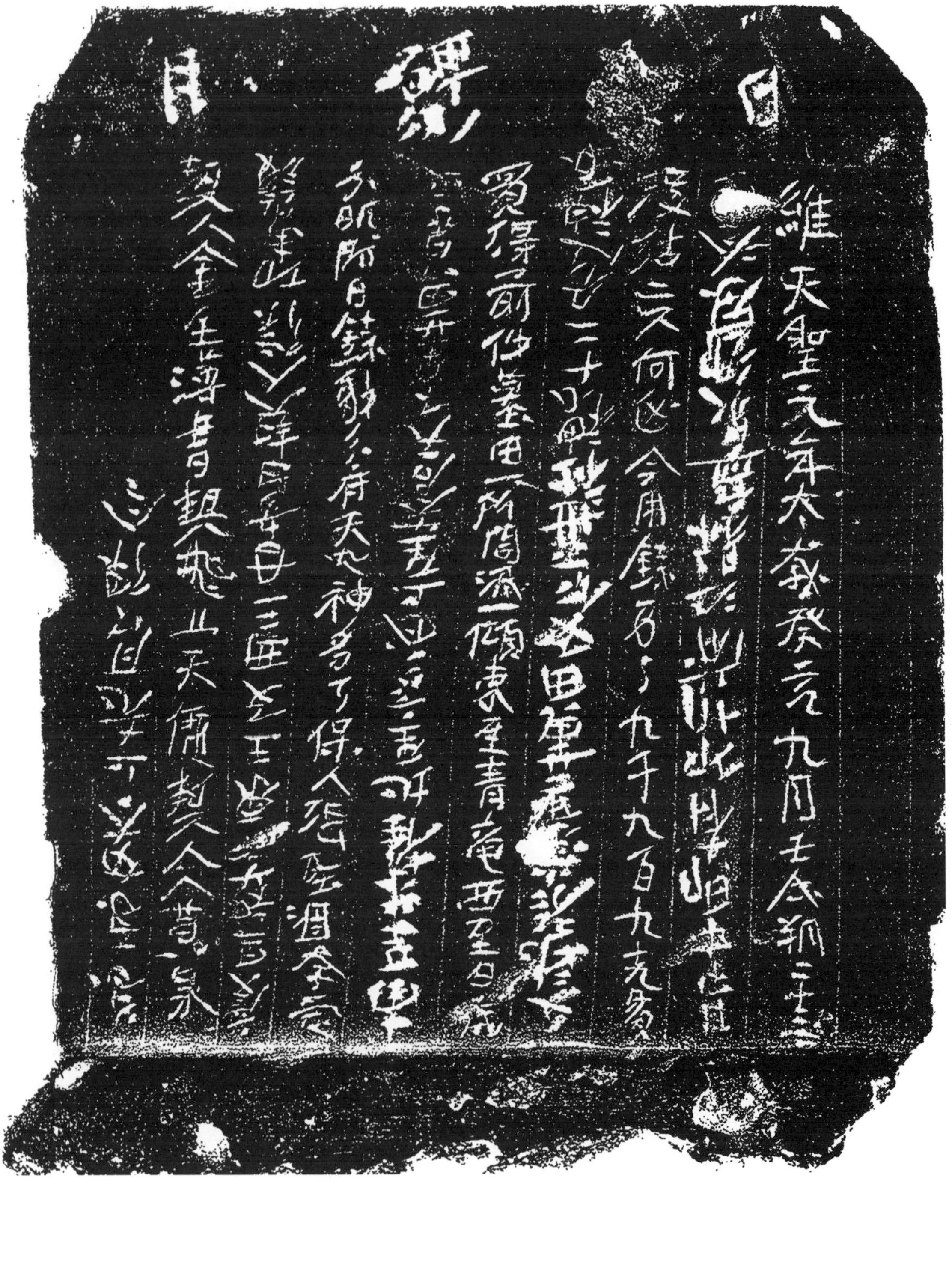

〇二一　何氏買地券

〇二一　何氏買地券　天聖元年（一〇二三）九月二十三日

【題解】

一、名稱：何氏買地券

二、文獻形態：白砂石質，券石高四十厘米、寬三十三厘米、厚三點五厘米。券石上端左右抹角，左右刻「日」「月」。中刻「碑」字。券身刻界欄十二條，券文自右向左一條龍書寫，單行正寫，雙行倒寫。行楷十行，行九至二十字。

三、卒葬時間：天聖元年（一〇二三）九月二十三日葬。

四、文獻著録：成都文物考古研究所、成都博物院：《成都出土歷代墓銘券文圖録綜釋》，北京：文物出版社，二〇一二年，第一一六頁。

五、出土及收藏情況：一九九一年出土於成都市蒲江縣東北鄉（今鶴山鎮）金馬村，現收藏於成都市蒲江縣文物保護管理所。

【釋文】

日　碑　月

維天聖元年太歲癸亥九月壬戌朔二十三/日甲申，即有邛州蒲江縣鹽泉鄉恩洽里[一]/歿故亡人何氏，今用錢萬萬九千九百九十九貫/文，就於當里黃天[二]父、后土母、社稷十二神邊[三]處/買得前件墓田一所，周流一傾。東至青龍，西至白虎，/南至朱雀，北至玄武。上至蒼天，下至黃泉，四/至[四]分明，即日錢財分付[五]天地神明[六]了。保人：張堅固[七]、李定/度；見知□：東王父、西王母；書契人：侯功曹；讀/契人：金主簿。書契人[八]：飛上天，讀契人：入黃泉。/急急如太上老君律令。

【校注】

〔一〕邛州蒲江縣鹽泉鄉恩洽里：《太平寰宇記》卷七五《劍南西道四》：蒲川縣有六鄉。本書〇二一《何氏買地券》所載鹽泉鄉爲蒲川縣轄鄉之一。其下一里：恩洽里。

〔二〕天：原文作「田」字，今改。

〔三〕神邊：原文作「邊神」，倒文，今改。

〔四〕四至：原券脱「至」字，今補。

〔五〕分付：原文作「分府」，徑改。

〔六〕神明：原文作「神名」，徑改。

〔七〕張堅固：「固」原文作「涸」，今統爲「固」。

〔八〕書契人：原文脱「人」字，今補。

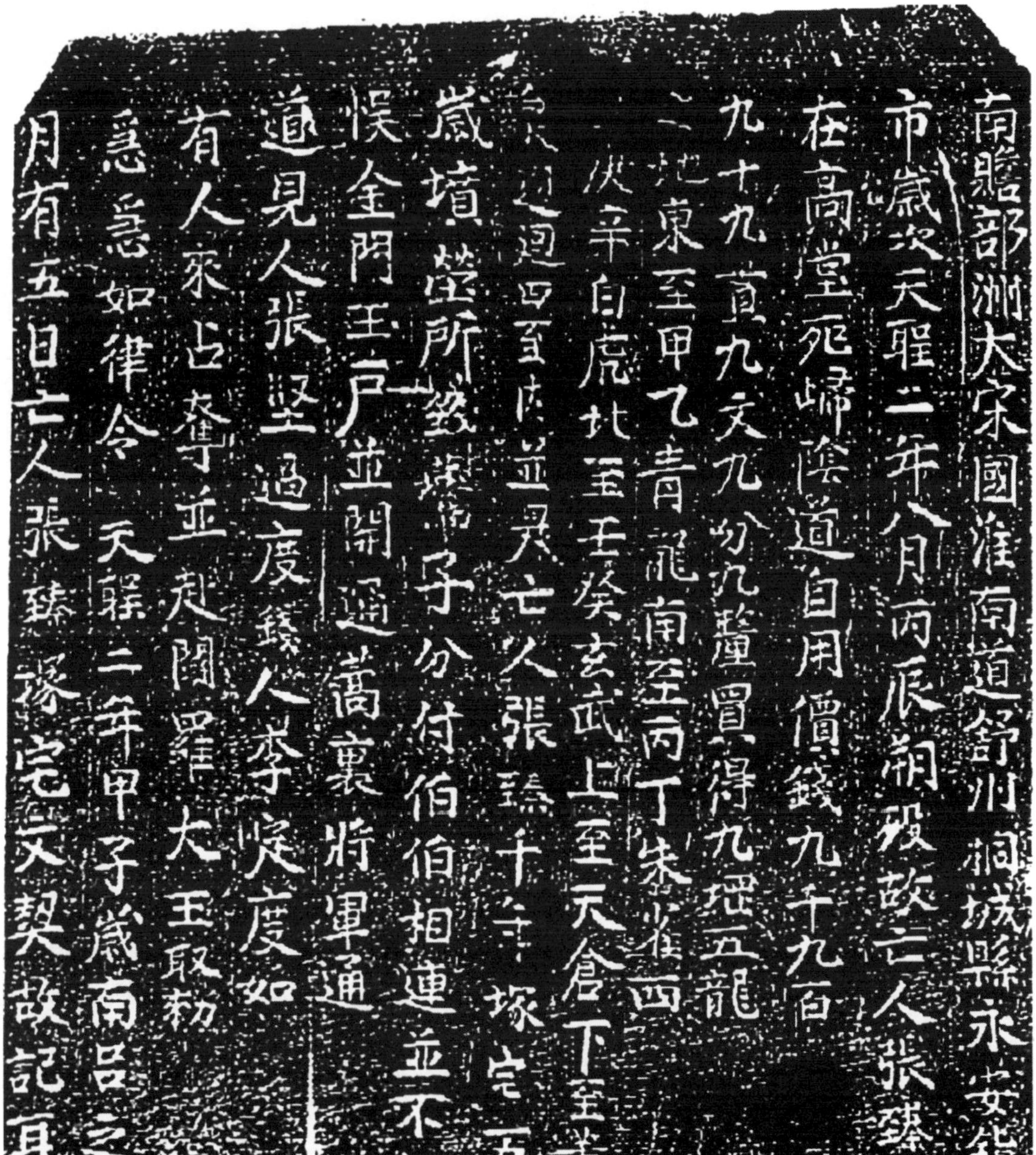
南贍部洲大宋國淮南道舒州桐城縣永安鎮
市歲次天聖二年八月丙辰朔殁故亡人張臻生
在高堂死歸陰道自用價錢九千九百
九十九貫九文九分九釐買得九堙五龍
之地東至甲乙青龍南至丙丁朱雀西
伏辛白虎北至壬癸玄武上至天倉下至黃
泉四至内並是亡人張臻千年塚宅方
歲墳塋所管掃帚子分付伯伯相連並不相
侵金門王戶並開通蒿裏將軍通
道見人張堅過度錢人李定度如
有人來占奪並赴閻羅大王取勅
急急如律令　天聖二年甲子歲南呂之
月有五日亡人張臻掾宅立文契故記耳

〇二二　張臻買地券

○二二一　張臻買地券　天聖二年（一○二四）八月五日

【題解】

一、名稱：張臻買地券。

二、文獻形態：青石質，長方形，上端的兩角有小抹角；長四十三厘米，寬三十九厘米，厚一厘米；陰刻竪綫十二條，券文自右向左行楷十三行，行十五至十八字。

三、辛葬時間：天聖二年（一○二四）八月五日葬。

四、文獻著録：王樂群：《樅陽發現北宋時期地券》，《文物研究》一九九四年第九期，第一五○至一五一頁。

五、出土及收藏情況：一九八九年出土於樅陽縣樅陽鎮烈馬攀鞍山，券石現收藏於成都文物考古研究所。

【釋文】

南贍部洲大宋國淮南道舒州桐城縣永安鎮/市[一]，歲次天聖二年八月丙辰朔，歿故亡人張臻，生/在高堂，死歸陰道。自用價錢九千九百/九十九貫九文九分九釐，買得九堽五龍/之地，東至甲乙青龍，南至丙丁朱雀，西/至庚辛白虎，北至壬癸玄武，上至蒼天[二]，下至黄/泉。周回四至内，并是亡人張臻千年冢宅，萬/歲墳塋。蝦蟆數錢[三]，燕子[四]分付，百百[五]相連，并不相/悮，金門玉户，并開通蒿里[六]將軍通/道。見人：張堅固[七]；度錢人：李定度。如/有人來占奪，并赴閻羅大王[八]取敕。/急急如律令。天聖二年甲子歲南吕之/月[九]有五日，亡人張臻冢宅文契，故記耳。

【校注】

〔一〕淮南道舒州桐城縣永安鎮市：《太平寰宇記》卷一二五《淮南道三》載：舒州，《禹貢》揚州之域。唐乾元元年（七五八）復爲舒州。宋因之。領縣五：懷寧縣、桐城縣、望江縣、宿松縣、太湖縣。《輿地廣記》卷二一《淮南西路》載：桐城縣，本漢樅陽縣，屬廬江郡。東漢省之，梁復置，及置樅陽郡。隋開皇初郡廢，屬熙州，十八年改縣曰同安。唐屬舒州，至德二載（七五七）更名桐城。宋因之。《元豐九域志》卷五《淮南西路》載：桐城縣下轄四鄉，并有北硤鎮、永安鎮、鸞山鎮、銅山鎮、挂車鎮、盤小鎮、石溪鎮、雙港鎮、孔城鎮九鎮。本券見永安鎮。

〔二〕蒼天：「蒼天」原文作「天蒼」，倒文，今改。

〔三〕蝦蟆數錢：原文脱「蝦蟆」二字，今補。「數錢」原文作「所錢」。

〔四〕燕子：原文作「鷰子」。

〔五〕百百：原文作「伯伯」，今改。

〔六〕蒿里：又作「篙里」。本爲山名，相傳在泰山之南，本是古墓地。《漢書·武帝本紀》顔師古注：「死人之里謂之蒿里，或呼下里者也。」另春秋戰國時齊國東部有《薤露》《蒿里》輓歌，漢時以《薤露》送王公貴人出殯，以《蒿里》送士大夫、平民出殯。因而後世以此詞泛指墓地及陰間。

〔七〕張堅固：「固」原文作「過」，今改。

〔八〕閻羅大王：即閻羅王，或稱閻羅天子，通稱閻王，梵語「閻魔羅闍」的略譯，佛教傳入中國後的陰司主宰，主掌陰間鬼衆，司人間壽數、生死輪回。隋唐以後，民間信仰中仍以東嶽大帝爲尊，但閻羅信仰也相當普遍。唐末時，開始有「十殿閻羅」的説法，并有判官、牛頭馬面、黑白無常等冥界輔佐。後道教也衍用此説，稱泰山東嶽帝爲中國之閻羅王。

〔九〕南吕之月：陰曆八月。古人以十二律配十二月，南吕配在八月，故以之代八月。《吕氏春秋·音律》：「南吕之月，蟄蟲入穴，趣農收聚。」高誘注：「南吕，八月也。」

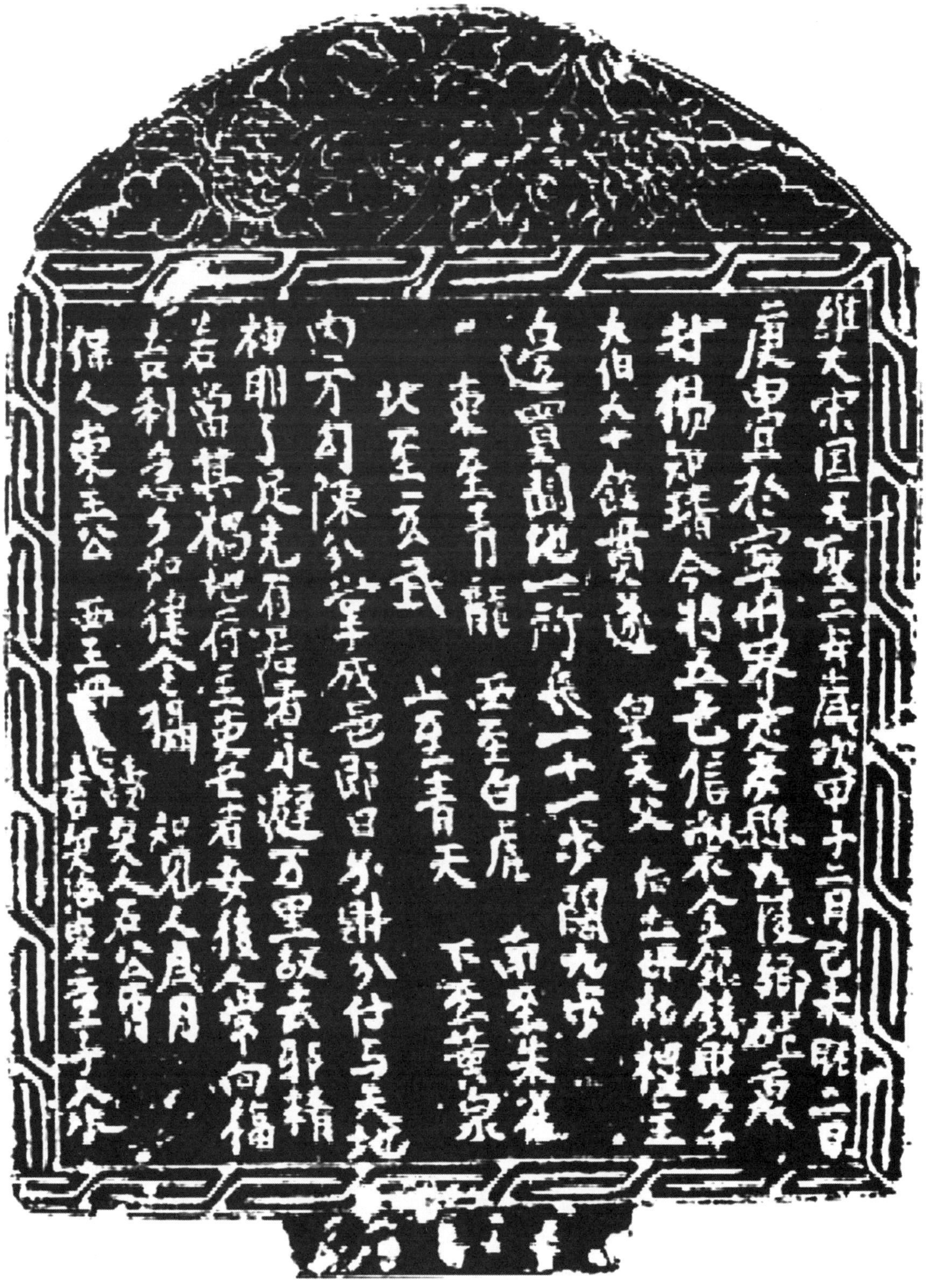

〇二三　楊知璠買地券

○二三 楊知璠買地券 天聖二年（一〇二四）十二月二日

【題解】

一、名稱：楊知璠買地券

二、文獻形態：石灰質，呈碑形，券石長四十四厘米，寬三十四厘米，厚六厘米，券首圓頭，刻有祥雲圖案，券石底部有榫，券石周邊爲回形飾文。券文自右向左行楷十三行，行十二至十九字。

三、卒葬時間：天聖二年（一〇二四）十二月二日葬。

四、文獻著録：張馳：《寧縣境内出土的買地券綜述》，《隴右文博》二〇〇一年第一期，第六三至六五頁；唐曉軍：《甘肅古代石刻藝術》，北京：民族出版社，二〇〇七年，第二四三頁；張智全：《慶陽金石碑銘菁華》，蘭州：甘肅文化出版社，二〇一三年，第三八頁；高朋：《人神之契：宋代買地券研究》，北京：中國社會科學出版社，二〇一一年，第二七八至二七九頁；魯西奇：《中國古代買地券研究》，廈門：廈門大學出版社，二〇一四年，第三〇〇頁。

五、出土及收藏情況：甘肅寧縣出土，現收藏於甘肅寧縣博物館。

【釋文】

維大宋國天聖二年歲次甲子二月己未既二日/庚申，宜於寧州界定安縣九陵鄉硅裏/村[一]楊知璠，今將五色信幣、金銀錢財九千/九百[二]九十餘貫，遂皇天父、后土母、社稷主/邊買闊地一所，長一十一步，闊九步，/東至青龍，西至白虎，南至朱雀，/北至玄武，上至青天，下至黄泉。/内方勾陳，分掌城邑[三]。即日錢財分付與天地/神明了足。先有居者，永避萬里。故炁[四]邪精，/若當其禍，地府主吏，亡者安後，人常向福/吉利。急急如律令。攝。知見人：歲月；/保人：東王公、西王母；讀契人：石公曹[五]；/書契人[六]海東童子[七]入水。

【校注】

〔一〕寧州界定安縣九陵鄉硅裏村：《太平寰宇記》卷三四《關西道十》載：唐武德元年（六一八）改北地郡爲寧州；屬彭州。三年分彭原縣置義豐縣，屬彭州。又分定安置定平縣。貞觀元年（六二七）廢彭州，以彭原、豐義二縣來屬，仍於寧州置都督府；十七年廢歸義縣，天寶元年（七四二）改爲彭原郡，乾元元年（七五八）復爲寧州。宋因之。《元豐九域志》卷三《陝西路》載：寧州下設定安、安平、襄樂、真寧四縣。本書〇二五《劉某買地券》載定安縣。《元豐九域志》卷三《陝西路》載：定安縣下設七鄉，并有交城、棗社二鎮。九陵鄉爲定安縣下轄鄉之一，有硅裏村。

〔二〕百：原文作「伯」，今統爲「百」。

〔三〕城邑：原文作「成邑」，今改。

〔四〕故炁：原文作「故去」，今改。「炁」同「氣」，此字多見於道教典籍。《關尹子·六化》：「以神存炁，以炁存形。」南朝梁陶弘景《華陽隱居真誥》謂：「皆謂鬼神塵濁不正之炁。此等皆承人爲惡。既靈助無主，道豈可議也。」

〔五〕石公曹：也作「石功曹」。

〔六〕書契人：原文脱「人」字，今補。

〔七〕海東童子：又作「海中童子」。道教稱仙童爲「童子」，多充當諸仙侍者，海東童子即東海仙童。其在宋代買地券中充當書契人、讀券人、保人。南北朝以後，人死後歸聚之地變爲東海。（參劉安志《從泰山到東海——中國中古時期民衆冥世觀念轉變之一個側面》）由此推斷「海中童子」主要職能在於「入水」，是陰地買賣契約完成後升天入海、出入幽冥的重要傳送人，并承擔了書讀契約及交易擔保的職能。

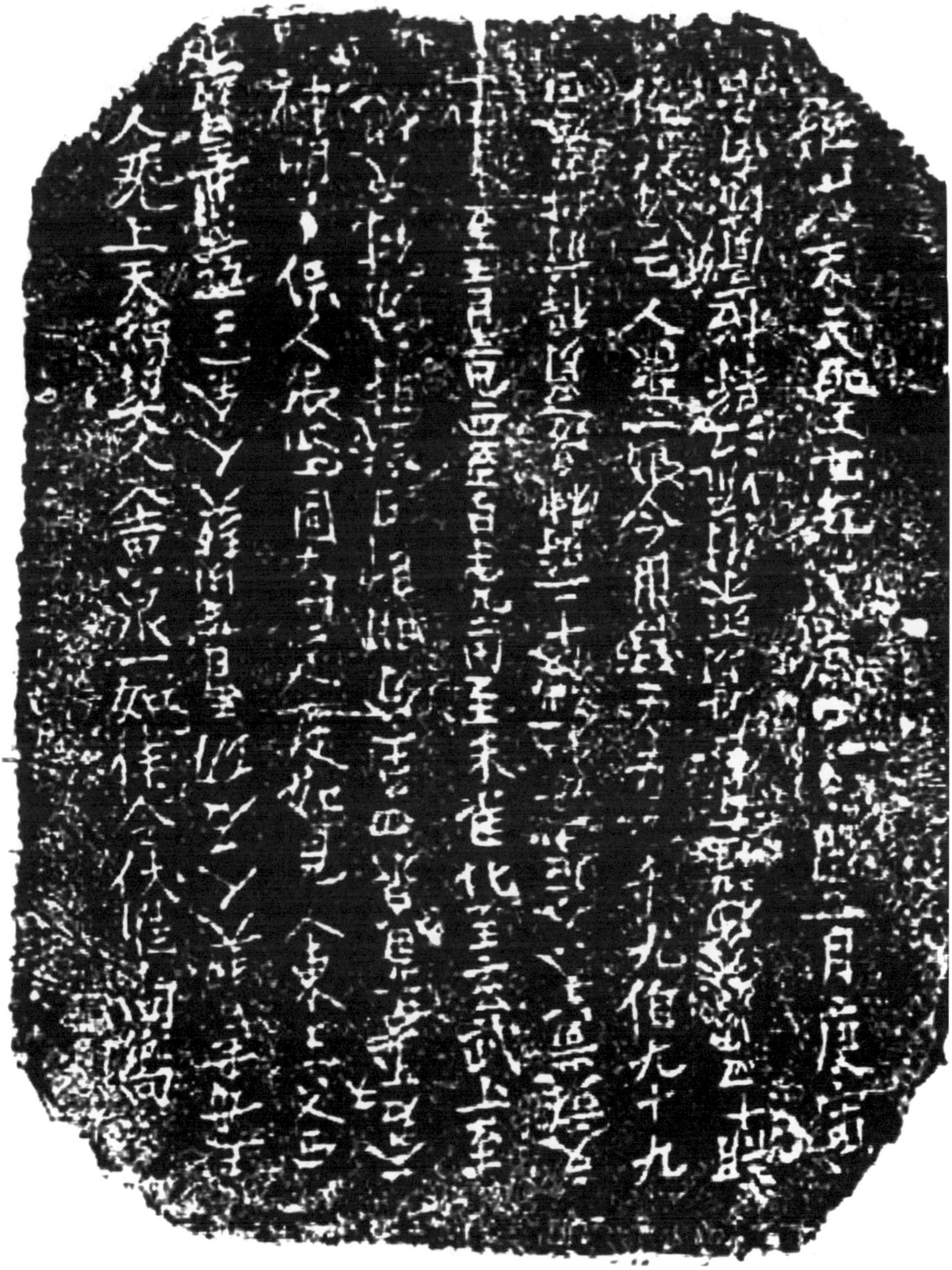

〇二四　羅二娘買地券

〇二四　羅二娘買地券　天聖七年（一〇二九）閏二月十四日

【題解】

一、名稱：羅二娘買地券[一]

二、文獻形態：青砂石質，長方形，長二十九厘米，寬二十三厘米，厚二厘米。四角抹角，券文自右向左書寫，單行正寫，雙行倒寫。行楷九行，滿行二十字。

三、卒葬時間：天聖七年（一〇二九）閏二月十四日葬。

四、文獻著録：王平：《達州出土的四方買地券考略》，《四川文物》二〇〇九年第二期，第六五至六九頁；魯西奇：《中國古代買地券研究》，廈門：廈門大學出版社，二〇一四年，第四三七頁。

五、出土及收藏情況：四川渠縣渠光鎮墓出土，券石現藏於達州市渠縣歷史博物館。

【釋文】

維大宋天聖七年太歲己巳閏二月庚寅/朔十四日癸酉，謹有户貫渠州流江縣招賓鄉[二]城南居/住殁故亡人羅二娘，今用錢萬萬九千九佰九十九/文，就黄天父、后土母、社稷、十二時神邊買得前件墓田/一段，東至青龍，西至白虎，南至朱雀，北至玄武，上至/蒼天，下至黄泉，四至分明，即日錢財分付天地/神明了。保人：張堅固、李定度；知見人：東王父、西/王母；書契人：石功曹；讀契人：金主簿。書契人：/飛上天，讀契人：入黄泉。一如律令。伏惟尚饗。

【校注】

〔一〕羅二娘：以往文獻著録爲「羅一娘」，今據拓片釋讀應爲「羅二娘」。

〔二〕渠州流江縣招賓鄉：《輿地廣記》卷三一《梓州路》載：晉梁立渠州。西魏立流江郡。北周因之。隋開皇初郡廢，大業初州廢，爲宕渠郡。唐武德元年（六一八）曰渠州，天寶元年（七四二）曰流江郡。宋因之，縣三：流江縣、鄰水縣、鄰山縣。《元豐九域志》卷七《成都府路》載：流江縣下轄十五鄉，并有馬頭鎮、東觀鎮、水門鎮、永安鎮、大竹鎮、新興鎮、岳安鎮、白土鎮、龍臺鎮、鵝溪鎮、蓮荷鎮、龍合鎮、神市鎮、爛灘鎮、零巴鎮、南陽鎮、南溪鎮、樂川鎮十八鎮。本券所見招賓鄉爲流江縣轄鄉之一。

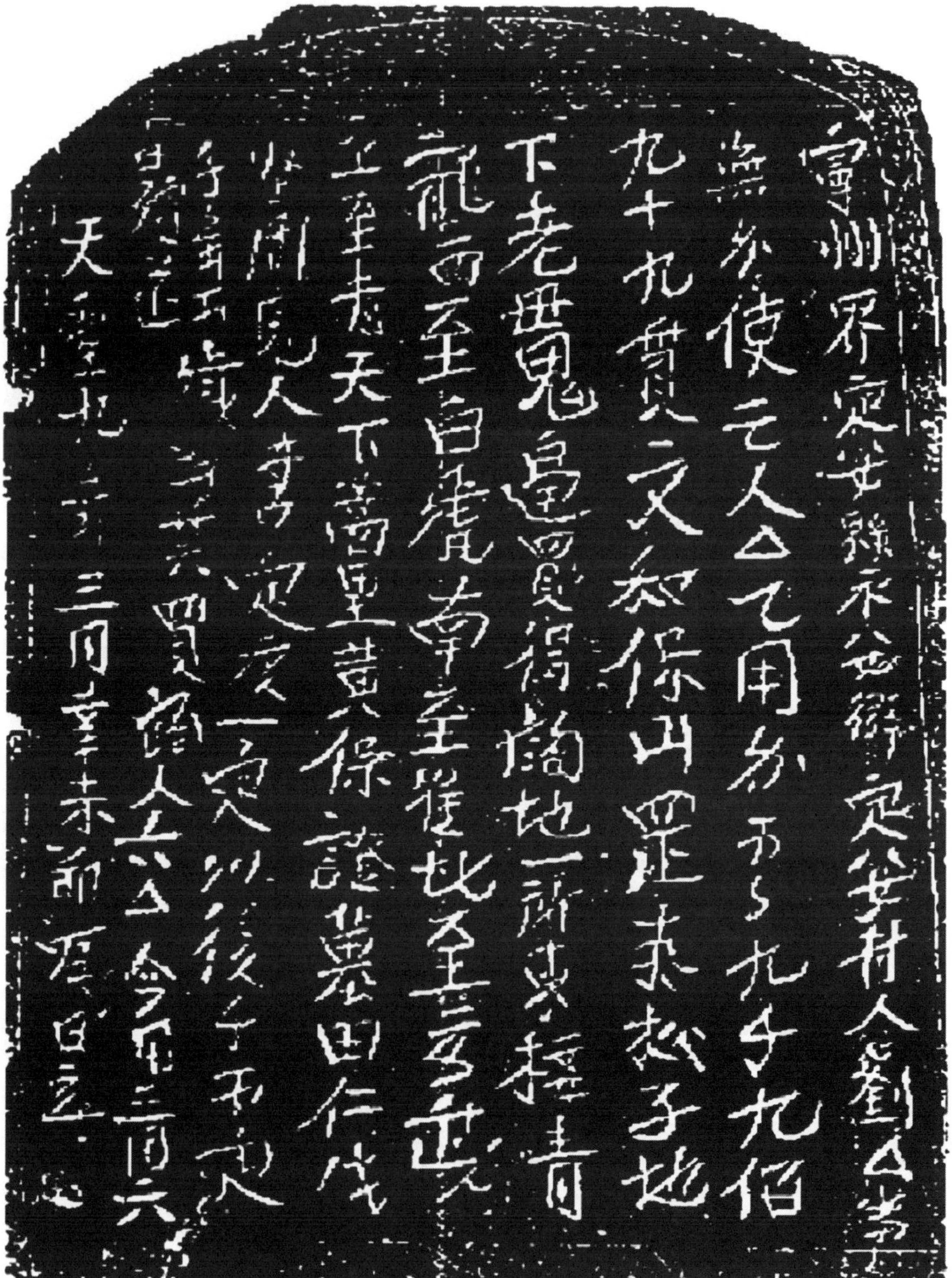

〇二五　劉某買地券

〇二五　劉某買地券　天聖九年（一〇三一）三月

【題解】

一、名稱：劉某買地券

二、文獻形態：紅砂石質，尺寸不詳，圓頂，四周陰刻單綫界欄，券文自左至右書寫，行楷九行，行十二至十六字。

三、卒葬時間：天聖九年（一〇三一）三月葬。

四、文獻著録：張馳：《寧縣境内出土的買地券綜述》，《隴右文博》二〇〇一年第一期，第六三至六五頁；高朋：《人神之契：宋代買地券研究》，北京：中國社會科學出版社，二〇一一年，第二七九頁；魯西奇：《中國古代買地券研究》，厦門：厦門大學出版社，二〇一四年，第三〇一頁。

五、出土及收藏情况：出土於甘肅省寧縣，現收藏於甘肅寧縣博物館。

【釋文】

寧州界定安縣永安鄉定安村[一]人劉某，當/無錢使，亡人厶，乙用錢萬萬九千九佰/九十九貫文，和保山罡赤松子、地/下老母鬼邊，買得闊地一所，東接青/龍，西至白虎，南至朱雀[二]，北至玄武，/上至青天，下蒿里黄。保證墓田人[三]：張/堅固[四]；見人：李定度。一定以後千萬定，/千年萬歲。爲其買闊人六。某今用三月六日殯遂。/天聖九年三月辛未朔□日刻。

【校注】

〔一〕寧州界定安縣永安鄉定安村：寧州定安縣，見〇二三《楊知璠買地券》。本券所見永安鄉爲定安縣轄鄉之一，有定安村。

〔二〕朱雀：原文脱「朱」字，今補。

〔三〕保證墓田人：「人」原文作「仁」，今改。

〔四〕張堅固：「張」原文作「戊」，今改。

〇二六　樊氏十一娘買地券

〇二六　樊氏十一娘買地券　天聖九年（一〇三一）十一月九日

【題解】

一、名稱：樊氏十一娘買地券

二、文獻形態：白砂石質，券石呈碑形，高五十厘米、寬四十二厘米、厚四厘米。券首圓頭，上陰刻對稱的卷草紋，上刻「日」「月」二字。碑座中部有殘缺，陰刻蓮花瓣圖案。券文自左至右書寫，券文自左至右行楷十二行，行三至十八字。

三、卒葬時間：天聖九年（一〇三一）十一月九日葬。

四、文獻著録：成都文物考古研究所、成都博物院：《成都出土歷代墓銘券文圖録綜釋》，北京：文物出版社，二〇一二年，第一一七至一一八頁。

五、出土及收藏情況：券石現收藏於成都市蒲江縣文物保護管理所。

【釋文】

維天聖九年歲次辛未十一月甲辰朔/九日壬午，大宋東京劍南西川邛州蒲/江縣普慈鄉禮過里〔一〕殁故亡人樊氏十/一娘，今用銅錢萬萬九千九百九十九貫文，/就於恩洽里黄天丈、后土母、十二神邊買得/前件墓田一所，周流一傾。東至青龍，西至/白虎，南至朱雀，北至玄武。上至蒼天，下/至黄泉，四至分明，即日錢財分付天地神/明了。保人：張堅固、李定度；知見人：東王父、西/王母；書券〔二〕人：石功曹；讀券人：金主簿。書券/了，飛上天；讀券了，入黄泉。太上敕急急/如律令。

【校注】

〔一〕劍南西川邛州蒲江縣普慈鄉禮過里：劍南西川邛州蒲江縣普慈鄉，見〇〇二《魏訓買地券》、〇〇四《王思買地券》。

〔二〕券：原文作「𥕢」，今統爲「券」。

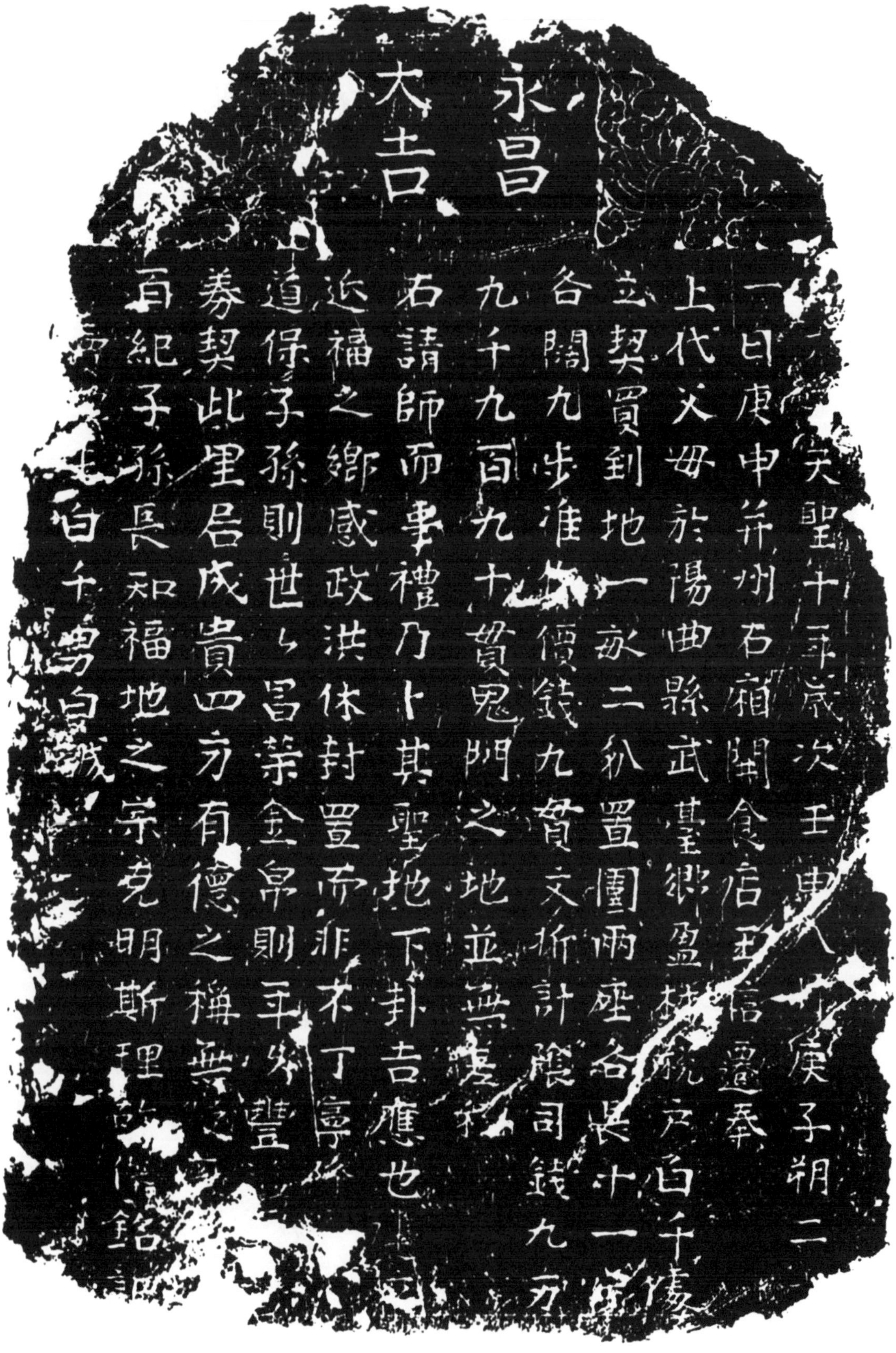

〇二七　王信父母買地券

〇二七　王信父母買地券　天聖十年（一〇三二）八月二十一日

【題解】

一、名稱：王信父母買地券

二、文獻形態：青石質，額首圓形；長三十九厘米，上寬二十三厘米、下寬二十七厘米，下設粗砂石座；券碑兩面刻文，正面券首刻「永昌大吉」四字，券首兩側角綫刻卷草與海石榴；券文自右至左書寫，楷書十二行，滿行十八字。

三、卒葬時間：天聖十年（一〇三二）八月二十一日葬。

四、文獻著録：解希恭：《太原小井峪宋、明墓第一次發掘記》，《考古》一九六三年第五期，第二五〇至二五八頁；池田温：《中國歷代墓券略考》，《東洋文化研究所紀要》第八六號，一九八一年，第二四二頁；馮亦吾主編：《中國書法今鑒一九四九—一九九〇》，北京：中國旅游出版社，一九九三年，第三〇九頁；高朋：《人神之契：宋代買地券研究》，北京：中國社會科學出版社，二〇一一年，第二七三頁；魯西奇：《中國古代買地券研究》，厦門：厦門大學出版社，二〇一四年，第二七八頁。

五、出土及收藏情況：一九五六年出土於山西省太原市西郊西山麓。

【釋文】

永昌大吉

維大宋天聖十年歲次壬申八月庚子朔二十／一日庚申，并州[一]右廂開食店[二]王信還奉／上代父母，於陽曲縣武臺鄉盈村[三]税户白千處／立契買到地一畝二分，置園兩座，各長十一步，／各闊九步。准作價錢九貫文，折計陰司錢九萬／九千九百九十貫。鬼門之地，并無差税。／右請師而事禮，乃卜其聖地，下卦吉應也。建立／延福之鄉，感政洪休，封置而非不叮嚀[四]。集承葬／道，保子孫則世世昌榮，金帛則年年豐溢。明立／券契，此里居成貴，四方有德之稱。無侵厥止，萬以／百紀，子孫長知，福地之宗，克明斯理，故作銘記。／賣墓主：白千、男白誠。

【校注】

〔一〕并州：《太平寰宇記》卷四〇《河東道一》載：并州，太原郡。舊理太原、晉陽二縣，宋理陽曲縣。

〔二〕食店：從食店。據《都城紀勝》「食店」條，東京著名的有州橋以南的曹家從食，臨安著名的有大内前的下家從食。《夢粱録》卷一六《葷素從食店》，列舉蒸作面行出賣的從食五十一種，素點心從食店出賣的素從食二十六種，粉食店出賣的各色圓子、水團、糕、粽子等十五種。《武林舊事》卷六《蒸作從食》列舉從食五十二種以及諸色夾子、諸色包子等。

〔三〕陽曲縣武臺鄉盈村：《元豐九域志》卷四《河東路》載：陽曲縣爲河東路太原府治所，下轄八鄉，并有百井、陽興二寨。武臺鄉爲陽曲縣轄鄉之一，有盈村。

〔四〕叮嚀：原文作「丁寧」，今統爲「叮嚀」。

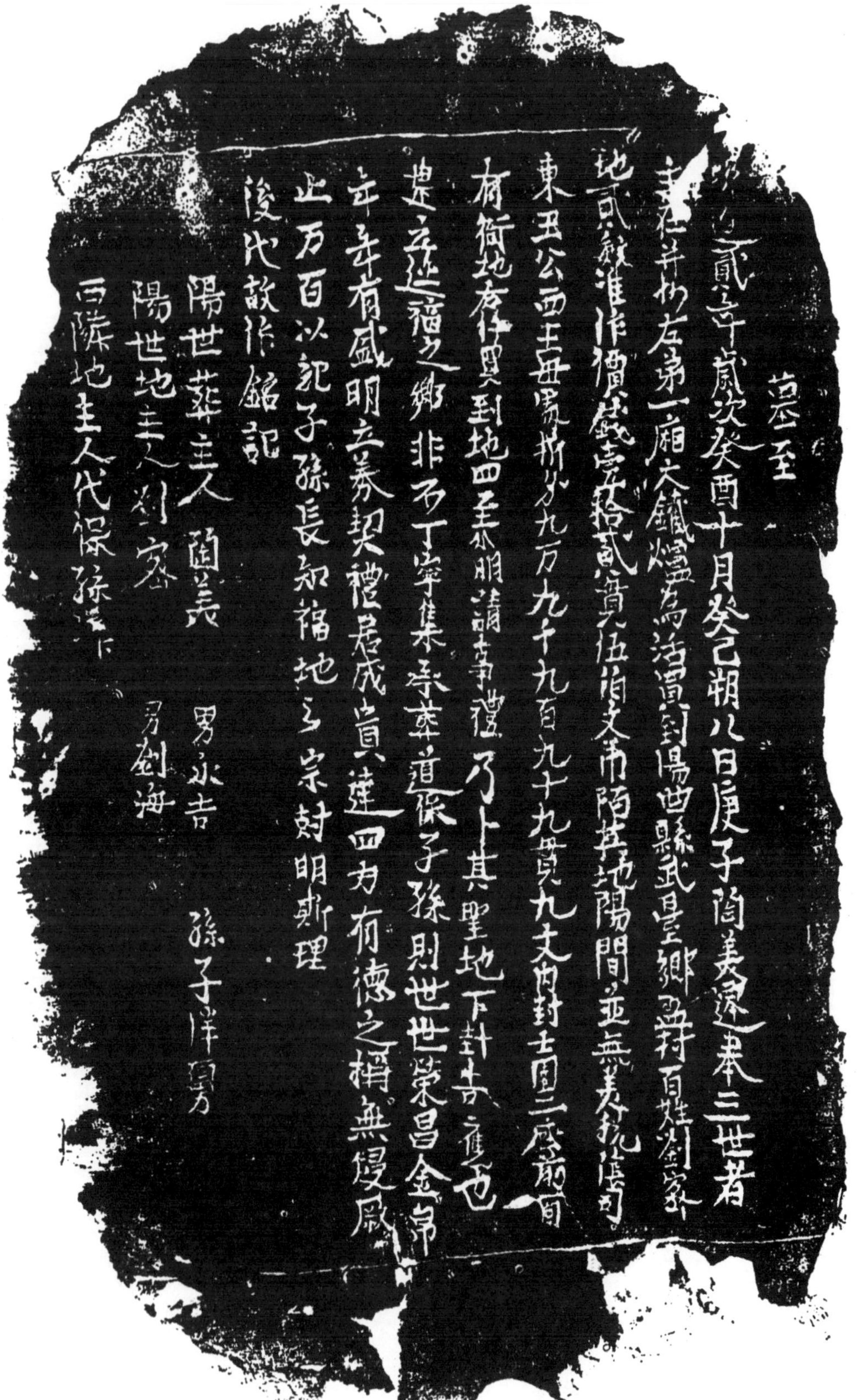

〇二八　陶美先祖買地券

〇二八　陶美先祖買地券　明道二年（一〇三三）十月八日

【題解】

一、名稱：陶美先祖買地券

二、文獻形態：券石呈碑形，圓首，長四十七厘米，寬二十七厘米，券文自右至左楷書十三行，行二至二十六字不等。

三、卒葬時間：明道二年（一〇三三）十月八日遷葬。

四、文獻著録：代尊德：《太原小井峪宋墓第二次發掘記》，《考古》一九六三第五期，第二五九至二六三頁；馮亦吾主編：《中國書法今鑒一九四九—一九九〇》，北京：中國旅游出版社，一九九三年，第三一二頁；池田温：《中國歷代墓券略考》，《東洋文化研究所紀要》第八六號，一九八一年，第二四三頁；高朋：《人神之契：宋代買地券研究》，北京：中國社會科學出版社，二〇一一年，第二七三頁；魯西奇：《中國古代買地券研究》，厦門：厦門大學出版社，二〇一四年，第二八〇至二八一頁。

五、出土及收藏情況：一九五六年出土於山西省太原西郊小井峪村。

【釋文】

墓至/

明道貳年歲次癸酉十月癸巳朔八日庚子，陶美遷奉三世者/主在并州左第一廂〔一〕大鐵爐爲活〔二〕，買到陽曲縣武臺鄉盈村〔三〕百姓劉密/地貳畝，准作價錢壹拾貳貫伍百〔四〕文足陌〔五〕。其地陽間并無差税，陰司/東王公、西王母處折錢九萬九千九百九十九貫九文，内封土圍二座，前面/有衙地。右件買到地，四至分明，請事禮，乃卜其聖地，下卦告應也。/建立延福之鄉，非不叮嚀〔六〕。集承葬道，保子孫則世世榮昌，金帛/年年有盛。明立券契，禮居成貴，達四方有德之稱。無侵厥/止，萬百以紀，子孫長知，福地之宗，尅明斯理，/後代故作銘記。/陽世葬主人：陶美，男永吉，孫子伴男。/陽世地主人：劉密，男劉海。/西鄰地主人代保：孫□。

【校注】

〔一〕并州左第一廂：「第」原文作「弟」，今改。

〔二〕爲活：從事某項職業。

〔三〕陽曲縣武臺鄉盈村：參見〇二七《王信父母買地券》。

〔四〕百：原文作「伯」，今改。

〔五〕足陌：原文訛作「市陌」，徑改。

〔六〕叮嚀：原文作「丁寧」，今統爲「叮嚀」。

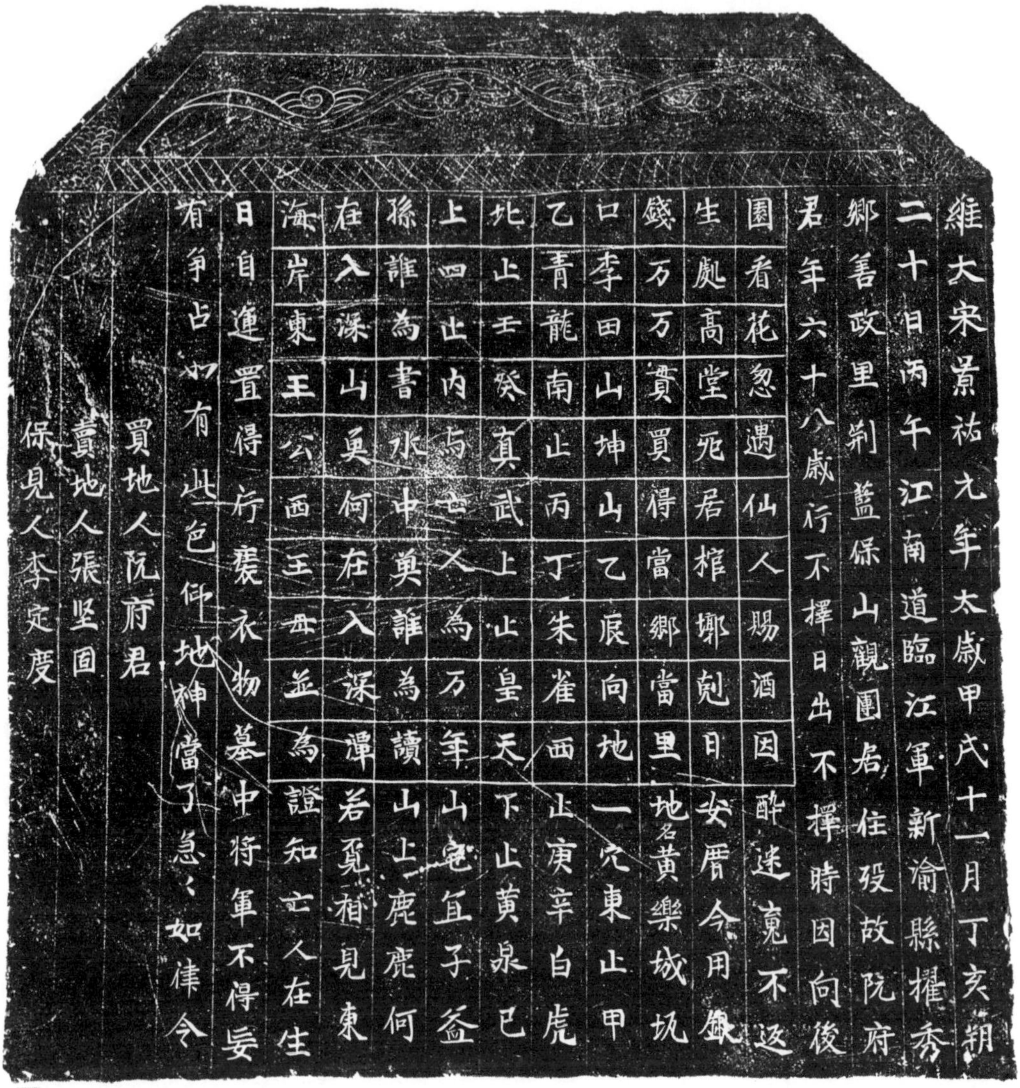
維大宋景祐元年太歲甲戌十一月丁亥朔
二十日丙午江南道臨江軍新淦縣權秀
鄉善政里荆藍保山觀團居住殁故阮府
君年六十八歲行不擇日出不擇時因向後
園看花忽遇仙人賜酒因醉迷寬不返
生處高堂死居棺槨剋日安厝今用錢
錢万万貫買得當鄉當里地名黃樂城坑
口李田山坤山乙辰向地一穴東止甲
乙青龍南止丙丁朱雀西止庚辛白虎
北止壬癸真武上止皇天下止黃泉已
上四止内与亡人為万年山宅宜子孫
孫誰為書水中魚誰為讀山上鹿鹿何
在入深山魚何在入深潭若覓相見東
海岸東王公西王母並為證知亡人在生
日自運置得衣物墓中將軍不得妄
有爭占如有此色仰地神當了急急如律令
買地人阮府君
賣地人張堅固
保見人李定度

〇二九　阮府君買地券

〇二九　阮府君買地券　景祐元年（一〇三四）十一月二十日

【題解】

一、名稱：阮府君買地券

二、文獻形態：拓本長五十八厘米，寬五十六厘米。卷首刻花紋，券面陰刻竪綫十八條，尚有横綫十條，中間靠上部分陰刻横綫，券文自右向左楷書十九行，行六至十七字。

三、卒葬時間：景祐元年（一〇三四）十一月二十日葬。

四、出土及收藏情況：江西出土，拓片現收藏於河北大學宋史研究中心。

【釋文】

維大宋景祐元年太歲甲戌十一月丁亥朔/二十日丙午，江南道臨江軍新淦縣擢秀/鄉善政里荆藍保[一]山觀團居住殁故阮府/君，年六十八歲，行不擇日，出不擇時。因向後/園看花，忽遇仙人，賜酒因醉，迷魂不返。/生處高堂，死居棺槨，剋日安厝。今用銀/錢萬萬貫，買得當鄉當里地名黄欒城坜/口李田山坤山乙辰向地[二]一穴。東止甲/乙青龍，南止丙丁朱雀，西止庚辛白虎，/北止壬癸真武，上止皇天，下止黄泉。已/上四止内，與亡人爲萬年山宅[三]，宜子益/孫。誰爲書？水中魚。誰爲讀？山上鹿。鹿何/在？入深山。魚何在？入深潭。若覓相見，東/海岸。東王公、西王母并爲證知。亡人在生/日，自運置得行裝衣物。墓中將軍不得妄/有争占，如有此色，仰地神當了。急急如律令。/

買地人：阮府君。賣地人：張堅固。保見人：李定度。

【校注】

〔一〕江南道臨江軍新淦縣擢秀鄉善政里荆藍保：《輿地紀勝》卷三四載：宋淳化三年（九九二）析筠州清江縣置軍，治清江縣，屬江南西路。《元豐九域志》卷六《江南路·東路》載：臨江軍下轄三縣：清江縣、新淦縣、新喻縣。《元豐九域志》卷六《江南路·東路》載：新喻縣下設十一鄉。本券與〇七九《胡氏十一娘買地券》、一〇八《蕭毅妻周氏地券》、一二三《胡七郎買地券》載有擢秀鄉、鍾山鄉、鳳巢鄉、仁義鄉。據本券擢秀鄉是新喻縣轄鄉之一，有善政里荆藍保。

〔二〕向地：中國風水學認爲墓地朝向關係吉凶，依龍立向、依水立向、依砂立向皆有不同的應運之法。

〔三〕山宅：即墓地。

〇三〇　周氏買地券

○三○　周氏買地券　景祐四年（一○三七）二月二十七日

【題解】

一、名稱：周氏買地券

二、文獻形態：券石高三十四厘米、寬三十五點五厘米、厚二點五厘米。券石四周陰刻雙綫界欄，右上角殘損。券文楷書，從左至右書寫，共十二行，滿行十六字。

三、卒葬時間：景祐四年（一○三七）二月二十七日葬。

四、文獻著録：成都文物考古研究所、成都博物院：《成都出土歷代墓銘券文圖録綜釋》，北京：文物出版社，二○一二年，第一一九至一二○頁。

五、出土及收藏情況：券石現收藏於成都文物考古所。

【釋文】

維景祐四年歲次丁丑二月甲辰朔二十/七日庚午，故周氏地券。生居城邑，死安宅/兆，卜筮叶從，相地咸吉，宜於此華陽縣普/安鄉[一]福地之原安厝。謹用信錢買地，東/至青龍，西至白虎，南至朱雀，北至神武。/中方勾陳，分掌四域，丘承墓陌[二]，封步界畔。/道路將軍，整齊阡陌[三]，千秋萬歲，永無咎/殃[四]，若輒忏犯訶禁[五]者，將軍亭長[六]，收付河/伯[七]。□□□酒食，百味香莘，共爲信契。……塋安厝已後，永保元吉……人：今日直符[八]。故炁/……內外存亡安吉。

【校注】

[一]華陽縣普安鄉：《太平寰宇記》卷七二《劍南西道一》載：華陽縣舊二十鄉，宋時有十六鄉。本券與一二七《蔡氏小九娘子買地券》、一七一《邵貴大郎地券》、二○二《楊氏四小娘地券》所載普安鄉爲華陽縣轄鄉之一，其下一里：欽仁里。

[二]丘承墓陌：也作「丘丞墓伯」。

[三]阡陌：亦作「千伯」。田間南北走向和東西走向交錯的小道及邊界。《管子・四時》：「端險阻，修封疆，正千伯。」尹知章注：「千伯，即阡陌也。」《史記・商君列傳》：「爲田開阡陌封疆。」張守節《正義》：「南北曰阡，東西曰陌。」

[四]殃咎：災禍。《左傳・莊公二十年》：「哀樂失時，殃咎必至。」

[五]訶禁：意爲訶斥、禁止。

[六]將軍亭長：「亭」原作「停」，今改。「亭長」源於秦漢時官制，其時制度每十里爲一亭，設亭長一人，任管束盜賊等事。「將軍」源於戰國時期，其時以卿爲軍將，故有「將軍」之稱。此後各代皆設將軍，是中國古代專職武官的主要職官名稱。在買地券中，「丘丞墓伯」與「將軍亭長」共同組成服務墓冢的文武僚佐。

〔七〕河伯：中國古代神話中的黄河水神，爲道教所尊奉。其稱始見《莊子》之《秋水》《外物》篇；《楚辭》之《九歌》《天問》；其名馮夷，或冰夷、無夷。其形見於《山海經・海内北經》：「冰夷人面，乘兩龍。」據《真靈位業圖》所載，河伯在道教神仙體系中居「太清右位」，後爲水仙、水神。唐以後，因佛教廣爲流傳，龍王、龍神遂代其位。

〔八〕今日值符：又作「直符」「直符使」「今日时直符」「今日直符神」「今日直符使」「將軍今日直符」。亦有「今時值符」「年直符」「月直符」的稱謂，但似同爲一個神靈，而不同時存在直年、直月、直日三神。「直符」一詞源於漢代，在郡府爲值班小吏，後其官名爲道教編造神仙體系時所吸取，漢王符《潛夫論・巫列》載：「若乃巫覡之謂獨語，小人之所望畏，土公、飛尸、咎魅、北君、銜聚、當路、直符七神，及民間繕治微蔑小禁，本非天王所當憚也。」直符神在買地券中經常充當「保人」角色，偶而充當「證見人」和「書契人」，多與「歲月主」共同出現，其職能似與功曹相類似，皆可將章表上達天庭，因而亦成爲天帝與人世祭祀時的溝通使者，成爲舉辦法事時的必請之神。

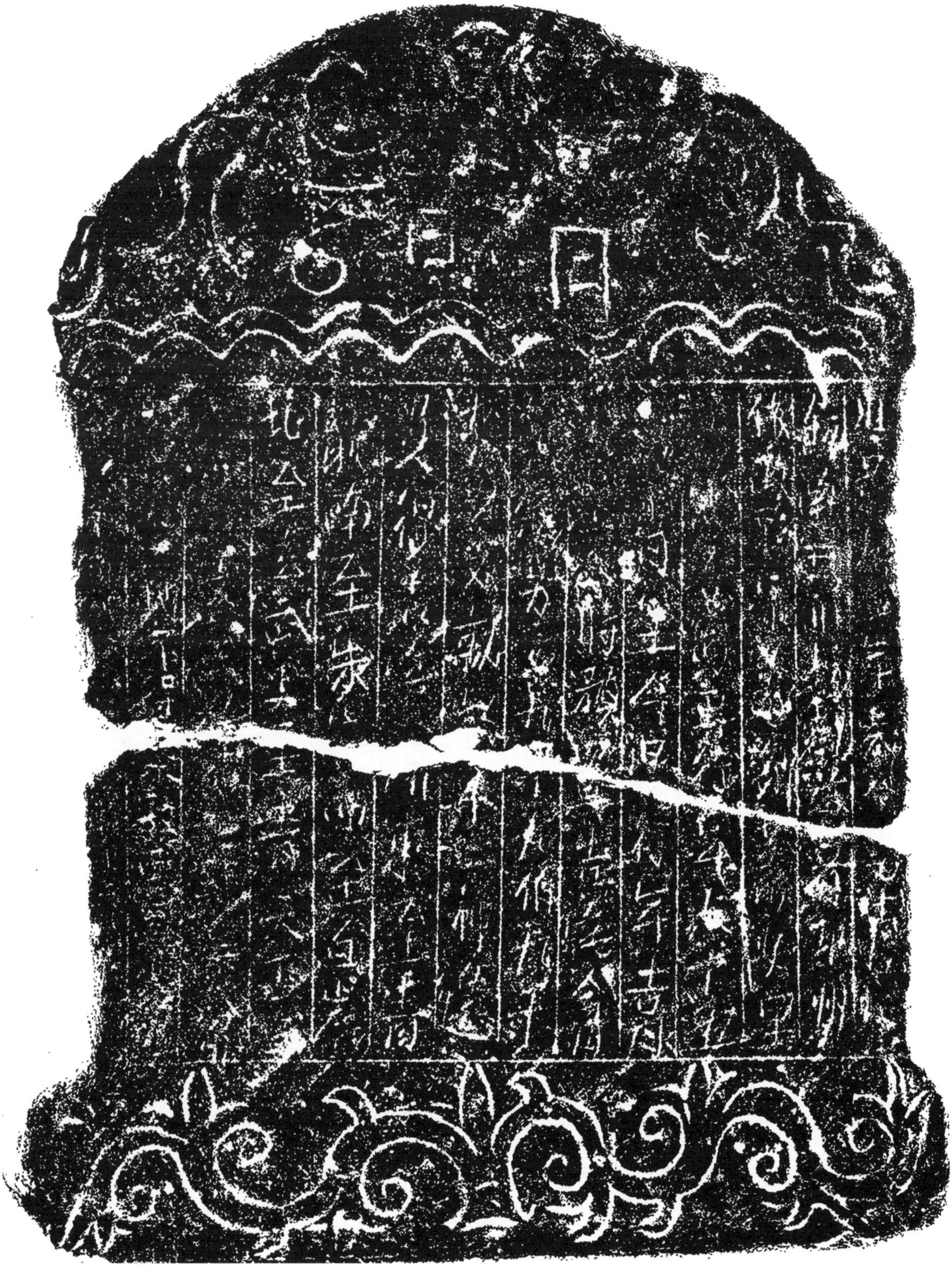

〇三一　向正買地券

〇三一　向正買地券　景祐四年（一〇三七）十月

【題解】

一、名稱：向正買地券

二、文獻形態：券石高四十四厘米、寬三十五厘米、厚五厘米。呈碑形，中間有裂紋，裂爲兩塊。券首圓頭，上陰刻卷雲紋及波浪紋，并刻日、月二字。券底基座陰刻纏枝花紋，券文陰刻在竪綫框内。券文自右向左楷書十四行，行十至十八字。

三、卒葬時間：景祐四年（一〇三七）十月葬。

四、文獻著録：成都文物考古研究所、成都博物院：《成都出土歷代墓銘券文圖録綜釋》，北京：文物出版社，二〇一二年，第一二一至一二二頁。

五、出土及收藏情況：一九八六年出土於四川省温江地區蒲江縣（今成都蒲江縣）壽安鎮，現收藏於成都市蒲江縣文物保護管理所。

【釋文】

日　月

維景祐四年歲次□□十月己□□，/劍南西川□□□有邛州/依政縣歸義鄉壽安里[一]，/□□□□□向正，行年[二]六十五/□□□□□今日何年吉月/□□□□□時預置吉宅今用/□□□錢萬萬九千九佰九十/九貫文就於十二神邊/買得吉宅一所，東至青/龍，南至朱雀，西至白虎，/北至玄武。上至青天，下至/□□□□□□□□□□券分明/□□□□□地下□付□不得□□□□□□/□□□□

【校注】

〔一〕依政縣歸義鄉壽安里：見〇〇二《魏訓買地券》、〇一二《張先買地券》。

〔二〕行年：經歷的年歲。在買地券中指亡時的年齡。

〇三二　王承義買地券

〇三二 王承義買地券 寶元二年（一〇三九）十月二十七日

【題解】

一、名稱：王承義買地券

二、文獻形態：紅砂石質，長方形，長四十四厘米，寬二十一厘米，厚四厘米。券石裂爲十八塊，券文自左向右書寫，楷書十二行，滿行十五字。

三、卒葬時間：寶元二年（一〇三九）十月二十七日葬。

四、文獻著録：索德浩等：《雙流縣九龍湖社區宋墓發掘簡報》，《成都考古發現二〇一四》，北京：科學出版社，二〇一六年，第四四二至四五九頁。

五、出土及收藏情況：二〇一四年出土於四川成都市雙流縣西航港九龍湖社區。

【釋文】

維寶元[二]年歲次[己]卯十月己未朔二/[十]七日乙酉，故王承義地券。生居城邑，死/安宅兆，卜筮叶從，相地咸吉，宜於[此]廣都/縣永興鄉[一]福地之原安厝。謹使信錢買/地，上至青天，下至黄泉，東至青龍，西至/白虎，南至朱雀，北至真武，中方勾陳，分/掌四域，丘丞墓陌[二]，封步界畔，道路將軍，/整齊[阡陌]，千秋萬歲，[永無]咎殃，若輒忓/犯訶禁者，將軍亭長[三]，收付河伯。今以牲/牢酒食，百味香辛，共[爲信契]，以地交付，/工匠修塋安厝已後，永□□□□□內/外存亡，[大]小安吉。急急如律令。

【校注】

〔一〕廣都縣永興鄉：《元豐九域志》卷七《成都府路》載：廣都縣有一十六鄉，此券及〇三八《□氏買地券》所載永興鄉爲廣都縣轄鄉之一。

〔二〕丘承墓陌：也作「丘丞墓伯」。

〔三〕亭長：原文作「停長」，今改。

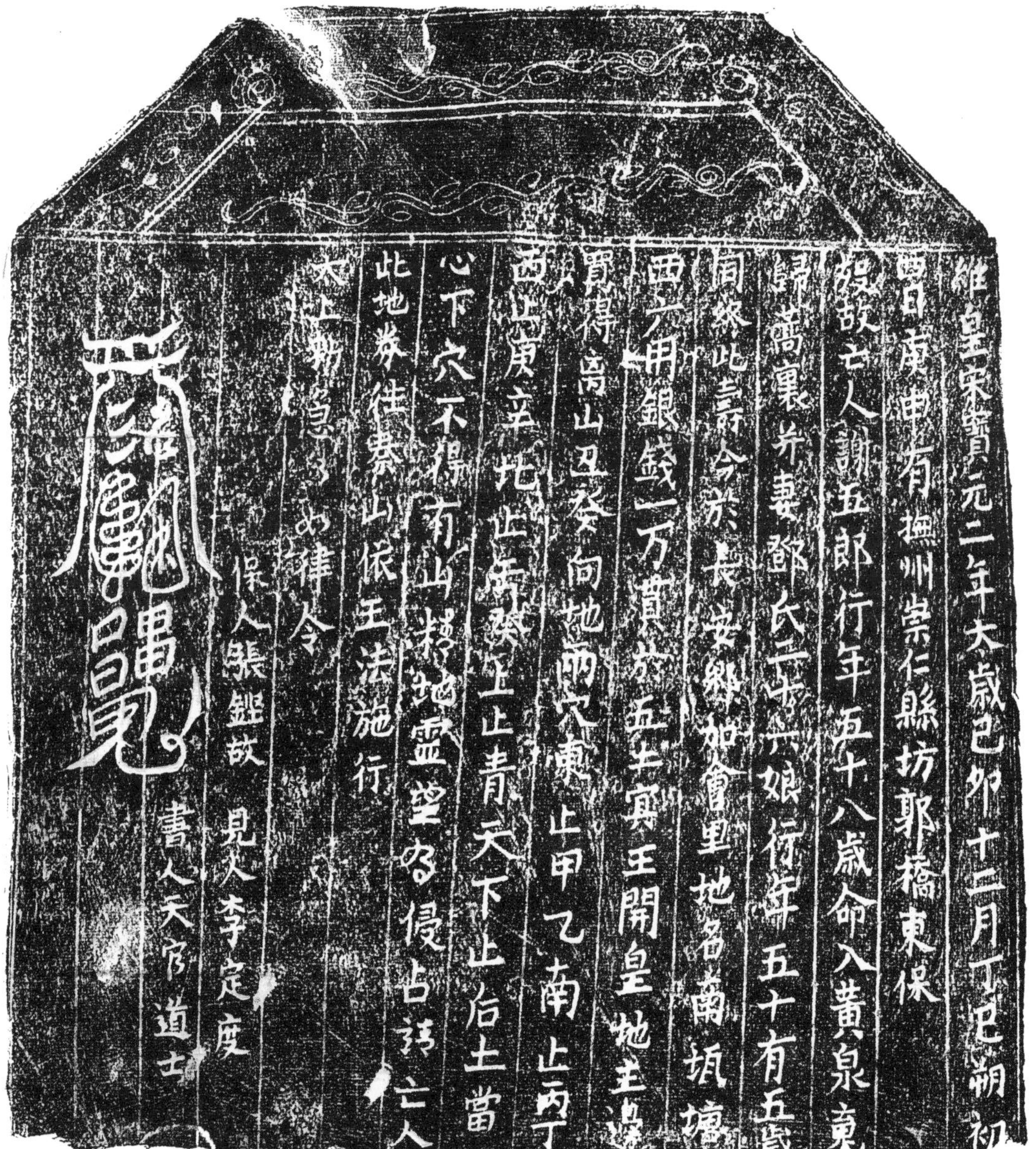

〇三三　謝五郎夫婦買地券

○三三　謝五郎夫婦買地券　寶元二年（一〇三九）十二月四日

【題解】

一、名稱：謝五郎夫婦買地券

二、文獻形態：券石方形，上部左右切角，切角部分内部陰刻雙綫梯形，拓片長四十厘米，寬三十六厘米，下部陰刻界欄，右側刻道教符籙，券文自右向左楷書十三行，行六至十八字不等。

三、卒葬時間：寶元二年（一〇三九）十二月四日卒。

四、出土及收藏情况：拓片現藏河北大學宋史研究中心資料室。

【釋文】

維皇宋寶元二年太歲己卯十二月丁巳朔初/四日庚申，有撫州崇仁縣坊郭橋東保/殁故亡人謝五郎，行年五十八歲，命入黄泉，魂/歸蒿里。并妻鄧氏二十六娘，行年五十有五歲，/同終此壽。今於長安鄉加會里[一]地名南坻塘/西穴，用銀錢一萬貫於五土冥王、開皇地主邊/買得离山丑癸向地兩穴。東止甲乙，南止丙丁，/西止庚辛，北止壬癸，上止青天，下止后土，當/心下穴，不得有山精地靈妄[二]爲侵占。請亡人/此地券往界山依王法施行。/太上敕急急如律令。/保人：張堅故；見人：李定度；/書人：天官道士。

【校注】

〔一〕長安鄉加會里：屬撫州崇仁縣。本書〇六九《杜五娘買地券》見「長安鄉福祚里查林水西上安德保」，一八二《李氏一娘買地券》見「長安鄉石羊里荷嶺下保」，二一三《馮六乙買地券》見「長安鄉安居里游陂水西保」。

〔二〕妄：原文作「望」，今改。

〇三四　仇緒買地券

〇三四 仇緒買地券 慶曆三年（一〇四三）十一月八日

【題解】

一、名稱：仇緒買地券

二、文獻形態：灰陶質，長方形，長四十四點五厘米，寬四十三厘米，厚五點二厘米。券文自右向左楷書，共十三行，行十二至二十四字。

三、卒葬時間：慶曆三年（一〇四三）十一月八日葬。

四、文獻著録：程雲霞：《固原歷代碑刻選編》，銀川：寧夏人民出版社，二〇一〇年，第一一七至一一八頁。

五、出土及收藏情況：二〇〇七年征集於彭陽縣白陽鎮洮河村，現收藏於彭陽縣文物管理所。

【釋文】

南贍部州大宋國修羅管界[一]镇戎軍彭陽城[二]市户[三]仇緒，/生居府君城邑，殯在閻浮世界，黄天后土，/買墳一所。土公、土母、土子、土孫，山川壑主、左鄰右/母：謹用銀錢玖萬玖千玖佰玖拾玖貫文足陌[四]，/其錢及地當日交付了足，如後并不少欠。謹具/四至如後：東至青龍，西至白虎，南至朱雀，/北至玄武，上至蒼天[五]，下至黄泉。/右件全料墳□墓田，内外週流一所，四至止定，永没人攔/郄。四神具足，八六分明，二十四位[六]週迊，究全上下，出入四路通/達，并無妨礙[七]。修築已後，永世爲主，執此契券爲憑。/立券人：石堅右[八]、李定度；同立券人：東王公、西王母；/知見人：日月主；保人：南山赤松子。/癸未慶曆三年十一月八日記。

【校注】

〔一〕修羅管界：修羅，梵語音譯，「阿修羅」的省稱，是古印度神話中的一種惡神，數量衆多，形象不一，常與天神戰鬥，後被趕出天界，住在海邊或海底。佛教謂衆生依生前善惡行爲，死後有六種輪回轉生的可能，作業微惡者將輪回入「阿修羅」管界。

〔二〕镇戎軍彭陽城：見〇一四《張文仙母成氏夫人買地券》。

〔三〕市户：即坊市户。

〔四〕足陌：古錢幣術語。「陌」與「佰」「百」通。錢币交易中每吊錢十足支付一千文，每百文一枚不短缺，謂之「足佰」。

〔五〕蒼天：原文作「倉天」，徑改。

〔六〕二十四位：堪輿學術語。古人用羅盤來確定方位，在羅盤上以二十四個方位去斷吉凶，每個方位占十五度，共二十四方位。

〔七〕妨礙：原文作「方礙」，今改。

〔八〕石堅右：通常作「張堅固」，兩者應作用相近。

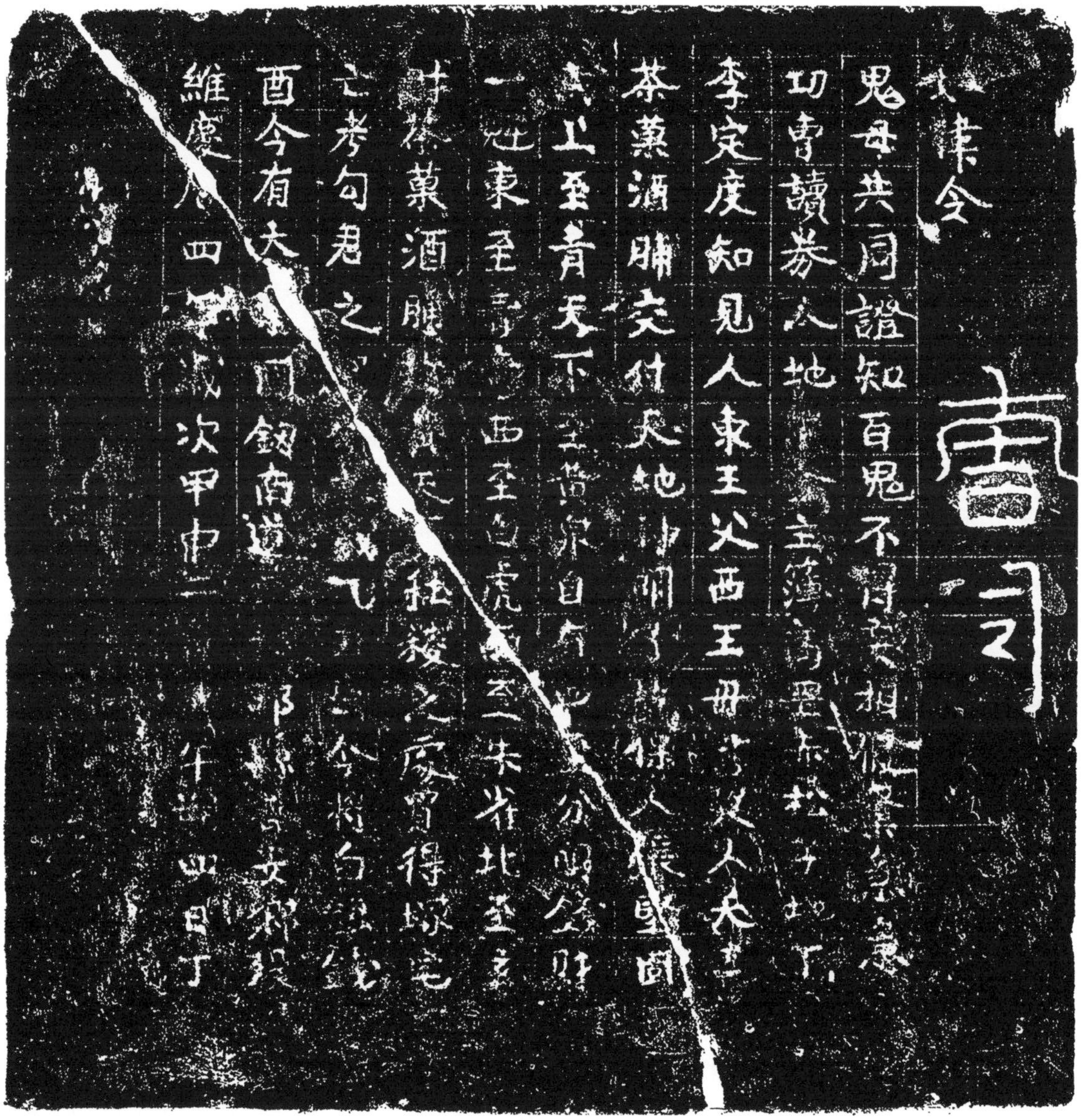

〇三五　勾君買地券

○三五　勾君買地券　慶曆四年（一○四四）二月四日

【題解】

一、名稱：勾君買地券

二、文獻形態：陶質，正方形，邊長三十九點七厘米、厚四點九厘米。券石左右裂爲兩塊。券文字放於方格之中。方格右側刻道教符篆，券文自左向右書寫，楷書十一行，行三至十七字。

三、卒葬時間：慶曆四年（一○四四）二月四日葬。

四、文獻著録：成都文物考古研究所、成都博物院：《成都出土歷代墓銘券文圖録綜釋》，北京：文物出版社，二○一二年，第一二三至一二四頁。

五、出土及收藏情況：出土情況不詳，現收藏於成都市蒲江縣文物保護管理所。

【釋文】

維慶曆四年歲次甲申二月甲午朔四日丁/酉，今有大宋國劍南道成都郫縣普安鄉[一]殁/亡考[二]勾君之□□□□乙丑□。今將白銀錢/財、茶果、酒脯，於黄天□社稷之處買得冢宅/一處，東至青龍，西至白虎，南至朱雀，北至玄/武。上至青天，下至黄泉，自有四至分明，錢財、/茶果、酒脯，交付天地神明了。證保人：張堅固、/李定度；知見人：東王父、西王母；書契人：天上/功曹；讀券人：地下金主簿。高罡赤松子、地下/鬼母[三]共同證知。百鬼不得妄相侵奪。急急/如律令。

【校注】

〔一〕劍南道成都郫縣普安鄉：見○一五《金四娘買地券》、○二○《周氏買地券》。

〔二〕亡考：先父，去世的父親。

〔三〕鬼母：又名「鬼姑神」，能生育鬼物的鬼神。古代傳説居於南海，梁任昉《述異記》：「南海小虞山中有鬼母，能産天地鬼，一産十鬼，朝産之，暮食之。今蒼梧有鬼姑神是也，虎頭龍足，蟒目蛟眉。」

慶曆四年歲次甲申十二月
三日今有鎮戍軍人戶男王忠奉為
亡父今用錢九萬九千九百九十九文就
此黃天父后土母社稷十二邊買得前件
墓田周流一頃東至青龍西至白虎
南至朱雀北至玄武上至倉天下至
黃泉四至分明即日錢分付與天地
神明了保人張堅固李定度知見
人東王公西王母書契人石公曹讀
契人金主簿急急如律令攝

〇三六　王忠父買地券

○三六　王忠父買地券　慶曆四年（一〇四四）十二月三日

【題解】

一、名稱：王忠父買地券

二、文獻形態：拓本呈正方形，邊長三十一厘米，券文自右向左書寫，楷書十行，行十至十六字。

三、卒葬時間：慶曆四年（一〇四四）十二月三日葬。

四、出土及收藏情况：拓片現收藏於河北大學宋史研究中心。

【釋文】

慶曆四年歲次甲申十二月/三日，今有鎮戎軍[一]人户，男王忠奉爲/亡父，今用錢萬萬九千九百九十九文，就/此黄天父、后土母、社稷十二神[二]邊買得前件/墓田，周流一傾。東至青龍，西至白虎，/南至朱雀，北至玄武，上至蒼天[三]，下至/黄泉，四至分明。即日錢財[四]分付與天地/神明了。保人：張堅固、李定度；知見/人：東王公、西王母；書契人：石公曹[五]；讀/契人：金主簿。急急如律令。攝。

【校注】

〔一〕鎮戎軍：見〇一四《張文仙母成氏夫人買地券》。

〔二〕十二神：原券脱「神」字，今補。

〔三〕蒼天：原文作「倉天」，今統爲「蒼天」。

〔四〕錢財：原文作「錢才」，今統爲「錢財」。

〔五〕石公曹：也作「石功曹」。

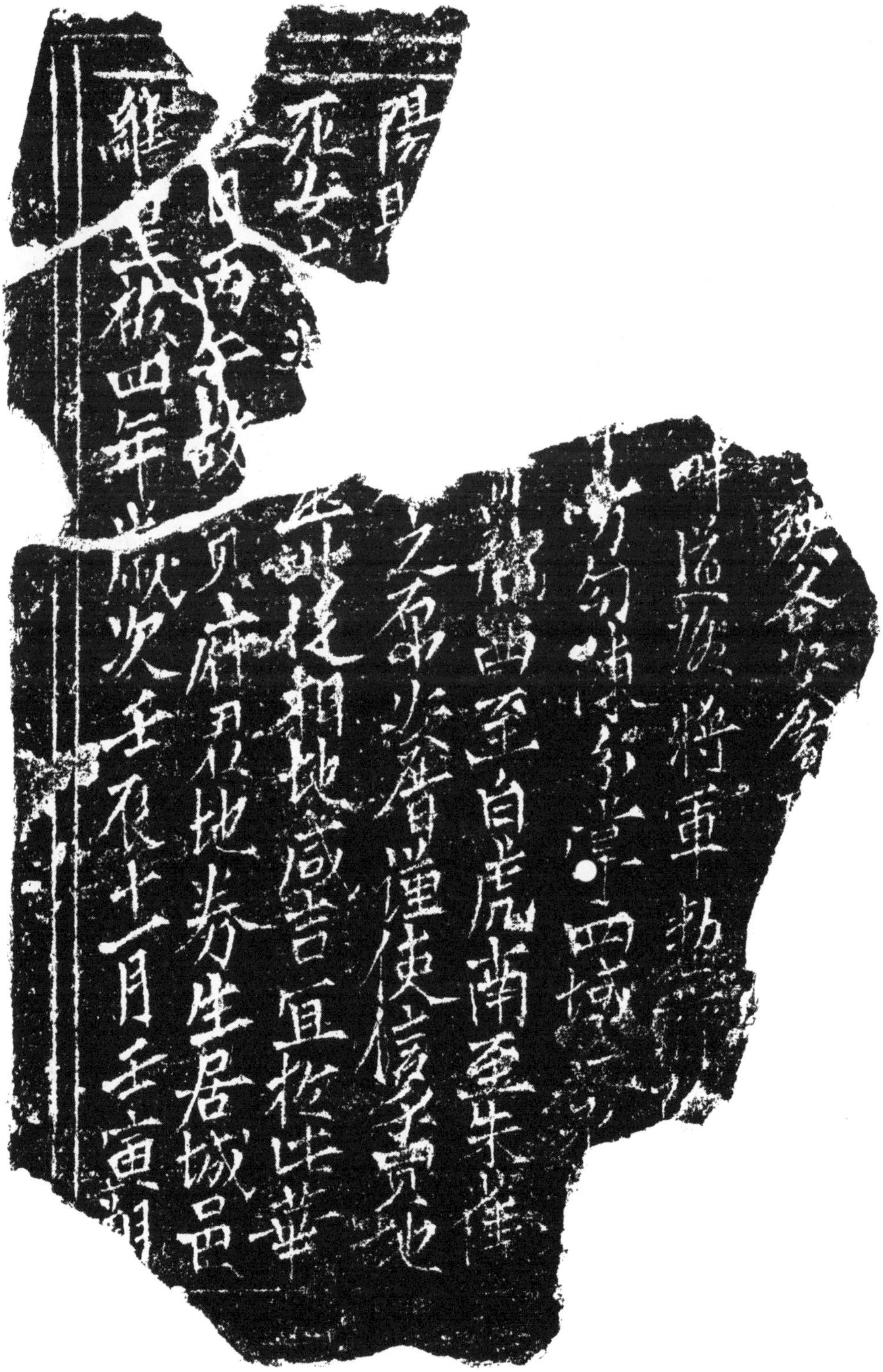

〇三七　賈府君買地券

〇三七　賈府君買地券　皇祐四年（一〇五二）十一月五日

【題解】

一、名稱：賈府君買地券

二、文獻形態：紅砂石質，正方形，長三十七點五厘米，殘缺嚴重，殘寬二十五厘米，厚二點三厘米；券四周陰刻雙綫邊框，券文楷書從左至右書寫，殘存八行，滿行十五字。

三、卒葬時間：皇祐四年（一〇五二）十一月五日葬。

四、文獻著録：周爾太、王軍、胡大剛：《成都市成華區三聖鄉花果村宋墓發掘簡報》，《成都考古發現二〇〇一》，北京：科學出版社，二〇〇三年，第二〇〇至二三五頁；高朋：《人神之契：宋代買地券研究》，北京：中國社會科學出版社，二〇一一年，第二三〇至二三一頁；魯西奇：《中國古代買地券研究》，厦門：厦門大學出版社，二〇一四年，第四三八至四三九頁。

五、出土及收藏情况：二〇〇一年出土於四川省成都市東南郊成華區三聖鄉花果村。

【釋文】

維皇祐四年歲次壬辰十一月壬寅朔/五日丙午，故賈府君地券。生居城邑，/死安宅兆。卜筮叶從，相地咸吉。宜於此華/陽縣[一]□□□之原安厝。謹使信錢買地/□□□東至青龍，西至白虎，南至朱雀，/北至玄武，中方勾陳，分掌四域。丘丞□/□□□□□□/□□□□□□殃咎[二]。安厝畔，道路將軍，整齊阡陌。□/□□□□□□

【校注】

〔一〕華陽縣：《太平寰宇記》卷七二《劍南西道一·益州》載：華陽縣，舊二十鄉，今十六鄉。《元豐九域志》卷七《成都府路》載：華陽縣下設八鄉、均窯一鎮。本書所收買地券可見華陽縣有五鄉、一鎮：積善鄉、普安鄉、履贇鄉、景福鄉、星橋鄉，均窯鎮。

〔二〕咎，原文作「各」，按買地券用語習慣，今改爲咎。

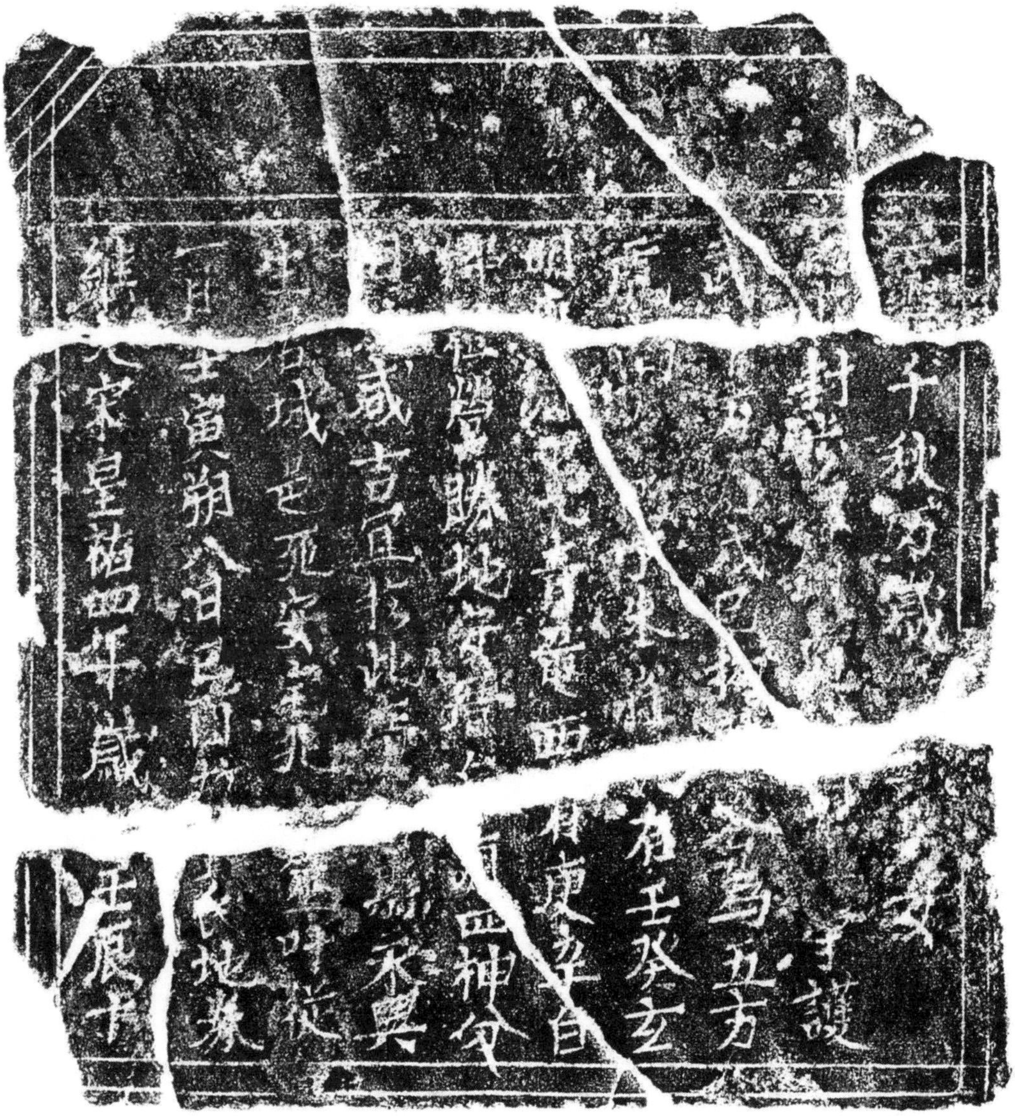

〇三八　□氏買地券

〇三八　□氏買地券　皇祐四年（一〇五二）十一月八日

【題解】

一、名稱：□氏買地券

二、文獻形態：紅砂石質，長方形，長四十四厘米，寬二十一厘米，厚四點五厘米。券石裂爲九塊，券文自左至右書寫，楷書十行，行十二字。

三、卒葬時間：皇祐四年（一〇五二）十一月八日葬。

四、文獻著録：索德浩等：《雙流縣九龍湖社區宋墓發掘簡報》，《成都考古發現二〇一四》，北京：科學出版社，二〇一六年，第四四二至四五九頁。

五、出土及收藏情況：二〇一四年出土於四川成都市雙流縣西航港九龍湖社區。

【釋文】

維大宋皇祐四年歲次壬辰十／一月壬寅朔八日己酉，故□氏地券。／生居城邑，死安宅兆，卜筮叶從，／相地咸吉，宜於此廣都縣永興／鄉[一]祖塋[二]勝地安厝。□有四神分／明，東有甲乙青龍[三]，西有庚辛白／虎，南有丙丁朱雀，北有壬癸玄[四]／武，□方□戊巳於□□爲五方／□□封步□□□□□守護／亡靈，千秋萬歲□□□安。

【校注】

〔一〕廣都縣永興鄉：《元豐九域志》卷七《成都府路》載：廣都縣有一十六鄉，本書〇三二《王承義買地券》與本券所載永興鄉爲廣都縣轄鄉之一。

〔二〕祖塋：指祖輩墳地。

〔三〕青龍：原文作「青竜」，徑改。

〔四〕玄：原文「玄」字缺末筆，疑避宋聖祖「趙玄朗」諱。

○三九　章承諒母王五娘地券

○三九　章承諒母王五娘地券　皇祐四年（一〇五二）十二月二日

【題解】

一、名稱：章承諒母王五娘地券

二、文獻形態：拓片成方形，上部左右抹角，長三十八厘米，寬三十七厘米，無題額，陰刻界欄十八行，自右向左書寫，陰刻行楷十八行，行五至十九字不等。

三、卒葬時間：皇祐四年（一〇五二）十二月二日葬。

四、文獻著録：胡抗美、曾翔主編：《書法文獻》（宋代地券卷），青島：青島出版社，二〇一四年，第二五頁。

五、出土及收藏情況：江西出土，原石收藏於百石齋。

【釋文】

維太歲壬辰皇祐四年十二月壬申朔初二癸酉，/謹有大宋國江南西道屬洪州豐城縣富城/鄉長慶里同造村西坊保〔一〕殁殆亡人王五娘，行年/七十七歲，天壽將終，命歸泉府。今用香酒銀/錢於宅東去地名新塘保吴一坑，既/五土冥王及開皇地主邊買得南離山/乾亥向地一穴。東止甲乙，南止丙丁，西止庚辛，/北止壬癸，中央戊己爲冢宅。其地應有金/銀珠玉，盡係亡人所管，其外神祇，不得争/占。所有亡靈，并是亡人眷屬，散外神鬼，不/得妄相呵責者，謹具地券如前。/見人：張堅固。/保人：李定度。/書人：天官道士。/章公夫人王氏生子三人，長曰承諒，次曰/承諫，次曰建寅。男女孫：一十人。公前夫/人亡二十五年，祖宅上□，承諒兄弟皆事/業立家。此壙宅是諒、諫預謀庹，建寅刊。

【校注】

〔一〕江南西道屬洪州豐城縣富城鄉長慶里同造村西坊保：《太平寰宇記》卷一〇六《江南西道四》載：洪州，漢爲豫章郡。唐武德五年（六二二）置洪州總管府，管洪、饒、撫、吉、虔、南平六州。天寶元年（七四二）改爲豫章郡。乾元元年（七五八）復爲洪州。宋因之。《元豐九域志》卷六《江南西路》載：洪州下轄南昌、新建、奉新、豐城、分寧、武寧、靖安七縣。豐城縣：唐宋屬洪州。《元豐九域志》卷六《江南西路》載：豐城縣下設十八鄉，并有港口、河湖、曲江、赤江四鎮。富城鄉爲豐城縣轄鄉之一，有同造里，見〇六八《孫七郎買地券》。本券所見其下有長慶里周造村西坊保。

〇四〇　孫四娘買地券

○四○　孫四娘買地券　至和二年（一○五五）七月二十九日

【題解】

一、名稱：孫四娘買地券

二、文獻形態：券文書寫于杉木板上；木板長五十二厘米，寬四十厘米，置棺木前，墨書十行，從左至右讀，滿行十五字。

三、卒葬時間：至和二年（一○五五）三月二十日卒，至和二年（一○五五）七月二十九日葬。

四、文獻著録：蘇州博物館、江陰縣文化館：《江陰北宋「瑞昌縣君」孫四娘子墓》，《文物》，一九八二年第一二期，第二八至三五頁；高朋：《人神之契：宋代買地券研究》，北京：中國社會科學出版社，二○一一年，第二六九頁；魯西奇：《中國古代買地券研究》，厦門：厦門大學出版社，二○一四年，第三五三頁。

五、出土及收藏情況：一九八○年出土於江蘇省江陰縣夏港。

【釋文】

維皇宋至和二年歲次乙未/殁故瑞昌縣君[一]，得壽年六十一，/於三月二十日終於家。取當年七月/二十九日乙酉化龍鄉[二]祖塋西仄，用信/錢九萬九千九百九十九文買得吉地/壹段。東止甲乙青龍，西止庚辛白虎，南/止丙丁朱雀，北止壬癸玄武。其地各分，封/步分明，或有四畔封疆道路之神，不/得占吝。整齊阡陌，丘丞之神，今日直/符[三]分明收掌。急急如律令。敕。

【校注】

〔一〕瑞昌縣君：《元豐九域志》卷六《江南東路》載：瑞昌縣屬江州，下設八鄉。縣君爲官員母親或妻子封號。

〔二〕化龍鄉：瑞昌縣轄鄉之一。

〔三〕今日直符：原文作「今直日符」，「直日」倒文，今改。

〇四一　陳氏六娘買地券

○四一　陳氏六娘買地券　嘉祐二年（一〇五七）九月一日

【題解】

一、名稱：陳氏六娘買地券

二、文獻形態：青石質，長四十二厘米，寬三十八點五厘米，厚一點五厘米。券石上部左右抹角，上部飾浮雲紋，正面券首刻：「地契壹道」四字。券四周陰刻單綫邊框，其内刻竪綫十四條，券文自右至左書寫，楷書十五行，行十一至十七字。

三、卒葬時間：嘉祐二年（一〇五七）九月一日葬。

四、文獻著録：薛翹：《南城清理北宋墓一座》，《文物工作資料》一九六五年第二期，第四頁；薛堯：《江西南城、清江和永修的宋墓》，《考古》一九六五年第一一期，第五七一至五七六頁；陳柏泉：《江西出土墓誌選編》，南昌：江西教育出版社，一九九一年，第五五一頁；高朋：《人神之契：宋代買地券研究》，北京：中國社會科學出版社，二〇一一年，第二〇二至二〇三頁；魯西奇：《中國古代買地券研究》，厦門：厦門大學出版社，二〇一四年，第三五四頁。

五、出土及收藏情况：一九六五年出土於江西省南城至南豐公路西側，券石現收藏於江西省博物館。

【釋文】

地契壹道

維嘉祐二年歲次丁酉九月一日甲戌朔二十三/日丙申，建昌軍南城縣雅俗鄉訓俗里/後潭新津保[一]歿故亡人陳氏六娘，行年七十/八歲。命歸泉路，忽被太山[二]敕召靈魂/禁司，土公、土母、土伯、土下二千石禄、墓/門亭長、蒿里[三]父老、武夷王[四]等。亡者/陳氏六娘，宰陰陽定，生孝順忠貞，上即/順於天地，下即順於父母。青青松竹，尚□/枯榮。人非王喬，寧無彫落？遂賫銀錢/玖千九百貫文，地名東陂槨家坑坤山/下，永買得本□乙向地一所，開爲百年宅兆。/其地東止甲乙，南止丙丁，西止庚辛，北止壬癸，中/央富地爲宅。應有社里[五]土地，修橋造路，不得/防滯[六]陳氏六娘往來。誰爲書？水中魚。誰爲/讀？天上鶴。鶴何在？飛上天。急急如律令。

【校注】

〔一〕建昌軍南城縣雅俗鄉訓俗里後潭新津保：《元豐九域志》卷六《江南路·西路》載：南城縣下設十鄉。本券所載雅俗鄉爲南城縣轄鄉之一，其下有訓俗里後潭新津保。

〔二〕太山：意同「泰山」。參見〇〇六《彭司空買地券》。

〔三〕蒿里：「里」原文作「裏」，今統爲「里」。

〔四〕武夷王：古代傳説居於武夷山的仙人，又稱武夷君。《異仙録》稱：始皇二年，有神仙降於此山，自稱武夷君，統録群仙。《史記·封禪書》：「古者天子常以春秋解祠，祠黄帝用一梟、破鏡……武夷君用乾魚。」宋紹聖時，禱雨獲應，武夷君又被封爲顯道真人。

〔五〕社里：指古代里中祭祀土地神的處所。

〔六〕防滯：「防」原文「方」，今據文意改。

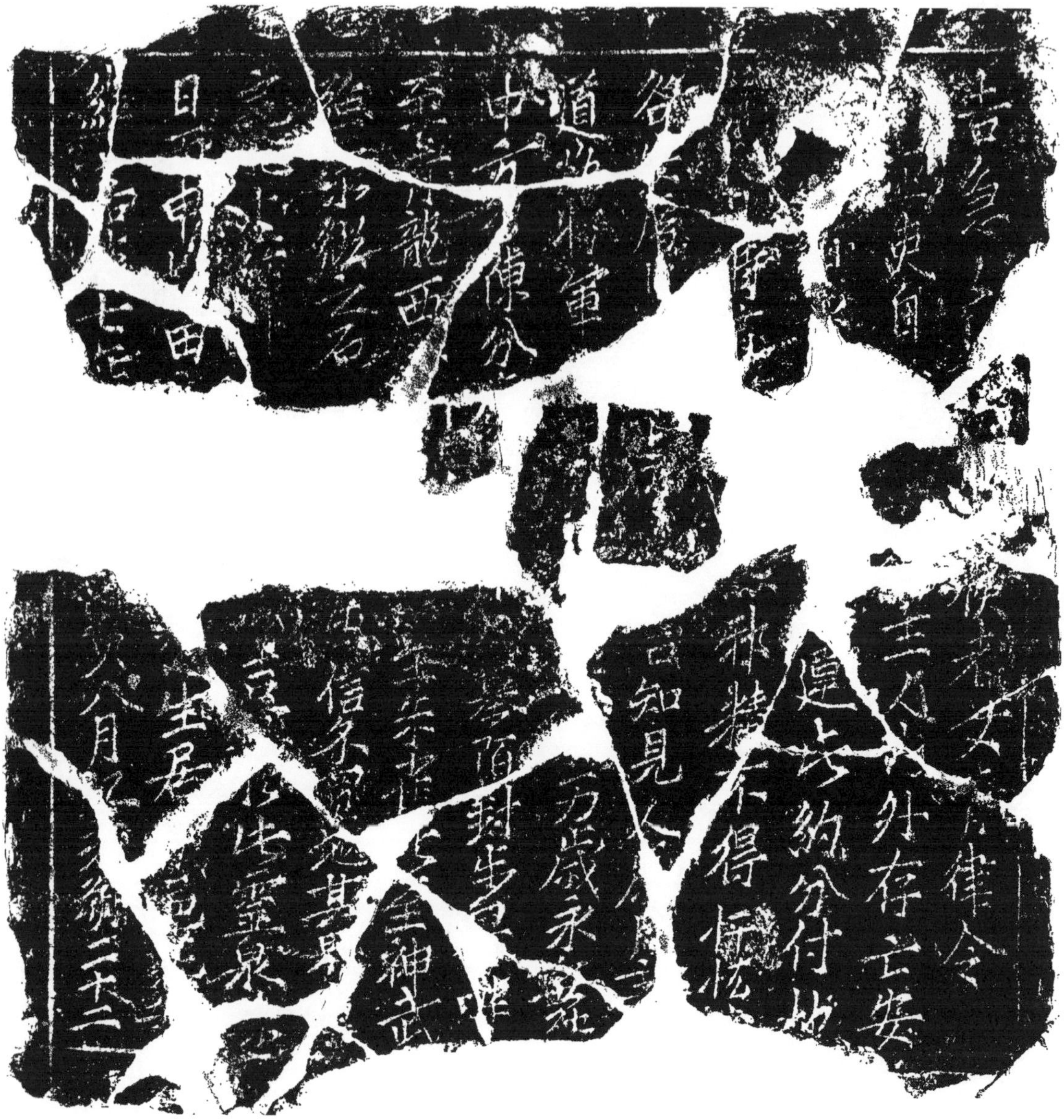

〇四二　田世中買地券

○四二　田世中買地券　嘉祐七年（一〇六二）八月二十二日

【題解】

一、名稱：田世中買地券

二、文獻形態：紅砂石質，正方形，長三十九點七厘米，厚二點三厘米。券文四周陰刻單綫邊框，自左至右書寫，行楷十二行，行十七字。

三、卒葬時間：嘉祐七年（一〇六二）八月二十二日葬。

四、文獻著録：成都文物考古研究所、成都博物院：《成都出土歷代墓銘券文圖録綜釋》，北京：文物出版社，二〇一二年，第一三三頁。

五、出土收藏情況：一九九八年出土於成都市龍泉驛區十陵鎮。券石現收藏於成都文物考古研究所。

【釋文】

維嘉祐七年歲次壬寅八月乙亥朔二十二/日丙申，故田□□□生居城邑，死安/宅兆，卜筮叶從，相地襲吉，宜於此靈泉縣/强宗鄉[一]之原□□用信錢買地。其界東/至青龍，西至白虎，南至朱雀，北至神武。/中方勾陳，分掌城邑，丘丞墓陌[二]，封步界畔；/道路將軍□□□□□萬歲，永無殃/咎。安厝已□□□□知見人：歲月主[三]：□/□□日時□□炁邪精，不得忏恡[四]□/□□□□□□□□違此約，分付地/□主吏自□□□主人内外存亡安/吉。急急如□□使者女青[五]律令。

【校注】

〔一〕靈泉縣强宗鄉：靈泉縣爲成都府路轄縣之一。《輿地廣記》卷二九《成都府路》載：靈泉縣，本漢成都縣地，唐久視元年（七〇〇）析蜀縣置東陽縣，屬益州。天寶元年（七四二）更名靈池，宋天聖四年（一〇二六）改爲靈泉。《元豐九域志》卷七《成都府路》載：靈泉縣下轄十五鄉，并有洛帶、王店、小東陽三鎮。本券所載强宗鄉爲靈泉縣轄鄉之一。

〔二〕墓陌：也作「墓伯」。

〔三〕歲月主：又稱「歲月主者」。

〔四〕忏恡：意爲觸犯，干擾。

〔五〕女青：道教中執掌驅鬼伏魔之法的女神。「女青」信仰在漢代形成。一説其名來自漢代藥名，以此寓意整肅教規、炙治濁世之意；一説源於「青女」，因其爲霜雪之神，《淮南子·天文》：「至秋三月，……青女乃出，以降霜雪。」《注》：「青女，天神，青霄玉女，主霜雪也。」因其有肅殺之氣而爲後來道教天師派所改造。《女青鬼律》爲天師道重要戒律之一，傳説由天師張道陵所傳授，書中記天下鬼神姓名、居處、神通、危害，通過念符咒、呼鬼名可治鬼和避鬼。南北朝時「女青」

始在買地券中出現，隋唐以後民間墓葬活動中爲藉助其鎮鬼威力而廣泛存在，明清時此信仰漸衰。

〇四三　劉十三郎買地券

○四三　劉十三郎買地券　嘉祐七年（一〇六二）九月二日

【題解】

一、名稱：劉十三郎買地券

二、文獻形態：木質，長方形；長三十二點三厘米，寬三十一點九厘米，厚一點一厘米；券文自左至右書寫，楷書十一行，行六至二十字。

三、卒葬時間：嘉祐七年（一〇六二）四月十六日卒，嘉祐七年（一〇六二）九月二日葬。

四、文獻著録：馮普仁：《無錫市錫惠橋北宋墓》，《考古》一九八六年第一二期，第一一四〇至一一四一頁；魯西奇：《中國古代買地券研究》，厦門：厦門大學出版社，二〇一四年，第三五五至三五七頁。

五、出土及收藏情況：一九八三年出土於江蘇無錫市錫惠橋。

【釋文】

大宋國常州無錫縣天授鄉賓雁里[一]，歲/次壬寅九月初一日朔初二日丙午，殁故/亡人劉十三郎，年登伍拾歲，八月生息[二]，於四月十六/日命盡壽終。生居高堂，死居蒿里[三]。今就東皇公、西皇/母買得墓地壹坎[四]，縱横玖畒，直價[五]九萬九千九佰九十九/□□。其地東止青龍，西止白虎，南止朱雀，北止元武，上止黄天，下止/黄泉。上下交訖，建除將迎，不逆五行神[六]。得功曹傳送，將得清/龍太常經路通脉，不干明堂[七]。天上保人：功曹；地下保人：傳送。如/有人誌認，理罪人張堅固、李定度。來時匆匆，鳥入黄泉。/急急如律令敕。/嘉祐柒年九月初二日弟子亡人劉十三郎券。

【校注】

〔一〕常州無錫縣天授鄉賓雁里：《元豐九域志》卷五《兩浙路》載：常州下轄晉陵、武進、無錫、宜興、江陰五縣。本券所載無錫縣爲常州屬縣之一。《元豐九域志》卷五《兩浙路》載：無錫縣下轄二十三鄉，并有望亭一鎮。本券所載天授鄉爲無錫縣轄鄉之一，有賓雁里。

〔二〕生息：生殖蕃息。如唐韓愈《潮州刺史謝上表》：「天戈所麾，莫不寧順。大宇之下，生息理極。」

〔三〕蒿里：原文作「蒿裏」，徑改。

〔四〕直價：意同「值價」。

〔五〕坎：坑。地面凹陷處。《禮記・喪大記》：「小臣爪足，浴餘水棄於坎。」

〔六〕五行神：由五行觀念衍生的分管东西南北中的五方之神。唐《兼明書・五行神》：「木神曰勾芒，火神曰祝融，土神曰后土，金神曰蓐收，水神曰玄冥。土神獨稱后者，后，君也，位居中，統領四行，故稱君也。」但此説中將「后土」降低爲方位神，與道教神仙系統相違，因而又有一説，按《廣雅·釋天》：「土神謂之羵羊，水神謂之罔象，木神謂之畢方，火神謂之游光，金神謂之清明。」

〔七〕明堂：古代風水中的術語，又名「内陽」，堪輿家稱穴前平坦开闊、地氣聚合的地方。

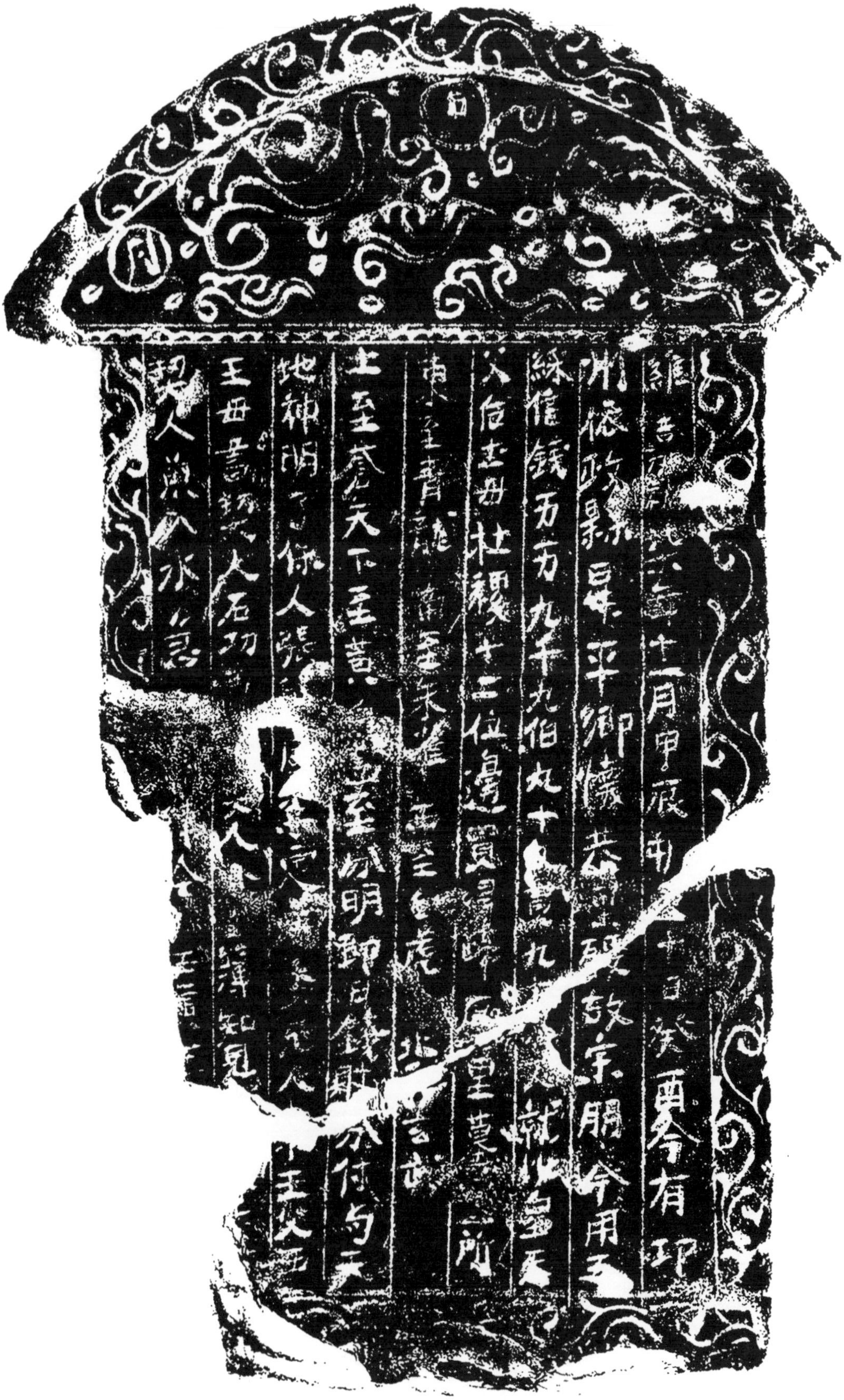

〇四四　宋朋買地券

〇四四　宋朋買地券　嘉祐七年（一〇六二）十一月三十日

【題解】

一、名稱：宋朋買地券

二、文獻形態：券石長五十七厘米、寬三十八厘米、厚三厘米。呈碑形，碑身有裂紋，上下斷爲兩部分。券首左右陰刻日月，中刻卷雲紋、波浪紋等圖案。下陰刻竪綫十條，券文刻於竪綫之内。券面部分左右刻卷草紋。券文自右至左楷書九行，行十至二十一字。

三、卒葬時間：嘉祐七年（一〇六二）十一月三十日葬。

四、文獻著録：成都文物考古研究所、成都博物院：《成都出土歷代墓銘券文圖録綜釋》，北京：文物出版社，二〇一二年，第一三一至一三二頁。

五、出土及收藏情况：一九八六年出土於四川省温江地區蒲江縣（今成都蒲江縣）壽安鎮，券石現收藏於成都市邛峽市文物保護管理所。

【釋文】

維嘉祐柒年十一月甲辰朔三十日癸酉，今有邛/州依政縣昇平鄉懷恭里[一]殁故宋朋，今用五/彩信錢[二]萬萬九千九百[三]九十九貫九十九文，就此皇天/父、后土母、社稷十二位神[四]邊買得歸厚里墓田一所。/東至青龍，南至朱雀，西至白虎，北至玄武，/上至蒼天，下至黄泉，四至分明，即日錢財分付與天/地神明了。保人：張堅固、李定度；委見人：東王父、西/王母；書契人：石功曹；讀契人：金主簿；知見人□□□/契人魚入水。急急如律令。壬寅□□□□□

【校注】

〔一〕邛州依政縣昇平鄉懷恭里：邛州依政縣昇平鄉，見〇一九《阿費買地券》。本券所載有懷恭里。

〔二〕五彩信幣：「彩」本作「采」。五彩指青、赤、白、黑、黄五種顔色。古代以此五者爲正色，以此代表五個方位：東方謂之青，南方謂之赤，西方謂之白，北方謂之黑，中央謂之黄。彩幣則指以五色紙所作紙錢之類。唐封演《封氏聞見記》卷六「紙錢」條：「按古者享祀鬼神，有圭璧幣帛，事畢則埋之。後代既寶錢貨，遂以錢送死。」

〔三〕百：原文「伯」，今統爲「百」。

〔四〕神：原文脱，今補。

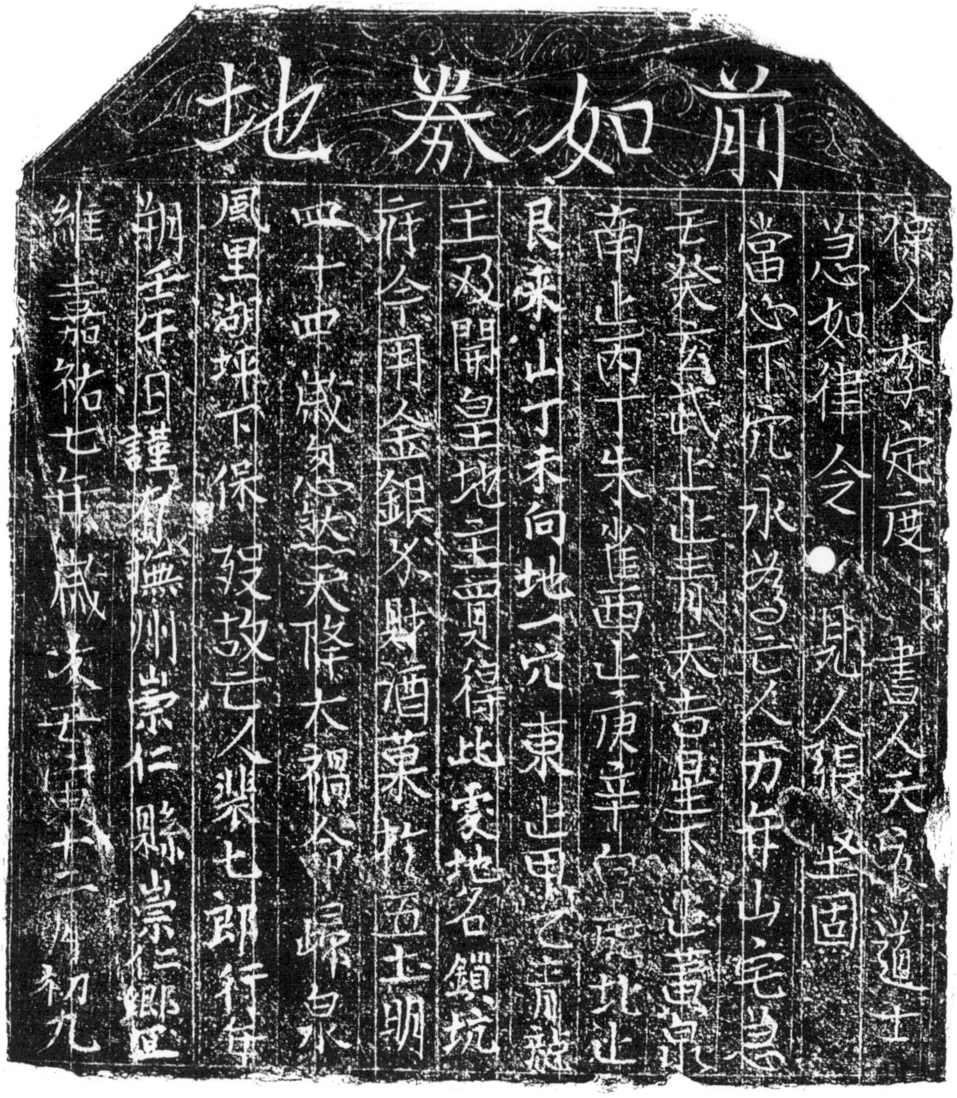

○四五　裴七郎買地券

〇四五　裴七郎買地券　嘉祐七年（一〇六二）十二月九日

【題解】

一、名稱：裴七郎買地券

二、文獻形態：券文拓片方形，上部左右抹角，拓片長三九點五厘米、寬三十五點五厘米。上部抹角部分，額題楷書四行，行一字，「地券如前」。下部陰刻界欄十六行，券文自左至右書寫，楷書十二行，行十一至十五字。

三、卒葬時間：嘉祐七年（一〇六二）十二月九日朔壬午日卒。

四、出土及收藏情況：拓片現藏於河北大學宋史研究中心資料室。

【釋文】

地券如前

維嘉祐七年歲次壬寅十二月初九/朔壬午日，謹有撫州崇仁縣崇仁鄉宜/風里湖坪下保[一]歿故亡人裴七郎，行年/四十四歲，忽然天降大禍，命歸泉/府。今用金銀錢財酒果，於五土明/王及開皇地主買得此處地名鎖坑/艮來山丁未向地一穴。東止甲乙青龍，/南止丙丁朱雀，西止庚辛白虎，北止/壬癸玄武，上止青天吉星，下止黄泉，/當心下穴，永爲亡人萬年山宅。急/急如律令。見人：張堅固；/保人：李定度；書人：天官道士。

【校注】

〔一〕撫州崇仁縣崇仁鄉宜風里湖坪下保：《輿地廣記》卷二五《江南西路・撫州》。撫州崇仁縣見〇六九《杜五娘買地券》。本書一五五《陳氏三十娘地券》、一七三《方六承事地券》見崇仁鄉善居里寨下保。

〇四六　佚名買地券

〇四六　佚名買地券　嘉祐七年（一〇六二）十二月二十三日

【題解】

一、名稱：佚名買地券

二、文獻形態：券石青石質，長方形，长六十九厘米，寬四十五厘米，厚九厘米，自右至左書寫，陰刻楷書十一行，行十六至二十四字不等。

三、卒葬時間：嘉祐七年（一〇六二）十二月二十三日葬。

四、文獻著録：張建平：《桃江出土的宋嘉祐七年石買地券考》，《湖南省博物館館刊》二〇一六年第十二輯，第四〇七至四一二頁。

五、出土情況：一九八五年出土於桃江縣原桃谷山鄉曾家坪村，原石收藏於桃江縣文物管理所。

【釋文】

南贍部洲[一]大宋國武安軍潭州益陽縣桂華鄉乾田保[二]/没故[三]亡人，年登三十九歲。於後園看花，遇逢仙人飲酒，賜予/一盞，歸家壽終。卜得田宅、宜間地各五步土地。下用輕錢五/萬九千九百九十九貫買得一處地土。修營塋冢一丘。東至/甲乙，南至丙丁，西至壬癸，上至皇天，下至/黄泉[四]。四至之内，書讀亡人。即日葬埋，時人證知：王/子喬、赤從子[五]、張敬固[六]、李定度。千年鯉魚，萬年鶴：/魚入深泉，白鶴飛上天。亡人一去，不得望回勾連。/若有千災萬禍，切是柏人[七]知當，不涉生人/之事。太上老君，急急如律令。

嘉祐七年/十二月二十三日。

【校注】

〔一〕南贍部洲：原文脱「贍」字，今補。

〔二〕武安軍潭州益陽縣桂華鄉乾田保：《輿地廣記》卷二六：潭州，唐武德四年（六二一）曰潭州，天寶元年（七四二）曰長沙郡，升爲武安軍節度。宋因之。《元豐九域志》卷六《荆湖南路》：治長沙縣，轄縣十一。益陽縣隋唐屬潭州，宋因之。本券所見有益陽縣桂華鄉，據券文出土地，現爲桃江縣原桃谷山鄉曾家坪村。

〔三〕没故：也作「殁故」。

〔四〕上至皇天，下至黄泉：原文作「上桎皇天，下桎黄泉」，徑改。

〔五〕赤從子：也作「赤松子」。

〔六〕張敬固：也作「張堅固」。

〔七〕柏人：原文作「百人」，徑改。

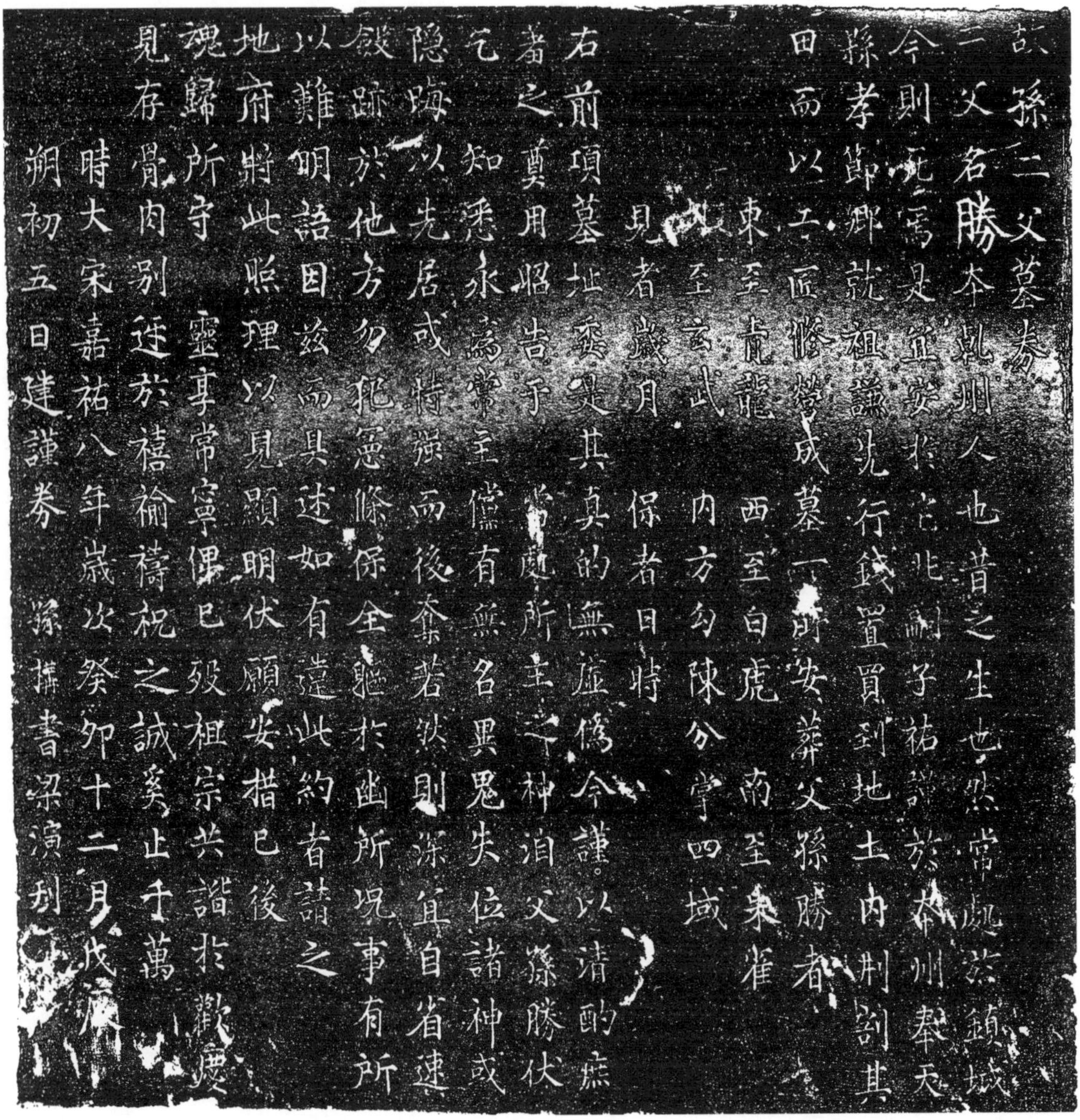
故孫二父墓券
二父名勝，本貫荆人也。昔之生也，然常處茲鎮城。今則死焉，是宜安於江北。嗣子祐謀於本州奉天孫孝節郡，就祖議先行錢置買到地土内荆劉其田，而以工匠修營成墓一所，安葬父孫勝者。
東至青龍　西至白虎　南至朱雀
北至玄武　内方勾陳分掌四域
見者歲月　保者日時
右前項墓地委是其真的，無虛僞。今謹以清酌庶羞之奠，用昭告于當處所主之神，洎父孫勝伏乞知悉，永爲常主。儻有無名異鬼、失位諸神，或隱晦以先居，或特殊而後來，若然則深宜自省，速斂跡於他方，勿抱怨，脩保全軀於幽所。况事有所以難明，語因茲而具述。如有違此約者，請之地府，將此照理，以見顯明。伏願安措已後，魂歸所守，靈享常寧，俾已殁祖宗共諧於歡[illegible]，見存骨肉別延於禧褕禱祝之誠，奚止千萬。
時大宋嘉祐八年歲次癸卯十二月戊[illegible]朔初五日建謹券　孫[illegible]書　梁演刻

〇四七　孫勝買地券

○四七　孫勝買地券　嘉祐八年（一○六三）十二月五日

【題解】

一、名稱：孫勝買地券

二、文獻形態：券石正方形，長四十厘米，厚八厘米，券文自右至左書寫，楷書十九行，行六至十九字。

三、卒葬時間：嘉祐八年（一○六三）十二月五日葬。

四、文獻著録：陝西省古籍整理辦公室編：《新中國出土墓誌·陝西·壹》，北京：文物出版社，二○○○年，上册第一四七頁，下册第一五五至一五六頁；陝西省古籍整理辦公室、咸陽市文物考古研究所編：《咸陽碑刻》（下册），西安：三秦出版社，二○○三年，第四九一頁至四九二頁。

五、出土及收藏情況：陝西乾縣出土，券石現收藏於乾陵博物館。

【釋文】

故孫二父墓券。/二父名勝，本乾州[一]人也。昔之生也，然常處於鎮城；/今則死焉，是宜安於宅兆。嗣子祐，謹於本州奉天/縣孝節鄉[二]，就祖謙先行錢置買到地土內判割其/田，而以工匠修營，成墓一所，安葬父孫勝者。/東至青龍，西至白虎，南至朱雀，/北至玄武，內方勾陳，分掌四域。/見者歲月，保者日時。/右前項墓址，委是其真，的無虛僞。今謹以清酌庶/羞[三]之奠，用昭告于當處所主之神。洎父孫勝，伏/乞知悉，永爲常主[四]。儻有無名異鬼，失位諸神，或/隱晦以先居，或恃强而後奪，若然則深宜自省，速斂迹於他方，勿犯憲條，保全軀於幽所。況事有所/以難明語，因茲而具述。如有違此約者，請之/地府，將此照理，以見顯明。伏願安措已後，/魂歸所守，靈享常寧。俾已殁祖宗，共諧於歡慶；/見存[五]骨肉，別迓於禧褕。禱祝之誠，奚止千萬。/時大宋嘉祐八年歲次癸卯十二月戊辰/朔初五日建，謹券。孫構書，梁演刊。

【校注】

〔一〕乾州：《太平寰宇記》卷三一《關西道七》載：乾州，本京兆奉天縣，唐末李茂貞建爲乾州。乾寧中，以覃王出鎮，建爲威勝軍，割奉天、好時、武功、盩厔、醴泉等五縣，以隸焉。後唐莊宗同光年中，武功、醴泉二縣還京兆府，盩厔入鳳翔，只領奉天、好時二縣。明宗天成三年（九二八）又割好時還京兆府，只領奉天一縣。宋乾德二年（九六四）割好時、永壽二縣屬焉。《元豐九域志》卷一○《省廢州軍》載：乾州，熙寧五年廢。

〔二〕本州奉天縣孝節鄉：即乾州奉天縣孝節鄉。《元豐九域志》卷三載：奉天縣下轄三鄉，并有薛禄一鎮。

〔三〕清酌庶羞：多種美味。《儀禮·公食大夫禮》：「上大夫庶羞二十，加於下大夫以雉、兔、鶉鴽。」胡培翬《正義》引郝敬云：「肴美曰羞，品多曰庶。」古時稱祭祀用的酒爲「清酌」。《禮記·曲禮下》：「凡祭宗廟之禮……酒曰清酌。」孔穎達疏：「酌，斟酌也。言此酒甚清澈，可斟酌。」庶羞指多種美味，羞同「饈」，《説文》：「羞，進獻也。」

〔四〕常主：固定的主人。《史記·貨殖列傳》：「富無經業，則貨無常主，能者輻湊，不肖者瓦解。」

〔五〕見存：意即「現存」。

〇四八　危五郎地券

〇四八　危五郎地券　治平元年（一〇六四）十二月一日

【題解】

一、名稱：危五郎地券

二、文獻形態：拓片略成正方形，長三十九厘米，寬四十一厘米，上部陰刻飄飛雲紋三朵，自右至左書寫，陰刻十三行楷行，行三至十七字不等。

三、卒葬時間：治平元年（一〇六四）十二月一日初五日葬。

四、文獻著録：胡抗美、曾翔主編：《書法文獻》（宋代地券卷），青島：青島出版社，二〇一四年，第二七頁。

五、出土及收藏情况：江西出土，原石收藏於百石齋。

【釋文】

維治平元年十二月一日壬辰朔初五/日丙申，右（有）大宋國江南道建昌軍南/城縣雅俗鄉訓俗里北團下凉水南保/甲[一]殁故亡人危五郎，用錢二千[二]貫於地/名□□買得庚向地一穴，永爲墓宅。東/止甲乙青龍，南止丙丁朱雀，西止庚辛白/虎，北止壬癸玄武，上止青天，下止黄泉，□磐/□大石爲界。其地千年不動，萬歲不移，/蔭益孝男、孝女、子孫，壽命長留。土□/吉昌，□入由□，益榮大旺，孽胜□多，/□□口舌，患皆消滅，不得有惡神/争占墓地。如有争占，分付玄都。律令/急急如……。

【校注】

〔一〕江南道建昌軍南城縣雅俗鄉訓俗里北團下凉水南保甲：江南道建昌軍南城縣見〇一六《黄二郎買地券》。雅俗鄉爲南城縣轄鄉之一，本券所見其下有訓俗里北團下凉水南保甲。保甲爲宋朝帶有軍事管理的户籍管理制度。保甲編組以户爲單位，設户長；十户爲甲，設甲長；十甲爲保，設保長。各保就該管區域内原有鄉鎮界址編定，或并合數鄉鎮爲一保，但不得分割本鄉鎮一部編入他鄉鎮之保。

〔二〕千：原文作「阡」，今改。

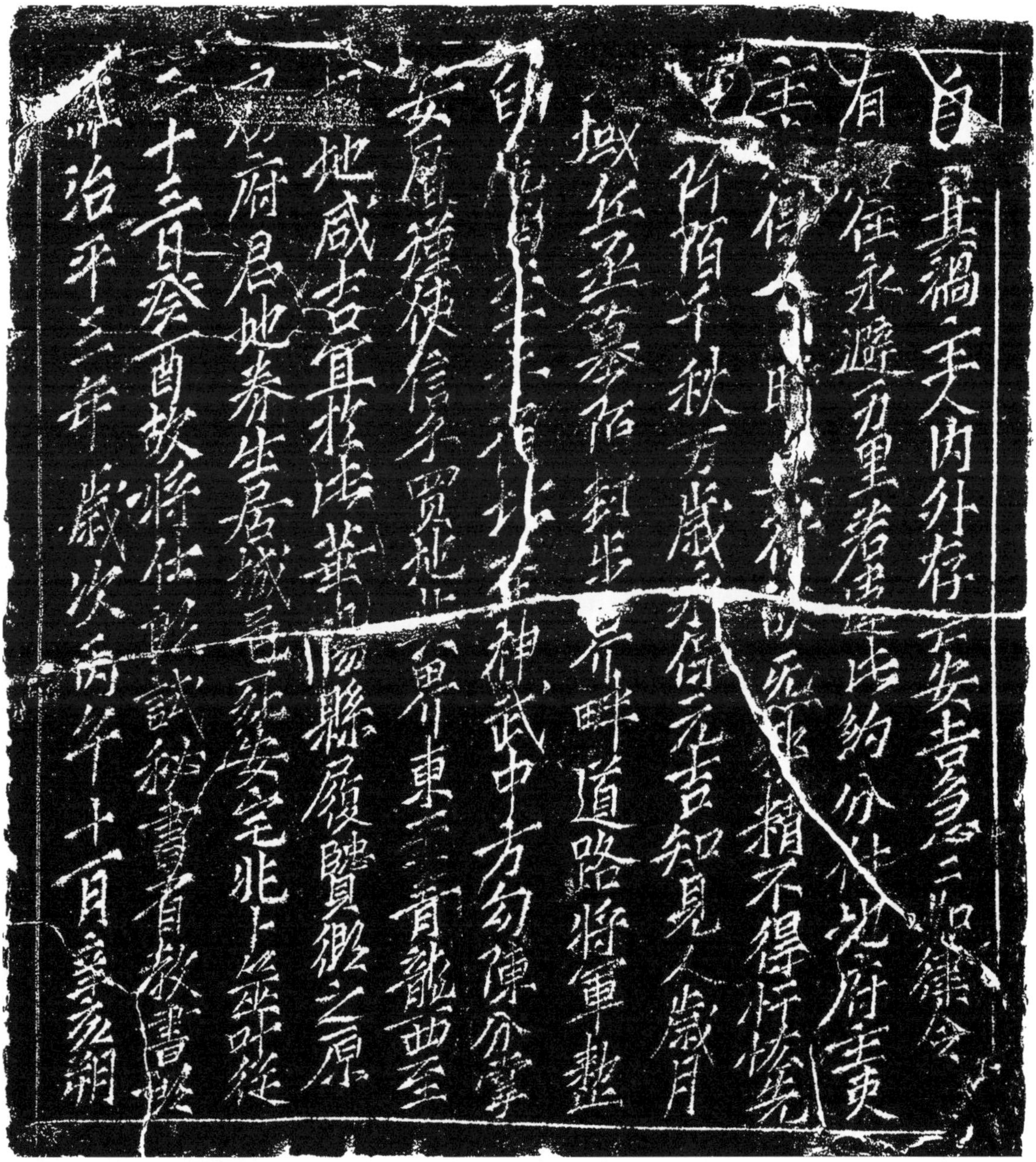

〇四九　房庶買地券

○四九　房庶買地券　治平三年（一〇六六）十一月二十三日

【題解】

一、名稱：房庶買地券

二、文獻形態：券石長方形，長四十二點一厘米、寬三十八點九厘米、厚三厘米。券石有三條裂痕，裂爲四塊。四周陰刻單綫邊框，券文從左至右書寫，行書十一行，行十七字。

三、卒葬時間：治平三年（一〇六六）十一月二十三日葬。

四、文獻著録：成都文物考古研究所、成都博物院：《成都出土歷代墓銘券文圖録綜釋》，北京：文物出版社，二〇一二年，第一四四至一四六頁。

五、出土及收藏情况：券石現收藏於成都文物考古研究所。

【釋文】

維治平三年歲次丙午十一月辛亥朔/二十三日癸酉，故將仕郎［一］試秘書省［二］教書郎［三］/房府君地券。生居城邑，死安宅兆，卜筮叶從，/相地咸吉，宜於此華陽縣履贊鄉［四］之原/安厝。謹使信錢買地，其界東至青龍，西至/白虎，南至朱雀，北至神武。中方勾陳，分掌/四域，丘丞墓伯［五］，封步界畔，道路將軍，整/齊阡陌，千秋萬歲，永保元吉。知見人：歲月/主者；保人：今時日直符。故炁邪精，不得忓恡。先/有居住，永避萬里。若違此約，分付地府主吏，/自當其禍。主人内外存亡安吉。急急如律令。

【校注】

〔一〕將仕郎：文散官名。隋始置，唐爲文官第二十九階，即最低一階，從九品下。宋同。徽宗崇寧二年（一一〇三）用以代軍巡判官。司理、司法、司户參軍，主簿，縣尉。政和六年（一一一六）改迪功郎。改定爲第三十七階，仍爲最低階。南宋於迪功郎下，再增置通仕、登仕、將仕三郎，以奏補未出身官人。

〔二〕秘書省：官署名。西晉元康二年（二九二）置。宋沿置，前期職事歸三館秘閣；元豐改制後，三館秘閣事并入秘書省，省職振舉，統掌古今經籍圖書、國史、實録、天文曆數等。參見龔延明《宋代官制辭典》，中華書局一九九七年，第二三七至二三九頁。

〔三〕教書郎：即「校書郎」，文階名。北宋前期本官階之末階。有出身轉大理評事，無出身轉太祝、奉禮郎。元豐三年九月，新訂《元豐寄禄格》以階易官，其官名易爲承務郎。

〔四〕華陽縣履贊鄉：華陽縣見〇五二《郭氏買地券》。履贊鄉爲華陽縣轄鄉之一。

〔五〕墓伯：「伯」原文爲「陌」，今改。

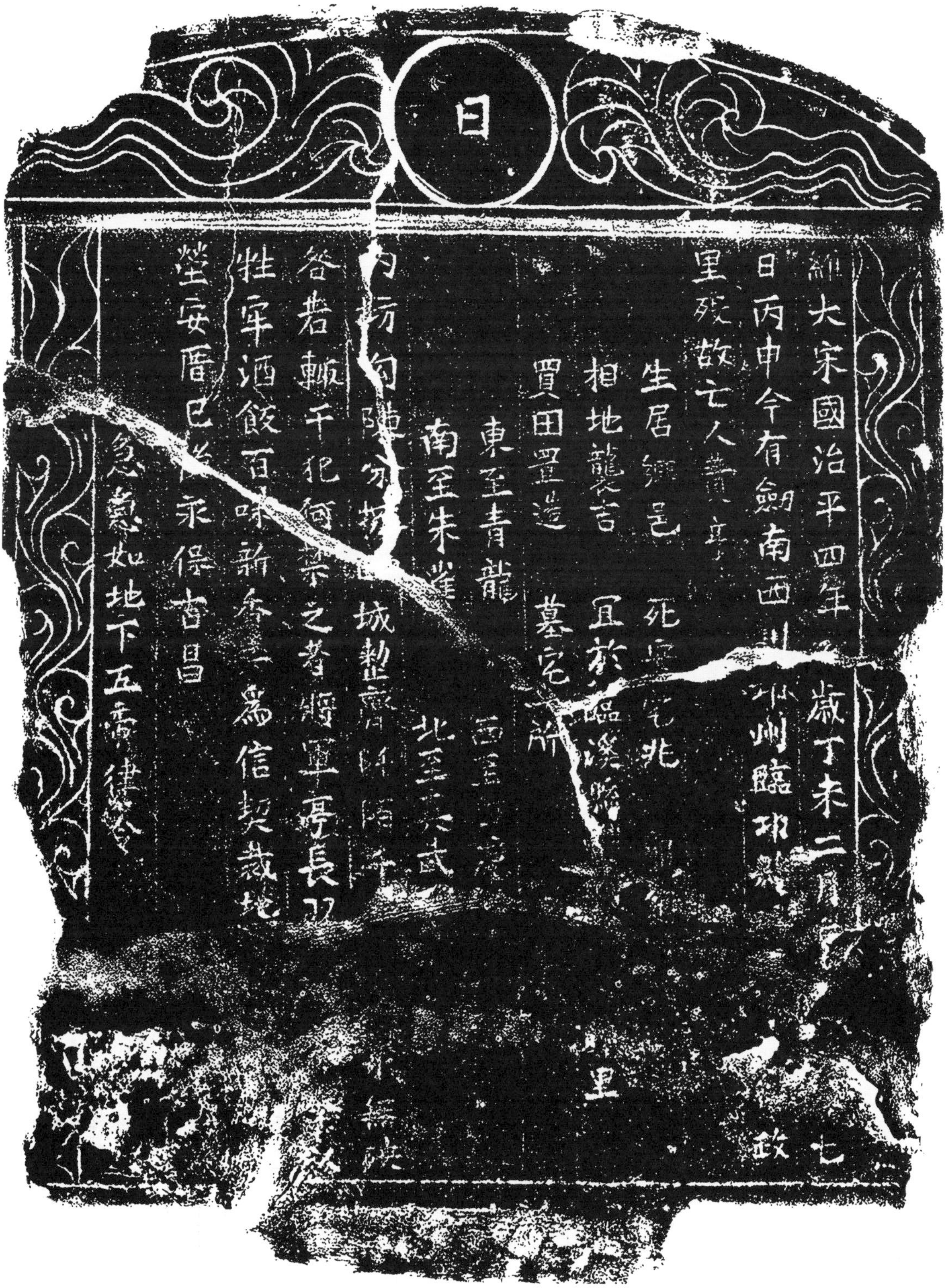
日
維大宋國治平四年歲次丁未二月
日丙申今有劍南西川
州臨邛縣
里殁故亡人費亨
生居鄉邑 死安宅兆
相地襲吉 宜於臨溪縣
買田置造 墓宅一所
東至青龍
南至朱雀 北至玄武
內方勾陳分掌
城
咎者輙干犯訶禁之者將軍亭長
牲牢酒飯百味新香共為信契裁地
塋安厝已後永保吉昌
急急如地下五帝律令

〇五〇　費亨買地券

〇五〇　費亨買地券　治平四年（一〇六七）二月十七日

【題解】

一、名稱：費亨買地券

二、文獻形態：券石長五十八點五厘米、寬四十五厘米、厚六點五厘米。呈碑形，券首圓弧形，額部正中陰刻一圓圈，内刻「日」字。左右刻對稱卷雲紋。券身左右書寫，刻卷草紋，内刻單綫邊框。券底有榫。券文從左至右楷書十三行，行八至十九字。

三、卒葬時間：治平四年（一〇六七）二月十七日葬。

四、文獻著録：成都文物考古研究所、成都博物院：《成都出土歷代墓銘券文圖録綜釋》，北京：文物出版社，二〇一二年，第一四七至一四八頁。

五、出土及收藏情況：一九八五年出土於四川省原温江地區邛崍縣臨邛鎮，券石現收藏於成都市邛崍市文物保護管理所。

【釋文】

日

維大宋國治平四年太歲丁未二月庚辰十七/日丙申，今有劍南西川邛州臨邛縣□□□□□政/里[一]殁故亡人費亨，/生居鄉邑，死安宅兆，龜筮叶從，/相地襲吉，宜於臨溪縣[二]□□□□□□里/買田置造墓宅一所。/東至青龍，西至白虎，/南至朱雀，北至真武。/内方[三]勾陳，分擁四域，整齊阡陌，千秋□□，永無殃/咎。若輒干犯訶禁[四]之者，將軍亭長，收□□□。今以/牲牢酒飯、百味新香，共爲信契。裁地□□□□□□/塋。安厝已後，永保吉昌。/急急如地下五帝律令。

【校注】

〔一〕劍南西川邛州臨邛縣□□□□□政里：見〇〇二《魏訓買地券》。

〔二〕臨溪縣：屬邛州。《太平寰宇記》卷七五《劍南西道四》載：臨溪縣，本漢臨邛縣地，後魏恭帝二年（五五五）分臨邛縣置臨溪縣。唐、宋因之。《元豐九域志》卷七《成都府路》載：熙寧五年（一〇七二）省臨溪縣爲鎮入臨邛。

〔三〕内方：「方」原文爲「坊」，今改。

〔四〕訶禁：「訶」原文爲「何」，今改。

日
維大宋國治平四年太歲丁未二月
日丙申今有劍南西川邛州臨邛縣
里殁故亡人費得中
生居鄉邑　死安宅兆
相地襲吉　宜於臨溪縣崇明
買田置造　墓宅一所
東至青龍　西至白虎
南至朱雀　北至玄武
内方勾陳分擘四域整齊阡陌千秋萬歲
咎若輒干犯何禁之者將軍亭長
牲牢酒飯百味新香共為信契財地交
塋安厝已後永保吉昌
急急如地下五帝律令

〇五一　費得中買地券

〇五一　費得中買地券　治平四年（一〇六七）二月十七日

【題解】

一、名稱：費得中買地券

二、文獻形態：券石長六十二厘米、寬四十五點五厘米、厚三點三厘米。碑形，券首呈弧形，正中刻一圓圈，内刻「日」字。兩側刻對稱卷雲紋。券底有榫，券身部分左右刻卷草紋。券文自左至右楷書十三行，行六至十九字。其形製同〇五〇《費亨買地券》。

三、卒葬時間：治平四年（一〇六七）二月十七日葬。

四、文獻著録：成都文物考古研究所、成都博物院：《成都出土歷代墓銘券文圖録綜釋》，北京：文物出版社，二〇一二年，第一四九至一五〇頁。

五、出土及收藏情況：一九八五年出土於温江地區邛峽縣臨邛鎮文筆村，券石現收藏於成都市邛崍市文物保護管理所。

【釋文】

日

維大宋國治平四年太歲丁未二月庚辰朔十七/日丙申，今有劍南西川邛州臨邛縣臨邛鄉□□/里[一]殁故亡人費得中，/生居鄉邑，死安宅兆，龜筮叶從，/相地襲吉，宜於臨溪縣崇明鄉[二]□□/買田置造墓宅一所。/東至青龍，西至白虎，/南至朱雀，北至真武。/内方[三]勾陳，分擁四域，整齊阡陌，千秋萬歲，永無殃/咎。若輒干犯訶禁[四]之者，將軍亭長收付□□/牲牢酒飯，百味新香，共爲信契。裁地交付□/塋，安厝已後，永保吉昌。/急急如地下五帝律令。

【校注】

〔一〕劍南西川邛州臨邛縣臨邛鄉□□里：劍南西川邛州見〇〇二《魏訓買地券》，臨邛縣見〇五〇《費亨買地券》。臨邛鄉爲臨邛縣轄鄉之一。《元豐九域志》卷七《成都府路》載：臨邛縣有十鄉。本書所收買地券見臨邛縣三鄉：臨邛鄉、磐石鄉、崇明鄉。

〔二〕臨溪縣：見〇五〇《費亨買地券》。

〔三〕内方：「方」原文爲「坊」，今改。

〔四〕訶禁：「訶」原文爲「何」，今改。

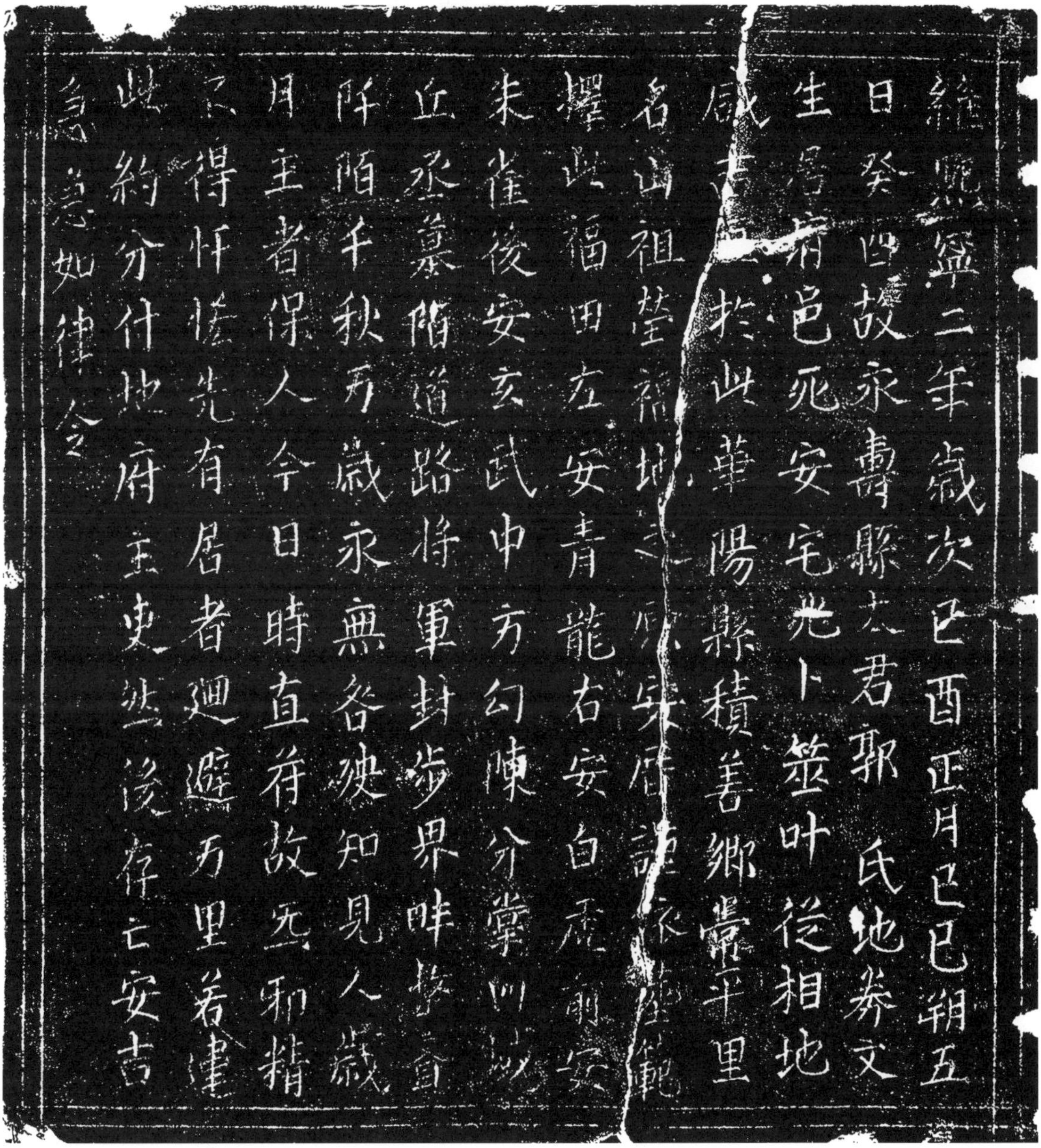
維熙寧二年歲次己酉正月己巳朔五
日癸酉故永壽縣太君郭氏地券文
生居城邑死安宅兆卜筮叶從相地
咸吉於此華陽縣積善鄉崇平里
名山祖塋禱地之原安厝謹依
耀與福田左安青龍右安白虎前安
朱雀後安玄武中方勾陳分掌四域
丘丞墓伯道路將軍封步界畔整齊
阡陌千秋万歲永無咎殃知見人歲
月主者保人今日時直府故氣邪精
不得忏恡先有居者迴避万里若違
此約分付地府主吏然後存亡安吉
急急如律令

〇五二　郭氏買地券

○五二　郭氏買地券　熙寧二年（一〇六九）正月五日

【題解】

一、名稱：郭氏買地券

二、文獻形態：紅砂石質，中部斷裂，券石裂爲二塊，長四十點五厘米，寬三十九厘米，厚三厘米；券石四周鎸刻雙欄邊框；券文自右至左書寫，楷書十三行，行五至十五字。

三、卒葬時間：熙寧二年（一〇六九）正月五日葬。

四、文獻著録：成都文物考古研究所、成都博物院：《成都出土歷代墓銘券文圖録綜釋》，北京：文物出版社，二〇一二年，第一五二至一五七頁。

五、出土及收藏情况：一九八一年出土於成都市東郊麻石橋四川省抗生素研究所，券石現收藏於成都文物考古研究所。

【釋文】

維熙寧二年歲次己酉正月己巳朔五/日癸酉，故永壽縣太君[一]郭氏地券文。/生居府邑，死安宅兆，卜噬叶從，相地/咸吉。宜於此華陽縣積善鄉常平里[二]/名山祖塋福地之原安厝。謹依葬範，/擇此福田，左安青龍，右安白虎，前安/朱雀，後安玄武，中方勾陳，分掌四域。/丘丞墓伯[三]，道路將軍，封步界畔，整齊/阡陌。千秋萬歲，永無咎殃。知見人：歲/月主者；保人：今日時直苻[四]。故炁邪精，/不得忓恡。先有居者，迴避萬里，若違/此約，分付地府主吏，然後存亡安吉。/急急如律令。

【校注】

〔一〕太君：古代官員母親的封號。唐制，四品官之妻爲郡君，五品爲縣君。其母邑號，皆加太君。宋代群臣之母封號有國太夫人、郡太夫人、郡太君、縣太君等稱。

〔二〕華陽縣積善鄉常平里：華陽縣本成都縣地，唐貞觀十年（六三六）分成都縣之東偏置蜀縣在郭下。乾元元年（七五八）玄宗幸蜀時改爲華陽縣。《元豐九域志》卷七《成都府路》載：華陽縣下設八鄉、均窯一鎮。本書所收買地券有華陽縣五鄉一鎮：積善鄉、普安鄉、履豐鄉、景福鄉、星橋鄉、均窯鎮。積善鄉下有兩里：常平里、永寧里。

〔三〕墓伯：「伯」原文爲「陌」，今改。

〔四〕直苻：意同「直符」。

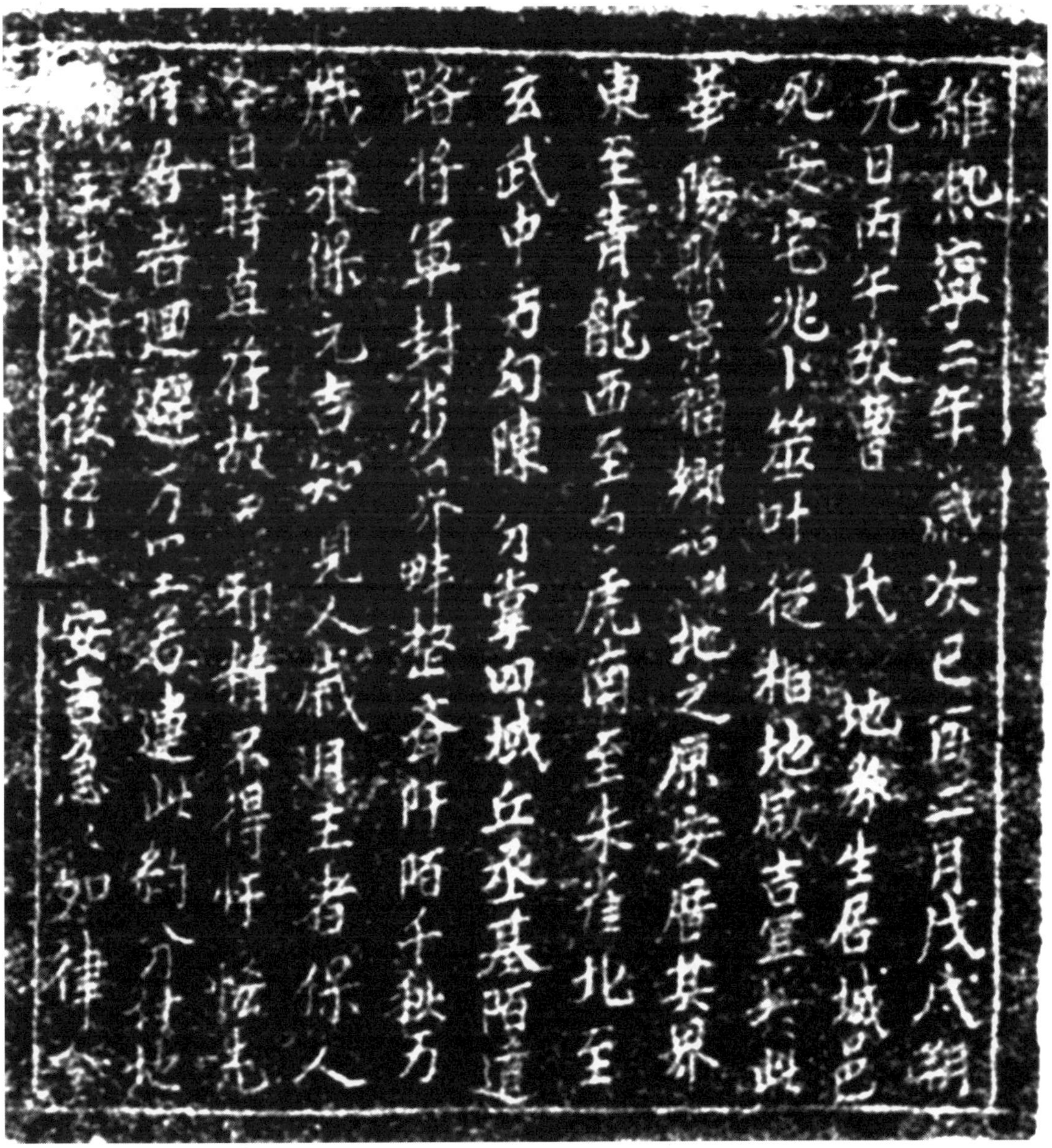

○五三　曹氏買地券

〇五三　曹氏買地券　熙寧二年（一〇六九）二月九日

【題解】

一、名稱：曹氏買地券

二、文獻形態：紅砂石質，券石呈正方形；邊長三十九厘米，厚三厘米，四周陰刻單綫邊框；券文自右至左書寫，楷書十一行，行十四字。

三、卒葬時間：熙寧二年（一〇六九）二月九日葬。

四、文獻著録：四川省文物管理委員會：《四川華陽縣北宋墓清理簡報》，《文物》一九五六年第一二期，第四一至四二頁；四川省地方志編纂委員會編：《四川省志・文物志》，成都：四川人民出版社，一九九九年，第三一五頁；高朋：《人神之契：宋代買地券研究》，北京：中國社會科學出版社，二〇一一年，第二三三頁；魯西奇：《中國古代買地券研究》，厦門：厦門大學出版社，二〇一四年，第四四一頁。

五、出土及收藏情況：一九五六年出土於四川省成都東郊華陽縣三聖鄉上河村，券石現收藏於四川省博物館。

【釋文】

維熙寧二年歲次己酉二月戊戌朔/九日丙午，故曹氏地券。生居城邑，/死安宅兆，卜筮叶從，相地咸吉，宜於此/華陽縣景福鄉〔一〕福地之原安厝。其界/東至青龍，西至白虎，南至朱雀，北至/玄武，中方勾陳，分掌四域。丘丞墓伯〔二〕，道/路將軍，封步界畔，整齊阡陌。千秋萬/歲，永保元吉。知見人：歲月主者；保人：/今日時直符。故炁邪精，不得忓恡。先/有居者，迴避萬里。若違此約，分付地/府主吏，然後存亡安吉。急急如律令。

【校注】

〔一〕華陽縣景福鄉：見〇五二《郭氏買地券》。

〔二〕墓伯：「伯」原文爲「陌」，今改。

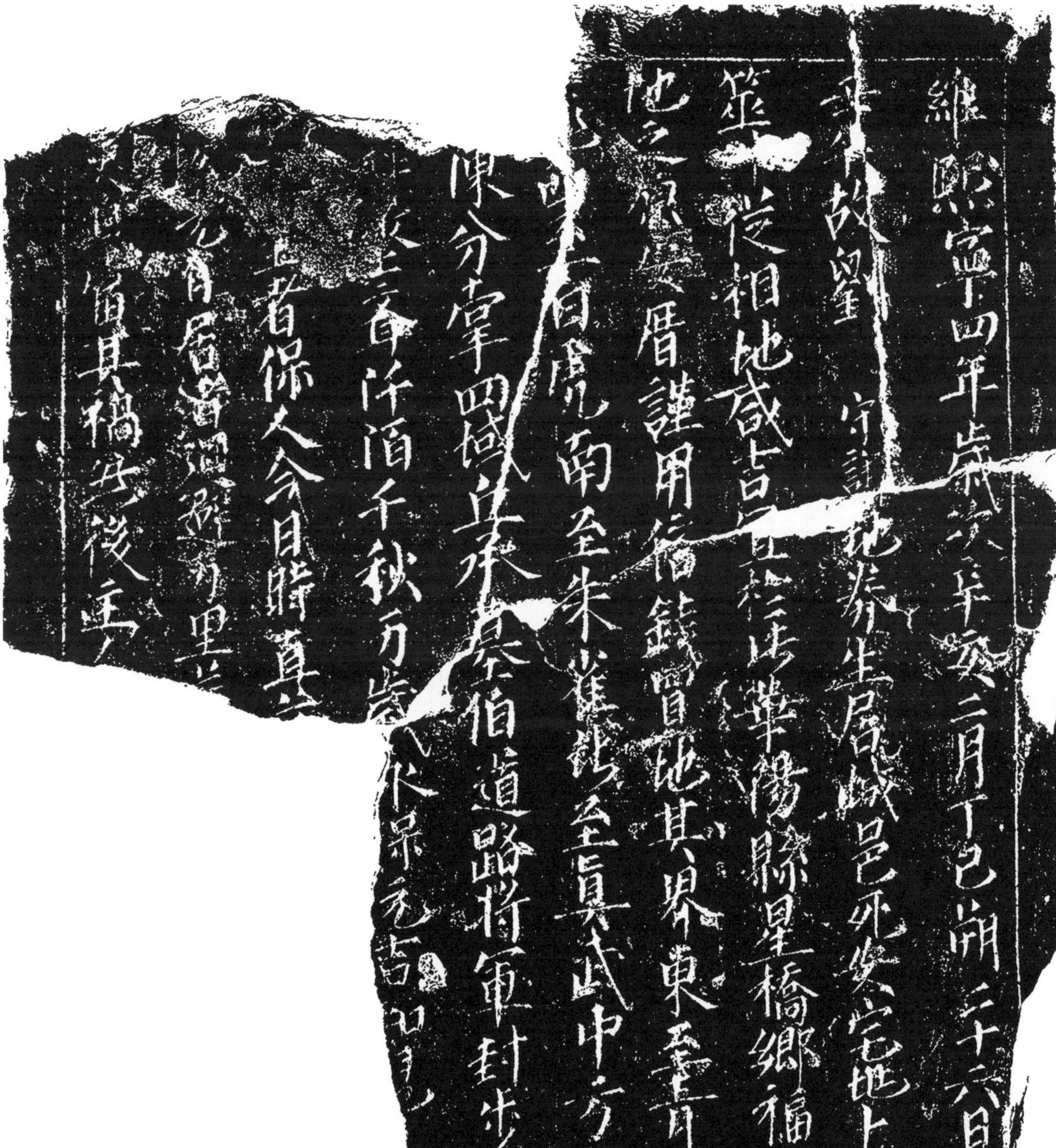

〇五四　劉守謙買地券

○五四　劉守謙買地券　熙寧四年（一○七一）二月二十六日

【題解】

一、名稱：劉守謙買地券

二、文獻形態：紅砂石質，券石斷裂，左邊上、左下角殘缺，高四十二厘米，寬三十八厘米，厚二點六厘米；四周陰刻單綫邊框，券文自右至左書寫，楷書十行，滿行十八字。

三、卒葬時間：熙寧四年（一○七一）二月二十六日葬。

四、文獻著録：成都文物考古研究所、成都博物院：《成都出土歷代墓銘券文圖録綜釋》，北京：文物出版社，二○一二年，第一六一至一六三頁。

五、出土及收藏情況：券石現存成都文物考古研究所。

【釋文】

維熙寧四年歲次辛亥二月丁巳朔二十六日/壬午，故劉守謙地券。生居城邑，死安宅兆，卜/筮叶從，相地咸吉。宜於此華陽縣星橋鄉[一]福/地之原安厝。謹用信錢買地，其界東至青/龍，西至白虎，南至朱雀，北至真武，中方/勾陳，分掌四域。丘承墓伯，道路將軍，封步/界畔，整齊阡陌。千秋萬歲，永保元吉。知見人：/歲月主者；保人：今日時直符。□□□□□□/□先有居者，迴避萬里。□□□□□□□/□□自當其禍，然後主□□□□□□□

【校注】

〔一〕華陽縣：華陽縣見○五二《郭氏買地券》。星橋鄉爲華陽縣轄鄉之一。本券與○八六《劉起地券》、○八七《劉觀買地券》載星橋鄉。

〇五五　吴十一郎地券

○五五　吴十一郎地券　熙寧四年（一〇七一）九月二十五日

【題解】

一、名稱：吴十一郎地券

二、文獻形態：拓片成方形抹角，長三十五厘米，寬三十八厘米，題額「地券如前」，陰刻界欄十二行，自左至右書寫，陰刻行楷十一行，行五至十四字不等。

三、卒葬時間：熙寧四年（一〇七一）九月二十五日葬。

四、文獻著録：胡抗美、曾翔主編：《書法文獻》（宋代地券卷），青島：青島出版社，二〇一四年，第二八頁。

五、出土及收藏情況：江西出土，原石收藏於百石齋。

【釋文】

地券如前

維熙寧四年歲次辛亥九月/朔二十五日，即有撫州金谿縣□/德鄉葦陟保[一]殁故亡人吴十一/郎，行年二十四歲，天降大禍，命歸/泉府，今用錢才酒果，於五土明王/開皇地主買得/東止甲乙青□，南止丙/丁朱雀，西止庚辛白虎，北止壬癸玄/武，上止青天吉星，下止黄泉水口，□亡/人萬年山宅。急急如律令。見人：/張堅固，保人：李定度，書人：天□□□。

【校注】

〔一〕撫州金谿縣□德鄉葦陟保：撫州金谿縣見〇〇八《龔大娘地券》。□德鄉爲金谿縣轄鄉之一，本券所見有□德鄉葦陟保。本書〇〇八《龔大娘地券》載金谿縣永泰鄉北源社。

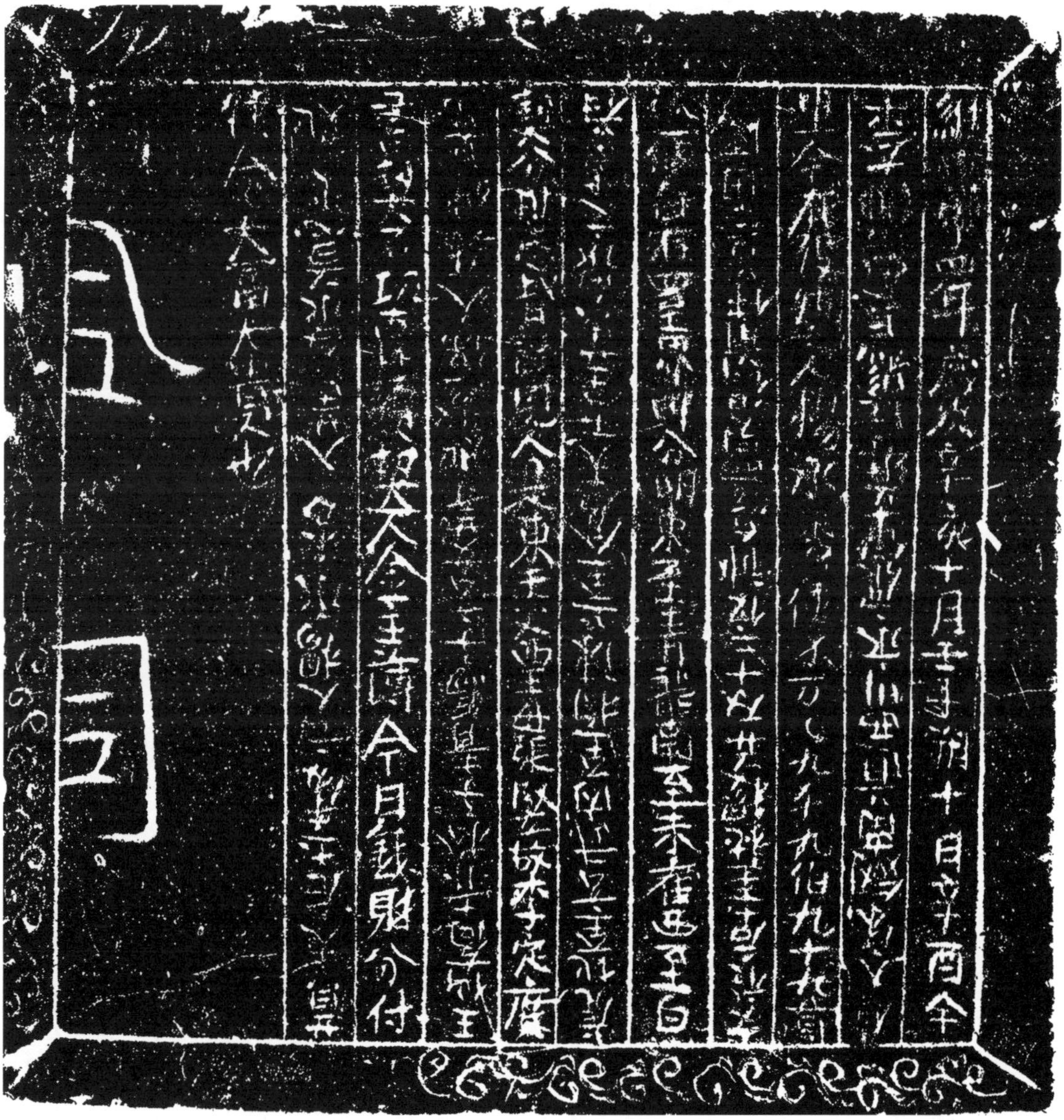

〇五六　楊承秀買地券

○五六　楊承秀買地券　熙寧四年（一〇七一）十月十日

【題解】

一、名稱：楊承秀買地券

二、文獻形態：陶質，四周陰刻單綫邊框，長四十一點六厘米，寬四十點三厘米，厚五點六厘米；券文左側臨邊處竪刻「合同」二字的右半幅；本券文自左至右書寫，楷書單行正寫，雙行倒寫。十一行，行七至十九字。

三、卒葬時間：熙寧四年（一〇七一）十月十日葬。

四、文獻著録：成都文物考古研究所、成都博物院：《成都出土歷代墓銘券文圖録綜釋》，北京：文物出版社，二〇一二年，第一六四至一六五頁。

五、出土及收藏情況：券石現收藏於成都都江堰市文物管理局。

【釋文】

維熙寧四年歲次辛亥十月壬子朔十日辛酉，今/有大宋劍南道西川永康軍導江縣長樂鄉太平/里[一]。今有殁故人楊承秀，使錢萬萬九千九佰九十九貫/文，於后土主、社稷并及十二位神邊，買得前件墓田，周/流一傾，自有四至，界畔分明，東至青龍，南至朱雀，西至白/虎，北至玄武，内至拘陳[二]，上至蒼天[三]，下至黄泉，文書爲/契，分明悉皆。證見人是東王父、西王母、張堅固[四]、李定度、/王仙喬、赤松子、青烏子、玄女等；知證保人：張仲景[五]；/書契：石功曹；讀契人：金主簿。今日錢財分付/黄天后土處，亡人楊承秀入黄泉。急急如/律令。大富大貴也。/合同。

【校注】

〔一〕劍南道西川永康軍導江縣長樂鄉太平里：《太平寰宇記》卷七三《劍南西道》與《輿地廣記》卷三〇《劍南西道》載：永康軍爲同下州，理灌口鎮。宋乾德三年（九六五）平蜀，四年（九六六）改爲永安軍，太平興國三年（九七八）改爲永康軍。熙寧五年（一〇七二）軍廢，元祐初復置。領縣二：青城、導江。導江縣：宋乾德四年（九六六）割隸永康軍，熙寧五年（一〇七二），軍廢爲寨縣，九年（一〇七六）廢寨復即縣治，置永康軍。另據《太平寰宇記》卷七三《劍南西道》載，導江縣下設二十一鄉。本書所收買地券所見導江縣兩鄉：長樂鄉、盤龍鄉。長樂鄉屬導江縣，有太平里。

〔二〕「拘陳」，原作勾陳：見〇〇三《王二娘買地券（甲）》校注。

〔三〕蒼天：原文作「倉天」，今統爲「蒼天」。

〔四〕張堅固：原文作「張堅故」，今改。

〔五〕張仲景：東漢末年著名醫家，後被民間尊奉爲醫聖。此處爲買地券的知證保人。

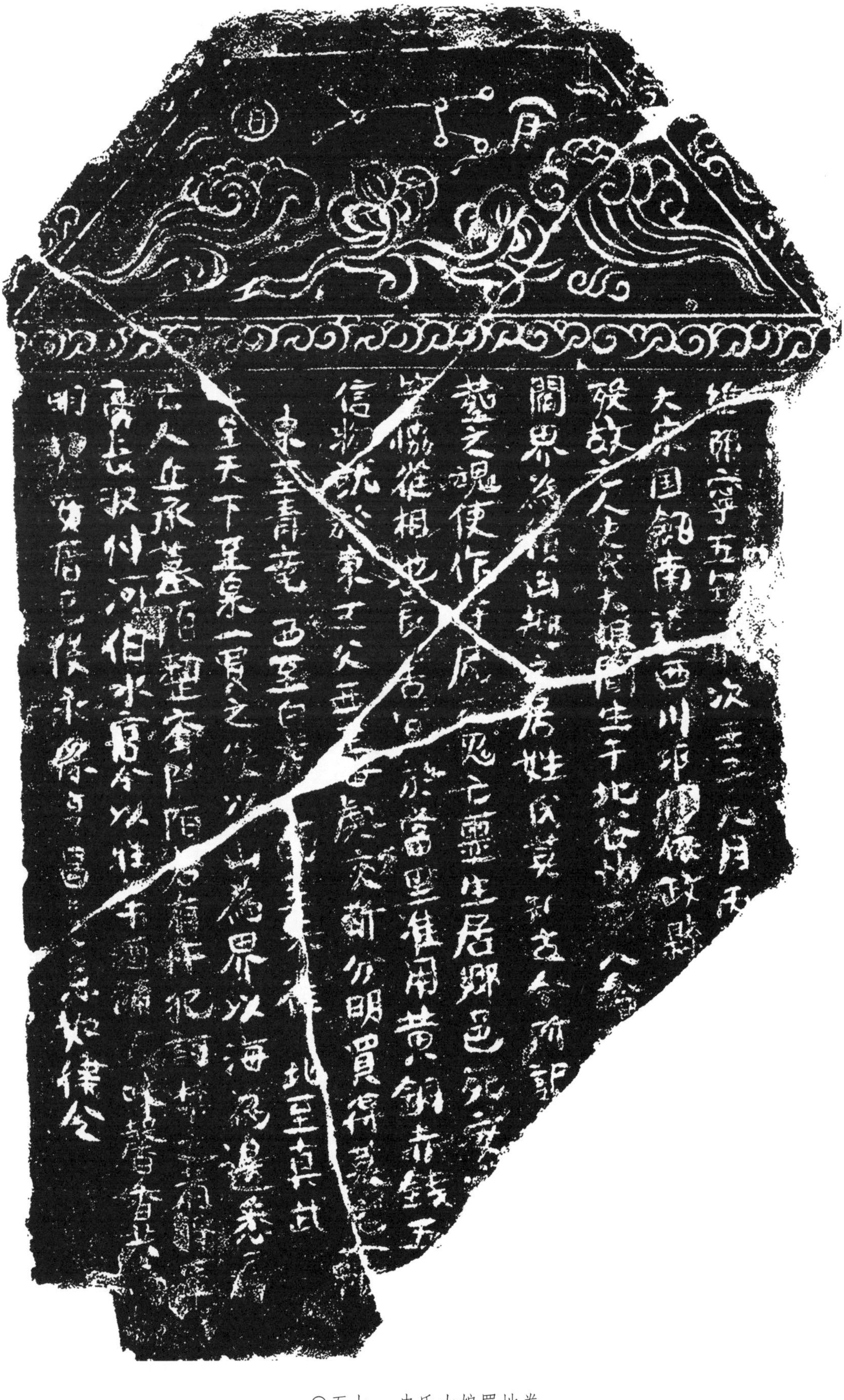

〇五七　史氏大娘買地券

○五七　史氏大娘買地券　熙寧五年（一〇七二）九月

【題解】

一、名稱：史氏大娘買地券

二、文獻形態：紅砂石質，呈碑形，立於基座之上，券石裂爲多塊，額部上寬二十點二厘米，下寬四十四點五厘米，長十七點五厘米，上刻日、月及北斗星圖案，左右刻卷雲紋，中刻卷草紋。碑身寬四十七點二厘米，寬三十七點五厘米；券文自右至左書寫，楷書十二行，行十五至二十字。

三、卒葬時間：熙寧五年（一〇七二）九月葬。

四、文獻著録：成都文物考古研究所、成都博物院：《成都出土歷代墓銘券文圖録綜釋》，北京：文物出版社，二〇一二年，第一六七至一六八頁。

五、出土及收藏情況：一九七九年五月出土於四川省原温江地區蒲江縣（今屬成都市）五星鎮犀牛村三組北宋磚室墓内。現收藏於成都都江堰市文物保護管理所。

【釋文】

維熙寧五年歲次壬子九月丙□□□□□□□□□/大宋国劍南道西川邛州依政縣[一]□□□□□□□□/歿故亡人史氏大娘，聞生於北谷州，不入輪□□□□□□/閻界，爲積凶趣之居，姓氏莫知，古今所記□□□□/葬之魂，使作守屍之鬼。亡靈生居鄉邑，死安宅兆，卜筮協從，相地良吉，宜於當里，准用黄銅赤錢五□/信物，就於東王父、西王母處交斷分明，買得墓宅一□。/東至青龍，西至白虎，南至朱雀，北至真武，/上至天，下至泉，一買之後，以山爲界，以海爲邊，悉屬/亡人，丘承墓伯[二]，整齊阡陌，若有忏犯訶禁之者，將軍/亭長，收付河伯水官[三]。今以牲牢酒餔，百味馨香，共爲/明契。安厝已後，永保吉昌。急急如律令。

【校注】

〔一〕邛州依政縣：見〇一二《張先買地券》。

〔二〕伯：「伯」原文爲「陌」，今改。

〔三〕水官：道教「三官神」（天官、地官、水官）之一，源自原始宗教崇拜天、地、水的自然信仰。東漢中後期，張陵在蜀中創立五斗米道，尊奉天、地、水三官爲主宰人間福禍之大神。

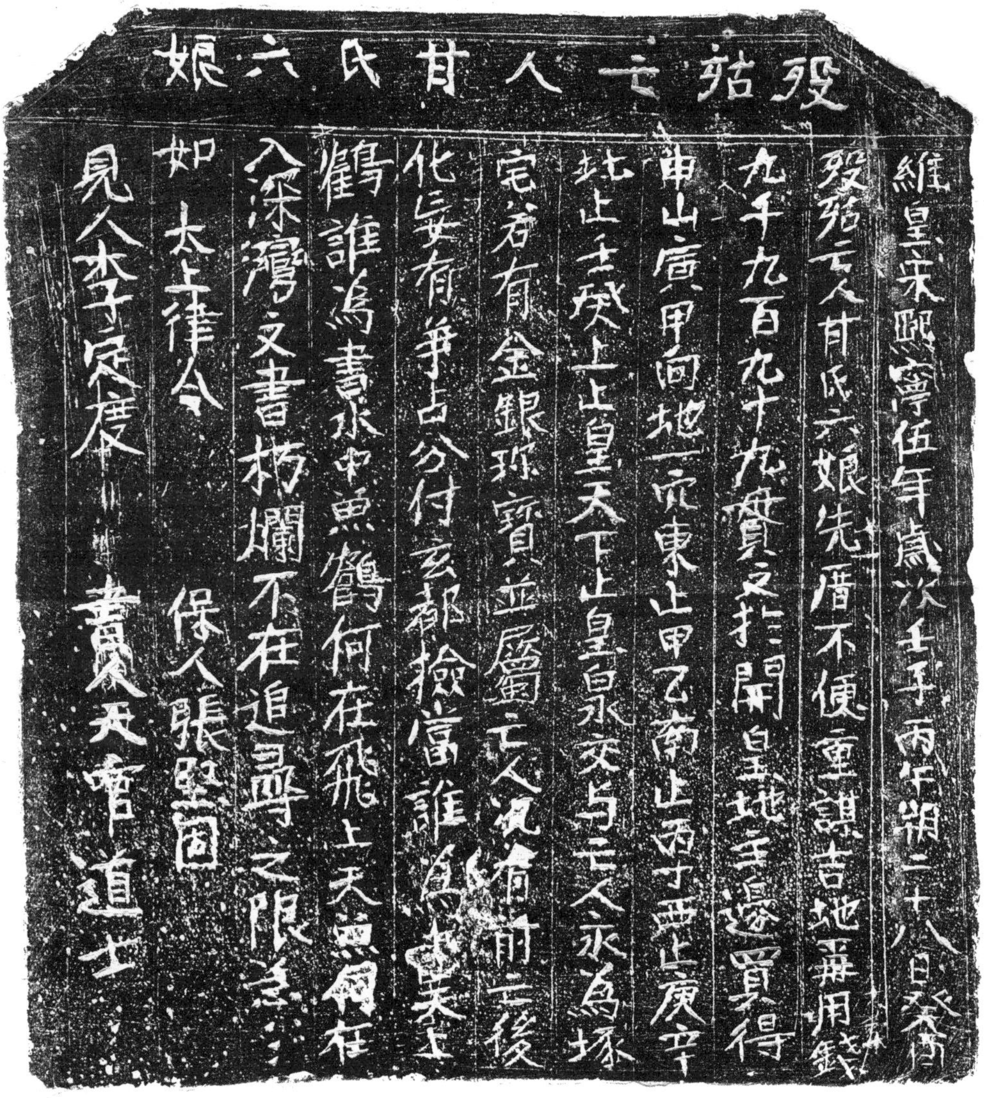
殁故亡人甘氏六娘
維皇宋熙寧伍年歲次壬子丙午朔二十八日癸酉
殁故亡人甘氏六娘先曆不便重謀吉地爲用錢
九千九百九十九貫文於開皇地主邊買得
申山寅甲向地一穴東止甲乙南止丙丁西止庚辛
北止壬癸上止皇天下止皇泉交与亡人永爲塚
宅若有金銀珎寶並屬亡人如有前亡後
化妄有爭占分付玄都撿當誰爲書契上
鶴誰爲書水中魚鶴何在飛上天魚何在
入深灣文書朽爛不在追尋之限急急
如 太上律令 保人張堅固
見人李定度 書人天帝道士

〇五八　甘氏六娘買地券

○五八　甘氏六娘買地券　熙寧五年（一〇七二）九月二十八日

【題解】

一、名稱：甘氏六娘買地券

二、文獻形態：券石上部左右抹角，長三十八點五厘米，寬三十四點五厘米。上邊四周刻雙綫，横刻「殁故亡人甘氏六娘」八字。券文周邊刻單綫，中刻單綫十條，券文自右至左書寫，行楷十一行，滿行二十字。

三、卒葬時間：熙寧五年（一〇七二）九月二十八日葬。

四、出土及收藏情况：江西出土，拓片現藏河北大學宋史研究中心。

【釋文】

殁故亡人甘氏六娘

維皇宋熙寧伍年歲次壬子丙午朔二十八日癸酉，／殁殆[一]亡人甘氏六娘，先厝不便，重謀吉地。再用錢／九千九百九十九貫文，於開皇地主邊買得／申山寅甲向地一穴。東止甲乙，南止丙丁，西止庚辛，／北止壬癸。上止皇天，下止皇泉[二]，交與亡人永爲冢／宅。若有金銀珍寶并屬亡人。况有前亡後／化，妄有争占，分付玄都撿當[三]。誰爲書？天上／鶴。誰爲書？水中魚。鶴何在？飛上天。魚何在？／入深灣。文書朽爛，不在追尋之限。急急／如太上律令。保人：張堅固；／見人：李定度；書人：天官道士。

【校注】

〔一〕殁殆：同「殁故」。

〔二〕皇泉：同「黄泉」。

〔三〕撿當：同「檢當」。

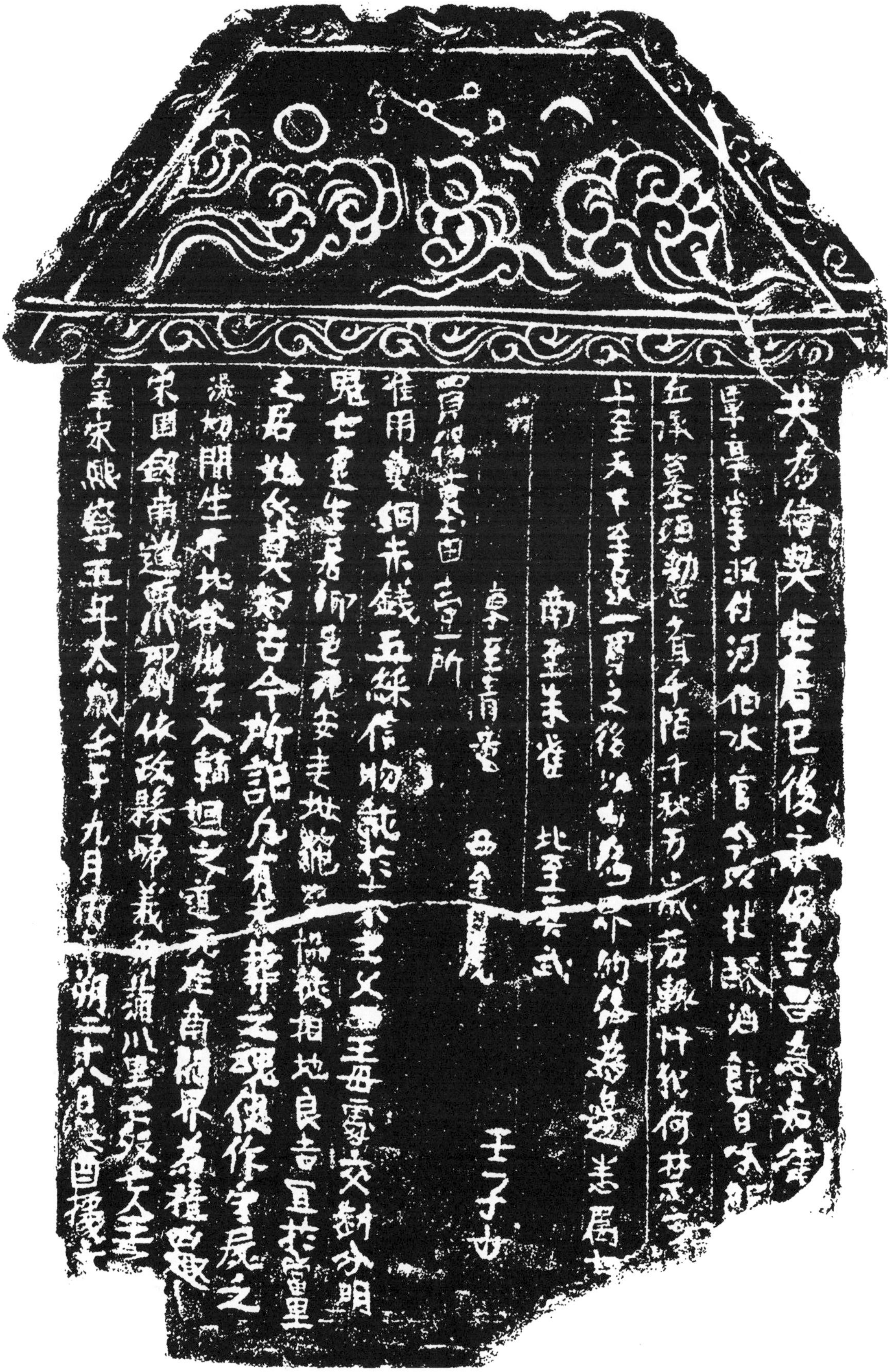

〇五九　王之湜買地券

〇五九　王之湜買地券　熙寧五年（一〇七二）九月二十八日

【題解】

一、名稱：王之湜買地券

二、文獻形態：紅砂石質，呈碑形，中部有裂紋，額頂寬十九點二厘米，下寬三十九厘米；上刻日、月及北斗七星圖案，四周有五厘米邊框刻卷草紋。碑身寬三十四點五厘米，厚四厘米；竪刻十三行綫框，鎸刻於綫框内。券文自左至右書寫，行楷十三行，行八至二十四字。

三、卒葬時間：熙寧五年（一〇七二）九月二十八日葬。

四、文獻著録：成都文物考古研究所、成都博物院：《成都出土歷代墓銘券文圖録綜釋》，北京：文物出版社，二〇一二年，第一六六至一六八頁。

五、出土及收藏情況：一九七九年出土於四川省原温江地區蒲江縣（今屬成都市）五星鎮。券石現收藏於成都都江堰市文物保護管理所。

【釋文】

皇宋熙寧五年太歲壬子九月丙午朔二十八日[癸]酉，據[大]/宋國劍南道西川邛州依政縣歸義[鄉]蒲川里[一]亡殁亡人王之/湜。切聞[二]生于北谷州，不入輪迴之道，死在南關界，爲積凶趣/之居。姓氏莫知，古今所記凡有未葬之魂，使作守尸之/鬼。亡靈生居鄉邑，死安宅兆，龜筮協從，相地良吉。宜於當里，/准用黄銅赤錢、五彩信物，[就]於[東]王父、西王母處，交斷分明，/買得墓田壹[所]。/東至青龍，西至白虎，/南至朱雀，北至真武，壬子山，/上至天，下至泉，一買之後，以山爲界，約海爲邊，悉屬[亡]□。/丘丞墓伯[三]，整齊阡陌[四]，千秋萬歲，若輒忓犯訶禁[五]□□□/軍亭長[六]，收付河伯水官，今以牲[醪]酒飯，百味□□，/共爲信契。安厝已後，[永]保吉昌。急急如律[令]。

【校注】

〔一〕邛州依政縣歸義[鄉]蒲川里：見〇一二《張先買地券》。

〔二〕切聞：即「竊聞」，意爲私下里聽説。「竊」是表示自謙。

〔三〕丘丞墓伯：「丞」原作「承」，今改。「伯」原作「陌」，今改。

〔四〕阡：原文爲「千」，今改。

〔五〕訶禁：「訶」原文爲「何」，今改。

〔六〕亭長：「長」原文爲「掌」，今改。

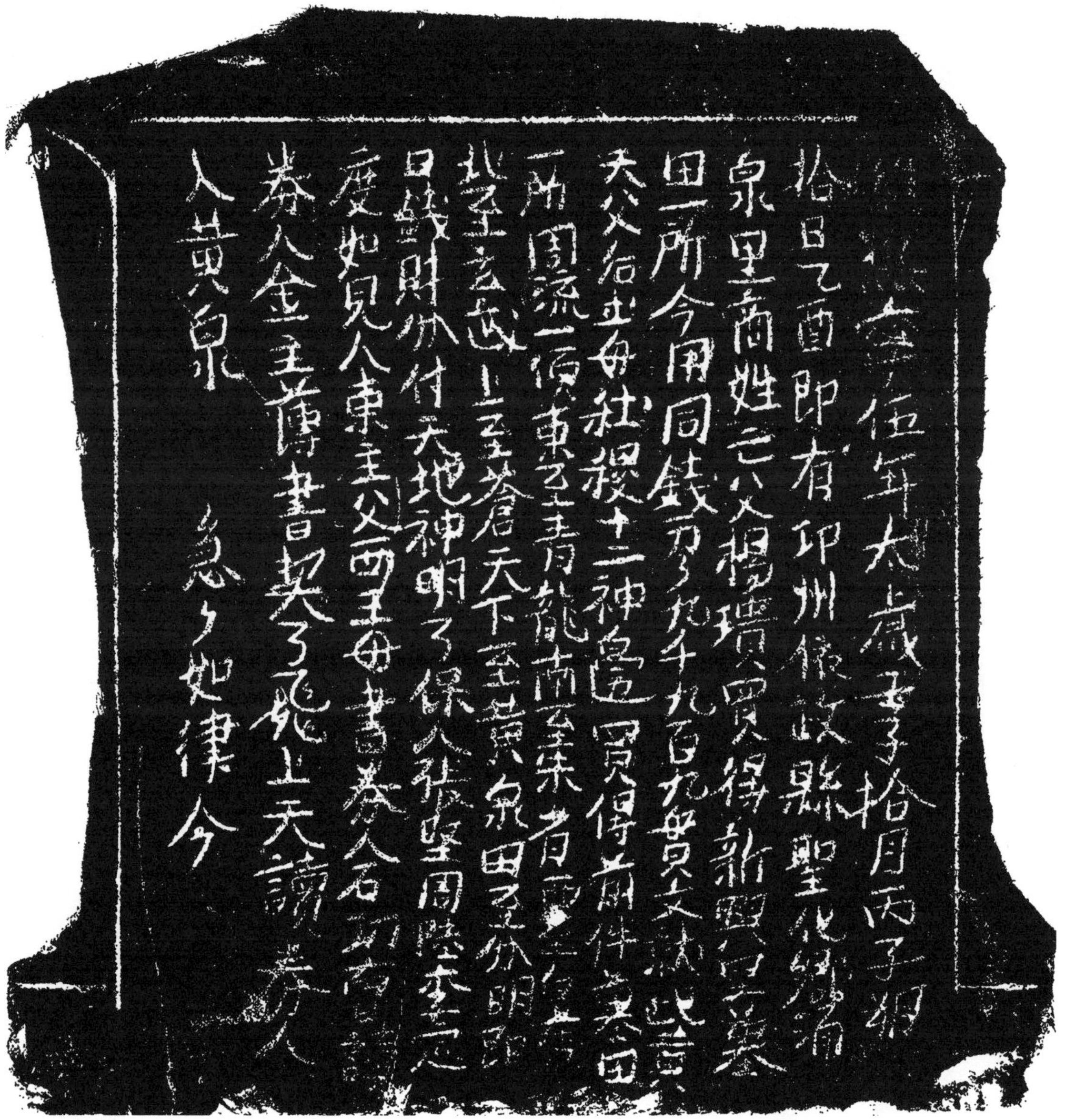

〇六〇　楊璝買地券

○六○ 楊瓆買地券　熙寧五年（一○七二）十月十日

【題解】

一、名稱：楊瓆買地券

二、文獻形態：紅砂石質，高三十六，寬三十六，厚二點六厘米；券石四周陰刻單綫邊框。券文自右至左書寫，楷書十一行，行八至十七字。

三、卒葬時間：熙寧五年（一○七二）十月十日葬。

四、文獻著録：成都文物考古研究所、成都博物院：《成都出土歷代墓銘券文圖録綜釋》，北京：文物出版社，二○一二年，第一六九至一七○頁。

五、出土及收藏情況：券石現收藏於成都邛崍市文物保護管理所。

【釋文】

維熙寧伍年太歲壬子拾月丙子朔/拾日乙酉，即有邛州依政縣聖化鄉涌/泉里[一]商姓[二]亡父楊瓆，買得新興里墓/田一所，今用銅錢[三]萬萬九千九百九貫文，就此黄/天父、后土母、社稷、十二神邊，買得前件墓田/一所，周流一頃，東至青龍，南至朱雀，西至白虎，/北至玄武，上至蒼天，下至黄泉，四至[四]分明。即/日錢財分付天地神明了。保人：張堅固[五]、李定/度[六]；知見人[七]：東王父、西王母；書券人：石功曹；讀/券人：金主簿。書契了飛上天，讀券人/入黄泉。急急如律令[八]。

【校注】

〔一〕邛州依政縣聖化鄉涌泉里：邛州依政縣見○○二《魏訓買地券》。據本券，聖化鄉爲依政縣轄鄉之一，有涌泉里。

〔二〕商姓：用「五音相宅法」確定的墓地位置，起源於漢代的「圖宅術」，是以古代音韵學和五行生克理論相結合的相宅法。王充《論衡・詰術》載《圖宅術》：「宅有八術，以六甲之名數而第之，第定名立，宫商殊別。宅有五音，姓有五聲。宅不宜其姓，姓與宅相賊，則疾病死亡，犯罪遇禍。」其法將墓宅主人姓名的讀音按宫、商、角、徵、羽分爲五類，若其姓的發音在舌則爲徵姓，發音在齒則爲商姓，發音在牙則爲角姓，發音在喉則爲宫姓，發音在唇則爲羽姓。五音與五行的對應是：商的五行是金，方位屬西方；徵的五行是火，方位屬南方；角的五行是木，方位屬東方；宫的五行是土，方位屬中宫；羽的五行是水，方位屬北方。《堪輿經》：「言五姓者，謂宫、商、角、徵、羽等，天下萬物，悉配屬之，行事吉凶，依此爲法」。五音相宅法在宋代較爲流行。

〔三〕銅錢：原文作「同錢」，今統爲「銅錢」。

〔四〕四至：原文作「田至」，今據文意改。

〔五〕張堅固：原文作「張堅周」，今改。

〔六〕李定度：原文「李定度」前衍一「陸」字，今删。

〔七〕知見人：原文作「如見人」，徑改。

〔八〕律令：原文作「律今」，今改。

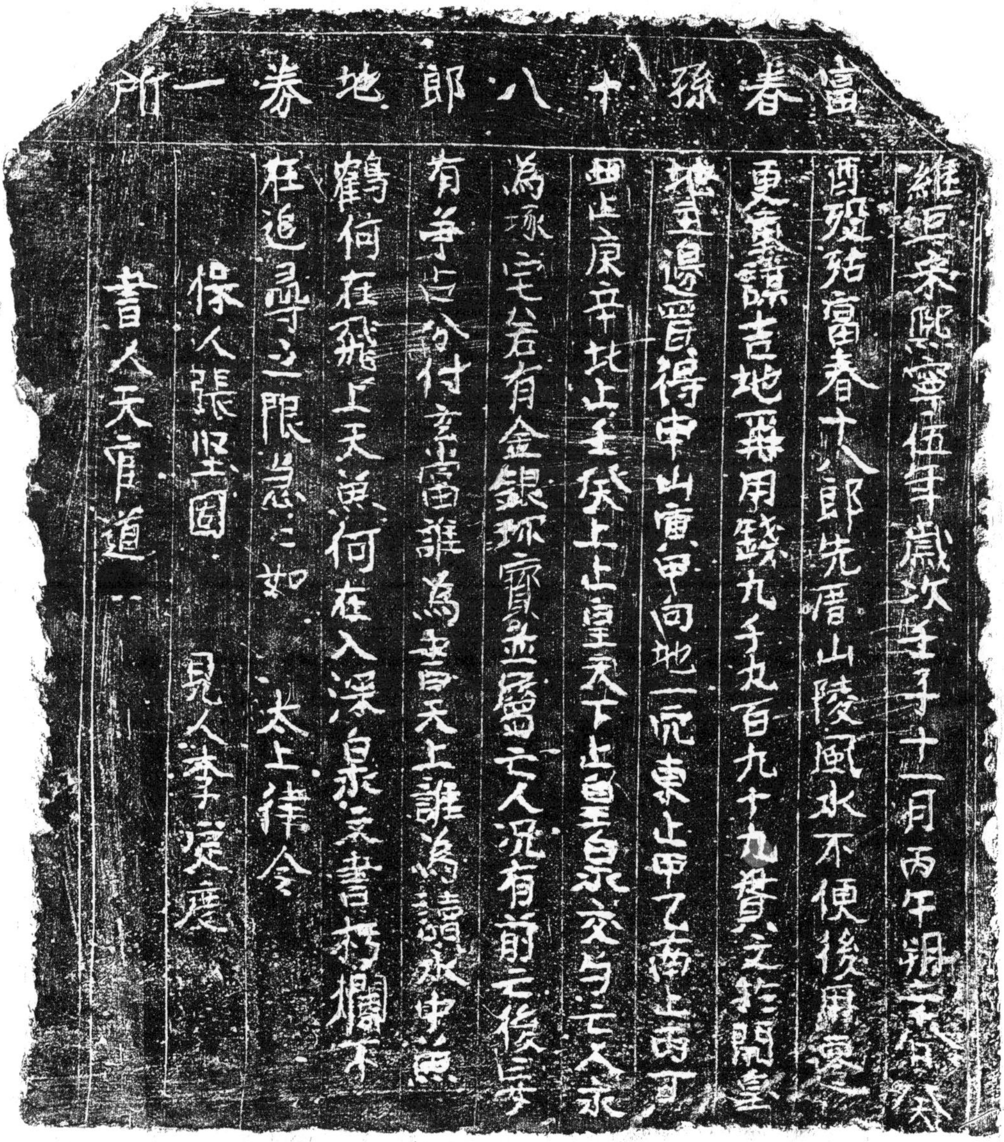

〇六一　孫十八郎買地券

〇六一　孫十八郎買地券　熙寧五年（一〇七二）十一月二十八日

【題解】

一、名稱：孫十八郎買地券

二、文獻形態：券石拓本長四十七厘米，寬四十三厘米，上部左右抹角。上下刻單綫邊框。左右刻雙綫邊框，上部橫刻一行「富春孫十八郎地券一所」，券内陰刻豎綫十條，券文自右至左書寫，楷書十一行，行六至二十二字。

三、卒葬時間：熙寧五年（一〇七二）十一月二十八日葬。

四、出土及收藏情況：江西出土，拓片現藏河北大學宋史研究中心。

【釋文】

富春孫十八郎地券一所

維鉅宋熙寧伍年歲次壬子十一月丙午朔二十八日癸/酉，歿殆[一]富春十八郎，先厝山陵，風水[二]不便，後歷遷/更，重謀吉地，再用錢九千九百九十九貫文，於開皇/地主邊買得申山寅甲向地一穴。東止甲乙，南止丙丁，/西止庚辛，北止壬癸。上止皇天，下止皇泉，交与亡人，永/爲冢宅。若有金銀珍寶，并屬亡人。况有前亡後妄/有爭占，分付玄當。誰爲書？天上鶴[三]；誰爲讀？水中魚。/鶴何在？飛上天；魚何在？入深泉。文書朽爛，不/在追尋之限。急急如太上[四]律令。/保人：張堅固；見人：李定度；/書人：天官道士。

【校注】

〔一〕歿殆：同「歿故」。

〔二〕風水：指我國古代的相地術。郭璞《葬書》中有云：「葬者，乘生氣也，氣乘風則散，界水則止，古人聚之使不散，行之使有止，故謂之風水，風水之法，得水爲上，藏風次之。」相地術的主旨在於選擇埋葬環境以達到趨吉避凶。

〔三〕天上鶴：此文脱「鶴」字，今補。

〔四〕太上：道教最尊之神的名前常冠以「太上」二字，以示尊崇。此指太上老君。

〔五〕天官：道教奉天官、地官、水官三帝爲三官，《黄庭内景經·沐浴》：「傳得可授告三官。」務成子注：「三官，天地水也。」中國古代民間認爲天官賜福，地官赦罪，水官解厄。

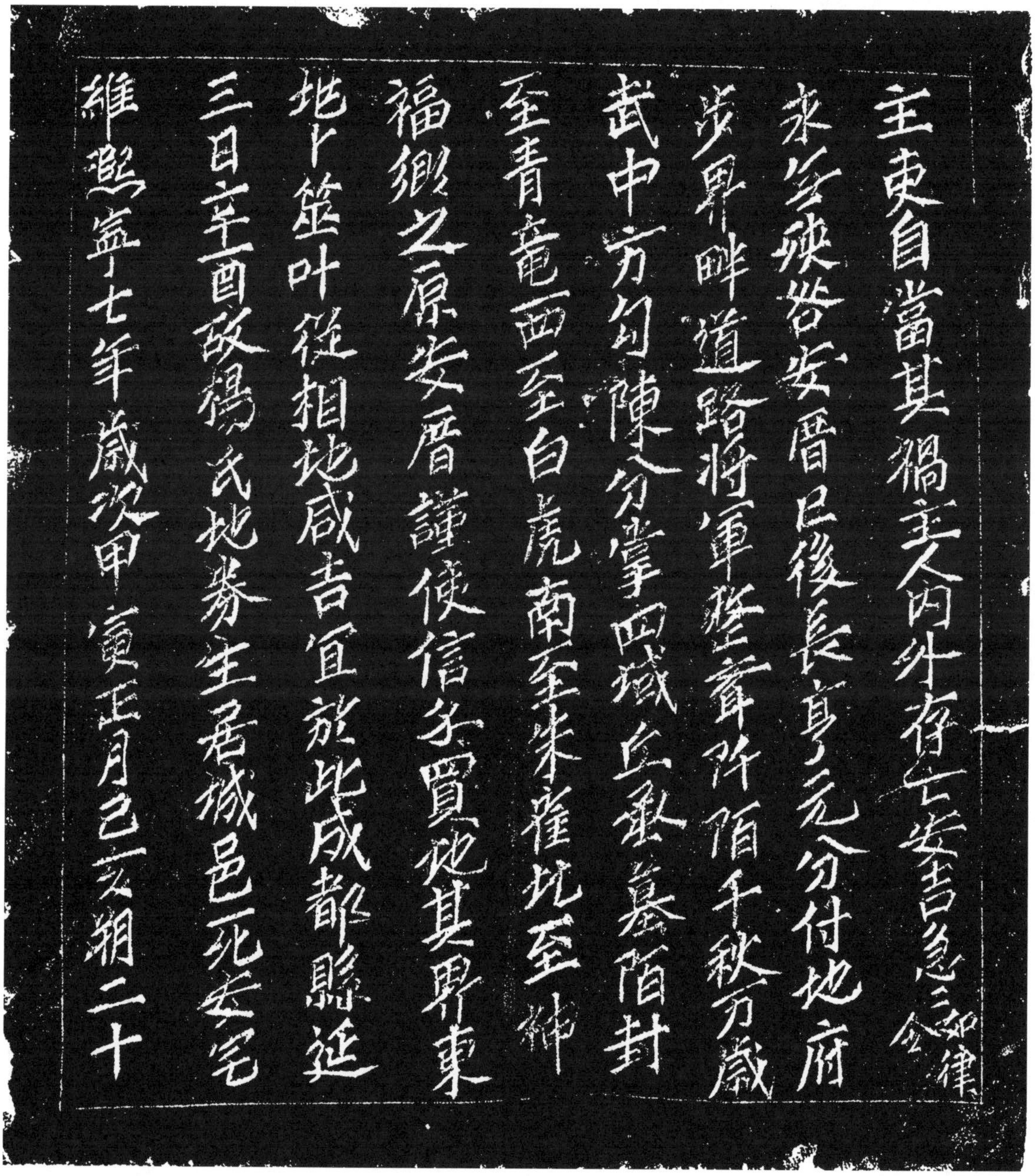
維熙寧七年歲次甲寅正月己亥朔二十
三日辛酉故楊氏地券生居城邑死安宅
地卜筮叶從相地咸吉宜於此成都縣延
福鄉之原安厝謹使信幣買地其界東
至青龍西至白虎南至朱雀北至神
武中方勾陳分掌四域丘丞墓陌封
步界畔道路將軍整齊阡陌千秋万歲
永无殃咎安厝已後長亨元分付地府
主吏自當其禍主人内外存亡安吉急急如律令

〇六二　楊氏買地券

〇六二　楊氏買地券　熙寧七年（一〇七四）正月二十三日

【題解】

一、名稱：楊氏買地券

二、文獻形態：紅砂石質，長四十三厘米，寬三十九點五厘米，厚三點五厘米；券石周邊刻單欄邊框。券文從左到右書寫，楷書九行，行十七字。

三、卒葬時間：熙寧七年（一〇七四）正月二十三日葬。

四、文獻著録：成都文物考古研究所、成都博物院：《成都出土歷代墓銘券文圖録綜釋》，北京：文物出版社，二〇一二年，第一七一至一七二頁。

五、出土及收藏情況：出土地不詳，券石現收藏於成都文物考古研究所。

【釋文】

維熙寧七年歲次甲寅正月己亥朔二十/三日辛酉，故楊氏地券。生居城邑，死安宅/兆，卜筮叶從，相地咸吉。宜於此成都縣延/福鄉[一]之原安厝。謹使信錢買地，其界東/至青龍，西至白虎，南至朱雀，北至神/武，中方勾陳，分掌四域。丘丞墓伯[二]，封/步界畔。道路將軍，整齊阡陌。千秋萬歲，/永無殃咎。安厝已後，長亨元吉[三]。分付地府/主吏，自當其禍。主人内外，存亡安吉。急急如律令。

【校注】

〔一〕成都縣延福鄉：本券與一三八《李文元買地券》、一八〇《吕亨、文氏順娘買地券》、一八五《古氏二娘買地券》、二四九《謝□買地券》載成都縣延福鄉。

〔二〕墓伯：「伯」原作「陌」，今改。

〔三〕元吉：原文脱「吉」字，今補。

〇六三　江注買地券

○六三　江注買地券　熙寧八年（一〇七五）正月二十七日

【題解】

一、名稱：江注買地券

二、文獻形態：青石質，長方形，長一百〇八厘米，寬三十五厘米；券文從左至右書寫，楷書二十七行，行九字。

三、卒葬時間：熙寧六年（一〇七三）卒，熙寧八年（一〇七五）正月二十七日葬。

四、文獻著録：陳柏泉：《江西出土地券綜述》，《考古》一九八七年第三期，第二一九、二二三至二三一頁；陳柏泉：《江西出土墓誌選編》，南昌：江西教育出版社，一九九一年，第五五二頁；高朋：《人神之契：宋代買地券研究》，北京：中國社會科學出版社，二〇一一年，第二〇四頁；魯西奇：《中國古代買地券研究》，厦門：厦門大學出版社，二〇一四年，第三五八頁。

五、出土及收藏情況：一九七六年出土於江西吉水，券石現收藏於江西省博物館。

【釋文】

維南贍部洲大宋國吉/州廬陵縣[一]城外雍和坊/萬歲巷殁故承奉郎[二]、守/秘書丞[三]江府君，甲寅降/生。先於熙寧甲寅歲仲/夏甲子日，卒于江州湖/口縣官舍[四]之正寢，享年/六十歲。實用錢穀、幣帛、/珍寶等，就開皇地主/處買得本州吉水縣中/鵠鄉[五]青原山，舊名若坑、/今更爲祖慶崗，陰地壹/穴，永爲祖主[六]。卜取乙卯/年正月己卯二十七庚/申日安厝。其地東止甲/乙青龍，南至丙丁朱雀，/西止庚辛白獸，北至壬/癸玄武，上止蒼天，下徹/黄泉，給付与殁故江秘/丞遠年宅兆。所有本處/山神土地、一切神殺[七]，側/域冢穴，邪精故炁，各不/在争占之限。如違，牒赴/太上誅斬。急急如律令。/敕。時見：年直符；/書契：月直符。

【校注】

〔一〕吉州廬陵縣：見〇〇三《王二娘買地券·甲券》。

〔二〕承奉郎：文散官名。隋文帝始置之散官。唐貞觀中列入文散官。宋因之，爲北宋文散官二十九階之第二十四階，從八品上。

〔三〕秘書丞：秘書省屬官。宋秘書省設判省事一人，以判秘閣官兼任。元豐改制後，以秘書監爲長官，少監爲副長官。

〔四〕官舍：官吏所住的房舍。《史記·盧綰列傳》：「趙相周昌見豨賓客隨之者千餘乘，邯鄲官舍皆滿。」唐王維《酬郭給事》詩：「禁裏疏鐘官舍晚，省中啼鳥吏人稀。」

〔五〕吉水縣中鵠鄉：《元豐九域志》卷六《江南西路》載：太平興國九年（九八四）以古吉陽縣地置吉水縣。吉水縣下轄六鄉，中鵠鄉爲其轄鄉之一。

〔六〕祖主：祖，祖先。主，靈位，牌位。祖主，祖先靈位。「主」多爲木質，也有石質、陶瓷、磚雕等。後人把先人的名諱、身份、官職、封謚寫或者刻於特定的木牌上，以便祭祀。

〔七〕神殺：即「神煞」。中國古代民間信仰中的凶神，《顔氏家訓·風操》：「死有歸煞，子孫逃竄。」「神煞」的製造者最初是秦漢時的方術之士，其以陰陽五行配合歲、月、日、時，附會人事與星宿名目，臆造出衆多凶神惡煞。後道教與佛教亦有名目繁多的神煞，使神煞既可輪值於年、月、日、時，又可居於東、西、南、北。

○六四　□□郎買地券

〇六四　□□郎買地券　熙寧九年（一〇七六）十一月七日

【題解】

一、□□郎買地券

二、文獻形態：券石方形，上部左右抹角，拓片長三十八厘米，寬三十九厘米，券文自左至右書寫，楷書十四行，行八至十五字不等。

三、卒葬年：熙寧九年（一〇七六）十一月七日卒。

四、出土及收藏情況：拓片現藏於河北大學宋史研究中心。

【釋文】

維皇宋熙寧九年十一月癸丑［下缺］/七日己未，大宋国江南西道撫州金/谿縣順政鄉[一]化全耆城居保［下缺］/郎，行年三十六歲，命窮筭盡，捨□/黄泉。謹用錢財九萬九千貫買得/地名逢原艮山丁向大地一穴。東止甲/乙青龍，南止丙丁朱雀，西止庚辛白虎，/北止壬癸玄武，上止青天，下止黄泉，水/口爲界。知見人：張堅固；寫契人：李定/度。所有墓中金銀財寶盡是亡人爲/主，四野鬼神不得争占。如有争占，先/斬后奏。誰爲書？水中魚；魚何在？/入深淵。誰爲讀？山上鹿；鹿何在？/鹿上山。急急如律令。

【校注】

［一］江南西道撫州金谿縣順政鄉：「州金」，原缺，今補。撫州金谿縣見〇〇八《龔大娘地券》。

○六五　孔氏十七娘買地券

○六五　孔氏十七娘買地券　熙寧十年（一○七七）十二月二十日

【題解】

一、名稱：孔氏十七娘買地券

二、文獻形態：青灰石質，長方形，券石長四十二厘米，寬三十八厘米，厚一點四厘米；上端左右書寫，陰刻楷書十三行，行十九字。

三、卒葬時間：熙寧十年（一○七七）四月初二日卒，熙寧十年（一○七七）十二月二十日葬。

四、文獻著録：洪剛：《湖北英山三座宋墓的發掘》，《考古》一九九三年第一期，第二八、二九至三六頁；高朋：《人神之契：宋代買地券研究》，北京：中國社會科學出版社，二○一一年，第二六二頁；魯西奇：《中國古代買地券研究》，厦門：厦門大學出版社，二○一四年，第三二○頁。

五、出土及收藏情況：一九八七年出土於湖北英山縣孔家坊鄉大屋基村蜈蚣山南坡。

【釋文】

維南贍部州大宋國蘄州蘄水縣直河鄉石橋里苦/竹保[一]，今有殁故亡人孔氏十七娘□□□□□/於熙寧十年四月初二下世□□□□/□□□□泉□□□□/□□□□九□□□□一丘□□□/□□□止丙丁□□□/□□□若有□□□/□□□亡人□□□長□□□/□見人：張堅固、李定度。何人書契？□/□□契。何人□契？海中魚□□要/來尋，但來東海邊。急急□□□/丁巳歲熙寧拾年十二月二十日，亡人□□□

【校注】

〔一〕蘄州蘄水縣直河鄉石橋里苦竹保：《輿地廣記》卷二一載：蘄州，春秋、戰國屬楚，秦屬九江郡。北周改州曰蘄州。隋開皇初郡廢，大業初州廢，置蘄春郡。唐武德四年（六二一）曰蘄州，天寶元年（七四二）曰蘄春郡。宋因之。《元豐九域志》卷五載：蘄州下轄蘄春、蘄水、廣濟、黄梅四縣。蘄水縣下轄四鄉，并有石橋、馬嶺、玉祺三鎮。本券所見直河鄉爲蘄水縣轄鄉之一，有石橋里苦竹保。

〇六六　田三郎買地券

○六六　田三郎買地券　熙寧十年（一〇七七）十二月二十日

【題解】

一、名稱：田三郎買地券

二、文獻形態：青灰石質，券石長方形，長四十三厘米，寬三十九厘米，厚一點三厘米；券文自右至左書寫，楷書十三行，行二十字；刻痕較深，行間有淺綫。

三、卒葬時間：熙寧十年（一〇七七）十二月二十日葬。

四、文獻著録：洪剛：《湖北英山三座宋墓的發掘》，《考古》一九九三年第一期，第二八、二九至三六頁；高朋：《人神之契：宋代買地券研究》，北京：中國社會科學出版社，二〇一一年，第二六一頁；魯西奇：《中國古代買地券研究》，厦門：厦門大學出版社，二〇一四年，第三一九至三二〇頁。

五、出土及收藏情况：一九八七年出土於英山縣孔家坊鄉大屋基村蜈蚣山南坡。

【釋文】

維南贍部州大宋國蘄州蘄水縣直河鄉石橋里苦/竹保[一]，□有歿故亡人田三郎，行年四十五歲，於熙寧十/年三月十五日下世，往後園［採］花[二]，遇仙人至[三]酒，酒醉/不迴，□歸泉路。□用錢才[四]九萬九千九百九/十九貫九百[五]九十九文，買得亡人□一所，東止/甲乙青龍，南止丙丁朱雀，西止庚辛白虎，北止壬/癸玄武，中止戊巳勾陳。上止皇天，下止后土。四/止之内，并係亡人爲主，此間古氣靈堙，先君久/住，遠去千里，不得争占。丘丞墓伯，同共□□，/主人在此永保。急急如律令。/□見人：張堅固[六]、李定度。何人書？天上鳥。何人/讀？海中魚。鳥飛[七]上天，魚入水泉。急急如律令。/丁巳[八]歲熙寧十年十二月二十日，亡人田三郎□。

【校注】

〔一〕蘄州蘄水縣直河鄉石橋里苦竹保：見〇六五《孔氏十七娘買地券》。

〔二〕採花：原券脱「採」字，今補。

〔三〕至：應作「賜」。

〔四〕錢才：即「錢財」。

〔五〕百：原文此句中「百」作「伯」，今改。

〔六〕張堅固：原文作「張堅古」，今改。

〔七〕鳥飛：原文作「鳥非」，今據文意改。

〔八〕丁巳：原文作「丁己」，今改。

○六七　謝文詣買地券

○六七　謝文詣買地券　熙寧十年（一○七七）十二月二十九日

【題解】

一、名稱：謝文詣買地券

二、文獻形態：青石質，長方形，長四十二厘米，寬三十九厘米，厚一點四厘米；券文自右至左書寫，楷書十三行，滿行二十一字。

三、卒葬時間：熙寧十年（一○七七）九月二十九日卒，熙寧十年（一○七七）十二月二十九日葬。

四、文獻著録：洪剛：《湖北英山三座宋墓的發掘》，《考古》一九九三年第一期，第二八、二九至三六頁；高朋：《人神之契：宋代買地券研究》，北京：中國社會科學出版社，二○一一年，第二六二頁；魯西奇：《中國古代買地券研究》，厦門：厦門大學出版社，二○一四年，第三二○頁。

五、出土及收藏情况：一九八七年出土於英山縣三門河鄉郭家灣，券石現收藏於黄岡市博物館。

【釋文】[一]

維□皇［中缺］熙寧十年十二月廿九日［中缺］契/［上缺］大宋國淮南道蘄州蘄水縣直河鄉[二]/［上缺］謝文詣大郎，庚申生人，行年四十/八歲，忽於熙寧十年九月二十九日，□□後園看花，遇/見仙人賜酒，玉女傳杯，蒙賜一杯而醉死，至今不返。/今在馬安里□□，備金［中缺］十□□□/［上缺］子山崗，土名壩□/［上缺］雀，西止庚/［下缺］

【校注】

［一］原拓殘缺較多，録文轉録自《中國古代買地券研究》，第三二○頁。

［二］蘄州蘄水縣直河鄉：見○六五《孔氏十七娘買地券》。

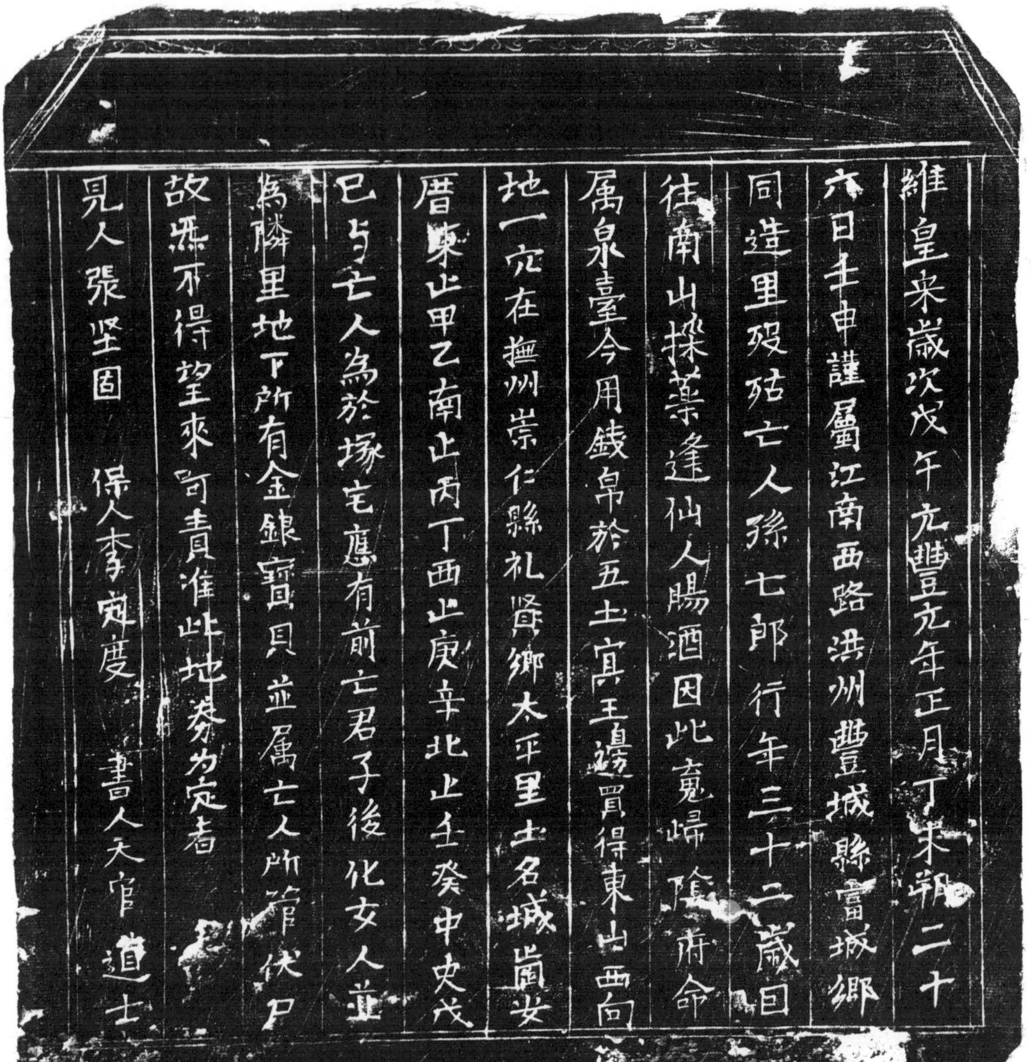
維皇宋歲次戊午元豐元年正月丁未朔二十
六日壬申謹屬江南西路洪州豐城縣富城鄉
同造里殁殂亡人孫七郎行年三十二歲因
往南山採藥逢仙人賜酒因此寃歸陰府命
屬泉臺今用錢帛於五土冥王邊買得東山西向
地一穴在撫州崇仁縣礼賢鄉太平里土名城嶺安
厝東止甲乙南止丙丁西止庚辛北止壬癸中央戊
巳与亡人為於塚宅應有前亡君子後化女人並
為隣里地下所有金銀寶貝並屬亡人所管伏尸
故炁不得望來呵責准此地券為定者
見人張堅固　保人李定度　書人天官道士

〇六八　孫七郎買地券

〇六八　孫七郎買地券　元豐元年（一〇七八）正月二十六日

【題解】

一、名稱：孫七郎買地券

二、文獻形態：券石拓本長三十九點五厘米，寬三十七厘米，上部左右抹角，四周陰刻雙綫邊框，内陰刻單綫十條。券文自右至左書寫，楷書十一行，行十五至十八字。

三、卒葬時間：元豐元年（一〇七八）正月二十六日葬。

四、出土及收藏情況：江西撫州出土，拓片收藏於河北大學宋史研究中心。

【釋文】

維皇宋歲次戊午元豐元年正月丁未朔二十/六日壬申，謹屬江南西路洪州豐城縣富城鄉/同造里歿殆[一]亡人孫七郎，行年三十二歲，因/往南山採藥，逢仙人賜酒，因此魂歸陰府，命/屬泉臺，今用錢帛於五土冥王邊買得東山西向/地一穴，在撫州崇仁縣禮賢鄉太平里[二]土名城崗安/厝。東止甲乙，南止丙丁，西止庚辛，北止壬癸，中央戊/己，与亡人爲於冢宅。應有前亡君子，後化女人，并/爲鄰里。地下所有金銀寶貝，并屬亡人所管。伏尸/故炁，不得妄[三]來呵責，准此地券爲定者。/見人：張堅固；保人：李定度；書人：天官道士。

【校注】

〔一〕歿殆：同「歿故」。

〔二〕撫州崇仁縣禮賢鄉太平里：撫州崇仁縣《太平寰宇記》卷一一〇載：撫州，秦屬九江郡，漢立南昌縣，屬豫章郡。隋廢郡爲州，以「撫」爲名。隋大業三年（六〇七）復改撫州爲臨川郡。唐乾元元年（七五八）復爲撫州。宋因之。《輿地廣記》卷二五《江南西路》載：本吴置巴丘縣，屬廬陵郡，置新建縣，屬臨川郡，晉、宋因之。梁改巴丘爲巴山，及置巴山郡。隋平陳，郡、縣俱廢，置崇仁縣，屬撫州。唐宋因之。《太平寰宇記》卷一一〇《江南西道八》載：撫州崇仁縣舊有十二鄉，今九鄉，三鄉入於宜黄縣。崇仁鄉爲崇仁縣轄鄉之一，有太平里。

〔三〕妄：原文作「望」，今改。

〇六九　杜五娘買地券

○六九　杜五娘買地券　元豐元年（一○七八）十二月六日

【題解】

一、名稱：杜五娘買地券

二、文獻形態：拓本長三十七厘米，寬四十三點五厘米；券首稍圓，券文自右至左書寫，行楷十三行，行三至十七字。

三、卒葬時間：元豐元年（一○七八）十二月六日葬。

四、出土及收藏情況：江西撫州崇仁縣出土，拓片現收藏於河北大學宋史中心。

【釋文】

維皇宋元豐元年歲次戊午十二月一日辛丑/朔初六日丙午，即有大宋國江南西道撫州/崇仁縣長安鄉福祚里查林水西上安德保［一］殁故/亡人杜氏五娘，行年六十九歲，因向南園採花，/路逢仙人賜酒，深醉而不返，墜落黄泉。礼用還/山，謹備銀錢九萬九千九百九十九貫九文九分，就開/皇地主邊，收買土名塘坑下高山癸向癸水地一/穴。東止甲乙青龍三百步，南止丙丁朱雀三百步，/西止庚辛白虎三百步，北止壬癸玄武三百步。上/止蒼天［二］，下止黄泉。保人：張堅固；見人：李定度；爲書/人：水中魚。亡人身畔行裝衣物，并是亡人爲主，肆/野鬼神，不得争奪。上奉天師詔書［三］斬草［四］。/急急如律令。

【校注】

［一］江南西道撫州崇仁縣長安鄉福祚里查林水西上安德保：撫州崇仁縣見○六八《孫七郎買地券》注釋。長安鄉爲崇仁縣轄鄉之一，有福祚里查林水西上安德堡。

［二］蒼天：券文原作「天蒼」，倒文，今改。

［三］詔書：原文作「照書」，今改。

［四］斬草：古人在選定墓址後、破土興工前要進行一系列的祀神活動，包括造祭壇、樹門標、請神、祀神、斬草、射殃、立券、破土、送神等。開山斬草是古代祭禮中組成環節之一，塋葬時如果不開山、不斬草，則爲「闇葬」，會使「鬼魂不安，以致生人不利也」，因而中國古代葬禮中對開山斬草祀神儀式非常重視。

〇七〇　程文質買地券

○七○　程文質買地券　元豐三年（一○八○）十二月十二日

【題解】

一、名稱：程文質買地券

二、文獻形態：紅砂石質，長方形，長四十厘米，寬二十四厘米；上部左右抹角，券文從左至右書寫，正倒相間，單行楷書，雙行倒書，券文行楷十三行，行十二至十五字。

三、卒葬時間：元豐三年（一○八○）十二月十二日葬。

四、文獻著録：赵殿增：《四川洪雅宋墓發掘簡報》，《考古》一九八二年第一期，第三五至三九頁；高朋：《人神之契：宋代買地券研究》，北京：中國社會科學出版社，二○一一年，第二三五頁；魯西奇：《中國古代買地券研究》，厦門：厦門大學出版社，二○一四年，第四四三頁。

五、出土及收藏情況：一九七三年出土於四川洪雅縣城關鎮西北一里廟子壩。

【釋文】

維元豐叁年太歲庚申拾貳月/拾貳日己未朔，今有大宋劍南西川/嘉州洪雅縣[一]，即有殁故亡人程文質，/使用黄銅錢萬萬九千九百九十九/貫九文，就始皇天父邑、后土母、社稷、/十二位神邊買得前件寶地一所，/周圍一傾，其地東至青龍，西至白虎，/南至朱雀[二]，北至玄武，上至□□，/下至黄泉。四至分明，即有財分付。保/人：張堅固、李定度；書券人：東王父、/西王母；讀券人：□主簿。領券人下人/黄泉。/元豐叁年十二月十二日亡人程文質券。

【校注】

〔一〕劍南西川嘉州洪雅縣：《太平寰宇記》卷七四《劍南西道三》載：嘉州，隋開皇初郡廢而州存，大業初廢州復立眉山郡。唐武德元年（六一八）復立嘉州，宋因之。《元豐九域志》卷七《成都府路》、《輿地廣記》卷二九《成都府路上》與《輿地紀勝》卷第一四六《嘉定州》皆載嘉州領五縣：洪雅縣、龍游縣、夾江縣、峨眉縣、犍爲縣。淳化四年（九九三），洪雅縣屬嘉州。

〔二〕朱雀：原文作「雀朱」，倒文，今改。

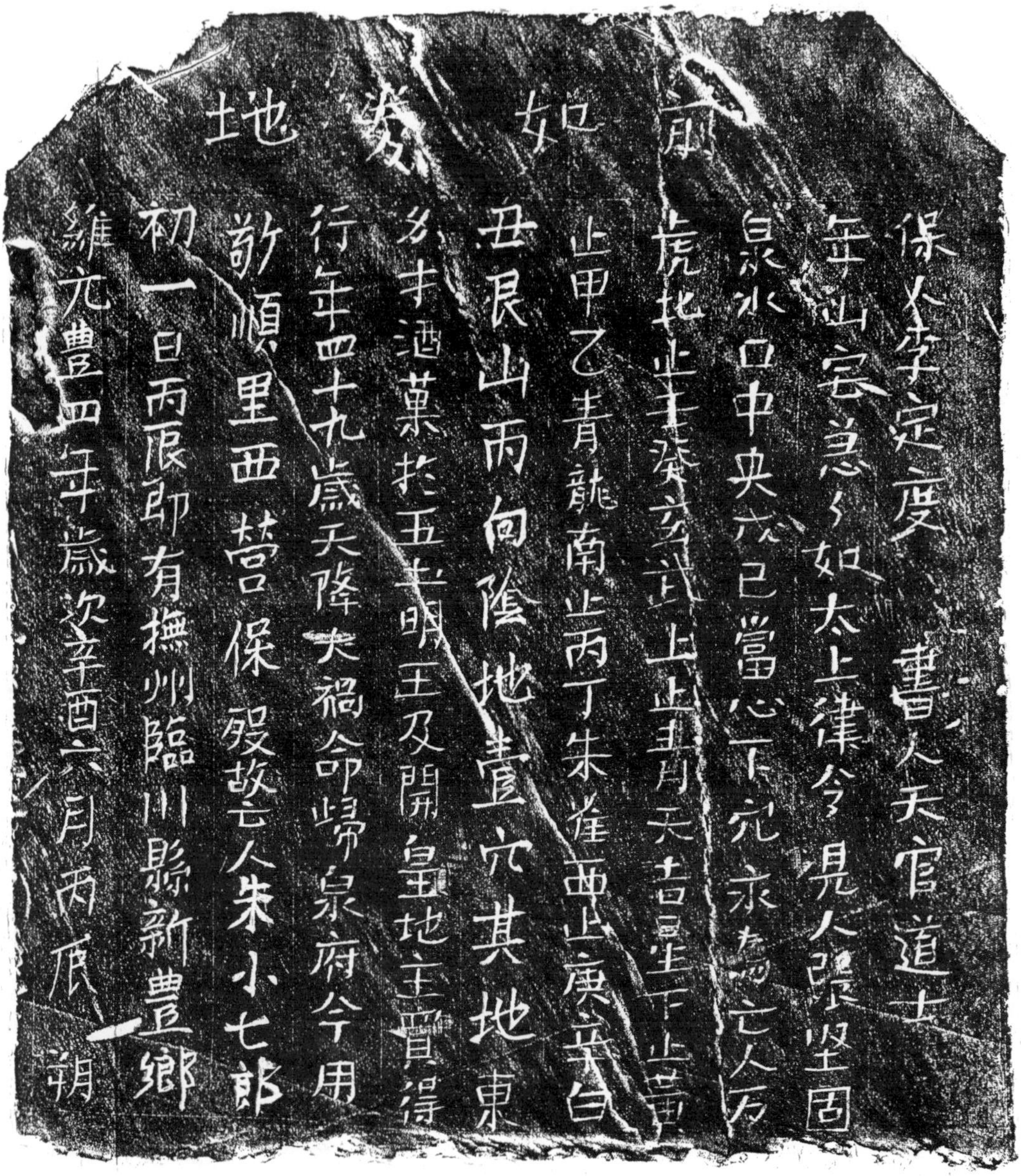
地
券
如
前
維元豐四年歲次辛酉六月丙辰朔
初一日丙辰即有撫州臨川縣新豐鄉
歆順里西營保殁故亡人朱小七郎
行年四十九歲天降大禍命歸泉府今用
多才酒菓於五土明王及開皇地主買得
丑艮山丙向陰地壹穴其地東
止甲乙青龍南止丙丁朱雀西止庚辛白
虎北止壬癸玄武上止皇天下止黃
泉四中央戊己當心下穴永為亡人万
年山宅急急如太上律令見人張堅固
保人李定度、書人天官道士

〇七一　朱小七郎買地券

〇七一　朱小七郎買地券　元豐四年（一〇八一）六月一日

【題解】

一、名稱：朱小七郎買地券

二、文獻形態：拓本長四十二厘米，寬三十七點五厘米，正面券首刻「地券如前」。上端兩段左右抹角，自左至右書寫，楷書十一行，行十一至十七字。

三、卒葬時間：元豐四年（一〇八一）六月一日葬。

四、出土及收藏情況：江西出土，拓片現藏河北大學宋史研究中心。

【釋文】

地券如前

維元豐四年歲次辛酉六月丙辰朔/初一日丙辰，即有撫州臨川縣新豐鄉/敬順里西營保[一]歿故亡人朱小七郎，/行年四十九歲，天降大禍，命歸泉府[二]。今用/錢才[三]酒果，於五土明王[四]及開皇地主買得/丑艮山丙向陰地壹穴。其地東/止甲乙青龍，南止丙丁朱雀，西止庚辛白/虎，北止壬癸玄武。上止青天吉星，下止黄/泉水口，中央戊巳當心下穴，永爲亡人萬/年山宅。急急如太上律令。見人：張堅固；/保人：李定度；書人：天官道士。

【校注】

〔一〕撫州臨川縣新豐鄉敬順里西營保：《輿地廣記》卷二五《江南西路》載：隋置撫州，改臨汝縣爲臨川，唐、宋因之。《元豐九域志》卷六《江南西路》載：臨川縣下設十七鄉，并有界山、豐安、長林、清遠四鎮。新豐鄉爲臨川縣轄鄉之一，有敬順里西營保。「敬順里」，原文「敬」字缺筆，疑避趙匡胤祖父趙敬諱。

〔二〕泉府：黄泉之府的省稱，代指陰間。

〔三〕錢才：即「錢財」。

〔四〕五土明王：即「五土冥王」。買地券中常見的陰地出賣方，多與開黄地主并列，且位列於前。「五土」是指青、紅、白、黑、黄五種顔色的土，分别代表東、南、西、北、中五個方位。「冥王」在後世又稱爲「閻王」，但具有漢化色彩的閻王觀念在唐末纔出現，在明清時「冥王」與「閻王」兩概念纔完全混合。本券中此詞單獨出現，一一五《盧念六郎買地券》、一九七《朱濟南買地券》此詞與開黄地主并列出現，并位列於前，可見「五土冥王」中的「冥王」與「開黄地主」的「地主」一詞是并列關係。據此可以推斷買地券中的「冥王」不應作「閻王」之意，而與「開黄地主」同爲陰地出賣方，皆可能源自掌管陽世間土地山川的土地神，是陰間擁有土地的小神。

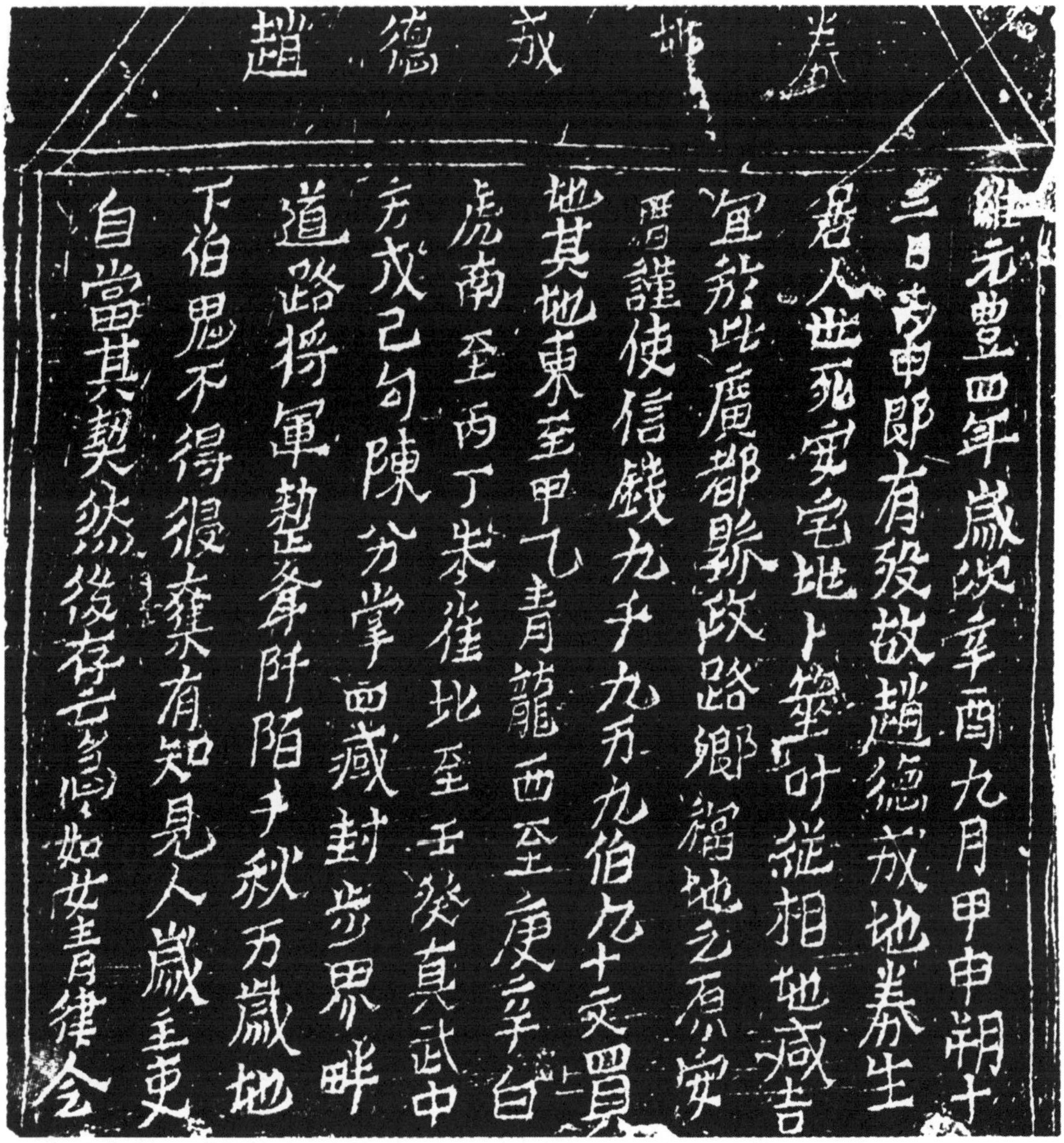

〇七二　趙德成買地券

〇七二 趙德成買地券 元豐四年（一〇八一）九月十三日

【題解】

一、名稱：趙德成地券

二、文獻形態：紅砂石質，長方形，長四十五厘米，寬四十二厘米。券額略呈梯形，四周陰刻雙綫邊框，額題：「趙德成地券」，一行五字。券文自右至左書寫，行楷十一行，行十五字。

三、卒葬時間：元豐四年（一〇八一）九月十三日葬。

四、文獻著録：王方：《成都市南郊北宋趙德成墓清理簡報》，《四川文物》二〇〇一年第三期，第七〇至七二頁；高朋：《人神之契：宋代買地券研究》，北京：中國社會科學出版社，二〇一一年，第二三五至二三六頁；魯西奇：《中國古代買地券研究》，厦門：厦門大學出版社，二〇一四年，第四四四頁。

五、出土及收藏情況：一九九八年出土於四川省成都市南郊紫荆北路。

【釋文】

趙德成地券

維元豐四年歲次辛酉九月甲申朔十/三日丙申，即有歿故趙德成地券。生/居人世，死安宅兆。卜筮叶從，相地咸吉，/宜於此廣都縣政路鄉[一]福地之原安/厝，謹使信錢九千九萬九百[二]九十文買/地。其地東至甲乙青龍，西至庚辛白/虎，南至丙丁朱雀，北至壬癸真武，中/方戊己勾陳，分掌四域，封步界畔。/道路將軍，整齊阡陌。千秋萬歲，地/下百鬼[三]不得侵奪。有知見人：歲月[四]。主吏/自當其契，然後存亡。急急如女青律令。

【校注】

〔一〕廣都縣政路鄉：宋屬成都府。《太平寰宇記》卷七二《劍南西道一》載：廣都縣，舊二十四鄉，今十六鄉。《元豐九域志》卷七《成都府路》載：廣都，二十二鄉。本書所收買地券廣都縣四鄉：政路鄉、石柱鄉、永興鄉、合江鄉。

〔二〕百：原文作「伯」，今統爲「百」。

〔三〕百鬼：原文作「伯鬼」，今改。

〔四〕歲月：原文脱「月」字，今補。

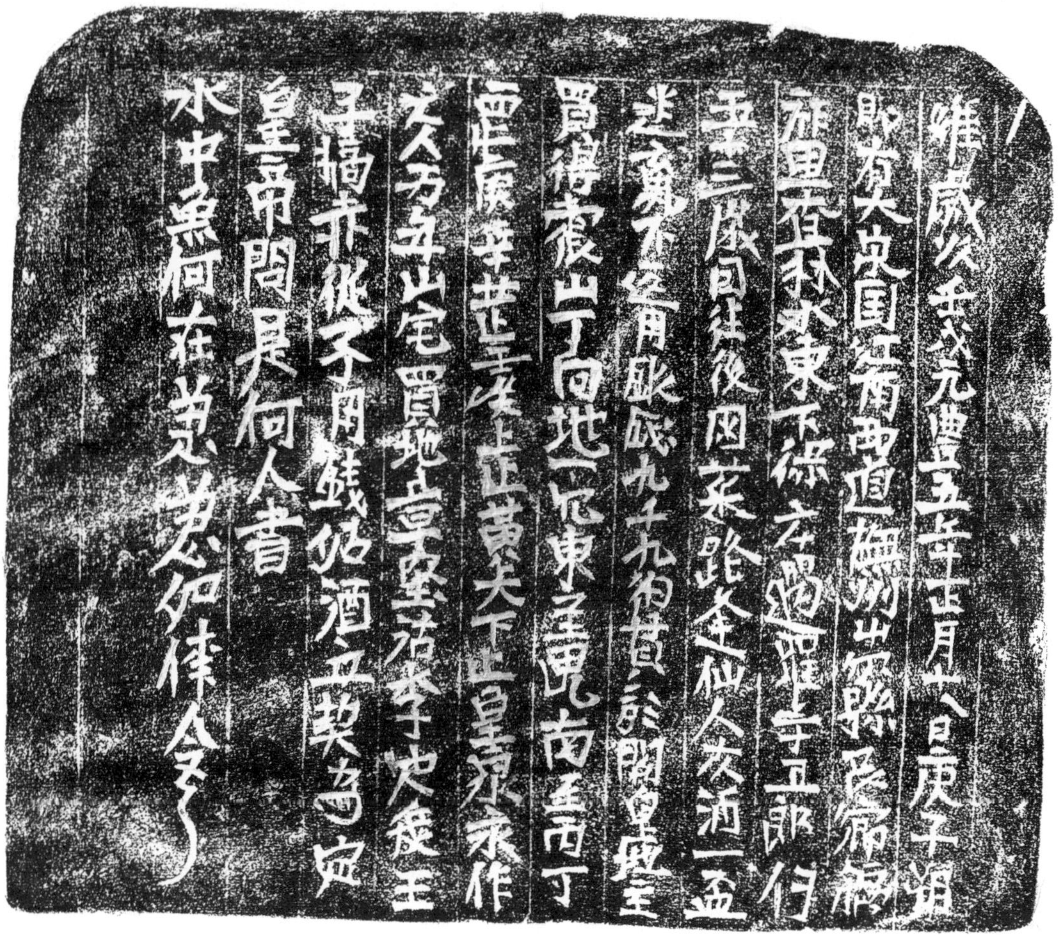

〇七三　羅二十五郎買地券

〇七三　羅二十五郎買地券　元豐五年（一〇八二）正月十八日

【題解】

一、文獻形態：券石呈方形，上部左右小抹角，拓片長三十四厘米，寬四十厘米，陰刻界欄十三行，券文自右至左書寫，楷書十一行，行七至十六字不等。

二、卒葬年：元豐五年（一〇八二）正月十八日葬。

三、出土及收藏情况：拓片現藏於河北大學宋史研究中心資料室。

【釋文】

維歲次壬戌元豐五年正月十八日庚子朔，/即有大宋國[一]江南西道撫州崇仁縣長安鄉福/祚里查林水東下保[二]本遇羅二十五郎，行/年[三]五十三歲。因往後園採花[四]，路逢仙人，次[五]酒一盃，/迷魂不返。用銀錢九千九佰貫，於開皇地主/買震山丁向地一穴。東至甲乙，南至丙丁，/西止庚辛，北止壬癸，上止黄天，下止皇泉，永作/亡人萬年山宅。買地：章鑒沽[六]、李定度、王/子喬[七]、赤松子[八]，用錢沽酒，立契爲定。/皇帝問是何人書？/水中魚何在？急急如律令。

【校注】

〔一〕大宋國：「國」原作国，今改。

〔二〕撫州崇仁縣長安鄉福祚里查林水東下保：崇仁縣，原文缺「仁」字，今補；長安鄉，原文缺「安」字，今補。本書〇六九《杜五娘買地券》崇仁縣長安鄉福祚里查林水西上安德保。

〔三〕行年：原文脱「年」字，今補。

〔四〕採花：「採」原作「菜」，今改。原文脱「花」字，今補。

〔五〕次酒：「次」或爲别字，當爲「賜」通。

〔六〕章鑒沽：通常買地券爲「張堅固」，此券記與他券異。

〔七〕王子喬：原文作「王子撟」，今改。

〔八〕赤松子：原文作「赤從子」，今改。

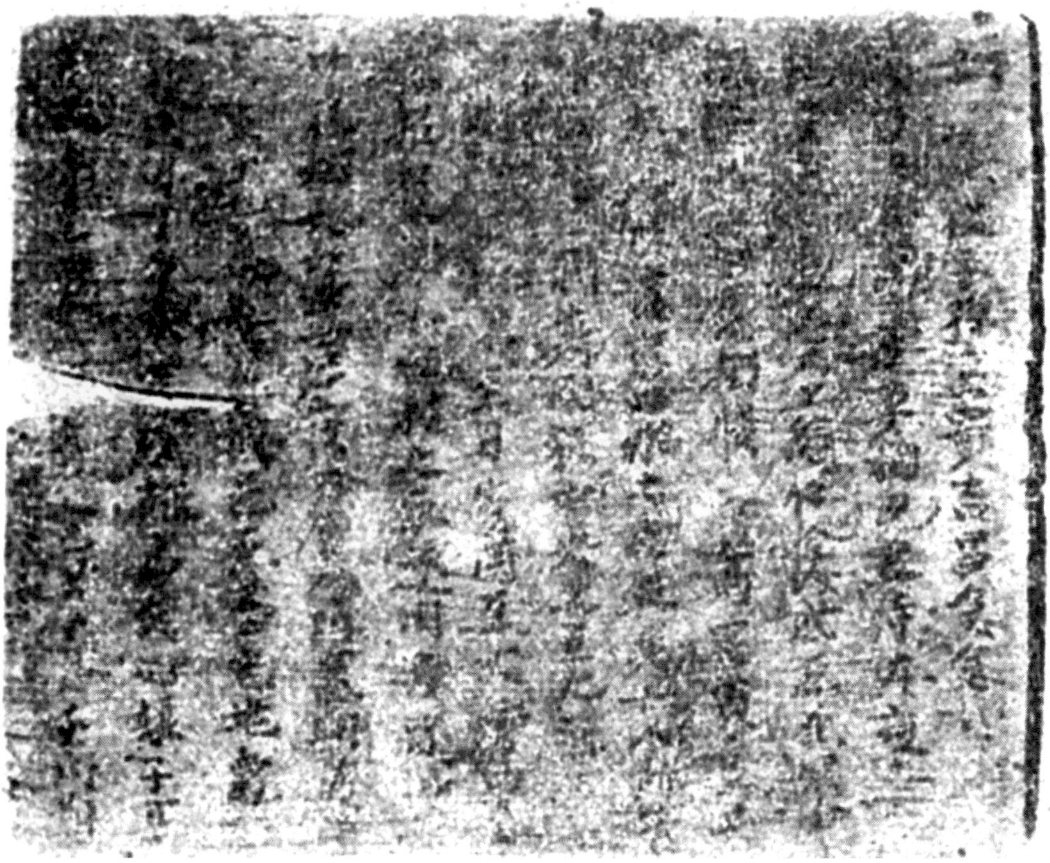

○七四　馬氏四娘子買地券

○七四　馬氏四娘子買地券　元豐八年（一〇八五）十月初六日

【題解】

一、名稱：馬氏四娘子買地券

二、文獻形態：墨書寫於木板上，木板長方形；長四十二點五厘米，寬三十三點五厘米，厚一厘米；正面四邊用墨筆畫八卦符號，中間分兩行墨書「歿故馬氏四娘子買地記」十字；背面爲買地券文，券文行楷十二行，行十五至十八字。

三、卒葬時間：元豐八年（一〇八五）十月初六日葬。

四、文獻著録：黄炳煜：《江蘇泰州北宋墓出土器物》，《東南文化》一九八七年第三期，第六四至六九頁；高朋：《人神之契：宋代買地券研究》，北京：中國社會科學出版社，二〇一一年，第二七〇頁；魯西奇：《中國古代買地券研究》，厦門：厦門大學出版社，二〇一四年，第三二四至三二五頁。

五、出土及收藏情況：一九五三年出土於江蘇泰州森莊。

【釋文】

維大宋元豐八年歲次乙丑十月壬戌/朔初六日丁卯，奉□歿故馬氏四娘子，享/年五十七歲。生居城邑，死葬宅兆，龜/筮叶從，相地襲吉，宜於安厝，乃到泰州/海陵縣招賢鄉小紀村[一]之原，遂用錢買/得葬地壹所，其地東至日出，南至火鄉，/西至金城，北至洞真，周旋中央，上至九/赫青天，下拯九坎[二]黄泉，四維之内，并是亡人所管。/故炁[三]邪精，莫相侵害。蒿里黄泉，共/相安置。若要相見，知見人：天上鳥；保人：海底魚。/魚歸海底，鳥冲長空。若要相見，直待海變桑田。/亡歿葬後，子孫富貴吉昌。急急如律令。

【校注】

〔一〕泰州海陵縣招賢鄉小紀村：《輿地廣記》卷二〇《淮南東路》載：唐武德三年（六二〇）置吴州，七年州廢，屬揚州。十國楊吴置海陵制置院。南唐李氏升爲泰州。宋因之。《元豐九域志》卷五《淮南東路》載：泰州下轄海陵、興化、泰興、如皋四縣。海陵縣下轄七鄉，并有海安、西溪二鎮。本券所見有招賢鄉小紀村。

〔二〕九坎：「坎」意爲土坑，「九坎」意與「九泉」同。

〔三〕故炁：原文作「故器」，今改爲「故炁」。參見〇二三《楊知璠買地券》校注。

〇七五　蔡八郎買地券

○七五　蔡八郎買地券　元豐八年（一〇八五）十月二十五日

【題解】

一、名稱：蔡八郎買地券

二、文獻形態：青石質，長方形，長三十五厘米，寬三十二厘米，厚〇點四厘米；券石陰刻單綫界欄十三條，券文自右至左行楷十四行，行二十字。

三、卒葬時間：元豐八年（一〇八五）十月二十三日卒，元豐八年（一〇八五）十月二十五日葬。

四、文獻著録：劉曉祥：《江西九江縣發現兩座北宋墓》，《考古》一九九一年第一〇期，第九四二、九五五至九五七頁；高朋：《人神之契：宋代買地券研究》，北京：中國社會科學出版社，二〇一一年，第二〇四至二〇五頁；魯西奇：《中國古代買地券研究》，厦門：厦門大學出版社，二〇一四年，第三六〇至三六一頁。

五、出土及收藏情況：一九八八年出土於江西九江縣馬迴嶺鄉蔡橋村。

【釋文】

南贍部州大宋國江州德化縣甘泉鄉高平社／西山保[一]，殁故亡人蔡八郎，甲子年生，陸拾貳歲，不／幸命終，元豐八年十月廿三日甲申身亡，仙人飲酒，命歸／蒿里，安葬。仅用錢九萬九千九百九十九貫，／五色彩［幣］[二]，買得周公山土名下園地段一丘安葬，／東止甲乙青龍，南至丙丁朱雀，西止庚辛白虎，北至／壬癸玄武，內□□□，丘丞[三]墓伯，冢土下二／千石禄，道路□□□□，千秋萬歲，永無殃禍。地中有／堂先居者，□□□□餘里，不得呵禁亡人。知見人同／亡人酒脯，百味香食，共爲信契，不令幹犯者。葬已後，房／□□人内外安□□□，永無殃咎。急急如律令敕。仙人書契，此石道士充保。／元豐八年乙丑歲十月廿五日。孤孝男蔡繼診，女子蔡四娘。

【校注】

［一］江州德化縣甘泉鄉高平社西山保：《輿地廣記》卷二四《江南東路》載：江州，秦屬九江郡。漢屬廬江、豫章二郡。隋平陳郡廢，大業初州廢，置九江郡。唐武德四年（六二一）復置江州，天寶元年（七四二）曰尋陽郡。宋因之。《元豐九域志》卷六《江南路·東路》載：江州下轄德化、德安、瑞昌、湖口、彭澤五縣，并有一廣寧監。德化縣下轄十三鄉，并有楚城、丁田、馬頭三鎮。《輿地廣記》卷二四《江南東路》載：德化縣，本尋陽縣。本券所載甘泉鄉爲德化縣轄鄉之一，有高平社西山保。

［二］五色彩幣：原文脱「幣」字，今補。

［三］丘丞：原文作「丘城」，今改。

〇七六　段十五郎買地券

○七六　段十五郎買地券　元豐八年（一〇八五）十二月十二日

【題解】

一、名稱：段十五郎買地券

二、文獻形態：券石拓本長三十八厘米，寬四十厘米，券文位於陰刻横、竪綫刻劃方格内，券文自右至左行楷十七行，行十七字。

三、卒葬時間：元豐八年（一〇八五）十二月十二日葬。

四、出土及收藏情况：出土於江西，拓片現存河北大學宋史研究中心。

【釋文】

維皇宋元豐八年歲次乙丑十二月一日辛/酉十二日壬申，殁故亡人段十五郎，行年□/十三歲，因往蓬萊山採藥，忽遇仙人，迷路□/而不返[一]。有孝男、孝女爲亡父生居室宅，死/向兆域，遂用銀錢千千萬萬貫於土名山田/告開皇地主、武夷王邊買得亥山丙向地一/穴，東至青龍，南至朱雀，西至白虎，北至玄武。/上至皇天，下至皇泉[二]，爲千年之靈堂，作萬/年之冢宅。乞風水□順，永蔭兒孫，多迎好事，/朱紫盈門，家生貴子。或有此門地頭八方四/面，立占山陵，星宿聞奏，太一真都/敕下奉斬，的不容恕。請三十八將朝佐二十/四位相□山龍地脉，風水齊至。青龍、白虎，朱/雀、玄武，飛鸞走鳳，來送吉祥。金鷄報曉，玉狗[三]/持更。墓中令長，鎮守蒿里[四]，父老傳信，童子□/嘗居，左右善力，從後迎前，助魂歸仙島，送□/返藍關。立造地券，以傳[五]死生。急急如律令。

【校注】

〔一〕不返：原文作「不反」，徑改。

〔二〕皇泉：即「黄泉」。見〇〇二《魏訓買地券》校注。

〔三〕狗：原文作「□」，今補。

〔四〕蒿里：原文作「蒿裹」，徑改。

〔五〕傳：溝聯、遞授。

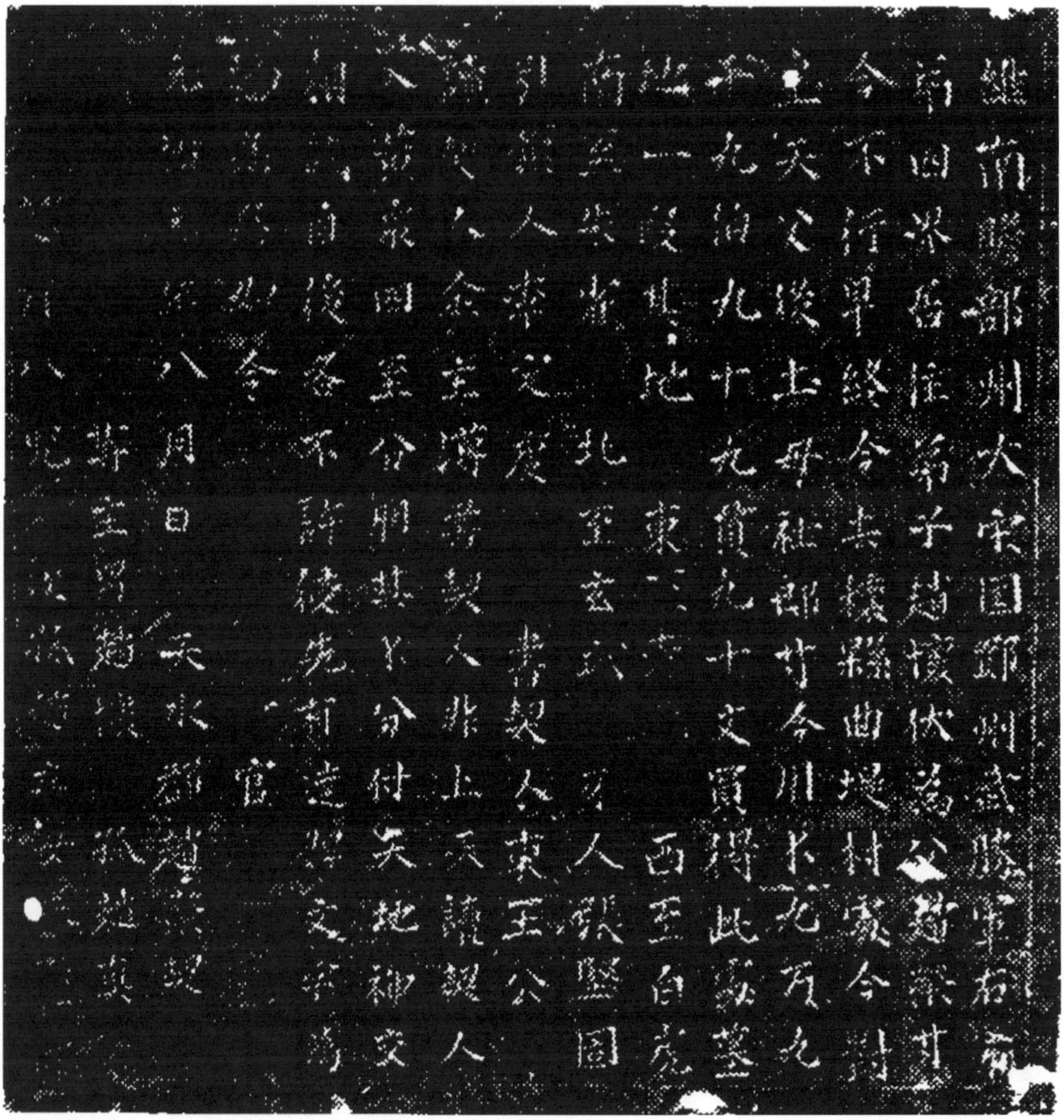

〇七七　趙榮買地券

○七七　趙榮買地券　元祐元年（一〇八六）八月

【題解】

一、名稱：趙榮買地券

二、文獻形態：大理石質，正方形；長四十厘米，邊框外有磨去的刻字痕迹；券文自右至左楷書十五行，行八至十五字。

三、卒葬時間：元祐元年（一〇八六）八月葬。

四、文獻著録：南陽市文物研究所、鄧州市文化館：《河南省鄧州市北宋趙榮壁畫墓》，《中原文物》一九九七年第四期，六四至六五、七八頁；高朋：《人神之契：宋代買地券研究》，北京：中國社會科學出版社，二〇一一年，第二八二頁；魯西奇：《中國古代買地券研究》，厦門：厦門大學出版社，二〇一四年，第二六六頁。

五、出土及收藏情况：一九九三年出土於河南鄧州張白磚場，券石現收藏於鄧州市文管所。

【釋文】

維南贍部州大宋國鄧州武勝軍[一]右廂/第四界[二]居住，弟子趙懷，伏爲父趙榮，其/今不行早終，今去穰縣[三]曲堤村處，今對/皇天父、后土母[四]、社郎等，今用錢九萬九/千九百[五]九十九貫九十文，買得此處墓/地一段。其地：東至青龍，西至白虎，/南至朱雀，北至玄武。牙人：張堅固。/引領人：李定度。書契人：東王公。/讀契人：金主簿。書契人飛上天[六]，讀契人/入黄泉。四至分明，其錢分付天地神交/相訖，自後各不許侵，先有造得文字爲/憑。急急如令官。/元祐元年八月日。天水郡趙榮契，/尊主□趙懷，孤趙直、/趙青、八兒，次孤趙立，女夫。謹□。

【校注】

〔一〕鄧州武勝軍：《輿地廣記》卷八《京西南路》載：鄧州，秦置南陽郡。隋開皇初改爲鄧州，大業初州廢，復置南陽郡。唐武德二年（六一九）曰鄧州，宋因之。下轄穰、南陽、内鄉、淅川、順陽五縣。武勝軍，後治鄧州，五代後梁爲宣化軍節度，後唐改威勝軍，後周改武勝軍。宋初廢。

〔二〕右廂第四界：宋代城市實行廂坊制，廂設兵馬都監，負責治安防禦工作。「界」在「廂」下，是更進一步細化的治安防禦責任區劃。

〔三〕穰縣：《輿地廣記》卷八《京西南路》載：穰縣，本楚别邑。秦取之，以封魏冉爲穰侯，後屬南陽郡。隋開皇初改爲鄧州，後爲南陽郡。唐復爲鄧州。宋建隆初省入穰縣。

〔四〕后土母：原文爲「後土母」，今改。

〔五〕百：原文作「伯」，今統爲「百」。

〔六〕飛上天：原文作「非上天」，今改。

〇七八　李八娘買地券

○七八 李八娘買地券 元祐二年（一〇八七）四月二十八日

【題解】

一、名稱：李八娘買地券

二、文獻形態：紅砂石質，呈碑形，左上角缺損。中有裂痕，券石裂爲上下兩塊，額上部綫刻對稱雲紋；碑身兩側綫刻有斜形回形文；碑座刻有山形紋，長五十點五厘米，寬三十九厘米，厚二點一；券文自右至左書寫，楷書十三行，行八至二十四字。

三、卒葬時間：元祐二年（一〇八七）四月二十八日葬。

四、文獻著録：汪雄《邛峽縣南河鄉宋墓清理小記》，《成都文物》一九九〇年第二期，成都文物考古研究所、成都博物院：《成都出土歷代墓銘券文圖録綜釋》，北京：文物出版社，二〇一二年，第一七九至一八〇頁。

五、出土及收藏情况：一九八九年出土於成都市邛峽縣（今更名爲邛峽市）南河鄉連山村。券石現收藏於成都邛峽市文物保護管理所。

【釋文】

維元祐二年太歲丁卯四月壬午朔二十八日己酉，今有大宋/國劍南西川邛州臨邛縣新興里臨邛鄉[一]亡李八/娘，生居鄉邑，死安宅兆，龜筮協從，相地襲吉。宜/於殷義里買田置造墓宅一所，/東至青龍，西至白虎，/南至朱雀，北至玄武，/上至蒼天，下至黄泉。一買之後，以山爲界，以海爲/邊，悉属亡人。丘丞墓伯[二]，整齊千陌，千秋萬歲，永無/殃咎[三]。若輒忏犯，呵禁[六]，知者收付河伯。今與牲牢酒/飯[七]，百味新香，共爲信契，財地[八]交付工匠修營，永保/亨通。安厝已後，切諸神侵犯。自有保證人：/張堅固、李定度、/赤松子，知見分明。急急如律。

【校注】

〔一〕邛州臨邛縣新興里臨邛鄉：邛州臨邛縣見〇五〇《費亨買地券》。「新興里臨邛鄉」疑應爲「臨邛鄉新興里」，臨邛鄉爲臨邛縣轄鄉之一，有新興里。

〔二〕丘丞墓伯：「丘」原作「近」，「丞」原作「承」，今改。「伯」原作「陌」，今改。

〔三〕殃咎：原文作「央咎」，今改。

〔四〕呵禁：原文作「何禁」，今改。

〔五〕飯：「飯」原文作「飰」，今統爲「飯」。

〔六〕財地：原文作「裁地」，今改。

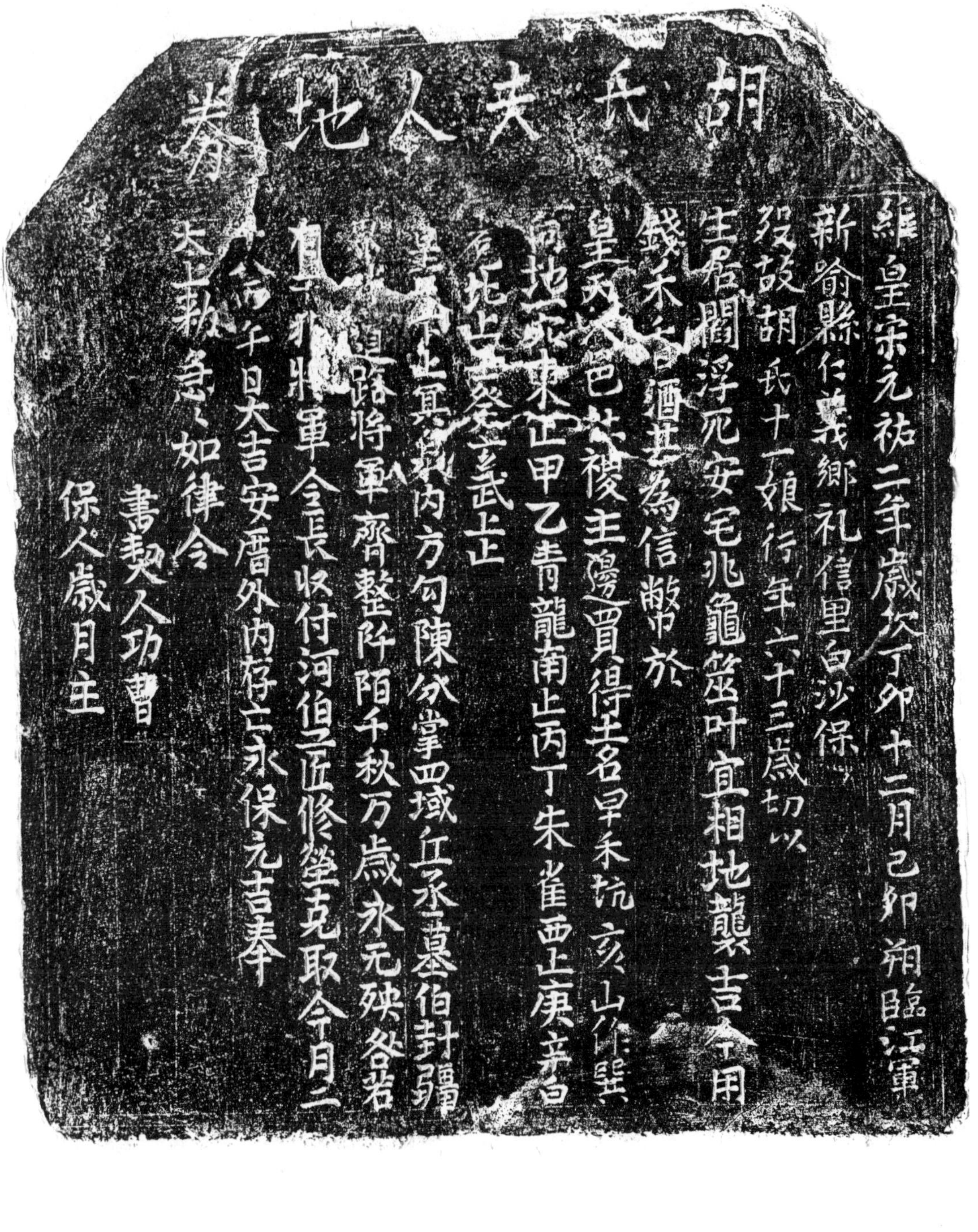

○七九　胡氏十一娘買地券

○七九　胡氏十一娘買地券　元祐二年（一○八七）十二月一日

【題解】

一、名稱：胡氏十一娘買地券

二、文獻形態：拓本長四十四點五厘米，寬三十九厘米，上端左右抹角，券首部分刻「胡氏夫人地券」一行。四周陰刻雙綫邊框，内陰刻界欄十四條，券文自右至左書寫，楷書十五行，行五至二十一字不等。

三、卒葬時間：元祐二年（一○八七）十二月一日葬。

四、出土及收藏情況：江西出土，拓本現藏河北大學宋史研究中心。

【釋文】

胡氏夫人地券

維皇宋元祐二年歲次丁卯十二月己卯朔，臨江軍/新喻縣仁義鄉礼信里白沙保[一]/殁故胡氏十一娘，行年六十三歲。切以/生居閻浮，死安宅兆。龜筮叶宜，相地襲吉。今用/錢禾香酒，共爲信幣，於/皇天父邑、社稷主邊，買得土名早禾坑亥山作巽/向地一穴。東止甲乙青龍，南止丙丁朱雀，西止庚辛白/虎，北止壬癸玄武。上止/皇天，下止冥泉。内方勾陳，分掌四域。丘丞墓伯，封疆/界□；道路將軍，齊整阡陌，千秋萬歲，永无殃咎。若/有干犯，將軍令長，收付河伯。工匠修塋，克取今月二/十八丙午日大吉安厝。外内存亡，永保元吉。奉/太上敕，急急如律令。/書契人：功曹；/保人：歲月主。

【校注】

〔一〕臨江軍新喻縣仁義鄉礼信里白沙保：臨江軍新喻縣見○二九《阮府君買地券》。仁義鄉爲新喻縣下轄鄉之一，有禮信里白沙保。

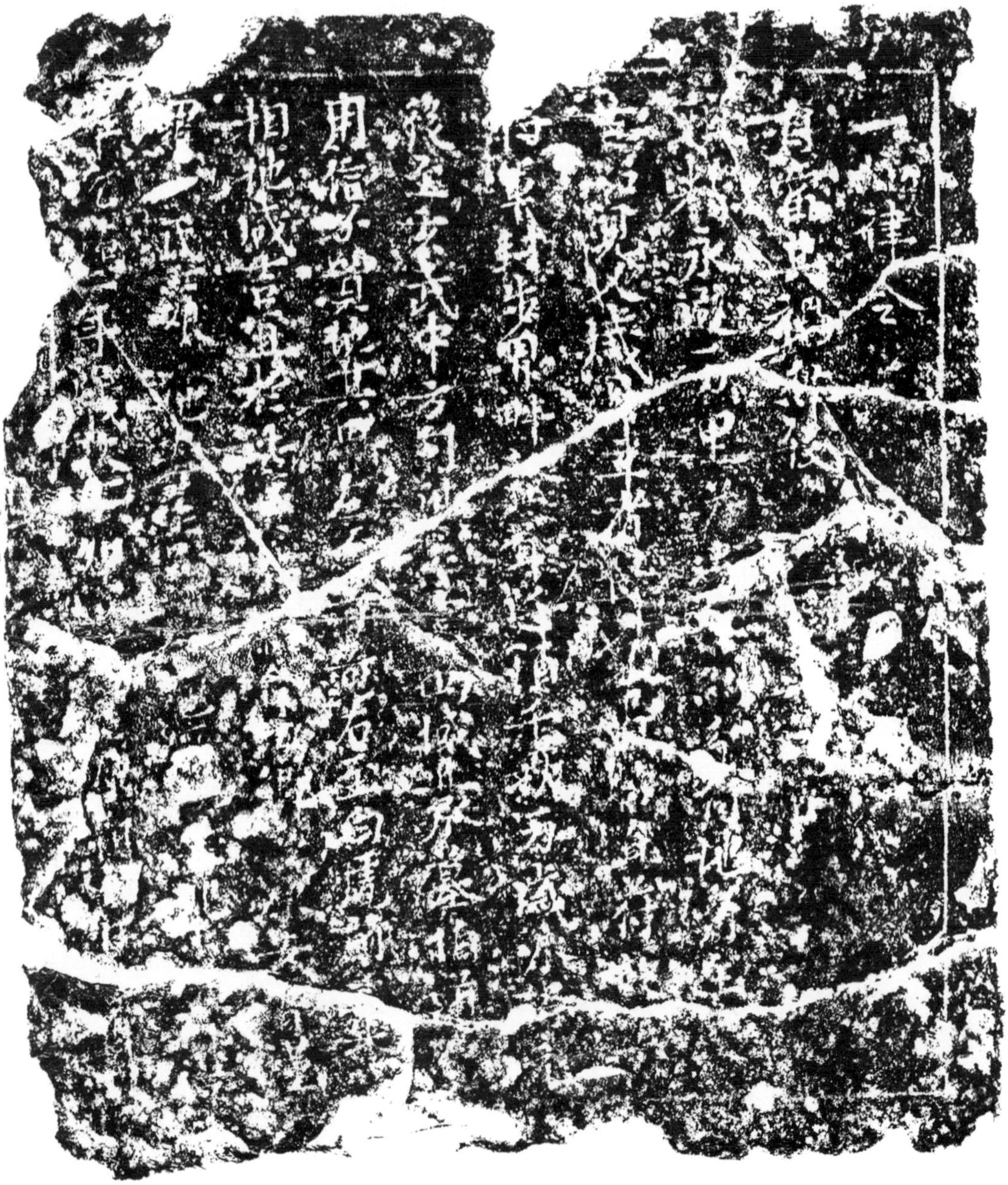

〇八〇　罗氏二娘子買地券

○八○ 罗氏二娘子買地券 元祐二年（一○八七）

【題解】

一、名稱：罗氏二娘子買地券

二、文獻形態：紅砂石質，長方形，長四十一厘米，寬三十七厘米，厚六厘米，四周陰刻單綫邊框，券石有裂痕，裂爲八塊。上部有殘缺，券文自左至右書寫，行楷十行，行四至十九字不等。

三、卒葬時間：元祐二年（一○八七）葬。

四、文獻著録：成都文物考古研究所、雙流縣文物管理所：《雙流縣華陽鎮騎龍村「歐香小鎮」唐宋墓葬發掘簡報》，《成都考古發現二○○九》二○一一年，第四三五至四六○頁。

五、出土及收藏情況：二○○九年出土於四川雙流縣華陽鎮，現收藏於雙流縣文物管理所。

六、其他：同穴異室出土的還有○八八《黎氏買地券》。

【釋文】

維元祐二年歲次丁卯□□□朔□日□酉/罗氏二娘子地券□□□□□□/相地咸吉，宜於此□□□合江鄉之原安厝。謹/用信錢買地，其界左至青龍，右至白虎，前至朱雀，/後至玄武，中方勾陳，分掌四域。丘承墓伯[一]，道路/將軍，封步界畔，整齊阡陌。千秋萬歲，永保元/吉。知見人：歲月主者；保人：今日直符。故氣/邪精，永避萬里。若違此約，分付地府主吏/，自當其禍。/一一如律令。

【校注】

［一］丘承墓伯：也作「丘丞墓伯」。

〇八一　王□山買地券

〇八一　王□山買地券　元祐三年（一〇八八）九月一日

【題解】

一、名稱：王□山買地券

二、文獻形態：白砂石質，高五十一厘米，寬三十六厘米，厚四點一厘米；券石呈碑形，上下陰刻兩條横綫，横綫下陰刻竪綫十二條，券文自左至右刻於竪綫内，楷書十二行，行七至十六字，因券石剥蝕嚴重，部分文字已漫漶不清。

三、卒葬時間：元祐三年（一〇八八）九月一日（甲辰）葬。

四、文獻著録：成都文物考古研究所、成都博物院：《成都出土歷代墓銘券文圖録綜釋》，北京：文物出版社，二〇一二年，第一八一至一八二頁。

五、收藏情况：一九八二年出土於成都市蒲江縣東北鄉（今爲鶴山鎮）飛虎村，券石現收藏於成都蒲江縣文物保護管理所。

【釋文】

維元祐三年太歲戊辰九月甲辰時，今／有大宋國劍南道西川邛州蒲江縣鹽泉／鄉恩洽里[一]男弟子王□山買得墓田／□□造吉一□弟子使錢萬萬九千九百／九十九貫文□□黄天置造吉宅内十二／□□□前件吉□□□□□□白／□□至朱雀，北至玄武。上至青天，下至黄／泉。□日錢財分付吉宅内了。保人□東王父、／西王母；書契人：海中魚；讀契人：□中水。□吉／□□□□□□□□□□／□□□□□□□□□□□□□□□／□□□□□□□□急急如律令

【校注】

〔一〕劍南道西川邛州蒲江縣鹽泉鄉恩洽里：邛州蒲江縣見〇〇二《魏訓買地券》。鹽泉，原文作「塩泉」，徑改之。《太平寰宇記》卷七五《劍南西道四》載：蒲川縣有六鄉。本券與〇二一《何氏買地券》所載鹽泉鄉爲蒲江縣轄鄉之一，其下有恩洽里。

〇八二　熊氏九娘地券

〇八二　熊氏九娘地券　元祐三年（一〇八八）十一月一日

【題解】

一、名稱：熊氏九娘地券

二、文獻形態：拓片方形，上部左右抹角，額題「地契如前」。四周陰刻單綫，尺寸不詳。自左至右書寫，陰刻楷書十一行，行至十至十八字不等。

三、卒葬時間：元祐三年（一〇八八）十一月一日葬。

四、文獻著録：胡抗美、曾翔主編：《書法文獻》（宋代地券卷），青島：青島出版社，二〇一四年，第一七頁。

五、出土及收藏情况：江西出土，原石收藏於百石齋。

【釋文】

地券如前

維元祐三年歲次戊辰十一月初一癸卯朔/初七日己酉，洪州豐城縣大順鄉諸陂/里住藏酬社[一]殁故亡人熊氏九娘，行/年七十歲，天降大禍，命歸泉府。今用/錢財酒果於五土明王開皇地主邊買/得土名後坑乾亥來山辛戌落坐[二]乙向地一穴。/東止甲乙青龍，南止丙丁朱雀，西止庚/辛白虎，北止壬癸玄武，上止青天吉/星，下止黄泉，永爲亡人萬年山宅。/急急如律令。見人：張堅固。/保人：李定度。書人：天官道士。

【校注】

〔一〕洪州豐城縣大順鄉諸陂里住藏酬社：洪州豐城縣見〇六八《孫七郎買地券》。大順鄉爲豐城縣轄鄉之一，有諸陂里藏酬社。

〔二〕坐：原文作「作」，徑改。

○八三　費變先母齊氏三娘買地券

〇八三　費變先母齊氏三娘買地券　元祐四年（一〇八九）二月八日

【題解】

一、名稱：費變先母齊氏三娘買地券

二、文獻形態：紅砂石質，長方形，長六十二厘米，寬四十九厘米，厚四點五厘米；券石呈碑形，上部抹角，額部刻兩朵卷雲紋，碑身部分陰刻竪綫十四條，將券文隔爲十三行，券文自右至左行十六至二十一字。

三、卒葬時間：元祐四年（一〇八九）二月八日葬。

四、文獻著録：成都文物考古研究所、成都博物院：《成都出土歷代墓銘券文圖録綜釋》，北京：文物出版社，二〇一二年，第一八八至一八九頁。

五、出土及收藏情況：一九九二年出土於四川省温江地區邛峽縣（今成都邛峽市），券石現收藏於成都邛峽市文物保護管理所。

【釋文】

維元祐四年太歲己巳二月壬寅朔初八日己酉，今/有大宋國劍南西川邛州臨邛縣磐石鄉長興/里[一]大道徵□至□□□費變先□先妣齊氏三娘，/享壽七十九歲，於元祐三年十二月八日下世。嗚呼！/生死既判，幽冥已□□□□□迷返真郎/變先於本縣崇明鄉[四]□□里□□川山西内卜/得墓地一所，出□□□□置冢，於熙寧五年/十一月内，與母親齊氏三娘別造壽□□□□□。伏乞/上蒼天，下黄泉，東青龍，西白虎，南朱雀，北玄武，/右件茔域之内，一切諸□□□□□□□□□□亡靈，/安于其地，無諸干犯。已有干犯，乞收付與/河伯水官施行。謹具符，洎公□立爾□□□□□□以後□□/子孫蕃衍盛大，永奉祭祀，掃灑不絶。謹誌。

【校注】

〔一〕劍南西川邛州臨邛縣磐石鄉長興里：邛州臨邛縣見〇五〇《費亨買地券》。《太平寰宇記》卷七五《劍南西道四》載：臨邛縣有十鄉，磐石鄉爲臨邛縣轄鄉之一，本券所見有長興里。

○八四　韓氏十八娘買地券

〇八四　韓氏十八娘買地券　元祐五年（一〇九〇）十月十八日

【題解】

一、名稱：韓氏十八娘買地券

二、文獻形態：白砂石質。券石呈碑形，通高四十一厘米、寬三十二點五厘米、厚三點三厘米。由碑頭、碑身、碑座組成，碑頭和碑身部分用陰刻横綫隔開，碑身部分陰刻竪綫十條。券文自右至左書寫，楷書十一行，行十五至十七字。

三、卒葬時間：元祐五年（一〇九〇）十月十八日葬。

四、文獻著録：成都文物考古研究所、成都博物院：《成都出土歷代墓銘券文圖録綜釋》，北京：文物出版社，二〇一二年，第一九〇至一九一頁。

五、出土收藏情況：一九七五年出土於四川省温江地區蒲江縣（今爲成都市蒲江縣）西來鄉石橋村，券石現收藏於成都市蒲江縣文物保護管理所。

【釋文】

維元祐五年太歲庚午十月壬辰朔十八日/己酉之辰，今有邛州蒲江縣欽德鄉政教/里[一]殁故亡母韓氏十八娘之靈，今將信錢萬/貫文，就於東王父、西王母買得墓宅一/所，周流一傾。東至青龍，南至朱雀，西/至白虎，北至玄武，上至青天，下[至]黄泉。/四至分明，即日錢財□□□□□/□□□知見人：張堅固。如見人：/□□□書券人：石功曹；讀券人：/金主簿；書券人：天上鳥□□/□□□□魚入深泉。□□□□不得。/□□□□□□□□□□

【校注】

〔一〕邛州蒲江縣欽德鄉政教里：邛州蒲江縣見〇〇二《魏訓買地券》。《元豐九域志》卷七《成都府路》載：蒲川縣有六鄉。本券與一七〇《王琬買地券》所載欽德鄉爲蒲江縣轄鄉之一，有政教里。

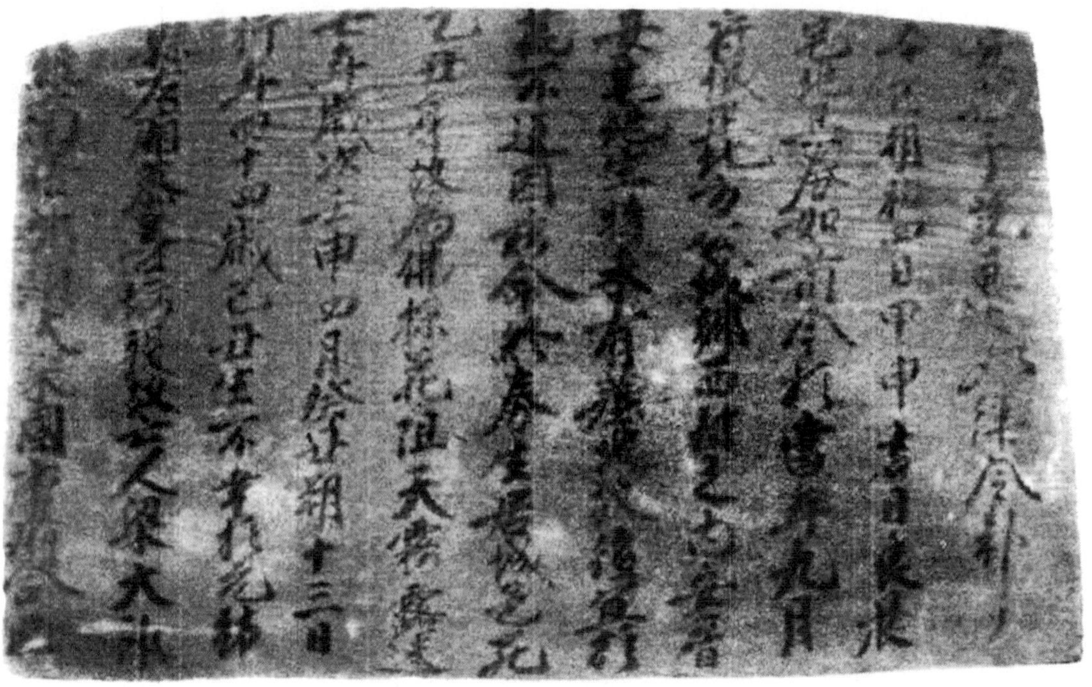

〇八五　梁大郎買地券

〇八五　梁大郎買地券　元祐七年（一〇九二）九月四日

【題解】

一、名稱：梁大郎買地券

二、文獻形態：墨書於木板上；上寬三十八厘米，下寬三十九點五厘米，高二十三點五厘米；正面墨書「合同」三處六字，中間二字完整，四角四字均各有一半，仿騎縫圖章狀；背面墨書自左至右書寫，行體字十一行，滿行十三字。

三、卒葬時間：元祐七年（一〇九二）四月十三日卒，元祐七年（一〇九二）九月四日葬。

四、文獻著録：汪煒：《安徽合肥出土的買地券述略》，《文物春秋》二〇〇五年第三期，第六一至六六頁；高朋：《人神之契：宋代買地券研究》，北京：中國社會科學出版社，二〇一一年，第二九〇頁；魯西奇：《中國古代買地券研究》，厦門：厦門大學出版社，二〇一四年，第三二六至三二七頁。

五、出土及收藏情況：一九八七年出土於安徽合肥市北門外。

【釋文】

維南贍部州大宋國廬州合肥/縣[一]左厢慕善坊，殁故亡人梁大郎，/行年四十四歲，己丑生，不幸於元祐/七年歲次壬申四月癸丑朔十三日/乙丑身故，爲佛採花，阻天霧露，迷/荒不返，因兹命終。券。生居城邑，死/安宅兆。生時未有葬地，故後宜於/府城正北方公城鄉西村之内安厝/宅兆。具券如前。今於當年九月/辛巳朔初四日甲申，吉日良辰，/安葬于訖。急急如律令。敕。

【校注】

〔一〕廬州合肥縣：《輿地廣記》卷二一《淮南西路》載：廬州，漢屬廬江、九江二郡。隋開皇初改曰廬州，大業初州廢。唐長興二年（九三一）升爲昭順軍節度，後周顯德五年（九五八）改爲保信軍。宋因之。《元豐九域志》卷五《淮南路·東路》載：廬州下轄合肥、慎、舒城三縣。合肥縣下轄十鄉，并有段寨、青陽、移風、永安四鎮。本券所見有合肥縣公城鄉西村。

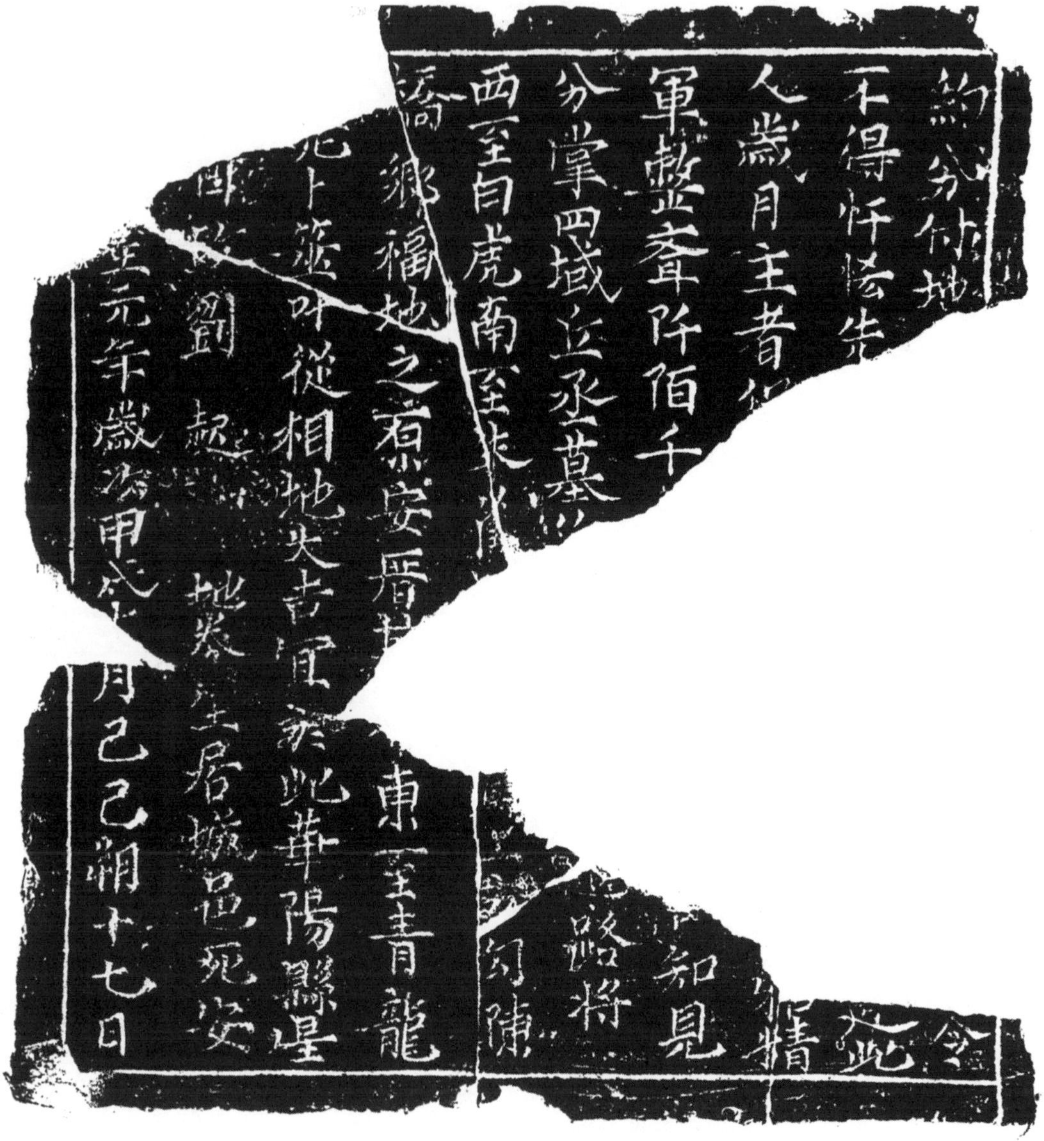

〇八六　劉起地券

〇八六　劉起地券　紹聖元年（一〇九四）十月十七日

【題解】

一、名稱：劉起地券

二、文獻形態：紅砂石質，券石略呈方形，長三十七點五厘米，寬三十六點五厘米，厚二點四厘米；四周陰刻單綫邊框；中部有殘缺，券文從左至右書寫，楷書十行，行十四字。

三、卒葬時間：元祐四年（一〇八九）十一月卒，紹聖元年（一〇九四）十月十七日葬。

四、文獻著録：顔勁松、姜世良、黨國松等：《成都市青龍鄉海濱村墓葬發掘簡報》，《成都考古發現二〇〇三年》，科學出版社，二〇〇五年，第二六六至三〇七頁；高朋：《人神之契：宋代買地券研究》，北京：中國社會科學出版社，二〇一一年，第二三八至二三九頁；魯西奇：《中國古代買地券研究》，厦門：厦門大學出版社，二〇一四年，第四四五至四四六頁。

五、出土及收藏情況：二〇〇三年出土於四川省成都市成華區青龍鄉海濱村。

六、其他：其父劉觀，本書收録有〇八七《劉觀買地券》。

【釋文】

□□紹聖元年歲次甲戌十月己巳朔十七日/乙酉，故劉起地券。生居城邑，死安/宅兆。卜筮叶從，相地大吉，宜於此華陽縣星/橋鄉[一]福地之原安厝。其□東至青龍，/西至白虎，南至朱雀，北至玄武，上方勾陳，/分掌四域。丘丞墓伯，□□□□，道路將/軍，整齊阡陌。千□□□，□□□□。知見/人：歲月主者。□□□□□□□□邪精，/不得忏吝。先□□□，□□□□。□□此/約，分付地□□□□□□□□□□令。

【校注】

〔一〕華陽縣星橋鄉：《元豐九域志》卷七《成都府路》載：華陽縣下設八鄉均窑一鎮。本券與〇五四《劉守謙買地券》、〇八七《劉觀買地券》、一二六《宋京買地券》所載星橋鄉爲華陽縣轄鄉之一。

〇八七　劉觀買地券

〇八七　劉觀買地券　紹聖二年（一〇九五）十月

【題解】

一、名稱：劉觀買地券

二、文獻形態：紅砂石質，券石長方形，尺寸不詳，因券石破損嚴重無法確認券石具體字數。

三、卒葬時間：元豐二年（一〇七九）五月十五日卒，元豐五年（一〇八二）葬，紹聖二年（一〇九五）十月改葬，時間據〇八六《劉起地券》判定。

四、文獻著録：顔勁松、姜世良、黨國松等：《成都市青龍鄉海濱村墓葬發掘簡報》《成都考古發現二〇〇三》，科學出版社，二〇〇三年，第二六六至三〇七頁；高朋：《人神之契：宋代買地券研究》，北京：中國社會科學出版社，二〇一一年，第二三九頁；魯西奇：《中國古代買地券研究》，厦門：厦門大學出版社，二〇一四年，第四四六頁。

五、出土及收藏情况：二〇〇三年出土於四川省成都市成華區青龍鄉海濱村。

六、其他：其子劉起，本書收録有〇八六《劉起地券》。

【釋文】

［上缺］年［下缺］/日甲申，改葬劉［下缺］，/死安宅兆，［下缺］/陽縣星橋鄉［一］福地之［下缺］/龍，西至白虎，南至［下缺］/陳，分掌四域。丘丞［下缺］/界畔，整齊阡陌［下缺］/□□歲月主者［下缺］

【校注】

［一］華陽縣星橋鄉：《元豐九域志》卷七《成都府路》載：華陽縣下設八鄉均窯一鎮。本券與〇五四《劉守謙買地券》、〇八六《劉起地券》所載星橋鄉爲華陽縣轄鄉之一。

〇八八　黎氏買地券

○八八　黎氏買地券　紹聖四年（一〇九七）十一月四日

【題解】

一、名稱：黎氏買地券

二、文獻形態：紅砂石質，長三十五點五厘米，寬三十六點五厘米，厚五點五厘米。四周陰刻單綫邊框，券石上部殘缺，所存文字漫漶不清，券文自右向左書寫，楷書九行，行十六字。

三、卒葬時間：紹聖四年（一〇九七）十一月四日葬。

四、文獻著録：成都文物考古研究所、雙流縣文物管理所：《雙流縣華陽鎮騎龍村「歐香小鎮」唐宋墓葬發掘簡報》，《成都考古發現》二〇一一年，第四三五至四六〇頁。

五、出土及收藏情況：二〇〇九年出土於四川雙流縣華陽鎮，券石現收藏於雙流縣文物管理所。

六、其他：其妻羅氏二娘，見本書〇二四《羅二娘買地券》，係同穴異室出土。

【釋文】

□□紹聖四年歲次丁丑十一月辛巳朔四/日甲申□故黎氏地券。生居人世，死安宅兆，/卜筮叶從，［中缺］此廣都縣合江鄉[一]/［上缺］今用信錢買地，其界左/至青龍，右至白虎，［中缺］至玄武，上方勾陳/［上缺］丘承[二]墓伯，道路將軍，封步界/畔，［中缺］千秋萬歲，永保元吉。知見人：歲/月主［中缺］保人：今日時直符。故氣邪精，永去萬/里，［中缺］此約分付地府，主人安吉。一如律令。

【校注】

［一］廣都縣合江鄉：《元豐九域志》卷七《成都府路》載：廣都縣有一十六鄉，本券與〇二四《羅二娘買地券》所載合江鄉爲廣都縣轄鄉之一。

［二］丘承：同「丘丞」。

○八九　李守貴買地券

○八九　李守貴買地券　紹聖四年（一○九七）十二月二十九日

【題解】

一、名稱：李守貴買地券

二、文獻形態：券石略呈長方形，長三十九厘米，寬三十八厘米，厚十厘米；券文自右向左書寫，陰刻楷書十七行，行十六字。

三、卒葬時間：紹聖四年（一○九七）十二月二十九日葬。

四、文獻著録：鄭州市文物考古研究所、登封市文物局：《河南登封黑山溝宋代壁畫墓》，《文物》二○○一年第一○期，第六○至六六頁；高朋：《人神之契：宋代買地券研究》，北京：中國社會科學出版社，二○一一年，第二八二至二八三頁；魯西奇：《中國古代買地券研究》，厦門：厦門大學出版社，二○一四年，第二六七頁。

五、出土及收藏情況：一九九九年出土於河南省登封市城關鎮南三公里黑山溝村。

【釋文】

維大宋國西京河南府登封縣天中鄉[一]/居住、殁故亡人李守貴，今爲三周記滿，未/有住葬之處。今選定紹聖肆年十二月/二十九日己西大葬。願比黄天父、后土母、/社稷主邊買得墓田壹所，周流壹頃[二]，用錢/玖萬玖阡玖百玖拾玖貫文，其地左至青/龍，右至白虎，前至朱雀，後至玄武，上至蒼/天[三]，下至黄泉。陸至分明，各有其處。其買地/錢分付與天神明了，兩無懸欠。書契人：/石功曹。讀契人：金主簿。要見書契人，變/飛鳥上天；若覓讀契人，化魚龍入東海。急/急如律令。如地下有諸蘭奪[四]，付與五道將/軍[五]，領過閻羅天子[六]，永判玄堂李守貴住/宅，萬代吉昌。代保人如後：[七]代保人：/張堅固。代保人：李定度。見人如後：/見人[八]：天神；見人：地祇[九]。/紹聖肆年十二月二十九日己西大葬。李守貴券契一本。

【校注】

〔一〕西京河南府登封縣天中鄉：《輿地廣記》卷五《四京·西京河南府》載：宋洛陽，與都城汴京、南京應天府、北京大名府合稱爲「四京」。《元豐九域志》卷一《四京·西京》載：河南府下轄河南、永安、偃師、鞏、登封、密、新安、澠池、永寧、長水、壽安、伊陽、河清十三縣。登封縣下轄二鄉，并有潁陽、曲河、費川三鎮。天中鄉爲登封縣轄鄉之一。

〔二〕周流壹傾：也作「周流一傾」。見○○二《魏訓買地券》校注。

〔三〕蒼天：原作「倉天」，今統爲「蒼天」。

〔四〕蘭奪：即「攔奪」。

〔五〕五道將軍：買地券中往往泛稱爲「道路將軍」。

〔六〕閻羅天子：即閻羅王，或稱閻羅大王，通稱閻王。見○二二《張臻買地券》校注。

〔七〕此處有一横，表間隔。

〔八〕見人：原文脱「人」字，今補。

〔九〕地祇：原文作「地祁」，今改。

〇九〇　佚名買地券

○九○　佚名買地券　紹聖五年[一]（一○九八）二月二十三日

【題解】

一、名稱：佚名買地券

二、文獻形態：陶質。磚券破損，殘高三十七厘米、寬三十七厘米、厚二點六厘米。磚券四周陰刻單欄邊框，框内竪刻十三界欄，券文自右向左楷書十四行。磚券磨蝕嚴重，文字缺泐較多。

三、卒葬時間：紹聖五年（一○九八）二月二十三日葬。

四、文獻著録：成都文物考古研究所、成都博物院：《成都出土歷代墓銘券文圖録綜釋》，北京：文物出版社，二○一二年，第二二三至二二四頁。

五、出土及收藏情况：一九九二年出土於成都崇州市，現存成都崇州市文物保護管理所。

【釋文】

紹聖五年歲次戊寅二月庚辰□二十三日壬/寅，則有亡考君［下缺］/玖千玖佰［下缺］/居亡人□［下缺］/地□□□□［下缺］/□至青龍，西至白虎，/南至朱雀，北至玄武，/上至青天，下至黄泉。/内方勾陳，［下缺］/今［下缺］

【校注】

［一］紹聖五年：買地券時間標爲紹聖五年，至是年六月改元元符。

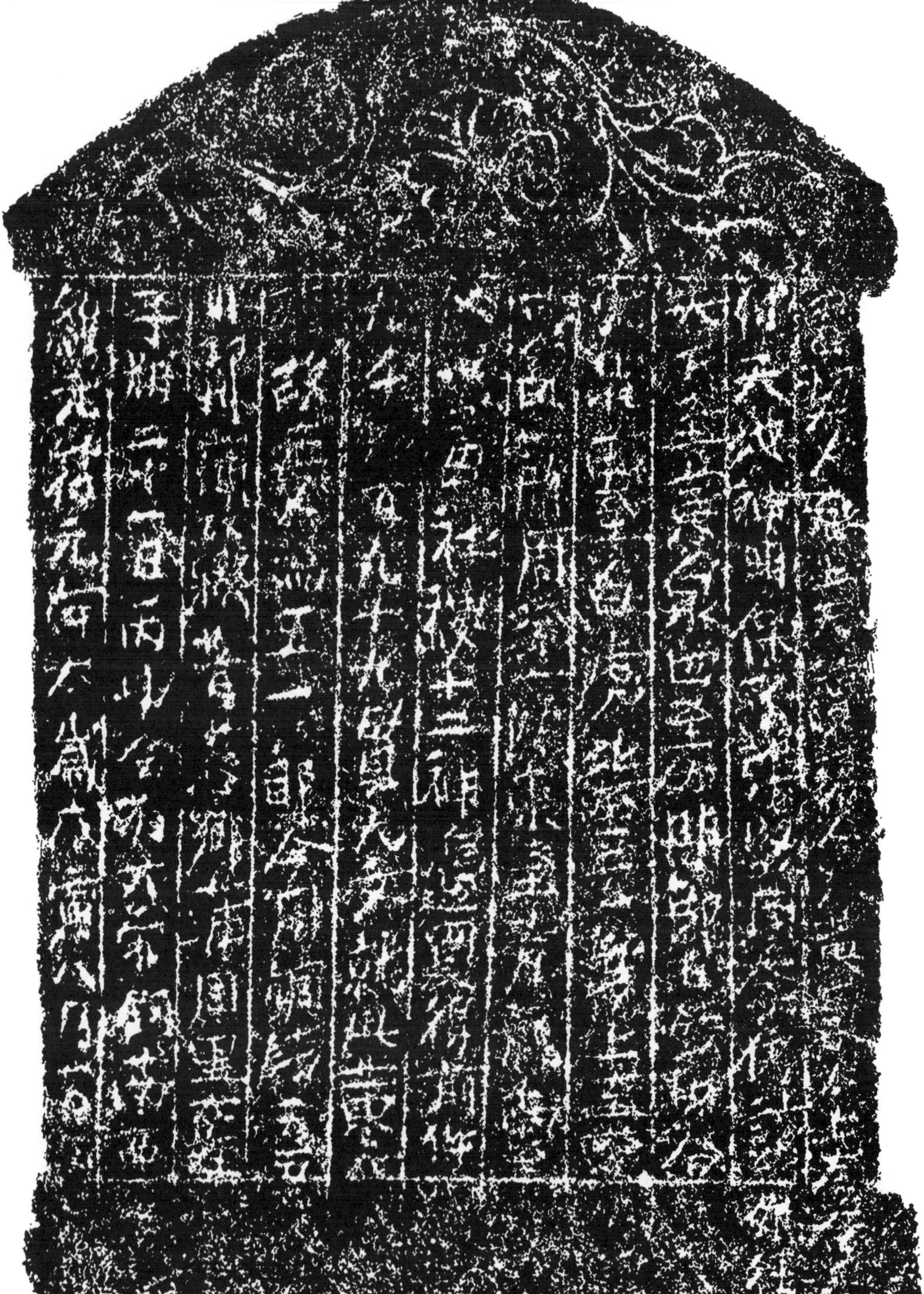

〇九一　温五一郎買地券

○九一　温五一郎買地券　元符元年（一○九八）八月二十一日

【題解】

一、名稱：温五一郎買地券

二、文獻形態：白砂石質。券石呈碑形，額部綫刻雲紋，底部素面。通高四十七點五厘米、寬三十四厘米、厚三點八厘米。券文刻於碑身竪行綫框内，從左至右書寫，行楷十一行，行十三至十九字。本券自左至右書寫。

三、卒葬時間：元符元年（一○九八）八月二十一日葬。

四、文獻著録：成都文物考古研究所、成都博物院：《成都出土歷代墓銘券文圖録綜釋》，北京：文物出版社，二○一二年，第二二五至二二六頁。

五、出土及收藏情況：一九八九年出土於成都市蒲江縣東北鄉體全村，券石現收藏於成都市蒲江縣文物保護管理所。

【釋文】

維元符元年太歲戊寅八月一日丙/子朔二十一日丙申，今有大宋劍南西/川邛州蒲江縣普慈鄉蒲同里[一]葬/殁故亡人温五一郎。今用銅錢萬萬/九千九百九十九貫九文，就此黄天/父、后土母、社稷十二神邊，買得前件/墓田一所。周流一/頃，東至青龍，南至/朱雀，西至白虎，北至玄武，上至蒼/天，下至黄泉。四至分明，即日錢財分/付天地神明。保人：張堅固、李定渡[二]。/書契人飛上天，讀契人入黄泉。太上老君急急如律令。

【校注】

〔一〕劍南西川邛州蒲江縣普慈鄉蒲同里：邛州蒲江縣見《魏訓買地券》。《太平寰宇記》卷七五《劍南西道四》載：蒲川縣舊五鄉。本券與○○四《王思買地券》、○二六《樊氏十一娘買地券》、一七八《王興父母王軫、楊氏小三娘買地券》所載普慈鄉爲蒲川縣轄鄉之一。有蒲同里、禮過里。

〔二〕李定渡：一般寫作「李定度」。

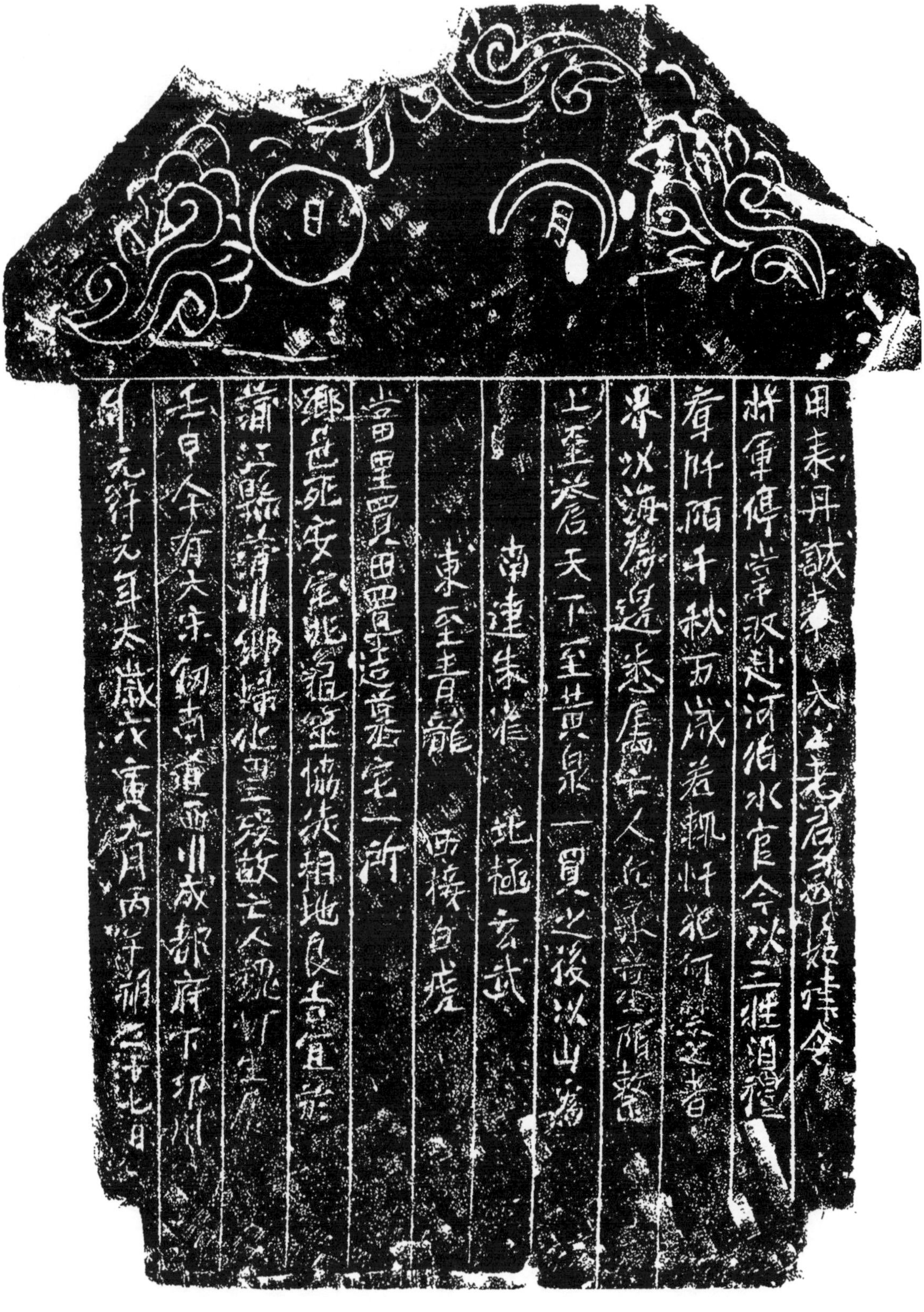

〇九二　魏忻買地券

○九二　魏忻買地券　元符元年（一○九八）九月二十七日

【題解】

一、名稱：魏忻買地券

二、文獻形態：白砂石質，高六十五點六厘米、寬四十九點五厘米、厚三點四厘米。券石呈碑形，券首部分陰刻「日」「月」圖案及卷草紋。券面上陰刻横綫，下陰刻界欄十一條，券文行楷十二行，行八至十八字。

三、卒葬時間：元符元年（一○九八）九月二十七日葬。

四、文獻著録：成都文物考古研究所、成都博物院：《成都出土歷代墓銘券文圖録綜釋》，北京：文物出版社，二○一二年，第二三○頁。

五、出土及收藏情況：一九九七年出土於成都蒲江縣天華鎮雙井村，券石現收藏於成都市蒲江縣文物保護管理所。

【釋文】

維元符元年太歲戊寅九月丙午朔二十七日/壬申，今有大宋劍南道西川成都府下邛州/蒲江縣蒲川鄉歸化里〔一〕殁故亡人魏忻。生居/鄉邑，死安宅兆，龜筮協從，相地良吉，宜於/當里買田置造墓宅一所。/東至青龍，西接白虎，/南連朱雀，北極玄武，/上至蒼天，下至黄泉。一買之後，以山爲/界，以海爲邊，悉屬亡人。丘承墓伯〔二〕，整/齊阡陌。千秋萬歲，若輒忓犯呵禁〔三〕之者，/將軍亭長〔四〕，收赴河伯水官。今以三牲酒禮，/用表丹誠。奉太上老君急急如律令。

【校注】

〔一〕邛州蒲江縣蒲川鄉歸化里：見○○二《魏訓買地券》。

〔二〕丘承墓伯：「伯」原作「陌」，今改。

〔三〕呵禁：原作「何禁」，今改。

〔四〕亭長：原作「停掌」，今改。

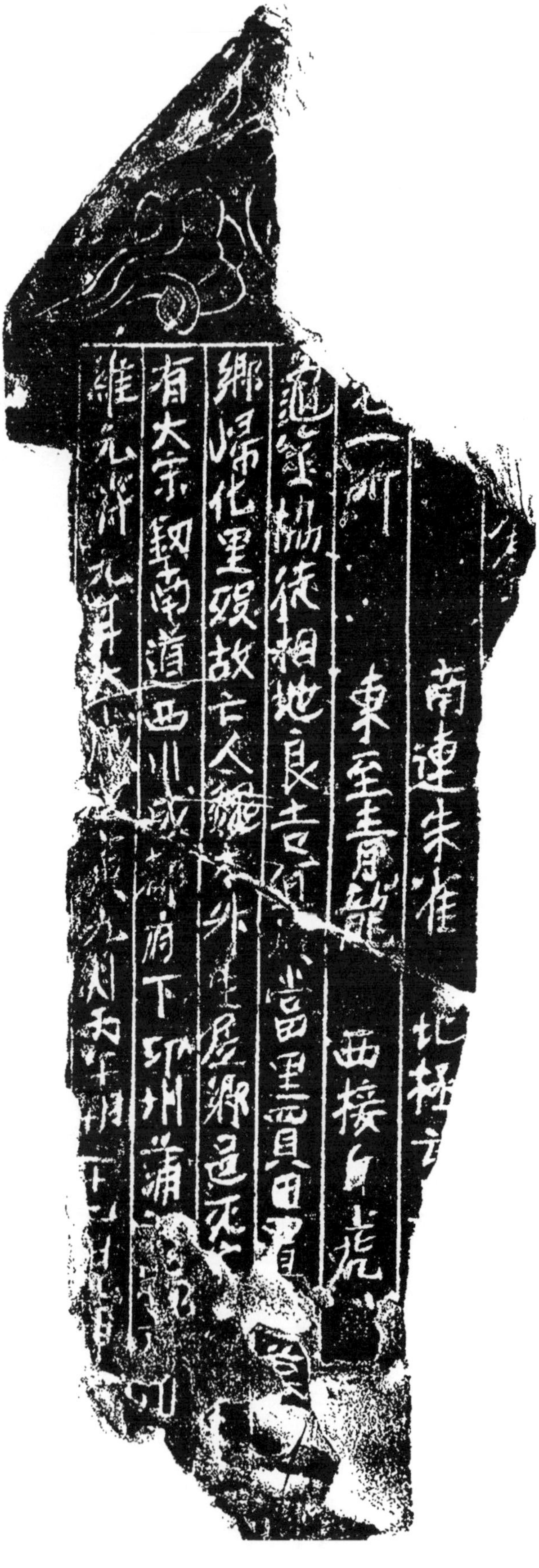

〇九三　魏大升買地券

○九三　魏大升買地券　元符元年（一○九八）九月二十七日

【題解】

一、名稱：魏大升買地券

二、文獻形態：白砂石質，高約六十五厘米、殘寬二十厘米、厚三點五厘米。呈碑形，底部立於基座之上，額部綫刻雲紋。券石右半邊殘缺，僅剩左半部分。楷書，殘存七行，行六至二十一字。本券自左至右書寫。

三、卒葬時間：元符元年（一○九八）九月二十七日葬。

四、文獻著録：成都文物考古研究所、成都博物院：《成都出土歷代墓銘券文圖録綜釋》，北京：文物出版社，二○一二年，第二二八頁。

五、出土及收藏情况：一九九七出土於蒲江縣天華鎮雙井村，券石現收藏於成都市蒲江縣文物保護管理所。

【釋文】

維元符元年太歲戊寅九月丙午朔二十七日壬申，/有大宋劍南道西川成都府下邛州蒲江縣蒲川/鄉歸化里[一]，殁故亡人魏大升，生居[二]鄉邑，死安宅兆。/龜筮叶從，相地良吉。宜於當里買田置□墓/宅一所，東至青龍，西接白虎，/南連朱雀，北極玄武。[下缺]。

【校注】

[一] 劍南道西川成都府下邛州蒲江縣蒲川鄉歸化里：見○○二《魏訓買地券》。

[二] 居：原文作「居」，今統爲「居」。

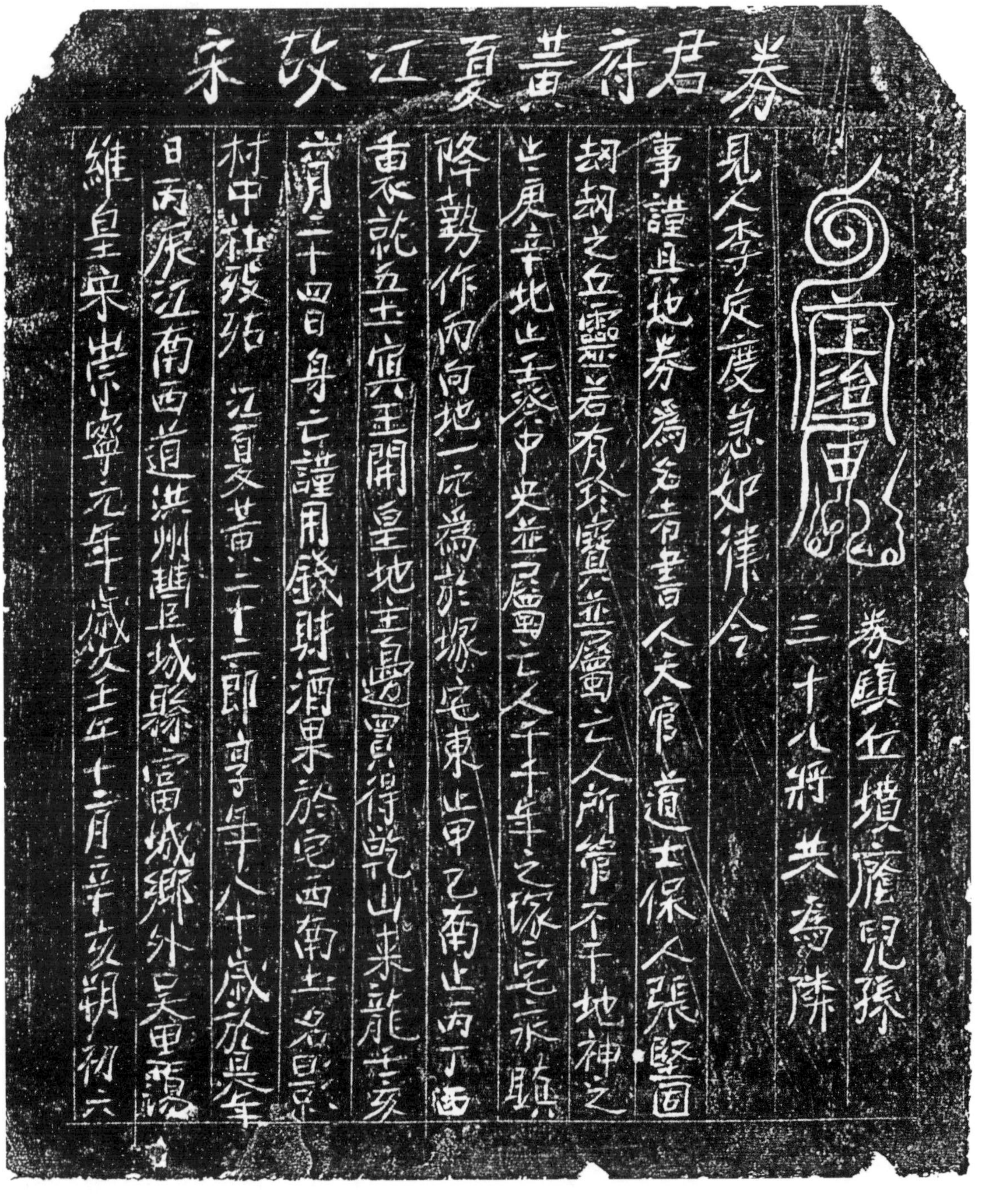

○九四　黃二十二郎地券

○九四　黄二十二郎地券　崇寧元年（一一〇二）十二月六日

【題解】

一、名稱：黄二十二郎地券

二、文獻形態：拓片成方形抹角，長四十四厘米，寬三十八厘米，題額「宋故江夏黄府君券」，陰刻界欄十三行，陰刻行楷十二行，行七至二十字不等。右側上部刻道教符篆。本券自左至右書寫。

三、卒葬時間：崇寧元年（一一〇二）十二月六日葬。

四、文獻著録：胡抗美、曾翔主編：《書法文獻》（宋代地券卷），青島：青島出版社，二〇一四年，第二九頁。

五、出土及收藏情况：江西出土，原石收藏於百石齋。

【釋文】

宋故江夏黄府君券

維皇宋崇寧元年歲次壬午十二月辛亥朔初六/日丙辰，江南西道洪州豐城縣富城鄉外吴里蕩/村中社[一]歿殆江夏黄二十二郎，享年八十歲，於是年/六月二十四日身亡。謹用錢財酒果於宅西南土名影/裏[二]就五土冥王開皇地主邊買得乾山來龍壬亥/降勢作丙向地一穴，爲於冢宅。東止甲乙，南止丙丁，西/止庚辛，北止壬癸，中央并屬亡人千千年之冢宅，永鎮/劫劫之丘靈，若有珍寶，并屬亡人所管，不干地神之/事。謹具地券爲名者，書人：天官道士；保人：張堅固；/見人：李定度。急如律令。/三十八將共爲鄰，/券鎮丘墳廕兒孫。

【校注】

〔一〕江南西道洪州豐城縣富城鄉外吴里蕩村中社：洪州豐城縣，見〇六八《孫七郎買地券》。富城鄉爲豐城縣轄鄉之一，本券所見其下有外吴里蕩村中社。《孫七郎買地券》載富城鄉同造里，〇三九《章承諒母王五娘地券》載富城鄉長慶里周造村西坊保。

〔二〕土名影裹：「裹」應爲「里」字。

○九五　宋燧買地券

○九五　宋燧買地券　崇寧元年（一一〇二）十二月十日

【題解】

一、名稱：宋燧買地券

二、文獻形態：白砂石質，券石呈碑形，通高六十五厘米，其中碑帽寬四十厘米、高二十三厘米；碑身高四十二厘米、寬三十一厘米、厚四點三厘米。券文楷書十一行，滿行十九字。本券自右至左書寫。

三、卒葬時間：崇寧元年（一一〇二）十二月十日葬。

四、文獻著録：成都文物考古研究所、成都博物院：《成都出土歷代墓銘券文圖録綜釋》，北京：文物出版社，二〇一二年，第二三七至二三八頁。龍騰：《蒲江北宋宋燧墓出土文物》，《四川文物》一九九六年第五期，第五九至六一頁；高朋：《人神之契：宋代買地券研究》，北京：中國社會科學出版社，二〇一一年，第二四〇頁；魯西奇：《中國古代買地券研究》，厦門：厦門大學出版社，二〇一四年，第四四八頁。

五、出土情況：一九六四年出土於四川省温江地區蒲江縣（今屬成都市）松華鄉華豐村，券石現收藏於成都市蒲江縣文物保護研究所。

【釋文】

維崇寧元年太歲壬午十二月辛亥朔十日庚申，/危日吉，畢宿吉，天符明星吉，□曲星吉。今有/大宋劍南西川邛州依政縣昇平鄉歸厚里[一]殁故/先生宋燧之靈。惟靈今用白銀信錢，在於黄天/父邑處，買得宫姓[二]墓田一所，東至青龍，西至/白虎，南至朱雀，北至玄武，上至蒼天，下至黄/泉。四至六甲分明，即日錢財交付此神明[三]了。保人：/張堅固、李定度；書券人：功曹；讀券人：金主簿。高山/亦移，但書[四]券永保地下亡魂安吉，男女千年萬歲，/大吉大利也。撫琴侯莫。陳穎達刊石。/大宋崇寧元年十二月二日立石。

【校注】

〔一〕劍南西川邛州依政縣昇平鄉歸厚里：邛州依政縣見〇一二《張先買地券》，昇平鄉見〇一九《阿費買地券》。本券載昇平鄉歸厚里。

〔二〕宫姓：用「五音相宅法」確定的墓地位置。參〇六〇《楊璝買地券》校注「商姓」。

〔三〕神明：原文作「神名」，今改。

〔四〕書：原文爲草體「書」字，今改。

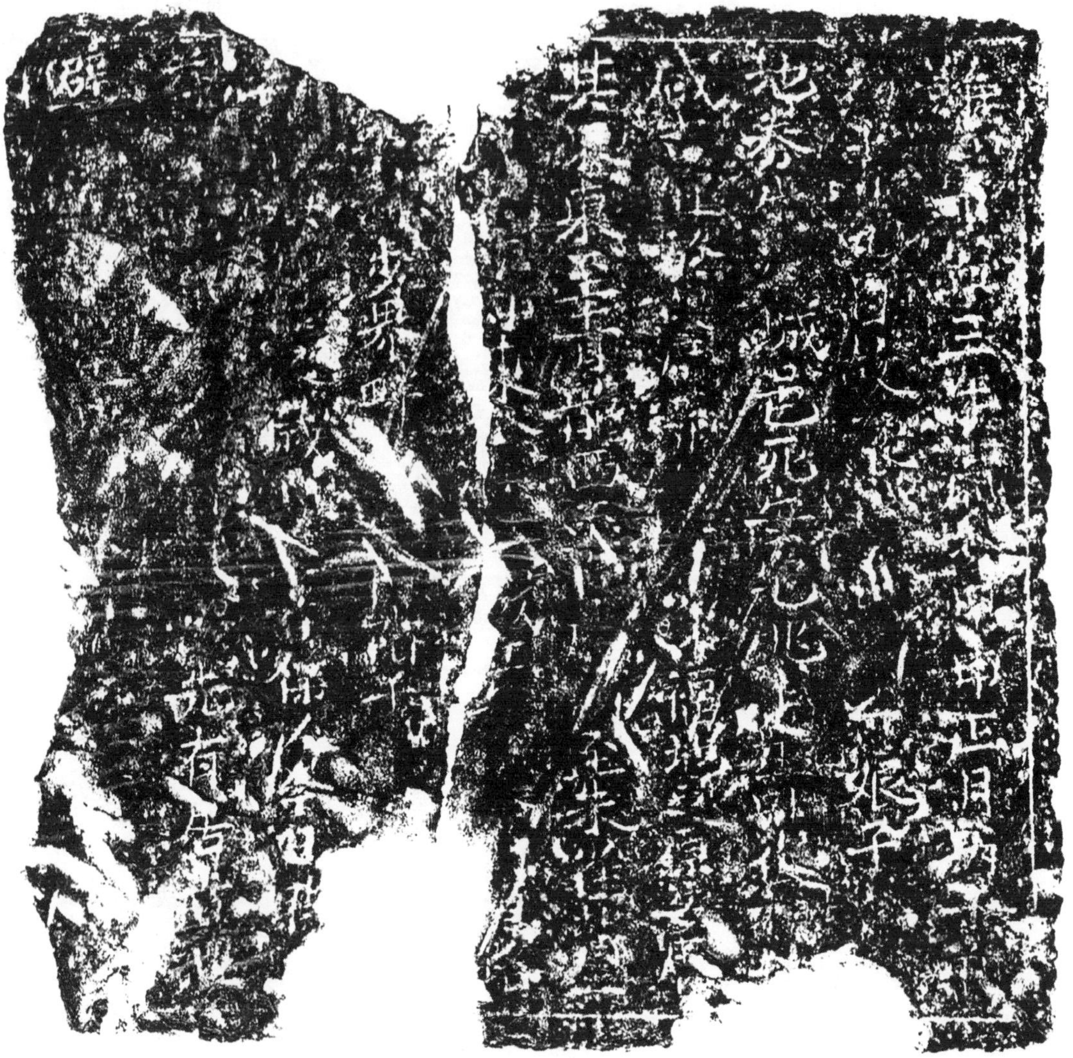

〇九六　張氏□□娘子買地券

○九六　張氏□□娘子買地券　崇寧三年（一一〇四）正月十日

【題解】

一、名稱：張氏□□娘子買地券

二、文獻形態：紅砂石質，長三十五點五厘米，寬三十六點五厘米，厚五點五厘米，四周陰刻單綫邊框，券石中間裂爲兩塊，上下有殘損，左半部分文字漫漶不清，券文行楷十行，行十六字。本券自右至左書寫。

三、卒葬時間：崇寧三年（一一〇四）正月十日葬。

四、文獻著録：成都文物考古研究所、雙流縣文物管理所：《雙流縣華陽鎮騎龍村「歐香小鎮」唐宋墓葬發掘簡報》，《成都考古發現》二〇一一年，第四三五至四六〇頁。

五、出土及收藏情況：二〇〇九年出土於四川雙流縣華陽鎮，券石現收藏於雙流縣文物管理所。

【釋文】

維崇寧三年歲次甲申正月丙子朔/初十日乙酉，故張氏□□娘子/地券。生居城邑，死安宅兆，卜筮叶從，相地咸吉。宜于此廣都縣□□鄉〔一〕福地之原安厝，/其界東至青龍，西至白虎，南至朱雀，北至/玄武，中方勾陳□□□□□□道路/將軍，封步界畔，［中缺］陌千□□□□□/□□□□□歲□□□者；保人：今日時/直符□□□□□□□，先有居者，永/避萬里□□□□□

【校注】

〔一〕廣都縣□□鄉：廣都縣見〇三二《王承義買地券》。

〇九七　劉密妻張氏二娘買地券

○九七　劉密妻張氏二娘買地券　崇寧三年（一一〇四）正月二十二日

【題解】

一、名稱：劉密妻張氏二娘買地券

二、文獻形態：券石磚質，呈方形；長三十三厘米，厚六厘米；券文陰刻十六行，滿行二十二字。本券自右至左書寫，單行自上至下，雙行自下至上。

三、卒葬時間：崇寧二年（一一〇三）二月十七日卒，崇寧三年（一一〇四）正月二十二日葬。

四、文獻著録：襄樊市博物館：《襄陽磨基山宋墓發掘簡報》，《江漢考古》一九八五年第三期，第二六至三〇頁；高朋：《人神之契：宋代買地券研究》，北京：中國社會科學出版社，二〇一一年，第二六四至二六五頁；魯西奇：《中國古代買地券研究》，厦門：厦門大學出版社，二〇一四年，第二六八頁。

五、出土及收藏情況：一九七九年出土於湖北襄陽磨基山東坡，券石現收藏於襄陽市博物館。

【釋文】

維南贍部州大宋國京西路山南東道襄州[一]左廂第二界/居住，夫主劉密，昨於崇寧二年二月十七日，有妻張氏二娘/奄逝天命，見攢城東，卜以龜筮協從，相地襲吉，宜於當州/襄陽縣[二]三塘村安厝宅兆。謹用銀錢三萬九千九百九/十九貫文，兼五彩信幣，買地壹段，東西八十一步半，南北七十/二步半。其地上至皇天，下至后土，東至青龍，西至白虎，前至朱/雀，後至玄武。內方勾陳，分擘掌四域。丘承[二]墓伯，封地界畔。道/路將軍，齊整阡陌。千秋萬歲，永无殃咎。若輒干犯訶禁/者，將軍亭長收付河伯。今以酒菜飯食，百味香新，共爲信/契，財地相交分付，工匠脩營，安厝已後，永保休吉。知見/人：歲月主。保人：今日直符。故氣邪精，不得慳恪[三]。先有居/者，永避萬里。若違此約，地府主吏，自當其禍，主人內外存/亡，悉皆安吉。急急如五帝使者女青律令。神明見了。/契人：張堅固；見成契交地與張氏二娘人：李定度；見人：/東王公、西王母；賣地人：皇天、后土。崇寧三年正月二十二日。/錢主：張氏二娘。

【校注】

〔一〕京西路山南東道襄州：隋唐時或稱襄陽郡或稱襄州，宋因之。《輿地廣記》卷八《京西南路》載襄州縣六：襄陽、鄧城、穀城、中廬、宜城、南漳。《元豐九域志》卷一《四京・西京》載縣七：襄陽、鄧城、穀城、宜城、中廬、南漳。襄陽縣下轄四鄉，并有大安、鳳林、峴首、沈碑、漢陰、朝宗、八疊、東岸八鎮。

〔二〕丘承：也作「丘丞」。

〔三〕慳恪：意同「忏悋」。

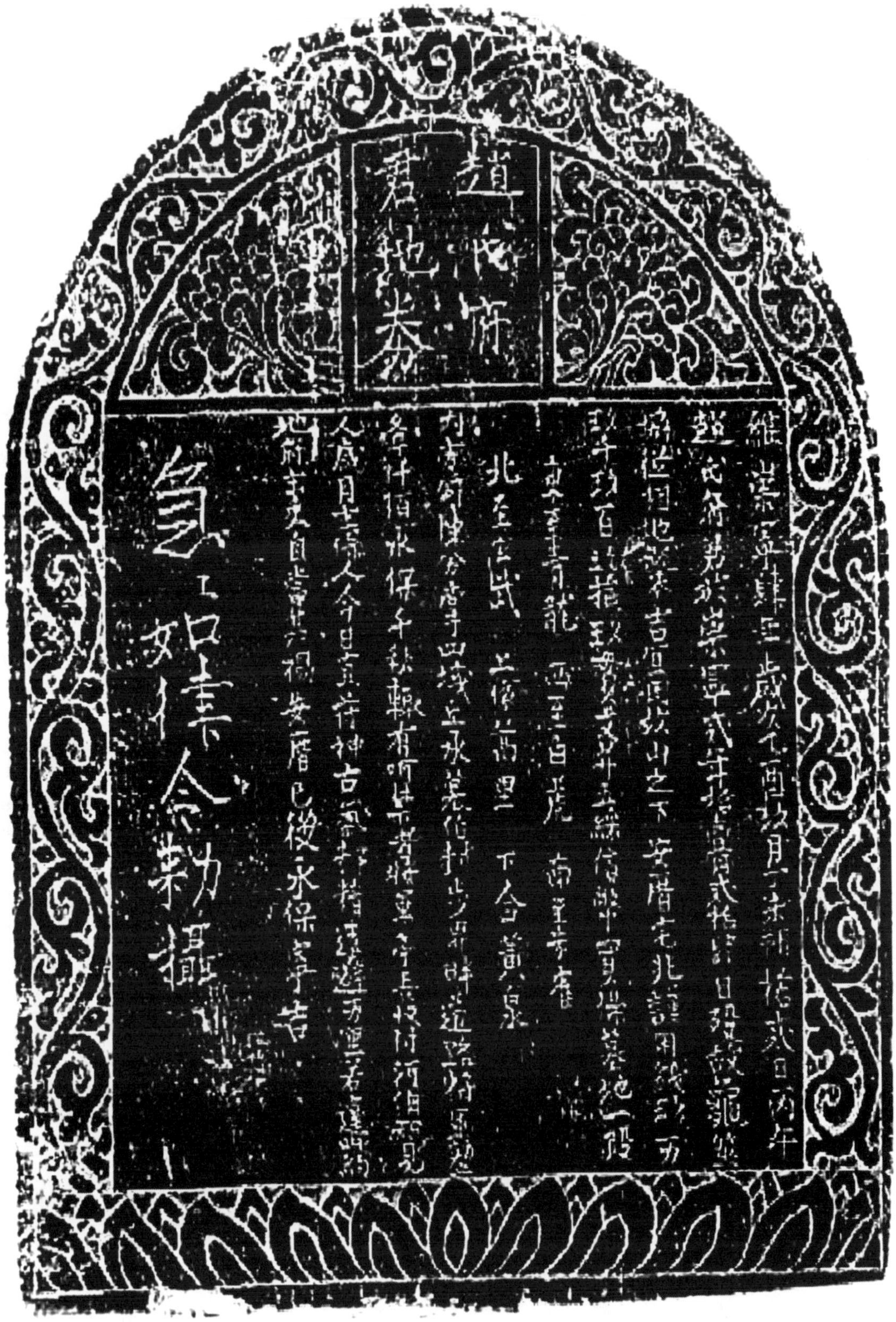

〇九八　趙氏府君地券

○九八　趙氏府君地券　崇寧四年（一一〇五）九月十二日

【題解】

一、名稱：趙氏府君地券

二、文獻形態：紅砂石質，券石呈碑形，長六十二點五厘米，寬五十三點五厘米，厚五厘米；底座高十五厘米，長五十五厘米，寬十五厘米。券石上半部分刻卷草紋，底部刻蓮花瓣，碑首部分用雙綫隔開，碑首中心行楷二行，行三字，「趙氏府君地券」。券文部分四周刻單綫，本券陰刻行楷十一行，行六至二十三字。

三、卒葬時間：崇寧二年（一一〇三）十一月二十四日卒，崇寧四年（一一〇五）九月十二日葬。

四、文獻著録：程雲霞：《固原歷代碑刻選編》，銀川：寧夏人民出版社，二〇一〇年，第一二二至一二三頁。

五、出土及收藏情况：二〇〇三年徵集於涇源縣涇源鎮龐東村，券石現收藏於涇源縣文物管理所。

【釋文】

趙氏府君地券

維崇宁肆年歲次乙酉玖月丁未朔拾貳日丙午，/趙氏府君於崇宁貳年拾壹月貳拾肆日殁故。龜筮/協從，相地襲吉，宜用坎山之下安厝宅兆。謹用錢玖萬/玖千玖百玖拾玖貫文，并五彩信幣，買得墓地一段：/東至青龍，西至白虎，南至朱雀，/北至玄武，上依蒿里，下合黄泉。/内方勾陳，分掌四域；丘承〔一〕墓伯，封步界畔，道路將軍，整/齊阡陌，永保千秋。輒有呵禁者，將军亭長收付河伯。知見/人：歲月主。保人：今日直苻神。古氣邪精，遠避萬里。若违此約，/地府主吏，自當其禍。安厝已後，永保寧吉。/急急如律令。敕攝。

【校注】

〔一〕丘承：同「丘丞」。

〇九九　高氏買地券

〇九九　高氏買地券　崇寧四年（一一〇五）十月二日

【題解】

一、名稱：高氏買地券

二、文獻形態：白砂石質，呈碑形，券石高四十八厘米、寬三十一厘米、厚三點八厘米。碑帽部分左右刻卷雲紋，中間部分刻日、月圖案及北斗七星。券底有榫，券身上部陰刻單綫，下竪刻單綫十二條，將券文分成十二行。額文正書，一排二字。券文行楷十二行，行九至十四字。本券自左至右書寫。

三、卒葬時間：崇寧四年（一一〇五）十月二日葬。

四、文獻著録：成都文物考古研究所、成都博物院：《成都出土歷代墓銘券文圖録綜釋》，北京：文物出版社，二〇一二年，第二三九至二四〇頁。

五、出土及收藏情况：一九七七年出土於四川省温江地區蒲江縣五星鄉金橙村，券石現收藏於成都市蒲江縣文物保護管理所。

【釋文】

維有太歲太崇寧四年十月二日/，今有大宋劍南西川成都府□□/邛州依政縣歸厚里[一]歿故亡人高氏，用/信錢萬萬九佰貫文買得墓/田一所。東至青龍，/西至白虎，南至朱雀，/北至玄武。上至倉天[二]，下至黄泉。/四至分明，即日錢財[三]分付天地神明/了。保知見人：東王父、西王母、張堅/故[四]、李定度[五]。書契人飛上天，/讀契人入黄泉。/太上老君急急如律令。

【校注】

〔一〕西川成都府□□邛州依政縣歸厚里：歸厚里，本書〇〇二《魏訓買地券》、〇一二《張先買地券》，歸厚里屬昇平鄉。

〔二〕蒼天：原文作「倉天」，今統爲「蒼天」。

〔三〕錢財：原文作「前財」，今據文意改。

〔四〕張堅故：也作「張堅固」。

〔五〕李定度：原文作「李唐度」，今改。

一〇〇(一) 譚三娘買地券

一〇〇　譚三娘買地券　大觀元年（一一〇七）九月二十三日

【題解】

一、名稱：譚三娘買地券（一）、譚三娘買地券（二）[一]

二、文獻形態：此買地券共出土兩方，分別命名爲《譚三娘買地券（一）》《譚三娘買地券（二）》。地券一：黑陶磚，長二十五點一厘米，寬十三厘米，厚三厘米。券文兩面書寫，正面陰刻行楷，十八行，行九字，券文反面文字二行，行七字。地券二：泥質灰黑陶磚；長二十五點一厘米，寬十三厘米，厚三厘米；行楷陰刻；文字正面行楷十七行，背面陰刻行楷七行，行八字。本券文正反面文字皆自左向右書寫。

三、卒葬時間：大觀元年（一一〇七）九月二十三日葬。

四、文獻著録：高文傑：《海南出土宋代買地券考》，《中原文物》二〇一一年第二期，第八一至八六頁；郝思德、王明忠：《海南瓊山美秋宋代積石墓》，《南方文物》二〇〇三年第一期，第五至八頁；魯西奇：《中國古代買地券研究》，厦門：厦門大學出版社，二〇一四年，第四八五頁。

五、出土及收藏情況：二〇〇〇年出土於海口市瓊山區永興鎮，現收藏於海南省博物館。

【券一釋文】

正面

維大觀元年歲次丁亥九/月一日甲申朔二十三日丙午，/地下仙人張堅固、李定度，/今將勝既之地山崗一所，/東至日出甲乙木，西至日/入庚辛金，南至丙丁火，北/至壬癸水，上至青天，下至/地泉。四至審定，賣與瓊州/瓊山縣仁政鄉永村[二]住址[三]太/原郡王氏譚三娘，得銀/錢萬萬玖千玖百玖拾玖/貫玖百[四]玖拾玖文玖分玖/厘玖毫玖鈌，其錢地/各交相訖。保人：松門庭/將。見人：蒿里父老。任自/結造玄宮，冢宅安遷，/不在忌諱崗神之限。/契内無名，不得往相/

背面

占奪，急急如令。/敕。地契。

【校注】

〔一〕同穴出土買地券兩方。

〔二〕瓊州瓊山縣仁政鄉永村：《輿地廣記》卷三七《廣南西路下》載：唐貞觀五年（六三一）立瓊州，天寶元年（七四二）改爲瓊山郡。《太平寰宇記》卷一六九《嶺南道十三》載：乾元元年（七五八）復爲瓊州，北宋開寶四年（九七一）南越割崖州之地來屬瓊州。《輿地廣記》卷三七《廣南西路下》載宋時瓊州有五縣：瓊山縣、澄邁縣、文昌縣、臨高縣、樂會縣。

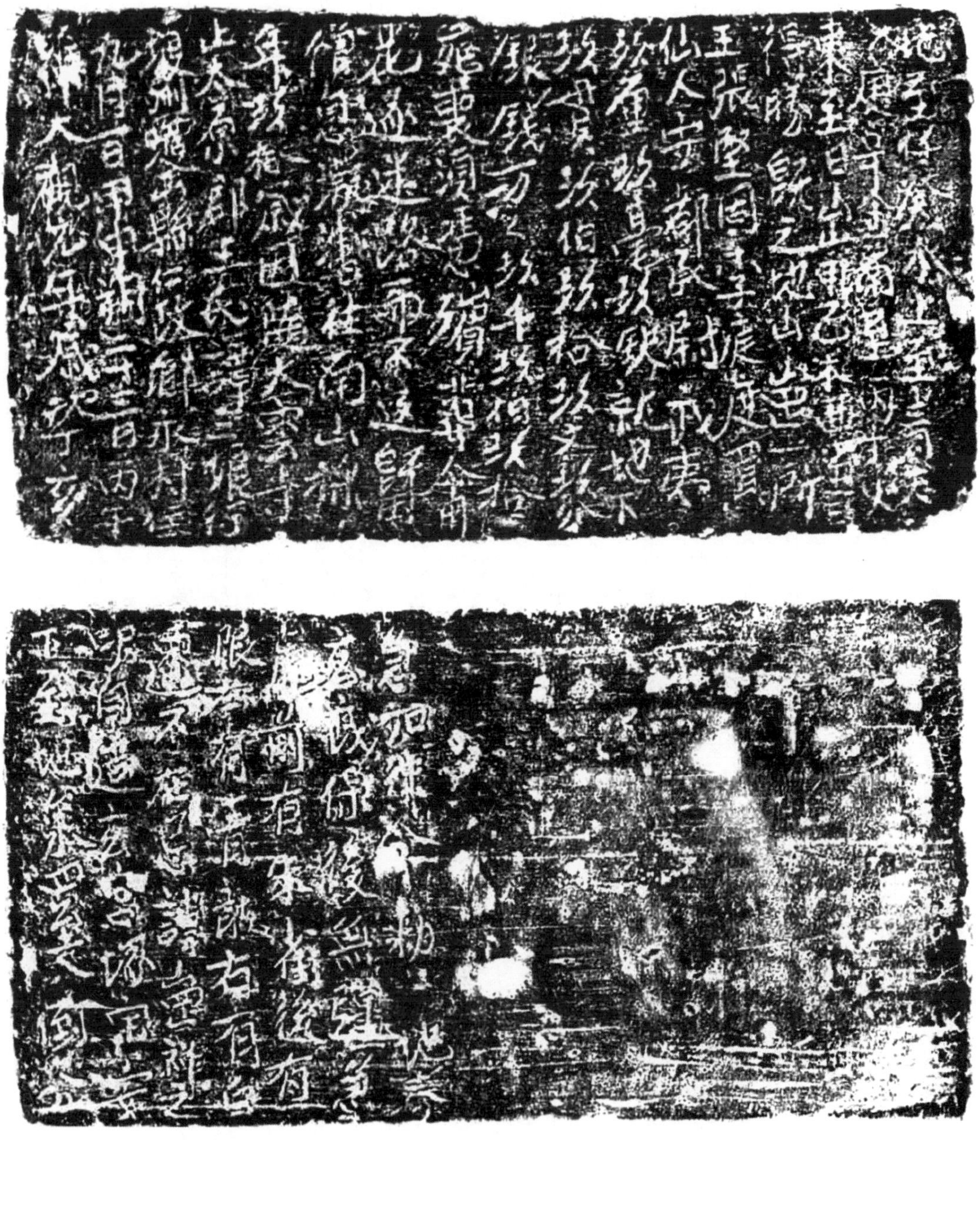

一〇〇(二) 譚三娘買地券

瓊山縣設置於隋末，因縣内有瓊山而得名，宋沿襲不改。《元豐九域志》卷九《廣南路·西路》載：瓊山縣下有七鄉。本書所收買地券可見瓊山縣二鄉：仁政鄉、義豐鄉。《譚三娘買地券》兩券所載仁政鄉爲瓊山縣轄鄉之一，有永村。

〔三〕住址：原文作「住止」，今改。

〔四〕此句中的「百」原文均作「伯」，今改。

【券二釋文】

正面

維大觀元年歲次丁亥/九月一日甲申朔二十三日丙午，/瓊州瓊山縣仁政鄉永村〔一〕住/址〔二〕太原郡王氏譚三娘，行/年玖拾歲，因隨大雲寺/僧息澈暫往南山採/花，遂迷路而不返。既思/死喪，須憑殯葬，今用/銀錢萬萬玖千玖佰玖拾/玖貫玖佰玖拾玖文玖分/玖厘玖毫玖鈌，就地下/仙人安都承尉〔三〕、武夷/王、張堅固、李定度〔四〕，買/得勝既之地，山崗一所，/東至日出甲乙木，西至日/入庚辛金，南至丙丁火，/北至壬癸水，上至青天，/

背面

下至地泉，四至八倒分/明。自造玄宫，冢宅安/遷，不在忌諱崗神之/限。左有青龍，右有白/虎，前有朱雀，後有/玄武。保後無疆。急/急如律令敕。地券。

【校注】

〔一〕瓊州瓊山縣仁政鄉永村：參見《譚三娘買地券（一）》。

〔二〕住址：原文作「住止」，今改。

〔三〕安都承尉：簡稱「安都」，其在中國民間信仰的神職體系中位置不明。在南朝宋《劉凱買地券磚》中作「安都丞」，與「土皇土祖、土營土府、土文土武、墓上下左右中央墓主、丘丞墓伯、冢中二千石、左右墓侯、五墓將軍、罃土將軍、土中督郵、安都丞、武夷王、蒿里父老、都集伯伥、罃域亭伥、部墓門亭伥」諸神并列。詳參胡海帆、湯燕編著：《中國古代磚刻銘文集》下册，第一四八頁。宋代買地券中此詞僅與武夷王、張堅固、李定度三神共同出現，在一〇〇《譚三娘買地券》前有定語「地下仙人」，在一四四《周一娘買地券》前有定語「地主」。在〇六二《楊氏買地券》中單獨出現，前有定語「主地□」。可以推斷「安都承尉」屬於民間信奉的墓冢神靈體系，因「安都」有「護塋」之職而在後世的簡選中得以保留，但其信仰地域亦有相當程度的衰落。

〔四〕李定度：原文作「李庭度」，今改。

一〇一　都三十三郎買地券

一〇一　都三十三郎買地券　大觀二年（一一〇八）十月九日

【題解】

一、名稱：都三十三郎買地券[一]

二、文獻形態：白砂石質，呈碑形，券石高三十九厘米、寬二十八厘米、厚二點八厘米。上下用横綫隔開，上刻雲形圖案，左右刻日月。券文部分陰刻豎綫十一條，將券文分爲十一行，券文行楷十一行，行十至十九字。本券自左至右書寫。

三、卒葬時間：大觀二年（一一〇八）十月九日葬。

四、文獻著録：成都文物考古研究所、成都博物院：《成都出土歷代墓銘券文圖録綜釋》，北京：文物出版社，二〇一二年，第二四一頁。

五、出土及收藏情況：一九八三年出土於四川省温江地區蒲江縣（今屬成都市）插旗鄉金家村一組；券石現收藏於成都市蒲江縣文物保護管理所。

【釋文】

日、月

維大觀二年歲次戊子十月丁丑朔九/日乙酉，即有大宋成都[二]邛州蒲江縣/蒲川鄉還和里[三]殁故亡父都三十三郎。/今用信錢萬萬九千九百九十貫文，就此南山/買得墓田一所。用永爲宅，千年不移，萬年/不動。東至青龍，西至白虎，/南至朱雀，北至玄武，内至勾陳[四]。上至蒼天[五]，/下至黄泉，四至分明[六]。即日錢財分付十二神明了足。/書契人：石功曹；讀契人：金主簿、王喬、赤松子；/讀契人：天上飛鳥、□魚入黄泉，神不得侵/奪。太上□□□□□□□律令。

【校注】

〔一〕都三十三郎：《成都出土歷代墓銘券文圖録綜釋》書中作「魏三十三郎」。

〔二〕成都：「成」原文作「城」，今改。

〔三〕邛州蒲江縣蒲川鄉還和里：見〇〇二《魏訓買地券》。

〔四〕勾陳：原文脱「陳」字，今補。

〔五〕蒼天：「蒼」原文作「倉」，今改。

〔六〕分明：原文脱「明」字，今補。

一〇二　余氏十一娘買地券

一〇二　余氏十一娘買地券　大觀三年（一一〇九）五月一日

【題解】

一、名稱：余氏十一娘買地券

二、文獻形態：紅砂岩質；長四十八厘米，寬三十五點四厘米，厚七厘米。券石右上角裂爲三塊。本券自右至左書寫，行楷十九行，行十二字。

三、卒葬時間：大觀三年（一一〇九）正月二十二日卒，大觀三年（一一〇九）五月一日葬。

四、文獻著録：鄭嘉勵：《浙江宋墓》，北京：科學出版社，二〇〇九年，第三三頁。

五、出土及收藏情况：二〇〇四年出土於浙江省龍游縣湖鎮，券石現收藏於龍游縣博物館。

【釋文】

維大觀三年歲己丑五月乙巳朔日/□□□□龍游縣善化鄉[一]/□□□□余氏十一娘，年六十六歲，生在/閻浮，死安宅兆，以今歲正月二十二/□因冥冥游，遇逢東王公、西王母/□□□，乘醉而返落黄泉，龜/筮叶從，相地襲吉，宜利於本縣至/德鄉[二]安泰院安厝宅兆。謹用銀錢/九十貫文，五彩信幣等物，就皇天/□主邊買得安泰院西南□□/□□□東止甲乙青龍，南止丙丁朱雀，/西止庚辛白虎，北止壬癸玄武，内止□/□□□□□□□□/□□□□□秋萬歲，永無□□□/□□□□□度□□曹書□□□□□/奏上/西王母□□如律令。

【校注】

[一] 龍游縣善化鄉：宋屬衢州，五代時錢鏐改爲龍游。《元豐九域志》卷五《兩浙路》載：龍游縣有十一鄉。

[二] 至德鄉：據本券，與前善化鄉同屬龍游縣。

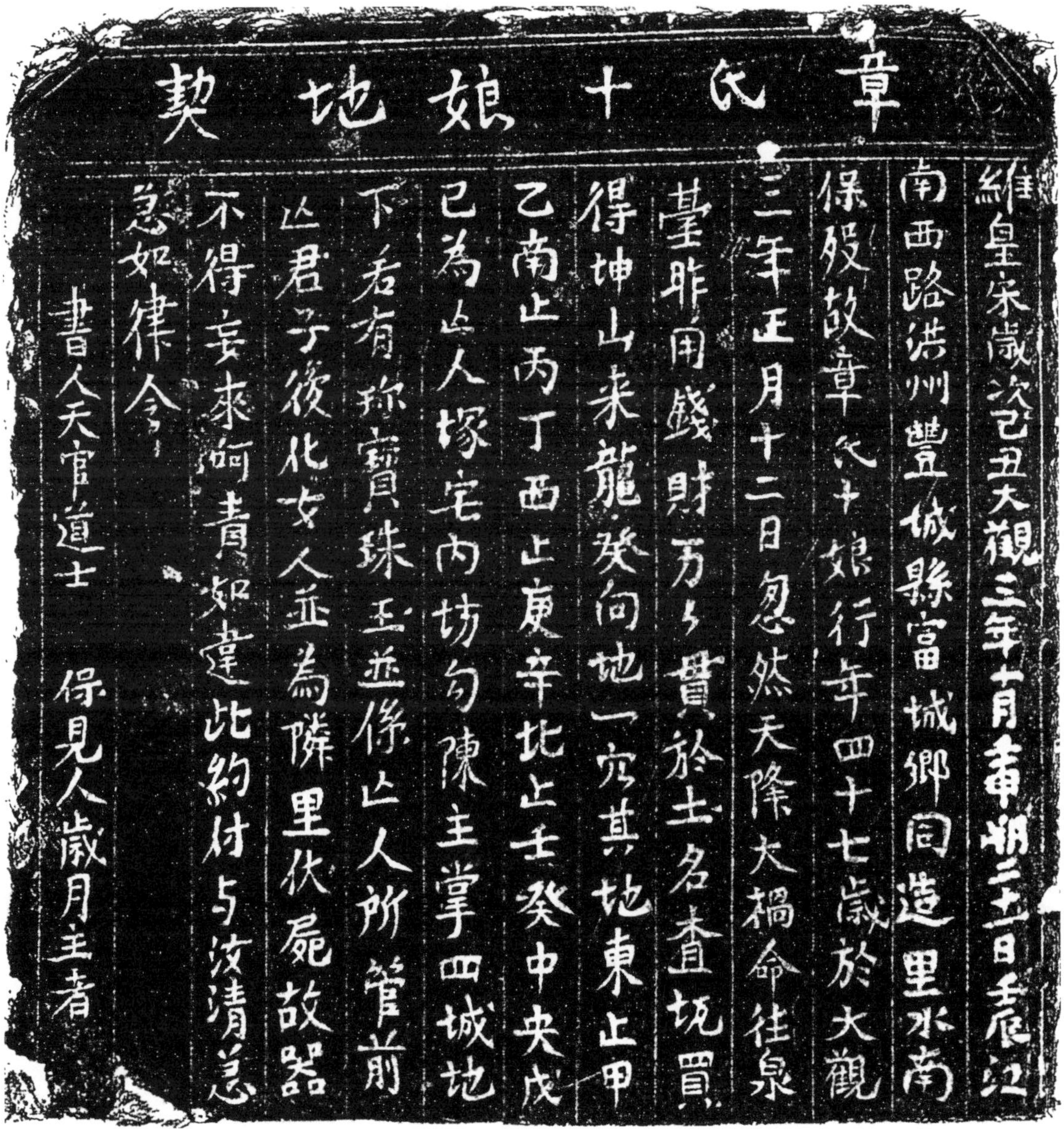
章氏十娘地契
維皇宋歲次己丑大觀三年十月庚朔二十三日壬辰江
南西路洪州豐城縣富城鄉同造里水南
保殁故章氏十娘行年四十七歲於大觀
三年正月十二日忽然天降大禍命往泉
臺昨用錢財万〻貫於土名查坑買
得坤山來龍癸向地一穴其地東止甲
乙南止丙丁西止庚辛北止壬癸中央戊
己為亡人塚宅內坊勾陳主掌四城地
下若有珎寶珠玉並係亡人所管前
亡君子後化女人並為隣里伏屍故器
不得妄來呵責如違此約付与汝清急
急如律令〻
書人天官道士　得見人歲月主者

一〇三　章氏十娘地契

一〇三　章氏十娘地契　大觀三年（一一〇九）十月二十一日

【題解】

一、名稱：章氏十娘地契

二、文獻形態：拓片爲正方形，邊長三十五厘米，上部左右各抹圓角，題額「章氏十娘地契」，内陰刻邊框爲梯形，上部邊綫雙綫，本券自右至左書寫。下部陰刻界欄十四行，陰刻行楷十三行，行四至二十三字不等。

三、卒葬時間：大觀三年（一一〇九）十月二十一日葬。

四、文獻著録：胡抗美、曾翔主編：《書法文獻》（宋代地券卷），青島：青島出版社，二〇一四年，第三一頁。

五、出土及收藏情况：江西出土，原石收藏於百石齋。

【釋文】

章氏十娘地契

維皇宋歲次己丑大觀三年十月壬申朔二十一日壬辰，江/南西路洪州豐城縣富城鄉同造里水南/保[一]歿故章氏十娘，行年四十七歲。於大觀/三年正月十二日，忽然天降大禍，命往泉/臺。昨用錢財萬萬貫於土名查坑買/得坤山來龍癸向地一穴，其地東止甲/乙，南止丙丁，西止庚辛，北止壬癸，中央戊/己爲亡人冢宅。内坊勾陳，主掌四域。地/下若有珍寶珠玉，并係亡人所管。前/亡君子，後化女人，并爲鄰里。伏屍故器[二]，/不得妄來呵責。如違此約，付與汝清[三]。急/急如律令。/書人：天官道士。保見人：歲月主者。

【校注】

〔一〕洪州豐城縣富城鄉同造里水南保：洪州豐城縣富城鄉見〇六八《孫七郎買地券》，下有同造里。本券所見有富城鄉同造里水南保。

〔二〕故器：同「故氣」。

〔三〕汝清：即「女青」，買地券中的道教神仙。「女青律」是很具影響的道教戒律。

一〇四　徐氏大娘買地券

一〇四　徐氏大娘買地券　大觀三年（一一〇九）十一月二十日

【題解】

一、名稱：徐氏大娘買地券

二、文獻形態：青石質，長方形，長五十二厘米，寬四十六點五厘米，厚一點三厘米；上部左右抹角，上横書「徐氏地券」一行，券石四周刻有綫框，券面刻有豎綫格。本券自右至左書寫，行楷十四行，滿行十八字。

三、卒葬時間：大觀二年（一一〇八）八月二十八日卒，大觀三年（一一〇九）十一月二十日葬。

四、文獻著録：陳定榮：《江西金溪宋孫大郎墓》，《文物》一九九〇年九期，第一四至一八、二一頁；高朋：《人神之契：宋代買地券研究》，北京：中國社會科學出版社，二〇一一年，第二〇七頁；魯西奇：《中國古代買地券研究》，厦門：厦門大學出版社，二〇一四年，第三六三至三六四頁。

五、出土及收藏情況：一九八七年出土於江西金溪縣城北側鷓鴣嶺南麓，券石現收藏於江西省博物館。

【釋文】

徐氏地券

維大宋歲次戊子大觀二年八月二十八日，歿/故徐氏大娘卒。以次年十一月二十日塋葬，龜/筮協從，相地襲吉，宜於撫州金谿縣歸政鄉周/坊源鷓鴣嶺[一]安厝宅兆。謹用錢九萬九千九百/九卜九貫文，兼五彩信幣，買地一段，東西一百/步，南北一百步。東至青龍，西至白虎，南至朱雀，/北至真武。内方勾陳，分掌四域。丘丞墓伯，分步/界畔。道路將軍，齊整阡陌。千秋萬歲，永無殃咎。/若輒干犯訶禁者，將軍亭長收付河伯。今以牲/牢酒飯，百味香新，共爲信契。財地交相分付，工/匠修營，安厝以後，永保休吉。知見人：歲月主。保/人：今日直符。故氣邪精，不得忏悋[二]。先有居者，永/避萬里。若違此約，地府主吏自當其禍。主人存/亡，悉皆安吉。急急如太上律令。

【校注】

〔一〕撫州金谿縣歸政鄉周坊源鷓鴣嶺：《輿地廣記》卷二五《江南西路》載：金谿縣，本臨川縣地。淳化五年（九九四）以金谿場置。《元豐九域志》卷六《江南路》載：金谿縣下設七鄉。本書一〇五《孫大郎買地券》所載歸政鄉爲金谿縣轄鄉之一。

〔二〕忏悋：原文作「忏恡」，今改。

一〇五　孫大郎買地券

一〇五　孫大郎買地券　大觀三年（一一〇九）十一月二十日

【題解】

一、名稱：孫大郎買地券

二、文獻形態：青石質，長方形，長五十二厘米，寬四十六點五厘米，厚一點三厘米；上部左右抹角，有四周框和竪綫格。券首横書「孫君地券」，券文行楷，十四行，滿行十八字。本券自右向左書寫。

三、卒葬時間：大觀二年（一一〇八）十月初三日卒，大觀三年（一一〇九）十一月二十日葬。

四、文獻著録：陳定榮：《江西金溪宋孫大郎墓》，《文物》一九九〇年九期，第一四至一八、二一頁；高朋：《人神之契：宋代買地券研究》，北京：中國社會科學出版社，二〇一一年，第二〇七頁；魯西奇：《中國古代買地券研究》，厦門：厦門大學出版社，二〇一四年，第三六三頁。

五、出土及收藏情况：一九八七年出土於江西金溪縣城北側鷓鴣嶺南麓，券石現收藏於江西省博物館。

【釋文】

孫君地券

維大宋歲次戊子大觀二年十月初三日，歿故/孫大郎卒，以次年十一月二十日塋葬。龜筮協/從，相地襲吉，宜於撫州金谿縣歸政鄉周坊源/鷓鴣嶺[一]安厝宅兆。謹用錢九萬九千九百九十/九貫文，兼五彩信幣，買地一段，東西一百步，南/北一百步。東至青龍，西至白虎，南至朱雀，北至/真武。内方勾陳，分掌四域。丘丞墓伯，分步界畔。/道路將軍，齊整阡陌。千秋萬歲，永無殃咎。若輒/干犯訶禁者，將軍亭長收付河伯。今以牲牢酒/飯，百味香新，共爲信契。財地交相分付，工匠修/營，安厝以後，永保休吉。知見人：歲月主；保人：今日直/符。故氣邪精，不得忏恡[二]。先有居者，永避萬里。/若違此約，地府主吏，自當其禍。主人存亡，悉皆安/吉。急急如太上律令。

【校注】

〔一〕撫州金谿縣歸政鄉周坊源鷓鴣嶺：見一〇四《徐氏大娘買地券》。

〔二〕忏恡：原文作「忏恠」，今改。

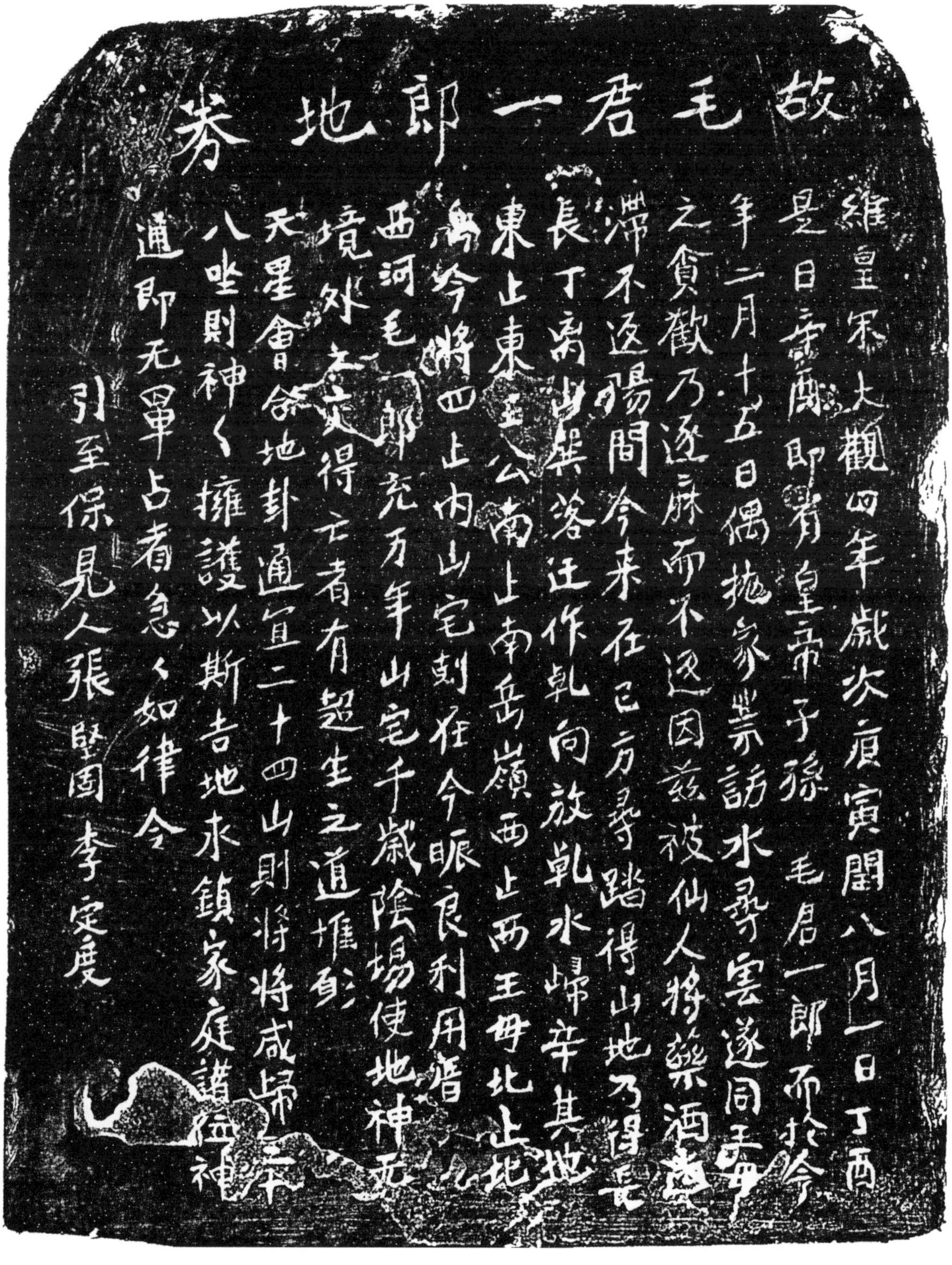
故毛君一郎地券
維皇宋大觀四年歲次庚寅閏八月一日丁酉
是日　即有皇帝子孫毛君一郎而於今
年二月十五日偶拋家業訪水尋雲遂同
之貨歡乃逐麻而不返因茲被仙人將藥酒
滯不返陽間今來在巳方尋踏得山地乃得長
長丁崗山　落迁作乾向放乾水歸辛其地
東止東王公南止南岳嶺西止西王母北止地
今將四止內山宅刻在今眠良利用
西河毛一郎充万年山宅千歲陰陽使地神
境外之定得云者有超生之道
天星會合地卦通宜二十四山則將將咸歸
八坐則神々擁護以斯吉地永鎮家庭諸位神
通即无畢占者急々如律令
引至保見人張堅固李定度

一〇六　毛一郎地券

一〇六　毛一郎地券　大觀四年（一一一〇）閏八月一日

【題解】

一、名稱：毛一郎地券

二、文獻形態：拓片成方形抹角，長四十二厘米，寬三十三厘米，題額「故毛君一郎地券」，内陰刻邊框爲梯形，上部邊綫雙綫，下部陰刻界欄十五行，本券自右至左書寫。陰刻行楷十四行，行十一至十八字不等。

三、卒葬時間：大觀四年（一一一〇）閏八月一日葬。

四、文獻著録：胡抗美、曾翔主編：《書法文獻》（宋代地券卷），青島：青島出版社，二〇一四年，第三二頁。

五、出土及收藏情况：江西出土，原石收藏於百石齋。

【釋文】

故毛君一郎地券

維皇宋大觀四年歲次辰寅閏八月一日丁酉，/是日辛酉，即有皇帝子孫毛君一郎而於今/年二月十五日偶抛家業，訪水尋雲，遂同王母/之貪歡，乃逐庥而不返。因兹被仙人將藥酒迷/滯，不返陽間。今來在巳方尋踏得山地，乃得長/長丁離山巽落迁坐〔一〕乾向，放乾水歸辛。其地/東止東王公，南止南嶽嶺，西止西王母，北止北/嶽。今將四止内山宅剋在今晨良利，用厝/西河毛一郎充萬年山宅，千歲陰場，使地神无/境外之災，得亡者有超生之道。惟須/天星會合地卦，通宜二十四山〔二〕，則將將咸歸二十/八坐〔三〕，則神神擁護以斯吉地，永鎮家庭。諸位神/通，即無單占者。急急如律令。/引至保見人：張堅固、李定度。

【校注】

〔一〕坐：原文作「作」，今改。

〔二〕二十四山：中國古代風水學説中的一種方位説。《青囊·序》曰：「先天羅經十二文，再用幹與維。」這裏所指八干四維加十二支，共二十四數，就是指羅經上的二十四山，即二十四方位。

〔三〕二十八坐：中國古代風水佈局中的二十八星宿。

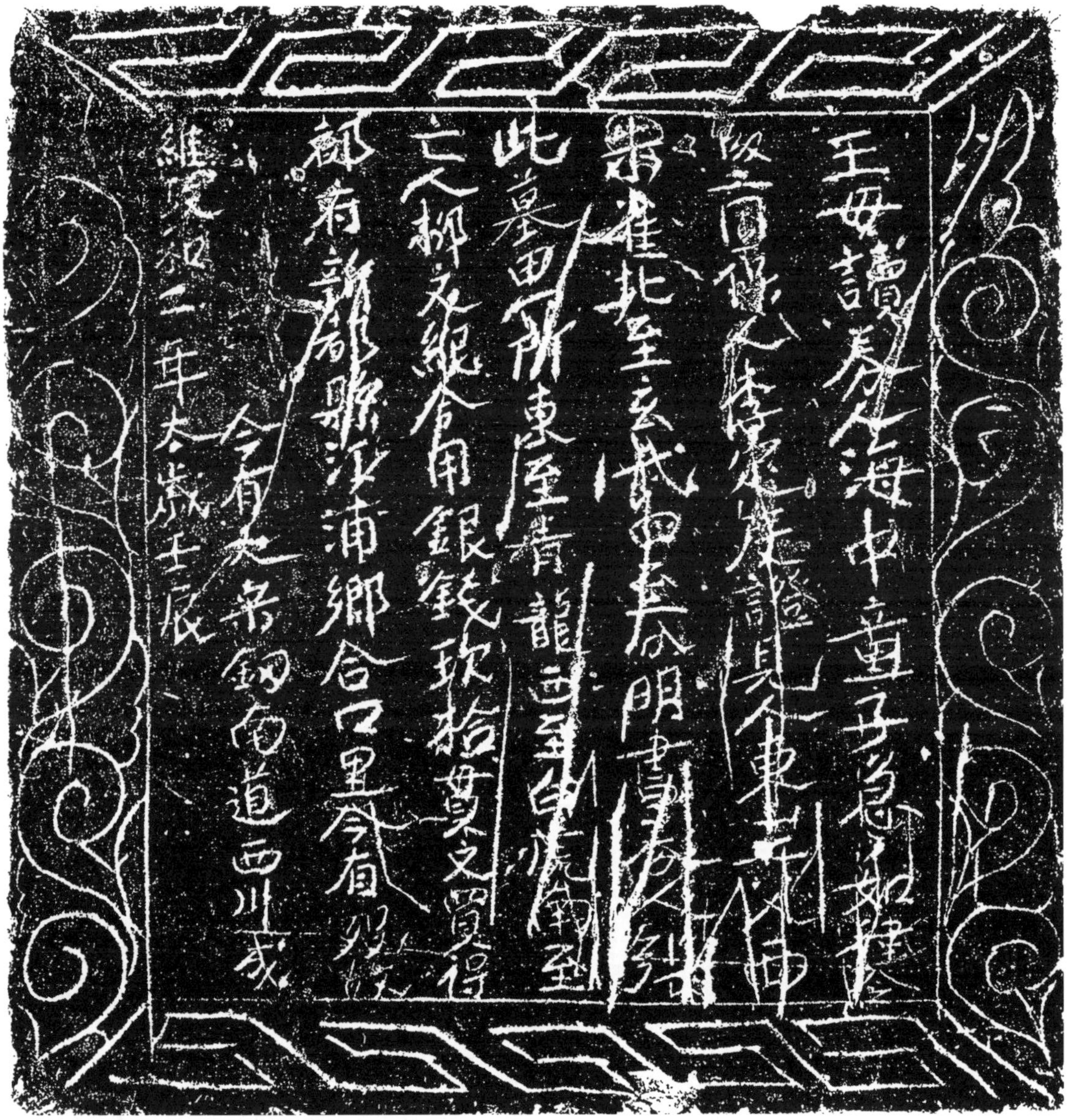

一〇七　柳文紀買地券

一〇七　柳文紀買地券　政和二年（一一一二）

【題解】

一、名稱：柳文紀買地券

二、文獻形態：陶質，券石高三十七點八厘米、寬三十七點二厘米、厚五厘米。券文四周陰刻單綫，上下對稱刻斜形回形文，左右對稱刻卷雲紋。本券自左至右書寫。楷書八行，行九至十五字。

三、卒葬時間：政和二年（一一一二）壬辰葬。

四、文獻著録：成都文物考古研究所、成都博物院：《成都出土歷代墓銘券文圖録綜釋》，北京：文物出版社，二〇一二年，第二四三至二四四頁。

五、出土及收藏情况：券石現收存藏於成都市青白江區文物保護管理所。

【釋文】

維政和二年太歲壬辰，/今有大宋劍南道西川成/都府新都縣江浦鄉合口里[一]，今有殁故/亡人柳文紀。今用銀錢玖拾貫文，買得/此墓田一所。東至青龍，西至白虎，南至/朱雀，北至玄武，四至分明。書券人：張/堅固；保人：李定度；證見人：東王父、西/王母；讀券人：海中童子[三]。急急如律令。

【校注】

〔一〕劍南道西川成都府新都縣江浦鄉合口里：《輿地廣記》卷二九《成都府路》載，原爲蜀郡，隋開皇初郡廢，大業初復置。唐至德二年（七五七）改蜀郡爲成都府。宋太平興國六年（九八一），降爲益州，端拱元年（九八八）復置成都府劍南西川，淳化五年（九九四）復爲益州，嘉祐四年（一〇五九）復置爲府，六年（一〇六一）復爲劍南西川。另據《太平寰宇記》卷七二《劍南西道一》載，成都府領十縣：成都、華陽、郫縣、新都、温江、新繁、雙流、犀浦、廣都、靈池。《元豐九域志》卷七《成都府路》、《輿地廣記》卷二九《成都府路上》載，成都府領九縣：成都、華陽、郫縣、新都、温江、新繁、雙流、犀浦、廣都、靈池。本書所收買地券見成都府五县：華陽縣、温江縣、新繁縣、雙流縣、靈池縣。《太平寰宇記》卷七二《劍南西道一》載：新都縣，舊三十鄉。《元豐九域志》卷七《成都府路》載：新都，一十六鄉。本書所收買地券載新都縣兩鄉：江浦鄉、化林鄉。

一〇八　蕭毅妻周氏地券

一〇八　蕭毅妻周氏地券　政和四年（一一一四）十一月十四日

【題解】

一、名稱：蕭毅妻周氏地券

二、文獻形態：地券長方形，長五十厘米，寬四十二厘米，上部抹角，單行大字「周氏地券」。券石裂爲上下兩塊，本券自右至左書寫。行楷十六行，行五至十六字。

三、卒葬時間：紹聖三年（一〇九六）春二月二十二日卒，政和四年（一一一四）十一月十四日葬。

四、出土情况：江西出土，拓本現藏河北大學宋史研究中心。

【釋文】

周氏地券

有宋周氏，臨江軍新喻縣[一]人，右州參軍蕭／公諱毅之耦[二]，卒年三十六，時則紹聖丙子／春二月二十二日也。今其子邦彦、邦傑、邦／基，以政和甲午年丙子月乙酉日，舉葬祔[三]／於蕭公之墓左。本縣鳳巢鄉[四]化鵬里澧源／萬家垶之原，東山坤向地一穴。東至甲乙／青龍，西至庚辛白虎，南至丙丁朱雀，北至／壬癸玄武，內方戊巳勾陳。上至皇天，下至／后土。丘神墓伯，分掌兆域；安厝在中，永無／殃咎。准／太上老君敕急急如律令。／

書契人：功曹；／讀契人：主簿；／知見人：歲月主；／保見人：今日直符使。／

梁璵刀。

【校注】

〔一〕臨江軍新喻縣：見〇二九《阮府君買地券》。

〔二〕耦：意指配偶。

〔三〕葬祔：即祔葬，合葬。亦謂葬於先塋之旁。《禮記·喪服小記》：「祔葬者不筮宅。」孫希旦《集解》：「祔葬，謂葬於祖之旁也。」

〔四〕鳳巢鄉：《元豐九域志》卷六《江南路·西路》載：新喻縣有十一鄉。本券載鳳巢鄉爲新喻縣轄鄉之一。

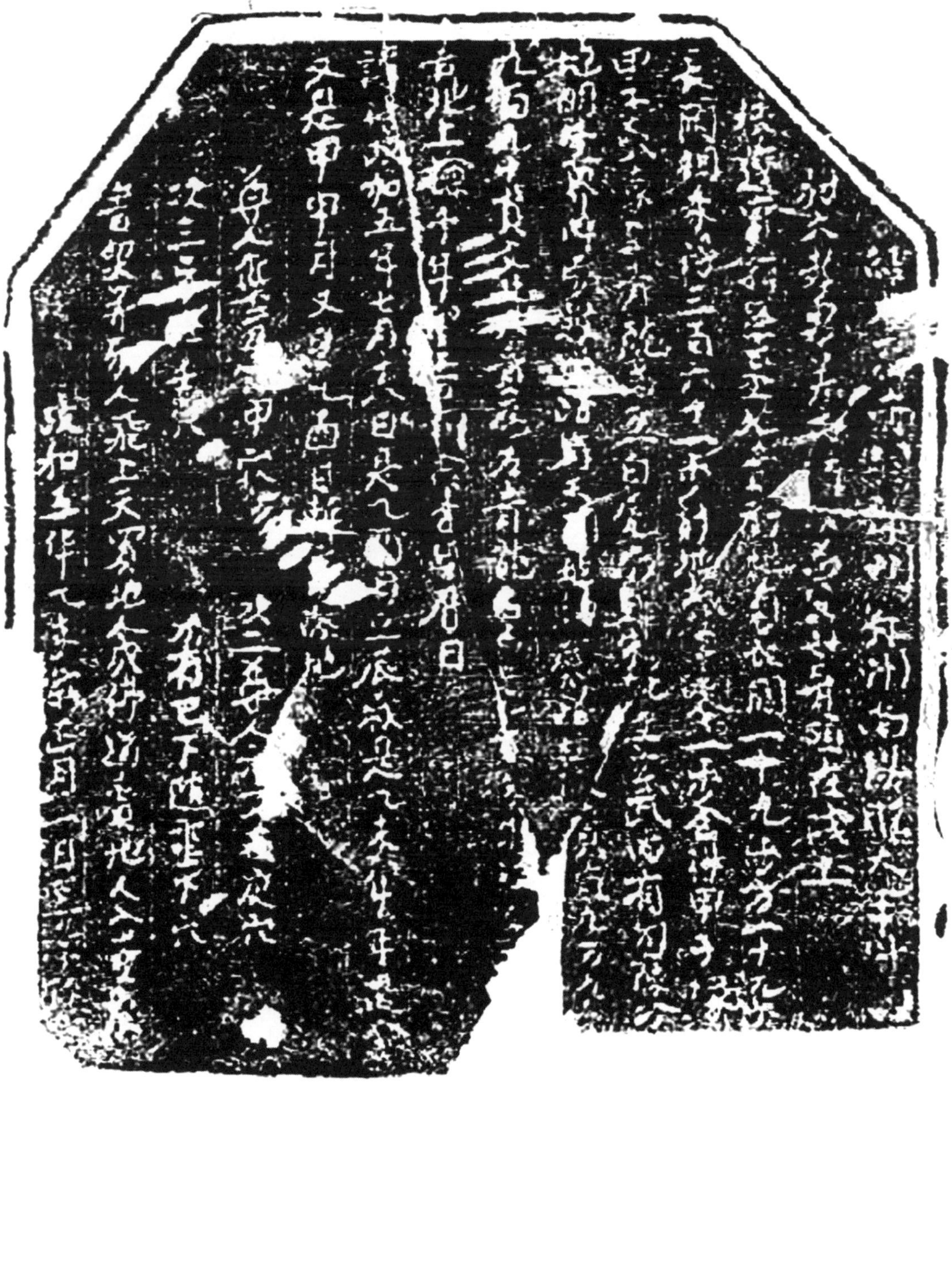

一〇九　佚名買地券

一〇九　佚名買地券　政和五年（一一一五）正月一日

【題解】

一、名稱：佚名買地券

二、文獻形態：地券近正方形，邊長三十八厘米，寬三十四厘米，券石上部左右抹角，周邊刻雙綫，内刻單綫十三條。本券自右至左書寫。十四行，行十四字。

三、卒葬時間：政和五年（一一一五）正月一日葬。

四、文獻著録：中國國家圖書館《碑帖菁華》，墓誌七三二五。

五、出土及收藏情况：出土於河南省新野縣上莊鄉田莊村。

【釋文】

維大宋南贍部洲鄧州南陽縣[一]大□□/初六葬男□□□爲□□骨殖在淺土/地邊買到東王父□□□地有長闊一十九步，方一十九步。/長闊相乘得三百六十一步，□地□□零一步□□甲子冢/甲子冢東至青龍，西至白虎，南至朱雀，北至玄武，内有勾陳，分/地明塋。界畔□□□□□□地恕□□其錢□直九萬九仟/九百九十貫文，□□□□左青龍，右白虎，前朱雀，後玄武。/吉地上□千年□□□□□曆日/□□政和五年七月十八日是乙酉日，□辰歲是乙□年正□/又是甲申月，又是乙酉日斬□地/尊人□□□甲穴，次二□人穴，又/次三□□壬穴，次有巳下隨靈下穴。/書契并牙人飛上天，買地人成佛道，賣地人入黄泉。/政和五年乙未歲正月一日□□□□。

【校注】

〔一〕鄧州南陽縣：《輿地廣記》卷八《京西南路》載：隋開皇初改爲南陽郡，唐屬鄧州，宋因之。《元豐九域志》卷一《京西路·南路》載：南陽縣元豐元年（一〇七八）復爲縣，有三鄉。

一一〇　文用之買地券

一一〇　文用之買地券　政和五年（一一一五）十月十三日

【題解】

一、名稱：文用之買地券

二、文獻形態：青砂石質，券石高六十二點二厘米、寬三十七點二厘米、厚三點七厘米。呈碑形，券首圓形，券座有榫，券面四周刻花紋，上陰刻圓形卷雲紋，左右刻長形卷雲紋，下刻蓮花瓣。券文自右至左書寫，楷書十二行，行四至十六字不等。

三、卒葬時間：政和五年（一一一五）十月十三日葬。

四、文獻著録：成都文物考古研究所、成都博物院：《成都出土歷代墓銘券文圖録綜釋》，北京：文物出版社，二〇一二年，第二四五至二四六頁。

五、出土及收藏情況：一九八〇年出土於四川省原温江地區灌縣（今成都都江堰市）柳街；券石現收藏於成都都江堰市文物管理局。

【釋文】

維大宋政和伍年歲次乙未十月一日丁/酉朔十三日己酉，今有永康軍青城縣/衆安鄉加過里[一]居住文用之，即用信錢萬/萬玖仟玖百玖拾貫玖文，就此黄田父[二]、后土/母、社稷□□□邊，買得前件□□壹所。/周流壹傾，東至青龍，西至白虎，南至朱/雀，北至玄武。上至蒼天，下至黄泉，四畔分/明。即日錢財分付與天地神明了。/保人：張堅固、李定度；書契/人：石公曹[三]；讀契：金主簿[四]；當契人：/文用之，入黄泉。急急如律令。/合同契券。

【校注】

〔一〕永康軍青城縣衆安鄉加過里：青城縣，宋乾德四年（九六六）屬永康軍，熙寧五年（一〇七二）軍廢還隸蜀州，元祐元年（一〇八六）復隸永康軍。《太平寰宇記》卷七三《劍南西道二》載：青城縣下設十五鄉。本書所收買地券載三鄉：衆安鄉、長樂鄉、廣濟鄉。衆安鄉爲青城縣轄鄉之一，有加過里。

〔二〕黄田父：當作「黄天父」。

〔三〕石公曹：也作「石功曹」。

〔四〕主簿：原文作「主薄」，今改。

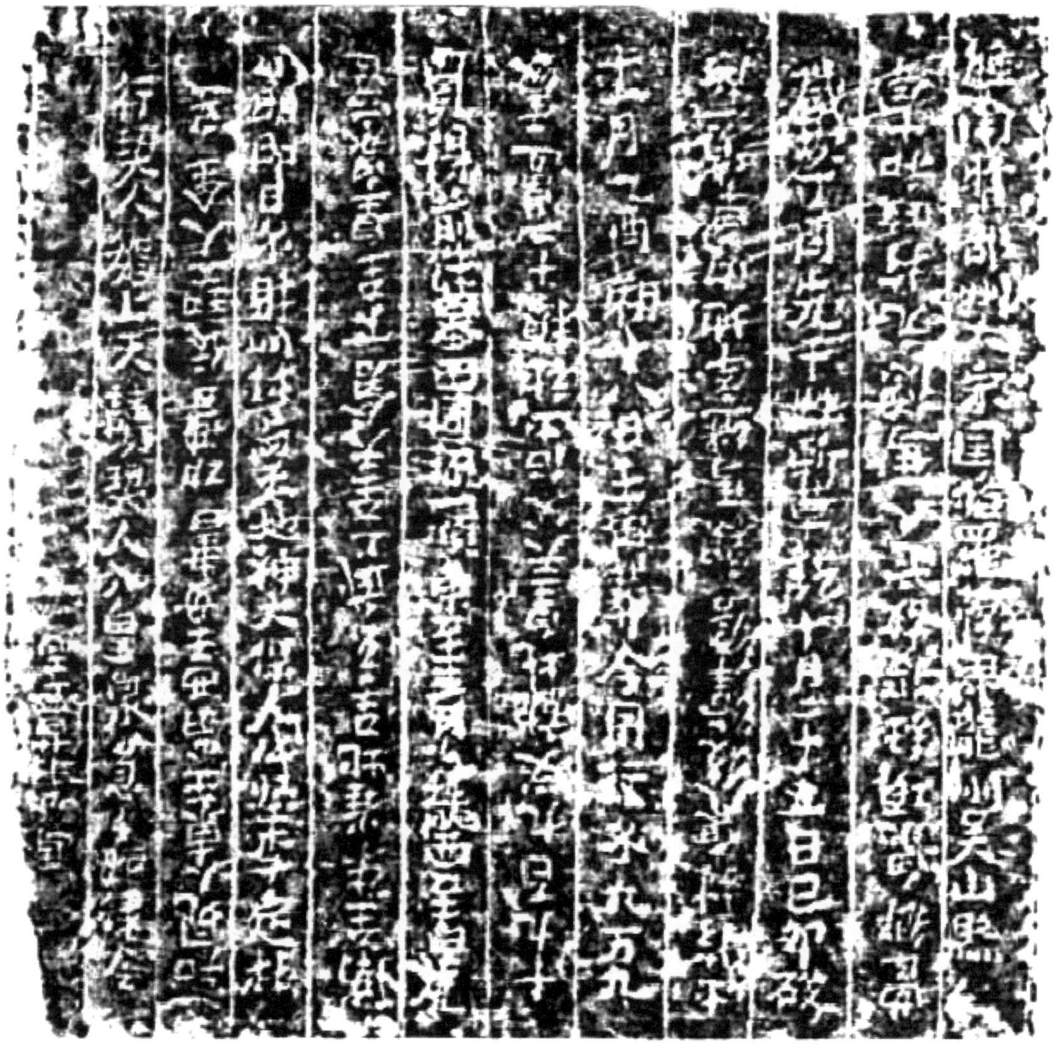

一一一　馬德元買地券

一一一　馬德元買地券　政和七年（一一一七）十一月十八日

【題解】

一、名稱：馬德元買地券

二、文獻形態：青磚質，長方形，右上角略有殘損；長三十一厘米，寬九厘米，厚約四厘米；券文楷書，文字正反書寫，單行正寫，雙行反寫。陰刻十二行，滿行十八字，字口塗朱，有豎欄，其結尾部分題「馬翁墓誌」，考其文字，實則爲買地券。

三、卒葬時間：政和七年（一一一七）十一月十八日葬。

四、文獻著録：程義、李鬱宏：《跋寶鷄政和七年〈馬翁墓誌〉》，《四川文物》二〇〇八年第三期，第九二至九五頁；魯西奇：《中國古代買地券研究》，厦門：厦門大學出版社，二〇一四年，第三〇四頁。

五、出土及收藏情况：二十世紀六七十年代出土於陝西寶鷄，現收藏於寶鷄青銅器博物館。

【釋文】

維南贍部州大宋國修羅管界隴州吴山縣仁/豐鄉泉項社[一]殁故亡人馬德元，於政和七年/歲次丁酉，先于姓，斬草訖，十月二十五日己卯破/土，於村東後掌房親馬繼卒地内草墳一所，/十一月乙酉朔十八日壬申葬。今用信錢九萬九/千九百九文，就此皇天父、后土母[二]、社稷十二神邊[三]處/買得前件墓田，周流一頃，東至青龍，西至白虎，/南至朱雀，北至玄武，上至蒼天[四]，下至皇泉[五]，六至/分明。即日錢財分付與天地神。大保人：張堅［固］、李定度。[六]/知見人：東王翁、西王母。書：功曹。伏契人：金主［簿］[七]。/行契人飛上天，讀契人入皇泉。急急如律令。/馬翁墓誌。

【校注】

〔一〕隴州吴山縣仁豐鄉泉項社：《太平寰宇記》卷三二《關西道八》載：隴州，西魏大統十七年（五五一）改東秦州爲隴州，隋義寧二年（六一八）又置隴東郡，唐武德元年（六一八）復爲隴州，至德宗升爲奉義軍節度。宋改爲防禦州。《輿地廣記》卷一五《陝西秦鳳路上》載隴州縣四：汧源縣、隴安縣、汧陽縣、吴山縣。《太平寰宇記》卷三二載：開皇十八年（五九八）改長蛇縣爲吴山縣，因縣西有吴山而得名，其後唐宋不改。《元豐九域志》卷三《秦鳳路》載：吴山縣有四鄉。吴山縣轄鄉之一，有泉項社。

〔二〕后土母：原文脱「母」字，今補。

〔三〕十二神邊：原文脱「神」字，今補。

〔四〕蒼天：原文作「天蒼」，倒文，今改。

〔五〕皇泉：即「黄泉」。下同。

〔六〕張堅固、李定度：原文脱「固」字，今補。原文作「李定杜」，今改。

〔七〕金主簿：原文脱「簿」字，今補。

一一二　吴助教地券

一一二　吳助教地券　政和八年（一一一八）十一月二十五日

【題解】

一、名稱：吳助教地券

二、文獻形態：石質，長方形，長九十八厘米，寬四十八厘米；四周陰刻單綫，上部另劃出單綫，橫書一行「宋故吳助教地券」。本券自右至左書寫。行書十一行，滿行三十字。

三、卒葬時間：政和八年（一一一八）十一月二十五日卒。

四、文獻著録：陳柏泉：《江西出土地券綜述》，《考古》一九八七年第三期；陳柏泉：《江西出土墓誌選編》，南昌：江西教育出版社，一九九一年，第五五五頁；高朋：《人神之契：宋代買地券研究》，北京：中國社會科學出版社，二〇一一年，第二〇八頁；魯西奇：《中國古代買地券研究》，厦門：厦門大學出版社，二〇一四年，第三六五頁。

五、出土及收藏情況：一九七〇年出土於江西省進賢縣，券石現收藏於江西省博物館。

【釋文】

宋故吳助教地券

維皇宋歲次政和八年十一月己酉朔二十五日，有洪州進賢縣真隱鄉鄭/舍村[一]居住吳公謹助教，行年四十七歲，以疾歿故。龜筮協從，相/地襲吉。宜於本鄉夏家原安厝宅兆。謹用錢九萬九千九百九/十九貫九十九文九分，問西夷王買得地一穴，作亥山丙向。其地東止甲乙，南/止丙丁，西止庚辛，北止壬癸，上至青天，下至黄泉，六極之外，將与亡人爲千/年家宅。其地下有金銀銅鐵，悉屬亡人爲主。四方先有住者，大者爲鄰/里，小者爲奴婢。木精祭殺一切伏藏兇惡之神，不得亂來争占。如/有人神争占，請地主張堅固、李定度。保見人：東王公、西王母，受錢人：/天官道士。若索錢，來海畔，日出黄昏，亂□經絡。誰爲書？天/上鶴。鶴何在？飛上天。誰爲讀？水中魚。魚何在？入深潭。/急急如律令。

【校注】

〔一〕洪州進賢縣真隱鄉鄭舍村：《輿地紀勝》卷二六《江南西路》載：進賢縣本爲南昌縣東境，晉時析爲鍾陵縣，不久廢除。唐武德中，復立鍾陵縣，其後又廢爲進賢鎮。《國朝會要》載：宋崇寧二年（一一〇三）改鎮爲進賢縣。本券所見有真隱鄉鄭舍村、夏家原。

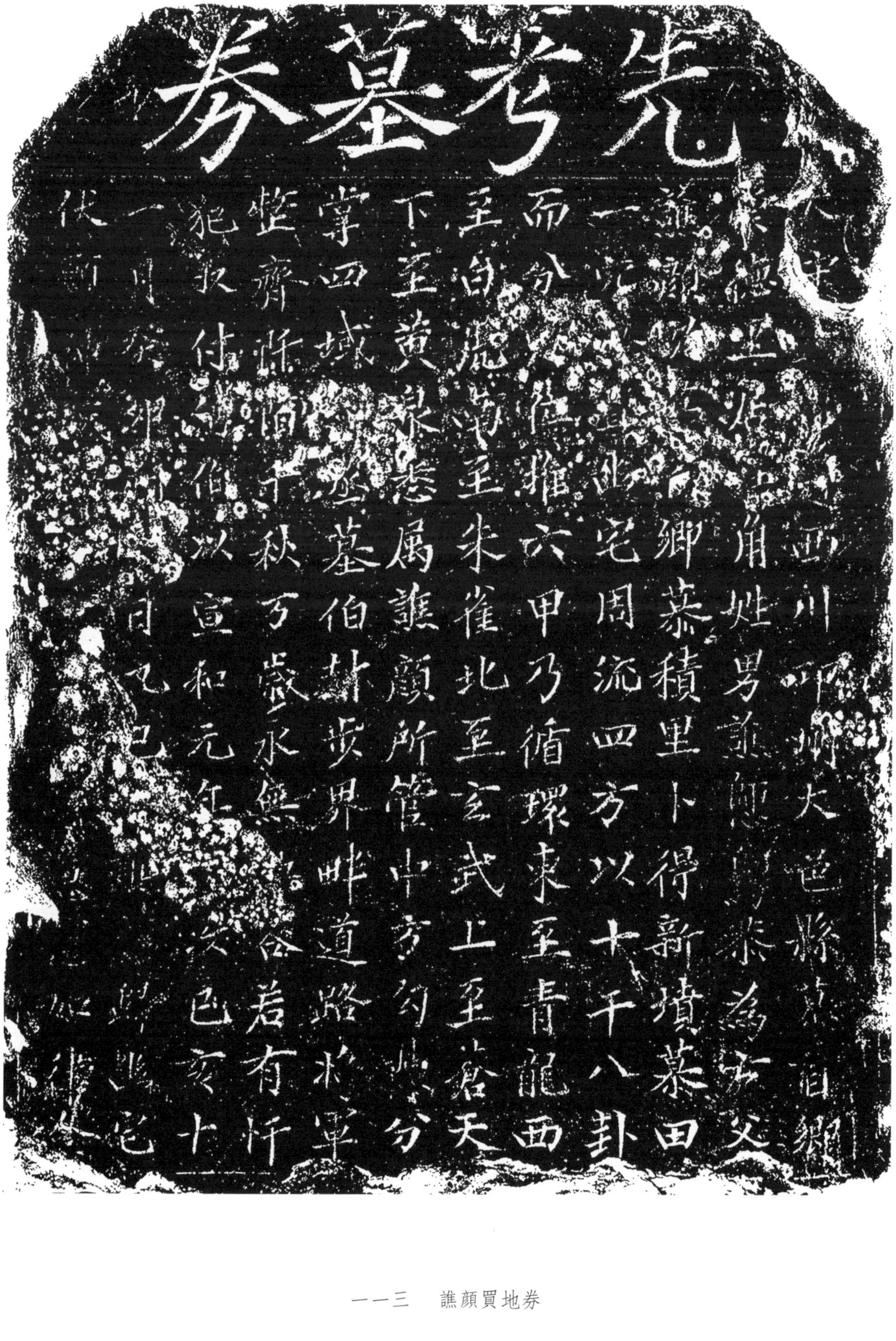

一一三　譙顏買地券

一一三　譙顔買地券　宣和元年（一一一九）十一月三日

【題解】

一、名稱：譙顔買地券

二、文獻形態：紅砂石質，長方形，長四十七點五厘米、寬三十六點五厘米、厚六厘米。上左右兩角抹角，上部横書一行「先考墓券」。本券自右至左書寫。行書十二行，行九至十五字。

三、卒葬時間：宣和元年（一一一九）十一月三日葬。

四、文獻著録：成都文物考古研究所、成都博物院：《成都出土歷代墓銘券文圖録綜釋》，北京：文物出版社，二〇一二年，第二五〇至二五一頁。

五、出土及收藏情况：一九八四年出土於四川省原温江地區大邑縣（今爲成都市大邑縣）敦義鄉高廟村；券石現收藏於成都市大邑縣文物保護管理所。

【釋文】

先考墓券

大宋劍南道西川邛州大邑縣慕道鄉/崇德里[一]居□角姓[二]男譙愬□恭爲亡父/譙顔於□□鄉慕積里[三]，卜得新墳墓田[四]/一穴，以置幽宅。周流四方，以十干八卦/而分□位，推六甲乃循環。東至青龍，西/至白虎，南至朱雀，北至玄[五]武。上至蒼天，/下至黄泉，悉属譙顔所管。中方勾陳，分/掌四域。丘丞墓伯，封步界畔，道路將軍，/整齊阡陌。千秋萬歲，永無殃咎。若有忏/犯，收付河伯。以宣和元年歲次己亥十/一月癸卯朔三/日乙巳，譙顔歸幽宅。/伏願□□□□□□□急急如律令。

【校注】

〔一〕劍南道西川邛州大邑縣慕道鄉崇德里：大邑縣，唐咸亨二年（六七一）分益州晉原縣置，在鶴鳴山東。其邑廣大，遂以爲名。宋時仍爲大邑，屬邛州。《太平寰宇記》卷七五《劍南西道四》載：大邑縣，舊十五鄉，今十鄉。《元豐九域志》卷七《成都府路》載：大邑縣有十鄉。本書所收買地券載大邑縣兩鄉：慕道鄉、首德鄉。

〔二〕角姓：用「五音相宅法」確定的墓地位置。參〇六〇《楊瓚買地券》校注「商姓」。

〔三〕慕積里：大邑縣轄里，所屬鄉名不詳。

〔四〕墓田：原文作「慕田」，今改。

〔五〕玄：原文缺末筆，應爲避宋追尊聖祖趙玄朗諱。

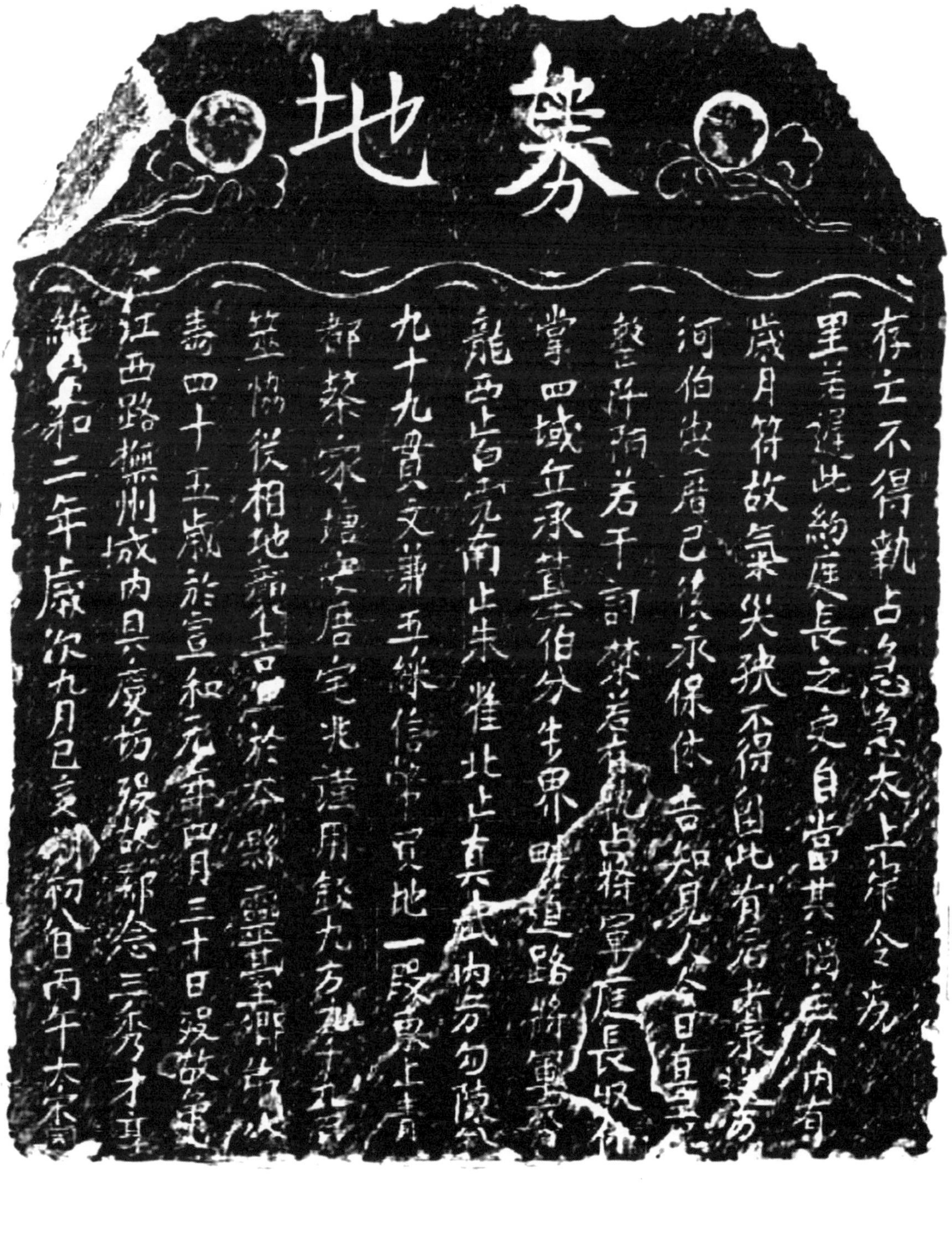

一一四　郄念三買地券

一一四　郄念三買地券　宣和二年（一一二〇）九月八日

【題解】

一、名稱：郄念三買地券[一]

二、文獻形態：券石拓本長四十厘米，寬三十三點五厘米；上部左右抹角，用波浪水紋將券石隔爲兩個部分，左右刻日月圖案，中刻「地券」二字。本券自左至右書寫。行楷十三行，行十七行。

三、卒葬時間：宣和二年（一一二〇）九月八日葬。

四、文獻著録：魯西奇：《中國古代買地券研究》，厦門：厦門大學出版社，二〇一四年，第三六七頁；中國國家圖書館《碑帖菁華》，一九九五年。

五、出土及收藏情況：江西省撫州市出土，原石藏濟南聚雅齋。

【釋文】

地券

維宣和二年歲次九月己亥朔初八日丙午，大宋國/江西路撫州城内具慶坊[二]，歿故郄念三秀才，享/壽四十五歲，於宣和元年四月三十日歿故。龜/筮協從，相地襲吉，宜於本縣靈臺鄉第/八都[三]蔡家塘安厝宅兆，謹用錢九萬九千九百/九十九貫文，兼五彩信幣，買地一段，東止青/龍，西止白虎，南止朱雀，北止真武。内方勾陳，分/掌四域；丘承[四]墓伯，分步界畔。道路將軍，齊/整阡陌。若干訶禁，若有執占，將軍亭長[五]，收付/河伯。安厝已後，永保休吉。知見人：今日直符[六]；主保：/歲月直符[七]。故氣災殃，不得留此。有居者，永送萬/里。若違[八]此約，亭長[九]之吏，自當其禍，主人内有/存亡，不得執占。急急太上律令。敕。

【校注】

〔一〕念：與「廿」通假，「郄念三」即爲「郄廿三」。

〔二〕撫州城内具慶坊：宋代的城市以厢坊制取代前代的坊市制，但多存坊名。

〔三〕靈臺鄉第八都：「第」原文作「弟」，今改。「都」爲宋鄉村基層政權組織和行政區劃，神宗時實行保甲法，規定每二百五十户爲一都保，其下有十大保，五十小保，每都保設都、副保正各一人，負責治安。後各地或改爲鄉、都兩級，或都、里并行，或仍維持鄉、里區劃，都名往往依數字順次排列。有些鄉、都區劃一直延續到後代。參見《中國歷史大辭典·宋史卷》，上海：上海辭書出版社，一九八四年，第三七七頁。

〔四〕丘承：即「丘丞」。

〔五〕亭長：原文作「庭長」，今改。

〔六〕直符：原文脱「符」字，今補。

〔七〕歲月直符：原文脱「直」字，今補。

〔八〕違：原文作「遅」，今改。

〔九〕亭長：原文作「庭長」，今改。

宋故盧念六郎之墓
皇宋宣和二年十月戊辰朔三十日丁酉
有饒州安仁縣崇德鄉鵠湖社住歿故亡人
盧念六郎行年七十三歲忽然天降大禍命
歸泉府今用公財酒菓并五綵幣儀就于
地主五土冥王開皇地主邊買得此名葉霞山
陰地一穴作坎山午向其地東止甲乙青龍南
止丙丁朱雀西止庚辛白虎北止壬癸玄武
上止青天吉星下止黃泉水口永為亡人萬年
山宅見人張堅故保人李定度書人天官道士

一一五　盧念六郎買地券

一一五　盧念六郎買地券　宣和二年（一一二〇）十月三十日

【題解】

一、名稱：盧念六郎買地券[一]

二、文獻形態：券石拓本長三十六點五厘米，寬三十三厘米，上部左右抹角，用波浪水紋將券石分爲兩部分，左右刻日月圖案，中行楷二行，刻「宋故盧念六郎之墓」。順序爲從左到右，行楷九行，滿行十八字本券自左至右書寫。

三、卒葬時間：宣和二年（一一二〇）十月三十日葬。

四、出土及收藏情况：江西上饒出土，拓本現藏於河北大學宋史研究中心。

【釋文】

宋故盧念六郎之墓

皇宋宣和二年十月戊辰朔三十日丁酉，即/有饒州安仁縣崇德鄉鷄湖社[二]住，歿故亡人/盧念六郎，行年七十三歲，忽然天降大禍，命/歸泉府。今用錢財酒果，并五彩幣儀，就本/地分五土冥王、開皇地主邊，買得土名葉霞山/陰地一穴，作坎山午向。其地東止甲乙青龍，南/止丙丁朱雀，西止庚辛白虎，北止壬癸玄[三]武，/上止青天吉星，下止黄泉水口，永爲亡人萬年/山宅。見人：張堅固[四]；保人：李定度；書人：天官道士。

【校注】

〔一〕念：與「廿」通假，「盧念六郎」即爲「盧廿六郎」。

〔二〕饒州安仁縣崇德鄉鷄湖社：北宋開寶八年（九七四）以餘干縣地置安仁場，端拱元年（九八八）升爲縣。《元豐九域志》卷六《江南路·西路》載，安仁縣有五鄉。

〔三〕玄：原文缺末筆，應爲避宋聖祖趙玄朗諱。

〔四〕張堅固：原文作「張堅故」，今改。

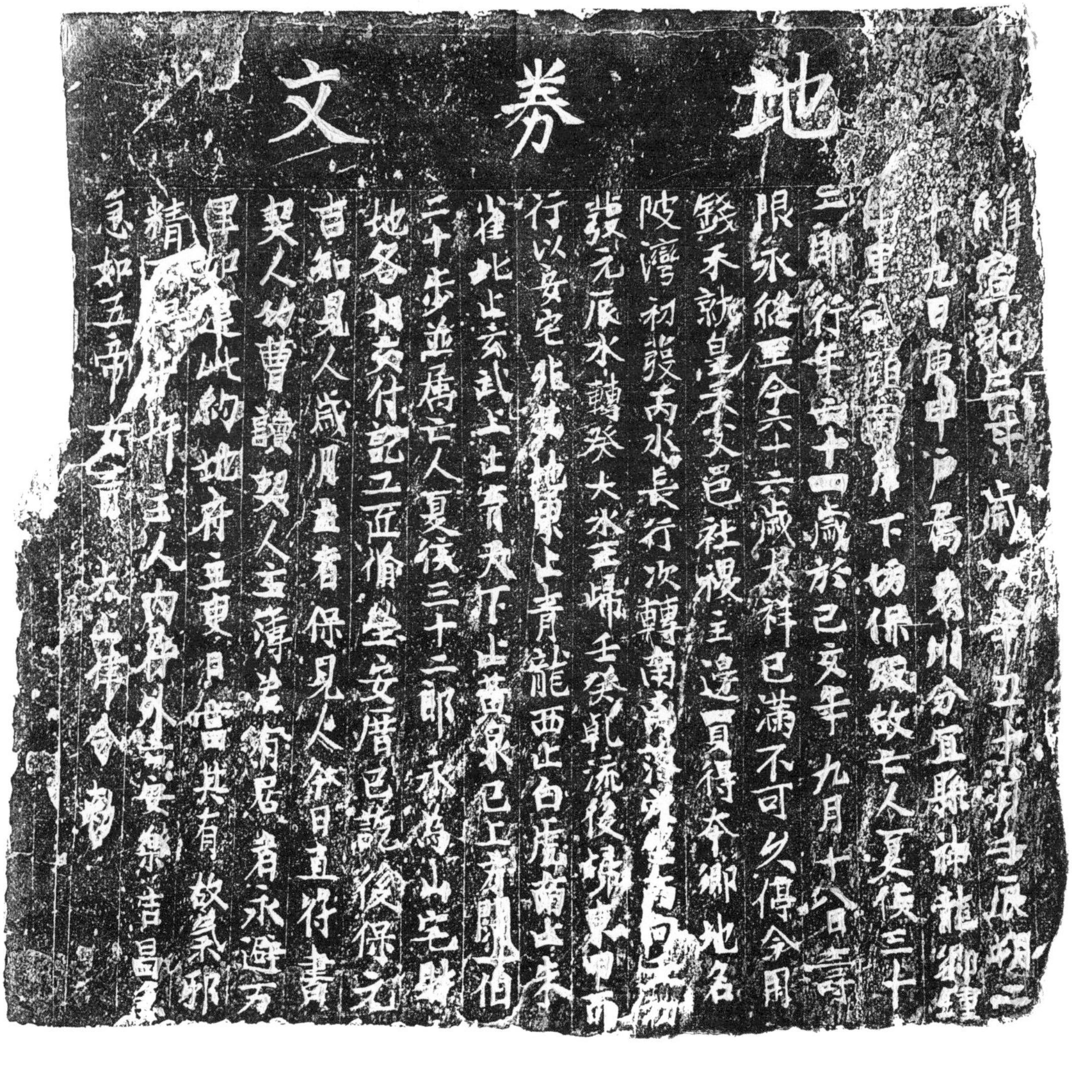

一一六　夏侯三十二郎買地券

一一六　夏侯三十二郎買地券　宣和三年（一一二一）十月二十九日

【題解】

一、名稱：夏侯三十二郎買地券

二、文獻形態：券石拓本長五十厘米，寬五十三點五厘米，四周陰刻單綫，上部以單横綫隔開，上部行楷一行，刻「地券文」。下部以陰刻單竪綫十六條，將券文隔爲十七行。本券自右至左書寫。行楷十七行，行十九字。

三、卒葬時間：宣和三年（一一二一）九月十八日卒，十月二十九日葬。

四、出土及收藏情况：江西省出土，拓本現藏河北大學宋史研究中心。

【釋文】

地券文

維宣和三年歲次辛丑十月壬辰朔二/十九日庚申，户屬袁州分宜縣神龍鄉鍾/山里武頭南岸下坊保[一]，殁故亡人夏侯三十/二郎，行年六十四歲，於己亥年九月十八日壽/限永終，至今六十六歲，大祥[二]已滿，不可久停。今用/錢禾就皇天父邑、社稷主邊，買得本鄉地名/陂灣，初發丙水長行，次轉南离落穴，坐丙向壬，初/發元辰水，轉癸大水，正歸壬癸乾流，後歸東甲而/行，以安宅兆。其地東止青龍，西止白虎，南止朱/雀，北止玄武，上止青天，下止黄泉。已上方闊一百[三]/二十步，并屬亡人夏侯三十二郎，永爲山宅，財/地各相交付訖，工匠脩瑩，安厝已訖，後保元/吉。知見人：歲月主者；保見人：今日直符；書/契人：功曹；讀契人：主簿。若有居者，永避萬/里。如違此約，地府主吏，自當其有。故氣邪/精，不得干恡[四]。主人内存外亡，安樂吉昌。急/急如五帝女青太上律令。敕。

【校注】

〔一〕袁州分宜縣神龍鄉鍾山里武頭南岸下坊保：《輿地廣記》卷二五《江南西路》載袁州縣四：宜春縣、分宜縣、萍鄉縣、萬載縣。分宜縣本宜春縣地，宋雍熙元年（九八四）置。《元豐九域志》卷六《江南路·西路》載：分宜有十鄉。本券所載神龍鄉爲宜縣轄鄉之一，有鍾山里武頭南岸下坊保。

〔二〕大祥：起源於周朝，此後形成三千來年舊時漢族喪禮儀式之一。父、母喪後一周年(即第十三個月)舉行的祭禮叫「小祥」；兩周年（即第二十五個月）舉行的祭禮，叫「大祥」。

〔三〕百：原文作「伯」，今改。

〔四〕忓恡：原文作「忓忤」，今改。

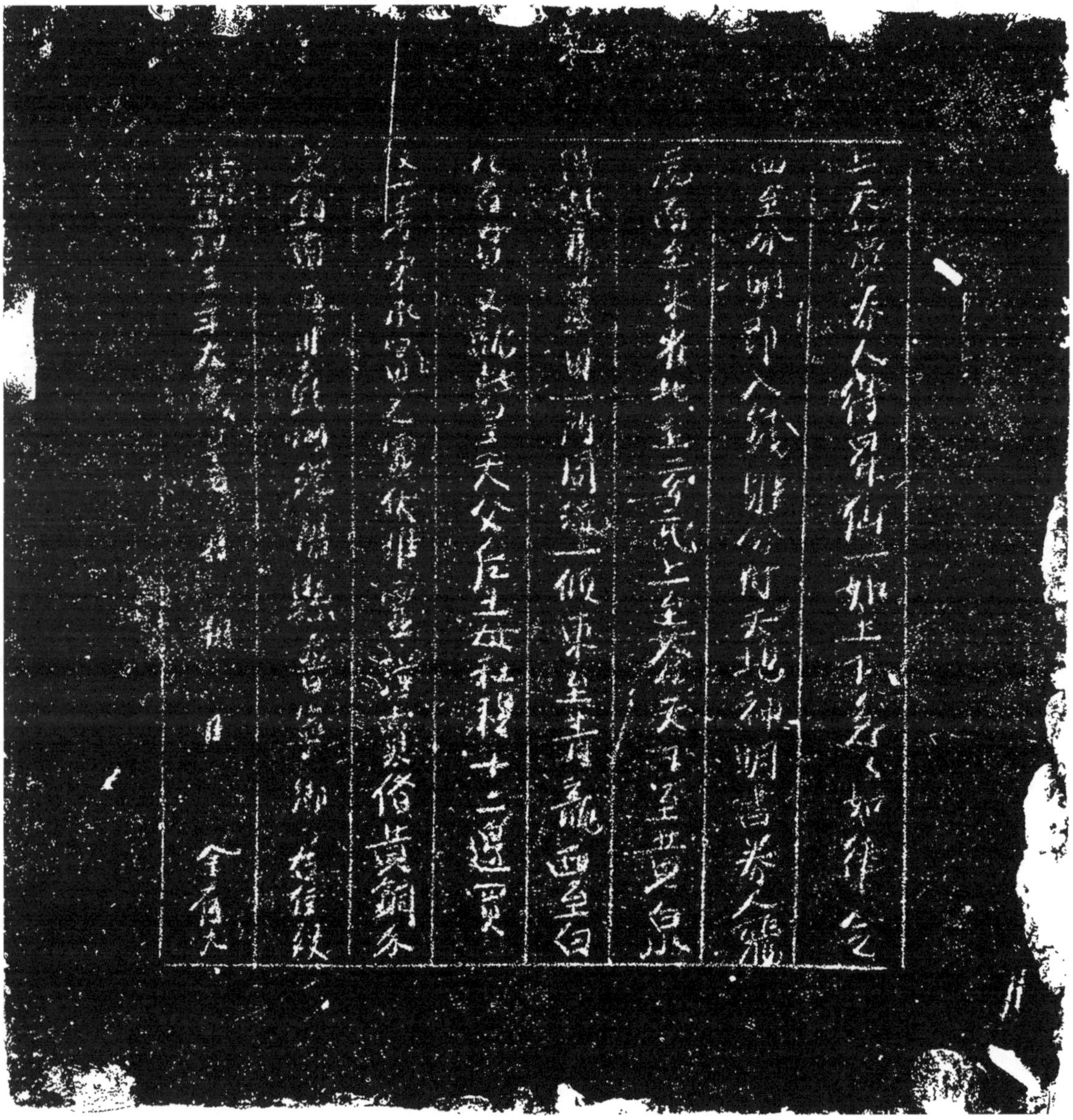

一一七　宋承富買地券

一一七　宋承富買地券　宣和三年（一一二一）

【題解】

一、名稱：宋承富買地券

二、文獻形態：陶質，正方形，邊長三十八厘米、厚四點三厘米。四周刻單綫，中以竪綫七條將券文分爲八行，本券自左至右書寫。行楷八行，行十五至十九字。

三、卒葬時間：宣和三年（一一二一）葬。

四、文獻著録：成都文物考古研究所、成都博物院：《成都出土歷代墓銘券文圖録綜釋》，北京：文物出版社，二〇一二年，第二五二、二五五至二五六頁。

五、出土及收藏情況：現存成都彭州市博物館。

【釋文】

維宣和三年太歲辛丑月朔日，今有大/宋劍南西川彭州濛陽縣普寧鄉[一]居住殁/故亡考宋承富之靈。伏惟靈，謹買備黄銅錢/九百貫文，就此皇天父、后土母、社稷、十二神邊[二]買/得此□墓田一所，周流一傾。東至青龍，西至白/虎，南至朱雀，北至玄武。上至蒼天，下至黄泉，/四至分明。即日[三]錢財分付天地神明。書券人飛/上天，讀券人得昇仙。一如上下，急急如律令。

【校注】

〔一〕劍南西川彭州濛陽縣普寧鄉：《輿地廣記》卷二九《成都府路上》載：彭州，唐垂拱二年（六八六）置彭州，因天彭山爲名。天寶元年曰濛陽郡。乾元元年爲彭州，宋因之。《太平寰宇記》卷七三《劍南西道二》載：彭州領縣四：九隴、濛陽、永昌，一縣割出導江，入永康軍。《元豐九域志》卷七《成都府路》載，領縣四：九龍、永昌、濛陽、望導。《太平寰宇記》卷七三《劍南西道二》載：濛陽縣舊二十四鄉今十四鄉。《元豐九域志》卷七《成都府路》載：濛陽縣下設十四鄉。

〔二〕十二神邊：原文脱「神」字，今補。

〔三〕即日：「日」原文作「入」，據文意改。

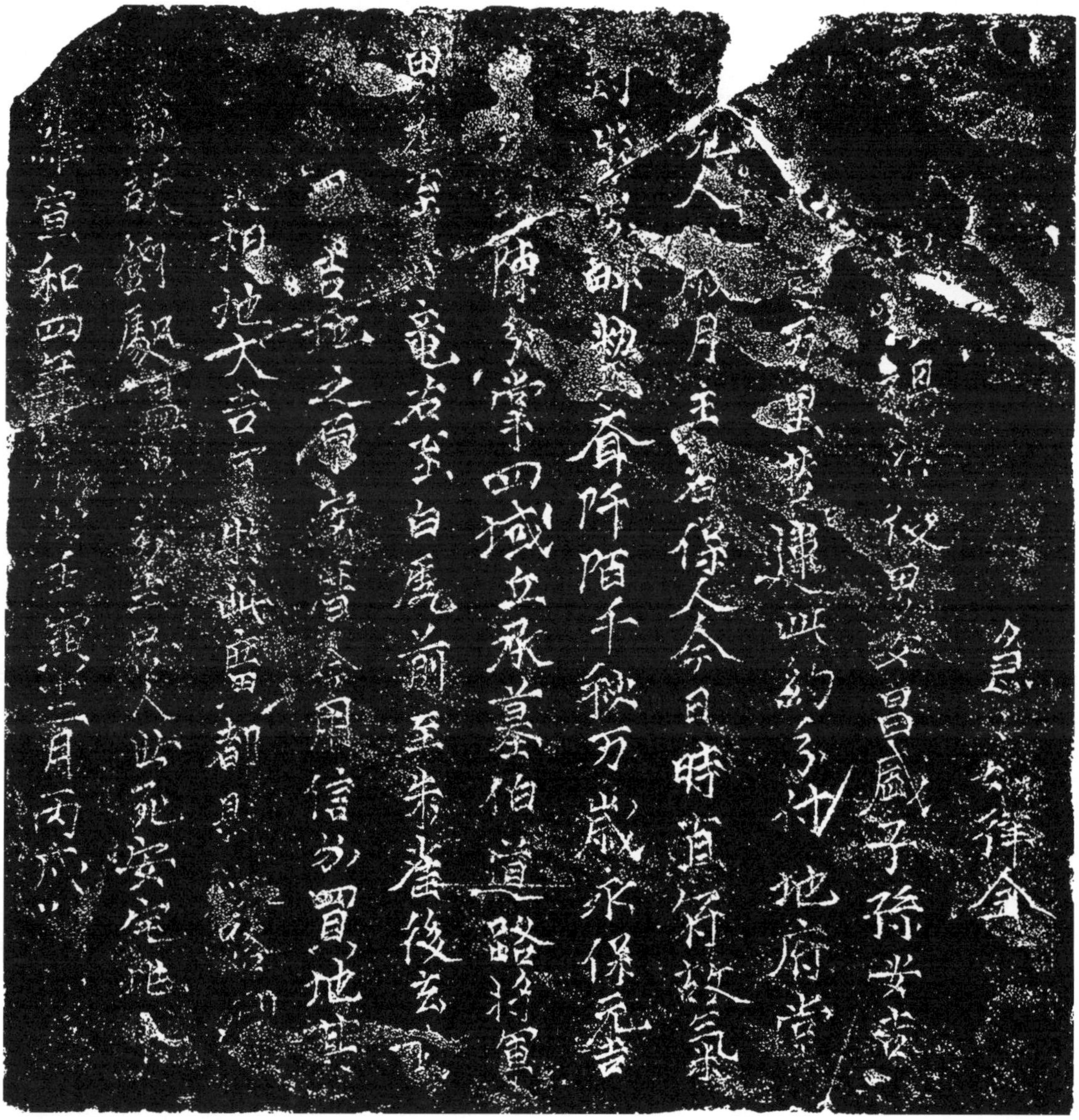

一一八　鄧處温買地券

一一八　鄧處温買地券　宣和四年（一一二二）十二月五日

【題解】

一、名稱：鄧處温買地券

二、文獻形態：紅砂石質，券石呈正方形，邊長三十八點五厘米、厚二厘米。左上角、右上角有裂痕，券石裂爲三塊。本券自左至右書寫。行楷十一行，滿行十六字。

三、卒葬時間：宣和四年（一一二二）十二月五日葬。

四、文獻著録：成都文物考古研究所、成都博物院：《成都出土歷代墓銘券文圖録綜釋》，北京：文物出版社，二〇一二年，第二五七、二六三頁。

五、出土及收藏情況：二〇〇三年出土於成都市南郊錦江區新光四組北宋夫妻合葬磚室墓内，券石現收藏於成都文物考古研究所。

【釋文】

維宣和四年歲次壬寅十二月丙戌朔五日/庚寅，故鄧處温地券。生居人世，死安宅兆。卜/□□□，相地大吉。宜於此廣都縣政路鄉/相如里[一]吉地之原安厝。今用信錢買地，其/界左至青龍，右至白虎，前至朱雀，後至玄武[二]。/内方勾陳，分掌四域。丘承[三]墓伯，道路將軍，/封步界畔，整齊阡陌。千秋萬歲，永保元吉。/知見人：歲月主者；保人：今日時直符。故氣/邪精，迴避萬里，若違此約，分付地府掌/吏[四]□□□禍。然後男女昌盛，子孫安吉。急急如律令。

【校注】

〔一〕廣都縣政路鄉相如里：政路鄉爲廣都縣十六鄉之一。本券與〇七二《趙德成買地券》、一一九《楊氏卅娘子買地券》載政路鄉。

〔二〕後至玄武：原文脱「至」字，今補。

〔三〕丘承：同「丘丞」。

〔四〕掌吏：同「長吏」。

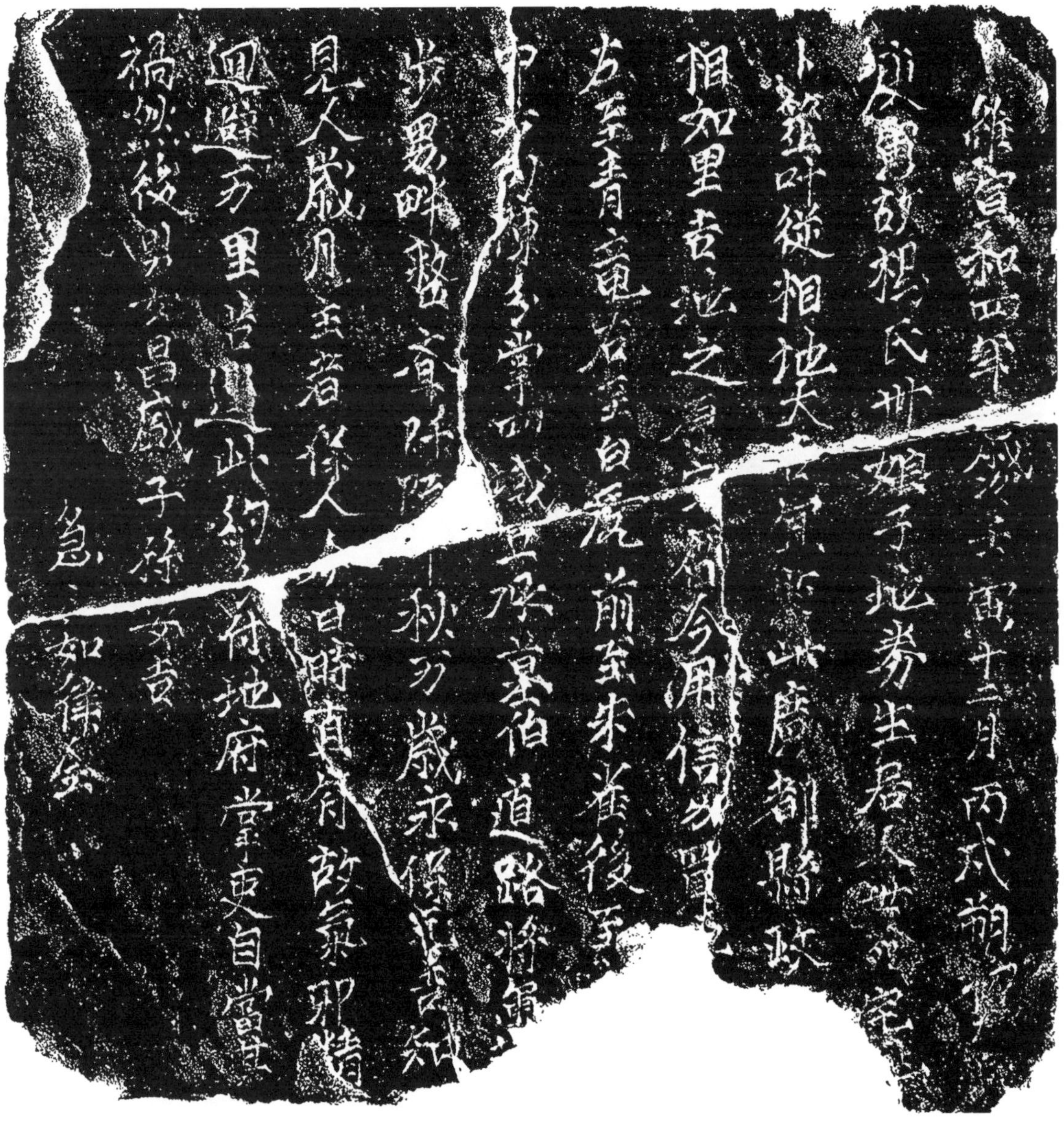

一一九　楊氏卅娘子買地券

一一九　楊氏卅娘子買地券　宣和四年（一一二二）十二月五日

【題解】

一、名稱：楊氏卅娘子買地券

二、文獻形態：紅砂石質，正方形，邊長三十八厘米，厚二厘米。券石中部有裂痕，裂爲五塊。本券自右至左書寫。行楷十一行，行五至一七字。

三、卒葬時間：宣和四年（一一二二）十二月五日葬。

四、文獻著録：成都文物考古研究所、成都博物院：《成都出土歷代墓銘券文圖録綜釋》，北京：文物出版社，二〇一二年，第二五八、二六二頁。

五、出土及收藏情況：二〇〇三年出土於成都市南郊錦江區新光四組北宋夫妻合葬磚室墓内，券石現收藏於成都文物考古研究所。

【釋文】

維宣和四年歲次壬寅十二月丙戌朔初五日/庚寅，故楊氏卅娘子地券。生居人世，死安宅兆[一]。/卜筮叶從，相地大吉。宜於此廣都縣政路鄉/相如里[二]吉地之原安厝。今用信錢買地，□□/左至青龍，右至白虎，前至朱雀，後至玄武[三]。/中方勾陳，分掌四域。丘丞墓伯，道路將軍，封/步界畔[四]，整齊阡陌。千秋萬歲，永保元吉。知/見人：歲月主者，保人：今日時直符。故氣邪精，/迴避萬里，若違此約，分付地府掌吏[五]，自當其/禍。然後男女昌盛，子孫安吉。/急急如律令。

【校注】

〔一〕死安宅兆：原文脱「安」字，今補。

〔二〕廣都縣政路鄉相如里：據〇九六《張氏□□娘子買地券》可知廣都县政路鄉下轄相如里，故缺處補爲「政路鄉」。

〔三〕後至玄武：原券殘缺「玄武」二字，今據上下文補。

〔四〕封步界畔：原券殘缺「封」字，今據上下文補。

〔五〕掌吏：同「長吏」。

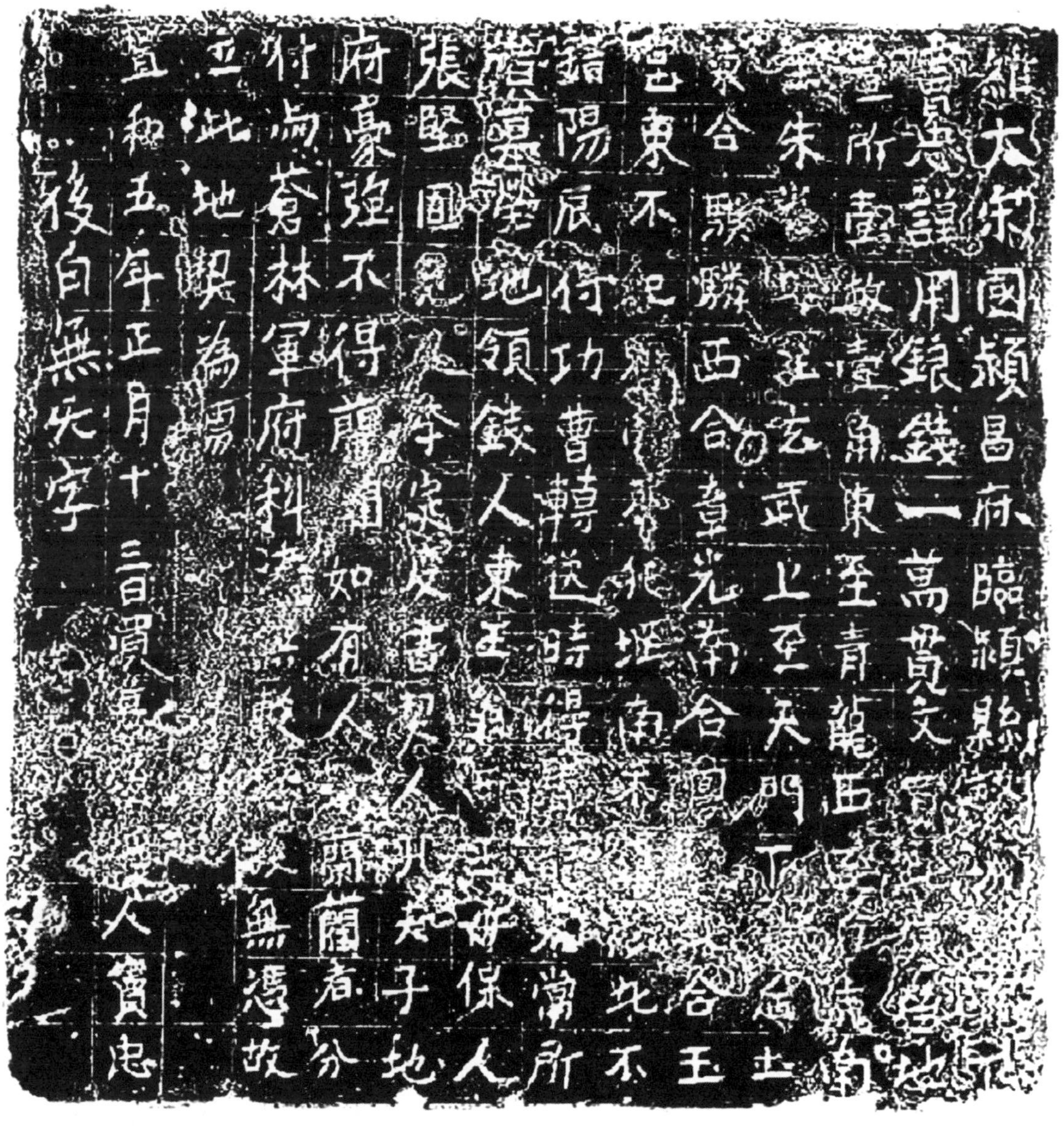

一二〇　竇忠買地券

一二〇　竇忠買地券　宣和五年（一一二三）一月十三日

【題解】

一、名稱：竇忠買地券

二、文獻形態：券石長三十六厘米，寬三十五厘米，內有陰刻豎綫、横綫構成方格，券文刻寫於方格内，本券自右至左書寫。行楷十四行，滿行十五字。

三、卒葬時間：宣和五年（一一二三）一月十三日葬。

四、文獻著録：中國國家圖書館《碑帖菁華》，墓誌七五五四。

五、出土及收藏情況：二〇〇一年出土於河南省臨潁縣繁城鎮。

【釋文】

維大宋國潁昌府臨潁縣繁城鎮[一]□□／竇忠，謹用銀錢一萬貫文，買此墓塋地／壹所，壹畝壹角。東至青龍，西至白虎，南至／朱雀，北至玄武。上至天門，下至后土。東合騏驎，西合章光，南合鳳凰，北合玉／堂。東不犯魁，西不犯罡[二]，南不□□，北不／錯陽。辰得功曹轉送，時得□□□常。所／買墓塋地，領錢人：東王翁、西王母；保人：／張堅固；見人：李定度；書契人：孔夫子。地府豪强，不得蘭藺。如有人□蘭藺者，分／付與蒼林軍府科決□□。恐後無憑，故／立此地契爲據。／宣和五年正月十三日，買墓□□人竇忠。／後白無㐅字。

【校注】

〔一〕潁昌府臨潁縣繁城鎮：《輿地廣記》卷九《京西北路》載：隋大業初復置潁川郡，唐武德四年（六二一）稱許州，天寶元年（七四二）改爲潁川郡後升爲忠武軍節度，後梁改爲匡國軍。後唐滅梁又復稱忠武軍。宋元豐三年（一〇八〇）升爲潁昌府，崇寧四年（一一〇五）建爲南輔，有縣七：長社縣、郾城縣、陽翟縣、長葛縣、舞陽縣、郟縣、臨潁縣。《元豐九域志》卷一《京西路・北路》載：臨潁有四鄉及合流、繁城二鎮。

〔二〕東不犯魁，西不犯罡：「魁罡」即「魁罡」。魁指河魁，罡指天罡，都是占星家與陰陽家認爲的主凶星宿，亦是月内凶神。

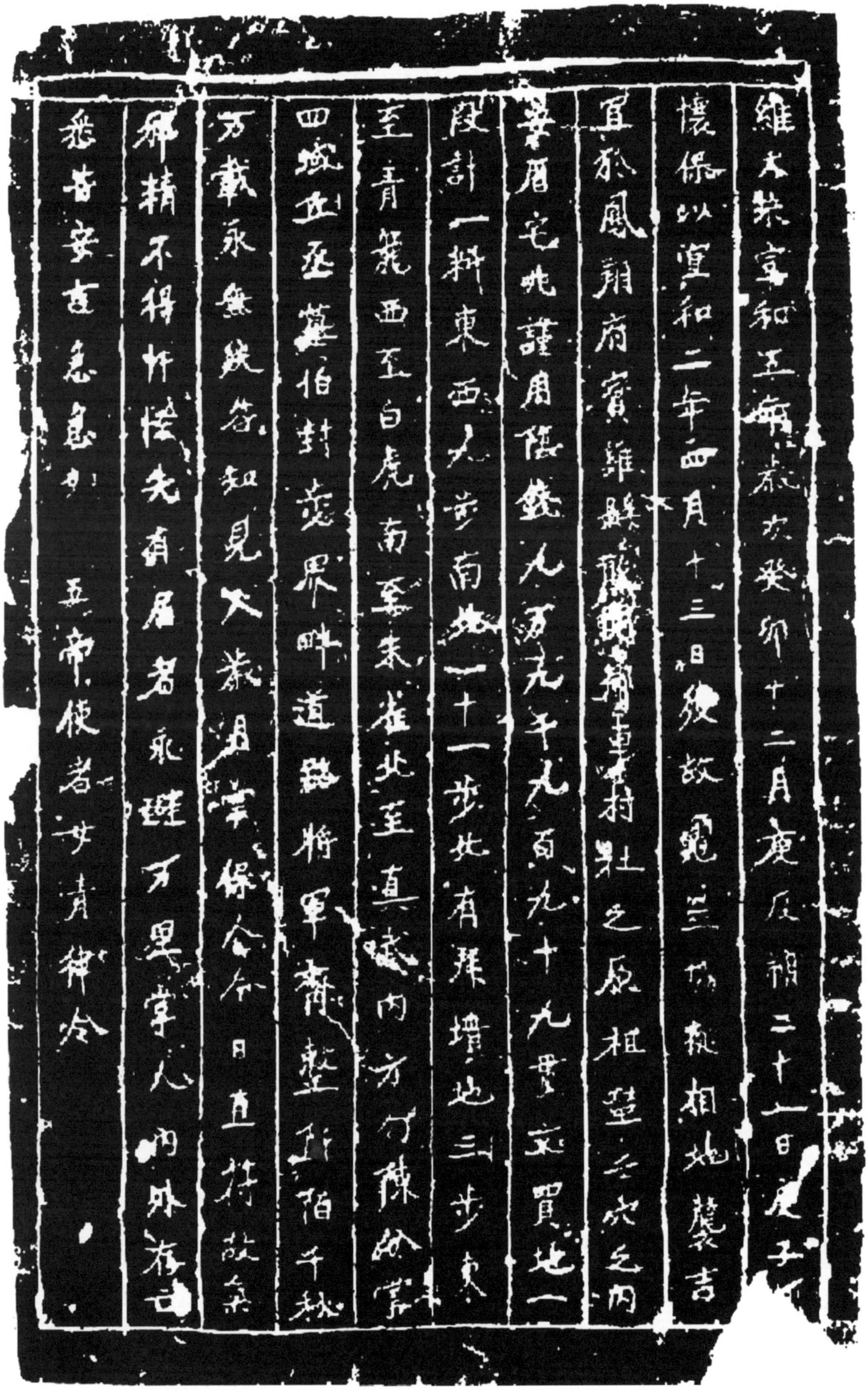
維大宋宣和五年歲次癸卯十二月庚辰朔二十一日庚子
懷保以宣和二年四月十三日殁故，龜筮協從，相地襲吉，
宜於鳳翔府寶雞縣[illegible]村社之原，相望安厝之內，
安厝宅兆，謹用錢九万九千九百九十九貫文，買地一
段，計一畝，東西九步，南北一十一步，北有界墻地三步。東
至青龍，西至白虎，南至朱雀，北至真武。內方勾陳，分掌
四域；丘丞墓伯，封步界畔；道路將軍，齊整阡陌。千秋
万載，永無殃咎。知見人：歲月主。保人：今日直符。故氣
邪精不得忏悋。先有居者，永避万里。掌人內外存亡，
悉皆安吉。急急如五帝使者女青律令。

一二一　何懷保買地券

一二一　何懷保買地券　宣和五年（一一二三）十二月二十一日

【題解】

一、名稱：何懷保買地券

二、文獻形態：券石長方形，長五十一點七厘米、寬三十二點五厘米，上部陰刻雙欄，左、右及下陰刻單欄，有陰刻單綫九條，自右至左書寫。行楷十行，行十五至二十四字不等。

三、卒葬時間：宣和二年（一一二〇）四月十三日卒，宣和五年（一一二三）十二月二十一日葬。

四、文獻著録：高峡等主編：《西安碑林全集》，廣州：廣东經濟出版社、深圳：海天出版社，一九九九年，第九五卷，第四七一八至四七二二頁。

五、出土及收藏情况：出土於陝西寶鷄姜城堡，券石現收藏於西安碑林博物館。

【釋文】

維大宋宣和五年歲次癸卯十二月庚辰朔二十一日庚子，何/懷保以宣和二年四月十三日殁故。龜筮協從，相地襲吉。/宜於鳳翔府寶鷄縣散關鄉車村社[一]之原，祖塋壬穴之内/安厝宅兆。謹用陰錢九萬九千九百九十九貫文買地一/段，計一料。東西九步，南北一十一步，北有拜墳地三步。東/至青龍，西至白虎，南至朱雀，北至真武。内方勾陳，分掌/四域。丘丞墓伯，封步界畔。道路將軍，齊整阡陌。千秋/萬載，永無殃咎。知見人：歲月主；保人：今日直符。故氣/邪精，不得忏恡。先有居者，永避萬里。亨人内外存亡，/悉皆安吉。急急如五帝使者女青律令。

【校注】

〔一〕鳳翔府寶鷄縣散關鄉車村社：鳳翔府，《輿地廣記》卷一五《陝西秦鳳路上》載：唐至德二年（七五七）置鳳翔府號西京，後罷京名。宋縣十：天興縣、岐山縣、扶風縣、盩厔縣、郿縣、麟游縣、普潤縣、好時縣、寶鷄縣、虢縣。《元豐九域志》卷三《陝西路・秦鳳路》載：寶鷄四鄉，五城、車舍、大散三鎮。

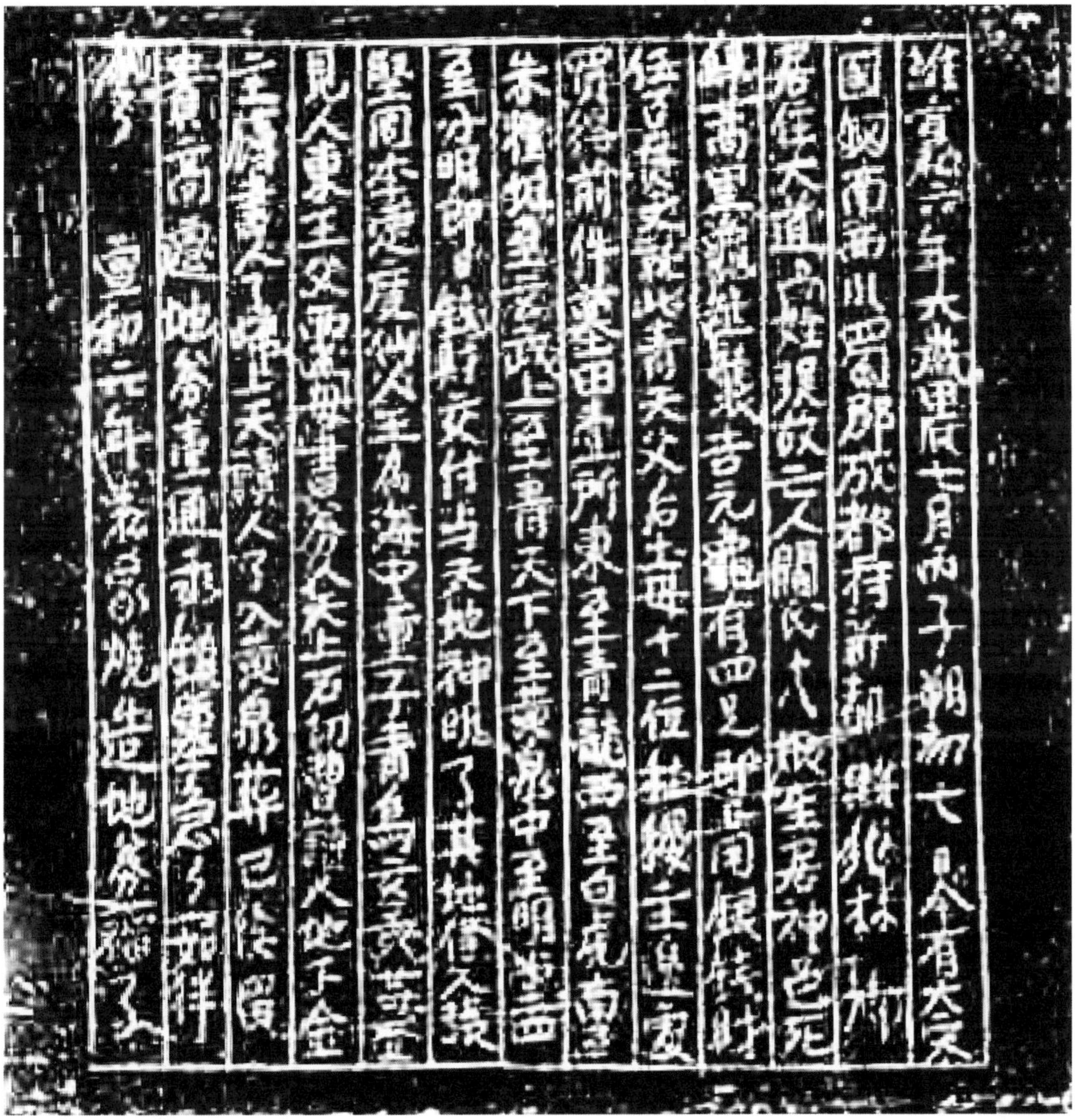

一二二　閻氏十八娘買地券

一二二一　閻氏十八娘買地券　宣和六年（一一二四）七月七日

【題解】

一、名稱：閻氏十八娘買地券

二、文獻形態：青灰色磚質，正方形，邊長三十八點七厘米，厚約三點四厘米；券石四周陰刻單綫，中用陰刻竪綫十二行，本券自右至左書寫。行楷十三行，行十三至二十字。

三、卒葬時間：宣和六年（一一二四）七月七日葬。

四、文獻著録：成都市文物考古工作隊：《成都北郊甘油村發現北宋宣和六年墓》，《四川文物》一九九九年三期，第一一四至一一七頁；高朋：《人神之契：宋代買地券研究》，北京：中國社會科學出版社，二〇一一年，第二四三頁；魯西奇：《中國古代買地券研究》，厦門：厦門大學出版社，二〇一四年，第四五一頁。

五、出土及收藏情況：一九九六年出土於四川省成都市北郊的金牛區天回鄉甘油村。

【釋文】

維宣和六年太歲甲辰七月丙子朔初七日，今有大宋/國劍南西川蜀郡成都府新都縣化林鄉[一]/居住大道百姓歿故亡人閻氏十八娘，生居神邑，死/歸蒿里，龜筮襲吉，元龜有四足，即日用銀錢財/伍百貫文，就此青天父[二]、后土母、十二位社稷主邊處/買得前件墓田壹所。東至青龍，西至白虎，南至/朱雀，北至玄武，上至青天，下至黄泉，中至明堂，四/至分明。即日錢財交付與天地神明了。其地保人：張/堅固、李定度、仙人王喬、海中童子、青烏、玄武等。證/見人：東王父、西王母；書券人：天上石功曹；讀人：地下金/主簿；書人了，歸上天；讀人了，入黄泉。葬已後，留/貴高遷地券壹通，永鎮墓。急急如律/令。宣和元年袁家燒造地券福了。

【校注】

〔一〕劍南西川蜀郡成都府新都縣化林鄉：《太平寰宇記》卷七二《劍南西道一》載：新都縣，舊三十鄉。《元豐九域志》卷七《成都府路》載：新都，十六鄉。本券所載化林鄉爲新都縣轄鄉之一。

〔二〕青天父：其他買地券多爲「皇天父」，所指神靈應相同。

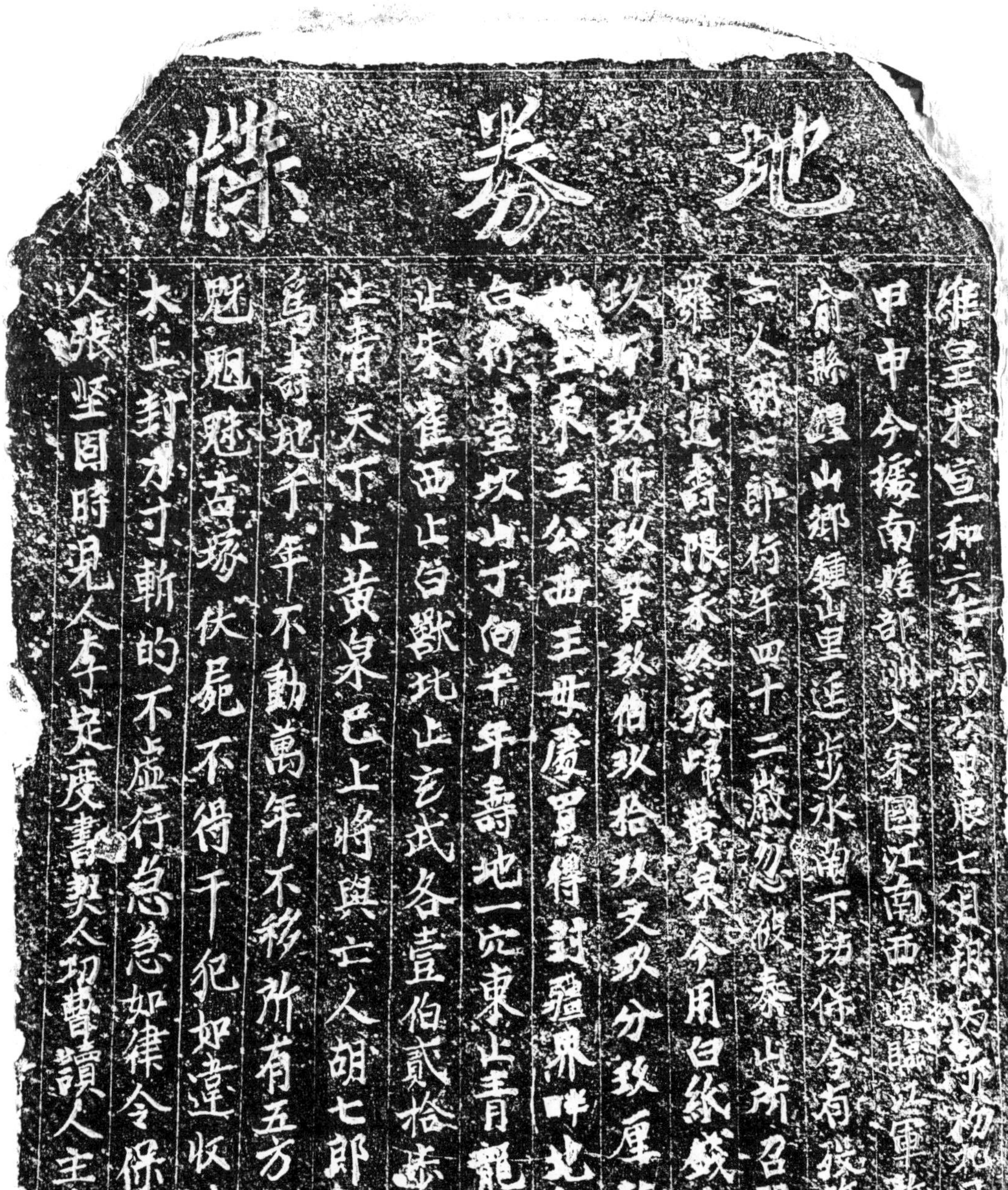

一二三　胡七郎買地券

一二三　胡七郎買地券　宣和六年（一一二四）七月九日

【題解】

一、名稱：胡七郎買地券

二、文獻形態：券石拓本長四十五厘米，寬三十九厘米，上部左右抹角，上部抹角部分四周陰刻雙綫，内楷書一行三字「地券牒」，左右及下部陰刻單綫，券文部分陰刻豎綫十三條，本券自右至左書寫。行楷十四行，行十九字。

三、卒葬時間：宣和六年（一一二四）七月九日葬。

四、出土及收藏情況：出土於江西樟樹市，拓本收藏於河北大學宋史研究中心。

【釋文】

地券牒

維皇宋宣和六年歲次甲辰七月朔丙子初九日/甲申，今據南贍部洲大宋國江南西道臨江軍新/喻縣鍾山鄉鍾山里[一]延步水南下坊保，今有殁故/亡人胡七郎，行年四十二歲，忽被泰山所召，閻/羅帖選，壽限永終，死歸黄泉。今用白紙錢禾/玖萬玖千[二]玖貫玖百[三]玖拾玖文玖分玖厘，就/地主東王公、西王母處買得封疆界畔地名/白竹臺坎山丁向千年壽地一穴。東止青龍，南/止朱雀，西止白獸，北止玄[四]武，各壹百[五]貳拾步，上/止青天，下止黄泉。已上將與亡人胡七郎永/爲壽地，千年不動，萬年不移。所有五方魑魅魍魅，古冢伏尸[六]，不得干犯，如違，收付/太上封刀寸斬，的不虚行。急急如律令。保見/人：張堅固；時見人：李定度；書契人：功曹；讀契人[七]：主簿。

【校注】

〔一〕江南西道臨江軍新喻縣鍾山鄉鍾山里：新喻縣見〇二九《阮府君買地券》。本券載鍾山鄉鍾山里。

〔二〕千：原文作「阡」，今改。

〔三〕百：原文作「伯」，今改。

〔四〕玄：原文缺末筆，應爲避諱。

〔五〕百：原文作「伯」，今改。

〔六〕伏尸：横尸在地，多指暴死。賈誼《過秦論》：「伏尸百萬，流血漂櫓。」後世亦指宅宇下未被發現的尸骸。唐《朝野僉載》：「周左司員外郎鄭從簡，所居廳事常不寧，令巫者視之，曰：有伏尸。」買地券中「伏尸」的意義多爲後者。

〔七〕讀契人：原文脱「契」字，今補。

一二四　黄念四郎買地券

一二四　黄念四郎買地券　宣和六年（一一二四）十二月十七日

【題解】

一、名稱：黄念四郎買地券

二、文獻形態：券石呈八卦形，并刻有八卦，鎸刻文字由圓心向四周呈環形旋轉排列，對角綫長三十九厘米。

三、卒葬時間：宣和六年（一一二四）十二月十七日葬。

四、文獻著録：曾清華：《井研縣北宋黄念四郎墓清理簡訊》，《四川文物》二〇〇二年一期，第九五至九六頁；高朋：《人神之契：宋代買地券研究》，北京：中國社會科學出版社，二〇一一年，第二四三頁；魯西奇：《中國古代買地券研究》，厦門：厦門大學出版社，二〇一四年，第四五二頁。

五、出土及收藏情况：一九九七年出土於四川井研縣城西縣，券石現收藏於井研縣文物保護管理所。

【釋文】〔一〕

維大宋宣和六年歲次甲辰十二月一日甲辰朔十七日庚申，謹有劍南道西川成都府路下仙井監井研縣來鳳鄉永吉里〔二〕，殁故亡人黄念四郎〔三〕，使錢九萬九千九百九十九貫文，就□皇天父、后土母、社稷、十二位神邊，購買得墓□□所，周流一頃，西至青龍，東至白虎，北至朱雀，南至玄武，上至蒼天，下至黄泉。□□□□一一分付天地神明了。保人：張堅固、李定度；證見人：東王父、西王母；書券人：石功曹；讀券人：金主簿。書人了，飛上天；讀券了，入黄泉。一切諸神不得搶奪。急急如律令。

【校注】

〔一〕原拓片模糊不清，無法識讀，釋文轉引自高朋：《人神之契：宋代買地券研究》，第二四三頁。

〔二〕劍南道西川成都府路下仙井監井研縣來鳳鄉永吉里：仙井監，《輿地紀勝》卷一〇《成都府路》載：唐屬梓州路，宋初尚屬梓州路，後屬成都路。《輿地紀勝》載：仙井監領縣四：仁壽、井研、貴平、籍縣。傳世文獻中幾乎没有記載井研縣下設幾鄉，本書二四一《胡氏二娘買地券》所載來鳳鄉爲井研縣轄鄉之一，其下有永吉里。

〔三〕念：與「廿」通假，「黄念四郎」即爲「黄廿四郎」。

一二五　劉真祖買地券

一二五　劉真祖買地券　宣和七年（一一二五）五月十三日

【題解】

一、名稱：劉真祖買地券

二、文獻形態：石質，長方形；長五十七厘米，寬三十九厘米，厚三點五厘米。本券自右至左書寫，陰刻十九行，行七至十四字。

三、卒葬時間：宣和七年（一一二五）五月十三日葬。

四、文獻著録：謝辰：《河南駐馬店市出土一塊宋代買地券》，《中原文物》一九九一年第二期，第一一七頁；高朋：《人神之契：宋代買地券研究》，北京：中國社會科學出版社，二〇一一年，第二八四頁；魯西奇：《中國古代買地券研究》，厦門：厦門大學出版社，二〇一四年，第二七〇頁。

五、出土及收藏情况：一九八七年出土於河南駐馬店市西郊，券石現收藏於駐馬店文保所。

【釋文】

大宋國蔡州確山縣新定鄉左張寨/村〔一〕孝孫男劉真，今用自己地内置/祖塋〔二〕一所，共計地壹畝叁角。謹具/界至如後：/東至青龍爲界；/西至白虎爲界；/南至朱雀爲界；/北至元武爲界；/丘陵墓伯，封步界畔。/道路將軍，齊整阡陌。/右買地謹用價錢玖萬貫文，并雲馬/駱駞等，共成信契。伏願買地之後，家/門清廉，常居安榮之顯；子孫昌盛，/乃獲福慶之光。宣和七年五月十三/日。買地人：孝孫男劉真；/代保人：歲德〔三〕、月德〔四〕；引領人：直〔五〕符使；/牙人：張不明；見人：本土地。/淮西術士曹子中葬。/右贊善大夫〔六〕孫男進十朱浩然書。

【校注】

〔一〕蔡州確山縣新定鄉左張寨村：《輿地廣記》卷九《京西北路》載：隋大業初復置汝南郡，唐武德四年（六二一）稱豫州，天寶元年（七四二）稱汝南郡，寶應元年（七六二）改爲蔡州。宋景祐二年（一〇三五）升爲淮康軍節度。縣十：汝陽縣、上蔡縣、新蔡縣、褒信縣、平輿縣、遂平縣、新息縣、確山縣、真陽縣、西平縣。《元豐九域志》卷一《京西路·北路》載：確山有四鄉。新定鄉爲確山縣四鄉之一，有左張寨村。

〔二〕祖塋：「塋」原文作「營」，今改。

〔三〕歲德：即「歲主」，歲中德神。漢袁康《越絶書·計倪内經》：「太陰在陽，歲德在陰，歲美在是，聖人動而應之制。」清允禄等《協紀辨方書·義例一·歲德》：「歲德者，歲中德神也。」

〔四〕月德：即「月主」。

〔五〕直：原文作「真」，徑改。

〔六〕右贊善大夫：宋初階官名。宋初爲文臣遷轉官階，正五品下，無職事。元豐新制後，易爲寄禄官通直郎階。詳見龔延明編著《宋代官制辭典》，中華書局，一九九七年，第三一頁。

一二六　宋京買地券

一二六　宋京買地券　宣和七年（一一二五）十二月十八日

【題解】

一、名稱：宋京買地券

二、文獻形態：石質，正方形，邊長四十厘米，厚三厘米；券石中部及底部有裂痕，裂爲四塊，左右單欄，本券自右至左書寫。楷書十四行，行十四至十九字。

三、卒葬時間：宣和六年（一一二四）四月十一日卒，宣和七年（一一二五）十二月十八日葬。

四、文獻著録：李緒成：《四川成都北宋宋京夫婦墓》，《文物》二〇〇六年一二期，第五二至六七頁；高朋：《人神之契：宋代買地券研究》，北京：中國社會科學出版社，二〇一一年，第二四四頁；魯西奇：《中國古代買地券研究》，廈門：廈門大學出版社，二〇一四年，第四五三頁。

五、出土及收藏情況：一九九八年出土於四川省成都市東北郊成華區龍潭鄉保平村，券石現收藏於成都市文物考古研究所。

【釋文】

［上缺］歲次乙巳十二月戊戌朔十八日乙亥，／［上缺］夫陝府西路計度轉運副使、權涇原路／［上缺］使兼馬步軍都總管、權知渭州軍州事、／□□□霄玉清萬壽宮、借紫金魚袋宋京，□□／［上缺］此華陽縣星橋鄉[一]天公山之／［上缺］用信錢九萬九千九百九十九□，／［上缺］買地一段。其界東至青龍，西至／白虎，南至朱雀，北至玄武，中方勾陳，分擘掌四域。丘／［上缺］界畔。道路將軍，整齊阡陌。千秋萬歲，／［上缺］若輒干犯訶禁者，將軍亭長，收付河伯。／［上缺］酒飯，百味香新，共爲信契。□地交相分／［上缺］修營安厝已後，永保休吉。知見人：歲月主，／［上缺］：今日時直符。故氣邪精，不得忏恡。先有居／［上缺］萬里。若違此約，分付地府主吏，自當其禍，／［上缺］亡，悉皆安吉。急急一如／五帝使者女青律令。

【校注】

［一］華陽縣星橋鄉：《元豐九域志》卷七《成都府路》載：華陽縣下設八鄉、均窑一鎮。本券與〇五四《劉守謙買地券》、〇八六《劉起地券》、〇八七《劉觀買地券》皆載星橋鄉。

一二七　蔡氏小九娘子買地券

一二七　蔡氏小九娘子買地券　靖康元年（一一二六）十月二十九日

【題解】

一、名稱：蔡氏小九娘子買地券

二、文獻形態：紅砂石質；正方形，邊長三十四點五厘米，厚約二十五厘米；券文四周陰刻單綫，券文楷書十二行，行十四字。本券自右至左書寫。

三、卒葬時間：靖康元年（一一二六）十月二十九日葬。

四、文獻著録：周爾太、王軍、胡大剛等：《成都市成華區三聖鄉花果村宋墓發掘簡報》，《成都考古發現二〇〇一》，北京：科學出版社，二〇〇三年，第二〇〇至二三六頁；高朋：《人神之契：宋代買地券研究》，北京：中國社會科學出版社，二〇一一年，第二四五頁；魯西奇：《中國古代買地券研究》，厦門：厦門大學出版社，二〇一四年，第四五四頁。

五、出土及收藏情况：二〇〇一年出土於四川省成都市東南郊成華區三聖鄉花果村。

【釋文】

維靖康元年歲次丙午十月癸巳朔/二十九日辛酉，近故蔡氏小九娘子/地券文：生居城邑，死安宅兆。卜筮叶/從，相地咸吉。宜於此華陽縣普安鄉〔一〕/福地之原安厝，其界左至青龍，右至/白虎，前至朱雀，後至玄武，内方勾陳，/分掌四域。丘丞墓伯，道路將軍，封步/界畔，整齊阡陌。千秋萬歲，永無咎殃。/知見人：歲月主者；保人：今日時直符。/故氣邪精，不得忏悋。先有居者，迴避/萬里。若違此約，地府主吏，自當其禍，/然後内外存亡安吉。急急如律令。

【校注】

〔一〕華陽縣普安鄉：見〇三〇《周氏買地券》。

一二八　揭宗强父揭九郎地券

一二八　揭宗强父揭九郎地券　靖康元年（一一二六）閏十一月二十五日

【題解】

一、名稱：揭宗强父揭九郎地券

二、文獻形態：拓片成圓頭陰刻邊綫，長四十四厘米，寬四十厘米，題額「揭公量地券」，本券自左向右書寫。陰刻行楷十四行，行六至十二字不等。

三、卒葬時間：靖康元年（一一二六）閏十一月二十五日。

四、文獻著録：胡抗美、曾翔主編：《書法文獻》（宋代地券卷），青島：青島出版社，二〇一四年，第三五頁。

五、出土及收藏情況：江西出土，原石收藏於百石齋。

【釋文】

揭公量地券

維皇宋靖康元年歲次丙午閏/十一月二十五日丙辰，即有長/寧鄉張熂里[一]孝男揭宗强偕弟、/侄等用錢財采帛約計九千九/百九十九貫，於開皇地主邊買/得東堂坎壬山丁向地一穴。地/東止甲乙，南止丙丁，西止庚辛，/北止壬癸，上止青天，下止黄泉，/居中一穴，与亡父揭九郎爲萬/年冢宅。墓中什物，係亡人所管，/地神不得妄來争占者。保人：張堅固，見人：李定度，書人：天官道/士。内外神將，須當擁護。急急如/律令者。范明刊。

【校注】

〔一〕長寧鄉張熂里：據《故李氏孺人墓碣》，長寧鄉屬隆興府豐城縣。南宋隆興元年（一一六三），因孝宗繼位前曾封藩王於洪州，故升洪州爲隆興府，府仍治南昌縣（今屬江西省南昌市）。本書〇六八《孫七郎買地券》載洪州豐城縣富城鄉。故本券所載長寧鄉爲北宋洪州豐城縣轄鄉之一，有張熂里。

一二九　涂氏一娘買地券

一二九　涂氏一娘買地券　靖康二年（一一二七）三月二日

【題解】

一、名稱：涂氏一娘買地券

二、文獻形態：券石呈方形，上部左右小抹角，上部陰刻日月圖案及雲紋。拓片長三十八點五厘米，寬三十八點五厘米。陰刻界欄十三行。本券自右至左書寫。楷書十二行，行七至二十二字不等。

三、卒葬年：靖康二年（一一二七）三月朔二日卒。

四、出土及收藏情況：拓片現藏河北大學宋史研究中心資料室。

【釋文】

維皇宋靖康二年三月一日辛卯朔初二日壬辰，/即有撫州宜黄縣崇賢鄉康太里[一]歿故涂氏一娘，/行年三十九歲。忽往南山採花，遇仙人賜酒，承醉不返，命落黄泉。先用錢玖千玖佰玖拾玖文玖分於元皇地主[二]/邊買得土名龍□壬山丙向陰地一穴安葬。東止甲乙，南/止丙丁，西止庚辛，北止壬癸，四止内依亡人所管。内外三十八將/，丘承[三]墓伯封界止。千秋萬歲，永無殃咎。地主：張堅固；/保人：李定度；見人：功曹；書人：玄武。地中典吏、皇神、后土爲左右/鄰里。地中土符見亡人過往不得借問，不得侵占亡人隨身/衣物。何人書？水中魚。何人讀？雲中鶴。何人裁衣？雲中織女。何/人修棺？洛陽巧匠。隨身物色付與亡人收管，今奉/太上給地券一所，永爲公據。急急如律令。

【校注】

〔一〕撫州宜黄縣崇賢鄉康太里：據《宋史》卷八八《地理四》，撫州縣五：臨川、崇仁、宜黄、金溪、樂安。

〔二〕元皇地主：買地券中多爲「開皇地主」，見〇一六《黄二郎買地券》。

〔三〕丘承：同「丘丞」。

主編　梁松濤　王曉龍
副主編　賈文龍　王曉薇

出土宋代買地券輯釋

下

鳳凰出版社

南宋

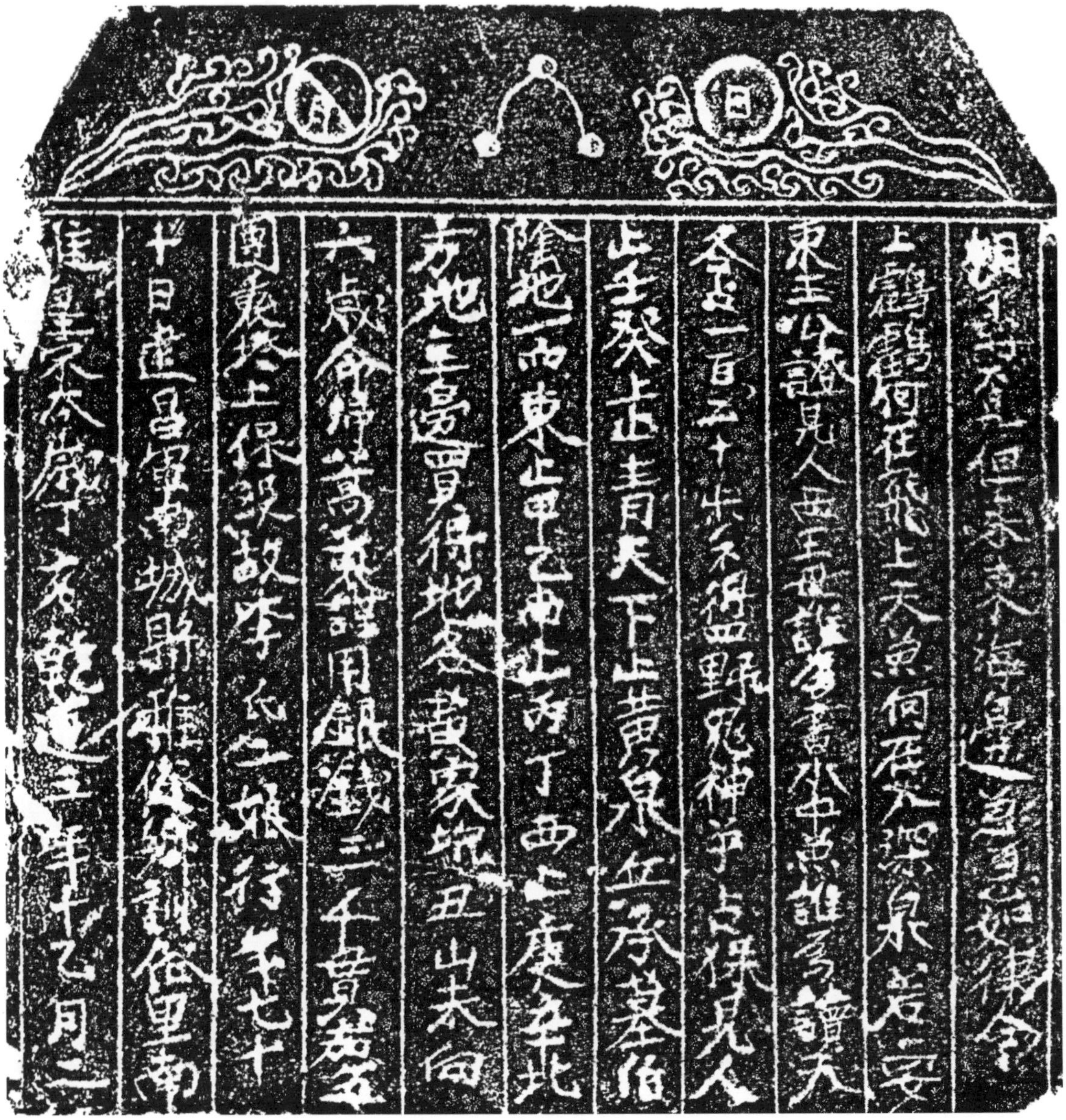

一三〇　李二娘地券

一三〇 李二娘地券 建炎二年（一一二八）十一月十二日

【題解】

一、名稱：李二娘地券

二、文獻形態：拓片成方形抹角，長三十九厘米，寬三十八厘米，無題額，從左向右書寫，上部兩邊陰刻雲形日月圖兩朵，中間陰刻行星圖，下部陰刻界欄十二行，陰刻行楷十一行，行十四至十九字不等。

三、卒葬時間：建炎二年（一一二八）十一月十二日葬。

四、文獻著録：胡抗美、曾翔主編：《書法文獻》（宋代地券卷），青島：青島出版社，二〇一四年，第四一頁。

五、出土及收藏情況：江西出土，原石收藏於百石齋。

【釋文】

維皇宋太歲丁亥乾道三年十乙（一）月二ノ十日，建昌軍南城縣雅俗鄉訓俗里南ノ團裏□上保〔一〕殁故李氏二娘，行年七十ノ六歲，命歸蒿裏。謹用銀錢三千貫於五ノ方地主邊買得地名黄家坑丑山未向ノ陰地一穴。東止甲乙，南止丙丁，西止庚辛，北ノ止壬癸，上止青天，下止黄泉，丘承〔二〕墓伯，ノ各占一百二十步。不得四野鬼神争占。保見人：東王公，證見人：西王母。誰爲書？水中魚，誰爲讀？天ノ上鶴〔三〕。鶴何在？飛上天。魚何在？入深泉。若要ノ相尋覓，但來東海邊。急急如律令。

【校注】

〔一〕建昌軍南城縣雅俗鄉訓俗里南團裏□上保：建昌軍南城縣見〇四一《陳氏六娘買地券》。雅俗鄉爲南城縣轄鄉之一，下有訓俗里南團裏□上保。本書〇四八《危五郎地券》載雅俗鄉訓俗里下凉水南保。〇四一《陳氏六娘買地券》載雅俗鄉訓俗里後潭新津保。

〔二〕丘承：同「丘丞」。

〔三〕鶴：本句「天上鶴」與下句「鶴何在」原文作「鸖」，今改。

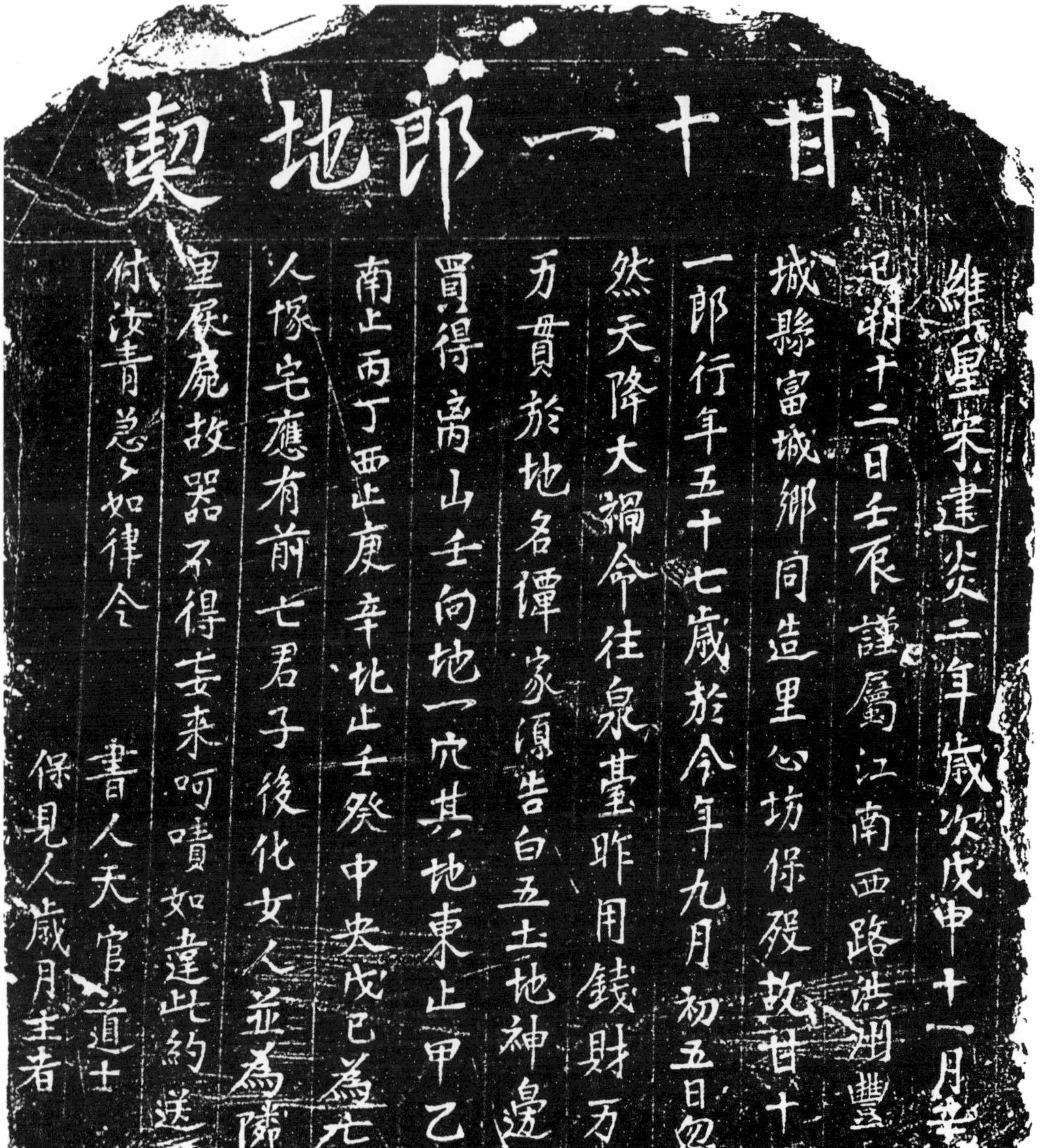
甘十一郎地契
維皇宋建炎二年歲次戊申十一月辛
巳朔十二日壬辰謹屬江南西路洪州豐
城縣富城鄉同造里心坊保殁故甘十
一郎行年五十七歲於今年九月初五日忽
然天降大禍命往泉臺昨用錢財万
万貫於地名譚家源告白五土地神邊
買得窩山壬向地一穴其地東止甲乙
南止丙丁西止庚辛北止壬癸中央戊己爲亡
人塚宅應有前亡君子後化女人並爲隣
里屍骸故器不得妄來呵嘖如違此約送
付汝青急々如律令
書人天官道士
保見人歲月主者

一三一　甘十一郎地券

一三一　甘十一郎地券　建炎二年（一一二八）十一月十二日

【題解】

一、名稱：甘十一郎地券

二、文獻形態：拓片呈方形抹角，長五十厘米，寬四十六厘米，題額「甘十一郎地券」，内陰刻邊框爲梯形，下部陰刻界欄十三行。本券自右至左書寫。陰刻行楷十二行，行七至十五字不等。

三、卒葬時間：建炎二年（一一二八）十一月十二日。

四、文獻著録：胡抗美、曾翔主編：《書法文獻》（宋代地券卷），青島：青島出版社，二〇一四年，第三六頁。

五、出土及收藏情況：江西出土，券石收藏於百石齋。

【釋文】

甘十一郎地契

維皇宋建炎二年歲次戊申十一月辛/巳朔十二日壬辰，謹屬江南西路洪州豐/城縣富城鄉同造里心坊保[一]殁故甘十/一郎，行年五十七歲，於今年九月初五日，忽/然天降大禍，命往泉臺。昨用錢財萬/萬貫於地名譚家源告白五土地神邊/買得離山壬向地一穴。其地東止甲乙，/南止丙丁，西止庚辛，北止壬癸，中央戊己爲亡/人冢宅。應有前亡君子，後化女人，并爲鄰/里。伏尸故器[二]，不得妄來呵責。如違此約，送/付汝青。急急如律令。書人：天官道士。/保見人：歲月主者。

【校注】

〔一〕江南西路洪州豐城縣富城鄉同造里心坊保：洪州豐城縣見〇六八《孫七郎買地券》。富城鄉爲豐城縣轄鄉之一，本券所見有同造里心坊保。本書〇六八《孫七郎買地券》載富城鄉同造里，一〇三《章氏十娘地契》載富城鄉同造里水南保。

〔二〕故器：同「故氣」。

一三二　費承祐父費昭福買地券

一三二　費承祐父費昭福買地券　建炎三年（一一二九）八月二十日

【題解】

一、名稱：费承祐父費昭福買地券

二、文獻形態：陶質，碑形，券石高四十三點五厘米、寬三十八點五厘米、厚三厘米。用横綫將碑分爲三部分，碑首圜形，碑底刻蓮花瓣，下有榫。券文部分陰刻竪綫十一條，券文行楷十二行，行六至十四字，本券自左到右書寫。

三、卒葬時間：建炎三年（一一二九）八月二十日葬。

四、文獻著録：成都文物考古研究所、成都博物院：《成都出土歷代墓銘券文圖録綜釋》，北京：文物出版社，二〇一二年，第三〇四至三〇五頁。

五、出土及收藏情况：一九九八年出土於成都崇州市街子鎮，現存成都崇州市文物保護管理所。

【釋文】

宋故費昭福男費承祐、承禧等，／維建炎三年太歲己酉閏八月丁丑／朔二十日丙申，即有永康青城縣長／樂鄉味江鎮[一]以今將錢萬萬九千九百九／十九文，來在萬春界買得墓田，周／流一頃。東至青龍，南至朱雀，／西至白虎，北至玄武。／上至蒼天，下至黄泉。今日錢財分付／與天地神明了。保人：張堅故[二]、李定度；／知[三]見：東王父、西王母。書契人飛上天；／買地人入黃泉。地下衆聖急急如令。／地契四至分明。

【校注】

〔一〕永康青城縣長樂鄉味江鎮：永康即永康軍，詳見〇五六《楊承秀買地券》。

〔二〕張堅固：原文作「張堅故」。

〔三〕知：原文作「如」，應爲「知」之訛。

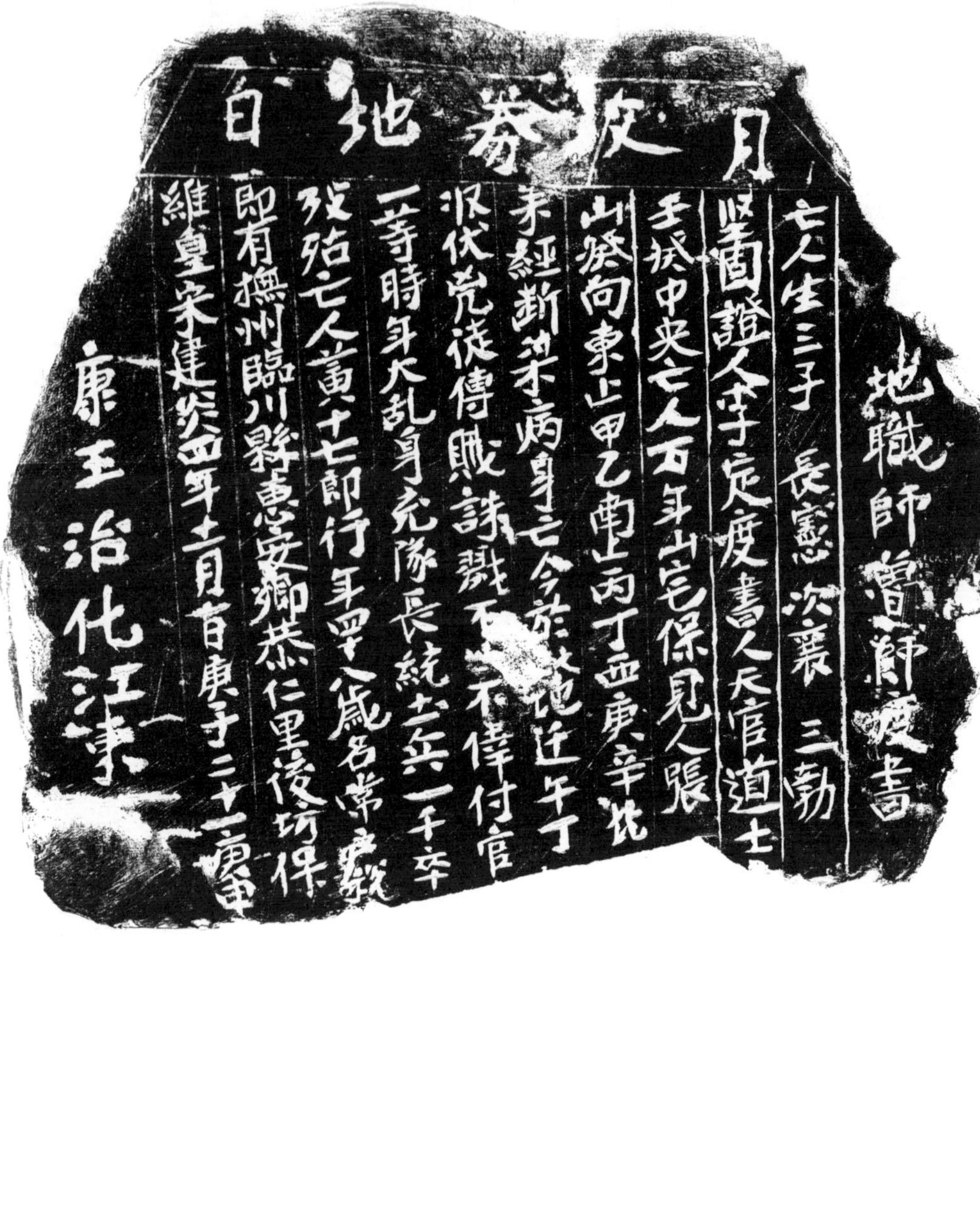

一三三　黄長憲父黄十七郎買地券

一三三　黃長憲父黃十七郎買地券　建炎四年（一一三〇）十一月二十一日

【題解】

一、名稱：黃長憲父黃十七郎買地券

二、文獻形態：券石四周有缺損，殘長三十六點五厘米，寬四十一厘米，上部兩角有抹角，陰刻單綫，刻一行額文，左右刻「日」「月」二字，中間刻「地券文」。下陰刻竪綫十一條，本券自左至右書寫。楷書十二行，行七至十九字。

三、卒葬時間：建炎四年（一一三〇）十一月二十一日葬。

四、出土及收藏情況：出土地不詳，拓本現藏河北大學宋史研究中心。

【釋文】

地券文

康王治化江東□[一]

維皇宋建炎四年十一月一日庚子二十一庚申，/即有撫州臨川縣惠安鄉恭仁里後坊保[二]/歿殆[三]亡人黃十七郎，行年四十八歲，名常，户税/一等[四]。時年大乱，身充隊長，統土兵[五]一千卒，/收伏兇徒，傳賊誅戮不□不倖付官，/未經斷，染病身亡。今於□地迁午丁/山癸向。東止甲乙，南止丙丁，西止[六]庚辛，北/止[七]壬癸。中央亡人，萬年山宅。保見人：張/堅固；證人：李定度；書人：天官道士。/亡人生三子：長憲，次襄，三勃。/地職師曾師度書

【校注】

〔一〕文首「康王治化江東□」與文末「地職師曾師度書」左右對書。

〔二〕撫州臨川縣惠安鄉恭仁里後坊保：撫州臨川縣見〇七一《朱小七郎買地券》。惠安鄉爲臨川縣轄鄉之一，有恭仁里後坊保。

〔三〕歿殆：同「歿故」。

〔四〕户税一等：即「一等税户」。宋代鄉村主户按家産多少，分成五等，官府按户等高下攤派某些税役，或免除鄉村下户的某些税役。

〔五〕土兵：宋稱本地軍隊爲土兵。宋神宗時，於禁兵、廂兵外，另設土兵，隸屬各地巡檢司，作爲地方治安部隊。因土兵往往屯駐於各巡檢司砦，故又稱砦兵。

〔六〕西止：原文脱「止」字，今補。

〔七〕北止：原文脱「止」字，今補。

一三四　楊氏買地券

一三四　楊氏買地券　紹興三年（一一三三）九月九日

【題解】

一、名稱：楊氏買地券

二、文獻形態：陶質，正方形，邊長四十一厘米，厚四厘米。碑券右上角有殘缺，券文行楷十行，行九至二十字不等。因碑券局部磨蝕，部分文字漫漶不清。本券自左至右書寫。

三、卒葬時間：紹興三年（一一三三）九月九日葬。

四、文獻著録：成都文物考古研究所、成都博物院：《成都出土歷代墓銘券文圖録綜釋》，北京：文物出版社，二〇一二年，第三一〇至三一一頁。

五、出土及收藏情況：券石現收藏於成都市新都區文物保護管理所。

【釋文】

維紹興三年歲次癸丑九月壬子朔初九日庚申，今/有大宋劍南西川成都府新繁縣永寧鄉□建里[一]/居住殁故先妣楊□魂□。謹備銀錢貳佰貫文，/就此本縣□□鄉於皇天父、后土母、社稷主邊，/十二位神處，買得前件墓田一所。東至青龍，/西至白虎，南至朱雀，北至玄[二]武，上至蒼天，下/至黄泉。四至分明，即日錢財付與地神了。保人：歲月主；證見人：今日直符。先有居者，遠/避萬里，不得妄生忤恡。殁故先妣□□□□/□□此契券一如律令。

【校注】

〔一〕劍南西川成都府新繁縣永寧鄉□建里：《太平寰宇記》卷七二《劍南西道一》載，新繁縣，舊三十鄉，今二十八。《元豐九域志》卷七《成都府路》載：新繁縣下設二十八鄉及河屯、清流二鎮。

〔二〕玄：原文「玄」字缺末筆，避宋聖祖趙玄朗諱。

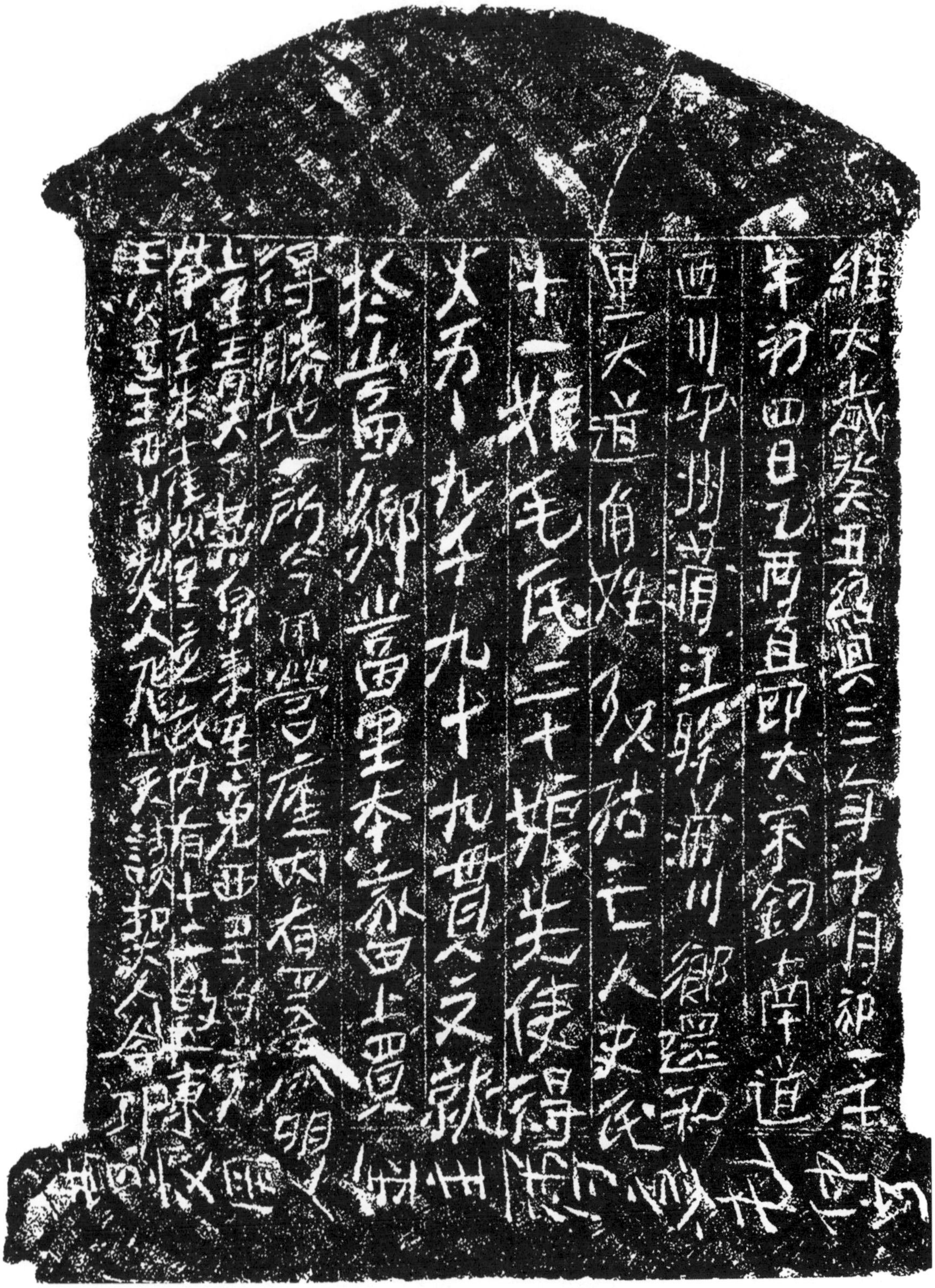

一三五　史氏十一娘、毛氏二十娘買地券

一三五　史氏十一娘、毛氏二十娘買地券　紹興三年（一一三三）十月四日

【題解】

一、名稱：史氏十一娘、毛氏二十娘買地券

二、文獻形態：白砂石質，券石呈碑形，券石高四十五厘米、寬三十五點五厘米、厚三點一厘米。券首圓形，券底横刻一行券文，券中部上下陰刻單綫。本券自右至左書寫。行楷十一行，行十一至十六字。

三、卒葬時間：紹興三年（一一三三）十月四日葬。

四、文獻著録：成都文物考古研究所、成都博物院：《成都出土歷代墓銘券文圖録綜釋》，北京：文物出版社，二〇一二年，第三〇六至三〇七頁。

五、出土及收藏情況：一九八三年出土於四川省原温江地區蒲江縣（今屬成都市）插旗鄉（今蒲江縣壽安鎮）金家村，券石現收藏於成都市蒲江縣文物保護管理所。

【釋文】

維太歲癸丑紹興三年十月初一壬/午初四日乙酉，直即大宋劍南道/西川邛州蒲江縣蒲川鄉還和/里[一]大道角姓[二]殁殆[三]亡人史氏/十一娘、毛氏二十娘，先使得/錢萬萬九千九十九貫文，就/於當鄉當里本家田上買/得勝地一所。今用營瘞，内有四至分明。/上至青天，下至[四]黄泉。東至青龍[五]，西至白虎，/南至朱雀，北至玄[六]武，内有十二煞、東/王父、西王母。書契人：飛上天；讀契人：合功/曹[七]；交關人：金主簿。急付神[八]了。

【校注】

〔一〕劍南道西川邛州蒲江縣蒲川鄉還和里：邛州蒲江縣見〇〇二《魏訓買地券》。蒲川鄉爲蒲江縣轄鄉之一，本券所見有還和里。

〔二〕角姓：用「五音相宅法」確定的墓地位置。參〇六〇《楊璝買地券》校注「商姓」。

〔三〕殁殆：同「殁故」。

〔四〕下至：原文脱「至」字，今補。

〔五〕青龍：原文脱「青」字，今補。

〔六〕玄：原文「玄」字缺末筆，避宋聖祖趙玄朗諱。

〔七〕合功曹：其他買地券中多作「石功曹」，「合」疑爲「石」之誤。

〔八〕神：原文爲「伸」，今改爲「神」。

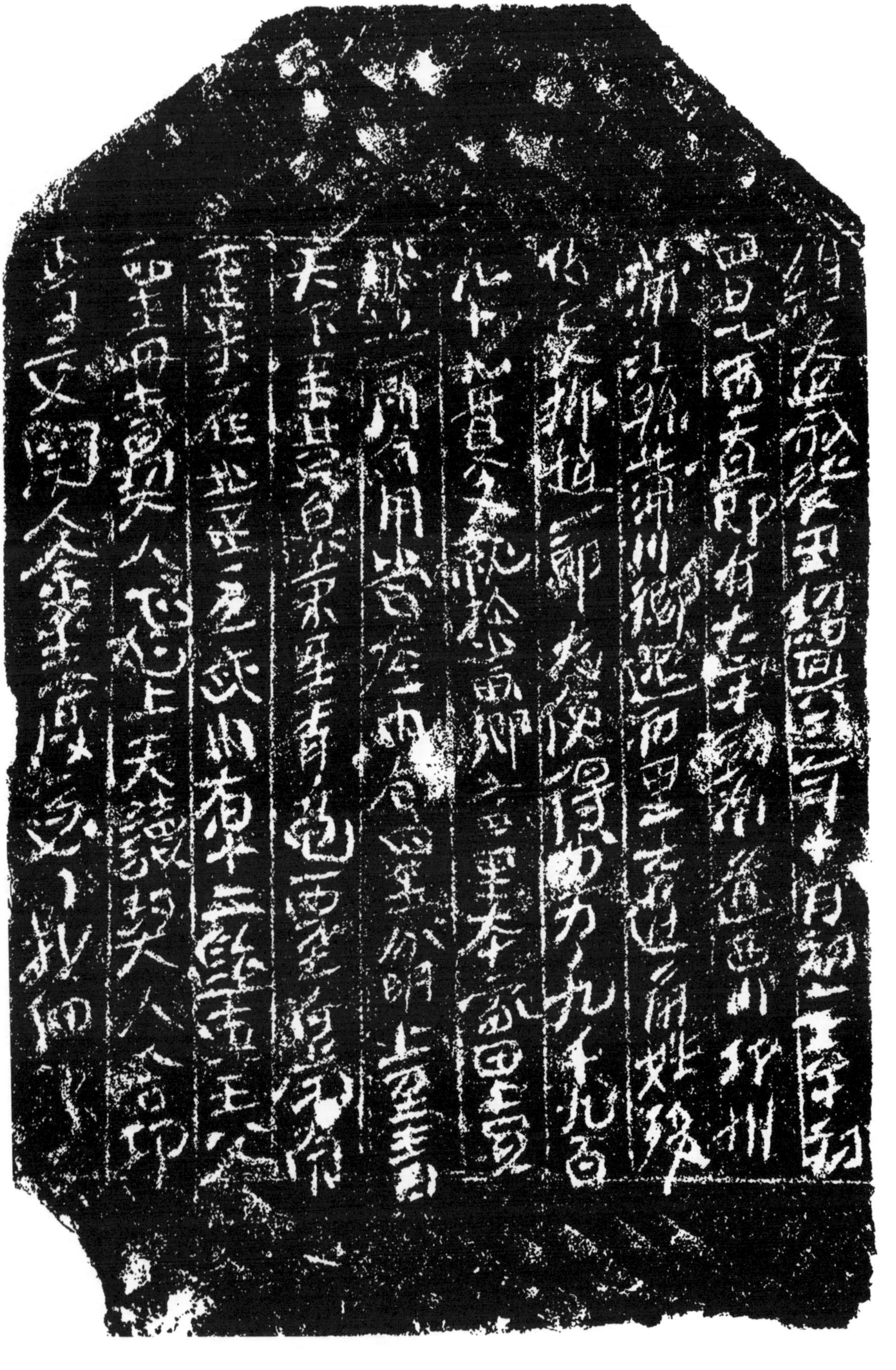

一三六　柳趙一郎買地券

一三六　柳趙一郎買地券　紹興三年（一一三三）十月四日

【題解】

一、名稱：柳趙一郎買地券

二、文獻形態：白砂石質，長方形，長四十六厘米、寬三十一點五厘米、厚三十二厘米。上左右抹角，券文邊綫爲陰刻欄。本券自右至左書寫。行楷十行，行十三至十六字。

三、卒葬時間：紹興三年（一一三三）十月四日葬。

四、文獻著録：成都文物考古研究所、成都博物院：《成都出土歷代墓銘券文圖録綜釋》，北京：文物出版社，二〇一二年，第三〇八至三〇九頁。

五、出土及收藏情况：一九八三年出土於四川省原温江地區蒲江縣（今屬成都市）插旗鄉（今蒲江縣壽安鎮），券石現收藏於成都市蒲江縣文物保護管理所。

【釋文】

維太歲癸丑紹興三年十月初一壬午初/四日乙西，直即有大宋劍南道西川邛州/蒲江縣蒲川鄉還和里[一]大道角姓[二]歿/故亡人柳趙一郎，先使得錢萬萬九千九百/九十九貫文，就於當鄉當里本家田上買/墓地一所。今用營瘞，内有四至分明。上至青/天，下至黄泉。東至青龍，西至白虎，南/至朱雀，北至玄[三]武。内有十二煞、東王父、/西王母。書契人：飛上天；讀契人：合功/曹[四]；交關人：金主簿。急急付神[五]了。

【校注】

〔一〕劍南道西川邛州蒲江縣蒲川鄉還和里：邛州蒲江縣見〇〇二《魏訓買地券》。蒲川鄉爲蒲江縣轄鄉之一，本券所見有還和里。

〔二〕角姓：用「五音相宅法」確定的墓地位置。參〇六〇《楊appropriate買地券》校注「商姓」。

〔三〕玄：原文「玄」字缺末筆，避宋聖祖趙玄朗諱。

〔四〕合功曹：其他買地券中多作「石功曹」，「合」疑爲「石」之誤。

〔五〕神：原文爲「伸」，今改爲「神」。

一三七　劉三十八郎買地券

一三七　劉三十八郎買地券　紹興三年（一一三三）十一月二十一日

【題解】

一、名稱：劉三十八郎買地券

二、文獻形態：青石質，長三十二厘米，寬三十三厘米，厚一點五厘米。上首抹角，呈梯形，四周陰刻單綫；下部陰刻竪綫十一条。本券自右至左書寫。行楷十行，行二十二至二十八字不等，字迹欠規整。

三、卒葬時間：紹興三年（一一三三）十一月二十一日葬。

四、文獻著録：劉禮純、周春香：《江西瑞昌發現南宋紀年墓》《考古》一九九一年第一期，第九二至九四頁；陳柏泉：《江西出土墓誌選編》，南昌：江西教育出版社，一九九一年，第五五八頁；高朋：《人神之契：宋代買地券研究》，北京：中國社會科學出版社，二〇一一年，第二一〇頁；魯西奇：《中國古代買地券研究》，厦門：厦門大學出版社，二〇一四年，第三七四頁。

五、出土及收藏情况：一九八七年出土於江西瑞昌横港鄉繁榮村，券石現收藏於瑞昌縣博物館。

【釋文】[一]

維宋紹興三年歲次癸丑十一月朔二十一日壬申，江州瑞昌縣清盆鄉上泉/港南保[二]殁故亡人劉三十八郎，墓在此山崗。一生居城邑，死安宅兆，龜筮/協從，其地襲吉，宜於本鄉里社山崗安厝宅兆。謹用幣九萬九千九百/九十九貫文，五色彩雜信，買地三十六畝，東止千，西止百，左青龍，右白虎，前/朱雀，後玄武，内方勾陳，外掌四域。丘丞墓伯，冢中二千石，封步界畔。/道路將軍，墓門亭長，收付河伯。今以牲牢禮幣甘什食百味香雜，/共爲信契。財地交付，工匠修營。安厝已後，永保吉昌。元知見/人：歲月主者。保人：將軍，今日直符。故氣邪精，不得干擾。先有/居者，不干主人内外之事。今使主人内外存亡得安穩。急急/如律令。五帝使者女青詔書律令。

【校注】

〔一〕原拓片模糊不清，無法識讀，釋文引自陳柏泉：《江西出土墓誌選編》，南昌：江西教育出版社，一九九一年，第五五八頁。

〔二〕江州瑞昌縣清盆鄉上泉港南保：江州瑞昌縣見〇四〇《孫四娘買地券》。清盆鄉爲瑞昌縣八轄鄉之一，有上泉港南保。

一三八　李文元買地券

一三八 李文元買地券 紹興六年（一一三六）八月二十五日

【題解】

一、名稱：李文元買地券

二、文獻形態：紅砂石質，正方形，邊長三十二點七厘米、厚一點八厘米。券石裂爲十塊，右上角剥蝕。券石上下陰刻單綫，左右陰刻雙綫。券文刻於綫框之内，自右至左書寫。字體稍斜，共九行，滿行十五字。

三、卒葬時間：紹興六年（一一三六）八月二十五日葬。

四、文獻著録：成都文物考古研究所、成都博物院：《成都出土歷代墓銘券文圖録綜釋》，北京：文物出版社，二〇一二年，第三一二至三一三頁。

五、出土及收藏情况：時地不詳。券石現收藏於成都文物考古研究所。

【釋文】

［上缺］丙辰八月丙申朔二十五/［上缺］真大師李文元地券。生居/［上缺］筮叶從，相地咸吉，宜於此成/都縣延福鄉[一]福地之原安厝。其界東至/青龍，西至白虎，南至朱雀，北至玄武。中/方勾陳，分掌四域，丘承[二]墓伯，道路將/軍，封步界畔，整齊阡陌，千秋萬載，/永无咎殃。知見人：歲月主者，保人：今日/直符。故炁邪精，不得忓犯。急急如律令。

【校注】

［一］成都縣延福鄉：成都縣見〇六二《楊氏買地券》。延福鄉爲成都縣十六鄉之一。

［二］丘承：同「丘丞」。

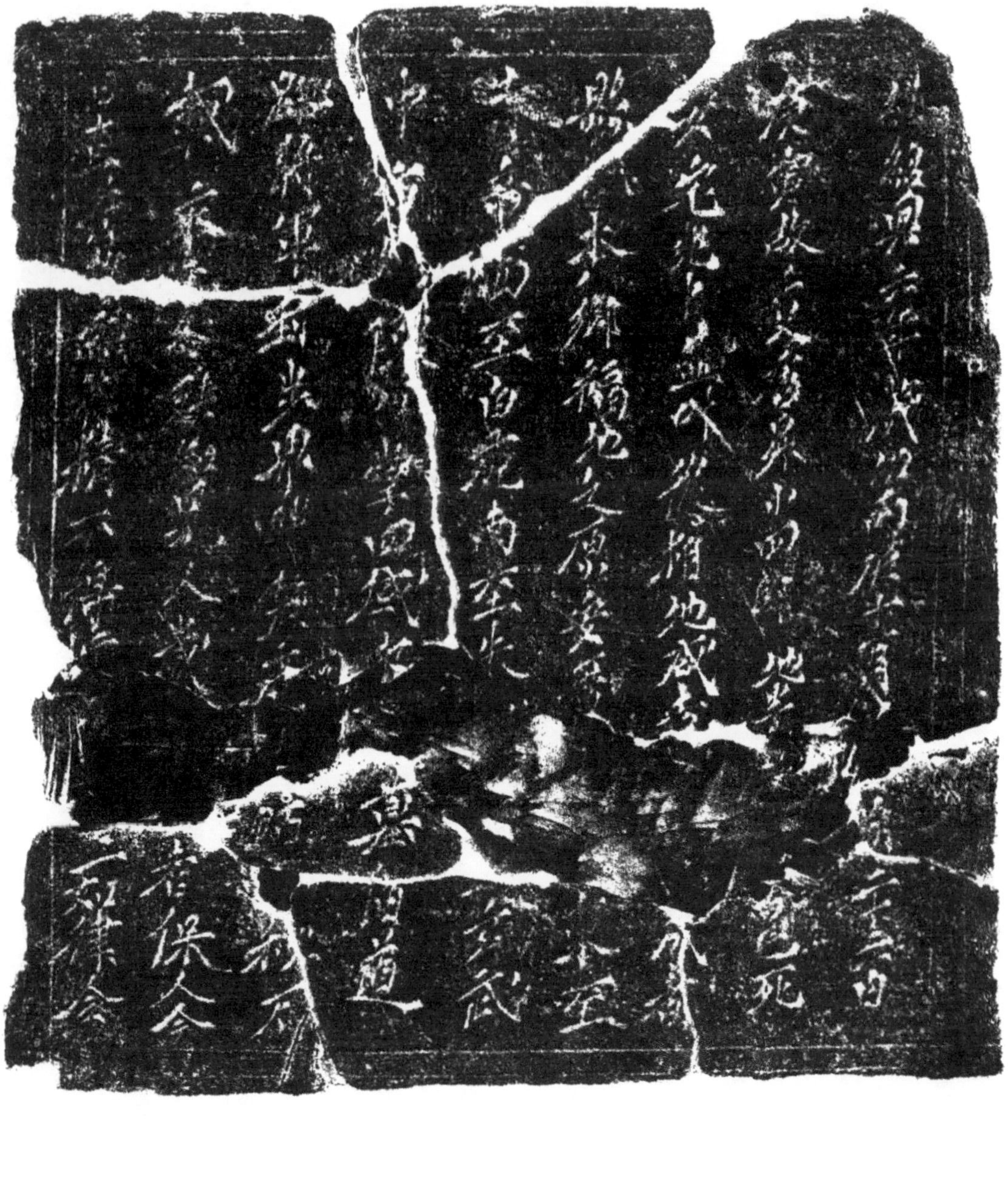

一三九　唐昇小四郎買地券

一三九　唐昇小四郎買地券　紹興六年（一一三六）十一月二十六日

【題解】

一、名稱：唐昇小四郎買地券

二、文獻形態：紅砂石質，正方形，邊長二十九厘米、厚二點五厘米；券石裂爲九塊，券文四周刻畫雙綫，自右至左書寫。楷書九行，行十九字。

三、卒葬時間：紹興六年（一一三六）十一月二十六日卒。

四、文獻著録：宋世有：《成都市金牛區歡樂谷宋墓發掘簡報》，《成都考古發現》，北京：科學出版社，二〇一三年，第五八〇至五八八頁。

五、出土及收藏情況：二〇〇七年出土於四川成都市金牛區歡樂谷。

【釋文】

維紹興六年歲次丙辰十一月乙丑朔二十六日/庚寅，故交[一]唐昇小四郎地券。生居城邑，死/安宅兆。卜筮叶/從，相地咸吉。□□□成都/縣□水鄉[二]福地之原安厝。□□□東至青龍，西至白虎，南至朱雀，北至玄武，/中方勾陳，以掌四域。丘丞墓伯，道路將軍。封步界畔，整齊阡陌。千秋萬/載，永無咎殃。知見人：歲月主者。保人：今日/直符。故氣邪精，不得忓恡。急急一如律令。

【校注】

〔一〕故交：舊交，舊友。

〔二〕成都縣□水鄉：成都縣見〇六二《楊氏買地券》。□水鄉爲成都縣十六鄉之一。

一四〇　朱近五父買地券

一四〇　朱近五父買地券　紹興九年（一一三九）十一月七日

【題解】

一、名稱：朱近五父買地券

二、文獻形態：券石近方形，長三十厘米，寬二十九厘米。本券自右至左書寫，券文字迹潦草，共十三行，行十六字。單雙行順逆相間。

三、卒葬時間：紹興九年（一一三九）十一月七日遷葬。

四、文獻著録：羅振玉：《地券征存》，見《羅雪堂先生全集》五編，臺北：大通書局，一九七三年，第三集，第一三〇八至一三〇九頁；池田温：《中國歷代墓券略考》，《東洋文化研究所紀要》第八六號，一九八一年，第二四六至二四七頁；高朋：《人神之契：宋代買地券研究》，北京：中國社會科學出版社，二〇一一年，第二八九頁；魯西奇：《中國古代買地券研究》，厦門：厦門大學出版社，二〇一四年，第三〇五頁。

五、出土及收藏情況：陝西省寶鷄市出土。

【釋文】

鳳翔府虢縣磻溪鄉盧家社[一]朱近，於阜/昌六年六月七日，於今遠社趙元處村南，/買到白地[二]十畝，内著[三]新關四□葬五父。/前用錢□九萬九千九百[四]九十文，就皇天父、/后土母、社稷、十二神[五]邊買得前墓田，周流一傾。/東至青龍，西至白虎，南至朱雀，北至/玄武。上至蒼天，下至黄泉。四至分明。即日錢/財分付天地神明了。保人：張陸[六]、李定度；/知見人：東王公、西王母；書契人：石功曹；讀/契人：金主簿。書契人飛上天，讀契人入/黄泉。急急如律令。/紹興九年歲次己未十一月一日戊寅朔七/日甲申日遷葬。朱近。

【校注】

〔一〕鳳翔府虢縣磻溪鄉盧家社：鳳翔府虢縣見一二一《何懷保買地券》，磻溪鄉爲虢縣三轄鄉之一。

〔二〕白地：無莊稼的田地。

〔三〕著：原文作「卓」，今改。

〔四〕百：原文作「伯」，今改。

〔五〕十二神：原文脱「神」字，今補。

〔六〕張陸：其他買地券多爲「張堅固」。

一四一　程利富買地券

一四一　程利富買地券　紹興十年（一一四〇）二月十五日

【題解】

一、名稱：程利富買地券

二、文獻形態：紅砂石質，券石呈長方形，長五十點四厘米，寬四十二點二厘米，厚四點五厘米，上部略呈圓弧形，有一橫綫將券頭和券文分爲兩個部分，下部劃竪綫十一條，局部文字漶漫不清，券文十二行，行四至十五字。本券文字方向正反相間，單行正書，雙行反書。

三、卒葬時間：紹興十年（一一四〇）二月十五日葬。

四、文獻著録：成都文物考古研究所、成都博物院：《成都出土歷代墓銘券文圖録綜釋》，北京：文物出版社，二〇一二年，第三一四至三一五頁。

五、出土及收藏情況：券石現收藏於成都市邛崍市文物保護管理所。

【釋文】

紹興十年太歲庚申二月丙午朔/十五日庚申之辰，今有大宋國劍/南道西川成都府下邛州臨邛縣臨邛鄉/新興里〔一〕殁故亡人程利富，就當里門下/用金錢萬萬玖仟玖百玖拾貫文，就皇天/父、后土母、社稷買得墓田一所。/東至青龍，南至朱雀，/西至白虎，北至真武，/上至蒼天，下至泉路。即日錢財分付天地□/□。知見人：張堅固、李定度；牙保人：東王父、西/王母；書契人：石功曹；讀契人：金主簿。書契/人飛上天，讀契人入黄泉。/太上□□令。

【校注】

〔一〕邛州臨邛縣臨邛鄉：邛州臨邛縣見〇〇二《魏訓買地券》。臨邛鄉爲臨邛縣十轄鄉之一，有新興里。

一四二　許氏十四娘買地券

一四二　許氏十四娘買地券　紹興十二年（一一四二）九月一日

【題解】

一、名稱：許氏十四娘買地券

二、文獻形態：券石長方形，上部左右小抹角。拓片長三十七點五厘米，寬三十五點五厘米。下部左右陰刻雙綫，本券自右至左書寫。楷書十六行，行七至二十一字不等。

三、卒葬年：紹興十二年（一一四二）九月一日葬。

四、出土及收藏情況：拓片現藏河北大學宋史研究中心資料室。

【釋文】

維皇宋歲次紹興十二年九月初一日庚寅朔/辛巳□之晨，即有大宋國江南西道□□/□□縣順德鄉二十五都□沿保，有歿故亡人/許氏十四娘，行年三十三歲，忽被四虵侵，遽亡。□□/□魂歸冥道，命落黄[一]泉，死相棺槨，今備銀/錢一萬貫謹□開皇地主邊買得丁塘乾/□□向大地一穴爲墓宅。其地東止甲乙青龍，南/止丙丁朱雀，西止庚辛白虎，北止壬癸玄武，中止□□/，□□正穴，上止青天，下止黄泉，六極之内，并是亡者/買得，爲萬年陰宅，蔭溢兒孫。其地見人：張堅固[二]，/保人：李定度，書人：功曹，讀人：玄武。其地并兂凶惡不/得妄相可曷，陰間鬼神即不得争占。如有争/占，分付十二地神，叮嚀[三]珠斬。急急如令敕。/公位千萬，雄居千年，權□/坐得吉龍在穴，中吉龍□水一千年。兒男定林。

【校注】

〔一〕原文爲「皇」字，今改。

〔二〕「張堅固」，原文作「張堅故」，今改。

〔三〕「叮嚀」，原文作「丁寧」，今改。

一四三　佚名買地券

一四三　佚名買地券　紹興十三年（一一四三）十月十日

【題解】

一、名稱：佚名買地券

二、文獻形態：券石破損嚴重，裂爲三塊，殘長約二十六厘米，寬二十六點三厘米，厚約二點二厘米，四周陰刻單綫，本券自右至左書寫。行楷十二行，行四至十四字。

三、卒葬時間：紹興十三年（一一四三）十月十日葬。

四、文獻著録：成都文物考古研究所：《二〇〇八年度永陵公園古遺址發掘簡報》，《成都考古發現二〇〇八》，北京：科學出版社，二〇一〇年，第三六八至四一〇頁。

五、出土及收藏情況：出土於四川省成都市金牛區，券石現收藏於成都文物考古研究所。

【釋文】

維紹興十三年歲次壬戌十月／庚申朔十日癸酉，□□□□□□／□□□□□地券。／生居城邑，死安宅兆，／卜筮叶從，宜此成都縣安／福鄉[一]福地之原安厝。其界／左至青龍，右至白虎，前至朱雀，後至／玄武，內方勾陳，分掌四域。丘承[二]／墓伯[三]，道路將軍，封步界畔，整齊／阡陌，千秋萬歲，永无咎殃。知見／人：歲月吉時主者，保人：日直符。／故氣邪精不得忏犯。急急如／九天律令。

【校注】

〔一〕成都縣安福鄉：成都縣見〇六二《楊氏買地券》。安福鄉爲成都縣十六轄鄉之一。

〔二〕丘承：同「丘丞」。

〔三〕墓伯：「伯」原作「陌」，今改。

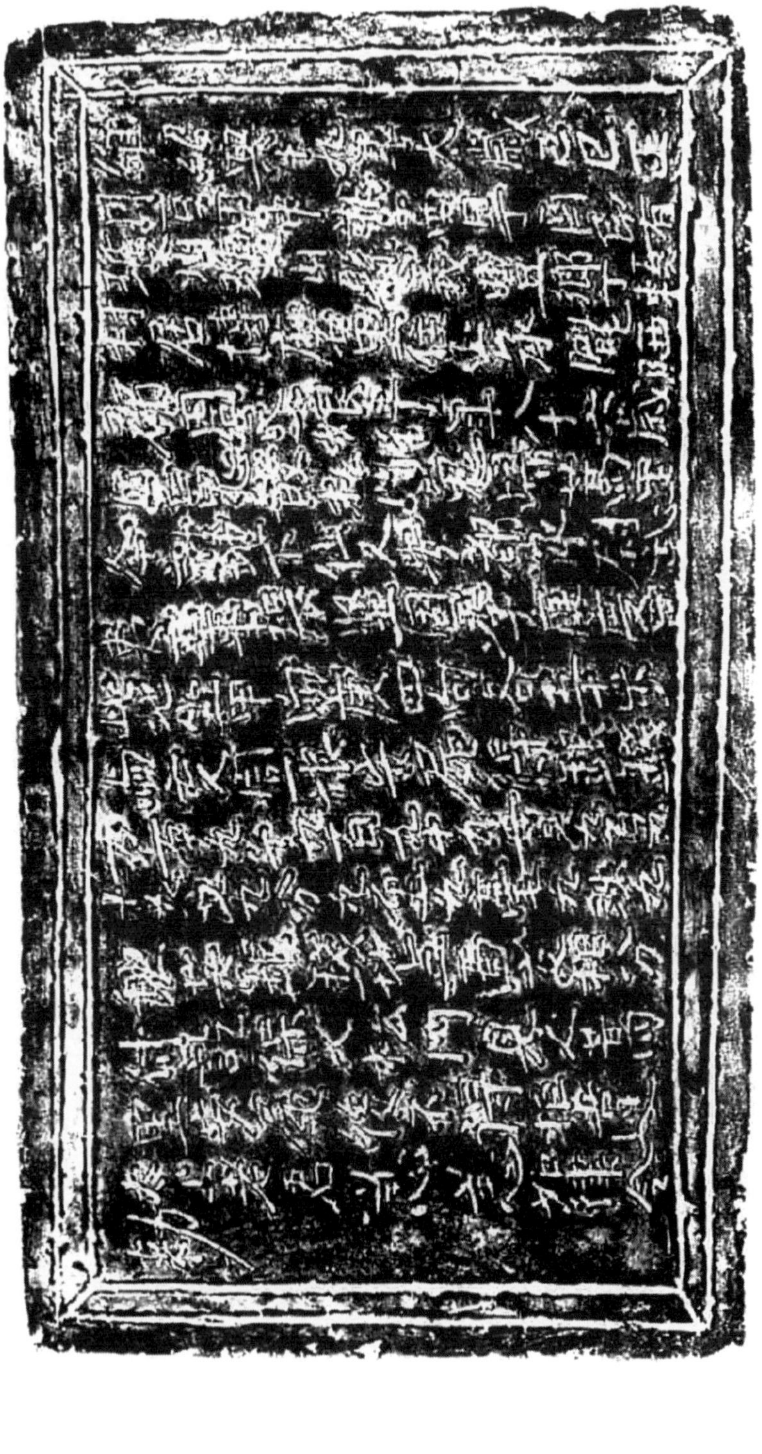

一四四（一）　周一娘買地券

一四四　周一娘買地券　紹興十九年（一一四九）正月十四日

【題解】

一、名稱：周一娘買地券[一]

二、文獻形態：周一娘買地券共出土兩方，券一：泥質，紅陶磚；長方形，長三十一厘米，寬十七點六厘米，厚一點八厘米；四周陰刻四出雙綫方框，券文行楷，十七行，行八至十三字。券二：券石泥質紅陶磚，长方形，長三十一厘米，寬十七點六厘米，厚一點八厘米；四周陰刻四出雙綫方框，券文行楷陰刻，十八行，行九至十三字。券一自右至左書寫，券二自左至右書寫。

三、卒葬時間：紹興十九年（一一四九）正月十四日葬。

四、文獻著録：高文傑：《海南出土宋代買地券考》，《中原文物》二〇一一年第二期，第八一至八六頁；魯西奇：《中國古代買地券研究》，厦門：厦門大學出版社，二〇一四年，第四八六頁。

五、出土及收藏情況：一九八四年出土於海口市瓊山區府城鎮林村，券石現收藏於海南省博物館。

【券一釋文】

維紹興十九年太歲己巳正/月一日甲申朔十四日丁酉，即有/瓊州瓊山縣義豐鄉丁賴/村居博磨里[二]住址[三]/承隴西/郡周氏一娘，行年八十六歲，/因魄散松門，魂歸蒿里，/今就地下仙人、安都承尉、武/夷主事、張堅固、李定度[四]買/此地，坐甲向庚，四向各五十步，/與亡人周一娘安屍，得銀錢/萬萬九千九百九/十九貫九百九十九文九分九厘九毫九銖九/鈌，其銀錢地二面交相分/付訖。保人：松門。見人：蒿/里。安尸後不得拒違。/太上老君急急如律令。/敕。

【校注】

〔一〕周一娘買地券共出土兩方，此爲第一方。

〔二〕瓊州瓊山縣義豐鄉丁賴村居博磨里：瓊州瓊山縣見一〇〇《譚三娘買地券》。

〔三〕住址：原文作「住止」，今改。

〔四〕李定度：原文作「李庭度」，今改。

一四四（二） 周一娘買地券

【券二釋文】

維紹興十九年太歲己巳/正月/甲申朔十四日丁酉，即/有瓊州瓊山縣義豐鄉/丁賴村居博磨里住址[一]承/隴西郡周氏一娘，行年八十六/歲，因往南山採花，迷路[二]而不/返。既因死歿，須有葬埋，/今賣銀錢萬萬九千九百/九十九貫九百九十九文九分九/厘九毫九銖九鈌，於地主/安都丞尉[三]、武夷王、張堅固、/李定度[四]買地。東南西北，/其壙坐庚向甲，四向各五十/步，結爲冢宅。其地銀錢/并各交相分付訖。時有東王/公、西王母共爲安冢，不得外/人占奪。太上老君急急如律令。/敕。

【校注】

〔一〕住址：原文作「住止」，今改。

〔二〕迷路：原文脱「迷」字，今補。

〔三〕丞尉：「丞」原文作「承」，今改。

〔四〕李定度：原文作「李庭度」，今改。

一四五　崔氏小十娘子買地券

一四五　崔氏小十娘子買地券　紹興二十一年（一一五一）四月一日

【題解】

一、名稱：崔氏小十娘子買地券

二、文獻形態：紅砂石質，正方形。邊長二十九點五厘米、厚一點五厘米。券石裂爲三塊，右下角破損，券面陰刻九道綫欄，券文刻於綫框内，本券自左至右書寫。楷書八行，行十四字。

三、卒葬時間：紹興二十一年（一一五一）四月一日葬。

四、文獻著録：成都文物考古研究所、成都博物院：《成都出土歷代墓銘券文圖録綜釋》，北京：文物出版社，二〇一二年，第三二七至三二八頁。

五、出土及收藏情況：出土於成都市西郊，券石現收藏於成都市雙流縣文物保護管理所。

【釋文】

維紹興廿一年歲次辛未四月壬寅/初一日壬寅，今有殁故崔氏小十娘子/地券文。生居城邑[一]，死安宅兆。卜筮/叶從，相地咸吉，宜於此雙流縣[二]□/士鄉[三]福地之原安厝。其界左至青龍，右至白虎，前至朱雀，後至/玄武。中至勾陳，分掌四域[三]，丘承[四]墓/佰，大路將軍，整齊阡陌。［下缺］

【校注】

〔一〕城邑：「城」原作「成」，今改。

〔二〕雙流縣□士鄉：本漢廣都縣地，後置寧蜀郡。北周郡廢，屬蜀郡。隋仁壽元年（六〇一），因太子名廣故改曰雙流縣。因此縣在二江之間，故以名縣。《太平寰宇記》卷七二《劍南西道一》載：雙流縣，舊三十鄉，今二十鄉。《元豐九域志》卷七《成都府路》載：雙流縣下設一十七鄉。□士鄉，雙流縣十七鄉之一。

〔三〕四域：原文脱「域」字，今補。

〔四〕丘承：同「丘丞」。

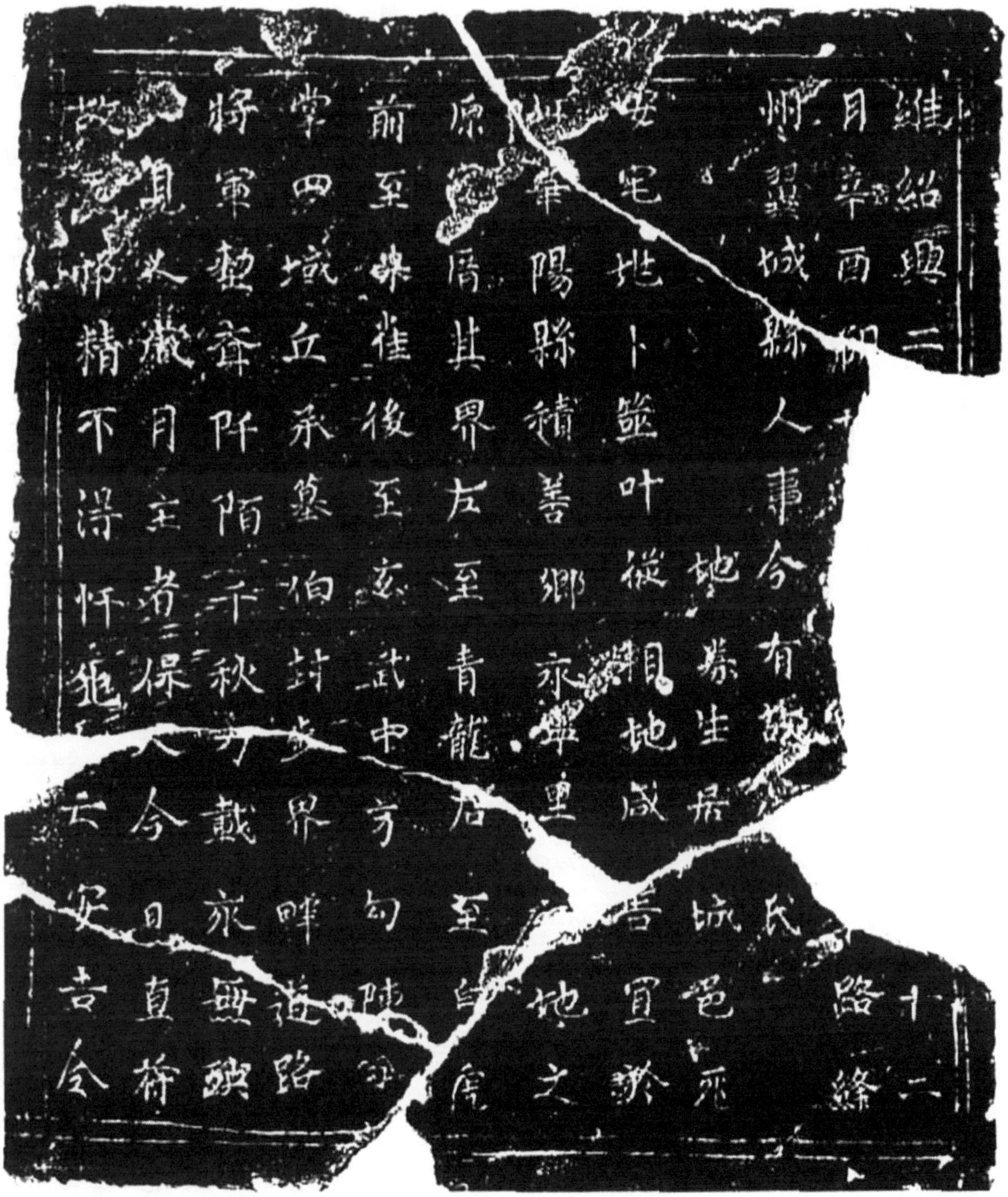

一四六　任翁妻衛氏買地券

一四六　任翁妻衛氏買地券　紹興二十二年（一一五二）十二月一日

【題解】

一、名稱：任翁妻衛氏買地券

二、文獻形態：券石呈長方形，紅砂石質，原石裂爲五塊，右邊中部殘損，四周陰刻雙綫，長四十三厘米，寬二十七點五厘米，厚一點八厘米。本券自右至左書寫。楷書十二行，滿行十三字。

三、卒葬時間：紹興二十二年（一一五二）十二月一日葬。

四、文獻著録：王仲雄：《成都市二仙橋南宋墓發掘簡報》，《考古》二〇〇四年五期，第五五至六四頁；章紅梅：《〈成都市二仙橋南宋慕發掘簡報〉釋録校補》，《考古與文物》，二〇一五年三期，第一〇三至一〇六頁；黄敏：《〈成都市二仙橋南宋墓發掘簡報〉券文校補》，《中國國家博物館館刊》，二〇一三年九期，第七五至七九頁。高朋：《人神之契：宋代買地券研究》，北京：中國社會科學出版社，二〇一一年，第二四六頁；魯西奇：《中國古代買地券研究》，厦門：厦門大學出版社，二〇一四年，第四五五頁。

五、出土及收藏情况：一九九九年四川成都市二仙橋出土。

六、其他：其夫任氏，本書收録有一四八《衛氏夫任翁買地券》。

【釋文】

維紹興二□□□□□十二/月辛酉朔十□□□□□□路絳/州翼城縣[一]人事[二]，今有故衛氏/地券。生居城邑，死/安宅兆。卜筮叶從，相地咸吉。宜於/此華陽縣積善鄉永寧里[三]福地之/原安厝。其界左至青龍，右至白虎，/前至朱雀，後至玄武，中方勾陳，分/掌四域。丘承[四]墓伯，封步界畔。道路/將軍，整齊阡陌。千秋萬載，永無殃/咎。見人：歲月主者。保人：今日直苻[五]。/故炁邪精，不得忏犯。存亡安吉。令。

【校注】

〔一〕絳州翼城縣：《輿地廣記》卷一八《河東路上》載：絳州縣七：正平、太平、曲沃、翼城、絳、稷山、垣曲。《元豐九域志》卷四《河東路》載翼城縣有六鄉。

〔二〕人事：同「人氏」。

〔三〕積善鄉永寧里：翼城縣轄縣之一，有常平里、永寧里。

〔四〕丘承：同「丘丞」。

〔五〕直苻：同「直符」。

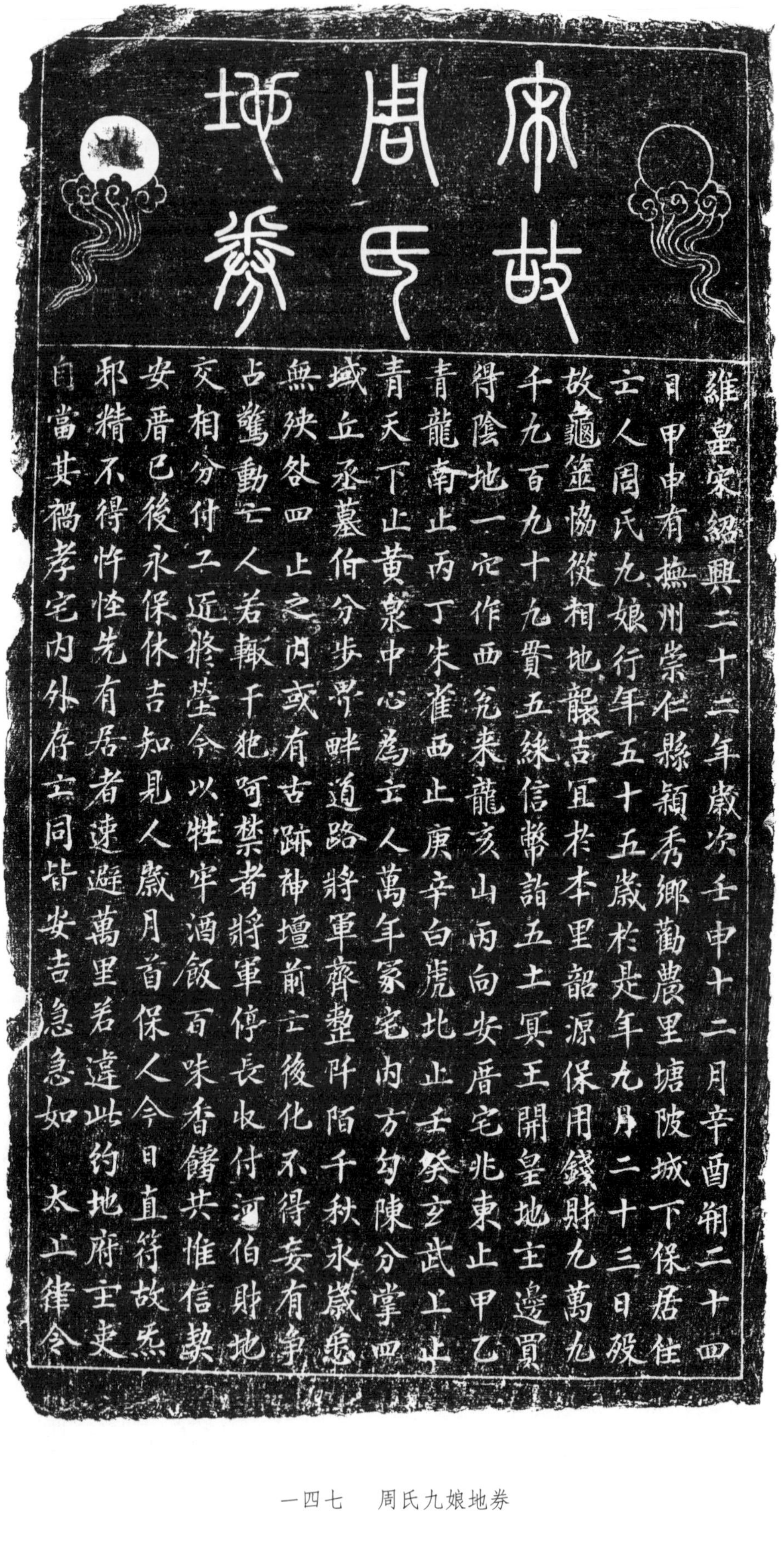
宋故周氏地券
維皇宋紹興二十二年歲次壬申十二月辛酉朔二十四
日甲申有撫州崇仁縣穎秀鄉勸農里塘陂城下保居住
亡人周氏九娘行年五十五歲於是年九月二十三日殁
故龜筮協從相地襲吉宜於本里韶源保用錢財九萬九
千九百九十九貫五綵信幣詣五土冥王開皇地主邊買
得陰地一穴作西兑來龍亥山丙向安厝宅兆東止甲乙
青龍南止丙丁朱雀西止庚辛白虎北止壬癸玄武上止
青天下止黃泉中心為亡人萬年冢宅内方勾陳分掌四
域丘丞墓伯分步界畔道路將軍齊整阡陌千秋永歲悉
無殃咎四止之内或有古跡神壇前亡後化不得妄有爭
古驚動亡人若輙干犯呵禁者將軍停長收付河伯財地
交相分付工匠修塋令以牲牢酒飯百味香鑄共惟信契
安厝已後永保休吉知見人歲月直保人今日直符故炁
邪精不得忏恠先有居者速避萬里若違此約地府主吏
自當其禍孝宅内外存亡同皆安吉急急如 太上律令

一四七　周氏九娘地券

一四七　周氏九娘地券　宋紹興二十二年（一一五二）十二月二十四日

【題解】

一、名稱：周氏九娘地券

二、文獻形態：券石長方形，拓片長六十厘米，寬三十三點五厘米。四周陰刻單綫，中有横綫隔開，上部爲券額，篆書「宋故周氏地券」，三行，行二字。本券自右至左書寫。楷書十五行，行二十一至二十二字不等。

三、卒葬年：宋紹興二十二年（一一五二）九月二十三日卒，宋紹興二十二年（一一五二）十二月朔二十四日葬。

四、出土及收藏情况：拓片現藏於河北大學宋史研究中心。

【釋文】

宋故周氏地券

維皇宋紹興二十二年歲次壬申十二月辛酉朔二十四/日甲申，有撫州崇仁縣穎秀鄉勸農里塘陂城下保居住/亡人周氏九娘，行年五十五歲，於是年九月二十三日歿/故。龜筮協從，相地襲吉，宜於本里韶源保用錢財九萬九/千九百九十九貫五彩信幣，詣五土冥王、開皇地主邊買/得陰地一穴，作西兑來龍亥山丙向安厝宅兆。東止甲乙/青龍，南止丙丁朱雀，西止庚辛白虎，北止壬癸玄武，上止/青天，下止黄泉，中心爲亡人萬年冢宅。内方勾陳，分掌四/域，丘丞墓伯，分步界畔，道路將軍，齊整[一]阡陌，千秋永歲，悉/無殃咎。四止之内，或有古迹神壇，前亡後化，不得妄有争/占，驚動亡人。若輒[二]干犯呵禁者，將軍亭[三]長收付河伯。財地/交相分付，工匠修塋。今以牲牢酒飯，百味香饈，共惟信契。/安厝已後，永保休吉。知見人：歲月首，保人：今日直符。故炁/邪精，不得忓怪。先有居者，速避萬里。若違此約，地府主吏，/自當其禍，孝宅内外，存亡同皆安吉。急急如太上律令。

【校注】

〔一〕「整」，原文作「𢿖」，今改。

〔二〕「輒」，原文作「輙」，今改。

〔三〕原文爲「停」字。

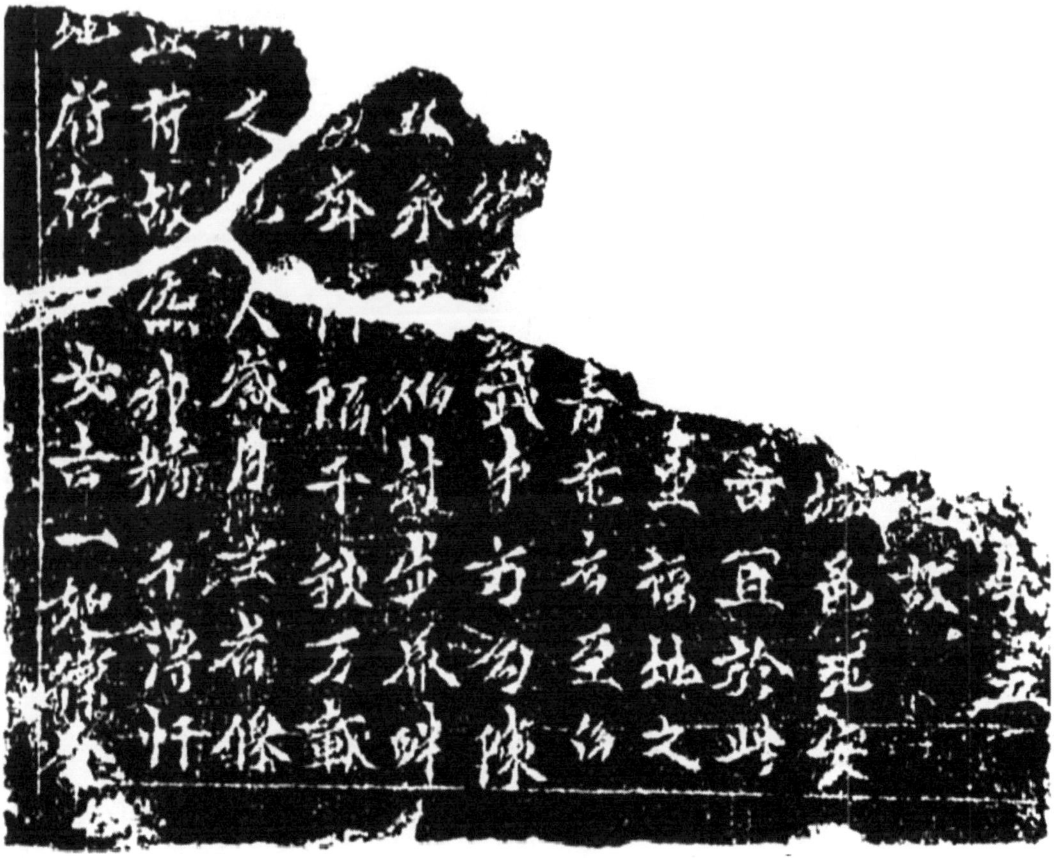

一四八　衛氏夫任翁買地券

一四八　衛氏夫任翁買地券　紹興二十二年（一一五二）

【題解】

一、名稱：衛氏夫任翁買地券

二、文獻形態：紅砂石質，長方形，長四十三厘米，寬二十七點五厘米，厚一厘米。右半部分殘缺；本券自右至左書寫。楷書十二行，殘片最多一行十字。

三、卒葬時間：紹興二十二年（一一五二）。

四、文獻著録：王仲雄：《成都市二仙橋南宋墓發掘簡報》，《考古》二〇〇四年五期，第五五至六四頁；高朋：《人神之契：宋代買地券研究》，北京：中國社會科學出版社，二〇一一年，第二四八頁；魯西奇：《中國古代買地券研究》，厦門：厦門大學出版社，二〇一四年，第四五五頁。

五、出土及收藏情況：一九九九年出土於四川成都市二仙橋。

六、其他：其妻衛氏，本書收録有一四六《任翁妻衛氏買地券》。

【釋文】

［上缺］事五／［上缺］□故／［上缺］城邑，死安／［上缺］吉，宜於此／［上缺］里福地之／［上缺］左至青龍，右至白／虎，前至朱雀，後至玄武，中方勾陳／［上缺］丘承[一]墓伯，封步界畔／［上缺］整齊阡陌，千秋萬載／［上缺］知見人：歲月主者，保人：／［上缺］今日直苻[二]。故炁邪精，不得忓／［上缺］地府存亡安吉。一如律令。

【校注】

［一］丘承：同「丘丞」。

［二］直苻：同「直符」。

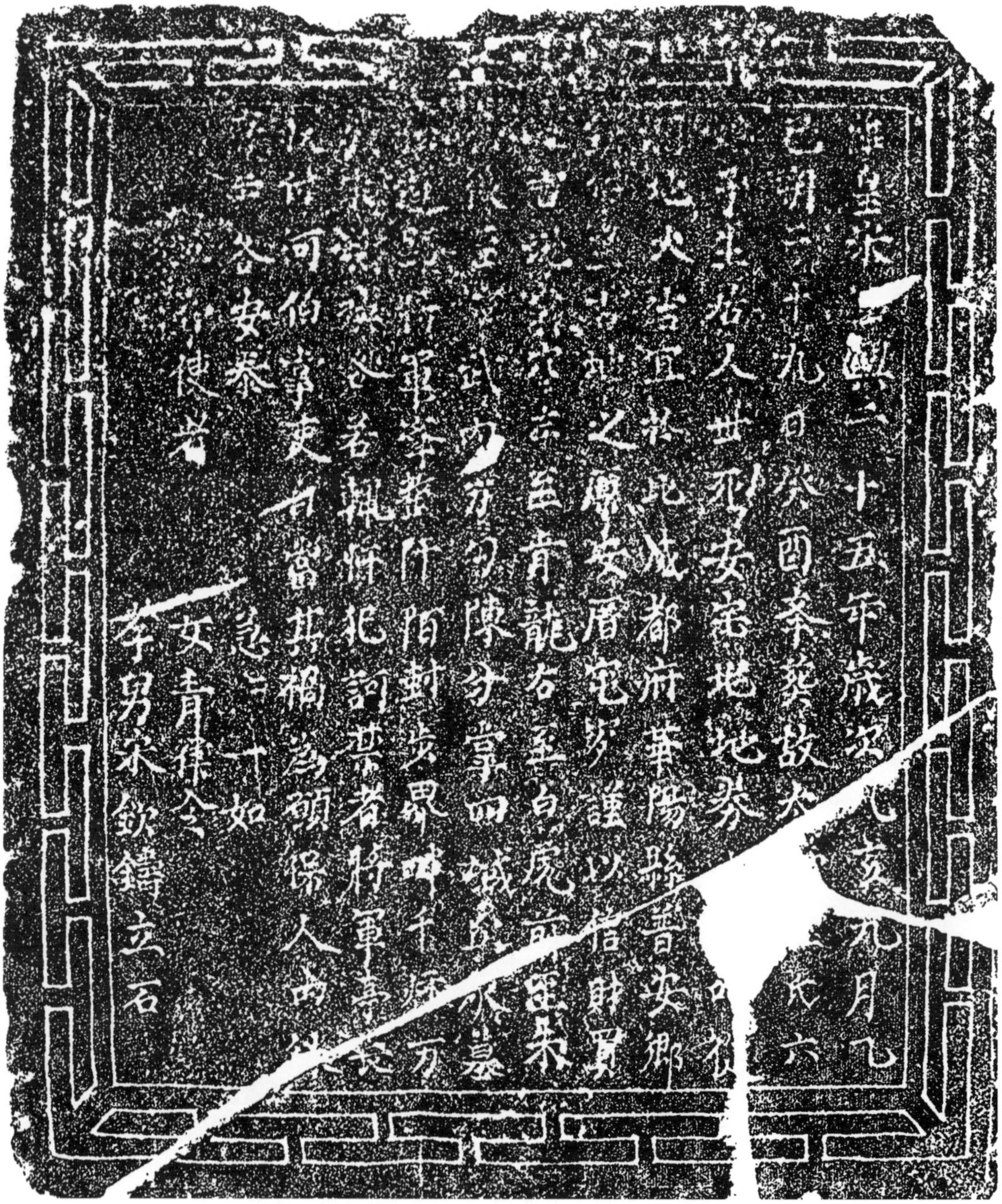

一四九　宋欽母王氏六娘子買地券

一四九　宋欽母王氏六娘子買地券　紹興二十五年（一一五五）九月二十九日

【題解】

一、名稱：宋欽母王氏六娘子買地券

二、文獻形態：紅砂石質，長方形。長三十四厘米、寬四十一厘米、厚二厘米。四周刻回字文，券石裂爲三塊。本券自右至左書寫。楷書十三行，行七至十六字。

三、卒葬時間：紹興二十五年（一一五五）九月二十九日葬。

四、文獻著録：成都文物考古研究所、成都博物院：《成都出土歷代墓銘券文圖録綜釋》，北京：文物出版社，二〇一二年，第三四八、三五四頁。

五、出土及收藏情況：出土於成都市龍泉驛洪河鄉，券石現收藏於成都市龍泉驛區文物保護管理所。

【釋文】

維皇宋紹興二十五年歲次乙亥九月乙/巳朔二十九日癸酉，奎[一]葬故太原王氏六/娘子。生居人世，死安宅兆。地券□□叶從，/相地大吉，宜於此成都府華陽縣普安鄉/欽仁里[二]吉地之原安厝宅穸。謹以信財買/□吉地壹穴，左至青龍，右至白虎，前至朱/雀，後至玄武。内方勾陳，分掌四域，丘丞[三]墓/伯、道路將軍，齊整阡陌，封步界畔，千秋萬/歲，永無殃咎。若輒忓犯訶禁者，將軍亭長，/收付河伯掌吏[四]，自當其禍。爲願保人内外存亡各安泰。急急一如/五帝使者女青律令。/孝男宋欽鑄立石。

【校注】

〔一〕奎：爲「舉」俗體字。

〔二〕成都府華陽縣普安鄉欽仁里：華陽縣普安鄉見〇三〇《周氏買地券》。

〔三〕丘承：同「丘丞」。

〔四〕掌吏：同「長吏」。

一五〇　佘氏道三娘買地券

一五〇　佘氏道三娘買地券　紹興二十五年（一一五五）十一月十七日

【題解】

一、名稱：佘氏道三娘買地券

二、文獻形態：紅砂石質，長方形，長四十二點三厘米、寬三十三點八厘米、厚三厘米。券石上端左、右抹角，用横綫分爲上下兩部分，上端刻對稱卷草紋，下端陰刻竪綫十條，券文刻於框綫内，從左到右書寫，行書九行，行八至十六字。

三、卒葬時間：紹興二十五年（一一五五）十一月十七日葬。

四、文獻著録：成都文物考古研究所、成都博物院：《成都出土歷代墓銘券文圖録綜釋》，北京：文物出版社，二〇一二年，第三五六至三五七頁。

五、出土及收藏情況：出土時地不詳，券石現收藏於成都市邛崍市文物保護管理所。

【釋文】

維紹興廿五年太歲乙亥十一月乙巳朔/十七日辛酉，直爰有/大宋西川邛州依政縣清化鄉山泉/里[一]住歿故先妣佘氏道三娘，今用信錢/買得吉地一所，其境四至六甲分明。東/青龍，西白虎，/南連朱雀，北極玄武，上至/蒼天[二]，下至黄泉。一買以山爲界，以海爲邊[四]，/今日錢財分付天地二神了，保人[三]：張堅固[五]、/李定渡[六]。太上地府□□。

【校注】

〔一〕西川邛州依政縣清化鄉山泉里：清化鄉爲依政縣轄鄉之一，有山泉里。

〔二〕蒼天：原文作「倉天」，今統爲「蒼天」。

〔三〕保人：原文脱「人」字，今補。

〔四〕以山爲界，以海爲邊：兩「以」字原文均作「已」，今改。

〔五〕張堅固：原文脱「固」字，今補。

〔六〕李定渡：即「李定度」。

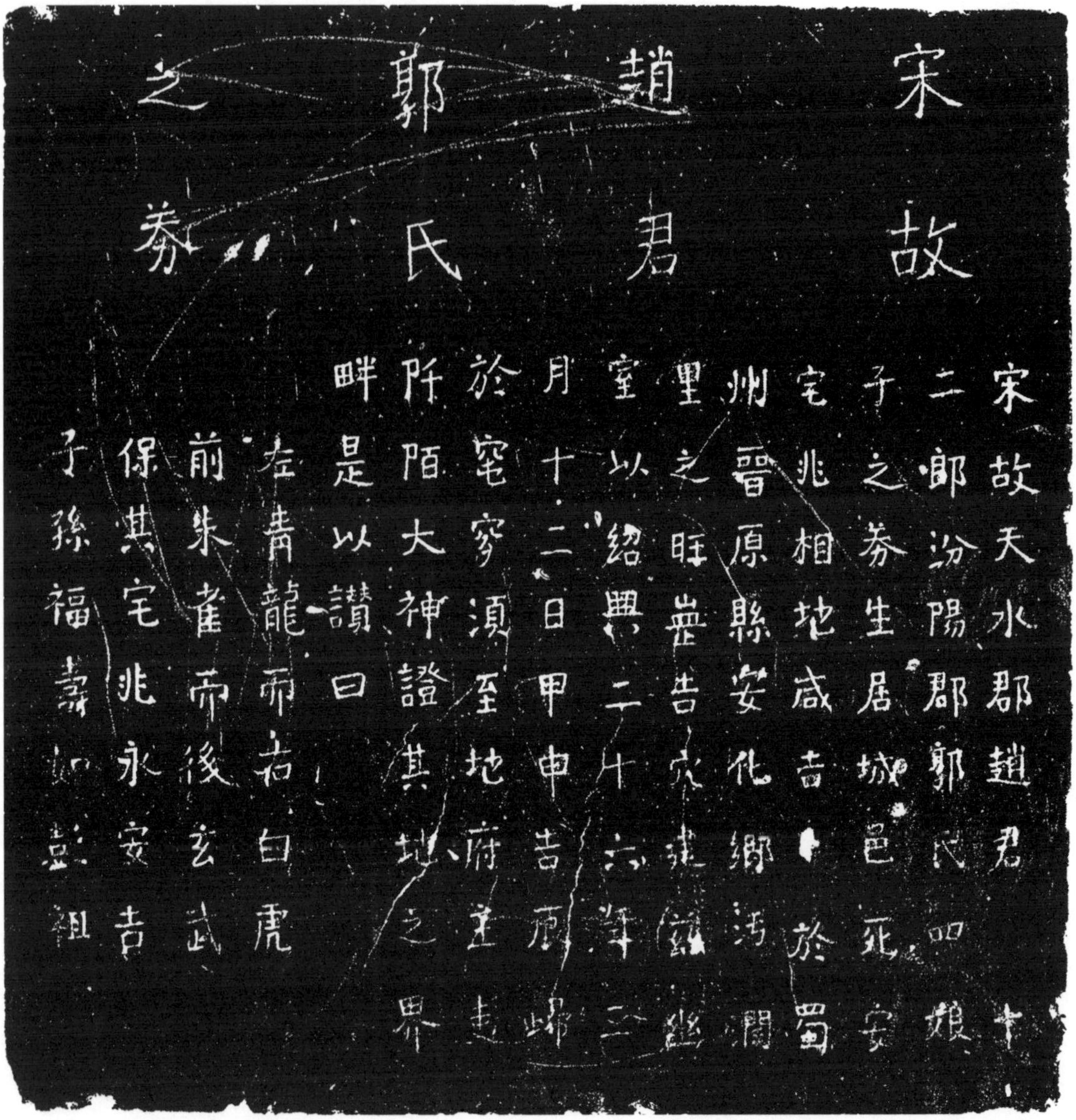
宋故趙君郭氏之券

宋故天水郡趙君十
二郎汾陽郡郭氏四娘
子之券生居城邑死安
宅兆相地咸吉於蜀
州晉原縣安化鄉汚潤
里之旺崖告求[illegible]幽
室以紹興二十六年三
月十二日甲申吉辰歸
於窀穸須至地府主吏
所陌大神證其地之界
畔是以讚曰
左青龍而右白虎
前朱雀而後玄武
保其宅兆永安吉
子孫福壽如彭祖

一五一　趙十二郎、郭氏四娘子買地券

一五一　趙十二郎、郭氏四娘子買地券　紹興二十六年（一一五六）三月十二日

【題解】

一、名稱：趙十二郎、郭氏四娘子買地券

二、文獻形態：陶質，正方形，邊長三十八厘米、厚二點七厘米。券文上方鎸刻「宋故趙君郭氏之券」，兩排四行，行二字。本券自右至左書寫。楷書十五行，行七至九字。

三、卒葬時間：紹興二十六年（一一五六）三月十二日葬。

四、文獻著録：成都文物考古研究所、成都博物院：《成都出土歷代墓銘券文圖録綜釋》，北京：文物出版社，二〇一二年，第三六〇至三六一頁。

五、出土及收藏情況：一九九二年出土於成都崇州市，現收藏於成都崇州市文物保護管理所。

【釋文】

宋故赵君郭氏之券

宋故天水郡趙君十/二郎、汾陽郡郭氏四娘/子之券。生居城邑，死安/宅兆。相地咸吉，卜於蜀/州晉原縣安化鄉污澗/里[一]之旺崗吉穴，建兹幽/室。以紹興二十六年三/月十二日甲申吉辰，歸/於窀穸，須至地府主吏、/阡陌大神，證其地之界/畔。是以贊曰：/左青龍而右白虎，/前朱雀而後玄武。/保其宅兆永安吉，/子孫福壽如彭祖。

【校注】

〔一〕蜀州晉原縣安化鄉污澗里：《太平寰宇記》卷七五《劍南西道四》載：晉源縣下設二十五鄉。《元豐九域志》卷七《成都府路》載：晉源縣下設二十五鄉，洞口一鎮。本書所收買地券載有三鄉：安化鄉、永思鄉、金堤鄉。

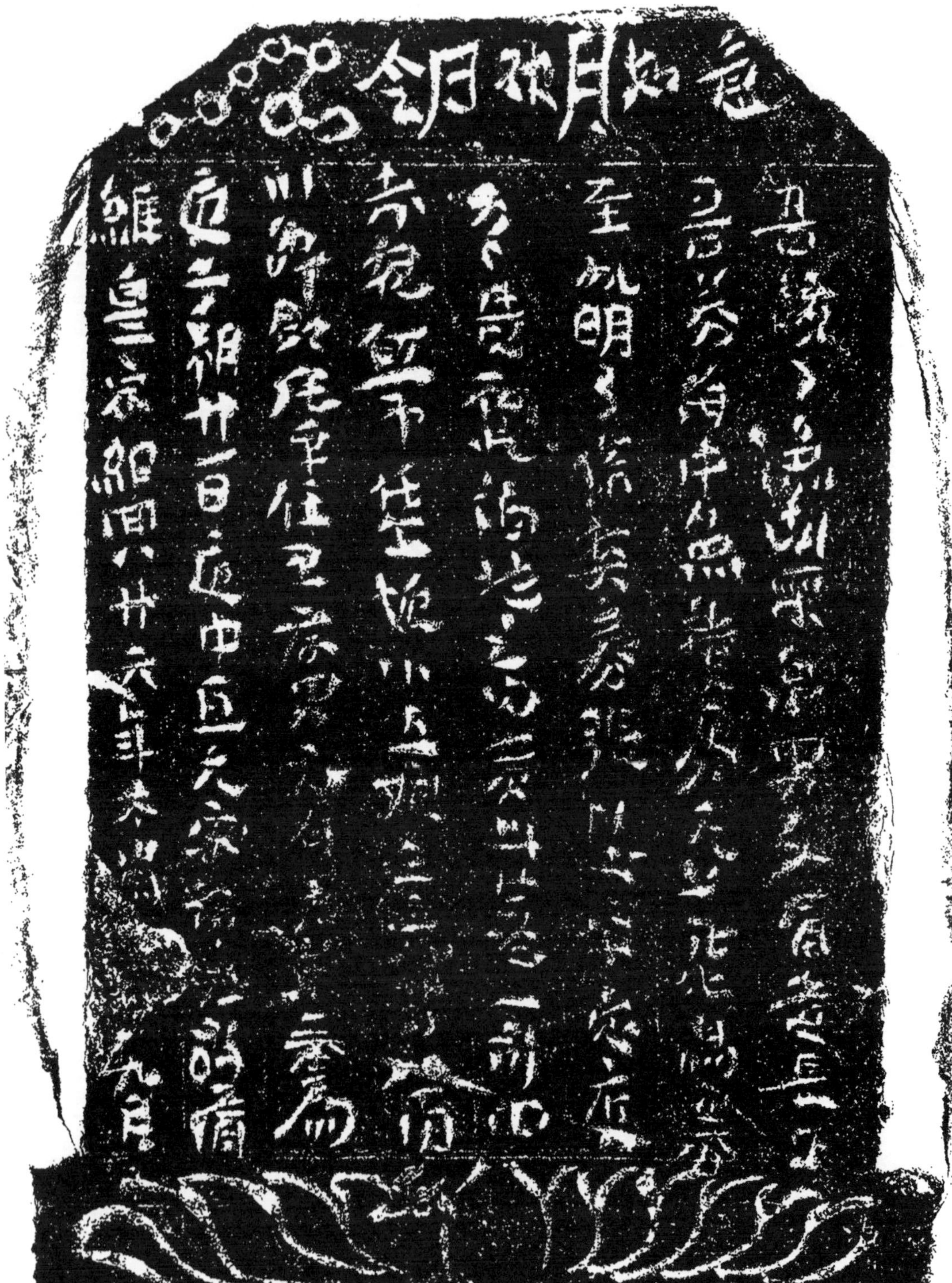

一五二　任二娘、小五娘等買地券

一五二　任二娘、小五娘等買地券　紹興二十六年（一一五六）九月二十一日

【題解】

一、名稱：元存兄弟爲任二娘、小五娘等買地券

二、文獻形態：白砂石質，長方形，長三十九厘米、寬三十八點五厘米、厚二點二厘米。上部左右抹角，用陰刻横綫分爲上、中、下三部分，上部刻北斗七星狀圖案，上刻「急如日律月令」。券文中部用陰刻竪綫七條，將券文隔爲八行，下部刻蓮花瓣圖案。券文上方即額部中間横向鎸刻「月日」二字，其兩側分别書「急如」「律令」四字，其左側還刻有北斗星座圖案。券石基座刻蓮花瓣。本券自左至右書寫。行草八行，行十二至十五字。

三、卒葬時間：紹興二十六年（一一五六）九月二十一日葬。

四、文獻著録：成都文物考古研究所、成都博物院：《成都出土歷代墓銘券文圖録綜釋》，北京：文物出版社，二〇一二年，第三六二至三六三頁。

五、出土及收藏情况：出土於四川省原温江地區蒲江縣（今爲成都市蒲江縣）天華鎮，現收藏於成都市蒲江縣文物保護管理所。

【釋文】

急如（日）律（月）令

維皇宋紹興廿六年太歲丙子九月/庚子朔廿一日庚申，直大宋蒲江縣蒲/川鄉欽宅里[一]住居，孝男元存兄弟奉爲/孝親血屬任二娘、小五娘、三□□。今用/萬萬貫在此福地之内買此墓一所，四/至分明了。保契券：張堅固[二]、李定度；/書券：海中魚；讀券：天上飛鳥。/券書讀了，魚□深泉。男女富貴長久。

【校注】

〔一〕蒲江縣蒲川鄉欽宅里：蒲江縣蒲川鄉，見〇〇二《魏訓買地券》。

〔二〕張堅固：原文脱「固」，今補。

一五三　胡定國祖妣黄氏八娘買地券

一五三　胡定國祖妣黄氏八娘買地券　紹興二十六年（一一五六）十一月十六日

【題解】

一、名稱：胡定國祖妣黄氏八娘買地券

二、文獻形態：陶質，呈正方形。長三十四厘米、厚四點五厘米。本券自右至左書寫。行書十三行，行一至十八字。券面磨蝕，部分文字已漫漶不清。

三、卒葬時間：紹興二十六年（一一五六）十一月十六日葬。

四、文獻著録：成都文物考古研究所、成都博物院：《成都出土歷代墓銘券文圖録綜釋》，北京：文物出版社，二〇一二年，第三五八至三五九頁。

五、出土及收藏情況：出土於四川省原温江地區大邑縣（今爲成都市大邑縣），現存於成都市大邑縣文物保護管理所。

【釋文】

維紹興二十六年歲次丙子十一月己朔十/六日甲申，哀孫胡定國兄弟□□/祖妣黄氏八娘大喪，厝于邛州安仁縣慈善/鄉歸德里[一]。預化數載，用信錢置得墓田一所，/啓造墓塋。訖今乃不終天養，用是月日，遷坐/幽室，謹立墓田，四至如後：/東至青龍，西至白虎，南至朱雀，/北至玄武。上至青天，下至黄泉，/并是墓已爲止。先有居此者，永避萬里。亡人内/外存亡，悉皆安吉。知見人：歲月；書契人：左/千秋、右萬歲。謹立券契，奉行急急如律/令。/紹興二十六年十一月十六日，哀孫胡定國契。

【校注】

［一］邛州安仁縣慈善鄉歸德里：邛州安仁縣見〇〇五《費洪買地券》。慈善鄉爲安仁縣轄縣之一，有歸德里。

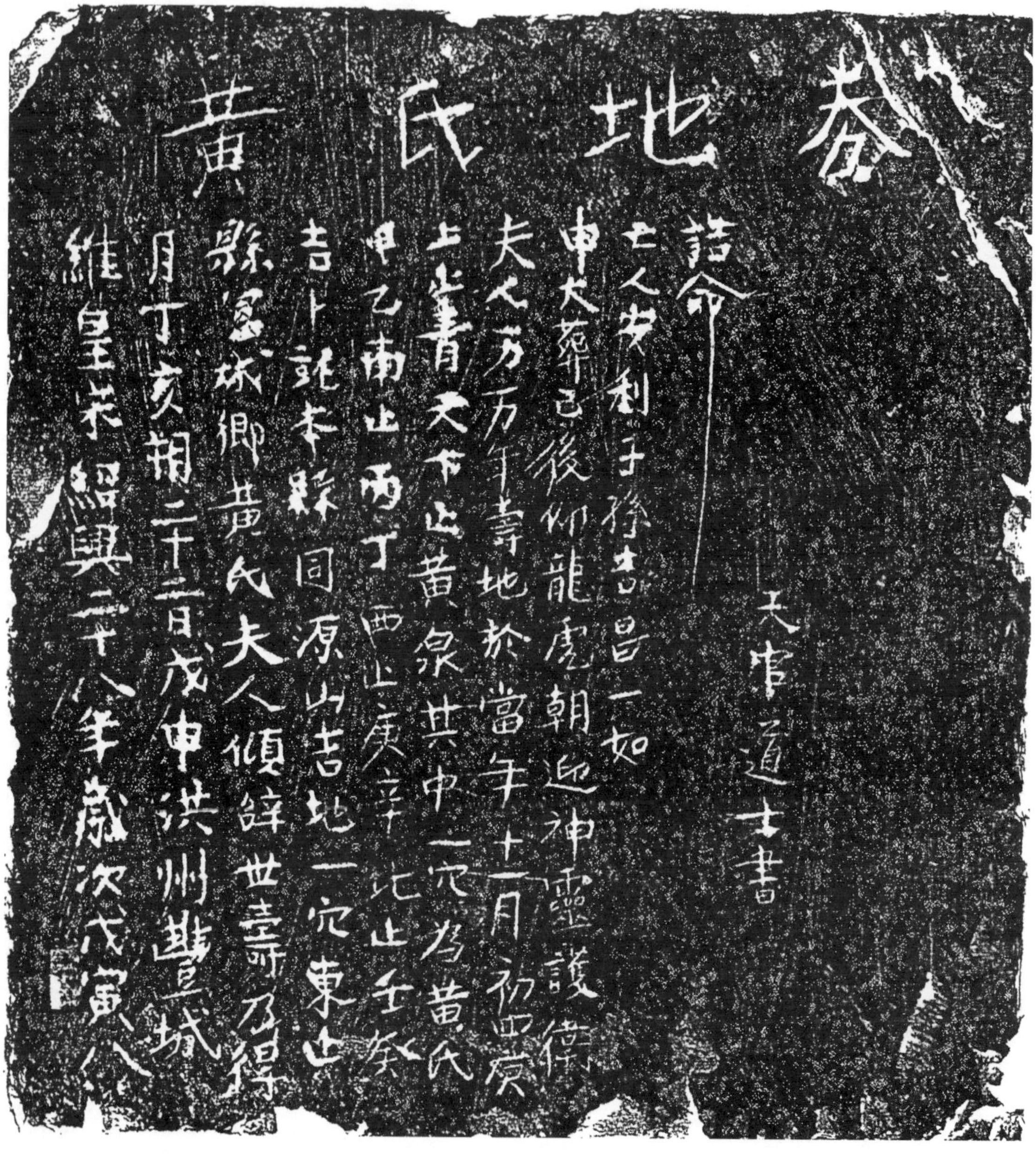
黃氏地券
維皇宋紹興二十八年歲次戊寅八
月丁亥朔二十二日戊申洪州豐城
縣富泳鄉黃氏夫人傾辭世壽乃得
吉卜既本縣同原山吉地一穴東止
甲乙南止丙丁西止庚辛北止壬癸
上至青天下止黃泉其中一穴為黃氏
夫人万万年壽地於當年十二月初四庚
申大葬已後仰龍虎朝迎神靈護衛
亡人安利子孫吉昌一如
誥命
天官道士書

一五四　黃氏夫人地券

一五四　黄氏夫人地券　紹興二十八年（一一五八）八月二十二日

【題解】

一、名稱：黄氏夫人地券

二、文獻形態：拓本略成正方形，長三十四厘米，寬三十二厘米，題額「黄氏地券」，券文從左向右書寫，陰刻行楷十一行，行二至十五字不等。

三、卒葬時間：紹興二十八年（一一五八）八月二十二日卒。

四、文獻著録：胡抗美、曾翔主編：《書法文獻》（宋代地券卷），青島：青島出版社，二〇一四年，第三七頁。

五、出土及收藏情況：江西出土，原石收藏於百石齋。

【釋文】

黄氏地券

維皇宋紹興二十八年歲次戊寅八/月丁亥朔二十二日戊申，洪州豐城/縣富城鄉[一]黄氏夫人，傾辭世壽，乃得/吉卜就本縣同源山吉地一穴。東止/甲乙，南止丙丁，西止庚辛，北止壬癸，/上止青天，下止黄泉，其中一穴爲黄氏/夫人萬萬年壽地。於當年十一月初四庚/申大葬以後[二]，仰龍虎朝迎神靈，護衛/亡人，安利子孫，吉昌一如/誥命。/天官道士書。

【校注】

〔一〕洪州豐城縣富城鄉：見〇六八《孫七郎買地券》。《孫七郎買地券》與一〇三《章氏十娘地契》、一三一《甘十一郎地券》載富城鄉。

〔二〕以後：原文作「已後」，今改。

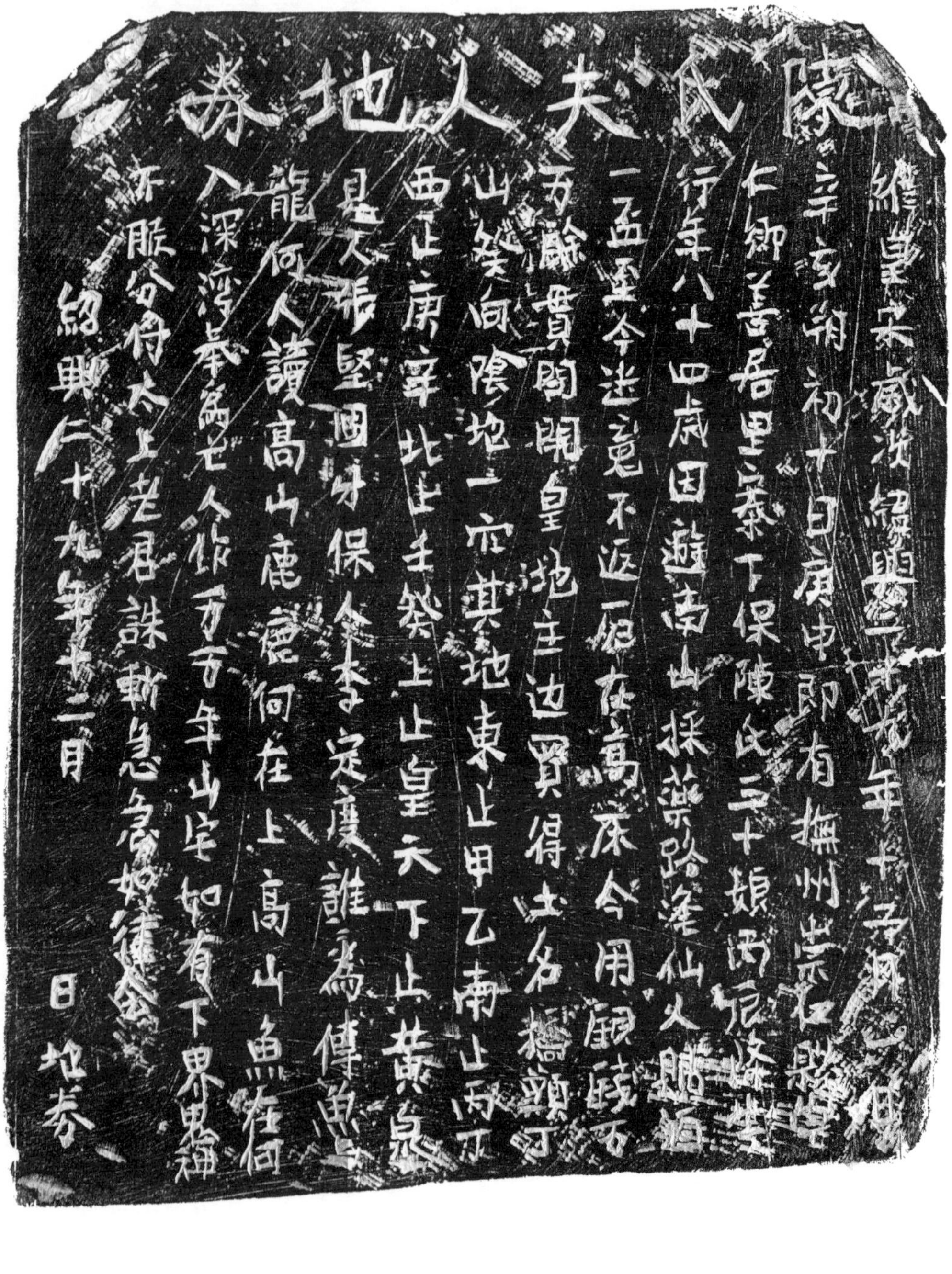

一五五　陳氏三十娘地券

一五五　陳氏三十娘地券　紹興二十九年（一一五九）十二月十日

【題解】

一、名稱：陳氏三十娘地券

二、文獻形態：拓本長方形，長四十六厘米，寬三十八點五厘米，上部左右抹角，上横題「陳氏夫人地券」。本券自右至左書寫。行楷十三行，行十二至十六字。

三、卒葬時間：紹興二十九年（一一五九）十二月十日卒，紹興二十九年（一一五九）十二月十日葬。

四、出土及收藏情況：江西撫州出土，拓片現藏於河北大學宋史研究中心。

【釋文】

陳氏夫人地券

維皇宋歲次紹興二十九年十二月一日/辛亥朔初十日庚申，即有撫州崇仁縣崇/仁鄉善居里寨下保陳氏三十娘，丙辰降生，/行年八十四歲，因游南山採藥，路逢仙人賜酒/一盃，至今迷魂不返，厄在高床。今用銀錢萬/萬餘貫，問開皇地主边買得土名□頭丁/山癸向陰地一穴，其地東止甲乙，南止丙丁，/西止庚辛，北止壬癸，上止皇天，下止黄泉。/見人：张堅固。牙保人：李定度。誰爲傳？魚與/龍。何人讀？高山鹿。鹿何在？上高山。魚何在？[一]/入深湾。奉爲亡人作萬萬年山宅，如有下界鬼神/不服分付，太上老君誅斬。急急如律令。/紹興二十九年十二月日地券。

【校注】

〔一〕何在：原文爲「在何」，倒文，今改。

一五六　文志揚買地券

一五六　文志揚買地券　紹興三十年（一一六〇）二月一日

【題解】

一、名稱：文志揚買地券

二、文獻形態：紅砂石質，正方形，邊長三一厘米、厚二厘米。原石裂爲四塊。券石殘破，且剥蝕嚴重，部分字跡已缺泐。本券自右至左書寫。行書九行，行十七字。

三、卒葬時間：紹興三十年（一一六〇）二月一日葬。

四、文獻著録：成都文物考古研究所、成都博物院：《成都出土歷代墓銘券文圖録綜釋》，北京：文物出版社，二〇一二年，第三六四至三六五頁。

五、出土及收藏情況：券石現收藏於成都文物考古研究所。

【釋文】

維紹興三十年歲次庚辰二月庚戌朔□/［上缺］故先考文志揚地券。生居城邑，死/安宅兆。卜筮叶從，相地咸吉，宜於此成都/縣仙亭鄉[一]福地之原安厝，□□東至/青龍，西至白虎，南至朱雀，北至玄武。/中方勾陳，分掌四域，丘丞[二]墓伯，道路/將軍，封步界畔，整齊阡陌，千秋萬載，/永無咎殃。知見人：歲月主者；保人：今日/直符。故炁邪精，不得忏□。一如律令。

【校注】

［一］成都縣仙亭爲鄉：成都縣見〇一八《楊氏買地券》。仙亭鄉成都縣轄鄉之一。

［二］丘承：同「丘丞」。

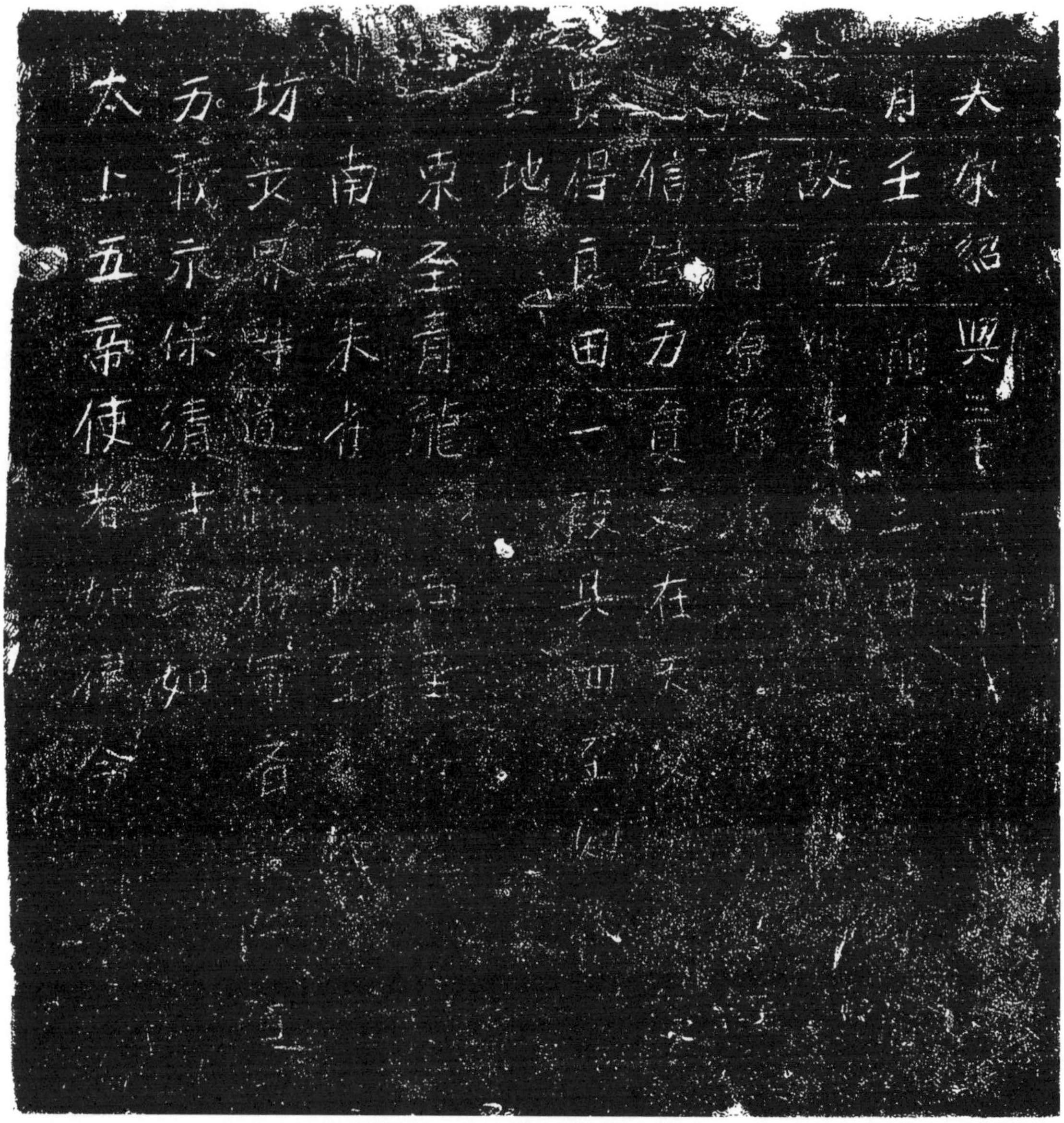

一五七　費氏買地券

一五七　費氏買地券　紹興三十一年（一一六一）六月十三日

【題解】

一、名稱：費氏買地券

二、文獻形態：陶質，正方形，邊長三十六點五厘米，厚四厘米。下部文字缺泐較爲嚴重，券面陰刻横竪單欄綫框，使其形成一百四十四個方格，券文刻於方格内，本券自右至左書寫。共十二行，行十二字。

三、卒葬時間：紹興三十一年（一一六一）六月（據陳垣《廿二史朔閏表》壬寅朔日爲當年六月）十三日遷葬。

四、文獻著録：成都文物考古研究所、成都博物院：《成都出土歷代墓銘券文圖録綜釋》，北京：文物出版社，二〇一二年，第三六六至三六七頁。

五、出土及收藏情況：出土於成都崇州市龍興鎮，現收藏於成都崇州市文物保護管理所。

【釋文】

大宋紹興三十一年歲［下缺］/月壬寅朔十三日甲寅，［下缺］/近故先妣費氏四［下缺］/□軍晉源縣永思鄉[一]［下缺］/□信錢萬貫文，在天父［下缺］處/買得良田一段，其四至如後：/其地/東至青龍，西至白虎，/南至朱雀，北至玄武。/封步界畔[二]，道路將軍，齊整阡陌。/萬載永保清吉。一如/太上五帝使者如律令。

【校注】

［一］晉源縣永思鄉：晉源縣見一五一《趙十二郎、郭氏四娘子買地券》。永思鄉爲晉源縣二十五轄鄉之一。

［二］封步界畔：「封」原文作「坊」，今改。

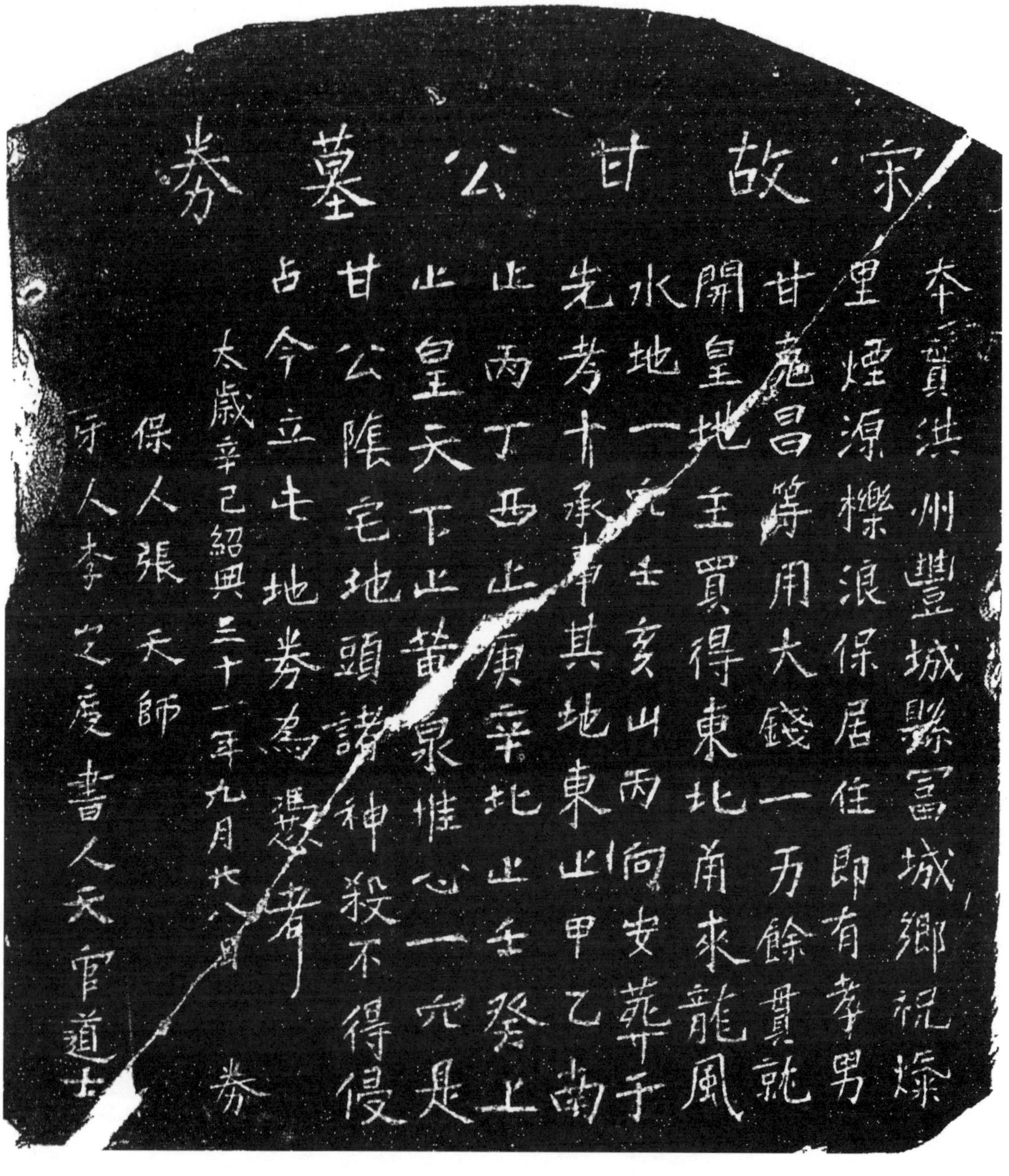

一五八　甘克昌父甘公墓券

一五八　甘克昌父甘公墓券　紹興三十一年（一一六一）九月廿八日

【題解】

一、名稱：甘克昌父甘公墓券

二、文獻形態：拓片成圓頭方形，長三十六厘米，寬三十二厘米，題額「宋故甘公墓券」，本券自右至左書寫。陰刻行楷十三行，行五至十二字不等。

三、卒葬時間：紹興三十一年（一一六一）九月二十八日葬。

四、文獻著録：胡抗美、曾翔主編：《書法文獻》（宋代地券卷），青島：青島出版社，二〇一四年，第四〇頁。

五、出土及收藏情況：江西出土，原石收藏於百石齋。

【釋文】

宋故甘公墓地券

本貫洪州豐城縣富城鄉祝熝/里烟源櫟浪保[一]居住，即有孝男/甘克昌等用大錢一萬餘貫，就/開皇地主買得東北角來龍風/水地一穴，壬亥山丙向，安葬于/先考十承事[二]。其地東止甲乙，南/止丙丁，西止庚辛，北止壬癸，上/止皇天，下止黄泉，惟心一穴，是/甘公陰宅，地頭諸神殺不得侵/占。今立此地券爲憑者。/太歲辛巳紹興三十一年九月廿八日券。/保人：張天師。牙人：李定度，書人：天官道士。

【校注】

〔一〕洪州豐城縣富城鄉祝熝里烟源櫟浪保：本書〇六八《孫七郎買地券》與一〇三《章氏十娘地契》、一三一《甘十一郎地券》載豐城縣富城鄉同造里。本券所見有富城鄉祝熝里烟源櫟浪保。

〔二〕承事：「承事郎」的簡稱。

一五九　蘇誠買地券

一五九　蘇誠買地券　紹興三十二年（一一六二）十月二十一日

【題解】

一、名稱：蘇誠買地券

二、文獻形態：紅砂石質，正方形，邊長二十八厘米、厚二厘米。券石左上角殘缺，券面上横竪陰刻綫條，將全券石分爲一百四十四個方格，本券自右至左書寫。券文刻於方格内，十二行，行十二字。

三、卒葬時間：紹興三十二年（一一六二）十月二十一日葬。

四、文獻著録：成都文物考古研究所、成都博物院：《成都出土歷代墓銘券文圖録綜釋》，北京：文物出版社，二〇一二年，第三六八至三六九頁。

五、出土及收藏情況：二十世紀九〇年代出土於四川省原温江地區温江縣（今爲成都市温江區），券石現收藏於成都市温江區文物保護管理所。

【釋文】

維紹興三十二年歲次壬午十/月甲子朔二十一日甲申，歿故/先考蘇誠地券。生居城邑，死安/宅兆。卜筮叶從，相地咸吉，宜就/惟新村福地安墳。其地左青龍，/右白虎，前朱雀，後玄武，中勾陳，/分掌四域。丘承墓伯[一]，道路將軍，/方步界畔[二]，整齊阡陌。千秋萬載[三]，/永無衰敗。奻怪邪精，不得忏犯。/先有居者，迴避萬里，若違[四]此約，/［上缺］主吏自當其禍，然後/［上缺］如女青律令。

【校注】

〔一〕丘承墓伯：「丘承」同「丘丞」。「伯」原作「陌」，今改。

〔二〕方步界畔：同「封步界畔」。

〔三〕千秋萬載：原文脱「千」字，今補。

〔四〕違：原作「爲」，今據文意改。

一六〇　景公買地券

一六〇　景公買地券　紹興三十二年（一一六二）十二月二十二日

【題解】

一、名稱：景公買地券

二、文獻形態：券陶質，碑形，通高三十一厘米，寬十八厘米，厚四厘米。券石斷爲五塊。上下用雙綫隔開，上部横書二行，十二字：「宋故府君承事景公墓券謹記」；本券自右至左書寫。陰刻行書十三行，行二十四字。

三、卒葬時間：紹興三十二年（一一六二）十二月二十二日葬。

四、文獻著録：劉長源：《漢中市北郊石馬坡南宋墓清理記》，《考古與文物》一九八四年第五期；魯西奇：《中國古代買地券研究》，厦門：厦門大學出版社，二〇一四年，第四五七頁。

五、出土及收藏情況：一九七八年出土於陝西省漢中市北郊石馬坡。

【釋文】

宋故府君承事景公墓券謹記

維紹興三十二年歲次壬午十二月癸亥朔二十二日甲申，謹有/殁故府君承事[一]景公，生居城邑，死安宅兆。龜筮叶從，相地/襲吉，宜於興元府南鄭縣常樂鄉開化村[二]芝蕩之原，安厝宅兆。/謹有錢九萬九千九百九十九貫文，兼五彩信幣等，買地一/段，東西南北地□□，東至青龍，西至白虎，南至朱雀，北至真武。/内方勾陳，分掌四域；丘承[三]墓伯，封步界畔；道路將軍，齊整阡/陌。千秋萬載，永□砦分。若輒干□□□者，將軍亭長，/收縛付河伯。今以牲牢酒脯［中缺］契，財地/交相分付，工匠修塋，安厝已後，［下缺］/月主者；保人：今日值符。故氣邪精［下缺］/者，永避萬里。若違此約，地府主吏［下缺］/主人内外存亡，悉皆安吉。/急急如五帝使者女青律令。

【校注】

〔一〕承事：即承事郎。文散官名。隋煬帝始置徵事郎，唐貞觀中列入文散官。宋因之，乾興元年（一〇二二），避仁宗趙禎諱，改徵事郎爲承事郎，屬北宋前期文散官二十九階之第二十三階。正八品下。

〔二〕興元府南鄭縣常樂鄉開化村：《輿地廣記》卷三二利州路載：唐天寶元年（七四二）稱漢中郡，興元元年（七八四）德宗巡幸升爲興元府，宋因之。縣四：南鄭縣、城固縣、褒城縣、西縣。《元豐九域志》卷八利州路載：南鄭有五鄉，長柳、柏香、西橋三鎮。

〔三〕丘承：同「丘丞」。

一六一　伍氏買地券

一六一　伍氏買地券　隆興元年（一一六三）十二月十九日

【題解】

一、名稱：伍氏買地券

二、文獻形態：陶質，正方形，邊長四十厘米、厚五厘米。券石從中間裂爲兩塊，四周陰刻單綫界欄，券文部分陰刻竪綫十一條，本券自右至左書寫。券文十行，行五至十四字，券面局部磨蝕，部分文字已漫漶不清。

三、卒葬時間：隆興元年（一一六三）十二月十九日葬。

四、文獻著録：成都文物考古研究所、成都博物院：《成都出土歷代墓銘券文圖録綜釋》，北京：文物出版社，二〇一二年，第三七〇至三七一頁。

五、出土及收藏情况：出土時地不詳，券石現收藏於成都市郫縣文物保護管理所。

【釋文】

維隆興元年歲次癸未十二月丁巳/朔十九日乙亥，故伍氏地券。生居城/邑，死安宅兆。卜筮叶從，相地咸吉，/宜於此郫縣光閏鄉[一]福地之原置立/冢墓。其地左有青龍，右有白虎，前有/朱雀，後有元武[二]，中方勾陳[三]，分掌四/域。直符。妖怪邪精，不得妄奪侵奪。/先有居者，永避萬里。□後存亡，悉/□□吉。急急一如/□帝君律令。

【校注】

〔一〕郫縣光閏鄉：郫縣見〇三五《勾君買地券》。《元豐九域志》卷七《成都府路》載：郫縣有十四鄉。本券所載光閏鄉爲郫縣轄鄉之一。

〔二〕元武：即玄武。古代神話中的北方之神，其形或説爲龜，或説爲龜蛇合體。與青龍、白虎、朱雀合稱四方之神。

〔三〕勾陳：「勾」原作「溝」，今改。

一六二　張中正買地券

一六二　張中正買地券　隆興二年（一一六四）三月二十□日

【題解】

一、名稱：張中正買地券

二、文獻形態：紅砂石質，正方形，邊長三十三厘米、厚四厘米。券石裂爲七塊，大部分文字漫漶不清，可識讀文字僅五十餘字，本券自右至左書寫。存文字十二行，行十二字。

三、卒葬時間：隆興二年（一一六四）三月二十□日葬。

四、文獻著録：成都文物考古研究所、成都博物院：《成都出土歷代墓銘券文圖録綜釋》，北京：文物出版社，二〇一二年，第三七二至三七三頁。

五、出土及收藏情況：出土時地不詳，券石現收藏於成都文物考古研究所。

【釋文】

維大宋隆興二年［下缺］/三月丙戌朔二十［下缺］/故張中正五郎地［下缺］/邑，死安宅兆。卜筮［下缺］/大吉□於此華陽縣[一]［下缺］/福［中缺］安厝其［下缺］/龍，［中缺］朱雀［下缺］/玄武，中方勾陳［中缺］丘/承墓伯[二]，封步界畔，［中缺］整/齊阡陌，［下缺］/［下缺］歲月［下缺］

【校注】

［一］華陽縣：見〇三〇《周氏買地券》。

［二］丘承墓伯：丘承，同「丘丞」。原文脱「墓」字，今補。

一六三　柳公買地券

一六三　柳公買地券　隆興二年（一一六四）十一月十九日

【題解】

一、名稱：柳公買地券

二、文獻形態：青砂石質，券石四周殘損，殘高六十四點五厘米、殘寬四十五厘米、厚六厘米。本券自右至左書寫。券文楷書二十行，行四至二十字。

三、卒葬時間：隆興二年（一一六四）十一月十九日葬。

四、文獻著録：成都文物考古研究所、成都博物院：《成都出土歷代墓銘券文圖録綜釋》，北京：文物出版社，二〇一二年，第三七六至三七七頁。

五、出土情況：一九七四年出土於四川省原温江地區灌縣（今爲成都都江堰市）玉堂鎮，券石現收藏於成都都江堰市文物管理局。

【釋文】

維大宋隆興二年歲次甲申十一月壬午朔十九日庚子，/武節大夫[一]、前潼川府路[二]兵馬鈐轄[三]、新權知施州[四]軍州主管□/事兼管勸農事[五]、沿邊溪洞都巡撿使[六]柳□，於今年□□/二十一日戊時，以疾告終，享年六十二。今龜筮叶從，相地咸/吉，宜於永康軍青城縣[七]廣濟鄉[八]大皂里之原，擇此靈山之地/安厝宅兆。謹備信錢玖千玖百[九]玖拾玖貫文，兼用五彩信幣/買此地一段。具四界如後：/東至青龍，/西至白虎，/南至朱雀，/北至玄武。/中方勾陳，分掌四域。丘丞墓伯，封步界畔；道路將軍，/齊整阡陌。千秋萬載，永無殃咎，若有忓犯訶禁者，/將軍亭長[一〇]收付河伯。今以牲牢酒脯、百味[一一]香饈共爲/信契，財地交相分付，工匠修瑩，安厝已後，永保寧謐。知/見人：歲月主者；保人：今日時直符。或故炁邪精，無令/侵犯。先有居者，永避萬里。若違此約，地府主吏自/當其禍。然後應令主人內外存亡，悉皆安吉，立此/盟言，永除禍害。急急一如土下九天使者[一二]/五帝玄都[一三]女青詔書律令。

【校注】

〔一〕武節大夫：武階官名。政和二年（一一一二）由莊宅使、六宅使、文思使改名。

〔二〕潼川府路：《輿地紀勝》卷一五四載：潼川府，梓州，梓潼郡，劍南東川節度。宋初改静戎軍，乾德四年（九六六）又改安静軍。太平興國三年（九七八）復爲東川節度，元豐三年（一〇八〇）升爲潼川府。

〔三〕兵馬鈐轄：宋代軍職名。以職權、官資、駐地的不同區分爲二等三類若干種。以職權區分有：路分兵馬鈐轄和州兵馬鈐轄兩等；以官資序位區分有三類：兵馬都鈐轄、兵馬鈐轄、副兵馬鈐轄；再以職事區別又有四種：正任、添差、厘務、不厘務。另外，州兵馬鈐轄由於其所領軍名目不同，劃分爲駐泊兵馬鈐轄、在城兵馬鈐轄兩種。參見龔延明《宋代官制辭典》，「兵馬鈐轄」條。

〔四〕施州：宋屬夔州路，下轄清江郡。

〔五〕兼管勸農事：宋代設有勸農使。至道二年（九九六）始置。掌巡查京西荒田較多的陳、潁、蔡、襄、鄧、唐、汝等州縣，勸民墾田。不久廢罷。景德三年（一〇〇六），命各路轉運使、轉運副使、開封府知府及各路知州、知軍、通判等兼管内勸農使或勸農事。天禧四年（一〇二〇），改爲勸農使、勸農副使兼提點刑獄公事；後又改名提點刑獄勸農使、副使。天聖四年（一〇二六），廢各地勸農使司專署，而轉運使、提點刑獄、知府、知州、知軍、通判等仍帶轄區勸農使或勸農事官銜。參見《中國歷史大辭典・宋史卷》「勸農使」條。

〔六〕巡撿使：即「巡檢使」。軍職名。五代後梁已置，宋初沿置，南宋不廢。掌巡邏警察、捕捉盜賊、禁緝走私、烟火公事及訓練甲兵等。參見龔延明《宋代官制辭典》「巡檢使」條。

〔七〕永康軍青城縣：見一一〇《文用之買地券》。

〔八〕廣濟鄉：青城縣轄鄉之一，有大皂里。

〔九〕玫千玫百：「千」原作「阡」，「百」原作「伯」，今改。

〔一〇〕百味：「百」原作「伯」，今改。

〔一一〕亭長：原作「停長」，今改。

〔一二〕九天使者：「九天采訪使者」的略稱。《録異記》記載：唐開元中，玄宗夢神仙羽衛，千乘萬騎，集於空中。有一人朱衣金冠，乘車而下，謁帝曰：「我九天採訪，巡糾人間，欲於廬山西北置一下宫，自有木石基址，但須工力而已。」帝即遣中使，詣山西北，果有基迹宛然，於是建廟祭祀。後五嶽三山，都建有九天使者廟。

〔一三〕玄都：道教中的無上仙境，爲上層神仙所居之所。漢東方朔《十洲記》曰：「在北海中，上有太玄都，仙栢真人所治。」晉葛洪《枕中書》載：「玄都玉京七寶山，周回九萬里，在大羅之上，城上七寶宫，宫内七寶台，有上中下三宫。」三宫分别是盤古真人、太上真人、九天真王等仙居所。

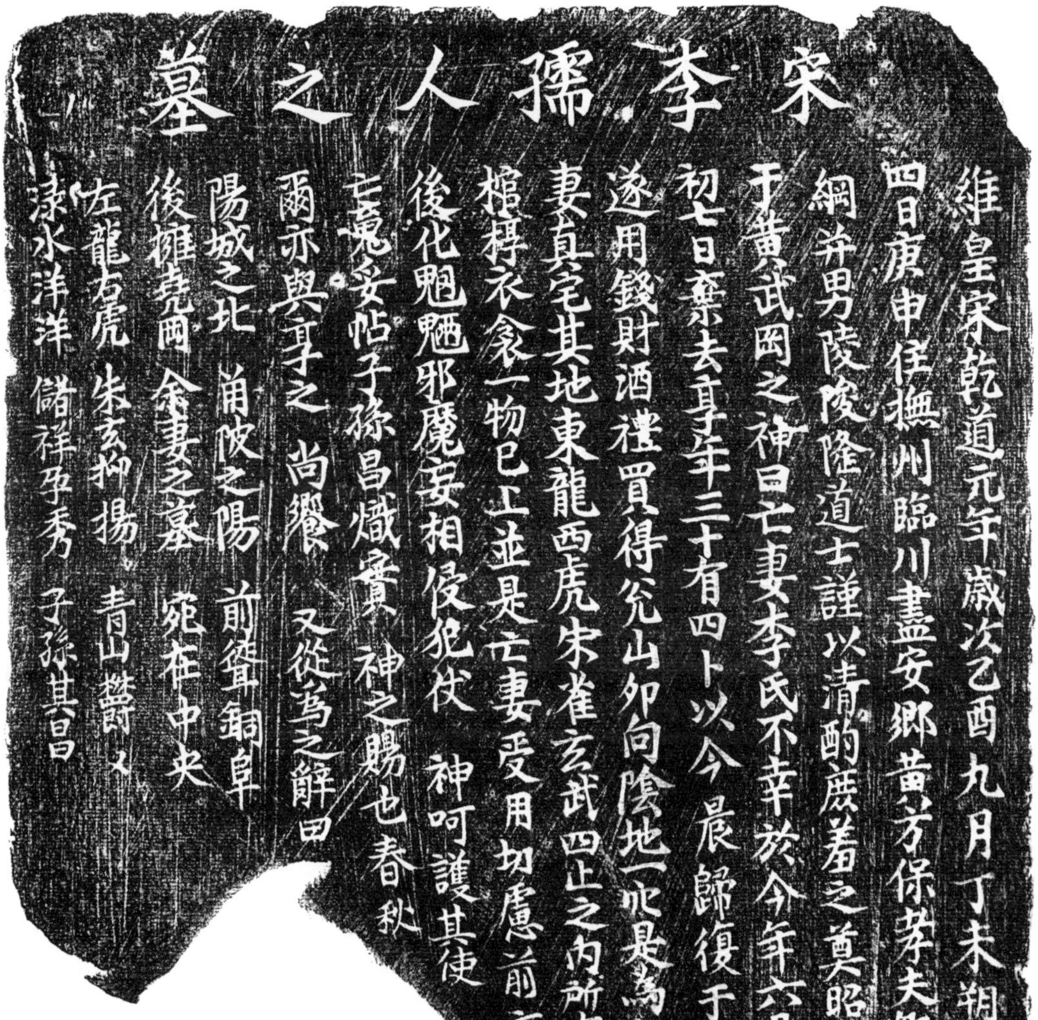

宋李孺人之墓

維皇宋乾道元年歲次乙酉九月丁未朔十
四日庚申住撫州臨川盡安鄉黄芳保孝夫鄒
綱并男陵陵隆道士謹以清酌庶羞之奠昭告
于黄武罔之神曰亡妻李氏不幸於今年六月
初七日棄去享年三十有四卜以今晨歸復于此
遂用錢財酒禮買得死山夘向陰地一所是爲亡
妻真宅其地東龍西虎朱雀玄武四止之内所有
棺槨衣衾一物已上並是亡妻受用切慮前亡
後化魍魎邪魔妄相侵犯伏 神呵護其使
亡魂安帖子孫昌熾實 神之賜也春秋
爾亦與享之 尚饗 又從爲之辭曰
陽城之北 崩陂之陽 前聳銅阜
後擁堯岡 命妻之墓 宛在中央
左龍右虎 朱玄抑揚 青山鬱又
渌水洋洋 儲祥孕秀 子孫其昌

一六四　鄒綱妻李氏買地券

一六四　鄒綱妻李氏買地券　乾道元年（一一六五）九月十四日

【題解】

一、名稱：鄒綱妻李氏買地券

二、文獻形態：券石方形，拓片長三十一厘米，寬二十九點五厘米。額題楷書「宋李孺人之墓」，六行，行一字。本券自右至左書寫。楷書十五行，行十二至十九字不等。

三、卒葬時間：乾道元年（一一六五）六月初七日卒，乾道元年（一一六五）九月朔十四日葬。

四、出土及收藏情況：拓片現藏於河北大學宋史研究中心資料室。

【釋文】

宋李孺人之墓

維皇宋乾道元年歲次乙酉九月丁未朔十/四日庚申，住撫州臨川盡安鄉黄方保孝夫鄒/綱并男陵陵隆道士，謹以清酌庶羞之奠，昭告/于黄武岡之神曰：「亡妻李氏，不幸於今年六月/初七日棄去，享年三十有四。卜以今晨，歸復于此，/遂用錢財酒禮，買得兊山卯向陰地一穴，是爲亡/妻真宅，其地東龍西虎，朱雀玄武。四止之内，所有/棺椁衣衾，一物已上，并是亡妻受用，切慮前亡/後化、魍魎邪魔，妄相侵犯。仗神呵護，其使/亡魂[一]妥帖，子孫昌熾，實神之賜也。春秋/爾亦與享之。尚饗！」/又從爲之辭曰：/「陽城之北，甬陂之陽。前聳銅阜，/後擁堯岡。余妻之墓，宛在中央。/左龍右虎，朱玄抑揚。青山鬱鬱，/緑[二]水洋洋。儲祥孕秀，子孫其昌。」

【校注】

〔一〕「魂」原作「䰟」，今改。

〔二〕原文爲「渌」字，今改。

一六五　張翱小九郎買地券

一六五　張翺小九郎買地券　乾道五年（一一六九）六月十五日

【題解】

一、名稱：張翺小九郎買地券

二、文獻形態：紅砂石質，正方形，邊長二十八厘米。券石裂爲三塊，本券自右至左書寫。楷書十一行，行九至十一字。

三、卒葬時間：乾道五年（一一六九）六月十五日葬。

四、文獻著録：成都文物考古研究所、成都博物院：《成都出土歷代墓銘券文圖録綜釋》，北京：文物出版社，二〇一二年，第三七八至三七九頁。

五、出土及收藏情況：一九八〇年出土於成都市，券石現收藏於存成都文物考古研究所。

【釋文】

維大宋乾道五年歲次己丑/六月丙戌朔十五日庚子，故/張翺小九郎地券。生居/城邑，死安宅兆。卜筮叶從，相/地大吉，宜於此華陽縣積善/鄉[一]福地之原安厝。其界左至/青龍，右至白虎，前至朱雀，後/至玄武。中方勾陳，分掌四域。/丘丞墓伯[二]，封步界畔；道路將/軍。千秋百載[三]，永保元吉。知見/人：歲月主者；保人：今日直苻[四]。

【校注】

〔一〕華陽縣積善鄉：見〇五二《郭氏買地券》。

〔二〕丘承墓伯：丘承，同「丘丞」。「伯」原作「百」，今改。

〔三〕百載：「百」原作「伯」，今改。

〔四〕直苻：同「直符」。

一六六　任氏五娘、喻氏六小娘地券

一六六　任氏五娘、喻氏六小娘地券　乾道六年（一一七〇）十月三日

【題解】

一、名稱：任氏五娘、喻氏六小娘地券

二、文獻形態：紅砂石，正方形，邊長二十七厘米，四周陰刻雙綫。本券自右至左書寫。陰刻行楷，十一行，滿行十二字。

三、卒葬時間：乾道六年（一一七〇）十月三日葬。

四、文獻著録：成都文物考古研究所：《信息産業部三十研究所南宋火葬墓的發掘》，《成都考古發現二〇〇四》，北京：科學出版社，二〇〇六年，第四三三至四五一頁；高朋：《人神之契：宋代買地券研究》，北京：中國社會科學出版社，二〇一一年，第二四九頁；魯西奇：《中國古代買地券研究》，厦門：厦門大學出版社，二〇一四年，第四五八頁。

五、出土及收藏情況：二〇〇二年出土於四川省成都市西南郊高新區創業路，本券與券石現收藏於成都文物考古研究所。

六、其他：二一六《喻仲安買地券》、二三二《張氏三娘地券》同一地點出土。

【釋文】

維乾道六年太歲庚寅十月丁/未朔初三日己酉，亡故任氏五/娘、喻氏六小娘子地券。生居城邑，死/安宅兆，卜筮叶從，相地咸吉，宜/於此成都縣文學鄉[一]福地之原/安厝。其界左至青龍，右至白虎，/前至朱雀，後至玄武，中方勾陳，/分掌四域。丘丞[二]墓伯，整齊阡陌。/千秋萬載，永无咎殃。知見人：歲/月主者。保人：今日時直符。故/氣邪精，不得忏犯。急急如律令。

【校注】

〔一〕成都縣文學鄉：《元豐九域志》卷七《成都府路》載：成都縣有一十六鄉，本券與二三二《張氏三娘地券》、二一六《喻仲安買地券》載文學鄉。

〔二〕丘承：同「丘丞」。

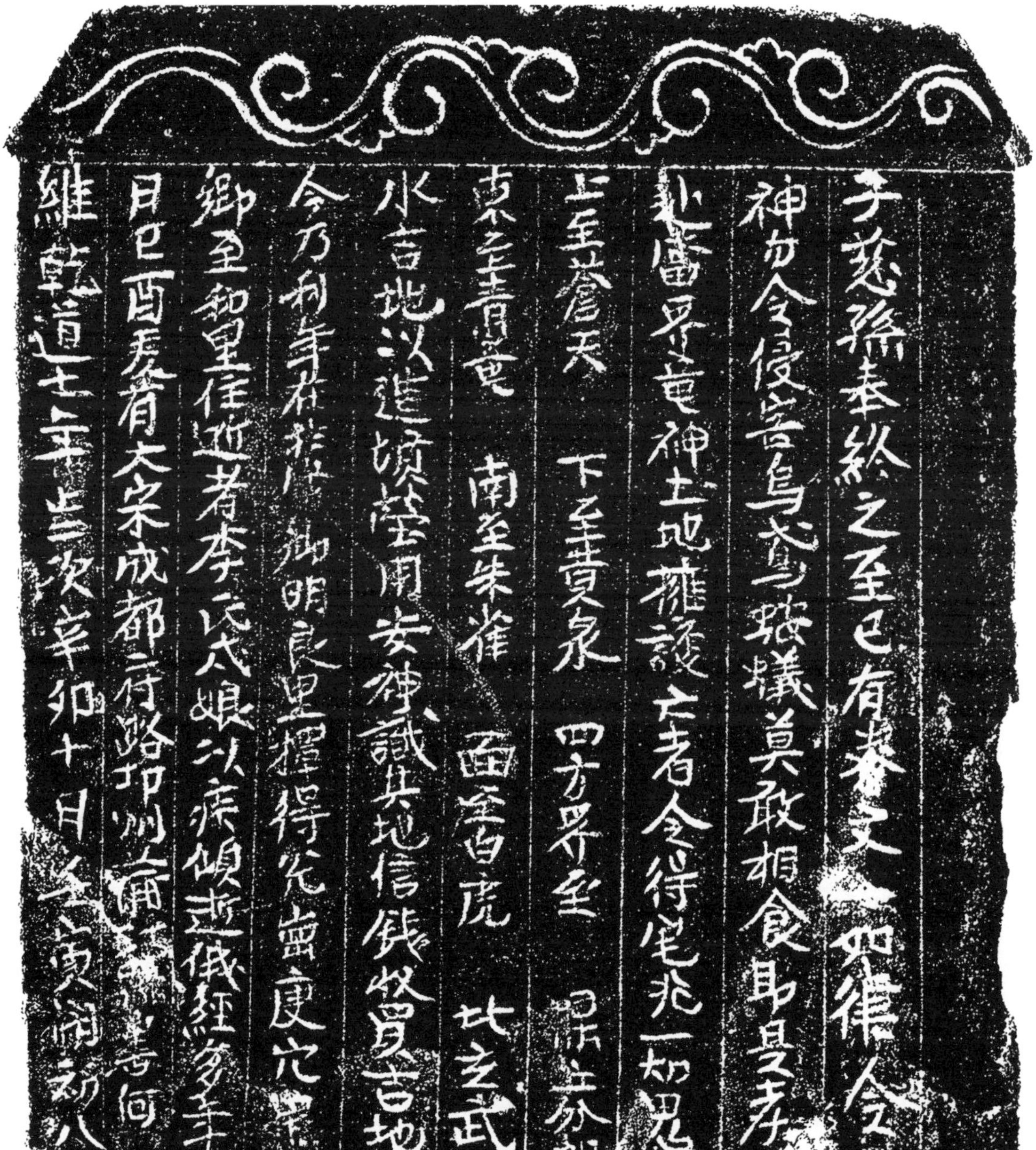
子孫奉絲之至已有本文一如律令
神力令侵害鳥獸狐狸莫敢相食耳是孝
北當界亭神土地擁護亡者令得宅兆一切鬼
上至蒼天　下至黃泉　四方界至　保立分明
東至青龍　南至朱雀　西至白虎　北至玄武
水吉地以造墳塋用安神識其地信錢以買吉地
今乃利年存於
鄉至和里住近者李氏戌娘以疾傾逝俄經多年
日巳酉發背大宋成都府路邛州
維乾道七年歲次辛卯十月壬寅朔初八

一六七　李氏戌娘買地券

一六七　李氏戊娘買地券　乾道七年（一一七一）十月八日

【題解】

一、名稱：李氏戊娘買地券

二、文獻形態：白砂石，呈碑形，高四十點五厘米，寬三十三厘米，厚三點四厘米。券石上端左、右抹角，下部有榫，額部陰刻卷雲紋，券面部分陰刻竪綫十條，將券面分爲十一格，本券自左至右書寫。楷書十行，行十五至十九字。

三、卒葬時間：乾道七年（一一七一）十月八日葬。

四、文獻著録：成都文物考古研究所、成都博物院：《成都出土歷代墓銘券文圖録綜釋》，北京：文物出版社，二〇一二年，第三八二至三八三頁。

五、出土及收藏情況：一九七一年出土於四川省原温江地區蒲江縣（今成都市蒲江縣）壽安鎮，券石現收藏於成都市蒲江縣文物保護管理所。

【釋文】

維乾道七年歲次辛卯十月壬寅朔初八/日己酉[一]，爰有大宋成都府路邛州蒲江縣善何/鄉至和里[二]住逝者李氏戊娘，以疾傾逝。俄經多年，/今乃利年，在於當鄉明良里，擇得兑崗庚穴巽/水吉地，以造墳塋，用安神識。其地信錢收買，吉地/東至青龍，南至朱雀，西至白虎，北至[三]玄武，/上至蒼天，下至黄泉，四方界至，標立分明。/赴當界龍神土地，擁護亡者，令得宅兆，一切鬼/神，勿令侵害，烏鳶螻蟻，莫敢相食。即是孝/子慈孫，奉終之至。已有券文，一如律令。

【校注】

〔一〕己酉：原文作「巳酉」，疑誤，今改。

〔二〕成都府路邛州蒲江縣善何鄉至和里：邛州蒲江縣見〇〇二《魏訓買地券》。《元豐九域志》卷七《成都府路》載：蒲川縣有六鄉。本券與〇三〇《周氏買地券》、二五一《史遠孫買地券》載善何鄉，有至和里。

〔三〕北至玄武：原文脱「至」字，今補。

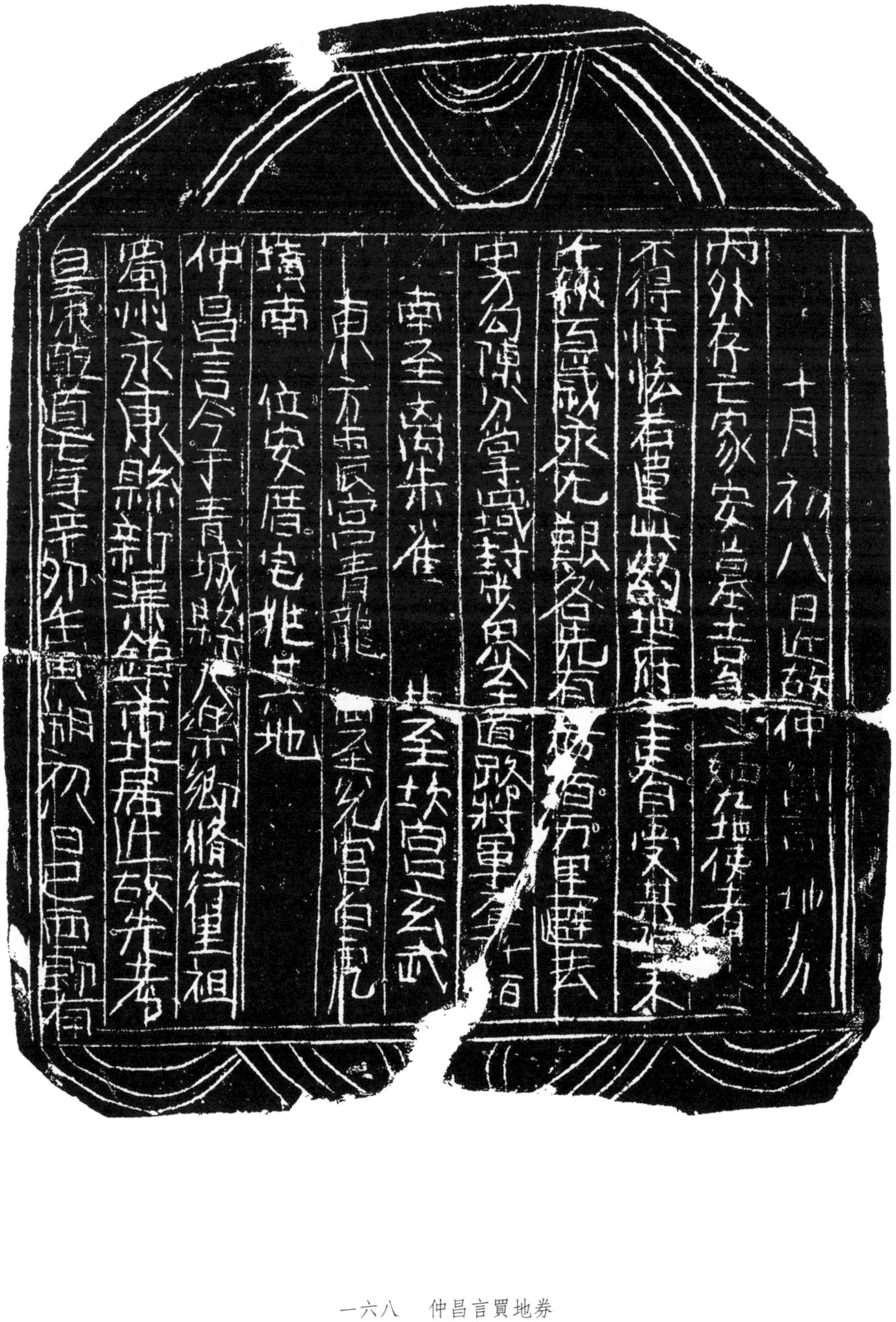

一六八　仲昌言買地券

一六八　仲昌言買地券　乾道七年（一一七一）十月八日

【題解】

一、名稱：仲昌言買地券

二、文獻形態：陶質，高四十五點一厘米，寬三十厘米，厚三厘米；券誌四角均作抹角，券面周邊陰刻雙綫，框内陰刻竪綫十條。方框上下用綫條刻畫圖案。本券自左至右書寫。楷書十一行，行九至十五字。

三、卒葬時間：乾道七年（一一七一）十月八日葬。

四、文獻著録：成都文物考古研究所、成都博物院：《成都出土歷代墓銘券文圖録綜釋》，北京：文物出版社，二〇一二年，第三八〇至三八一頁。

五、出土及收藏情況：一九七五年出土於四川省原温江區灌縣（今成都都江堰市）中興鎮，券石現收藏於成都都江堰市文物管理局。

【釋文】

皇宋乾道七年辛卯壬寅朔初八日己酉，即有/蜀州永康縣新渠鎮[一]市北居近故先考/仲昌言，今于青城縣八樂鄉脩行里[二]祖/墳南位安厝宅兆，其地：/東方震宮青龍，西至兑宮白虎，/南至離宮朱雀[三]，北至坎宮玄武[四]。/中方勾陳，分掌四域，封步界至，道路將軍，整齊阡陌[五]，/千秋百歲，永无艱咎，先有居者，萬里避去，/不得忓恡。若違此約，地府主吏，自受其禍。/内外存亡[六]，家安墓吉。急急一如九地使者律令。/十月初八日近故仲昌言地券。

【校注】

〔一〕蜀州永康縣新渠鎮：永康縣原爲青城縣横渠鎮，孟蜀廣政中置永康縣，屬蜀州，有天國山。據《太平寰宇記》卷七三《劍南西道二》載，永康縣下設八鄉。《元豐九域志》卷七《成都府路》載：永康縣下設八鄉，新渠一鎮，一茶場。

〔二〕青城縣八樂鄉脩行里：青城縣見一一〇《文用之買地券》。《元豐九域志》卷《成都府路》載：青城縣下轄十五鄉，并有陶填、味江、堋市、白江四鎮。

〔三〕离宫朱雀：原文脱「宫」字，今補。

〔四〕震宫、離宫、兑宫、坎宫：分别爲八卦中正東主木、正南主火、正西主金、正北主水的方位。

〔五〕整齊：原文脱「整」字，今補。

〔六〕内外存亡：原文前衍「未」字，今删。

一六九　吴氏十一娘地券

一六九　吴氏十一娘地券　乾道八年（一一七二）二月二十七日

【題解】

一、名稱：吴氏十一娘地券

二、文獻形態：紅陶質，券爲泥條盤築，呈圓形，下部殘缺，呈一字形，整個券石類似蝸牛狀；高三十三點三厘米，厚二點三厘米，券面底部寬二十五點四厘米；券面陰刻豎綫十三行，券文陰刻行書十二行，行十四字。

三、卒葬時間：乾道八年（一一七二）二月二十七日葬。

四、文獻著録：蔣曉春、員鑫：《西華師範大學博物館所藏墓券述論》，《西華師範大學學報》二〇一六年第五期，第七〇至七七頁。

五、出土及收藏情況：二十世紀五〇年代徵集，券石現收藏於西華師範大學博物館。

【釋文】

維乾道八年歲次壬辰/二月庚子朔廿七日丙寅，近故/蔣宗菩吴氏十一娘地券。生居/城邑，死安宅兆。卜筮叶從，相地咸吉。/宜此華陽縣均窯鎮[一]安養歸福地/之原安厝。其界東至青龍，南至/白虎，北至玄武，中方拘陳[二]，分掌/四神[三]。道路將軍，封步界畔，/整齊阡陌。千秋萬載無咎殃。/知見：歲月。保人：/今日直符。故炁/邪精，不得忏/犯。一如律令。

【校注】

〔一〕華陽縣均窯鎮：《元豐九域志》卷七《成都府路》載：華陽縣下設八鄉、均窯一鎮。

〔二〕拘陳：同「勾陳」。

〔三〕分掌四神：其他買地券多作「分掌四域」。

信
維乾道九年太歲癸巳十一月二
十日己酉吉辰大宋西川邛州
蒲江縣欽德政教里住亡人王
壽二郎諱琬以疾傾逝今值利年
於本縣本鄉永寧里卜得亥崗
穴巽水吉地一所用造墳塋以
神識其地將信錢收買分明
東至青龍南至朱雀
西至白虎北至玄武
上至蒼天下至黃泉
方界至標立分明
當界龍神土地擁佑亡者令得幽
室一切鬼神勿令禁錮為螻蟻
不敢相食即是孝子慈孫
塋所藏之固已有券一如律令

一七〇　王琬買地券

一七〇　王琬買地券　乾道九年（一一七三）十一月二十日

【題解】

一、名稱：王琬買地券

二、文獻形態：白砂石，券石上端左右抹角，高五十點六厘米、寬四十五厘米、厚四點四厘米；券文上部有「信」字。本券自右至左書寫。楷書十五行，行八至十三字。

三、卒葬時間：乾道九年（一一七三）十一月二十日葬。

四、文獻著録：成都文物考古研究所、成都博物院：《成都出土歷代墓銘券文圖録綜釋》，北京：文物出版社，二〇一二年，第三八四至三八五頁。

五、出土及收藏情況：一九九八年出土於成都市蒲江縣西來鎮，券石現收藏於成都市蒲江縣文物保護管理所。

【釋文】

信

維乾道九年太歲癸巳十一月二/十日己酉吉辰。據大宋西川邛州/蒲江縣欽德鄉政教里[一]住亡人/王壽二郎諱琬，以疾傾逝。今值利年，/□於本縣本鄉永寧里卜得亥崗/壬穴巽水吉地一所，用造墳塋，以/安神識，其地備信錢收買分明。/東至青龍，南至朱雀，/西至白虎，北至玄武，/上至蒼天，下至黃泉。/四方界至，摽立[二]分明。/當界龍神、土地擁佑亡者，令得幽/室，一切鬼神勿令禁錮；烏鳶螻蟻，/不敢相食。即是孝子慈孫，奉終之/至，所藏之固，已有券。一如律令。

【校注】

〔一〕邛州蒲江縣欽德鄉政教里：邛州蒲江縣欽德鄉見〇八四《韓氏十八娘買地券》。本券所見欽德鄉有政教里、永寧里。

〔二〕摽立：同「標立」。

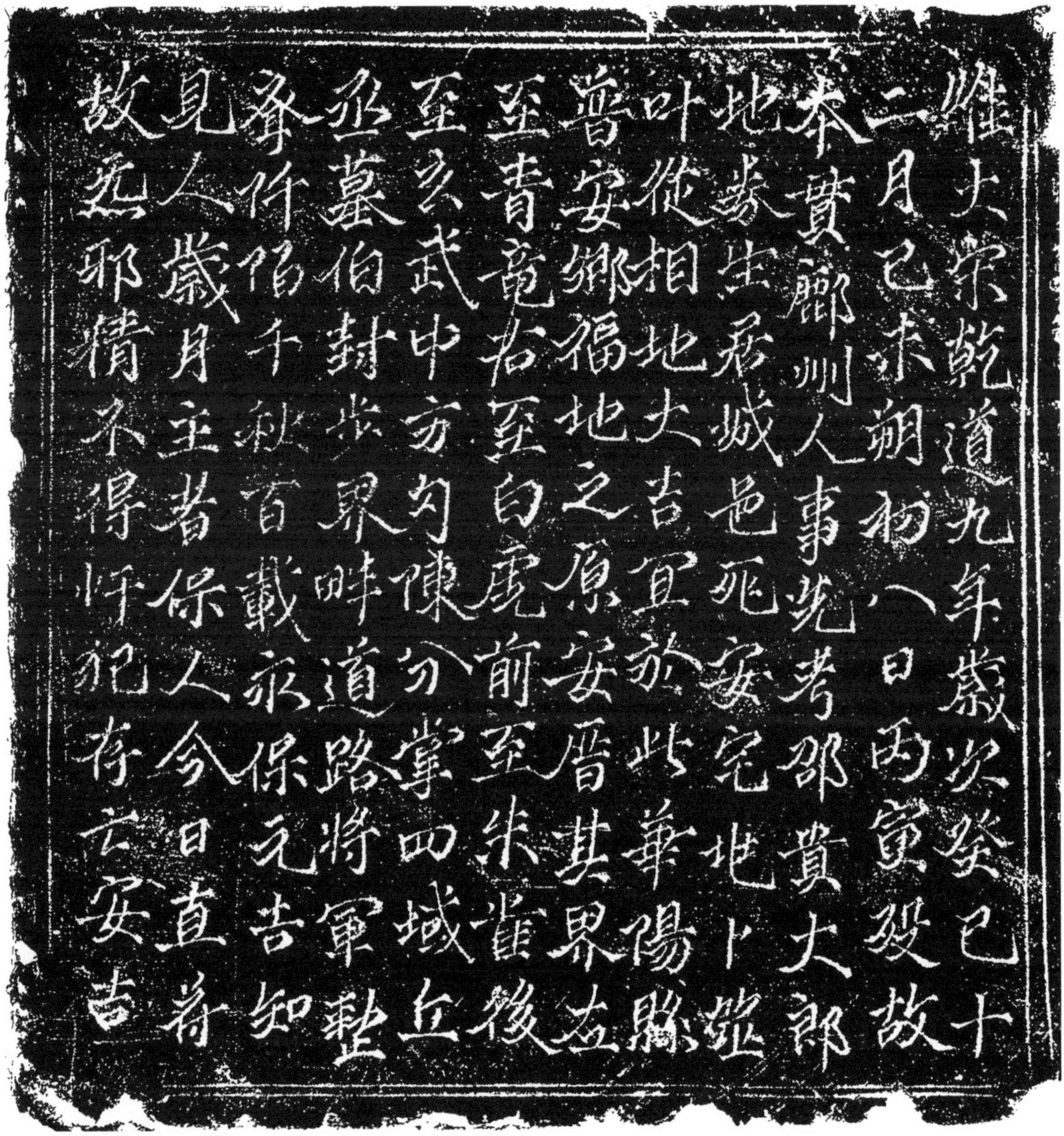
維大宋乾道九年歲次癸巳十
二月乙未朔初八日丙寅殁故
本貫鄜州人事先考邵貴大郎
地券生死城邑死安宅地卜筮
叶從相地大吉宜於此華陽縣
普安鄉福地之原安厝其界東
至青龍右至白虎前至朱雀後
至玄武中方勾陳分掌四域丘
丞墓伯封步界畔道路將軍整
齊阡陌千秋百載永保元吉知
見人歲月主者保人今日直符
故炁邪精不得忓犯存亡安吉

一七一　邵貴大郎地券

一七一　邵貴大郎地券　乾道九年（一一七三）十二月八日

【題解】

一、名稱：邵貴大郎地券

二、文獻形態：青砂石，正方形，邊長三十點五厘米。券石周邊陰刻雙綫。本券自右至左書寫。楷書十二行，行十二字。

三、卒葬時間：乾道九年（一一七三）十二月八日葬。

四、文獻著録：成都文物考古研究所、成都博物院：《成都出土歷代墓銘券文圖録綜釋》，北京：文物出版社，二〇一二年，第三八六至三八七頁。

五、出土及收藏情況：一九八九年出土於成都市雙流縣，券石現收藏於成都市雙流縣文物保護管理所。

【釋文】

維大宋乾道九年歲次癸巳十/二月己未朔初八日丙寅，殁故/本貫鄜州人事[一]、先考邵貴大郎/地券。生居域邑，死安宅兆。卜筮/叶從，相地大吉，宜於此華陽縣/普安鄉[二]福地之原安厝。其界左/至青龍，右至白虎，前至朱雀，後/至玄武，中方勾陳，分掌四域。丘/丞墓伯，封步界畔，道路將軍，整/齊阡陌，千秋百載，永保元吉。知/見人：歲月主者；保人：今日直苻[三]。/故炁邪精，不得忏犯。存亡安吉。

【校注】

〔一〕人事：同「人氏」。

〔二〕華陽縣普安鄉：見〇三〇《周氏買地券》。

〔三〕直苻：同「直符」。

一七二　滑璋父、母、兄買地券

一七二　滑璋父、母、兄買地券　淳熙元年（一一七四）九月十三日

【題解】

一、名稱：滑璋父、母、兄買地券

二、文獻形態：正方形，邊長三十四厘米。四周飾以雲紋，本券自右至左書寫。楷書十九行，行十二至十九字。

三、卒葬時間：淳熙元年（一一七四）九月十三日遷葬。

四、文獻著録：張沛：《安康碑石》，西安：三秦出版社，一九九一年，第一七至一九頁。

五、出土及收藏情況：安康出土，券石現收藏於安康市博物館。

【釋文】

地券

維大宋淳熙元年歲次甲午九月乙酉朔十三日/丁酉，主葬滑璋奉爲先考、先妣，并以亡兄。本貫/永興，流移昭化，頃緣兵革，稽奉遷塋，搰心追遠，孝/礼殊虧。遂同長幼之心，共啓孝誠之志，卜其宅兆，/安厝先靈。況乃龜筮叶從，相地襲吉，宜於金州西/城縣界永寧鄉第十一都洛河村大平垻〔一〕安厝宅/兆。謹用錢九萬九千九百九十九貫文，兼五彩信/幣，買地一段。南北長二十步，東西闊一十八步四/分半。東至青龍，西至白虎，南至朱雀，北至玄武。內/方勾陳，分擘掌四域。丘丞墓伯，封步界畔。道路將/軍，齊整阡陌。千秋萬歲，永無殃咎。若輒干犯訶禁/者，將軍亭長，收付河伯。今以牲牢酒飯、百味香新，共爲信契，財地交相分付。工匠修營，安厝已後，永/保休吉。知見人：甲午歲甲戌月主；保人：丁酉日直/符。竹〔二〕氣邪精，不得干恡。先有居者，永避萬里。若違/此約，地府主吏，自當其禍。主人內外存亡，悉皆安/吉。急急如五帝信者女青律令。/淳熙元年歲次甲午九月十三日滑璋等券。

【校注】

〔一〕金州西城縣界永寧鄉第十一都洛河村大平垻：《輿地廣記》卷八《京西南路》載：唐武德元年（六一八）稱金州。宋乾德五年（九六七）升昭化軍。《輿地紀勝》卷一八九《金州》載：領縣六：西城縣、漢陰縣、洵陽縣、石泉縣、平利縣、上津縣。《元豐九域志》卷一《京西路·南路》載：西城有五鄉，衡口、平利二鎮。「都」爲宋鄉村基層政權組織和行政區劃，神宗時實行保甲法，規定每二百五十户爲一都保，其下有十大保，五十小保，每都保設都、副保正各一人，負責治安。

〔二〕「竹」：疑應爲「故」字。

一七三　方六承事地券

一七三　方六承事地券　淳熙元年（一一七四）十月七日

【題解】

一、名稱：方六承事地券

二、文獻形態：券石上部抹角，上下斷爲兩段，券文四周陰刻單綫，單綫上横刻「宋故方六承事地券」，其中前兩字缺損。單綫下陰刻竪綫十條，將券分爲十行，本券自右至左書寫。行楷十一行，行二十六字。

三、卒葬時間：淳熙元年（一一七四）十月七日葬。

四、出土及收藏情况：江西撫州出土，拓片現藏河北大學宋史研究中心。

【釋文】

宋故方六承事地券

維皇宋淳熙元年歲次甲午十月乙卯朔初七日庚酉，即有撫州崇仁/縣崇仁鄉善居里寨下保[一]□過/方六承事[二]，甲午降生，行年六十一歲，因游南山採藥，路逢仙人賜酒/一盃，迷魄不返，先用錢萬萬餘貫，就開皇地主边買得宜黄縣仙桂/鄉一都土名茗坑[三]艮山坤向陰地一穴安厝。其地東止甲乙，南止丙/丁，西止庚辛，北止壬癸，上至青天，下至黄泉。見人：張堅固；保人：李定/度。誰爲書？水中魚。何人讀？山上鹿。魚何在？入深淵。鹿何在？上高山。/東王公、西王母一十二人共立爲券。奉爲亡人/方六承事作萬萬年山宅，如有下界一神不伏，分付/太上老君誅斬。急急如律令。/敕。

【校注】

〔一〕撫州崇仁縣崇仁鄉善居里寨下保：撫州崇仁縣崇仁鄉見一五五《陳氏三十娘地券》。本券與《陳氏三十娘地券》載善居里寨下保。

〔二〕承事：即承事郎。見一六〇《景公買地券》。

〔三〕宜黄縣仙桂鄉一都土名茗坑：《輿地廣記》卷二五載：宜黄縣，唐武德五年（六二二）析崇仁置，屬撫州。八年省。宋開寶八年（九七五）以宜黄場復置。《元豐九域志》卷六《江南路·西路》載：宜黄縣下設三鄉。本券與二〇五《葉九買地券》載仙桂鄉，爲宜黄縣轄鄉之一。

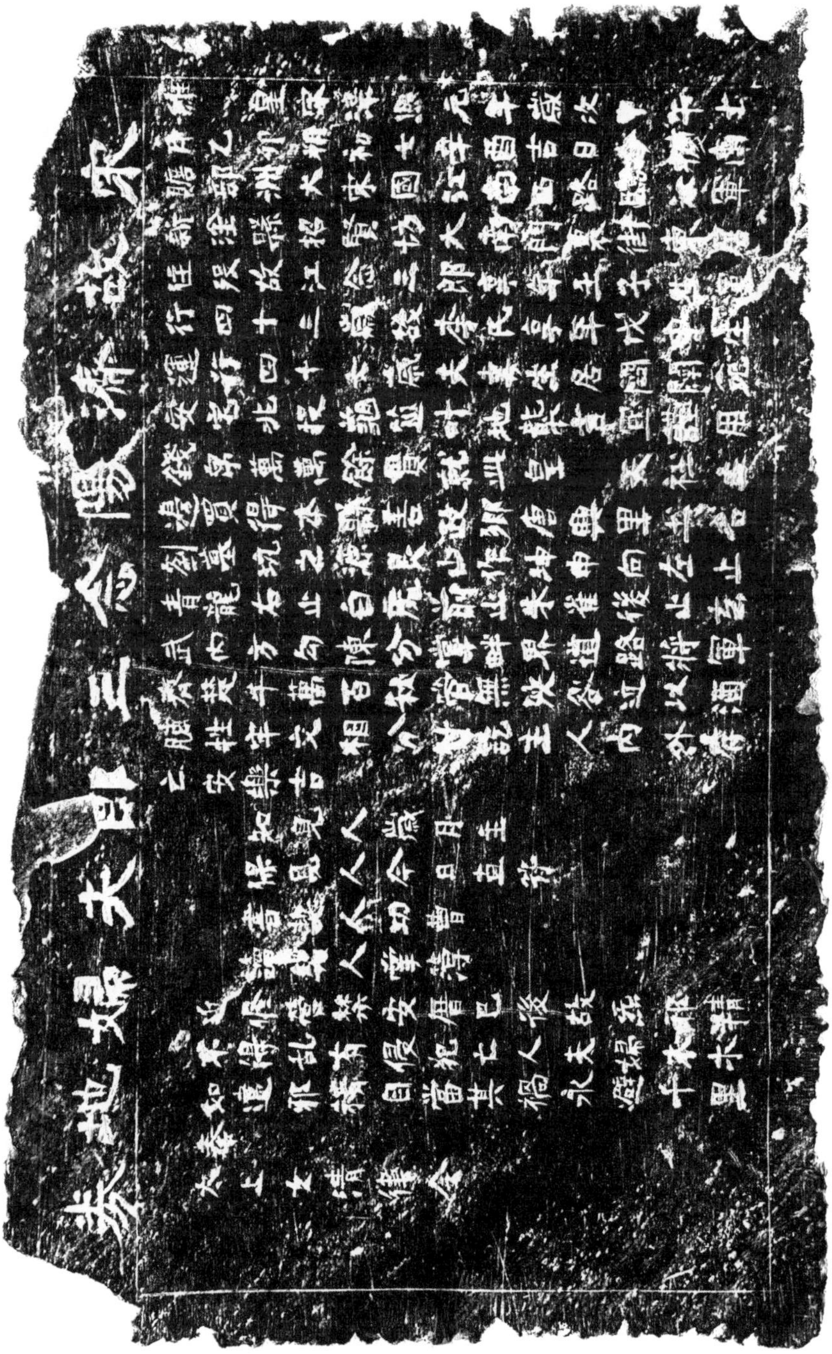

一七四　江念三郎夫婦地券

一七四　江念三郎夫婦地券　淳熙元年（一一七四）十一月十日

【題解】

一、名稱：江念三郎夫婦地券

二、文獻形態：券石四周陰刻單綫，長方形，長三十六點五厘米，寬五十七點五厘米。上部抹角，抹角部分又劃一單綫，兩綫之間題券額：「宋故濟陽念三郎夫婦地券」。券文行楷二十五行，行五至十三字。本券自右至左書寫。

三、卒葬時間：淳熙元年（一一七四）十一月十日葬。

四、出土及收藏情況：江西樟树市臨江鎮出土，拓片現藏於河北大學宋史研究中心。

【釋文】

宋故济陽念三郎夫婦地券

維皇宋淳熙元年歲次甲午十一/月乙卯朔初七辛酉吉日，今據南/贍部洲大宋國江南西路臨江軍/新淦縣招賢坊[一]大南門裏街東居/住，殁故江念三郎[二]，享年壬子生，運/行四十三歲。故李氏，享年戊申生，/運行四十六歲。夫妻生居閻浮，死/安宅兆，投龜筮叶，地襲吉宜，謹用/錢帛萬萬餘貫，就此皇天社主/邊買得本縣吉政鄉唐興里[三]土名/劉墓坑之源，艮山作坤申向，左止/青龍，右止白虎，前止朱雀，後止玄/武。内方勾陳，分掌畔界。道路將軍，/齊整阡陌[四]。千萬百秋，管無殃咎。近以酒/脯牲牢，交相分付訖，主人内外存/亡安樂吉。/知見人：歲月主。/保見人：今日直符。/書契人：功曹。/讀契人：掌簿。/近修營禁，安厝已後，故炁邪精，/不得乱有侵犯亡人夫婦永木。/如違，邪精自當其禍，永避千里。/奉/太上女清律令。

【校注】

〔一〕江南西路臨江軍新淦縣招賢坊：《元豐九域志》卷六《江南路·西路》載，臨江軍下轄三縣：清江縣、新淦縣、新喻縣。新淦縣原屬吉州，後屬臨江軍。

〔二〕念：與「廿」通假，「江念三郎」即爲「江廿三郎」。

〔三〕本縣吉政鄉唐興里：《元豐九域志》卷六《江南路·西路》載：新淦縣下有九鄉。吉政鄉爲九鄉之一，有唐興里。

〔四〕齊整阡陌：「齊整」原文作「齊楚」，今改。原文脱「阡陌」二字，今補。

一七五　歐氏道娘子墓券

一七五　歐氏道娘子墓券　淳熙二年（一一七五）閏九月二十五日

【題解】

一、名稱：歐氏道娘子墓券

二、文獻形態：陶質，正方形，邊長三十八厘米、厚四點五厘米。周邊陰刻單欄邊框，額題「没故[一]亡室歐氏墓券」。下半部磨蝕嚴重，字迹漫漶不清。券文楷書十五行，行二至十五字。本券自左至右書寫。

三、卒葬時間：淳熙二年（一一七五）閏九月二十五日葬。

四、文獻著録：成都文物考古研究所、成都博物院：《成都出土歷代墓銘券文圖録綜釋》，北京：文物出版社，二〇一二年，第三九〇至三九一頁。

五、出土及收藏情況：出土地點不詳，券石現收藏於成都都江堰市文物管理所。

【釋文】

没故亡室歐氏墓券

維大宋劍南西川成都［下缺］/江縣清泉鄉居住，奉［下缺］/孝純，至孝婦牟氏，福［下缺］/娘女夫李茂宗，袁［下缺］。/亡室歐氏道娘子，享年五十六歲。□□生/居高堂，死安宅兆[二]，卜筮叶從，相地咸吉。宜/於忠信鄉之吉原□建宅兆，擇用淳熙/二年閏九月二十五日［下缺］，/左青龍神，右白虎神，前朱雀神，/後元武神，中當［下缺］，/皇天錫命，后土覆藏［下缺］/仰止。丘承墓伯[三]，共相［下缺］妖炁外殄，吉祥内臻，以克［下缺］/一依/九地女青律令。

【校注】

〔一〕没故：同「殁故」。

〔二〕兆：原文脱「兆」字，今补。

〔三〕丘承墓伯：「丘承」同「丘丞」。「伯」原作「陌」，今改。

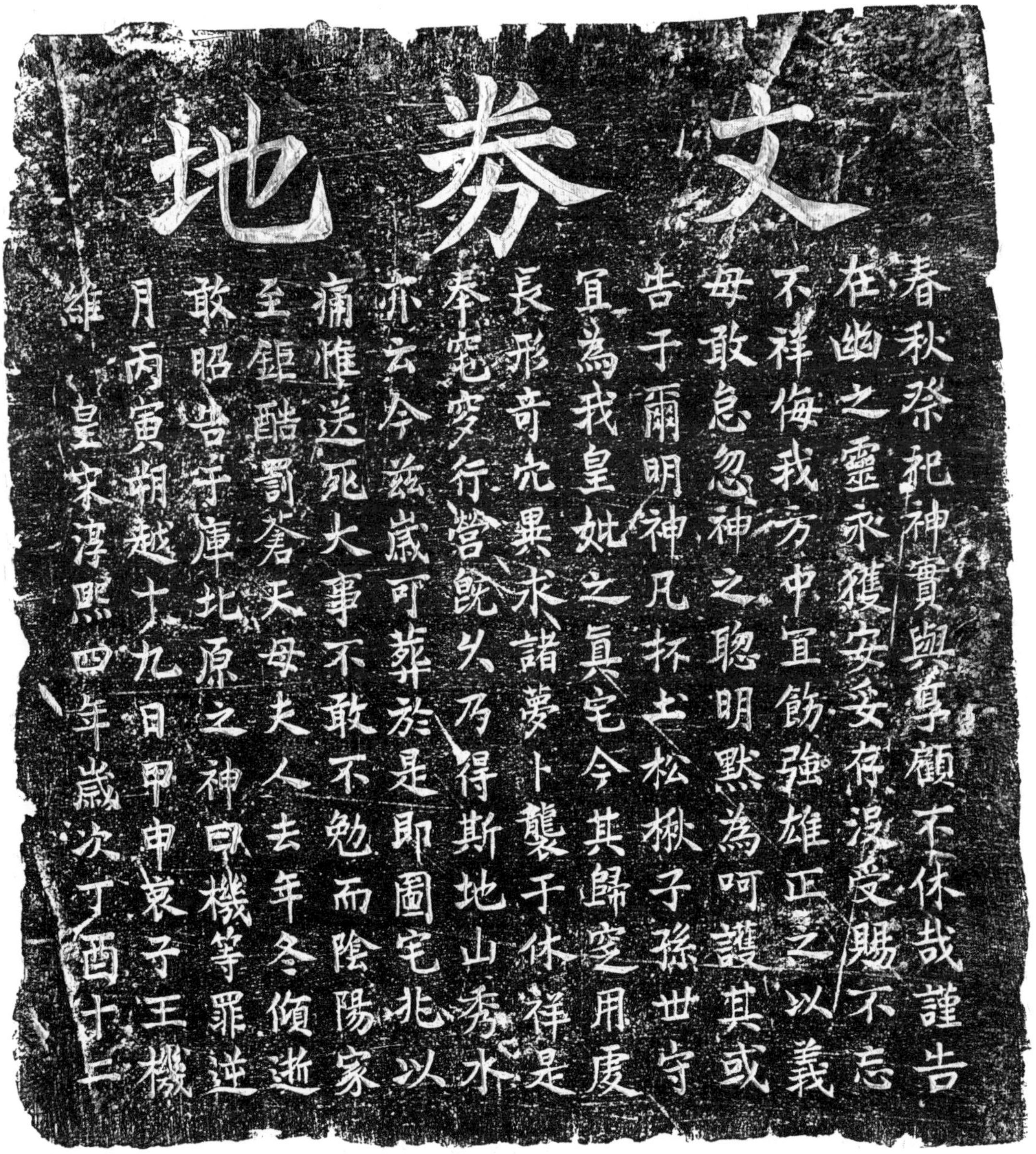
地券文
維皇宋淳熙四年歲次丁酉十二
月丙寅朔越十九日甲申哀子王機
敢昭告于庫北原之神曰機等罪逆
至鉅酷罰蒼天母夫人去年冬傾逝
痛惟送死大事不敢不勉而陰陽家
亦云今茲歲可葬於是即圖宅兆以
奉窀穸行營既久乃得斯地山秀水
長形奇亮異求諸夢卜襲于休祥是
宜為我皇妣之真宅今其歸窆用虔
告于爾明神凡抔土松楸子孫世守
毋敢怠忽神之聰明默為呵護其或
不祥侮我方中宜飭強雄正之以義
在幽之靈永獲安妥存没受賜不忘
春秋祭祀神實與享顧不休哉謹告

一七六　王機母買地券

一七六　王機母買地券　淳熙四年（一一七七）十二月十九日

【題解】

一、名稱：王機母買地券

二、文獻形態：券石長三十九厘米，寬三十六點五厘米，楷書十四行，行十四字；額文楷書「地券文」。本券自左至右書寫。

三、卒葬時間：淳熙四年（一一七七）十二月十九日葬。

四、出土情况：江西出土，拓片現藏河北大學宋史研究中心。

【釋文】

地券文

維皇宋淳熙四年歲次丁酉十二/月丙寅朔越十九日甲申，哀子王機/敢昭告于庫北原之神曰：「機等罪逆/至鉅，酷罰蒼天。母夫人去年冬傾逝，/痛惟送死大事，不敢不勉。而陰陽家/亦云：『今兹歲可葬。』於是即圖宅兆以/奉窀穸，行營既久，乃得斯地，山秀水/長，形奇穴異，求諸夢卜，襲于休祥，是/宜爲我皇妣之真宅[一]。今其歸窆，用虔/告于爾明神，凡抔土[二]松楸，子孫世守，/毋敢怠忽！神之聰明，默爲呵護。其或/不祥，侮我方中，宜飭强雄，正之以義。/在幽之靈，永獲安妥。存没[三]受賜，不忘/春秋祭祀，神實與享，顧不休哉！」/謹告。

【校注】

〔一〕真宅：墳墓，道教謂人死後的真正歸宿。道教謂人生如客，死後方得歸真。《列子·天瑞》：「鬼者，歸也，歸其真宅。」《漢書·楊王孫傳》：「千載之後，棺槨朽腐，乃得歸土，就其真宅。」

〔二〕抔土：一掬土，借指坟墓。

〔三〕存没：同「存殁」。

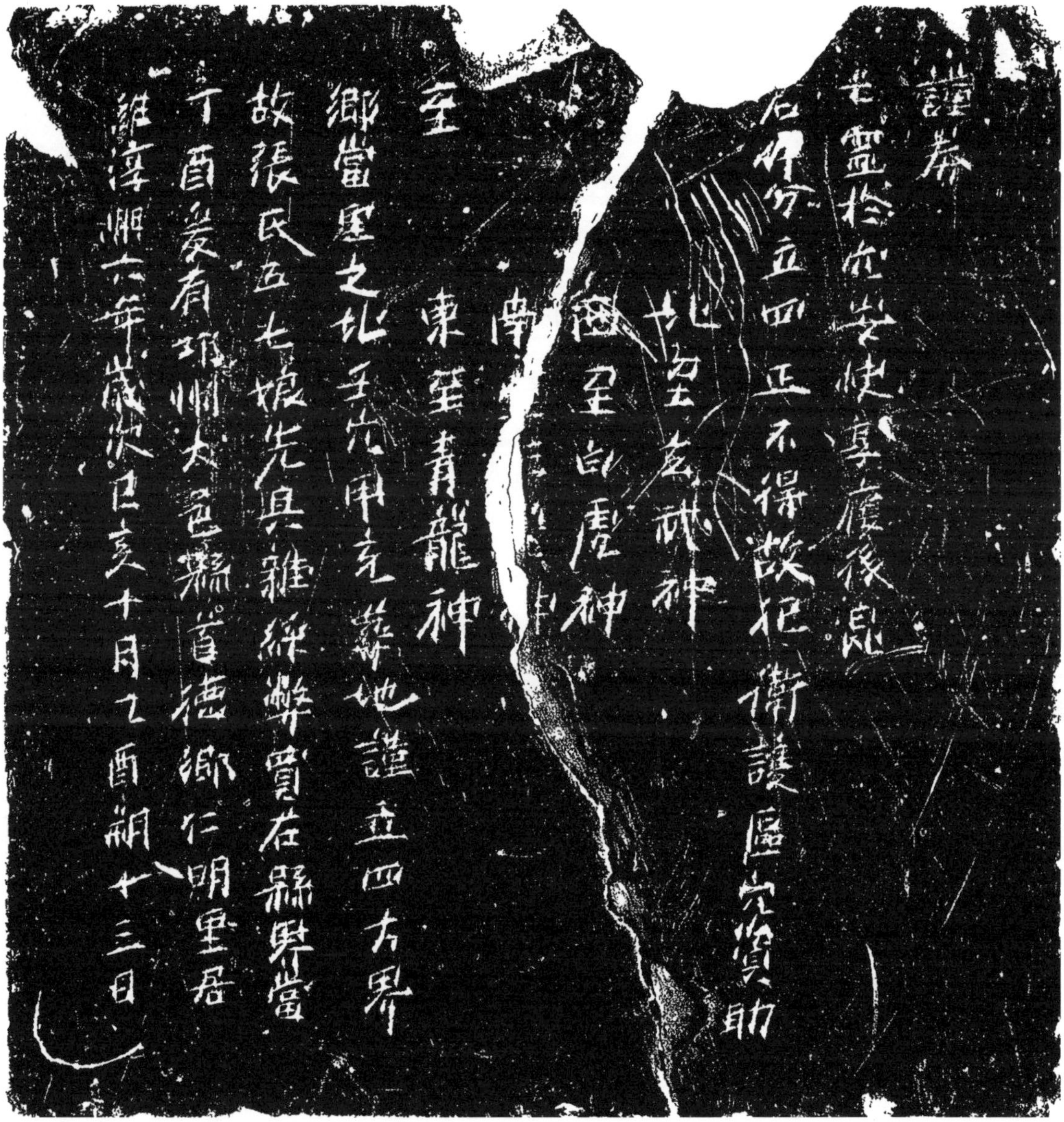

一七七　張氏五七娘買地券

一七七　張氏五七娘買地券　淳熙六年（一一七九）十月十三日

【題解】

一、名稱：張氏五七娘買地券

二、文獻形態：陶質，高三十九點五厘米、寬三十七點五厘米、厚四厘米。券石從中裂爲兩塊，楷書十一行，行二至十六字。本券自左至右書寫。

三、卒葬時間：淳熙六年（一一七九）十月十三日葬。

四、文獻著録：成都文物考古研究所、成都博物院：《成都出土歷代墓銘券文圖録綜釋》，北京：文物出版社，二〇一二年，第三九二至三九三頁。

五、出土及收藏情況：一九七三年出土於四川省原温江區大邑縣（今成都市大邑縣），券石現收藏於成都市大邑縣文物保護管理所。

【釋文】

維淳熙六年歲次己亥十月乙酉朔十三日/丁酉，爰有邛州大邑縣首德鄉仁明里[一]居/故張氏五七娘，先具雜彩幣[二]，買在縣界當/鄉當里之北壬穴用充葬地。謹立四方界/至：東至青龍神，/南至朱雀神，/西至白虎神，/北至玄武神。/右件分立四正，不得故犯，衛護區穴，資助/亡靈，於穴安快，享廕後昆[三]。/謹券。

【校注】

〔一〕邛州大邑縣首德鄉仁明里：《元豐九域志》卷七《成都府路》載：大邑縣有十鄉。首德鄉爲大邑縣轄鄉之一，有仁明里。

〔二〕彩幣：原文作「綵弊」，今改。

〔三〕後昆：後嗣，子孫。

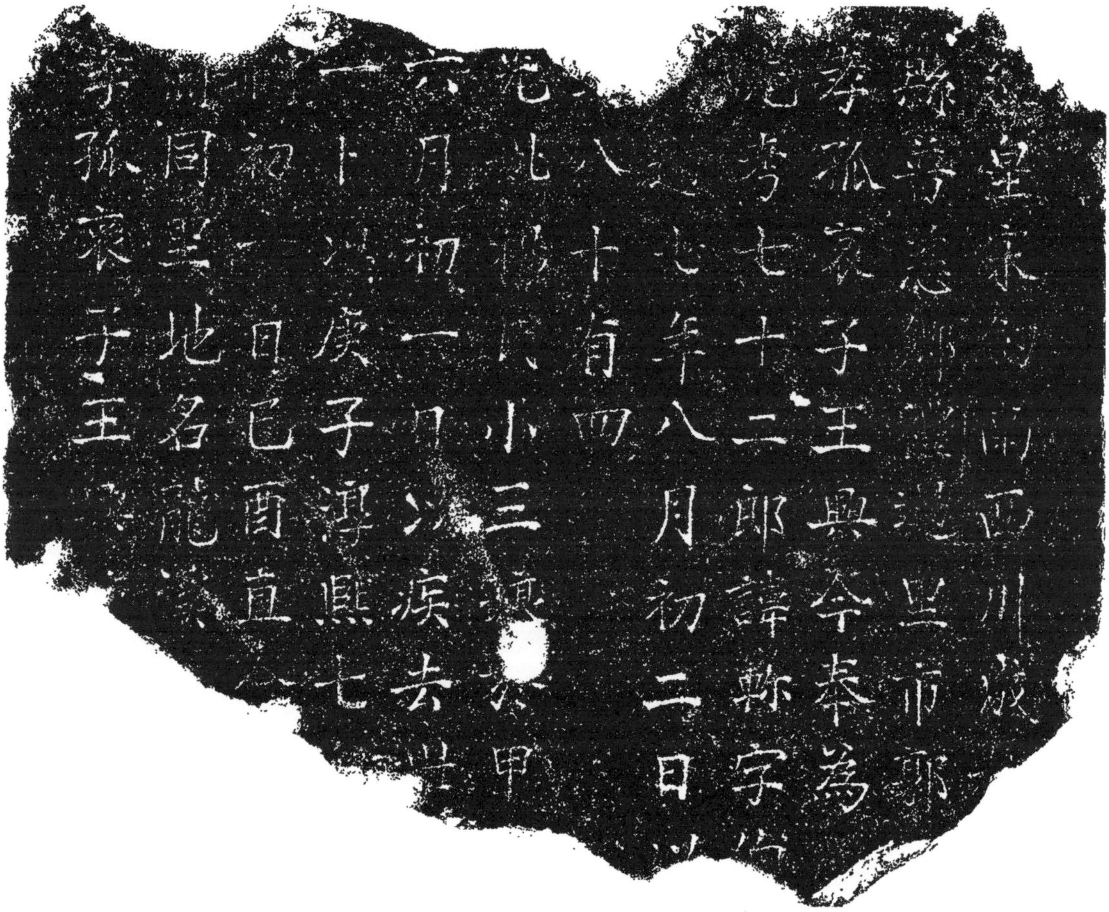

一七八　王興父母王軫、楊氏小三娘買地券

一七八　王興父母王軫、楊氏小三娘買地券　淳熙七年（一一八〇）十一月一日

【題解】

一、名稱：王興父母王軫、楊氏小三娘買地券

二、文獻形態：紅砂石，券石上下均有殘缺，殘高五十厘米、寬四十一厘米、厚五厘米；楷書十二行，行殘存五至十字。本券自右至左書寫。

三、卒葬時間：王軫於乾道七年（一一七一）八月初二日卒，楊氏小三娘於淳熙元年（一一七四）六月初一日卒，淳熙七年（一一八〇）十一月一日葬。

四、文獻著録：成都文物考古研究所、成都博物院：《成都出土歷代墓銘券文圖録綜釋》，北京：文物出版社，二〇一二年，第三九四至三九五頁。

五、出土收藏情況：一九八七年出土於成都市蒲江縣鶴山鎮，券石現收藏於成都市蒲江縣文物保護管理所。

【釋文】

維皇宋劍南西川成都［下缺］/縣普慈鄉禮遇里〔一〕市郭〔二〕［下缺］，/孝孤哀子王興今奉爲/先考七十二郎，諱軫字伯［下缺］。/乾道七年八月初二日［下缺］/□八十有四。/先妣楊氏小三娘於甲［下缺］/六月初一日以疾去世［下缺］/一卜以庚子淳熙七［下缺］/朔初一日己酉，直今［下缺］/□同里地名龍溪［下缺］/孝孤哀子王興［下缺］

【校注】

〔一〕蒲江縣普慈鄉禮遇里：據本書〇〇四《王思買地券》可知此處應爲「蒲江縣」，關於蒲江縣的沿革，詳見〇〇二《魏訓買地券》。

〔二〕市郭：猶市井。

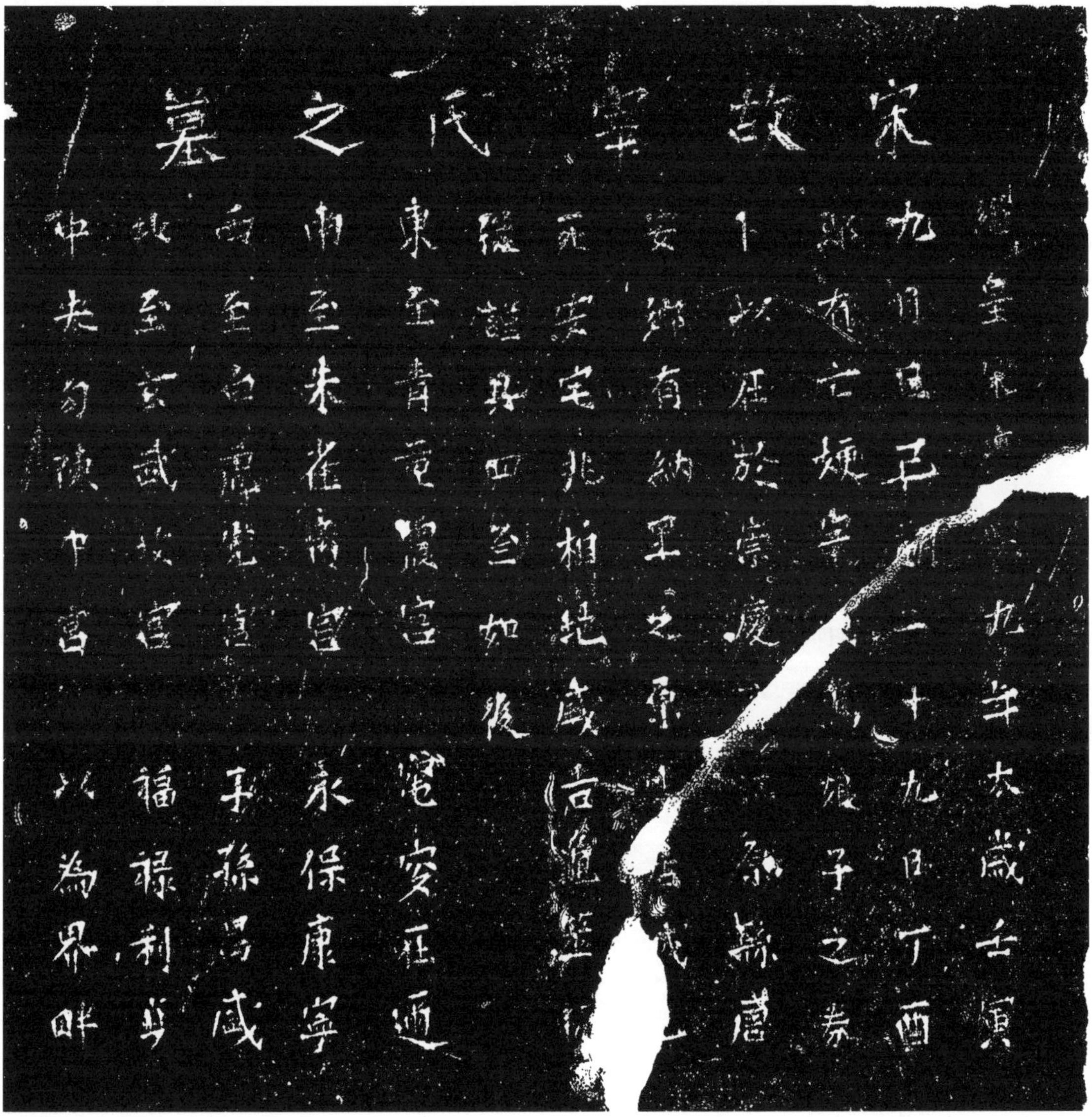

一七九　宰氏篤娘子買地券

一七九　宰氏篤娘子買地券　淳熙九年（一一八二）九月二十九日

【題解】

一、名稱：宰氏篤娘子買地券

二、文獻形態：陶質，正方形，邊長三十八厘米、厚二點七厘米；券石右下角有裂紋，斷爲兩塊。券文上方鎸刻「宋故宰氏之墓」一行六字，券文楷書十二行，行十一字。本券自右至左書寫。

三、卒葬時間：淳熙九年（一一八二）九月二十九日葬。

四、文獻著録：成都文物考古研究所、成都博物院：《成都出土歷代墓銘券文圖録綜釋》，北京：文物出版社，二〇一二年，第三九六至三九七頁。

五、出土及收藏情况：一九九二年出土於成都崇州市，券石現收藏於成都崇州市文物保護管理所。

【釋文】

宋故宰氏之墓

維皇宋淳熙九年太歲壬寅/九月己巳[一]朔二十九日丁酉，/即有亡嫂宰氏篤娘子之券。/卜以在於崇慶府江原縣唐/安鄉有納里[二]之原，生居城邑，/死安宅兆。相地咸吉，龜筮協/從。謹具四至如後：/東至青龍震宮，窀穸在邇；/南至朱雀離宮，永保康寧；/西至白虎兑宮，子孫昌盛；/北至玄武坎宮，福禄利貞；/中央勾陳中宮[三]，以爲界畔。

【校注】

〔一〕己巳：原文作「巳己」，爲倒文，今改。

〔二〕崇慶府江原縣唐安鄉有納里：《方輿覽勝》中卷五一《成都府路》載：隋屬益州，唐分益州四縣地於晉原縣立蜀州改唐安郡，復爲蜀州。宋升爲崇慶府。今領縣四：晉原縣、新津縣、江原縣、永康縣。《太平寰宇記》卷七五《劍南西道四》載：北宋開寶四年（九七一）改爲江源。二十鄉。唐安鄉爲江源縣轄鄉之一，有有納里。

〔三〕震宮、離宮、兑宮、坎宮、中宮：分别爲八卦中正東主木、正南主火、正西主金、正北主水、正中主土的方位。

一八〇　吕亨、文氏順娘地券

一八〇　呂亨、文氏順娘地券　淳熙九年（一一八二）十二月四日

【題解】

一、名稱：呂亨、文氏順娘地券

二、文獻形態：紅砂石質，券石長方形，券石長三十三點三厘米，寬十六點二厘米，厚三點二厘米。四周刻有雙綫；行楷十一行，行九至十一字。本券自右至左書寫。

三、卒葬時間：淳熙九年（一一八二）十二月四日葬。

四、文獻著録：劉雨茂、黄曉楓《四川成都市西郊金魚村南宋磚室火葬墓》，《考古》一九九七年一〇期，第六一至七二頁；高朋：《人神之契：宋代買地券研究》，北京：中國社會科學出版社，二〇一一年，第二五〇頁；魯西奇：《中國古代買地券研究》，厦門：厦門大學出版社，二〇一四年，第四六〇頁。

五、出土及收藏情况：一九九二年出土於四川省成都西郊，券石現收藏於成都文物考古研究所。

其他：《呂忠盛、楊氏八娘地券》《呂亨、文氏順娘地券》《古氏十九娘地券》《呂忠慶地券》《謝□□地券》都於同一地點出土。

【釋文】

大宋淳熙九年歲次壬寅十/二月丁酉朔初四日庚子，故/父呂亨、母文氏順娘地券。生居城邑，死安宅兆。卜筮叶從，相地/大吉，宜於此成都縣延福鄉[一]/福地之原安厝，其界左至青/龍，右至白虎，前至朱雀，後至/玄武，中方勾陳，分掌四域，丘/丞墓伯，封步界畔。道路將軍，/整齊阡陌。千秋百載，永保元/吉。故炁邪精，不得忓犯。

【校注】

〔一〕成都縣延福鄉：見〇一八《楊氏買地券》。

一八一　劉氏小五娘地券

一八一　劉氏小五娘地券　淳熙十一年（一一八四）十月六日

【題解】

一、名稱：劉氏小五娘地券

二、文獻形態：券石正方形，邊長三十八厘米，厚三厘米。四周陰刻單綫邊框，内有單綫十二行，券文行書十一行，行十九字。本券自左至右書寫。

三、卒葬時間：淳熙十一年（一一八四）十月六日葬。

四、文獻著録：成都文物考古研究所、温江區文物保護管理所：《成都温江區「學府尚郡」工地五代及宋代墓葬發掘簡報》，見成都文物考古研究所編：《成都考古發現二〇〇六年》，北京：科學出版社，二〇〇八年，第三〇五至三三四頁；魯西奇：《中國古代買地券研究》，厦門：厦門大學出版社，二〇一四年，第四六〇頁。

五、出土及收藏情況：二〇〇七年四川省成都市温江區出土。

六、其他：本書收録有其夫《周世賢買地券》。

【釋文】

皇宋淳熙十一年甲辰十月丙辰朔初六日辛酉，/□□劍南西川成都府温江縣□江村[一]□/□□故劉氏小五娘地券。生居城邑，死安宅/兆。卜筮叶從，相地咸吉。□於本鄉吉□之/地，買[下缺]/□地，東至青龍，西至白虎，/南至朱雀，北至玄武。/中央勾陳，分掌四域。/封步界畔，道路將軍，整齊阡陌。千秋百歲，永/□休吉。諸部邪精，不得忏犯。急急如/□□律令。

【校注】

〔一〕温江縣□江村：唐貞觀五年（六三一）爲温江縣。宋因之，屬益州。《太平寰宇記》卷七二《劍南西道一》載，温江縣下設二十四鄉。《元豐九域志》卷七《成都府路》載，温江縣下設一十鄉，全節、安國二鎮。

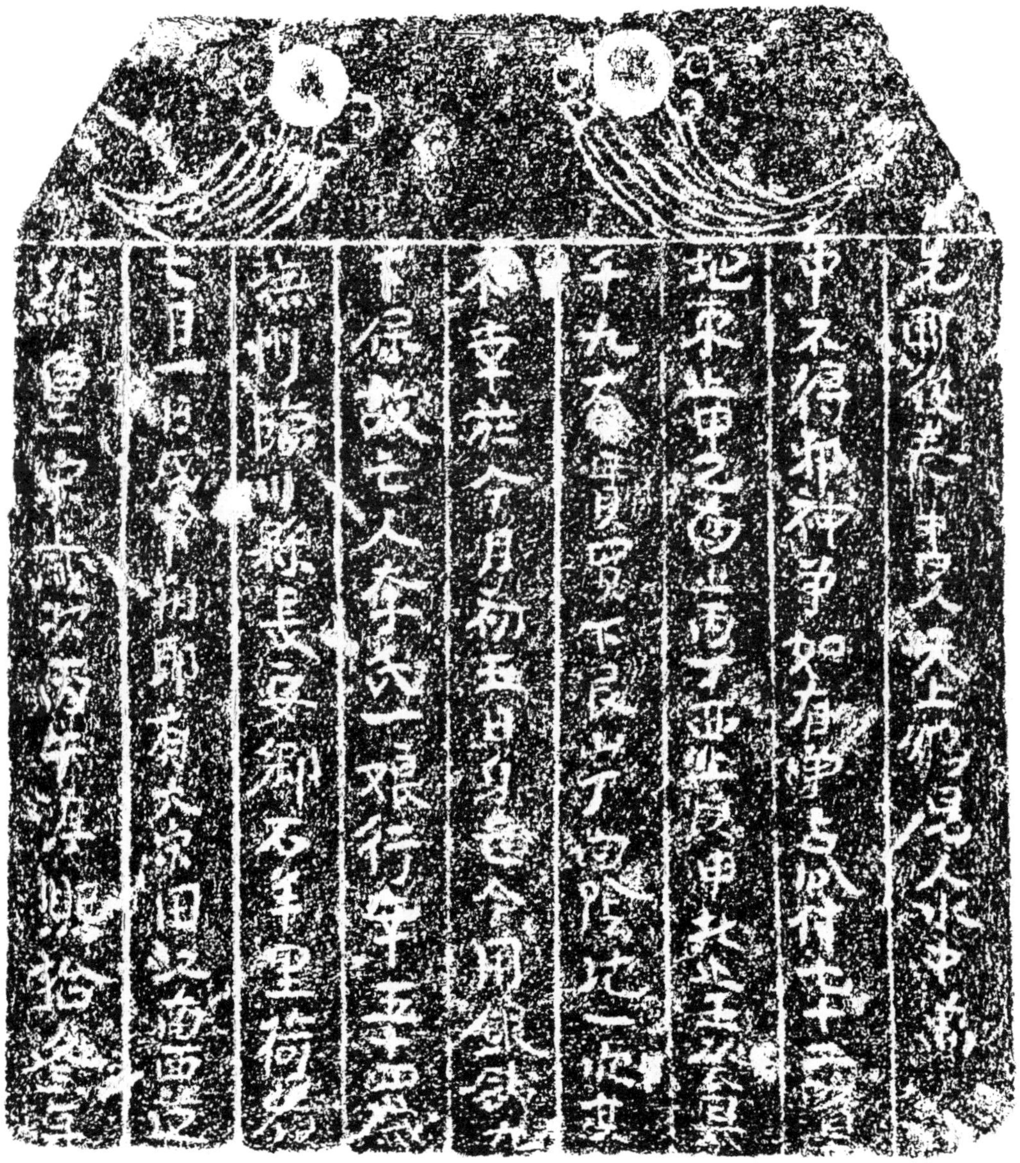

一八二　李氏一娘買地券

一八二　李氏一娘買地券　淳熙十三年（一一八六）七月一日

【題解】

一、名稱：李氏一娘買地券

二、文獻形態：券石拓本長三十四點五厘米，寬三十一厘米，上部兩角抹角，中上部刻單綫將地券分爲兩部分，上刻二鳥圖案，下部陰刻竪綫八條。券文從左至右刻寫，行楷九行，行十六字。

三、卒葬時間：淳熙十三年（一一八六）七月一日葬。

四、出土及收藏情況：出土地點不詳，拓片現收藏於河北大學宋史研究中心。

【釋文】

維皇宋歲次丙午淳熙拾叁年/七月一日戊寅朔，即有大宋國江南西道/撫州臨川縣長安鄉石羊里荷嶺/下保〔一〕故亡人李氏一娘，行年五十四歲，/不幸於今月初五日身亡。今用銀錢九/千九百貫，買下艮山丁向陰地一穴。其/地東止甲乙，南止丙丁，西止庚申，北止壬癸。具/中不得邪神争，如有争占，分付七十二賢/先斬後奏。書人：天上鶴。見人：水中魚。

【校注】

〔一〕江南西道撫州臨川縣長安鄉石羊里荷嶺下保：撫州臨川縣見〇七一《朱小七郎買地券》。《元豐九域志》卷六載：臨川縣下設十七鄉，并有界山、豐安、長林、清遠四鎮。長安鄉爲臨川縣轄鄉之一，有石羊里荷嶺下保。

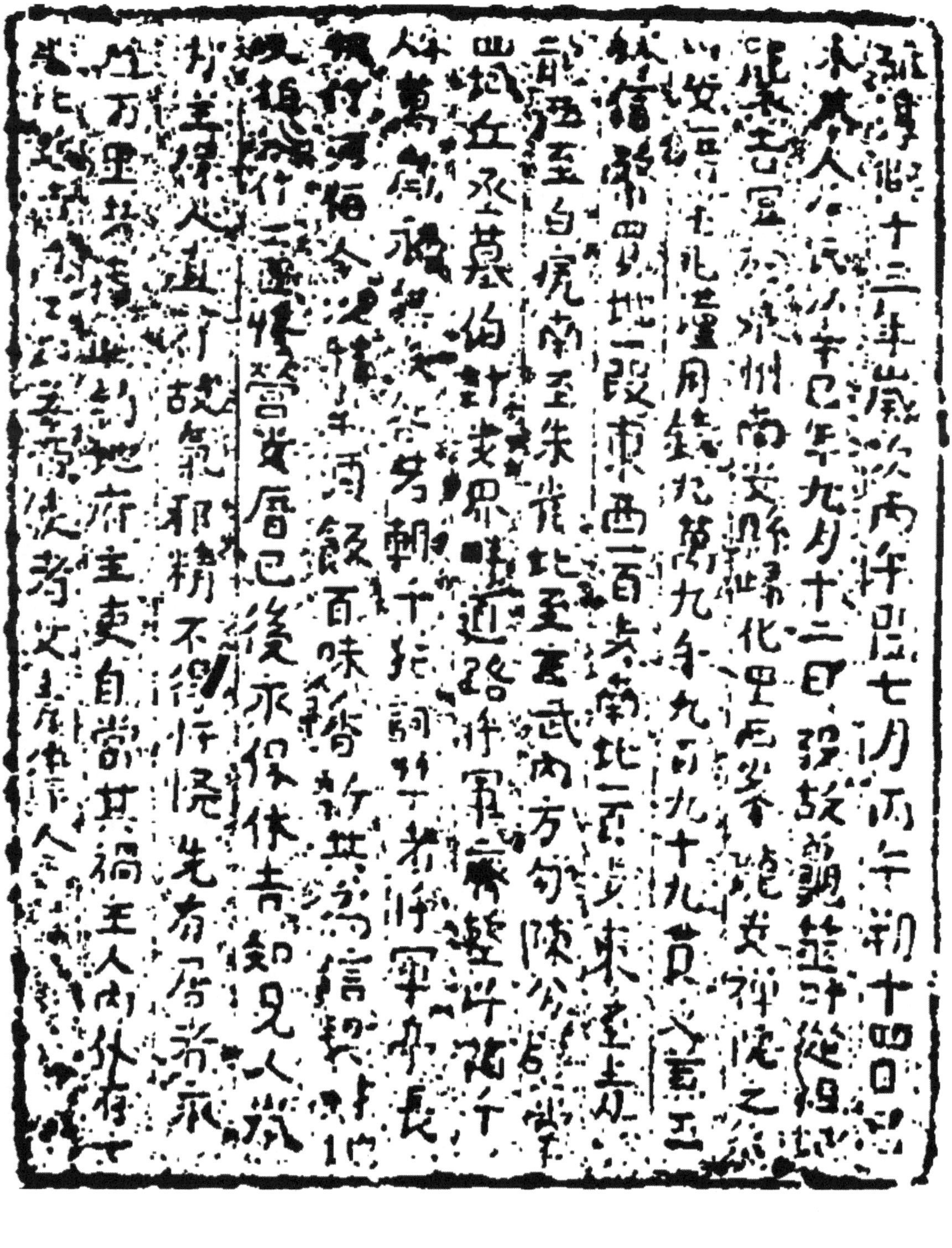

一八三　石氏買地券

一八三　石氏買地券　淳熙十三年（一一八六）閏七月十四日

【題解】

一、名稱：石氏買地券

二、文獻形態：券爲鐵鑄，長三十九厘米，寬三十二厘米，厚約一厘米；四周邊框單綫，内有十二條竪綫，券文行楷十三行，行二十字。本券自右至左鑄寫。

三、卒葬時間：紹興三十一年（一一六一）九月十二日卒，淳熙十三年（一一八六）閏七月十四日遷葬。

四、文獻著録：王洪濤：《泉州、南安發現宋代火葬墓》，《文物》一九七五年第三期，第七七至七八頁；高朋：《人神之契：宋代買地券研究》，北京：中國社會科學出版社，二〇一一年，第二七六頁；魯西奇：《中國古代買地券研究》，厦門：厦門大學出版社，二〇一四年，第四二三頁。

五、出土及收藏情況：一九七三年出土於福建省南安縣城關。

【釋文】

維淳熙十三年歲次丙午閏七月丙午朔十四日己/未，恭人石氏以辛巳年九月十二日殁故。龜筮叶從，相地/襲吉，宜於泉州南安縣歸化里[一]西峰龍安禪院之後/山安厝宅兆。謹用錢九萬九千九百九十貫文，兼五彩/信幣，買地一段，東西一百步，南北一百步。東至青/龍，西至白虎，南至朱雀，北至玄武，内方勾陳，分擘掌/四域。丘丞墓伯，封步界畔。道路將軍，齊整阡陌。千/秋萬歲，永無殃咎。若輒干犯訶禁者，將軍亭長，/收付河伯。今以牲牢酒飯，百味香新，共爲信契，財地/以相分付，工匠修營，安厝已後，永保休吉。知見人：歲/月主。保人：直符。故氣邪精，不得忏悋。先有居者，永/避萬里。若違此約，地府主吏，自當其禍。主人内外存亡，/悉以延吉。急急如五帝使者女青律令。

【校注】

〔一〕泉州南安縣歸化里：《輿地廣記》卷三四《福建路》載：唐天寶元年（七四二）爲清源郡，唐末爲閩王氏所有，石晉時依附南唐升爲清源軍節度，宋太平興國三年（九七八）改爲平海軍。縣七：晉江縣、南安縣、同安縣、惠安縣、永春縣、清溪縣、德化縣。《元豐九域志》卷九《福建路》載：南安有八鄉。歸化里所屬鄉不詳。

一八四　謝大娘買地券

一八四　謝大娘買地券　淳熙十三年（一一八六）十月四日

【題解】

一、名稱：謝大娘買地券

二、文獻形態：青砂石質，券石上、下及右有殘缺，長三十六厘米，寬三十二厘米，厚三點五厘米；券文十三行，行二十三字。本券自左至右書寫。

三、文獻著録：王平：《達州出土的四方買地券考略》，《四川文物》二〇〇九年第二期，第六五至六九頁；魯西奇：《中國古代買地券研究》，厦門：厦門大學出版社，二〇一四年，第四六一頁。

四、卒葬時間：淳熙十三年（一一八六）十月四日葬。

五、出土及收藏情況：一九八四年四川省萬源市文物普查中徵集而得，現收藏於萬源市文物管理所。

【釋文】

維大宋淳熙十三年太歲丙午九月十七日庚申，/□□山穿穴，至十月初四日丁丑下□，起立長/生□□據劍南東川達州東鄉縣□□鄉平樂里[一]小鋪頭居/住陽道弟子謝大娘，□□二月建生，行迺六十五歲。身命□□/□□，起造長生壽堂，合用錢九萬九仟九佰貫□，/就皇天父、后土母、社稷神邊買得前件墓田，周流一頃，/東執青龍，南至朱雀，西接白虎，北至玄武，上至/蒼天，下至皇泉[二]，四至界畔分明，其錢當日交付，自有/天地神明證見。主保人：張堅固、李定度；證人：東王父、西王母；/書契人：石功曹；讀契人：金主簿；地主：皇天父；執契人：謝/大娘。立契□。并無諸神障□，準備謝大娘一百年限終之日。/□故立契券爲憑者，一依/證書律令如行。

【校注】

〔一〕劍南東川達州東鄉縣□□鄉平樂里：《輿地廣記》卷三三《夔州路》載：達州唐時稱通州，宋乾德二年（九六四）改爲達州。領縣五：通川縣、巴渠縣、永睦縣、新寧縣、東鄉縣。東鄉縣，本宋下蒲縣地，屬巴渠郡，後改爲東鄉縣。《太平寰宇記》卷一三七《山南西道五》載：東鄉縣，舊四鄉今十鄉。《元豐九域志》卷八《夔州路》載：東鄉縣下設十鄉。平樂里所屬鄉不詳。

〔二〕皇泉：同「黄泉」。

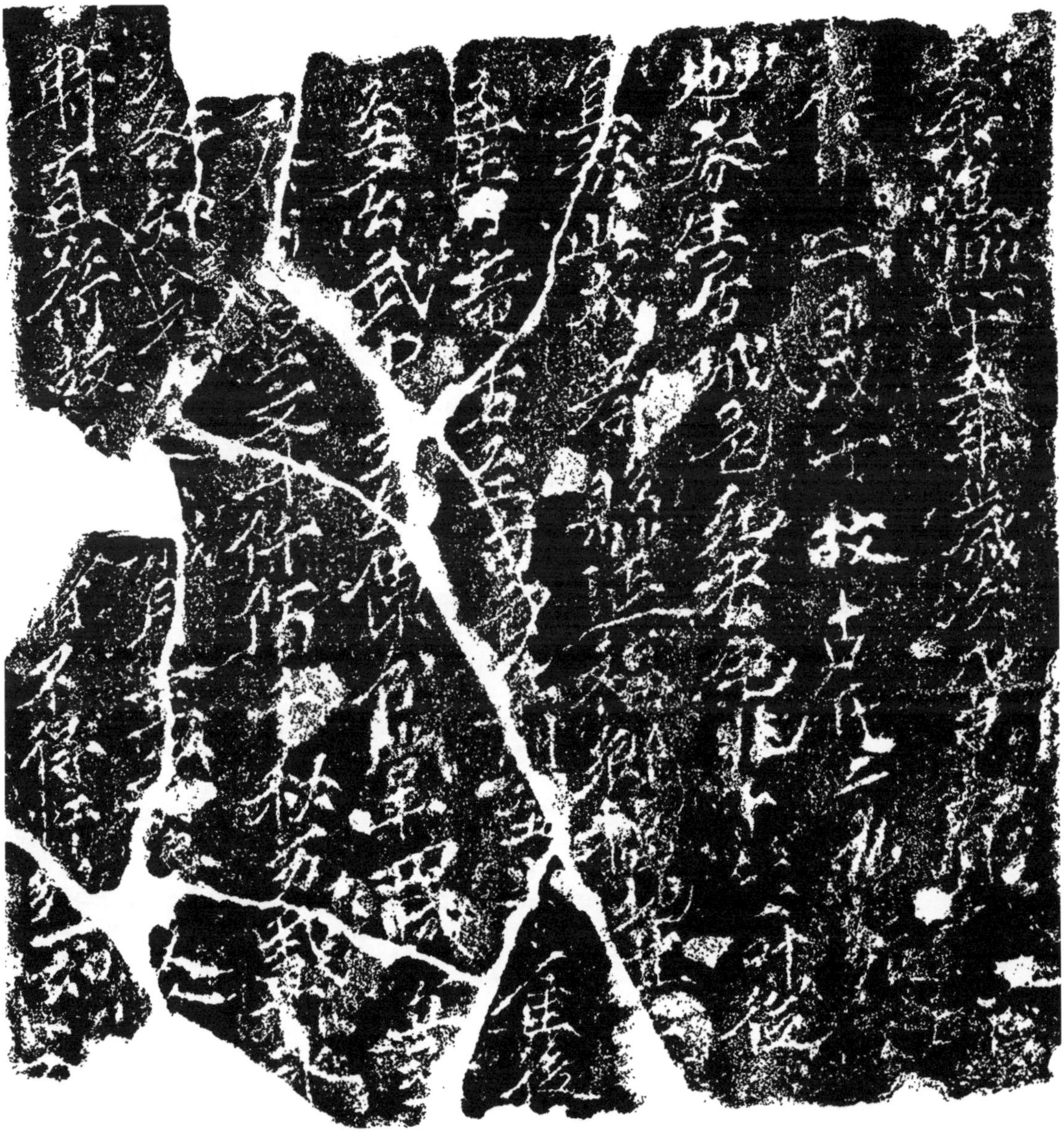

一八五　古氏二娘買地券

一八五　古氏二娘買地券　淳熙十五年（一一八八）四月二十二日

【題解】

一、名稱：古氏二娘買地券[一]

二、文獻形態：紅砂石質，券石左下角有殘損，裂爲十塊，殘高二十六厘米、殘寬二十六厘米、厚二厘米。券文楷書九行，行十至十三字。本券自右向左書寫。

三、卒葬時間：淳熙十五年（一一八八）四月二十二日葬。

四、文獻著録：成都文物考古研究所、成都博物院：《成都出土歷代墓銘券文圖録綜釋》，北京：文物出版社，二〇一二年，第四〇四至四〇五頁。

五、出土及收藏情況：一九九二年出土於成都市西郊撫琴社區金魚村，券石現收藏於成都文物考古研究所。

【釋文】

大宋淳熙十五年歲次戊申四月丁卯/朔二十二日戊子，故古氏二娘□□/地券。生居城邑，死安宅兆。卜筮叶從，/宜於此成都縣延福鄉[二]福地，其界/左至青龍，右至白虎，前至朱雀，後/至玄武，中方勾陳，分掌四域。丘丞墓伯，整齊仟佰。千秋萬載，永/無殃咎。知見人：歲月主者。□□人：今/時直符。故炁邪精，不得忓犯，一如［下缺］。

【校注】

〔一〕古氏二娘買地券：本券名稱，《成都出土歷代墓銘券文圖録綜釋》中名爲「古氏買地券」。

〔二〕成都縣延福鄉：見〇六二《楊氏買地券》。

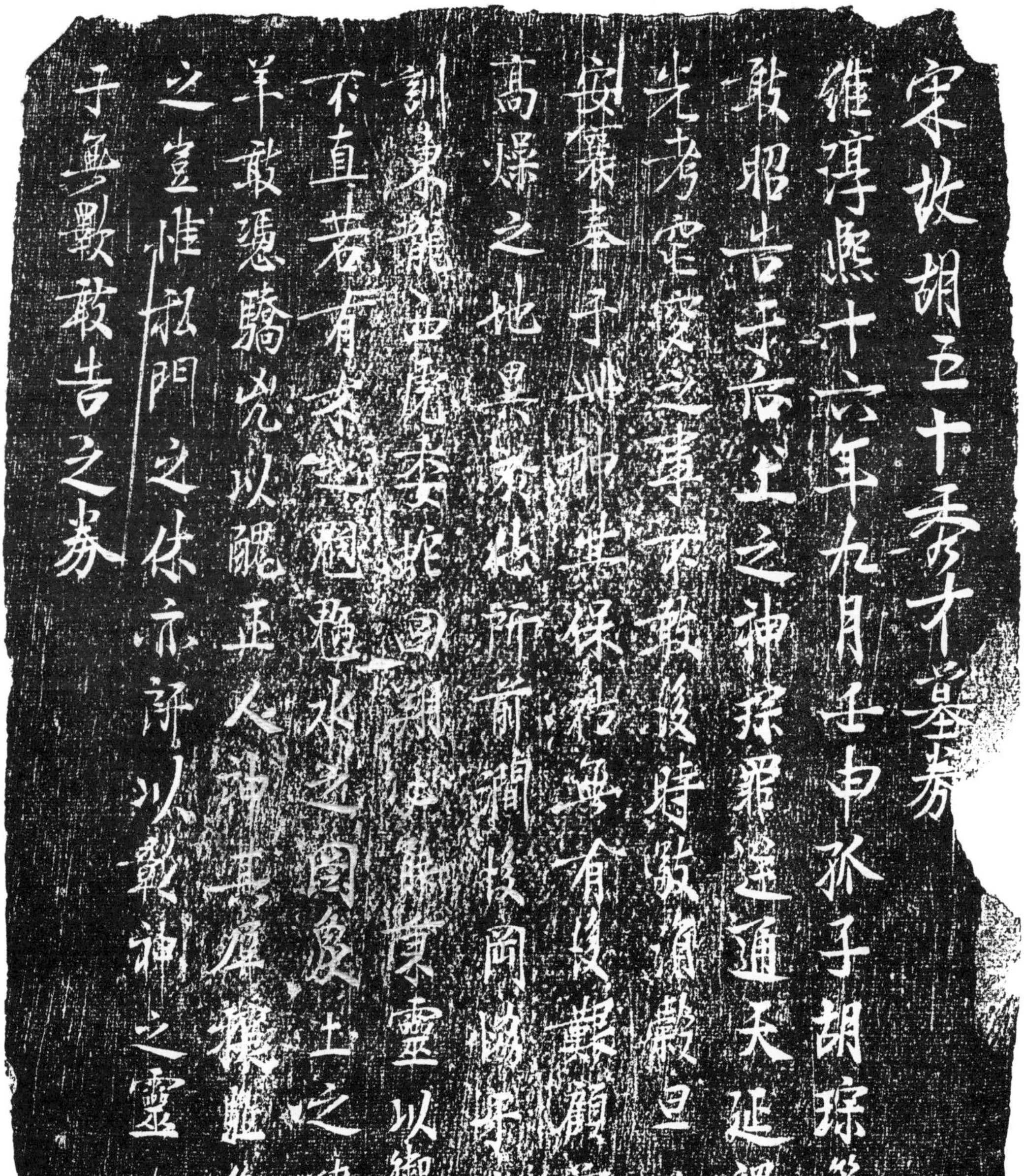

一八六　胡琮父胡五十秀才墓券

一八六　胡琮父胡五十秀才墓券　淳熙十六年（一一八九）九月十五日

【題解】

一、名稱：胡琮父胡五十秀才墓券

二、文獻形態：券石长方形，拓片長三十五點五厘米，寬三十厘米。券文楷書十一行，行七至十五字不等。本券自右至左書寫。

三、卒葬時間：淳熙十六年（一一八九）九月十五日葬。

四、出土及收藏情況：拓片現藏河北大學宋史研究中心資料室。

【釋文】

宋故胡五十秀才墓券

維淳熙十六年九月壬申，孤子胡琮等/敢昭告于后土之神：「琮罪逆通天，延禍先考。窀穸之事，不敢後時。敬消穀旦以/安襄，奉于此神其保祐，無有後艱。顧茲/高燥之地，異於他所。前澗後岡，恊于古/訓。東龍西虎，委蛇回翔。必能秉靈以禦/不直。若有木之魍魎，水之罔象，土之羵/羊，敢憑驕凶以醜正，人神其屏穰驅[一]絶/之。豈惟私門之休，亦所以彰神之靈也」。/子無歎敢告之券。

【校注】

〔一〕「驅」，原文作「駈」，今改。

一八七　管穎實祖妣胡氏買地券

一八七　管穎實祖妣胡氏買地券　紹熙元年（一一九〇）正月十八日

【題解】

一、名稱：管穎實祖妣胡氏買地券

二、文獻形態：石質，長方形，長七十三厘米，寬四十二厘米，上部殘缺；券文楷書二十一行，行十字。本券自右至左書寫。

三、卒葬時間：淳熙十二年（一一八五）十一月二十七日卒，紹熙元年（一一九〇）正月十八日葬。

四、文獻著録：陳柏泉：《江西出土地券綜述》，《考古》一九八七年第三期，第二一九、二二三至二三一頁；陳柏泉：《江西出土墓誌選編》，南昌：江西教育出版社，一九九一年，第五六二頁；高朋：《人神之契：宋代買地券研究》，北京：中國社會科學出版社，二〇一一年，第二一三頁；魯西奇：《中國古代買地券研究》，厦門：厦門大學出版社，二〇一四年，第三八五頁。

五、出土及收藏情況：一九七七年出土於江西豐城縣，券石現收藏於江西省博物館。

【釋文】

維宋紹熙元年歲在庚戌/正月丙辰朔十八日癸酉，/孝孫管穎實等謹銜哀昭/告于/兹山之神曰：「顧惟此地山/□乾亥向，則午丙穴，入于□水，朝于坤，四顧迴旋，吉/□臨照。不卜其佳可知。已/□□祖考，以乾道九年十/□□壬申，歸兆於此，已十/□□年矣。今先祖妣胡氏，/□□忽於淳熙乙巳冬十/□□二十有七日以疾終，/□□壽甫六十有七。兹奉/□□之柩而祔窆[一]焉。更祝/□山之精，地之祇，凡左右/□後之靈神，各奠厥位，悉/□衛於四隅，毋妄有驚撓。/□亡者安静於此，而垂慶/□於後昆，永永無疆[二]。則春/□祭祀，神其與之。」謹告。

【校注】

〔一〕祔窆：合葬。

〔二〕疆：原文作「彊」，今改。

一八八　杜叔義母李氏買地券

一八八　杜叔義母李氏買地券　紹熙元年（一一九〇）九月二十二日

【題解】

一、名稱：杜叔義母李氏買地券

二、文獻形態：青石質，長方形，圓頭，長五十五厘米，寬三十九厘米。上大字行楷一行「李氏夫人墓券」，券文行楷十行，行十至十八字。本券自右至左書寫。

三、卒葬時間：淳熙十六年（一一八九）卒，紹熙元年（一一九〇）九月二十二日葬。

四、文獻著録：黄頤壽：《江西清江出土的南宋青白瓷器》，《考古》一九八九年第七期，第六六九至六七二頁；陳柏泉：《江西出土墓誌選編》，南昌：江西教育出版社，一九九一年，第五六二頁；高朋：《人神之契：宋代買地券研究》，北京：中國社會科學出版社，二〇一一年，第二一三頁；魯西奇：《中國古代買地券研究》，厦門：厦門大學出版社，二〇一四年，第三八六頁。

五、出土及收藏情況：一九八〇年出土於江西清江樟樹鎮東郊，券石現收藏於清江博物館。

【釋文】

李氏夫人墓券

維皇宋紹熙元年九月壬子朔二十有二日癸/酉，臨江軍清江縣修德鄉荷湖里[一]杜叔義、叔禮、/叔智、叔信等，以母親李氏享年八十有六，於先/年十月庚子日終于寢。卜葬於崇學鄉[二]青郭之/原。存日買得清江鎮李通議[三]户之産，栽殖巒林。/選作乾亥山巽向，面揖閣皂[四]張葛仙峰，左顾新/城，右接武林，後倚乎十萬洲之境，山奇水秀；參/詳乎前賢陰陽地理之書，罔不協吉。永葬於斯，/惟神護之。有諸干犯，惟神恕之。亡人其安，子孫/其昌。神之與祭，久而不忘。

【校注】

〔一〕臨江軍清江縣修德鄉荷湖里：清江縣：《輿地紀勝》卷三四《臨江軍》載：南唐昇元二年（九三八），置清江縣，以大江清流爲名。初以縣屬洪州，後隸瑞州。《國朝會要》云：淳化三年（九九二）詔以清江縣爲軍，縣隸治所。《元豐九域志》卷六《江南路·西路》載：清江縣下設五鄉，并有清江、永泰二鎮。修德鄉爲清江縣五鄉之一，有荷湖里。

〔二〕崇學鄉：應爲清江縣轄鄉之一。

〔三〕通議：即通議大夫，宋初爲正四品下階文散官，太平興國初改爲通奉大夫，元豐三年（一〇八〇）後以通議大夫爲新寄禄官，相當於舊寄禄官給事中。

〔四〕閣皂：閣皂山，又稱葛嶺、閣山，因其「形如閣，色如皂」而得名。位於今江西省樟樹市東南，道教名山。山名肇見於東漢，宋代以來，即有「天下名山，道教福地，神仙之館」的譽稱。

一八九　周世賢買地券

一八九　周世賢買地券　紹熙元年（一一九〇）十月十六日

【題解】

一、名稱：周世賢買地券

二、文獻形態：正方形，邊長三十八厘米，厚三厘米。楷書十一行，行十九字。本券自右至左書寫。

三、卒葬時間：紹熙元年（一一九〇）十月十六日。

四、文獻著録：成都文物考古研究所、温江區文物保護管理所：《成都温江區「學府尚郡」工地五代及宋代墓葬發掘簡報》，見成都文物考古研究所編：《成都考古發現二〇〇六年》，北京：科學出版社，二〇〇八年，第三〇五至三三四頁；魯西奇：《中國古代買地券研究》，廈門：廈門大學出版社，二〇一四年，第四六二頁。

五、出土及收藏情況：二〇〇七年四川省成都市温江區出土。

六、其他：其妻劉氏小五娘，本書收録有《劉氏小五娘地券》。

【釋文】

皇宋紹熙元年太歲庚戌十月壬午朔十六日丁/酉，今劍南西川成都府路温/江縣□江村[一]宋故周世賢，生居城邑，死安/宅兆，卜筮協從，相地咸吉。今葬于本府/鄉□内福地之原。/東有青龍，西有白虎，/南有朱雀，北有玄武。/中央勾陳，分掌四域。/封步界畔，整齊阡陌，道路將軍，□□□□。/千秋百歲，永保安吉。知見人：歲月主者。□/□：今日直符。諸部邪精，不得忓犯。謹券。

【校注】

〔一〕劍南西川成都府路温江縣□江村：成都府路温江縣見一八一《劉氏小五娘地券》。

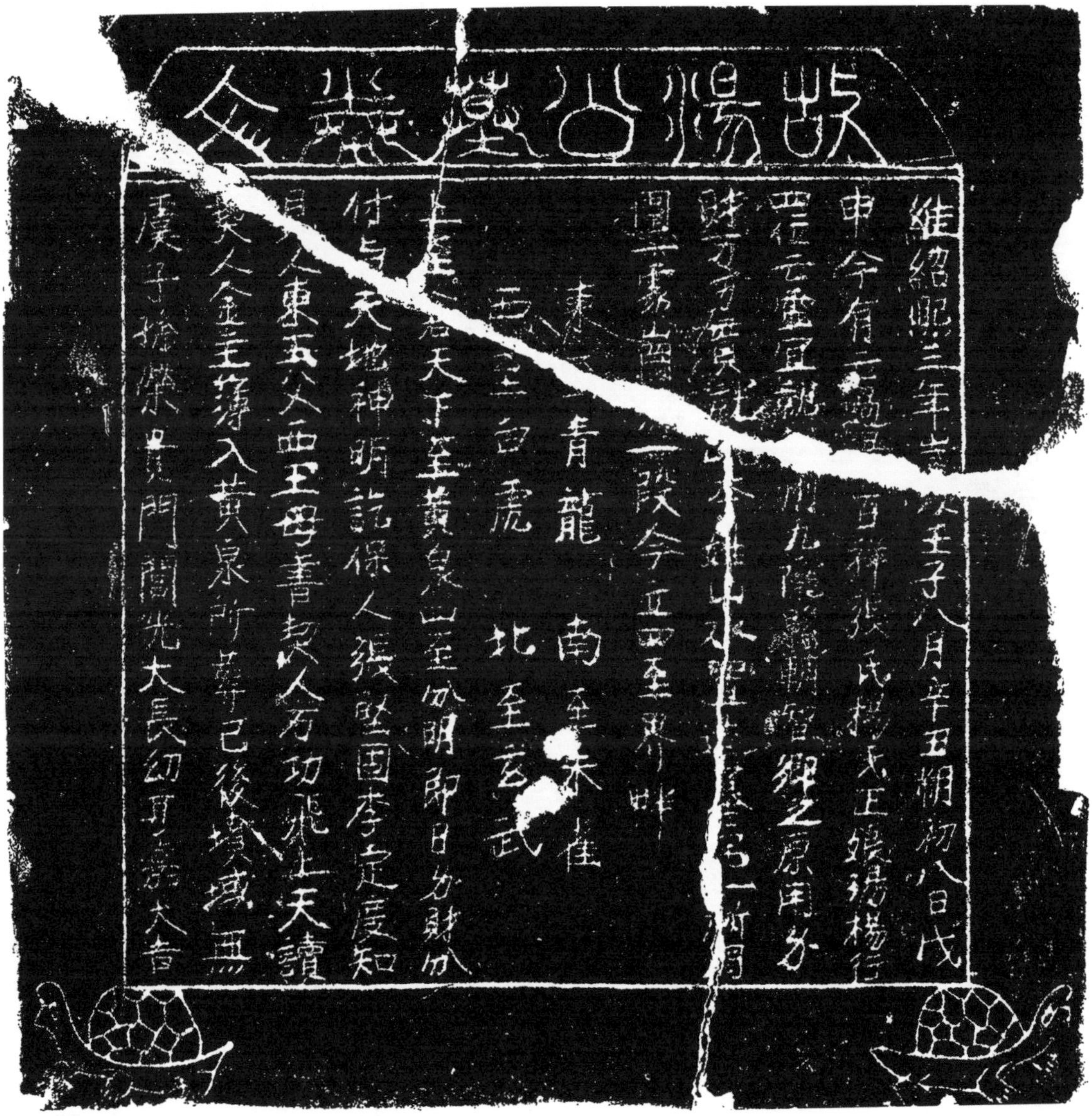

一九〇　湯百祥等買地券

一九〇　湯百祥等買地券　淳熙三年（一一九二）八月八日

【題解】

一、名稱：湯百祥等買地券

二、文獻形態：陶質，長四十點四厘米、寬三十九點八厘米、厚四點六厘米。券中部有裂紋，成四塊，券面中間綫刻單欄邊框，其上端左右抹角、下端下面左右兩側各鎸刻烏龜一只；券首篆書一行「故湯公墓券文」，券文刻於方框内，券文行楷十二行，行八至十八字。本券自右至左書寫。

三、卒葬時間：淳熙三年（一一九二）八月八日葬。

四、文獻著録：成都文物考古研究所、成都博物院：《成都出土歷代墓銘券文圖録綜釋》，北京：文物出版社，二〇一二年，第四〇六頁。

五、出土及收藏情況：二〇〇三年出土於成都彭州市東郊，現收藏於成都彭州市博物館。

【釋文】

故湯公墓券文

維紹熙三年歲次壬子八月辛丑朔初八日戊/申。今有亡過湯百祥、張氏、楊氏正娘、湯楊行/四位亡靈，宜就彭州九隴縣輔智鄉〔一〕之原，用錢/財萬萬貫，就此本姓山水置造墓宅一所，周/圍一處，崗□一段。今立四至界畔：/東至青龍，南至朱雀，/西至白虎，北至玄武。/上至蒼天〔二〕，下至黄泉，四至分明，即日錢財分/付與天地神明訖。保人：張堅固、李定度；知/見人：東王父、西王母；書契人：石功曹〔三〕，飛上天；讀/契人：金主簿，入黄泉。所葬已後，墳域無/虞，子孫榮貴，門閭光大，長幼亨嘉大吉。

【校注】

〔一〕彭州九隴縣輔智鄉：《元豐九域志》卷七《成都府路》載：九隴縣下設三十鄉，堋口、木頭二鎮，鹿角一寨。輔智鄉爲九隴縣三十鄉之一。

〔二〕蒼天：原文作「倉天」，今統爲「蒼天」。

〔三〕石功曹：原券脱「曹」字，今補。

一九一　黃驥父黃夢弼買地券

一九一　黄驥父黄夢弼買地券　紹熙五年（一一九四）十二月二十八日

【題解】

一、名稱：黄驥父黄夢弼買地券

二、文獻形態：券石拓本長四十九厘米，寬四十一厘米，上部左右抹角，四周有單綫邊框，上部横題「故黄公地券」。下部兩角各刻類似屏風之角樣花形，券文自右至左書寫，行楷十行，行十六字。

三、卒葬時間：紹熙二年（一一九一）正月初三日卒，紹熙五年（一一九四）十二月二十八日葬。

四、出土及收藏情况：江西出土，拓本現收藏於河北大學宋史研究中心。

【釋文】

故黄公地券

公姓黄，諱夢弼，字叔永，撫之金谿[一]人。生/於宣和七年乙巳正月十五日，卒於紹/熙二年壬子正月初三日，享年六十有七。/娶周氏，有子三人，女二人，孫五人，女孫五人。/孤子驥等用錢十萬貫文就元黄地主[二]/處，買得建昌軍南城縣南城鄉地名厚城[三]/陰地一穴，其地亥山巳丙向，水歸丁前，有丙/巽水朝。永爲考君不朽之藏，子孫無/窮之享，故立此以爲券。時[四]紹熙五年/歲次甲寅十二月廿八日甲申。孤子驥立石。

【校注】

〔一〕金谿：即金谿縣，據《輿地廣記》卷二五《江南西路》載：金谿縣，本臨川縣地。淳化五年（九九四）以金谿場置。

〔二〕元黄地主：即開皇地主。

〔三〕建昌軍南城縣南城鄉地名厚城：《輿地紀勝》卷三五載：宋開寶八年（九七五）改建武軍曰建昌軍。縣四：南城縣、南豐縣、新城縣、廣昌縣。《元豐九域志》卷六《江南路·西路》載：南城有一十鄉。南城鄉爲南城縣轄鄉之一。

〔四〕原文爲「旹」字，今統爲正字。

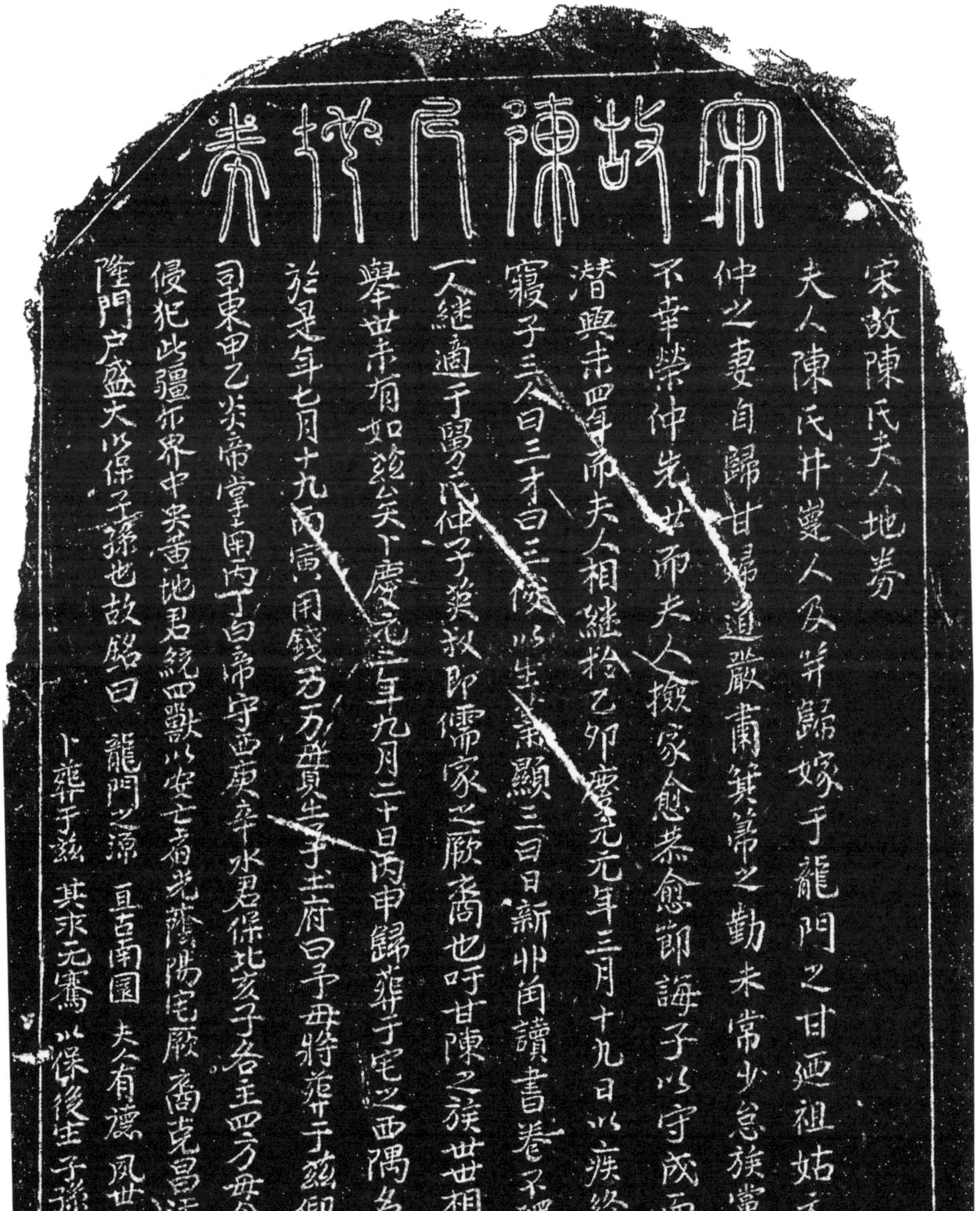

一九二　榮仲妻陳氏地券

一九二　榮仲妻陳氏地券　慶元元年（一一九五）三月十九日

【題解】

一、名稱：榮仲妻陳氏地券

二、文獻形態：拓本長方形抹角，長六十二厘米，寬四十七厘米，篆書題額「宋故陳氏地券」六字，内陰刻邊框爲梯形，行楷十三行，行八至三十字不等。券文自右至左書寫。

三、卒葬時間：慶元元年（一一九五）三月十九日葬。

四、文獻著録：胡抗美、曾翔主編：《書法文獻》（宋代地券卷），青島：青島出版社，二〇一四年，第四五頁。

五、出土及收藏情況：江西出土，原石收藏於百石齋。

【釋文】

宋故陳氏地券

宋故陳氏夫人地券

夫人陳氏，井崗人，及笄歸嫁于龍門之甘，廼祖姑元孫榮/仲之妻。自歸，甘婦道嚴肅，箕箒之勤，未常少怠，族黨賢之。/不幸榮仲先世，而夫人撿家愈恭愈節，誨子以守成，而家業/潜興。未四年，而夫人相繼於乙卯慶元元年三月十九日以疾終于正/寢。子三人，曰三才，曰三俊，以生業顯。三曰日新，丱角讀書，卷不釋手。女/一人，繼適于舅氏仲子英叔，即儒家之厥裔也。吁！甘陳之族，世世相紹而/舉世未有如兹矣。卜慶元二年九月二十日丙申歸葬于宅之西隅，名曰南園。/於是年七月十九丙寅，用錢萬萬貫，告于土府[一]曰：「予母將葬于兹，仰青帝/司東甲乙，炎帝掌南丙丁，白帝守西庚辛，水君保北亥子，各主四方，毋令邪魍/侵犯此疆爾界。中央黄地，君統四獸，以安亡者。光蔭陽宅，厥裔克昌，活業興/隆，門户盛大，以保子孫也。」故銘曰：「龍門之源，亘古南園，夫人有德，夙世之緣。/卜葬于兹，其求無騫，以保後生，子孫綿綿。」

【校注】

［一］土府：東漢時民間出現之冥府，見於《太平經》。《太平經·庚部之十》載：太陰法曹，計所承負，除算減年，算盡之後，召地陰神，并召土府，收取形骸，考其魂神。

一九三　杜光世買地券

一九三　杜光世買地券　慶元元年（一一九五）九月十日

【題解】

一、名稱：杜光世買地券

二、文獻形態：石質，長方形，長三十一厘米，寬三十三厘米，厚六厘米。券文自左至右書寫，行書十三行，行六至二十二字。

三、卒葬時間：慶元元年（一一九五）九月十日葬。

四、文獻著録：楊文成：《四川廣元石刻宋墓清理簡報》，《文物》，一九八二年六期，第五三至六一頁；高朋：《人神之契：宋代買地券研究》，北京：中國社會科學出版社，二〇一一年，第二五一頁；魯西奇：《中國古代買地券研究》，厦門：厦門大學出版社，二〇一四年，第四六三頁。

五、出土及收藏情況：一九八〇年出土於四川省廣元市河西公社下西大隊。

六、其他：夫人戈氏，本書《出土宋代買地券著録簡目表》中收有《戈氏買地券》。

【釋文】

維大宋慶元元年歲次乙卯十月壬子朔初十日□□，/謹有亡過男弟子杜光世，命屬丙寅五月二十四日生，享年/五十歲。今者卜其宅兆，於此利州綿谷縣第一都地名水井/溪[一]艮岡艮穴一頃，起造墳塋[二]，將爲安厝。謹用錢玖千玖百[三]/玖拾貫文，詣皇天父、后土母處買得上件墓田，周流一頃。/其地東至青龍，南至朱雀，西至白虎，北至玄武，中央勾陳，/分掌四域。丘丞墓伯，封步界畔。道路將軍，整齊阡陌。千/年萬歲，永無殃咎。若輒干犯呵禁，將軍亭長[四]，收付河伯。/分付工匠修營已後，永保吉安，光榮□續。知見人：歲/月主；保人：今日直符。先有故炁邪精，□□□悋契□/□□□□萬里。如違此約，□□□□□□/□□□□自當其禍，主人内外悉皆安吉。急急一如/太上女青律令。

【校注】

〔一〕利州綿谷縣第一都地名水井溪：《輿地廣記》卷三二《利州路》載：綿谷縣，本故葭萌縣。隋唐名綿谷，宋因之。《元豐九域志》卷八載：綿谷有二十二鄉，朝天、嘉川二鎮。「都」爲宋鄉村基層行政區劃。

〔二〕墳塋：原文作「墳營」，今改。

〔三〕玖千玖百：「千」原文作「阡」，「百」原文作「佰」，今改。

〔四〕亭長：原文作「庭長」，今改。

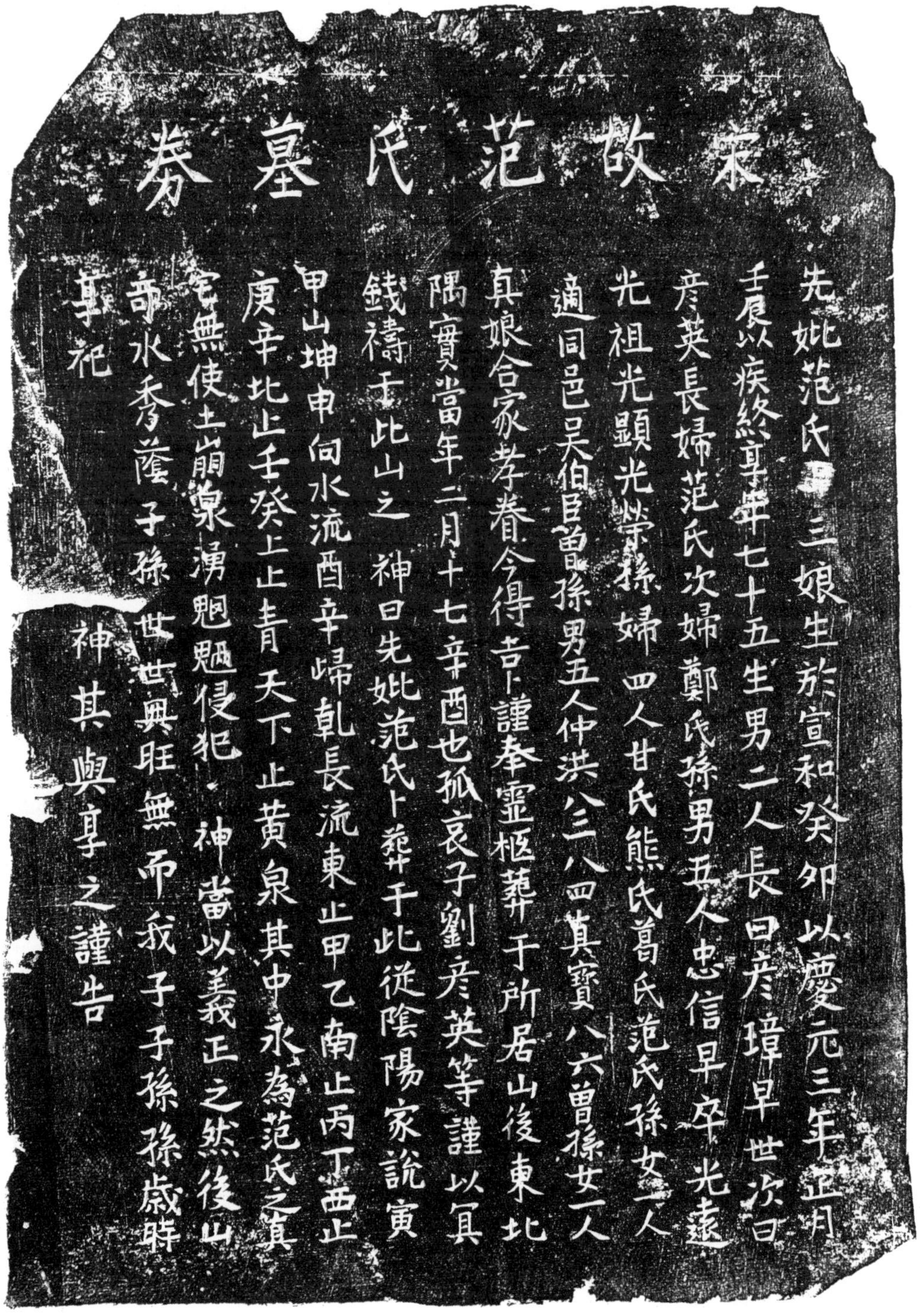

一九四　劉彥英母范氏三娘買地券

一九四　劉彦英母范氏三娘買地券　慶元三年（一一九七）二月十七日

【題解】

一、名稱：劉彦英母范氏三娘買地券

二、文獻形態：拓本長三十九厘米，寬三十五點五厘米，上部左右抹角，額文横刻楷書一行「宋故范氏墓券」。券文自右至左書寫，楷書十三行，行九至二十二字。

三、卒葬時間：慶元三年（一一九七）正月卒，慶元三年（一一九七）二月十七日葬。

四、出土及收藏情況：江西出土，拓片現藏河北大學宋史研究中心。

【釋文】

宋故范氏墓券

先妣范氏□[一]三娘，生於宣和癸卯，以慶元三年正月/壬辰以疾終，享年七十五。生男二人：長曰彦璋，早世，次曰/彦英。長婦范氏，次婦鄭氏。孫男五人：忠信早卒，光遠、/光祖、光顯、光榮。孫婦四人：甘氏、熊氏、葛氏、范氏。孫女一人，/適同邑吴伯臣。曾孫男五人：仲洪、八三、八四、真實、八六。曾孫女一人：/真娘。合家孝眷，今得吉卜，謹奉靈柩，葬于所居山後東北/隅，實當年二月十七日辛酉也。孤哀子劉彦英等，謹以冥/錢禱于此山之神曰：「先妣范氏，卜葬于此。從陰陽家説，寅/甲山坤申向，水流西辛，歸乾長流。東止甲乙，南止丙丁，西止/庚辛，北止壬癸，上止青天，下止黄泉，其中永爲范氏之真/宅。無使土崩泉湧、魍魎[二]侵犯，神當以義正之。然後山/奇水秀，蔭子孫世世興旺。無而我子子孫孫歲時/享祀，神其與享之。」謹告。

【校注】

〔一〕原券此處似刻錯，有抹去的印迹。

〔二〕魍魎：傳説中的一種鬼怪，山川中的木石精靈。張衡《西京賦》：「螭魅魍魎，莫能逢旃。」

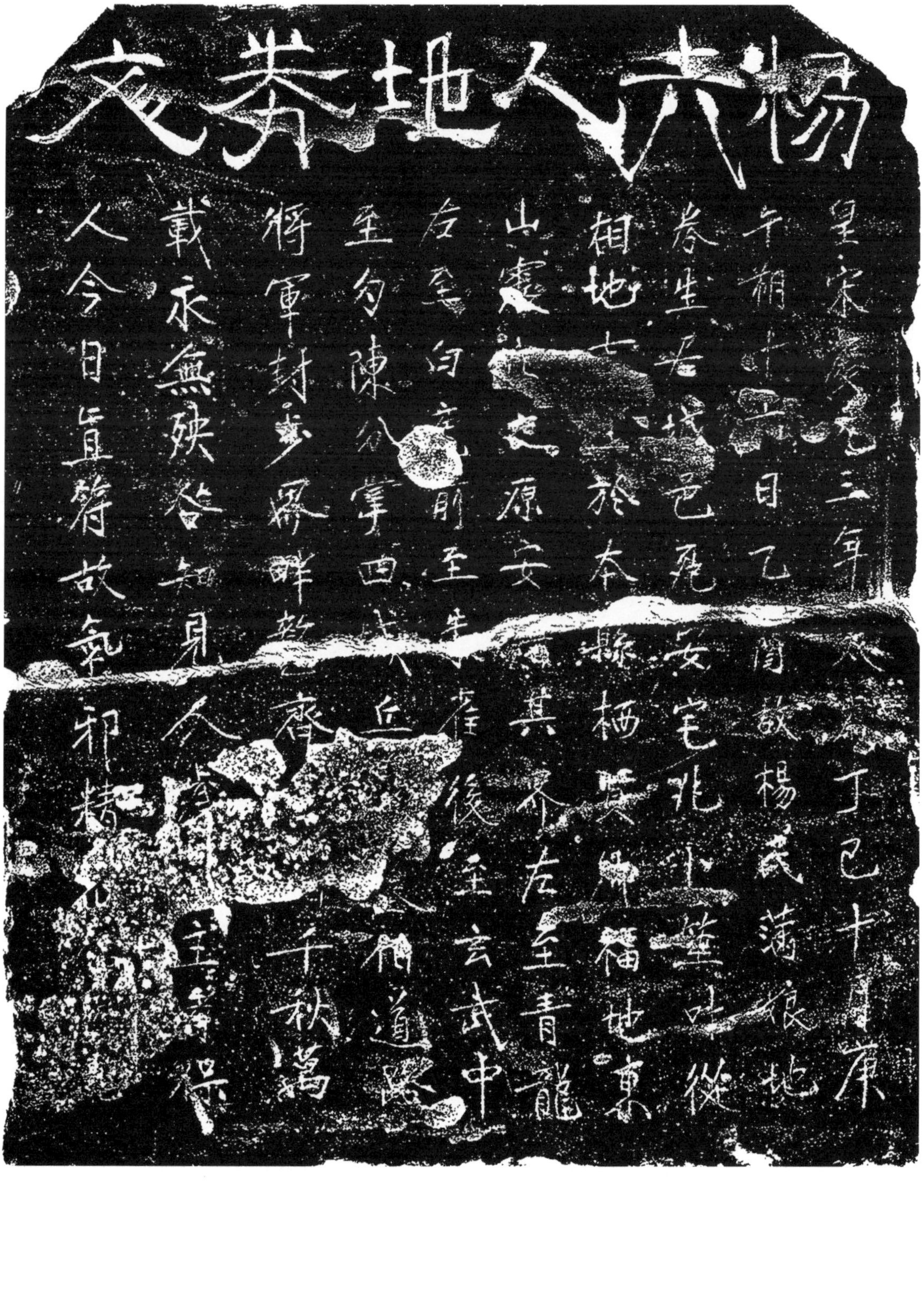

一九五　楊氏滿娘買地券

一九五　楊氏滿娘買地券　慶元三年（一一九七）十月十六日

【題解】

一、名稱：楊氏滿娘買地券

二、文獻形態：紅紗石質，長四十七點五厘米、寬四十厘米、厚二點二厘米。券石上端左右抹角，中部殘斷，裂爲上下兩段，券文上方横向鎸刻「楊夫人地券文」六字，隸書。券石局部剥蝕，部分文字缺泐，券文自右至左書寫。行楷十行，行十三字。

三、卒葬時間：慶元三年（一一九七）十月十六日葬。

四、文獻著録：成都文物考古研究所、成都博物院：《成都出土歷代墓銘券文圖録綜釋》，北京：文物出版社，二〇一二年，第四〇九至四一〇頁。

五、出土及收藏情況：一九八七年出土於成都市金堂縣長樂鄉，券石現收藏於成都市金堂縣文物保護管理所。

【釋文】

楊夫人地券文

皇宋慶元三年太歲丁巳十月庚/午朔十六日乙酉，故楊氏滿娘地/券。生居城邑，死安宅兆。卜筮叶從，/相地咸吉[一]。宜於本縣栖賢鄉福地東/山震穴之原安厝。其界左至青龍，/右至白虎，前至朱雀，後至玄武，中/至勾陳，分掌四域。丘丞墓伯，道路/將軍，封步界畔，整齊阡陌，千秋萬/載，永無殃咎。知見人：歲月主者；保/人：今日直符。故氣邪精，□□□□。

【校注】

〔一〕相地咸吉：原券此處脱「咸」字，今補。

一九六　袁知脩買地券

一九六　袁知脩買地券　慶元四年（一一九八）九月二日

【題解】

一、名稱：袁知脩買地券

二、文獻形態：陶質，長三十六點二厘米、寬三十二點八厘米、厚二點六厘米。券石局部殘缺，地券裂爲五塊。券面刻單欄邊框，中竪刻九欄，券文自左至右書寫，行楷十行，行十至十九字。

三、卒葬時間：慶元四年（一一九八）九月二日葬。

四、文獻著録：成都文物考古研究所、成都博物院：《成都出土歷代墓銘券文圖録綜釋》，北京：文物出版社，二〇一二年，四一〇至四一一頁。

五、出土及收藏情況：一九九二年出土於成都崇州市，券石現收藏於成都崇州市（原崇州縣）文物保護管理所。

【釋文】

皇宋慶元四年太歲戊午九月丙申朔初/二日丁酉，今有歿故亡人袁知脩不幸早終。生/居城邑，死安宅兆。龜筮協從[一]，相地咸[二]吉，宜於/晉原縣金堤鄉[三]之地，使信財一佰廿貫省，於塼/山之下買得良田一段，護其四至如後：/東至青龍神，南至朱雀神，/西至白虎神，北至玄武神。/四至分明，此是地精，通引亡人，即日信財付與東/王父、西王母。四方自有阡陌，將軍整齊，永無殃/咎，各保清吉。一如律令。□□□石匠袁忠信等。

【校注】

〔一〕龜筮協從：原文「協筮」倒文，今改。

〔二〕咸：原文作「城」，今改。

〔三〕晉原縣金堤鄉：《元豐九域志》卷七《成都府路》載，晉原縣下設二十五鄉，洞口一鎮。金堤鄉爲晉原縣轄鄉之一。

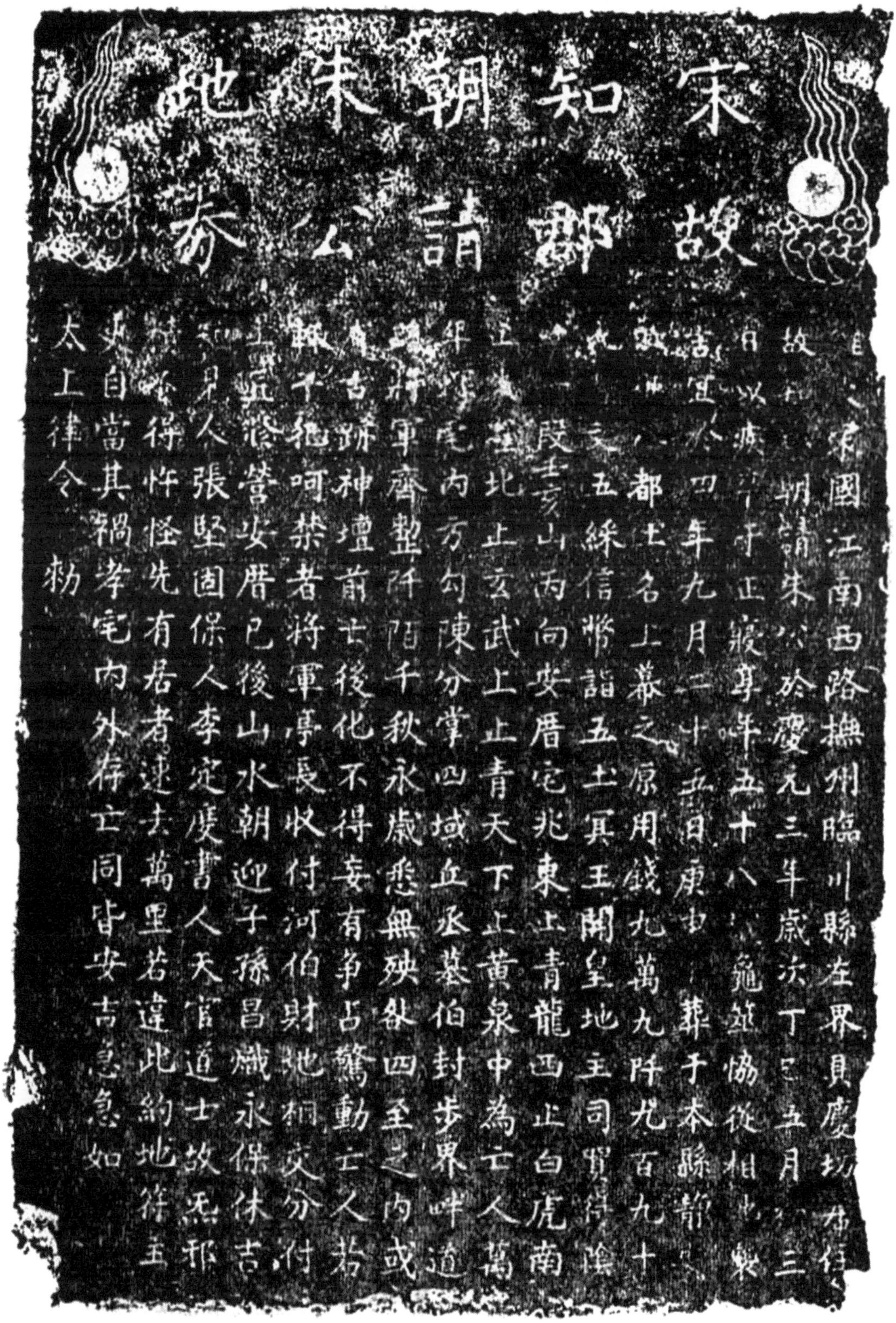
宋故知郡朝請朱公地券
維大宋國江南西路撫州臨川縣左界貝慶坊居住
故知朝請朱公於慶元三年歲次丁巳五月□三
日以疾卒于正寢享年五十八□龜筮協從相地襲
吉宜於四年九月二十五日庚申葬于本縣靜□
敦化八都七名上幕之原用錢九萬九阡九百九十
九文五綵信幣詣五土冥王開皇地主司買得陰
地一段壬亥山丙向安厝宅兆東止青龍西止白虎南
止朱雀北止玄武上止青天下止黃泉中為亡人萬
年塚宅內方勾陳分掌四域丘丞墓伯封步界畔道
路將軍齊整阡陌千秋永歲悉無殃咎四至之內或
有古跡神壇前亡後化不得妄有爭占驚動亡人若
輒干犯呵禁者將軍亭長收付河伯財地相交分付
工匠營安厝已後山水朝迎子孫昌熾永保休吉
知見人張堅固保人李定度書人天官道士故氣邪
精不得忤怪先有居者速去萬里若違此約地府主
吏自當其禍孝宅內外存亡同皆安吉急急如
太上律令敕

一九七　朱濟南買地券

一九七　朱濟南買地券　慶元四年（一一九八）九月二十五日

【題解】

一、名稱：朱濟南買地券

二、文獻形態：紅砂石質。長方形，長五十八厘米，寬四十厘米，厚四厘米。上部左右刻日月圖案，中刻楷書五行，行二字「宋故知郡朝請朱公地券」。券文自右至左書寫。楷書十七行，行二十字。

三、卒葬時間：慶元三年（一一九七）五月初三日卒，慶元四年（一一九八）九月二十五日葬。

四、文獻著録：陳定榮、徐建昌：《江西臨川縣宋墓》，《考古》一九八八年四期，第三二九至三三四、三八七至三八九頁；高朋：《人神之契：宋代買地券研究》，北京：中國社會科學出版社，二〇一一年，第二一四至二一五頁；魯西奇：《中國古代買地券研究》，厦門：厦門大學出版社，二〇一四年，第三九〇至三九二頁。

五、出土及收藏情況：一九八五年出土於江西省臨川縣温泉鄉莫源李村，券石現收藏於臨川縣文物保管所。

【釋文】

宋故知郡朝請［一］朱公地券

維大宋國江南西路撫州臨川縣左界具慶坊［二］居住，/故知郡朝請朱公於慶元三年歲次丁巳五月初三/日，以疾卒於正寢，享年五十八歲。龜筮協從，相地襲/吉。宜於四年九月二十五日庚申，卜葬於本縣静安/鄉［三］卅八都土名上幕之原，用錢九萬九千［四］九百九十/九貫文，五彩信幣，詣五土冥王、開皇地主司買得陰/地一段，壬亥山丙向，安厝宅兆。東止青龍，西止白虎，南/止朱雀，北止玄武。上止青天，下止黄泉，中爲亡人萬/年冢宅。内方勾陳，分掌四域。丘丞墓伯，封步界畔。道/路將軍，齊整阡陌。千秋永歲，悉無殃咎。四至之内或/有古迹神壇，前亡後化，不得妄有争占、驚動亡人。若/輒干犯呵禁者，將軍亭長，收付河伯。財地相交分付，/工匠修營，安厝已後，山水朝迎，子孫昌熾，永保休吉。/知見人：張堅固；保人：李定度；書人：天官道士。故炁邪/精，不得忓恡［五］。先有居者，速去萬里。若違此約，地府［六］主/吏，自當其禍。孝宅内外，存亡同皆安吉。急急如/太上律令。敕。

【校注】

〔一〕朝請：朝請大夫，文散官名。始置於隋，散官。唐貞觀中列入文散官。宋因之，北宋前期爲文散官二十九階之第十二階。從五品上。

〔二〕江南西路撫州臨川縣左界具慶坊：《元豐九域志》卷六《江南路·西路》載：臨川縣下設十七鄉，并有界山、豐安、長林、清遠四鎮。宋城市設廂坊制，本券所見有「左界具慶坊」。

〔三〕静安鄉：臨川縣轄鄉之一。

〔四〕千：原文作「阡」，今改。

〔五〕忓恡：原文作「忤怪」，今改。

〔六〕地府：原文作「地符」，今改。

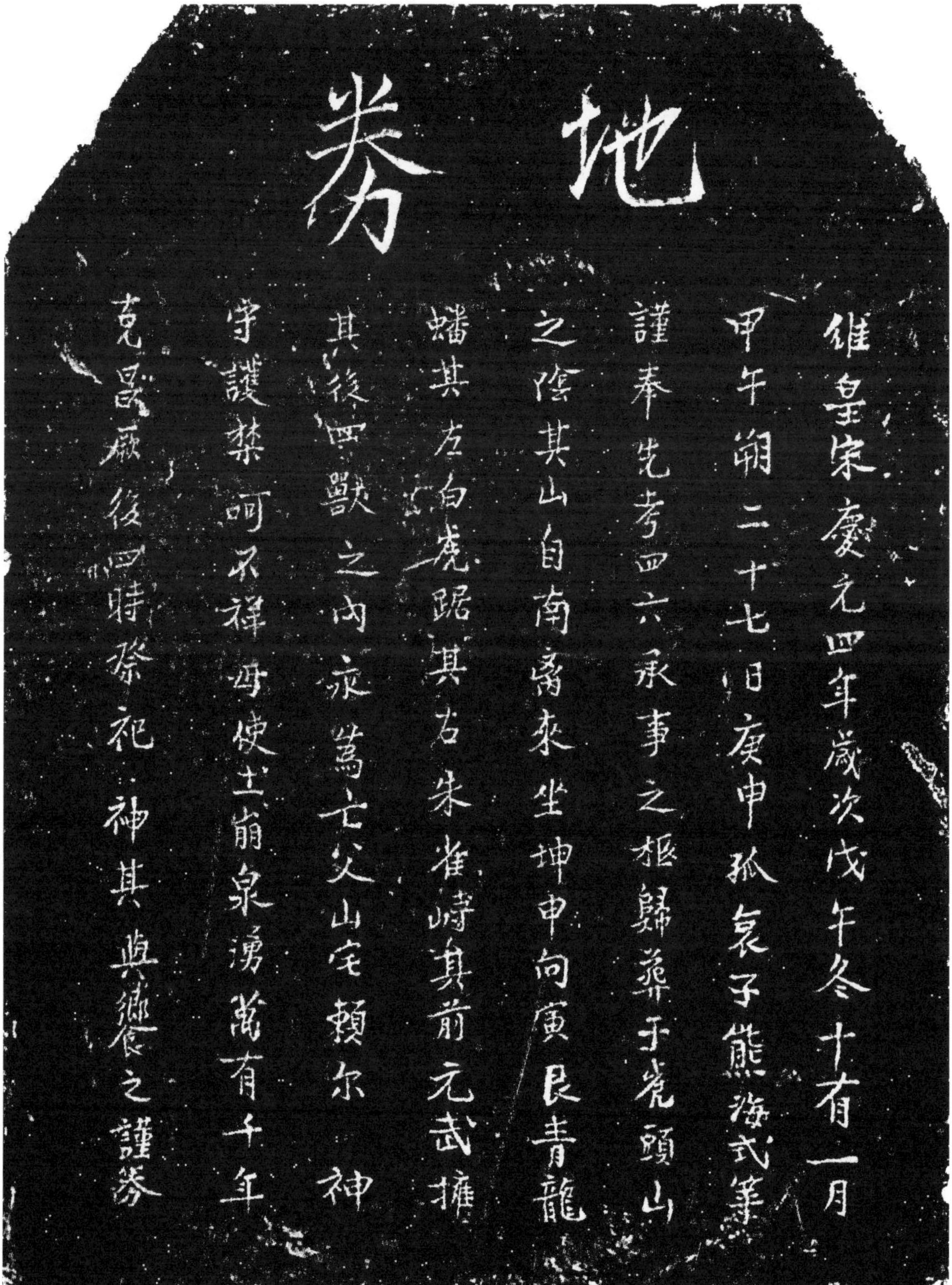

一九八　熊海式父熊四六承事地券

一九八　熊海式父熊四六承事地券　慶元四年（一一九八）十一月二十七日

【題解】

一、名稱：熊海式父熊四六承事地券

二、文獻形態：拓本方形抹角，長六十厘米，寬四十五厘米，題額「地券」，陰刻行楷八行，券文自右向左書寫，行十六字。

三、卒葬時間：慶元四年（一一九八）冬十一月二十七日葬。

四、文獻著録：胡抗美、曾翔主編：《書法文獻》（宋代地券卷），青島：青島出版社，二〇一四年，第四六頁。

五、出土及收藏情況：江西出土，原石收藏於百石齋。

【釋文】

地券

維皇宋慶元四年歲次戊午冬十有一月/甲午朔二十七日庚申，孤哀子熊海式等/謹奉先考四六承事[一]之柩歸葬於虎頭山/之陰。其山自南離來，坐坤申向寅艮。青龍/蟠其左，白虎踞其右，朱雀峙其前，玄武擁/其後。四獸之内，永爲亡父山宅，賴爾神/守護，禁呵不祥，毋使土崩泉湧。萬有千年/，克昌厥後，四時祭祀，神其與饗之。謹券。

【校注】

〔一〕承事：即承事郎。文散官名。見一六〇《景公買地券》。

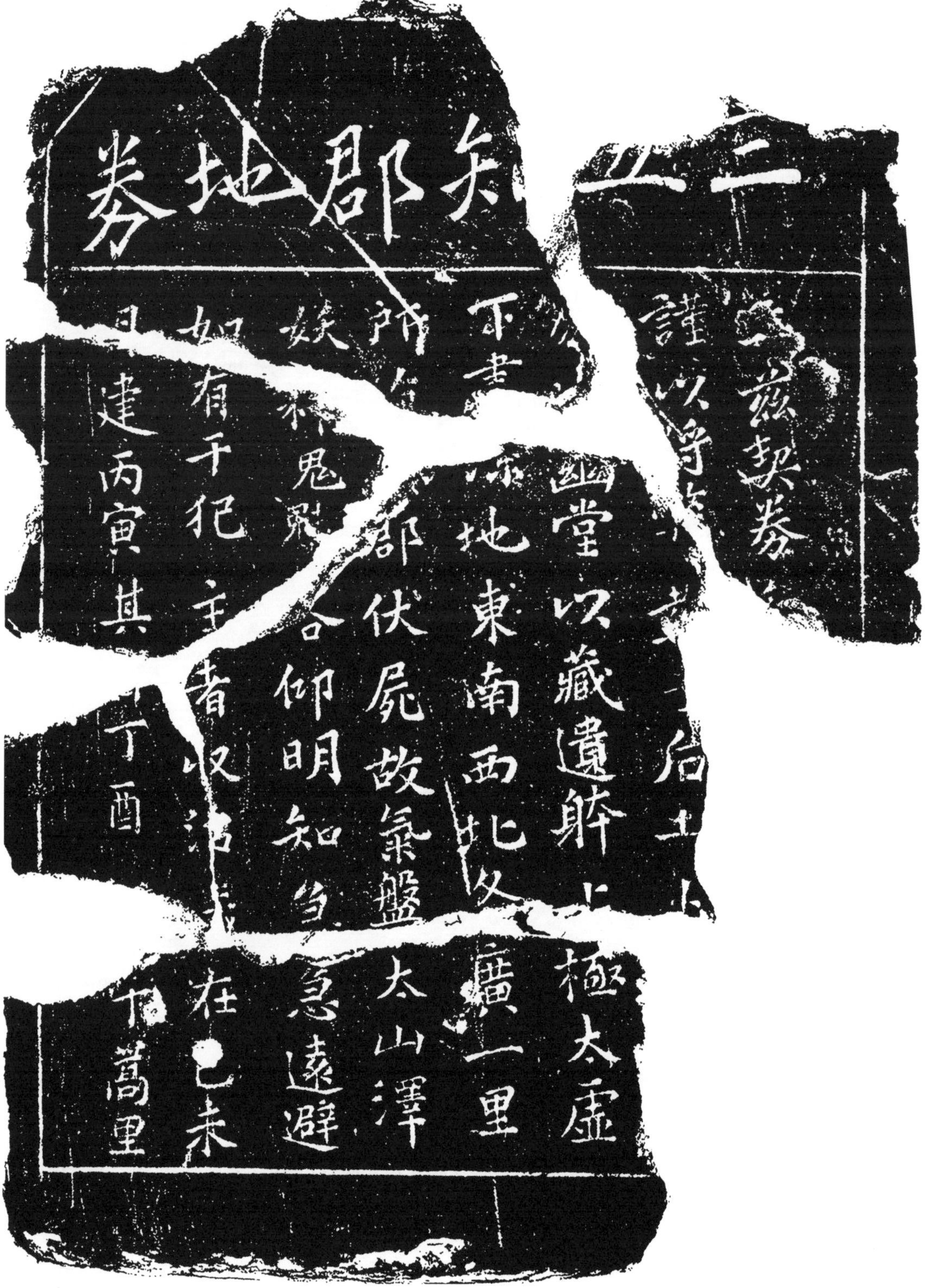
矣郡地券
茲契券
謹以
幽堂以藏遺骿
極太虛
地東南西北各廣一里
郡伏屍故氣盤太山澤
合仰明知
急遠避
如有干犯
者收
在乙未
建丙寅其
丁酉
萬里

一九九　宋德章買地券

一九九　宋德章買地券　慶元五年（一一九九）正月五日

【題解】

一、名稱：宋德章買地券[一]

二、文獻形態：白砂石質，券石殘破，裂爲五塊，殘高五十三厘米、殘寬三十八厘米、厚三厘米。券石周邊刻單欄邊框，上方横刻「三五知郡地券」六字，券文自右至左書寫。楷書八行，行十二字。

三、卒葬時間：慶元五年（一一九九）正月五日葬。

四、文獻著録：成都文物考古研究所、成都博物院：《成都出土歷代墓銘券文圖録綜釋》，北京：文物出版社，二〇一二年，第四一四頁。

五、出土及收藏情況：一九九一年出土於成都市蒲江縣五星鄉，券石現收藏於成都市蒲江縣文物保護管理所。

【釋文】

三五知郡地券

立兹契券［下缺］/謹以將□□於后土卜□□□/□□幽堂，以藏遺體。上極太虛，/下盡深地。東南西北，各廣一里，/所□□郡，伏尸故氣，盤太山澤，/妖精鬼魅，各仰明知，急急遠避。/如有干犯，主者收治。歲在己未，/月建丙寅，其日丁酉，□於蒿里。

【校注】

［一］此買地券無券主姓名，但同墓葬出土宋德章墓誌，依此推定爲宋德章買地券。卒葬時間亦根據宋德章墓誌確定。

二〇〇　萬三七郎、邵氏念五娘夫妻買地券

二〇〇　萬三七郎、邵氏念五娘夫妻買地券　慶元五年（一一九九）三月二十八日

【題解】

一、名稱：萬三七郎、邵氏念五娘夫妻買地券

二、卒葬時間：慶元五年（一一九九）三月二十八日葬。

三、文獻形態：券石青石質，長方形，長四十厘米，寬三十點五厘米，厚一厘米。上部左右抹角，中用雙綫界欄分爲兩部分。券首刻「墓至」二字，券文自左至右書寫。楷書十一行，行十八字。

四、文獻著録：劉禮純：《江西瑞昌縣發現七座宋代紀年墓》，《考古》一九九二年四期，第三三〇、三三一至三三四頁；高朋：《人神之契：宋代買地券研究》，北京：中國社會科學出版社，二〇一一年，第二一六頁；魯西奇：《中國古代買地券研究》，厦門：厦門大學出版社，二〇一四年，第三九二頁。

五、出土及收藏情況：一九八二—一九八六年出土於江西省瑞昌縣，券石現收藏於瑞昌縣博物館。

六、其他：本券與《出土宋代買地券著録簡目表》中的《萬三十地券》同時間發現。

【釋文】

墓至

維皇宋大宋國江南西路江州瑞昌縣安太/鄉洪陽社章湖保[一]，歲次慶元伍年三月/二十八庚申日，有殁故亡人萬三七郎，享年二十六歲，并/亡妻邵氏念五娘[二]，享年三十歲，命歸黄泉/蒿里，斬草住山宅。今用黄銅錢九萬九千/九佰九十九貫九文九分，收買此地一穴，土名□/撻壟，坎山落申，水入明堂。左止青龍，右止白虎，/前止朱雀[三]，後止玄武。上止蒼天[四]，下止地户爲界，/四止分明。此地與前件亡人作山宅。其錢當日/交與當處土地，外神不得侵。地里人：張堅故[五]、李定/度。四神祈此，如外神侵，速將照會太上奉行。急急如令。敕。

【校注】

〔一〕江南西路江州瑞昌縣安太鄉洪陽社章湖保：《元豐九域志》卷六《江南路·西路》載：瑞昌縣下設八鄉。安太鄉爲瑞昌縣轄鄉之一，其下有洪陽社章湖保。

〔二〕廿：原文作「念」，與「廿」通假，「邵氏廿五娘」即爲「邵氏二十五娘」。

〔三〕朱雀：「朱」原文作「珠」，今改。

〔四〕蒼天：原文作「天蒼」，應爲倒文，今改。

〔五〕張堅故：也作「張堅固」。

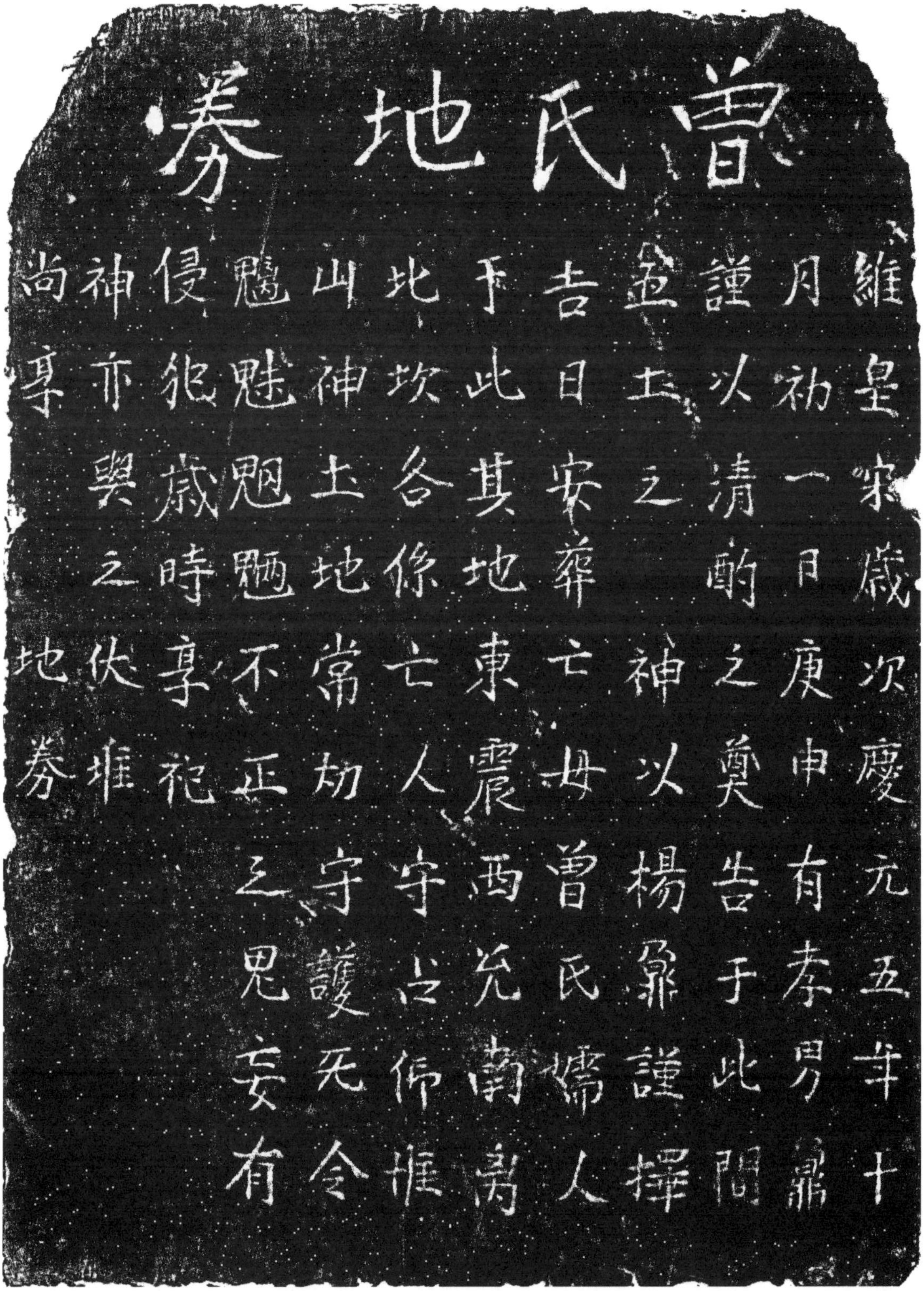

曾氏地券

維皇宋歲次慶元五年十
月初一日庚申有孝男鼎
謹以清酌之奠告于此間
后土之 神以楊鼎謹擇
吉日安葬亡母曾氏孺人
于此其地東震西兑南离
北坎各係亡人守占佈推
山神土地常切守護无令
魑魅魍魎不正之鬼妄有
侵犯歲時享祀
神亦與之伏推
尚享地券

二〇一　楊鼎母曾氏地券

二〇一　楊鼎母曾氏地券　慶元五年（一一九九）十月一日

【題解】

一、名稱：楊鼎母曾氏地券

二、文獻形態：拓片呈方形，長四十厘米，寬三十厘米，上部左右抹角，題額「曾氏地券」，券文自右至左書寫，陰刻行楷十二行，行四至十字不等。

三、卒葬時間：慶元五年（一一九九）十月一日葬。

四、文獻著録：胡抗美、曾翔主編：《書法文獻》（宋代地券卷），青島：青島出版社，二〇一四年，第四六頁。

五、出土及收藏情況：江西出土，原石收藏於百石齋。

【釋文】

曾氏地券

維皇宋歲次慶元五年十/月初一日庚申，有孝男鼎/謹以清酌之奠告於此間/五土之神[一]：「以楊鼎謹擇/吉日安葬亡母曾氏孺人/于此。其地東震西兑，南離/北坎，各係亡人守占。仰惟/山神土地，常切守護，无令/魑魅魍魎、不正之鬼，妄有/侵犯。歲時享祀，/神亦與之，伏惟/尚享。」地券。

【校注】

[一] 五土之神：即「五土冥王」。見〇七一《朱小七郎買地券》注釋。

二〇二　楊氏四小娘地券

二〇二　楊氏四小娘地券　慶元六年（一二〇〇）正月二十二日

【題解】

一、名稱：楊氏四小娘地券

二、文獻形態：紅砂石質，長方形，長十九厘米，寬二十一厘米，厚一點五厘米。券石有裂紋，裂爲三塊，券文自右至左書寫。楷書殘存九行，行十二字。

三、卒葬時間：慶元六年（一二〇〇）正月二十二日葬。

四、文獻著録：周爾太、王軍、胡大剛等：《成都市成華區三聖鄉花果村宋墓發掘簡報》，《成都考古發現二〇〇一》，北京：科學出版社，二〇〇三年，第二〇〇至二三五頁；高朋：《人神之契：宋代買地券研究》，北京：中國社會科學出版社，二〇一一年，第二五二頁；魯西奇：《中國古代買地券研究》，厦門：厦門大學出版社，二〇一四年，第四六五至四六六頁；成都文物考古研究所、成都博物院：《成都出土歷代墓銘券文圖録綜釋》，北京：文物出版社，二〇一二年，第四二二至四二三頁。

五、出土及收藏情况：二〇〇一年出土於成都市鎮江區三聖鄉花果村，券石現收藏於成都文物考古研究所。

【釋文】

大宋慶元六年歲次庚申正/月戊子朔二十二日己酉，故/楊氏四小娘地券。生居城邑，/死安宅兆，卜筮叶從，相地大/吉。宜於此華陽縣普安鄉〔一〕/□福地之原安厝。其界左至/青龍，右至白虎，前至朱雀，/後至玄武。中方勾陳，分掌/四域。丘丞墓伯，存亡安吉。

【校注】

〔一〕華陽縣普安鄉：見〇三〇《周氏買地券》。

二〇三　向行之父向福一買地券

二〇三　向行之父向福一買地券　慶元六年（一二〇〇）十月二十三日

【題解】

一、名稱：向行之父向福一買地券

二、文獻形態：陶質，略呈正方形，高三十七厘米、殘寬三十八厘米、厚四點五厘米。右側中上部有殘缺，券周邊綫刻單欄邊框，内陰刻界欄十一行。上端左右抹角，券文上方横向鎸刻「地府冥文」四字，券文自右至左書寫。刻於綫框内十二行，行十六字。

三、卒葬時間：慶元六年（一二〇〇）十月二十三日葬。

四、文獻著録：成都文物考古研究所、成都博物院：《成都出土歷代墓銘券文圖録綜釋》，北京：文物出版社，二〇一二年，第四二〇至四二一頁。

五、出土及收藏情况：一九九一年出土於成都市蒲江縣五星鄉，券石現收藏於成都市温江區文物保護管理所。

【釋文】

地府冥文

（上缺）申十月甲申/朔二十三日□□□□劍南西川成都府/（上缺）孝男向行之、孝女向□□一家等奉爲/□故父親向福一承事地券。生居城邑，死/安宅兆。卜筮叶從，相地大吉。宜於温江/縣永寧鄉□西里[一]□□□□/原安厝。其界/左至青龍，右至白虎，前至朱雀，後/至玄武。中方勾陳，丘丞墓伯[二]，道路/將軍，今日直符，存亡安吉。地券一道，□/上亡人，用鎮亡靈。速退□□□□固。急急/一如□□。

【校注】

〔一〕温江縣永寧鄉□西里：《元豐九域志》卷七《成都府路》載：温江縣下設十鄉，并有全節、安國二鎮。本券所載永寧鄉爲温江縣轄鄉之一，其下有□西里。

〔二〕墓伯：「伯」原文作「佰」，今改。

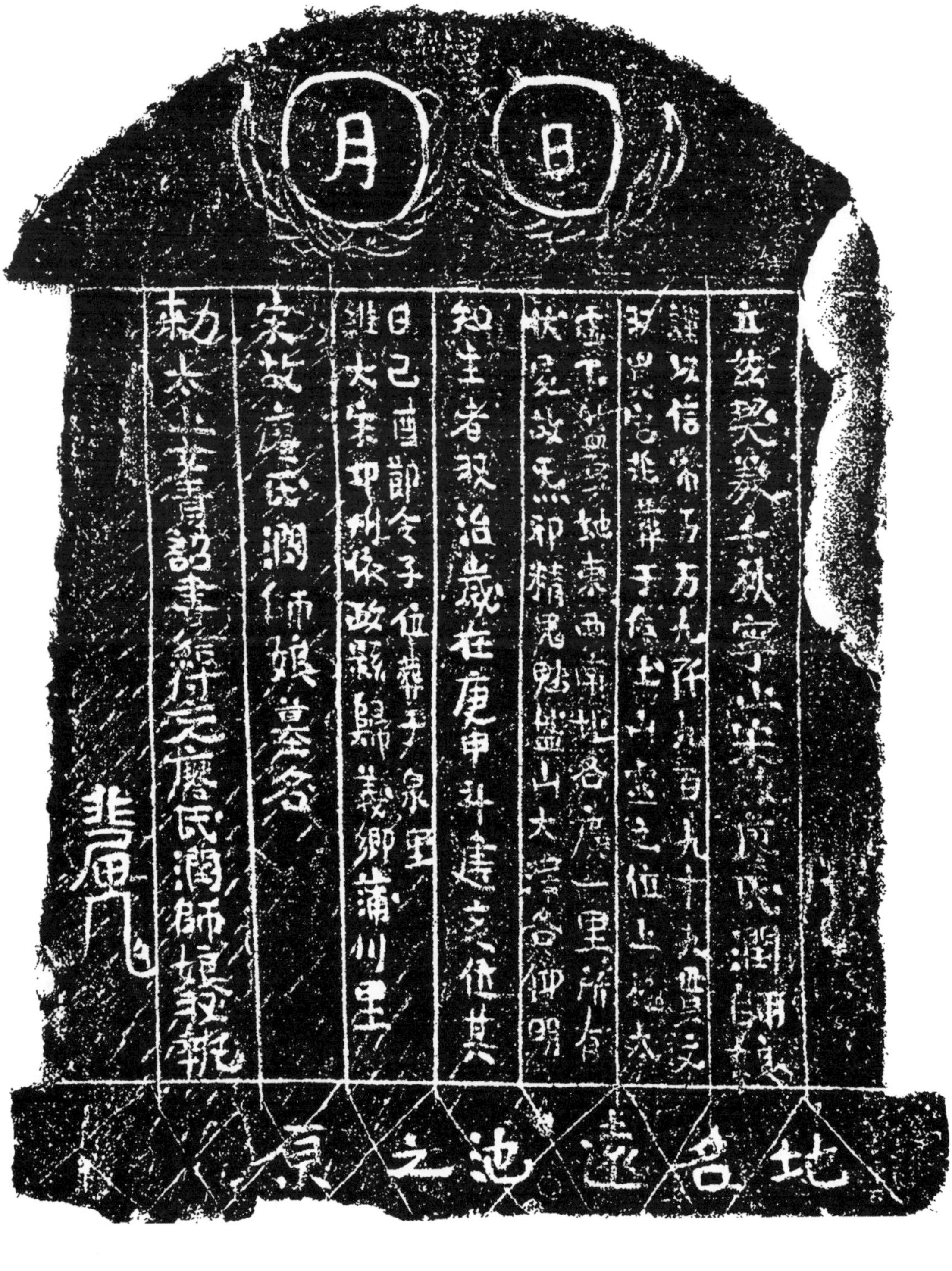

二〇四　廖氏潤師娘買地券

二〇四　廖氏潤師娘買地券　慶元六年（一二〇〇）十月二十六日

【題解】

一、名稱：廖氏潤師娘買地券[一]

二、文獻形態：白砂石質，碑形，高三十六厘米、寬二十九厘米、厚二點二厘米。碑額陰刻圖形拱圍的兩個圓圈，内刻「日」「月」二字。碑下端刻有「地名遠池之原」；碑身竪刻八道單綫，券文鐫刻於綫框内，第二、三、五行文字爲兩列，綫框左邊外下側刻有道教符篆；券文行楷十行，行九至十八字，自右至左書寫。

三、卒葬時間：慶元六年（一二〇〇）十月二十六日葬。

四、文獻著録：成都文物考古研究所、成都博物院：《成都出土歷代墓銘券文圖録綜釋》，北京：文物出版社，二〇一二年，第四二四至四二五頁。

五、出土及收藏情況：一九九八年出土於成都市蒲江縣插旗鄉八角廟村，券石現收藏於成都市蒲江縣文物保護管理所。

【釋文】

日、月

立兹契券，千秋寧止。宋故廖氏潤師娘/謹以信幣萬萬九千[二]九百九十九貫文/收買宅兆，葬于后土山靈之位，上極太/虚，下盤厚地。東西南北，各廣一里，所有/伏屍故炁、邪精鬼魅、盤山大澤，各仰明/知，主者收治。歲在庚申，斗建亥位，其/日己酉，即令子位葬于泉里。/維大宋邛州依政縣歸義鄉蒲川里[三]，/宋故廖氏潤師娘墓銘[四]。/敕太上女青詔書，給付亡人廖氏潤師娘收執。

地名遠池之原。

【校注】

〔一〕廖氏潤師娘買地券：《成都出土歷代墓銘券文圖録綜釋》此券命名爲「廖潤買地券」。

〔二〕千：原文作「阡」，今改。

〔三〕邛州依政縣歸義鄉蒲川里：邛州依政縣見〇一二《張先買地券》。

〔四〕墓銘：原文作「墓名」，今據文意改。

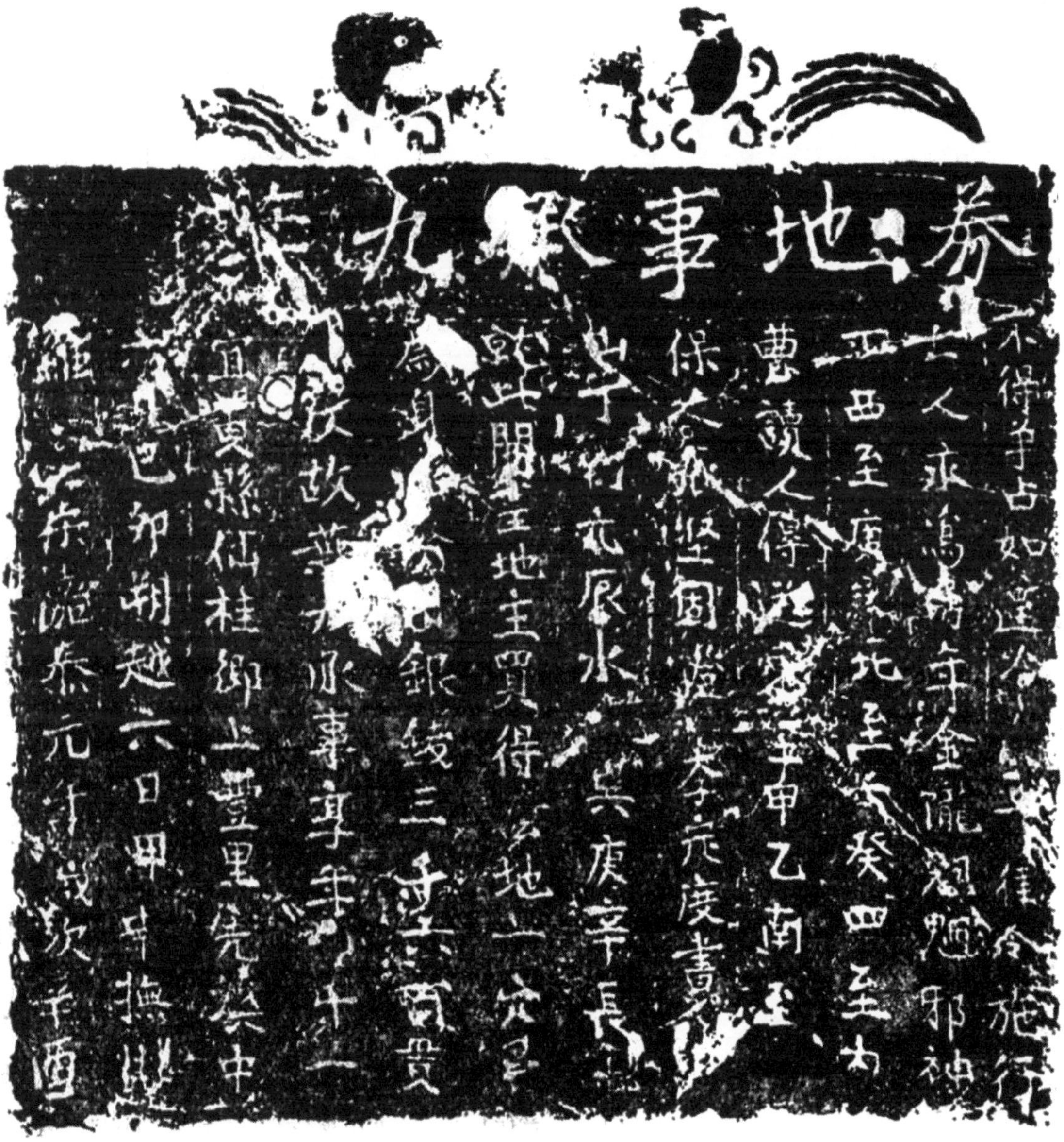

二〇五　葉九買地券

二〇五　葉九買地券　嘉泰元年（一二〇一）六月六日

【題解】

一、名稱：葉九買地券

二、文獻形態：紅砂石質，正方形。邊長三十五點五厘米。券石上部陰刻花紋，其下自左至右陰刻直書一行，「葉九承事地券」。陰刻楷書十二行，行十二字。券文自左至右書寫。

三、卒葬時間：嘉泰元年（一二〇一）六月六日葬。

四、文獻著録：李家和：《介紹江西出土的幾件宋代瓷器》，《文物》一九七六年第六期，第九一至九二頁；陳柏泉：《江西出土地券綜述》，《考古》一九八七年第三期，第二一九、二二三至二二三一頁；陳柏泉：《江西出土墓誌選編》，南昌：江西教育出版社，一九九一年，第五六五至五六六頁；高朋：《人神之契：宋代買地券研究》，北京：中國社會科學出版社，二〇一一年，第二一七至二一八頁；魯西奇：《中國古代買地券研究》，厦門：厦門大學出版社，二〇一四年，第三九四至三九五頁。

五、出土及收藏情況：一九七三年出土於江西省宜黄縣圳口公社，券石現收藏於江西省博物館。

【釋文】

葉九承事地券

維皇宋嘉泰元年歲次辛酉/六月己卯朔越六日甲申，撫州/宜黄縣仙桂鄉上豐里先溪中/保[一]，殁故葉九承事，享年六十一/歲。身□□用銀錢三千六百貫，/就此開皇地主買得陰地一穴，□/山丁向，元辰水□巽庚辛長流。/保人：張堅固。證人：李定度。書人：功/曹；讀人：傳送。東至甲乙，南至丙/丁，西至庚辛，北至壬癸，四至/内亡人永爲萬年金隴。魍魎邪神/不得争占。如違者，依女青律令施行。

【校注】

〔一〕撫州宜黄縣仙桂鄉上豐里先溪中保：《輿地廣記》卷二五《江南西路》載：宜黄縣，唐武德五年（六二二）析崇仁置，屬撫州。八年省。宋開寶八年（九七五）以宜黄場復置。《元豐九域志》卷六《江南路·西路》載：宜黄縣下設三鄉。仙桂鄉爲宜黄縣三鄉之一。

二〇六　胡文宗妻章氏地券

二〇六　胡文宗妻章氏地券　嘉泰元年（一二〇一）九月二十五日

【題解】

一、名稱：胡文宗妻章氏地券

二、文獻形態：拓片方形，長四十二厘米，寬三十九厘米，上部左右抹角，題額「宋故章氏夫人地券」，券文自右至左書寫。陰刻行楷十一行，行十一至十六字不等。

三、卒葬時間：嘉泰元年（一二〇一）九月二十五日葬。

四、文獻著録：胡抗美、曾翔主編：《書法文獻》（宋代地券卷），青島：青島出版社，二〇一四年，第四九頁。

五、出土及收藏情況：江西出土，原石收藏于百石齋。

【釋文】

宋故章氏夫人地券

維皇宋太歲嘉泰元年九月/壬申良日，葬有撫州臨川盡/安鄉東崗保[一]夫人章氏，生於/辛亥六月，卒於戊申七月初/九日。適惠安鄉恭仁里大塘/東保胡文宗。生男一人：欽俊，新婦/貳氏。孫長曰：德隆、德保、德成、德宝、德才，娶/孫婦章氏、刘氏、邵氏、貳氏。女孫十六娘。/今葬於本里先疇之側[二]，作未/山丑艮向，以爲四向地主。太/歲辛酉九月二十五日謹題。

【校注】

〔一〕撫州臨川盡安鄉東崗保：盡安鄉，原文爲「尽安鄉」，爲臨川縣轄鄉之一，本券所見有東崗保、恭仁里大塘東保。本書〇七一《朱小七郎買地券》載臨川縣新豐鄉敬順里西營保，一三三《黄長憲父黄十七郎買地券》載臨川縣惠安鄉恭仁里後坊保，一八二《李氏一娘買地券》載臨川縣長安鄉石羊里荷嶺下保，一九七《朱濟南買地券》載臨川縣静安鄉卅八都，二一三《馮六乙買地券》載臨川縣長安鄉安居里游陂水西保，二三六《劉明母官氏買地券》載臨川縣新豐鄉長豐里午嶺保。

〔二〕今葬于本里先疇之側：側，原文爲「惻」，據文意改。

地券

維宋嘉泰二年歲在壬戌五月甲辰朔
十三日丙辰孝夫龔子安謹昭告于羅
湖祖塋山原之神子安不幸先嬪李氏
以元年九月晦日辭世謹卜斯辰克舉
襄事安措宅兆爰得佳城顧惟此地綿
亘祖自堯王之嶺曰西瓮而落穴面卯
以爲向蒼洲岸横塈山右峙千條萬列
之山千源萬派之水奔騰飛動炳靈召
異我亡室居之蓋天設地藏也惟爾有
神遏絕魑魅魍魎驅除豺狼狐狸使亡
者獲泉下之安後嗣協康寧之福歲有
享時有薦合食百神不忘報稱文券所
示堅如盟約惟神其鑒之謹告

二〇七　龔子安妻李氏買地券

二〇七　龔子安妻李氏買地券　嘉泰二年（一二〇二）五月十三日

【題解】

一、名稱：龔子安妻李氏買地券

二、文獻形態：拓本長五十六厘米，寬三十九厘米。圓頭，上從左至右横書一行二字「地券」。券文從右至左書寫，楷書十三行，行十二至十五字。

三、卒葬時間：嘉泰元年（一二〇一）九月三十日卒，嘉泰二年（一二〇二）五月十三日葬。

四、出土及收藏情況：江西出土，拓片現藏於河北大學宋史研究中心。

【釋文】

地券

維宋嘉泰二年歲在壬戌[一]五月甲辰朔/十三日丙辰，孝夫龔子安謹昭告于羅/湖祖塋山原之神：子安不幸，先嬪李氏/以元年九月晦日辭世。謹卜斯辰，克舉/襄事。安措宅兆，爰得[二]佳城。顧惟此[三]地綿/亘，祖自堯王之嶺，因[四]西兑而落穴，面卯/以爲向，蒼洲苒[五]横，磬山右峙。千條萬列/之山，千源萬派之水，奔騰飛動，炳靈召/異。我亡室居之，盖天設地藏也。惟爾有/神，遏絶魑魅魍魎[六]，驅除豺狼狐狸，使亡/者獲泉下之安。後嗣協康寧之福，歲有/享，時有薦[七]，合食百神，不忘報稱。文券所/示，堅如盟約，惟神其鑒之。謹告。

【校注】

〔一〕壬戌：券文作「壬戍」，「戌」誤寫爲「戍」，今改。

〔二〕得：原文作「淂」，今統爲「得」。

〔三〕惟此地綿亘：「此」原文爲「庛」異體字，徑改。

〔四〕因：原文作「囙」，爲「因」的異體字，今改。

〔五〕苒：同「前」。

〔六〕魑魅魍魎：中國古代對鬼怪的統稱。《左傳·宣公三年》：「螭（魑）魅罔兩，莫能逢之」，杜預注：「螭，山神，獸形。魅，怪物。罔兩，水神。」

〔七〕薦：古代祭祀宗庙的祭品。

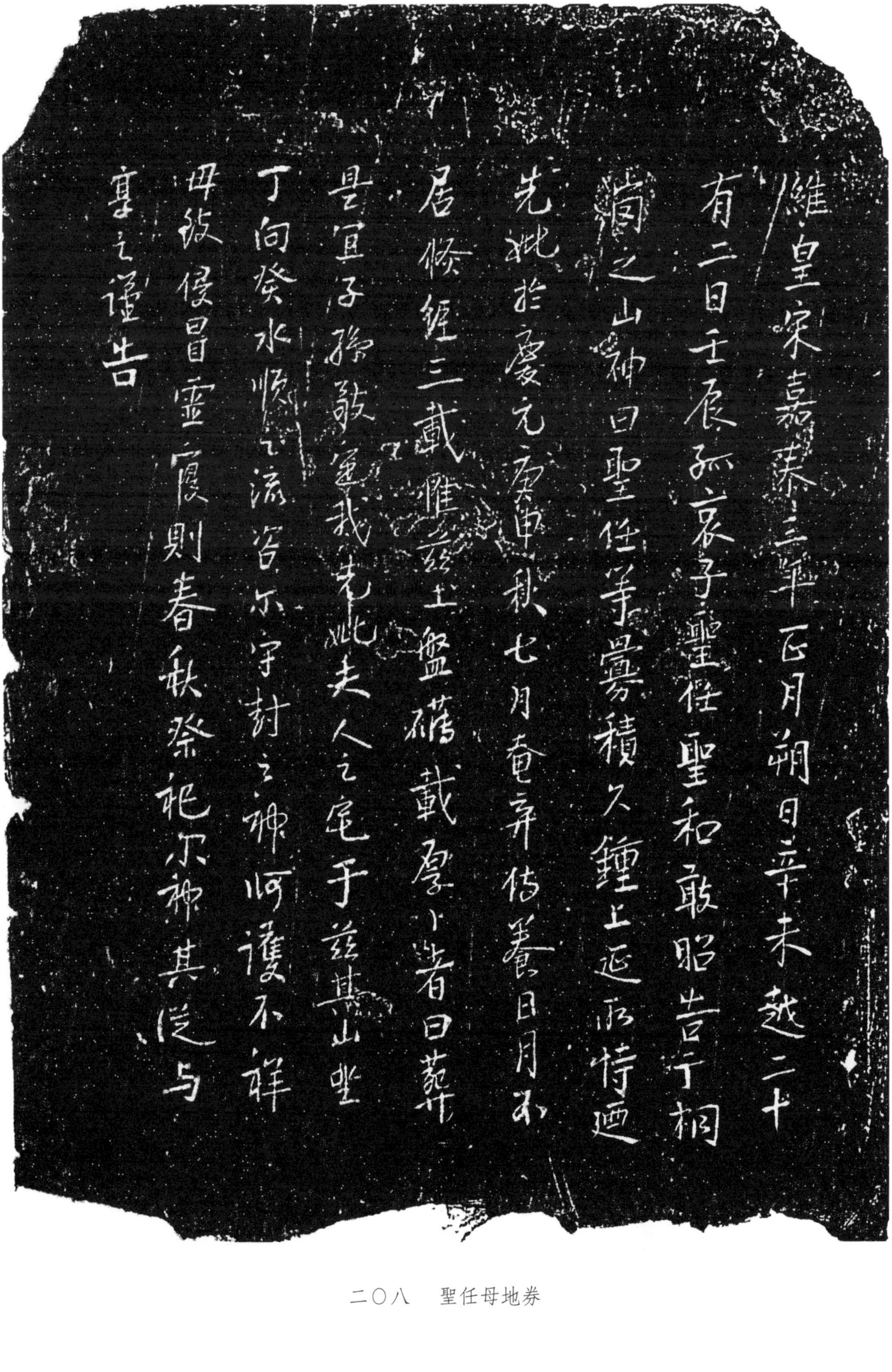
維皇宋嘉泰三年正月朔日辛未越二十
有二日壬辰孤哀子聖任聖和敢昭告于桐
嶺之山神曰聖任等釁積久鍾上延所恃迺
先妣於慶元庚申秋七月奄弃侍養日月不
居倏經三載惟茲土盤礴載厚卜者曰葬
是宜子孫敢遷我先妣夫人之柩于茲其山坐
丁向癸水順之流容尔守封之神呵護不祥
毋致侵冒靈寢則春秋祭祀尔神其從与
享之謹告

二〇八　聖任母地券

二〇八　聖任母地券　嘉泰三年（一二〇三）正月二十二日

【題解】

一、名稱：聖任母地券

二、文獻形態：拓片呈方形，長五十九厘米，寬三十五厘米，上部左右抹角，無題額，券文自右至左書寫。陰刻行楷九行，行四至十七字不等。

三、卒葬時間：嘉泰三年（一二〇三）正月二十二日。

四、文獻著録：胡抗美、曾翔主編：《書法文獻》（宋代地券卷），青島：青島出版社，二〇一四年，第五〇頁。

五、出土及收藏情况：江西出土，原石收藏於百石齋。

【釋文】

維皇宋嘉泰三年正月朔日辛未越二十/有二日壬辰，孤哀子聖任、聖和敢昭告於桐/崗之山神曰：「聖任等釁積久鐘，上延所恃。迺/先妣於慶元庚申秋七月奄弃侍養，日月不/居，倏經三載。惟兹土盤礴載厚。卜者曰：『葬/是，宜子孫。』敬定我先妣夫人之宅于兹。其山坐/丁向癸，水順之流，咨爾守封之神，呵護不祥，/毋致侵冒靈寢，則春秋祭祀，爾神其從与/享之。」謹告。

地券
維皇宋嘉泰三年十月初一丙
申朔二十四日己未謹昭告于
皇天后土今將椿年葬于所居
之東園内其地來山去水坐辛
作辰東北甲乙南山丙丁西止
庚辛北止壬癸左青龍右白虎
前朱雀後玄武四止之内並將
安葬亡者自今以後應是山神
魍魎不得侵犯
急急如太上律令
敕

二〇九　椿年地券

二〇九　椿年地券　嘉泰三年（一二〇三）十月二十四日

【題解】

一、名稱：椿年地券

二、文獻形態：拓片圓頭方形，長四十四厘米，寬三十四厘米，題額「地券」，券文自右至左書寫。陰刻行楷十一行，行一至十二字不等。

三、卒葬時間：嘉泰三年（一二〇三）十月初一丙申朔二十四日葬。

四、文獻著録：胡抗美、曾翔主編：《書法文獻》（宋代地券卷），青島：青島出版社，二〇一四年，第五六頁。

五、出土及收藏情况：江西出土，原石收藏於百石齋。

【釋文】

地券

維皇宋嘉泰三年十月初一丙/申朔二十四日己未，謹昭告于/皇天后土：「今將椿年[一]葬于所居/之東園内，其地來山去水，坐辛/坐[二]辰，東止甲乙，南止丙丁，西止/庚辛，北止壬癸，左青龍，右白虎，/前朱雀，後玄武。四止之内，并將/安葬亡者。自今以後，應是山神/魍魎，不得侵犯。」/急急如太上律令。/敕。

【校注】

〔一〕椿年：古代祝人長壽之辭，此處或爲人名，或爲虚指長壽者。

〔二〕坐：原文作「作」，今改。

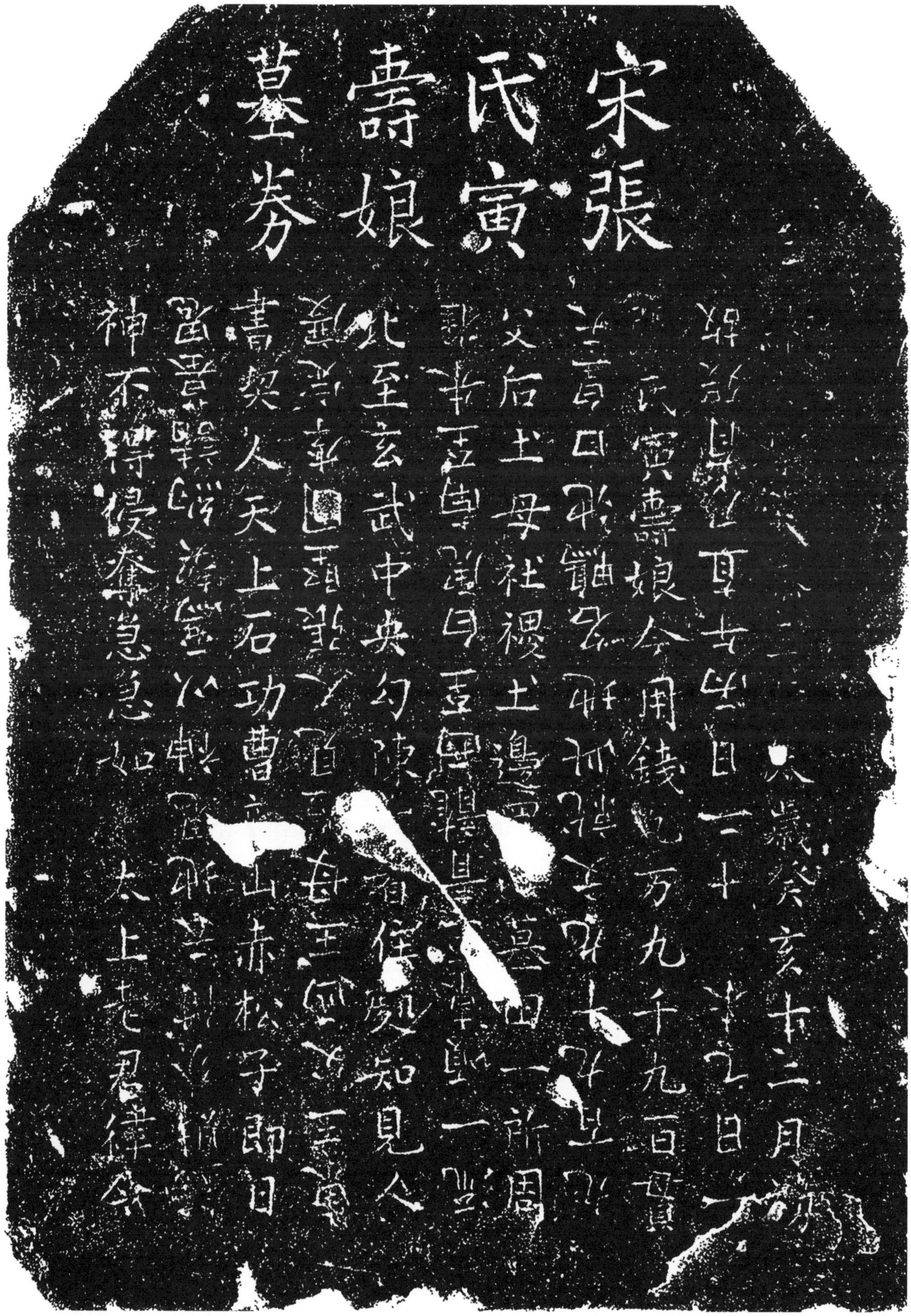

二一〇　張氏寅壽娘墓券

二一〇 張氏寅壽娘墓券 嘉泰三年（一二〇三）十二月十二日

【題解】

一、名稱：張氏寅壽娘墓券

二、文獻形態：青石質，長四十三點五厘米，寬三十六點四厘米，厚三點七厘米。券石上部左右抹角，碑額鎸刻「宋張氏寅壽娘墓券」，楷書，兩排四行，共八字。券文正倒相間，自右向左書寫。單行從上到下書寫，雙行從下往上書寫。券文楷書十一行，行十四至十五字。

三、卒葬時間：嘉泰三年（一二〇三）十二月十二日葬。

四、文獻著録：成都文物考古研究所、成都博物院：《成都出土歷代墓銘券文圖録綜釋》，北京：文物出版社，二〇一二年，第四二六至四二七頁。

五、出土及收藏情況：一九八七年出土於成都市蒲江縣白雲鄉窑埂村，券石現收藏於成都市蒲江縣文物保護管理所。

【釋文】

宋張氏寅壽娘墓券

維皇宋嘉泰三年太歲癸亥十二月初/一日乙未十二日丙午。直乃有歿故/張氏寅壽娘，今用錢九萬九千九百貫/九百九十九文就此地名鴨池口，皇天/父、后土母、社稷主〔一〕邊買得墓田一所，周/流一頃。東至青龍，西至白虎，南至朱雀，/北至玄武。中央勾陳，亡者仕處。知見人：/東王父、西王母；證見人：張堅固、李定度；/書契人：天上石功曹、高山赤松子。即日/錢財分付天地鬼神，以爲契約，諸墓鬼/神不得侵奪。急急如太上老君律令。

【校注】

〔一〕社稷主：「主」原文作「土」，今改。

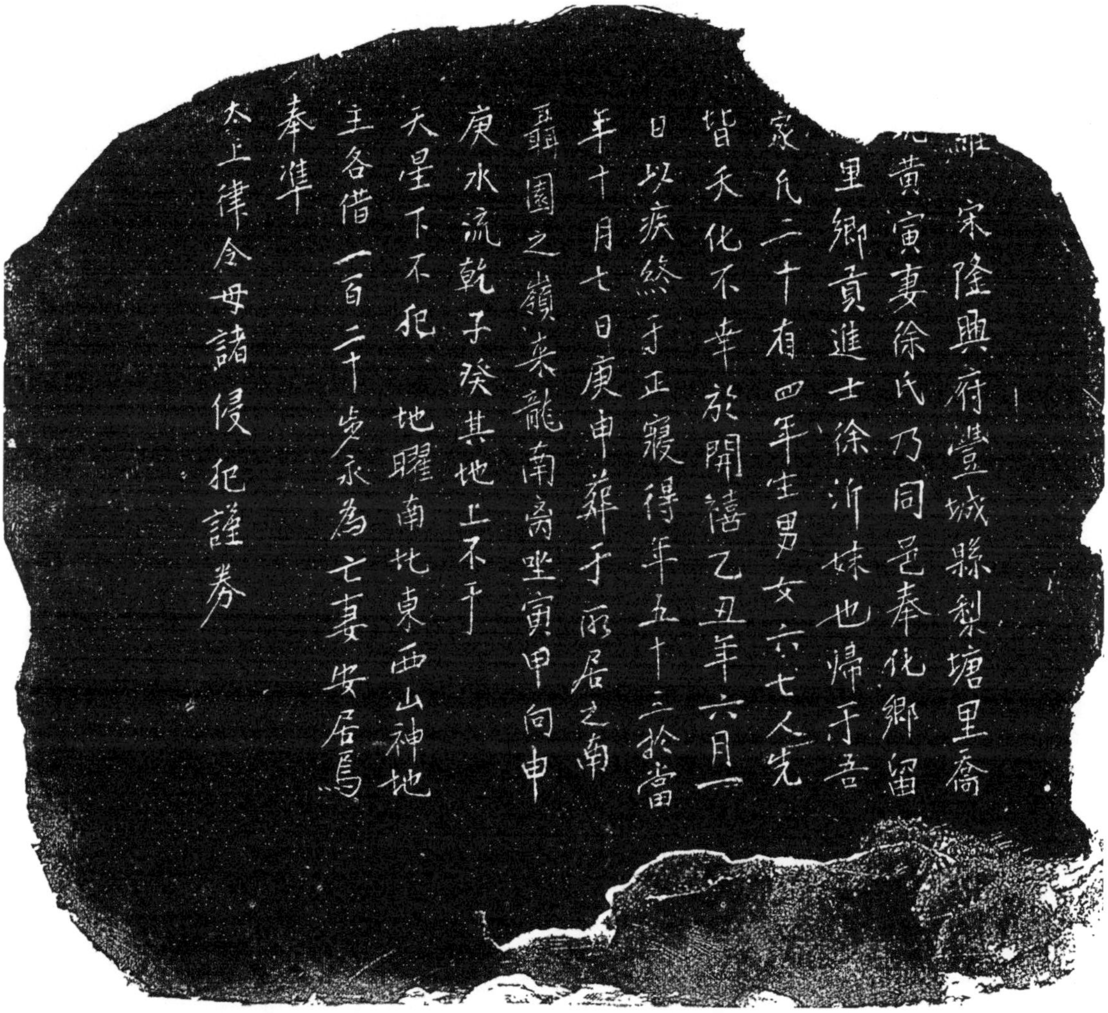
維　宋隆興府豐城縣梨塘里喬
光黃寅妻徐氏乃同邑奉化鄉留
里鄉貢進士徐沂妹也歸于吾
家凡二十有四年生男女六七人先
皆夭化不幸於開禧乙丑年六月一
日以疾終于正寢得年五十三於當
年十月七日庚申葬于所居之南
聶園之嶺來龍南向坐寅甲向申
庚水流乾子癸其地上不干
天星下不犯　地曜南北東西山神地
主各借一百二十步永為亡妻安居焉
奉準
太上律令毋諸侵犯謹券

二一一　黃寅妻徐氏地券

二一一　黄寅妻徐氏地券　開禧元年（一二〇五）十月七日

【題解】

一、名稱：黄寅妻徐氏地券

二、文獻形態：拓片有殘缺，長四十二厘米，寬三十九厘米，無題額，陰刻行楷十三行，行二至十四字不等。

三、卒葬時間：開禧乙丑年（一二〇五）六月一日卒，乙丑年十月七日葬。

四、文獻著録：胡抗美、曾翔主編：《書法文獻》（宋代地券卷），青島：青島出版社，二〇一四年，第五八頁。

五、出土及收藏情况：江西出土，原石收藏於百石齋。

【釋文】

維宋隆興府豐城縣梨塘里[一]喬/□黄寅妻徐氏，乃同邑奉化鄉[二]留/□里鄉貢進士徐沂妹也。歸於吾/家凡二十有四年，生男女六七人，先/皆夭化。不幸於開禧乙丑年六月一/日以疾終于正寢，得年五十三。於當/年十月七日庚申葬于所居之南/聶園之嶺，來龍南离，坐寅甲向申/庚，水流乾子癸。其地上不干/天星，下不犯地曜，南北東西，山神地/主，各借一百二十步，永爲亡妻安居焉。/奉準/太上律令，毋諸侵犯。謹券。

【校注】

〔一〕隆興府豐城縣梨塘里：隆興府即洪州。南宋隆興元年（一一六三），因孝宗繼位前曾封藩王於洪州，故升洪州爲隆興府，府仍治南昌縣（南昌市）。豐城縣見〇六八《孫七郎買地券》。

〔二〕奉化鄉：豐城縣轄鄉之一，本券所見有梨塘里、留□里。

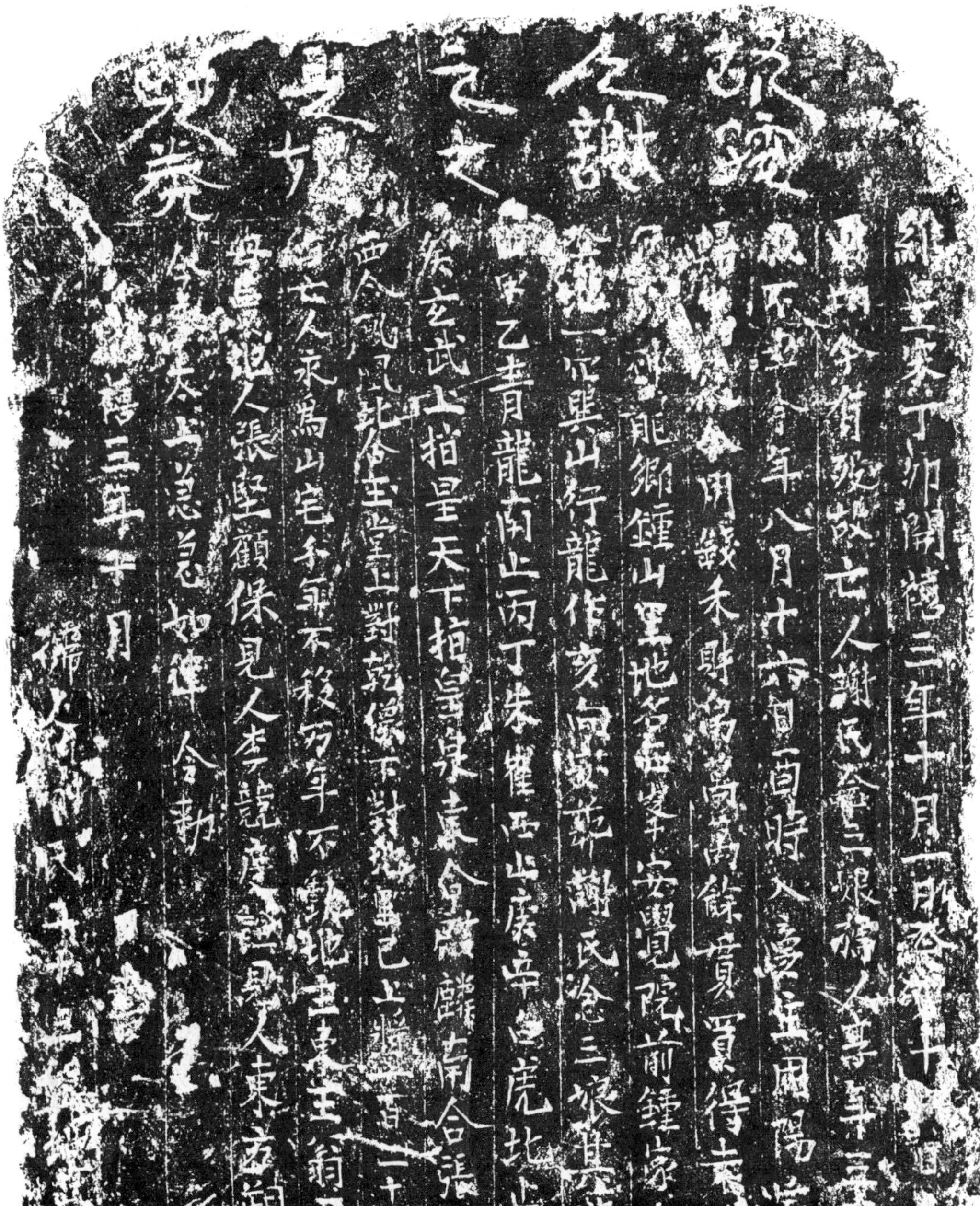

二一二　謝氏念三娘買地券

二一二　謝氏念三娘買地券　開禧三年（一二〇七）十月一日

【題解】

一、名稱：謝氏念三娘買地券

二、文獻形態：拓本長五十一厘米，寬四十一厘米。碑形，上部左右抹角，額文直書五行，行二字，「故孺人謝氏念三娘地券」。券面部分陰刻竪綫十三條，券文刻寫於竪綫内，券文從右至左書寫。行楷十四行，行六至二十一字。

三、卒葬時間：開禧三年（一二〇七）八月十六日卒，開禧三年（一二〇七）十月一日葬。

四、出土及收藏情況：江西出土，拓片現藏於河北大學宋史研究中心。

【釋文】

故孺人謝氏念三娘地券

維皇宋丁卯開禧三年十月一日癸卯十□日□/□□，今有殁故亡人謝氏念三娘孺人[一]，享年三□□/歲。不幸今年八月十六日酉時入尊主用陽□□/□□□。今用錢禾財帛萬萬餘貫，買得袁州□/□□神龍鄉鍾山里地名西峰安覺院前鍾家畲[二]/陰地一穴，巽山行龍作亥向，安葬謝氏念三娘。其地東/止甲乙青龍，南止丙丁朱雀，西止庚辛白虎，北止壬/癸玄[三]武。上指[四]皇天，下指皇泉[五]。東合麒麟，南合張光[六]，/西合鳳凰，北合玉堂。上對乾像，下對地罡。已上將一百二十歲/□亡人永爲山宅。千年不移，萬年不動。地主：東王翁、西王/母，賣地人：張堅固[七]，保見人：李定度[八]，證見人：東方朔[九]。/今奉太上急急如律令。敕。/開禧三年十月。/孺人謝氏二十三娘地券。

【校注】

〔一〕謝氏念三娘孺人：原券「念」，即爲「廿」。孺人古時稱大夫的妻子。《禮記·曲禮下》：「天子之妃曰后，諸侯曰夫人，大夫曰孺人，士曰妇人，庶人曰妻。」

〔二〕袁州□□□神龍鄉鍾山里地名西峰安覺院前鍾家畲：《輿地廣記》卷二五《江南西路》載袁州縣四：宜春縣、分宜縣、萍鄉縣、萬載縣。分宜縣本宜春縣地，宋朝雍熙元年（九八四）置。《元豐九域志》卷六《江南路·西路》載：分宜有十鄉。神龍鄉爲此十鄉之一。

〔三〕玄：原文「玄」字缺末筆，避宋聖祖趙玄朗之諱。

〔四〕上指：同「上至」。

〔五〕下指皇泉：同「下至黄泉」。

〔六〕張光：又作「章光」。買地券中麒麟、鳳凰、章光、玉堂并稱，爲表示地中四方的吉祥神獸。

〔七〕張堅固：原文作「張堅顧」，今改。

〔八〕李定度：原文作「李競度」，今改。

〔九〕東方朔：本西漢文人，後世附會成道教仙人。漢武帝時，東方朔爲大臣，其性格詼諧，滑稽多智。《漢書·東方朔傳》謂其善射覆，多奇中，曾著《神異記》《海内十洲記》。《漢武帝内傳》謂其最終仙化：「一旦乘龍飛去，同時衆人，見從西北上冉冉，仰望良久，大霧覆之，不知所適。」

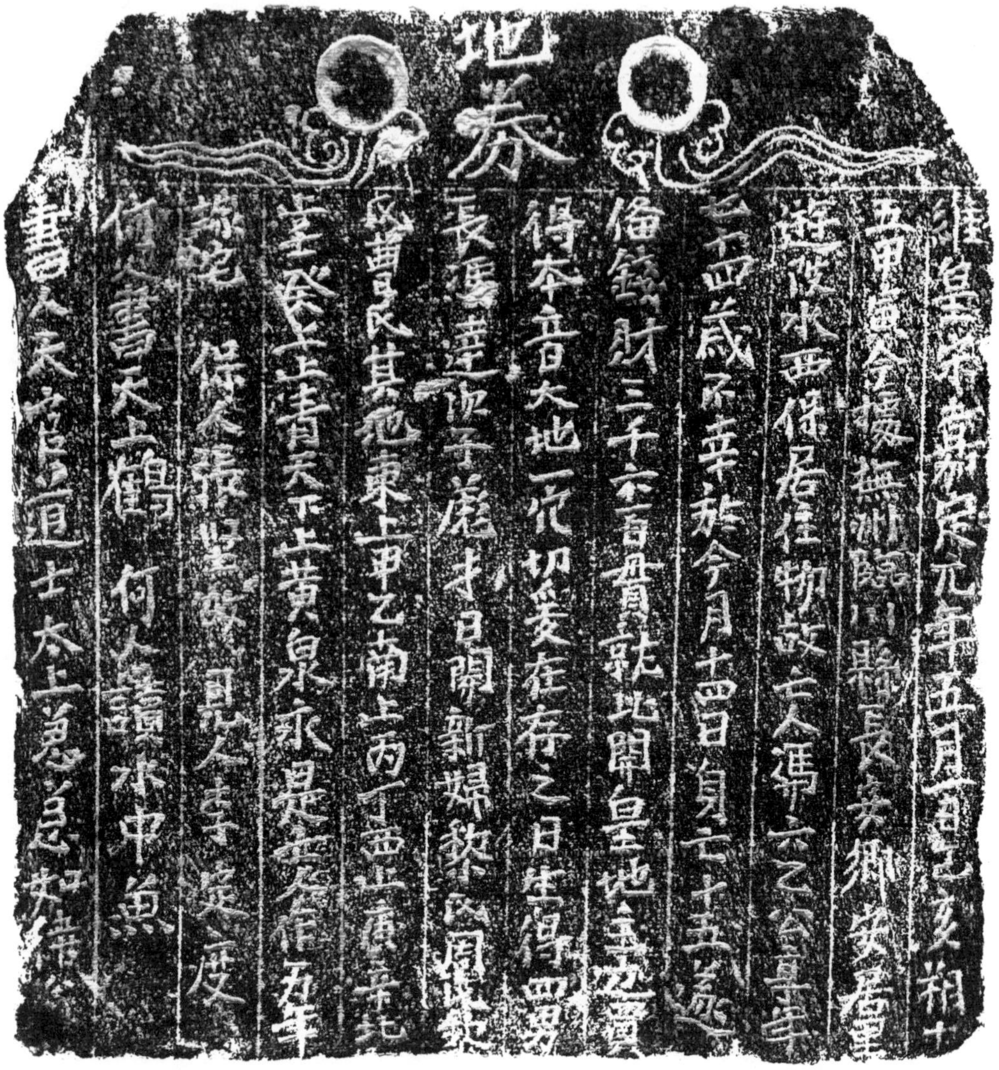

二一三　馮六乙買地券

二一三　馮六乙買地券　嘉定元年（一二〇八）五月十五日

【題解】

一、名稱：馮六乙買地券

二、文獻形態：拓本長三十七厘米，寬三十五點五厘米，上部左右抹角，券石上部左右刻日月圖案，中刻竪文一行「地券」。下陰刻竪綫十一條，將券文隔爲十二行，券文自右至左書寫，行楷十二行，行十七字。

三、卒葬時間：嘉定元年（一二〇八）五月十四日卒；同年五月十五日葬。

四、出土及收藏情況：江西省撫州市臨川縣出土，現收藏於河北大學宋史研究中心。

【釋文】

地券

維皇宋嘉定元年五月一日己亥朔十/五甲寅，今據撫州臨川縣長安鄉安居里/游陂水西保[一]居住物故亡人馮六乙公，享年/七十四歲，不幸於今月十四日身亡。十五遂/備錢財三千六百貫，就此開皇地主边買/得本音大地一穴。切爰在存之日，生得四男，/長馮達，次子彪、才、日開。新婦黎氏、周氏、黎/氏、曹氏。其地東止甲乙，南止丙丁，西止庚辛，北/止壬癸。上止青天，下止黄泉，永是亡人作萬年/冢宅。保人：張堅故[二]。見人：李定度。/何人書？天上鶴。何人讀？水中魚。/書人：天官道士。太上急急如律令。

【校注】

〔一〕撫州臨川縣長安鄉安居里游陂水西保：撫州臨川縣見〇七一《朱小七郎買地券》。《元豐九域志》卷六《江南路·西路》載：臨川縣下設十七鄉，長安鄉爲臨川縣轄鄉之一。

〔二〕張堅故：也作「張堅固」。

二一四　佚名買地券

二一四　佚名買地券　嘉定元年（一二〇八）八月五日

【題解】

一、名稱：佚名買地券

二、文獻形態：券石陶質，長三十八點八厘米，寬三十八點八厘米，厚四厘米，券面陰刻單綫邊框，邊框内刻六條竪綫。券文自右至左書寫，行楷七行，行四至十二字。

三、卒葬時間：嘉定元年（一二〇八）八月五日葬。

四、文獻著録：成都文物考古研究所、成都博物院：《成都出土歷代墓銘券文圖録綜釋》，北京：文物出版社，二〇一二年，第四二八至四二九頁。

五、出土及收藏情況：二〇〇〇年出土於成都崇州市三江鎮雷灣村，券石現收藏於成都崇州市文物保護管理研究所。

【釋文】

有宋揚□□□□人□□□于后土，今卜斯/地創建幽堂，以藏遺體。上極太虛，下盡厚地[一]，/東、南、西、北，/各廣一里。所有舊冢伏屍故氣，曁/夫山澤[二]地精鬼魅，各仰明知，急急/遠避。如有忏犯，主者收治。歲戊辰月/建[三]辛酉其日壬申歸于泉里。契券。急急律令。

【校注】

〔一〕厚地：「厚」原文作「後」，今據文意改。

〔二〕山澤：「澤」原文作「擇」，今據文意改。

〔三〕月建：即干支紀月。古人把十二個月和十二支相配，以冬至所在的十一月（夏曆）配子，稱爲建子之月，十二月配丑，稱爲建丑之月，正月配寅，稱爲建寅之月，餘依次順推，直至十月爲建亥之月，再周而復始。

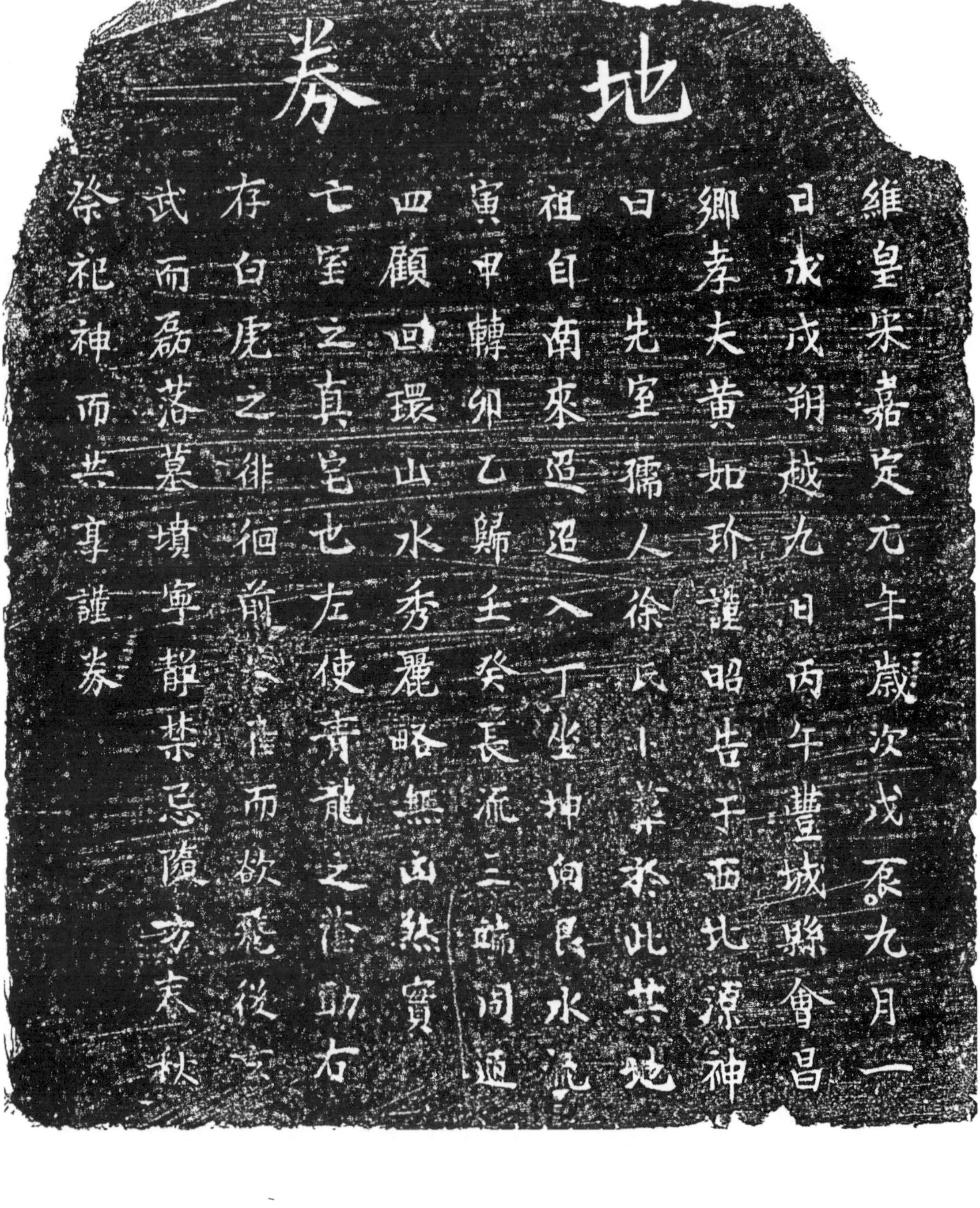

二一五　黃如玠妻徐氏地券

二一五　黄如玠妻徐氏地券　嘉定元年（一二〇八）九月十日

【題解】

一、名稱：黄如玠妻徐氏地券

二、文獻形態：拓本正方形，長四十厘米，寬三十五厘米，上部左右抹角，題額「地券」，券文自右至左書寫，陰刻行楷十一行，行八至十四字不等。

三、卒葬時間：嘉定元年（一二〇八）九月十日葬。

四、文獻著録：胡抗美、曾翔主編：《書法文獻》（宋代地券卷），青島：青島出版社，二〇一四年，第六一頁。

五、出土及收藏情况：江西出土，原石收藏於百石齋。

【釋文】

地券

維皇宋嘉定元年歲次戊辰九月一/日戊戌朔越九日丙午，豐城縣會昌/鄉孝夫黄如玠謹昭告于西北源神/曰：「先室孺人徐氏卜葬於此，其地/祖自南來，迢迢入丁，坐坤向艮，水流/寅甲轉卯乙歸，壬癸長流，三端周適，/四顧回環，山水秀麗，略無凶煞，實/亡室之真宅也。左使青龍之蔭助，右/存白虎之徘徊，前朱雀而欲飛，後玄/武而磊落，墓墳寧静，禁忌隨方，春秋/祭祀，神而共享。」謹券。

二一六　喻仲安買地券

二一一六　喻仲安買地券　嘉定三年（一二一〇）三月二十□日

【題解】

一、名稱：喻仲安買地券

二、文獻形態：紅砂石質，略呈正方形；長二十一厘米，寬二十一點五厘米，厚二厘米；左邊及中間部有殘缺，四周陰刻雙綫邊框，券文自右至左書寫。殘存券文行楷七行，行十字。

三、卒葬時間：嘉定三年（一二一〇）三月二十□日葬。

四、文獻著録：成都文物考古研究所：《信息產業部三十研究所南宋火葬墓的發掘》，《成都考古發現二〇〇四》，北京：科學出版社，二〇〇六年，第四三三至四五一頁；高朋：《人神之契：宋代買地券研究》，北京：中國社會科學出版社，二〇一一年，第二五三頁；魯西奇：《中國古代買地券研究》，厦門：厦門大學出版社，二〇一四年，第四六八至四六九頁。

五、出土及收藏情況：二〇〇二年出土於四川省成都市高新區創業路。

六、其他：本券與一六六《任氏五娘、喻氏六小娘地券》、二三二《張氏三娘買地券》同一地點出土。

【釋文】

大宋嘉定三年〔一〕歲次庚午/三月己丑朔廿□□□□，故/喻仲安地券。□□城/邑，死安宅兆。卜筮□□，相地/大吉。宜於此成都縣文學鄉〔二〕/福地之原安厝，其界東至青/□。人合［中缺］安吉。

【校注】

〔一〕嘉定三年：墓誌年份，原爲嘉定二年，然據下文「歲次庚午」，應爲嘉定三年。

〔二〕成都縣文學鄉：文學鄉，原文脱「文」字，據本書二三二《張氏三娘買地券》成都縣下有「文學鄉」，今補。

二一七　王繼成買地券

二一七 王繼成買地券 嘉定三年（一二一〇）十月十八日

【題解】

一、名稱：王繼成買地券

二、文獻形態：券石陶質，呈正方形，邊長三十四點九厘米，厚三點五厘米。四周陰刻單綫邊框，内竪刻八條界欄，券文自左至右書寫。行楷九行，行十四字。

三、卒葬時間：嘉定三年（一二一〇）十月十八日葬。

四、文獻著録：成都文物考古研究所、成都博物院：《成都出土歷代墓銘券文圖録綜釋》，北京：文物出版社，二〇一二年，第四三〇至四三一頁。

五、出土及收藏情况：出土地點不詳，券石現收藏於成都彭州市博物館。

六、其他：二一八《王志熙買地券》中的王志熙爲其兄弟。

【釋文】

維歲次庚午嘉定三年十月丙/辰朔十八日癸酉金開之日，乃有大宋/永康軍導江縣盤龍鄉[一]居□□/王繼成之靈，今用錢萬萬□□□□此后/土母處、十二神邊，買此宅穸墓宅一所。/左至青龍，右至白虎，前至朱雀，後/至玄武。上至蒼天，下至黄泉。保人：張/堅固、李定度。書契人飛上天，保契人入黄泉。急急如律令。敕。

【校注】

〔一〕永康軍導江縣盤龍鄉：導江縣見〇五六《楊承秀買地券》。本券與二一八《王志熙買地券》所載之盤龍鄉，導江縣轄鄉之一。

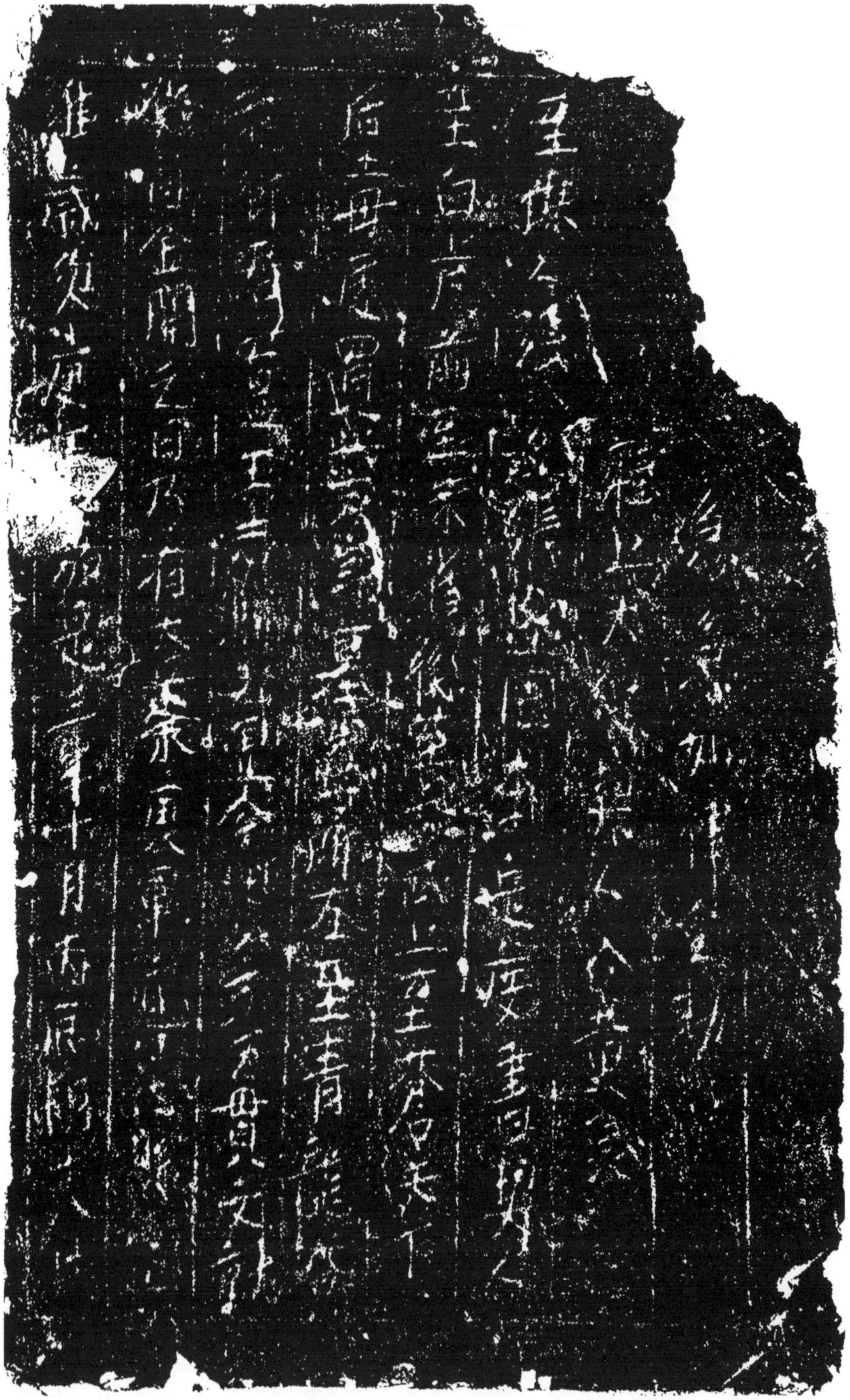

二一八　王志熙買地券

二一八　王志熙買地券　嘉定三年（一二一〇）十月十八日

【題解】

一、名稱：王志熙買地券

二、文獻形態：券石陶質，長方形，長三十五厘米，寬二十二厘米，厚三點四厘米。券石右上角缺損，券面陰刻單綫邊框，内竪刻單綫七條。券文從左至右刻寫，行楷八行，行十七字。

三、卒葬時間：嘉定三年（一二一〇）十月十八日葬。

四、文獻著録：成都文物考古研究所、成都博物院：《成都出土歷代墓銘券文圖録綜釋》，北京：文物出版社，二〇一二年，第四三二至四三三頁。

五、出土及收藏情况：出土地點不詳，現藏成都彭州市博物館。

六、其他：二一七《王繼成買地券》中的王繼成爲其兄弟。

【釋文】

維歲次庚午嘉定三年十月丙辰朔十八日/癸酉金開之日，乃有大宋永康軍導江縣盤/龍鄉[一]居亡過王志熙之靈，今用錢萬萬貫文，就/后土母處，買此萬歲墓宅一所。左至青龍，右/至白虎，前至朱雀，後至玄武，上至蒼天，下/至黄泉[二]。保人：張堅固、李定度。書契人/飛上天，保契人入黄泉。/急急如律令。敕。

【校注】

〔一〕永康軍導江縣盤龍鄉：本券與二一七《王繼成買地券》所載之盤龍鄉，導江縣轄鄉之一。

〔二〕下至黄泉：原券脱「黄泉」二字，今補。

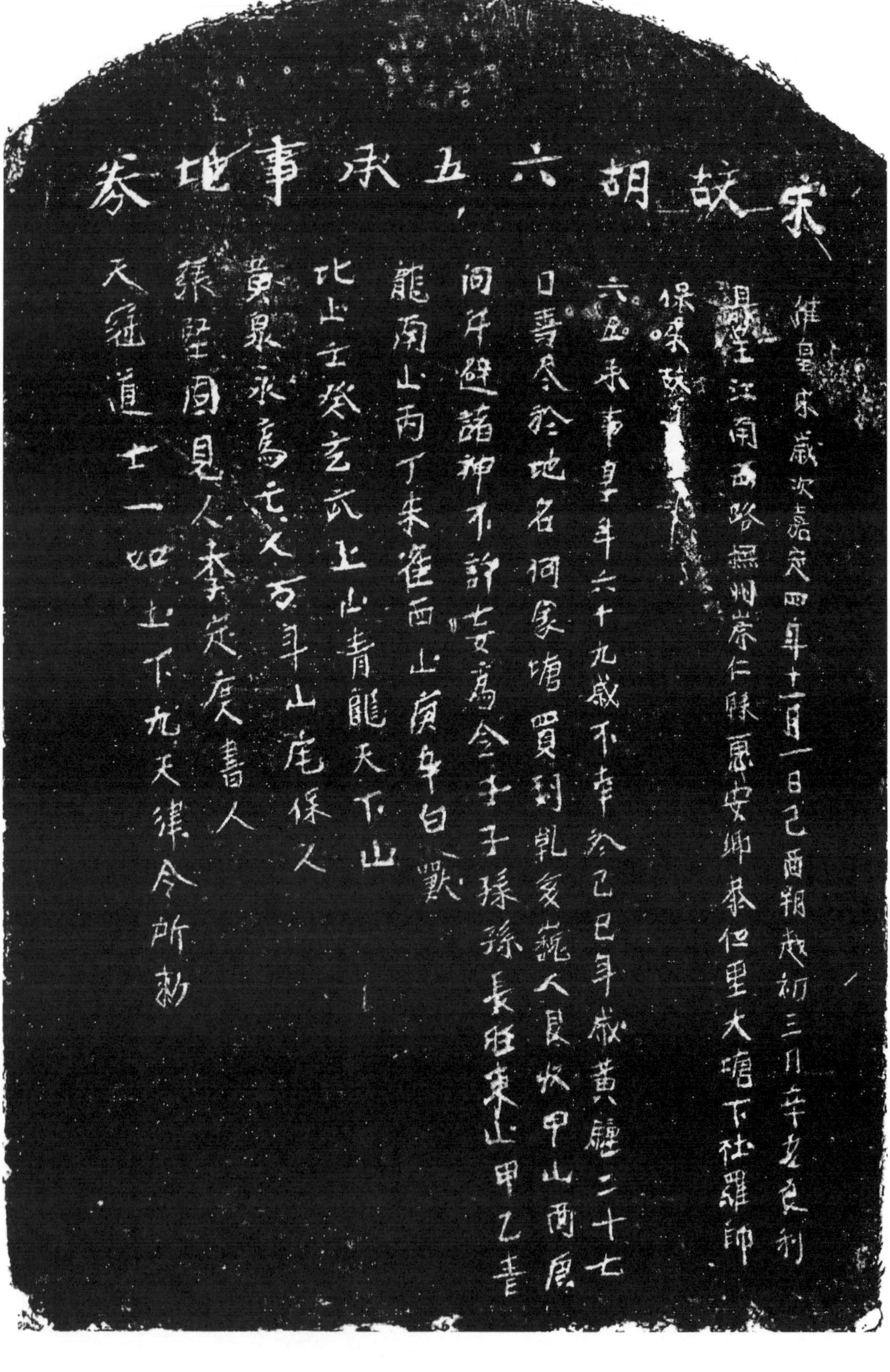

二一九　胡六五承事地券

二一九　胡六五承事地券　嘉定四年（一二一一）十一月一日

【題解】

一、名稱：胡六五承事地券

二、文獻形態：拓本呈圓頭方形，長五十三厘米，寬三十六厘米，題額「宋故胡六五承事地券」，券文自右至左書寫，陰刻行楷十一行，行三至二十三字不等。

三、卒葬時間：嘉定四年（一二一一）十一月一日己酉朔越初三日葬。

四、文獻著録：胡抗美、曾翔主編：《書法文獻》（宋代地券卷），青島：青島出版社，二〇一四年，第六七頁。

五、出土及收藏情況：江西出土，原石收藏於百石齋。

【釋文】

宋故胡六五承事地券

維皇宋歲次嘉定四年十一月一日己酉朔越初三日辛亥良利/縣主（住）江南西路撫州崇仁縣惠安鄉恭仁里大塘下社羅師/保[一]歿故/六五承事，享年六十九歲，不幸於己巳年歲黄鐘二十七/日[二]壽尽，於地名何家塘買到乾亥巍入艮收甲山面庚/向，并避諸神，不許妄爲，令子子孫孫長旺。東止甲乙青/龍，南止丙丁朱雀，西止庚辛白獸，/北止壬癸玄武，上止青[三]天，下止/黄泉，永爲亡人萬年山宅。保人：/張堅固，見人：李定度，書人：/天冠道士。一如上下九天律令所敇。

【校注】

〔一〕江南西路撫州崇仁縣惠安鄉恭仁里大塘下社羅師保：惠安鄉爲崇仁縣轄鄉之一，本券載惠安鄉恭仁里大塘下社羅師保。本書〇六八《孫七郎買地券》載崇仁縣禮賢鄉太平里，〇六九《杜五娘買地券》載崇仁縣長安鄉福祚里查林水西上安德保，一五五《陳氏三十娘地券》載崇仁縣崇仁鄉善居里寨下保。

〔二〕日：此處原文爲「□」，據文意改爲「日」字。

〔三〕此處衍一「龍」字。

有宋周氏地券

維皇宋嘉定四年歲次辛未十
一月己酉朔越十有一月己未夫王德
秀謹告白于本里露接山之東黄家舊
宅園之神已室周氏生於紹熙己巳之
十一月庚戌嘉定四年之正月今擇兹
土嘗遣巫筮其地面對山行龍坐癸向
丁前有方池水光如鏡横小洲以為案
陽峯之外復有槎溪港弓城之水左右
山勢環擁顧龜筮協從謂為吉壤切
慮侵動土斬草伐木山圖人所得而
杜絶所得而防閑至於魑魅魍魎邪精
妖怪非人所能止戢所能誅殛敢告明
神自今以往守護此山呵禁不祥非惟
存没受賜乃所以彰神之休德謹券

二二〇　王德秀妻周氏買地券

二二一〇 王德秀妻周氏買地券 嘉定四年（一二一一）十一月十一日

【題解】

一、名稱：王德秀妻周氏買地券

二、文獻形態：青石質，長方形，長四十厘米，寬三十二點五厘米，厚二厘米；上部横書一行「有宋周氏地券」。券文自右至左書寫，楷書十四行，行十二至十五字。

三、卒葬時間：嘉定四年（一二一一）正月卒，同年十一月十一日葬。

四、文獻著録：薛堯：《江西南城、清江和永修的宋墓》，《考古》一九六五年第十一期，第五七一至五七六、九至十二頁；高朋：《人神之契：宋代買地券研究》，北京：中國社會科學出版社，二〇一一年，第二一九頁；魯西奇：《中國古代買地券研究》，厦門：厦門大學出版社，二〇一四年，第三九七頁。

五、出土及收藏情况：一九六五年出土於江西清江縣（今樟樹市）薛溪公社槎市大隊，券石現收藏於江西省博物館藏。

六、其他：另有其夫王德秀地券，參見二四五《王晟父王德秀買地券》。

【釋文】

有宋周氏地券

維皇宋嘉定四年歲次辛未十/一月己酉朔越十有一日己未，夫王德/秀謹告白于本里靈槎山之東黄家舊/宅園之神：「亡室周氏，生於紹興己巳之/十一月，卒於嘉定四年之正月。今擇兹/土，營建幽宅。其地西兑山行龍坐癸向/丁。前有方池，水光如鏡。横小洲以爲案，/隔案之外，復有槎溪港、弓城之水。左右/山勢，回環擁顧，龜筮協從，謂爲吉壤。切/惟興役動土，斬草伐木，此固人所得而/杜絶，所得而防閑。至於魑魅魍魎，邪祟/妖怪，非人所能止戢，所能誅殛。敢丐明/神，自今以往，守護此山，呵禁不祥，非惟/存没受賜，乃所以彰神之休德。」謹券。

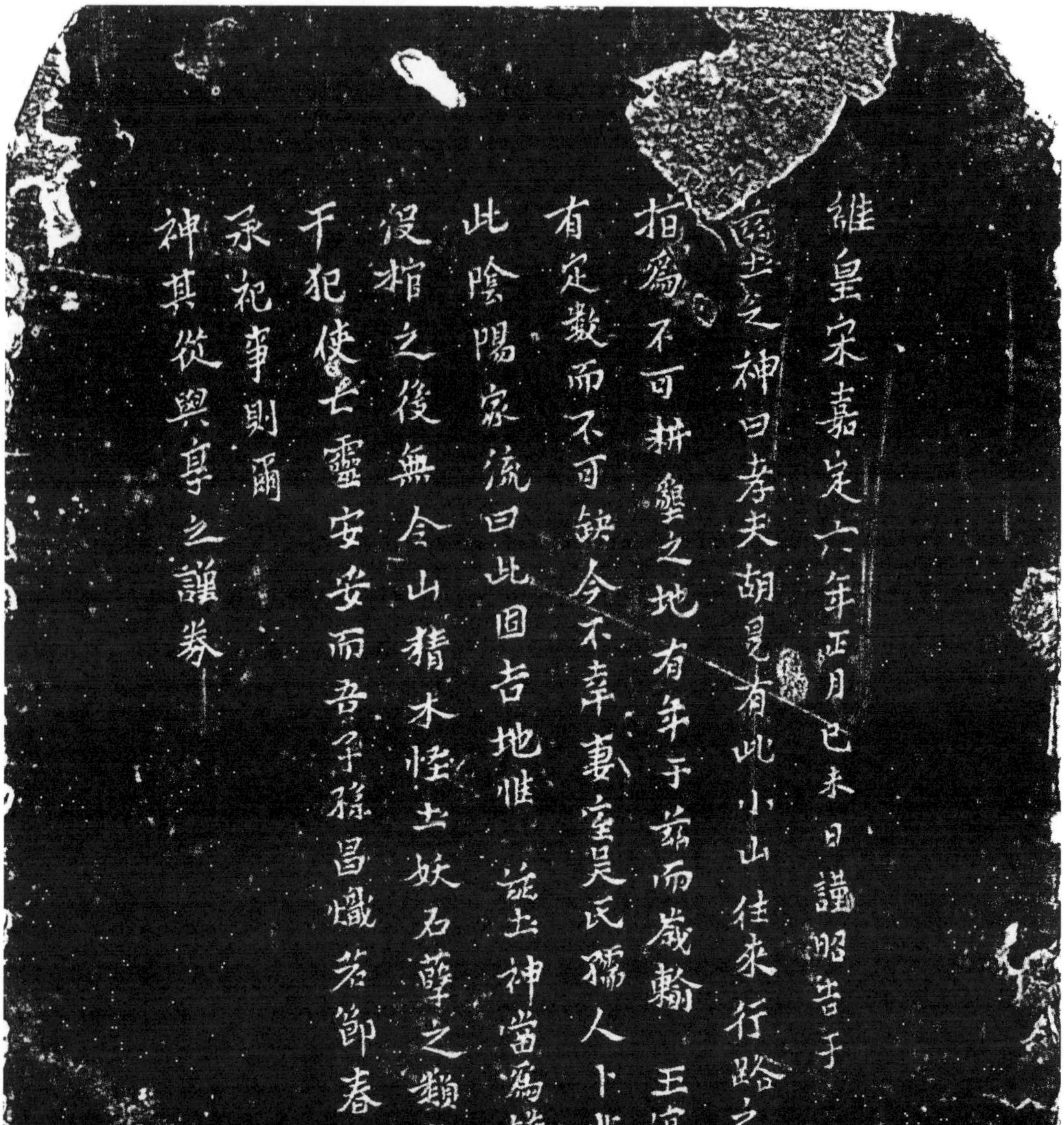

維
皇宋嘉定六年正月己未日謹昭告于
后土之神曰孝夫胡是有此小山往來行路之
楷爲不可耕墾之地有年于茲而歲輸　王官常
有定數而不可缺今不幸妻室吴氏孺人卜兆于
此陰陽家流曰此固吉地惟　后土神當爲護持
没楷之後無令山精木怪土妖石孽之類輒來
干犯使亡靈安妥而吾子孫昌熾若節春秋來
承祀事則爾
神其從與享之謹券

二二一　胡是妻吴氏地券

二二一　胡是妻吴氏地券　嘉定六年（一二一三）正月十七日

【題解】

一、名稱：胡是妻吴氏地券

二、文獻形態：拓本長方形，長四十七厘米，寬四十厘米，上部左右抹角，無題額，券文自右至左書寫，陰刻行楷九行，行五至十八字不等。

三、卒葬時間：嘉定六年（一二一三）正月十七日葬。

四、文献著録：胡抗美、曾翔主編：《書法文獻》（宋代地券卷），青島：青島出版社，二〇一四年，第六八頁。

五、出土及收藏情况：江西出土，原石收藏於百石齋。

【釋文】

維皇宋嘉定六年正月己未日，謹昭告于／兹土之神曰：「孝夫胡是，有此小山，往來行路之□，／指爲不可耕墾之地，有年于兹而歲輪王官，常／有定數而不可缺。今不幸妻室吴氏孺人卜兆于／此，陰陽家流曰：此固吉地。惟兹土神，當爲護持，／没棺之後，無令山精木怪，土妖石孽之類輒來／干犯，使亡靈安妥而吾子孫昌熾。若節春秋來／承祀事，則爾／神其從與享之。」謹券。

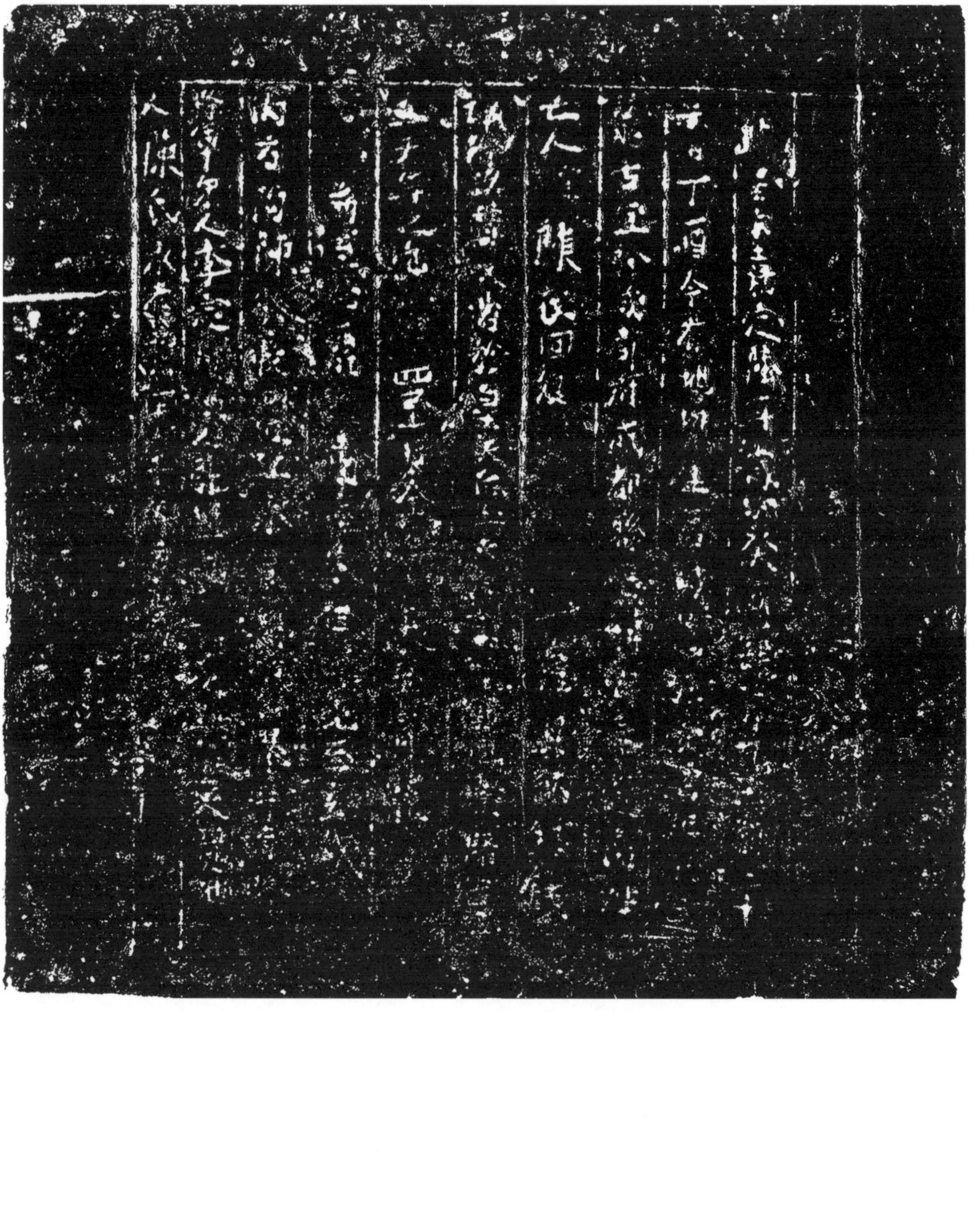

二二二　陳四娘買地券

二二二 陳四娘買地券 嘉定六年（一二一三）四月二十六日

【題解】

一、名稱：陳四娘買地券

二、文獻形態：券石正方形，邊長三十九厘米，厚三厘米，四周陰刻單綫邊框，内刻十道綫欄。券文自左至右書寫，行楷十行，券石文字漫漶不清，每行字數難以識讀。

三、卒葬時間：嘉定六年（一二一三）四月二十六日葬。

四、文獻著録：成都文物考古研究所、成都博物院：《成都出土歷代墓銘券文圖録綜釋》，北京：文物出版社，二〇一二年，第四三六、四四一頁。

五、出土及收藏情况：二〇〇三年出土於成都市成華區青龍鄉石嶺村，券石現收藏於成都市文物考古研究所。

【釋文】[一]

維皇宋嘉定陸年歲次癸酉四月壬申朔二十/六日丁酉，今有地券，生居城邑，死安宅兆。[下泐]/襲吉，宜於成都府成都縣[二][下泐]/亡人陳氏四娘[下泐]銀錢/玖拾玖貫文□，於皇天后土[下泐]/千年之穴，四至□□，東至青龍，/西至白虎，南至朱雀，北至玄武，/内方勾陳，分掌四域。丘承[三]墓伯，道路/將軍。見人：李定度；證人：張堅固[下泐]；買地/人：陳氏[下泐]

【校注】

[一] 拓片不清晰，釋文轉引自《成都出土歷代墓銘券文圖録綜釋》，第四三六、四四一頁。

[二] 成都府成都縣：見〇一八《楊氏買地券》。

[三] 丘承：也作「丘丞」。

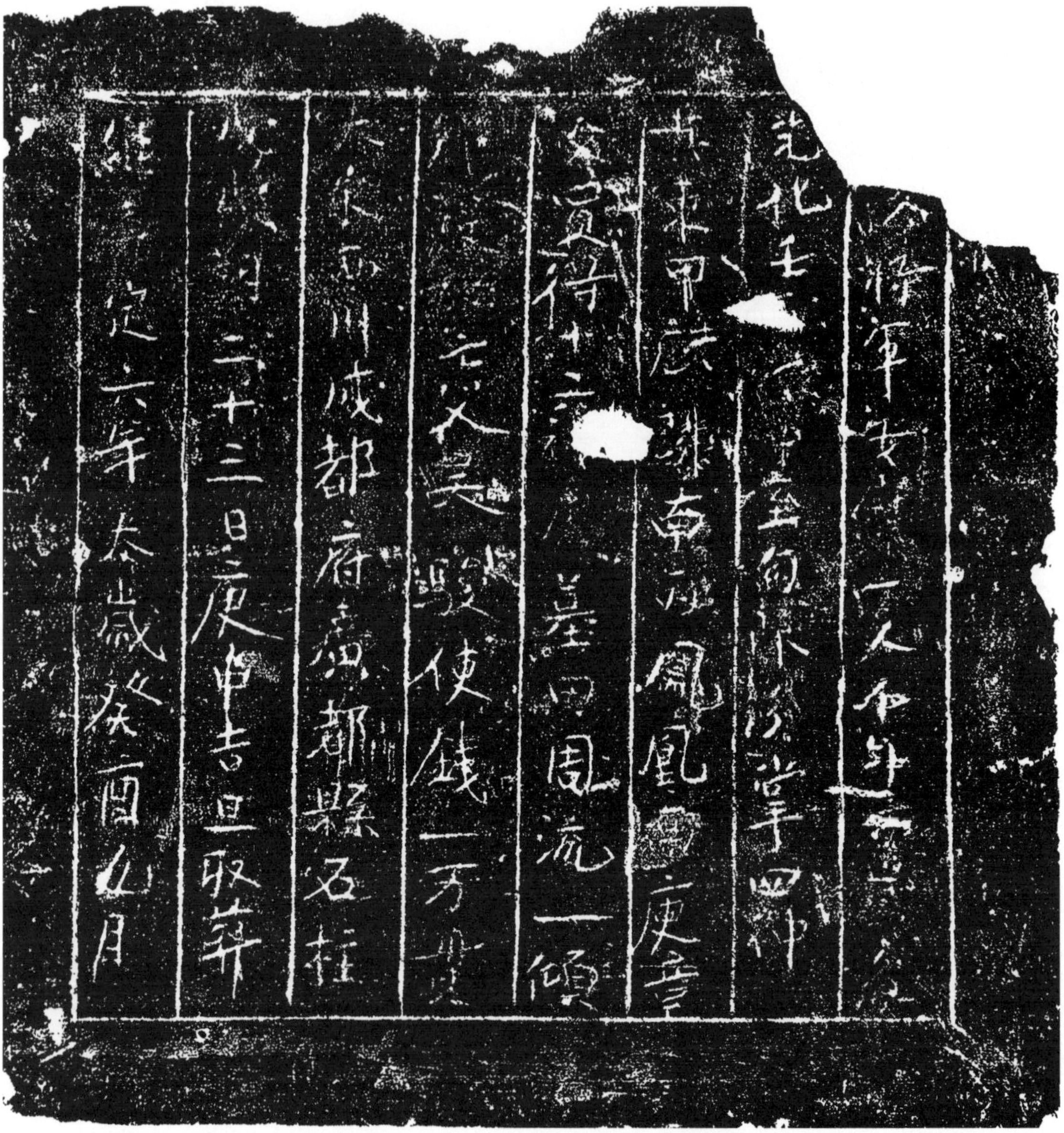

二二三　吴駿買地券

二一三 吴駿買地券 嘉定六年（一二一三）九月二十三日

【題解】

一、名稱：吴駿買地券

二、文獻形態：青石質，近正方形，長三十三厘米，寬三十三點五厘米，厚四厘米。四周陰刻單綫邊框，邊框内竪刻七條界欄，券文從左至右書寫，行楷八行，行十三字。

三、卒葬時間：嘉定六年（一二一三）九月二十三日葬。

四、文獻著録：成都文物考古研究所、成都博物院：《成都出土歷代墓銘券文圖録綜釋》，北京：文物出版社，二〇一二年，第四三四至四三五頁。

五、出土及收藏情况：券石現收藏於成都市文物考古研究所。

【釋文】

維嘉定六年太歲癸酉九月/戊戌朔二十三日庚申吉旦，收葬/大宋西川成都府廣都縣石柱/鄉[一]殁故亡父吴駿，使錢一萬貫/文，買得十二神處墓田，周流一傾。/其東甲麒麟，南丙鳳凰，西庚章/光，北壬玉堂，中至勾陳，分掌四神，/道路將軍，安慰亡人，内外□□急□□□。

【校注】

［一］西川成都府廣都縣石柱鄉：《元豐九域志》卷七《成都府路》載：廣都縣有二十二鄉。石柱鄉爲廣都縣轄鄉之一。

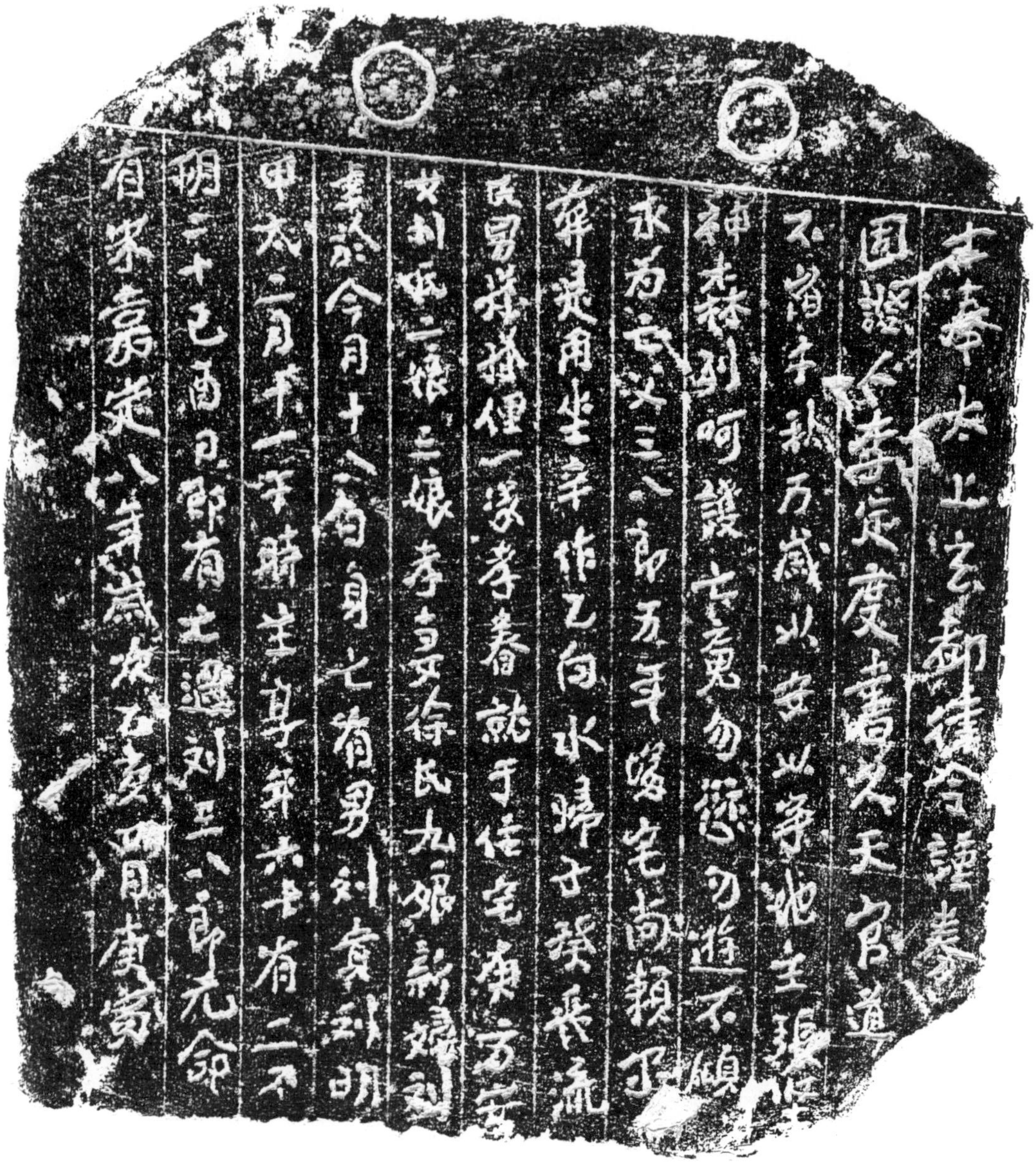

二二四　劉貴父劉三八郎買地券

二二一四　劉貢父劉三八郎買地券　嘉定八年（一二一五）四月二十日

【題解】

一、名稱：劉貢父劉三八郎買地券

二、文獻形態：拓本長三十六厘米，寬三十三厘米，上部左右抹角，上部左右各有兩個圓圈，中用一條陰刻單綫隔開。券面陰刻竪綫十二條，券文從左至右刻寫，行楷十二行，行十至十六字不等。

三、卒葬時間：嘉定八年（一二一五）四月庚寅朔二十己酉日卒。

四、出土及收藏情況：拓本現收藏於河北大學宋史研究中心。

【釋文】

有宋嘉定八年歲次乙亥四月庚寅/朔二十己酉日，即有亡過劉三八郎，元命/甲太二月十一午時生，享年六十有二，不/幸於今月十八日身亡。有男劉貢、劉明，/女劉氏二娘、三娘，孝妻徐氏九娘、新婦劉/氏，男孫孤俚一家孝眷，就于住宅庚方安/葬。是用坐辛作乙向，水歸子癸長流，/永爲亡父三八郎萬年冢宅。尚賴爾/神，森列呵護，亡魂勿愆勿游，不顧/不宿。千秋萬歲，以安以寧。地主：張堅/固；證人：李定度；書人：天官道/士。奉太上玄都律令。謹券。

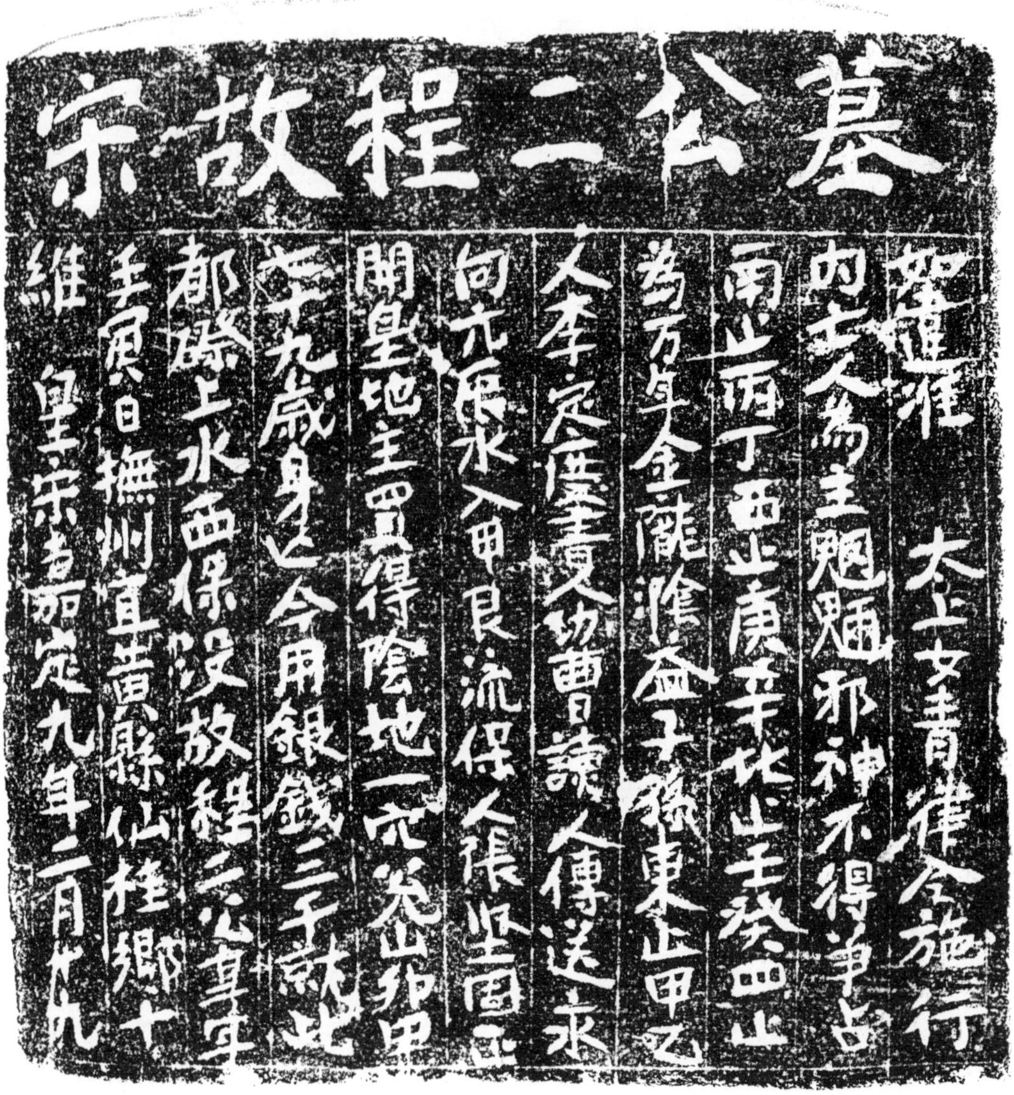

二二五　程二公地券

二三二五　程二公地券　嘉定九年（一二一六）二月十九日

【題解】

一、名稱：程二公地券

二、文獻形態：券石方形，拓本長二十七點五厘米，寬二十七點五厘米。券石上下有横綫隔開，下部有陰刻單綫界欄，上部爲券額，楷書「宋故程二公墓」，六行，行一字；券文自左至右書寫，楷書十一行，行十一至十四字不等。

三、卒葬時間：宋嘉定九年（一二一六）二月十九日卒。

四、出土及收藏情况：拓本現藏於河北大學宋史研究中心。

【釋文】

宋故程二公墓

維皇宋嘉定九年二月十九/壬寅日，撫州宜黄縣仙桂鄉十/都礤上水西保没故程二公，享年/七十九歲身亡[一]。今用銀錢三千就此/開皇地主買得陰地一穴，兑山卯田，/向穴辰水，入甲艮流。保人：張堅固，正/人：李定度，書人：功曹，讀人：傳送，永/爲萬年金隴，蔭[二]益子孫。東止甲乙，/南止丙丁，西止庚辛，北止壬癸。四止/内亡人爲主，魑魅邪神不得争占，/如違，准太上女青律令施行。

【校注】

〔一〕亡：原文爲「亾」字。

〔二〕「蔭」原作「澮」，今統改。

二二六　李念四承事買地券

二二六　李念四承事買地券　嘉定九年（一二一六）三月二十九日

【題解】

一、名稱：李念四承事買地券

二、文獻形態：券石長方形，長三十六厘米，寬二十六點四厘米，厚零點七厘米。上部左右抹角，四周陰刻雙綫邊框，上部用陰刻雙綫隔開，上行楷直書「李君承事地券」，下陰刻竪綫十條，券文自右至左書寫，行楷十一行，行十四字。券文漫漶不清。

三、卒葬時間：嘉定九年（一二一六）三月二十九日葬。

四、文獻著録：劉禮純：《江西瑞昌縣發現七座宋代紀年墓》，《考古》一九九二年四期，第三三四頁；高朋：《人神之契：宋代買地券研究》，北京：中國社會科學出版社，二〇一一年，第二一九頁；魯西奇：《中國古代買地券研究》，厦門：厦門大學出版社，二〇一四年，第三九七至三九八頁。

五、出土及收藏情況：一九八二—一九八六年出土於江西省瑞昌縣城西潘家堡村，券石現收藏於江西瑞昌縣文物保管所。

【釋文】

李君承事地券

大宋國江南西路江州瑞昌縣歸義鄉/瑞興社太平保天王塘[一]，有新故李念/四[二]承事，生居天堂，死葬泉宅。今/踏自己地内遷墳一穴，係乾山行龍/坐亥巳向。先用銀錢一萬貫，先通/聞山崗龍王、當境土地在前，今/選丙子歲三月甲寅朔廿九日壬午日安/葬居山。□奉太上君老[三]女青/令，給寫地券與/李君承事爲照者。/今奉□急急如律令。丙子嘉定九年三月二十九安葬訖。

【校注】

〔一〕江南西路江州瑞昌縣歸義鄉瑞興社太平保天王塘：《元豐九域志》卷六載：瑞昌縣下設八鄉。歸義鄉爲瑞昌縣轄鄉之一。另據本書二二四《劉貴父三八郎買地券》、一六一《伍氏買地券》，二〇〇《萬三七郎、邵氏廿五娘買地券》，瑞昌縣轄鄉還有：清盆鄉、安太鄉、金城鄉、甘露鄉。

〔二〕念四：「念」即爲「廿」，「念四郎」即爲「二十四郎」。

〔三〕太上君老：疑應爲「太上老君」。

地券

維皇宋嘉定九年歲次丙子十月庚戌
朔越二十有三日壬申孤哀子陳仲燠收
煒季熙等奉 先妣范氏夫人靈柩窆于
長寧鄉揭原廖方榆柏山之陽敢泣血哀
告于茲山之 神曰維山龍自艮而來坐
癸向丁而水流于丙青龍回顧白虎盤護
朱雀朝迎玄武雄踞其我 先妣吉藏之
地既崗阜之清奇則先靈之所必安也既
去家之不遠則子孫展省之必時也其所
以呵護宅兆禁禦不祥者敬以累 神其
後昌榮則春秋祭祀亦不敢忘所以答
神之休伐石昭告 神其鑒之謹券

二二七　陳仲燠母范氏地券

二二七 陳仲熂母范氏地券 嘉定九年（一二一六）十月二十三日

【題解】

一、名稱：陳仲熂母范氏地券

二、文獻形態：拓本圓頭方形，長四十二厘米，寬三十六厘米，題額「地券」，券文自右向左書寫，陰刻行楷十二行，行十三至十六字不等。

三、卒葬時間：嘉定九年（一二一六）十月二十三日葬。

四、文獻著録：胡抗美、曾翔主編：《書法文獻》（宋代地券卷），青島：青島出版社，二〇一四年，第六八頁。

五、出土及收藏情況：江西出土，原石收藏於百石齋。

【釋文】

地券

維皇宋嘉定九年歲次丙子十月庚戌/朔越二十有三日壬申，孤哀子陳仲熂、叔/煒、季熙等奉先妣范氏夫人靈柩葬于/長寧鄉[一]揭原廖方榆栢山之陽，敢泣血哀/告于茲山之神曰：「維山龍自艮而來，坐/癸向丁而水流于丙，青龍回顧，白虎盤護/，朱雀朝迎，玄武雄踞，真我先妣吉藏之/地。既崗阜之清奇，則先靈之所必安也；既/去家之不遠，則子孫展省之必時也。其所/以呵護宅兆，禁禦不祥者，敬以累神，其/後昌榮，則春秋祭祀亦不敢忘，所以答/神之休，伐石昭告，神其鑒之。」謹券。

【校注】

〔一〕長寧鄉：宋屬洪州豐城縣富城鄉，見一二八《揭宗强父揭九郎地券》。

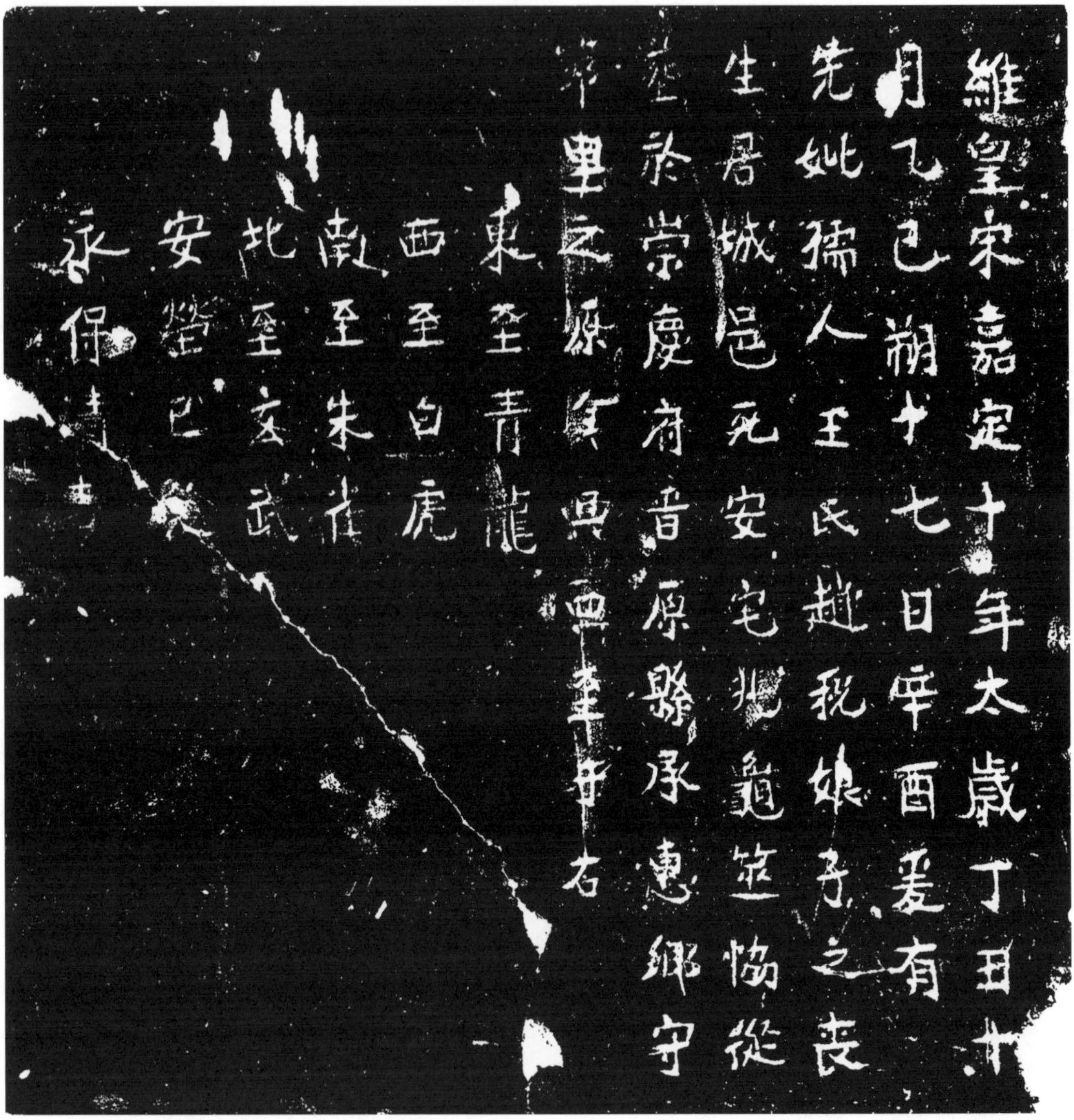

二二八　王氏趙祝娘子買地券

二二八　王氏趙祝娘子買地券　嘉定十年（一二一七）十月十七日

【題解】

一、名稱：王氏趙祝娘子買地券

二、文獻形態：券石陶質，長三十七厘米，寬三十六點七厘米，厚二點六厘米，券石左下角有裂紋。券文自右至左書寫，行楷十二行，行四至十二字不等。

三、卒葬時間：嘉定十年（一二一七）十月十七日葬。

四、文獻著録：成都文物考古研究所、成都博物院：《成都出土歷代墓銘券文圖録綜釋》，北京：文物出版社，二〇一二年，第四四五至四四六頁。

五、出土及收藏情況：一九九一年出土於成都崇州市隆興鎮明水村，券石現收藏於成都崇州市文物保護管理所。

【釋文】

維皇宋嘉定十年太歲丁丑十/月乙巳朔十七日辛酉，爰有/先妣孺人王氏趙祝娘子之喪，/生居城邑，死安宅兆，龜筮協從，/葬於崇慶府晉原縣承惠鄉守/節里[一]之原。今具四至于右：/東至青龍，/西至白虎，/南至朱雀，/北至玄武。/安塋已後，/永保清吉。

【校注】

［一］崇慶府晉原縣承惠鄉守節里：《太平寰宇記》卷七五《劍南西道四》載：晉原縣有二十五鄉。承惠鄉爲晉原縣轄鄉之一。本券與二二九《馮小四郎夫妻買地券》載承惠鄉。

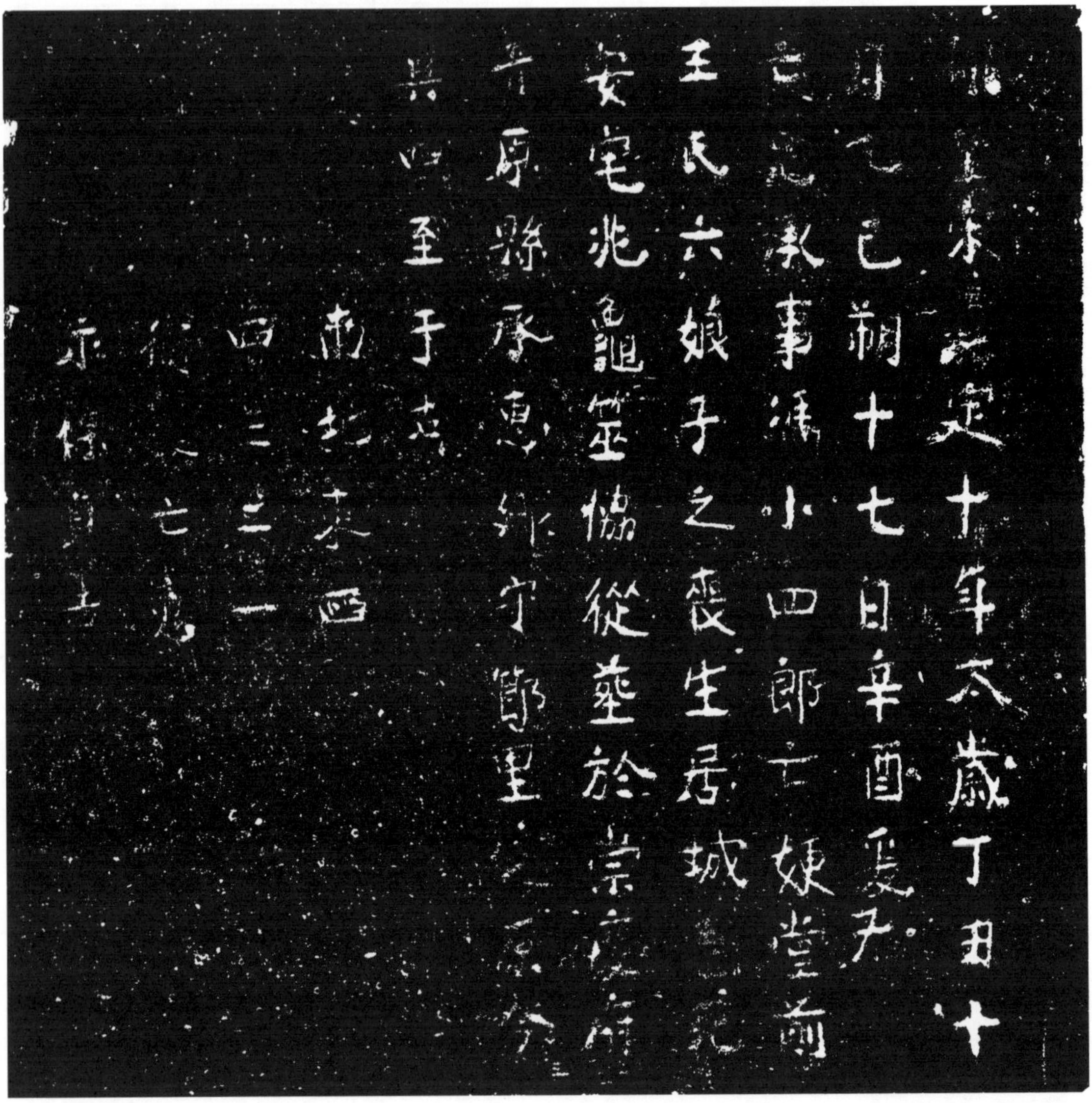

二二九　馮小四郎夫妻買地券

二二一九　馮小四郎夫妻買地券　嘉定十年（一二一七）十月十七日

【題解】

一、名稱：馮小四郎夫妻買地券

二、文獻形態：陶質，長三十七厘米，寬三十六點五厘米，厚三點四厘米。券文從右至左刻寫，行楷十一行，行四至十二字。

三、卒葬時間：嘉定十年（一二一七）十月十七日葬。

四、文獻著録：成都文物考古研究所、成都博物院：《成都出土歷代墓銘券文圖録綜釋》，北京：文物出版社，二〇一二年，第四四三至四四四頁。

五、出土及收藏情況：一九九四年出土於成都崇州市西江鄉安龍村，現收藏於成都崇州市文物保護管理所。

【釋文】

維皇宋嘉定十年太歲丁丑十/月乙巳朔十七日辛酉，爰有/亡兄承事馮小四郎、亡嫂堂前/王氏六娘子之喪，生居城邑，死/安宅兆。龜筮協從，葬於崇慶府/晉原縣承惠鄉守節里[一]之原，今/具四至于右：/南北東西，/四三三一，/衛護亡魂，/永保貞吉。

【校注】

〔一〕崇慶府晉原縣承惠鄉守節里：見二二一八《王氏趙祝娘子買地券》。

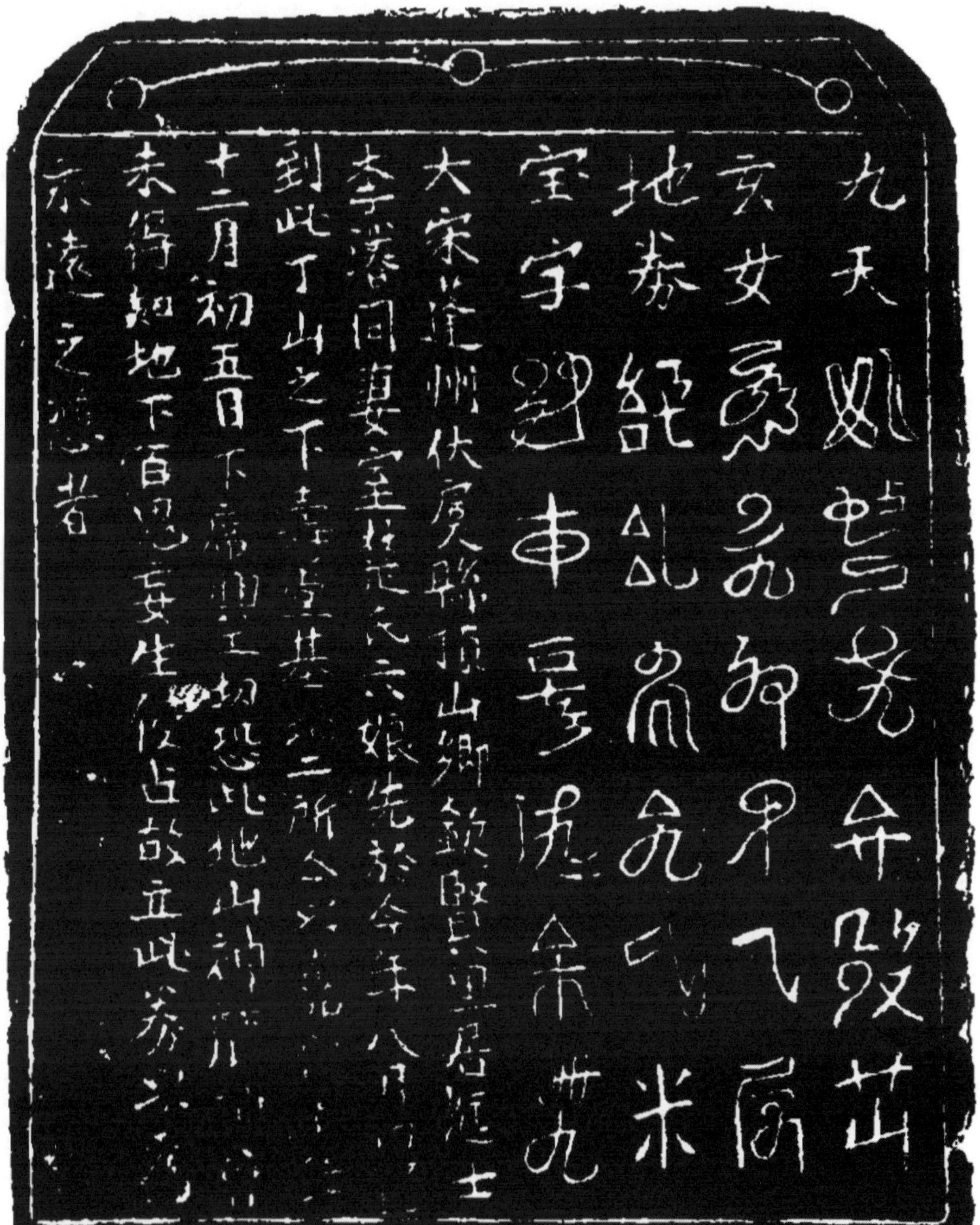

二三〇　李濬同妻楚氏六娘買地券

二三〇　李濬同妻楚氏六娘買地券　嘉定十年（一二一七）十二月五日

【題解】

一、名稱：李濬同妻楚氏六娘買地券

二、文獻形態：石質，長五十一厘米，寬四十六厘米，厚三至四厘米，四周陰刻單綫邊框，上左右弧形角，上部用陰刻横綫隔開，上部左、中、右各刻一小圓圈，中用一條弧綫相連。右上首竪刻四行，行二字「九天玄女地券寶字」，其下爲傳抄古文四行，行六字，左側刻有券文，從右至左書寫，行楷六行，行十七字。

三、卒葬時間：嘉定十年（一二一七）十二月五日葬。

四、文獻著録：岳剑林：《巴中「九天玄女地券」考》，《四川文物》一九九九年五期，第五〇至五四頁；高朋：《人神之契：宋代買地券研究》，北京：中國社會科學出版社，二〇一一年，第二五五頁；魯西奇：《中國古代買地券研究》，厦門：厦門大學出版社，二〇一四年，第四七一頁。

五、出土及收藏情况：一九九七年出土於四川巴中市鳳溪鄉十三村，現收藏於巴中市文管所。

【釋文】

九天玄女地券寶字

大宋蓬州伏虞縣頂山鄉欽賢里[一]居進士[二]/李濬同妻室楚氏六娘，先於今年八月内買/到此丁山之下壽堂基址二所。今以嘉定十年/十二月初五日，下席興工，切恐此地山神龍神曾/未得知，地下百鬼妄生侵占，故立此券，以爲永遠之憑者。

【校注】

〔一〕蓬州伏虞縣頂山鄉欽賢里：《太平寰宇記》卷一三九《山南西道七》載：《周地圖記》：北周天和四年（五六九）割巴州之伏虞郡，隆州之隆城郡於此置蓬州，因蓬山以爲名。唐乾元元年（七五八）復爲蓬州，宋因之。《輿地紀勝》卷一八八《利州路》載：縣五：蓬池縣、儀隴縣、營山縣、良山縣、伏虞縣。《元豐九域志》卷八《利州路》載：伏虞有五鄉。頂山鄉爲其轄鄉之一，有欽賢里。

〔二〕進士：古代指貢舉的人才。《禮記·王制》：「大樂正論造士之秀者，以告于王，而升諸司馬，曰進士。」鄭玄注：「進士，可進受爵禄也。」據《宋會要輯稿·職官》載，北宋崇寧至宣和間，文士由鄉升縣學，由縣學升州學，通謂進士。

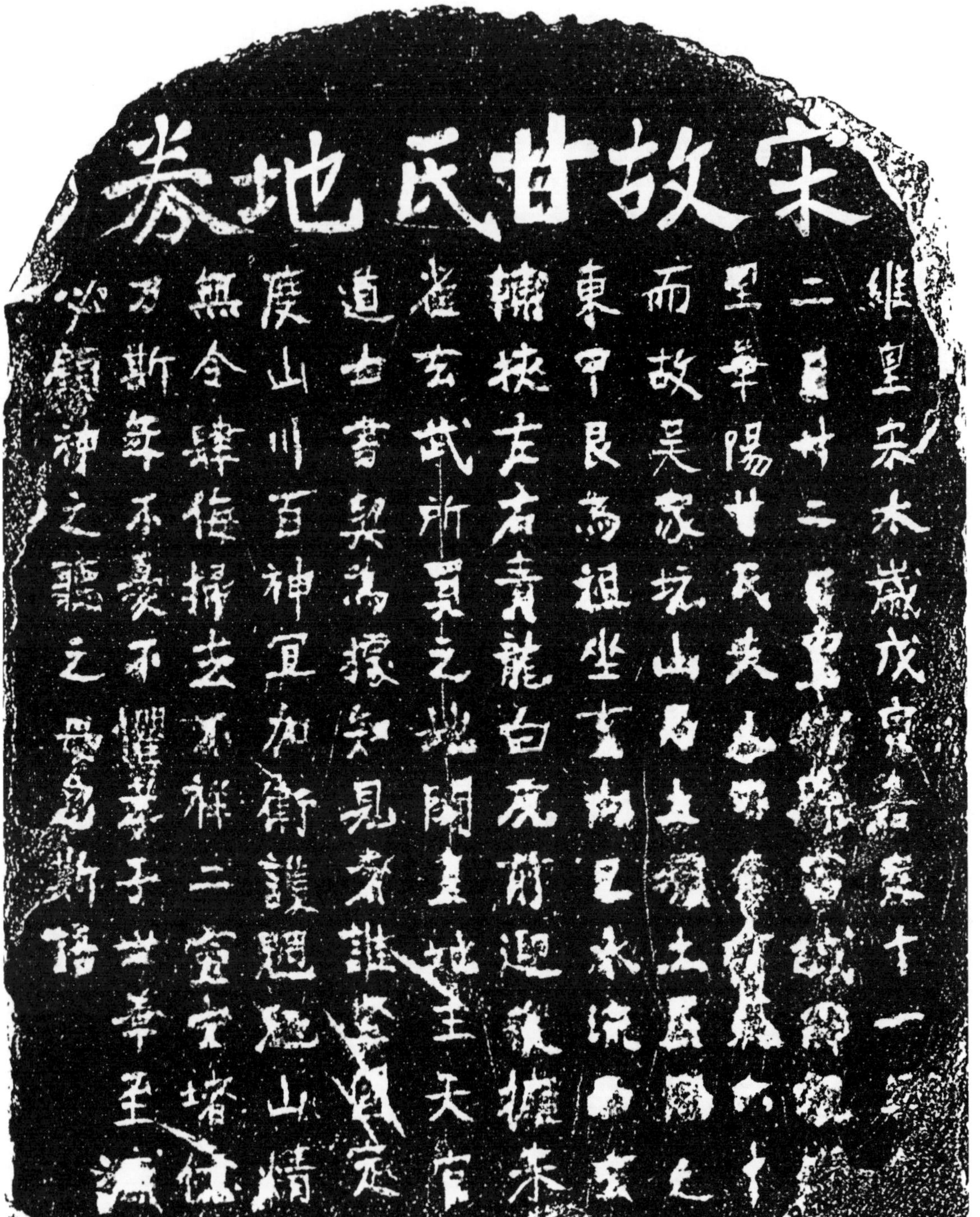

二三一　甘氏地券

二三一　甘氏地券　嘉定十一年（一二一八）二月二十二日

【題解】

一、名稱：故甘氏地券

二、文獻形態：拓本圓頭方形，長三十八厘米，寬三十一厘米，題額「宋故甘氏地券」，券文自右至左書寫，陰刻行楷十二行，行十至十三字不等。

三、卒葬時間：嘉定十一年（一二一八）二月二十二日卒。

四、文獻著録：胡抗美、曾翔主編：《書法文獻》（宋代地券卷），青島：青島出版社，二〇一四年，第六九頁。

五、出土及收藏情况：江西出土，原石收藏於百石齋。

【釋文】

宋故甘氏地券

維皇宋太歲戊寅嘉定十一年朔/二月廿二日，豐城縣富城鄉□□/里[一]華陽甘氏夫人不幸□□，六十/而故，吴家坑山石土□土□□之/東甲艮爲祖，坐亥向巳，水流西玄，/輔挾左右，青龍白虎，前迎後擁，朱/雀玄武。所買之地，開皇地主、天官/道士書契爲據。知見者誰？堅固、定/度。山川百神，宜加衛護，魍魎山精，/無令肆侮。掃去不祥，二靈安殯，億/萬斯年，不憂不懼。孝子世華至□/必顧，神之聽之，毋忽斯語。

【校注】

〔一〕豐城縣富城鄉□□里：豐城縣富城鄉見〇六八《孫七郎買地券》。

二三二　張氏三娘買地券

二三三二　張氏三娘買地券　嘉定十一年（一二一八）十月十一日

【題解】

一、名稱：張氏三娘買地券

二、文獻形態：紅砂石質，正方形；邊長十九點八厘米，厚一點五厘米；券文自右至左書寫，行楷八行，行九字。

三、卒葬時間：嘉定十一年（一二一八）十月十一日葬。

四、文獻著録：成都文物考古研究所：《信息産業部三十研究所南宋火葬墓的發掘》，《成都考古發現二〇〇四》，北京：科學出版社，二〇〇六年，第四三三至四五一頁；高朋：《人神之契：宋代買地券研究》，北京：中國社會科學出版社，二〇一一年，第二五五頁；魯西奇：《中國古代買地券研究》，厦門：厦門大學出版社，二〇一四年，第四七一至四七二頁。

五、出土及收藏情况：二〇〇二年出土於四川省成都市西南郊高新區創業路。

六、其他：二一六《喻仲安地券》，一六六《任氏五娘、喻氏六小娘地券》，與本券同一地出土。

【釋文】

大宋嘉定十一年太歲/戊寅十月己亥朔十一日/己酉，故張氏三娘地券。/生居城邑，死安宅兆，卜/筮叶從，相地大吉，宜於此/成都縣文學鄉[一]福地/之原安厝。其界左至青/龍，右至白虎。存亡安吉。

【校注】

［一］成都縣文學鄉：《元豐九域志》卷七《成都路》載：成都縣有一十六鄉。本券與一六六《任氏五娘、喻氏六小娘地券》二一六《喻仲安買地券》載文學鄉，爲成都縣轄鄉之一。

二三三　殷應洪母殷黄氏地券

二三三 殷應洪母殷黄氏地券 嘉定十一年（一二一八）十月八日

【題解】

一、名稱：殷應洪母殷黄氏地券

二、文獻形態：拓本成圓頭方形，長四十二厘米，寬二十九厘米，題額「地券」，券文自右至左書寫，陰刻行楷十二行，行十一至十三字不等。

三、卒葬時間：嘉定十一年（一二一八）冬十月八日卒。

四、文獻著録：胡抗美、曾翔主編：《書法文獻》（宋代地券卷），青島：青島出版社，二〇一四年，第七四頁。

五、出土及收藏情況：江西出土，原石收藏於百石齋。

【釋文】

地券

維宋嘉定戊寅冬十月初八日/丙午，孤哀子殷應洪、應龍謹昭告/于石門之神曰：「應洪等罪逆深重，/禍延所恃，嗚呼痛哉！襄事不克，及/時謀諸邇鄉里。惟兹地岡陵起伏，/龍虎翔踞，水□環繞，宜爲我先/妣孺人之吉藏。爰出橐金，求諸黄/氏而得之。觀者既然卜之習吉，日/月孔良，扶柩歸窆，若乃攘除妖怪，/寧謐先靈，俾安億萬斯年之兆域，/則實惟爾神是望，毋作神羞。至于/歲時來享，則爾亦其從與之。」謹券。

有宋
蒲許
大郎
地券
立茲契券千秋靈止蒲許大郎
謹以將幣葬于后土下於斯里
創建幽堂以藏遺體上極太虛
下盡原地東西南北各廣一里
蒲許大郎伏尸故氣盤截山澤
妖精鬼魅各仰明知火急遠避
如有干犯主者收治歲在戊寅
月建乙丑其日庚申歸于蒿里

二三四　蒲許大郎買地券

二三四 蒲許大郎買地券 嘉定十一年（一二一八）十二月二十二日

【題解】

一、名稱：蒲許大郎買地券

二、文獻形態：紅砂石質，長三十八點五厘米，寬三十五厘米，厚五厘米。上部左右抹角，上部隸書四行，行二字「有宋蒲許大郎地券」，券文自右至左書寫，下部行楷八行，行十二字。

三、卒葬時間：嘉定十一年（一二一八）十二月二十二日葬。

四、文獻著録：成都文物考古研究所、成都博物院：《成都出土歷代墓銘券文圖録綜釋》，北京：文物出版社，二〇一二年，第四四七至四四八頁。

五、出土及收藏情況：出土地點不詳，券石現收藏於成都邛崍市文物保護管理所。

【釋文】

有宋蒲許大郎地券

立兹契券，千秋寧止。蒲許大郎/謹以將幣葬于后土，卜於斯里，/創建幽堂，以藏遺體。上極太虚，/下盡原地，東西南北，各廣一里。/蒲許大郎，伏尸故氣，盤載山澤，/妖精鬼魅，各仰明知，火急遠避。/如有干犯，主者收治。歲在戊寅/月建乙丑，其日庚申，歸于蒿里。

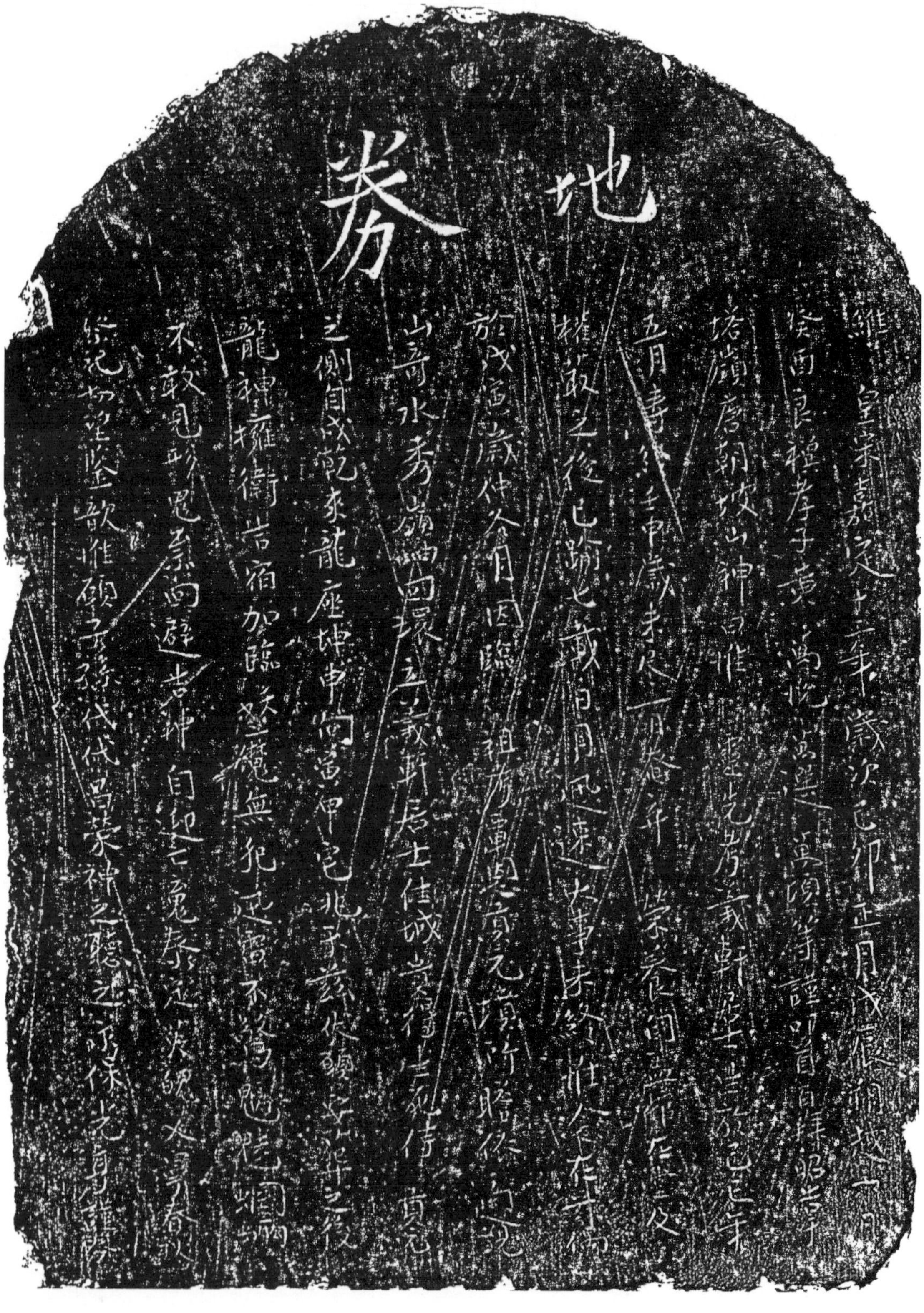

二三五　黄萬悦父黄義軒地券

二三五　黄萬悦父黄義軒地券　嘉定十二年（一二一九）正月六日

【題解】

一、名稱：黄萬悦父黄義軒地券

二、文獻形態：拓本圓頭方形，長四十九厘米，寬三十六厘米，題額「地券」，券文自右至左書寫，陰刻行楷十一行，行二十二字。

三、辛葬時間：嘉定十二年（一二一九）正月六日葬。

四、文獻著録：胡抗美、曾翔主編：《書法文獻》（宋代地券卷），青島：青島出版社，二〇一四年，第七五頁。

五、出土及收藏情況：江西出土，原石收藏於百石齋。

【釋文】

地券

維皇宋嘉定十二年歲次己卯正月戊辰朔越六日/癸酉，良禩孝子黄萬悦、萬選、萬頃等謹叩首百拜昭告于/塔嶺唐朝坡山神曰：「惟靈先考，義軒居士，生於己巳年/五月，壽終壬申歲，未尽一日，奄弃榮養。自蓋棺在堂及/權莄之後，已逾七載。日月迅速，大事未終。惟念在兹，偶/於戊寅歲仲冬月，因臨祖考覃恩貢元[一]墳所瞻依，適睹/山奇水秀，嶺岫回環，立義軒居士佳城，貴得生死侍貢元/之側。自戌乾來龍，座坤申向寅甲。宅兆于兹，伏願安葬之後，/龍神擁衛，吉宿加臨。妖魔無犯，迅雷不驚。魑魅蝄蜽，/不敢見形，鬼祟回避，吉神自迎。亡魂泰定，英魄乂寧。春秋/祭祀，切望鑒歆。惟願子孫代代昌榮，神之聽之，永保光亨。」謹券。

【校注】

〔一〕覃恩貢元：恩貢第一名。遇有覃恩之年，例如皇帝登極或其他慶典頒布，各府、州、縣學，以歲貢之第一名爲恩貢。

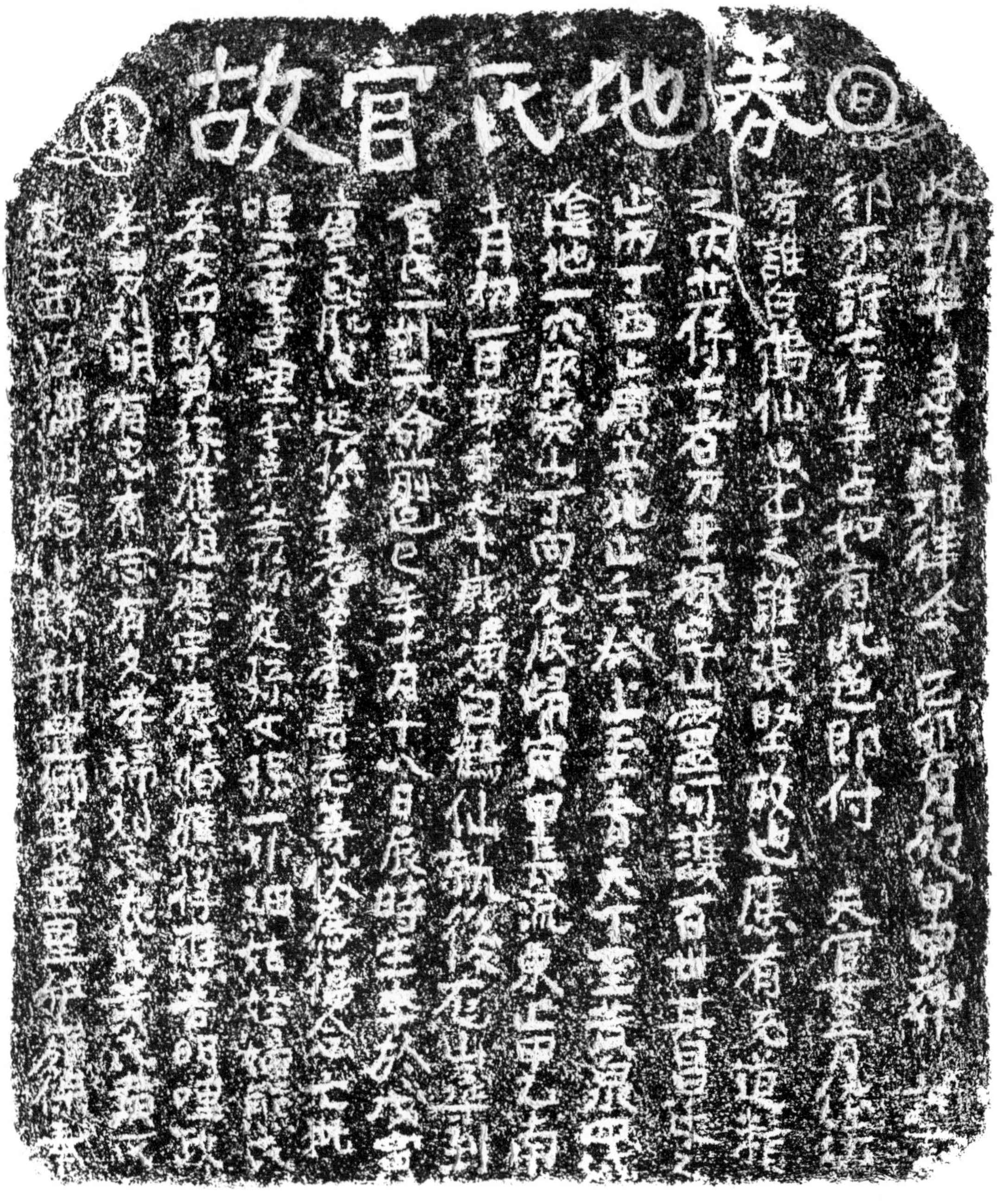

二三六　劉明母官氏買地券

二三六　劉明母官氏買地券　嘉定十二年（一二一九）六月八日

【題解】

一、名稱：劉明母官氏買地券

二、文獻形態：拓本長五十三厘米，寬四十六厘米，上部左右抹角，自左至右横刻「故官氏地券」，題名左側刻「月」，右刻「日」。券文自左至右書寫，十三行，行二十一字。

三、卒葬時間：嘉定十一年（一二一八）十月初一日卒，嘉定十二年（一二一九）六月八日葬。

四、出土及收藏情况：江西出土，拓片現藏於河北大學宋史研究中心。

【釋文】

故宫氏地券

故江西路撫州臨川縣新豐鄉長豐里午嶺保[一]奉/孝男劉明、有忠、有志、有文，孝婦劉氏、朱氏、黄氏，黄氏/孝女四娘，男孫應桓、應榮、應椿、應□、應若、明哩、政/哩、乙哩、甲哩、壬芳、□□、□孫，女孫一人，細姑，侄婦熊氏、/唐氏、熊氏，延孫辛老并弟壽老等，伏爲傷念亡妣/官氏二娘，元命前己巳年十一月十八日辰時生，卒於戊寅/十月初一日，享年七十歲。憑白鶴仙，就後龍山尋到/陰地一穴，座癸山下向元底歸寅甲長流。東止甲乙，南/止丙丁，西止庚辛，北止壬癸，上至青天，下至黄泉，四域/之内，并係亡者萬年冢宅。山靈呵護，百世其昌。迁之/者誰？白鶴仙也；出之誰？張堅固[二]也。應有旡道精/邪，不許妄行[三]争占。如有此色，即付天官女青佐法/收斬。準。急急如律令。己卯六月初八甲申葬。/謹書。

【校注】

〔一〕江西路撫州臨川縣新豐鄉長豐里午嶺保：《元豐九域志》卷六《江西路·西路》載：臨川縣下設十七鄉，新豐鄉爲臨川縣轄鄉之一，有長豐里午嶺保。

〔二〕張堅固：原文作「張堅故」，今改。

〔三〕妄行：原文作「亡行」，今據文意改。

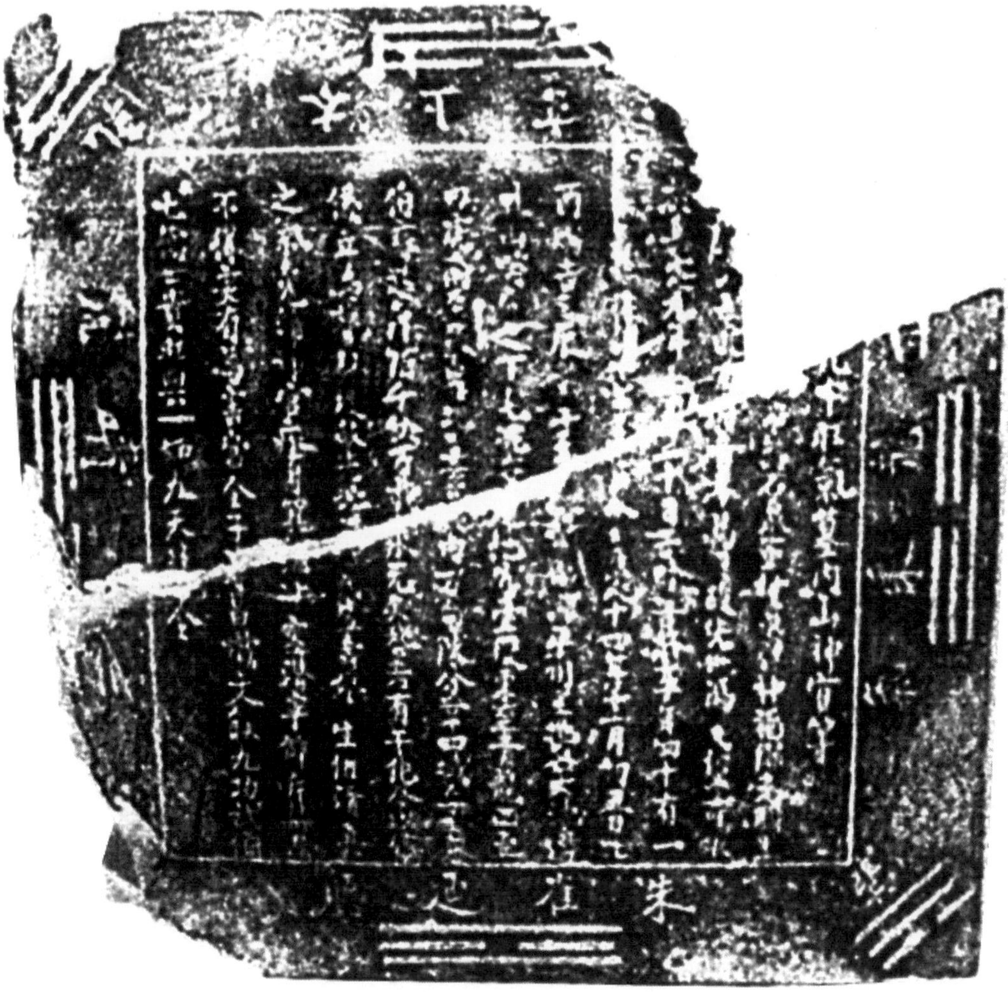

二三七　馮大娘買地券

二三七　馮大娘買地券　嘉定十四年（一二二一）十一月二十五日

【題解】

一、名稱：馮大娘買地券

二、文獻形態：石質，長方形；長五十厘米，寬四十厘米，厚五厘米；右上角殘損，中間斷裂；四邊刻有八卦文，分别刻有「太上本□」（上）、「朱雀延年」（下）、「□虎嘯□」（左）、「□龍乘氣」（右）等字樣。券文從右至左刻寫，楷書十三行，行二十一字。

三、卒葬時間：嘉定九年（一二一六）卒，嘉定十四年（一二二一）十一月二十五日葬。

四、文獻著録：謝明剛、劉佑新：《安縣南宋紀年墓清理記》，《四川文物》二〇〇〇年第六期，第七五至七六頁；高朋：《人神之契：宋代買地券研究》，北京：中國社會科學出版社，二〇一一年，第二五四至二五五頁；魯西奇：《中國古代買地券研究》，厦門：厦門大學出版社，二〇一四年，第四七二頁。

五、出土及收藏情况：一九八七年出土於四川安縣塔水鎮峨嵋村。

【釋文】〔一〕

［上缺］氣墓内山神官等：/［上缺］石泉軍神泉縣神福鄉光明里〔二〕/［上缺］本□殁故亡人馮大娘□□/□□嘉定九年□□□□□□□□□，享年四十有一。/［上缺］嘉定十四年十一月廿五日/酉時吉，□□□□，宜於□□□□川里地名大□□/□山□□之原葬□，□地□□□□，東至青龍，西至/白虎，前至□□，□□□□。内方勾陳，分掌四域。丘丞墓/伯，齊整阡陌，千秋百載，永無咎殃。若有干犯□□□/□［中缺］故先［下缺］/之［下缺］/不得妄有［下缺］/［上缺］一如九天律令。

【校注】

〔一〕拓片不清晰，釋文引自魯西奇：《中國古代買地券研究》，厦門：厦門大學出版社，二〇一四年，第四七二頁。

〔二〕石泉軍神泉縣神福鄉光明里：《輿地紀勝》卷一五二載：唐時析汶山地置石泉縣，屬茂州。北宋神宗時割石泉屬綿州，熙寧九年（一〇七六）改石泉縣爲軍。縣三：石泉縣、龍安縣、神泉縣。《元豐九域志》卷七《成都府路》載：神泉有十鄉，石城一鎮。神福鄉爲神泉縣轄鄉之一，有光明里。

二三八　余謙之妻孫氏地券

二三八　余謙之妻孫氏地券　嘉定十四年（一二二一）閏十二月二十二日

【題解】

一、名稱：余謙之妻孫氏地券

二、文獻形態：拓本圓頭方形，長五十厘米，寬三十八厘米，題額「地券」，券文自右至左書寫，陰刻行楷十四行，行十六字。

三、卒葬時間：嘉定十四年（一二二一）閏十二月二十二日葬。

四、文獻著録：胡抗美、曾翔主編：《書法文獻》（宋代地券卷），青島：青島出版社，二〇一四年，第七七頁。

五、出土及收藏情況：江西出土，原石收藏於百石齋。

【釋文】

地券

皇宋嘉定十四年，歲在辛巳閏十二月辛/巳朔越二十二日壬寅，孝夫余謙之謹昭/告于皇母坑山神之靈曰：「繼室孺人孫氏/生于右族，資稟淑柔，自丹陽[一]來歸，僅二十/年。相與勤勞，始終無倦。事舅姑以孝，處妯/娌以和，主中饋以儉勤，待内外以睦順。辛/巳三月嬰疾而終。男四人，可宗、紹能、法宏，/甘姓所出。女一人，適同邑丘止善。幼男文/炳，生于余門。壽年五十有三。經營葬地，得/吉于兹。楊林之秀氣擁前，官坑之奇峰列/後，左揖仙山之勝概，右迎雙髻之層巒。坐/甲向庚，水流辰巽，回環百畝，皆吾世業。惟/爾有神，冀護圻壟，呵禁不祥，使亡靈安處，/福及兒孫。歲時來祭，爾神亦有所依。」謹券。

【校注】

〔一〕丹陽：丹陽縣，宋屬潤州。

二三九　樂氏賈娘子買地券

二三九　樂氏賈娘子買地券　嘉定十五年（一二二二）二月二十三日

【題解】

一、名稱：樂氏賈娘子買地券

二、文獻形態：陶質，長三十七點五厘米，寬三十七厘米，厚四厘米。券面刻方形邊框，額題「樂氏地券」，其下竪刻十二條單綫，券文自右至左書寫，楷書十三行，行八至十一字。

三、卒葬時間：嘉定十五年（一二二二）二月二十三日葬。

四、文獻著録：成都文物考古研究所、成都博物院：《成都出土歷代墓銘券文圖録綜釋》，北京：文物出版社，二〇一二年，第四五三至四五四頁。

五、出土及收藏情况：一九七五年出土於四川省原温江地區大邑縣蘇塲鄉香林村，現收藏於成都市大邑縣文物保護管理所。

【釋文】

樂氏地券

皇宋太歲壬午嘉定十五年/二月庚辰朔二十三日壬寅/大吉之辰，吉葬前妣孺人樂/氏賈娘子之靈。龜卜蕭政鄉/惟信里[一]癸穴之原，願安宅兆。/今將信幣[二]葬此吉穴，今具四/隅界至、諸神如後：/左至青龍，右至白虎，/前至朱雀，後至玄武，/上至勾陳，下至騰蛇[三]。/伏願神祇，分掌四隅[四]，保佑界/至，驅除百鬼，不得相忏。永庇/松楸茂盛，後人吉昌。謹書記。

【校注】

〔一〕蕭政鄉惟信里：券文不載此鄉所屬縣，但據其出土地點大邑縣，很有可能在宋大邑縣境内，爲大邑縣轄鄉之一，有惟信里。

〔二〕信幣：原文作「信弊」，今改。

〔三〕騰蛇：也作螣蛇，意即飛蛇。北方星宿名，狀象天蛇。漢黄香《九宫賦》：「左青龍而右鮝鱅，前七星而後騰蛇。」漢張衡《思玄賦》：「玄武縮於殼中兮，騰蛇蜿而自糾。」

〔四〕四隅：他處多作「四域」。

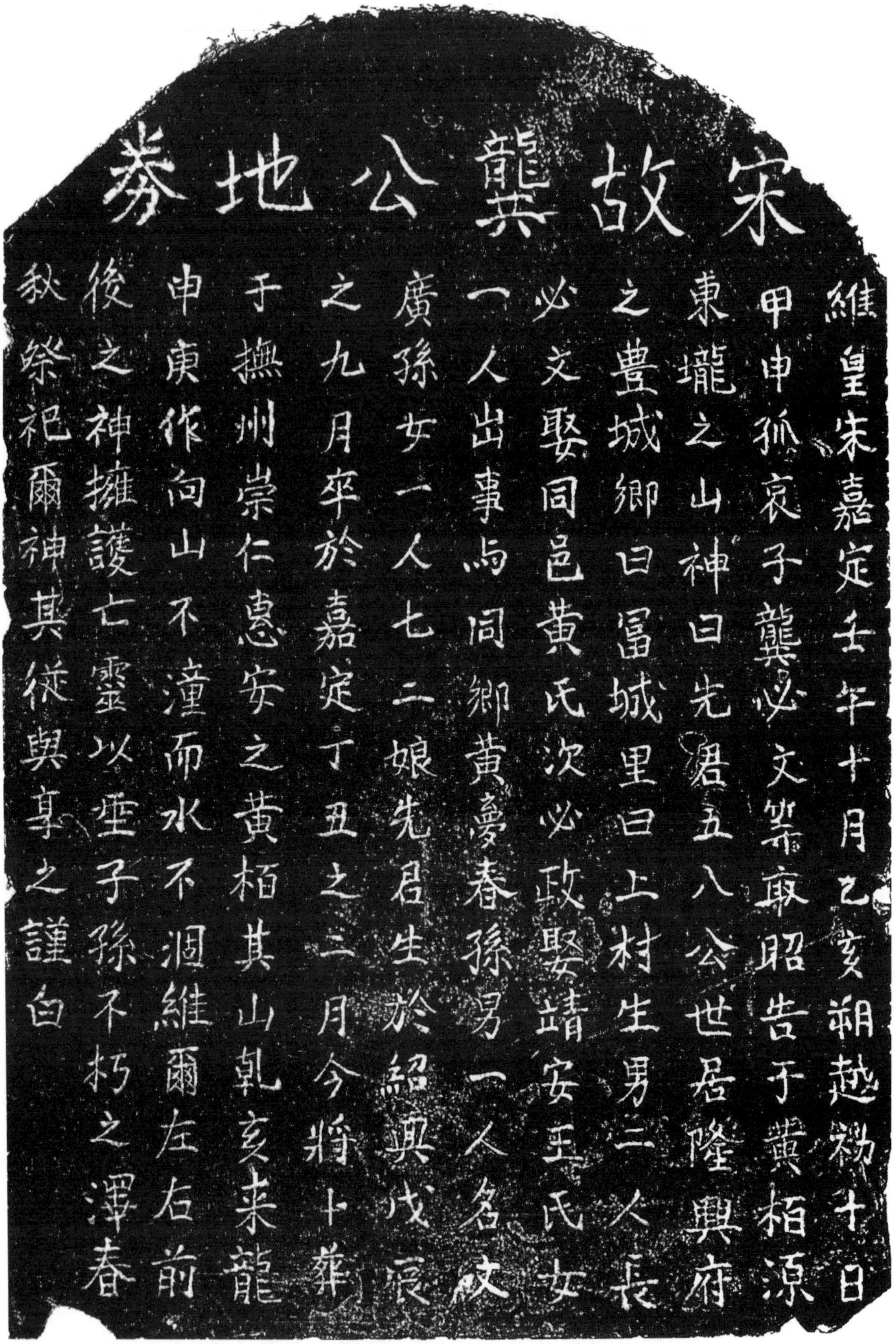

二四〇　龔必文父龔五八地券

二四〇　龔必文父龔五八地券　嘉定十五年（一二二二）十月十日

【題解】

一、名稱：龔必文父龔五八地券

二、文獻形態：拓本圓頭方形，長五十二厘米，寬三十六厘米，題額「宋故龔公地券」，券文自右至左書寫，陰刻行楷十二行，行十二至十六字不等。

三、卒葬時間：嘉定十五年（一二二二）十月十日葬。

四、文獻著録：胡抗美、曾翔主編：《書法文獻》（宋代地券卷），青島：青島出版社，二〇一四年，第七八頁。

五、出土及收藏情況：江西出土，原石收藏於百石齋。

【釋文】

宋故龔公地券

維皇宋嘉定壬午十月乙亥朔越初十日/甲申，孤哀子龔必文等敢昭告于黄栢源/東壟之山神曰：「先君五八公，世居隆興府/之豐城鄉曰富城里曰上村[一]，生男二人，長/必文，娶同邑黄氏。次必政，娶靖安王氏。女/一人，出適[二]與同鄉黄夢春。孫男一人，名文/廣。孫女一人，七二娘。先君生於紹興戊辰/之九月，卒於嘉定丁丑之二月。今將卜葬/于撫州崇仁惠安[三]之黄栢。其山乾亥來龍/申庚坐[四]向，山不潼[五]而水不涸。維爾左右前/後之神，擁護亡靈，以垂子孫不朽之澤。春/秋祭祀，爾神其從與享之。」謹白。

【校注】

〔一〕隆興府之豐城鄉曰富城里曰上村：豐城鄉：見二〇一《黄寅妻徐氏地券》。二五三《黄日新母徐氏地券》載豐城縣梨塘里、奉化鄉留□里，二三一《甘氏地券》載富城鄉□□里，本券載豐城鄉富城里上村。

〔二〕適：原文爲「事」。

〔三〕撫州崇仁惠安：即撫州崇仁縣惠安鄉。撫州崇仁縣見〇六八《孫七郎買地券》。惠安鄉爲撫州崇仁縣轄鄉之一。二一九《胡六五承事地券》載惠安鄉恭仁里大塘下社羅師保，本券載惠安黄栢。

〔四〕坐：原文爲「作」，改之。

〔五〕潼：即「童」，「禿」之義。

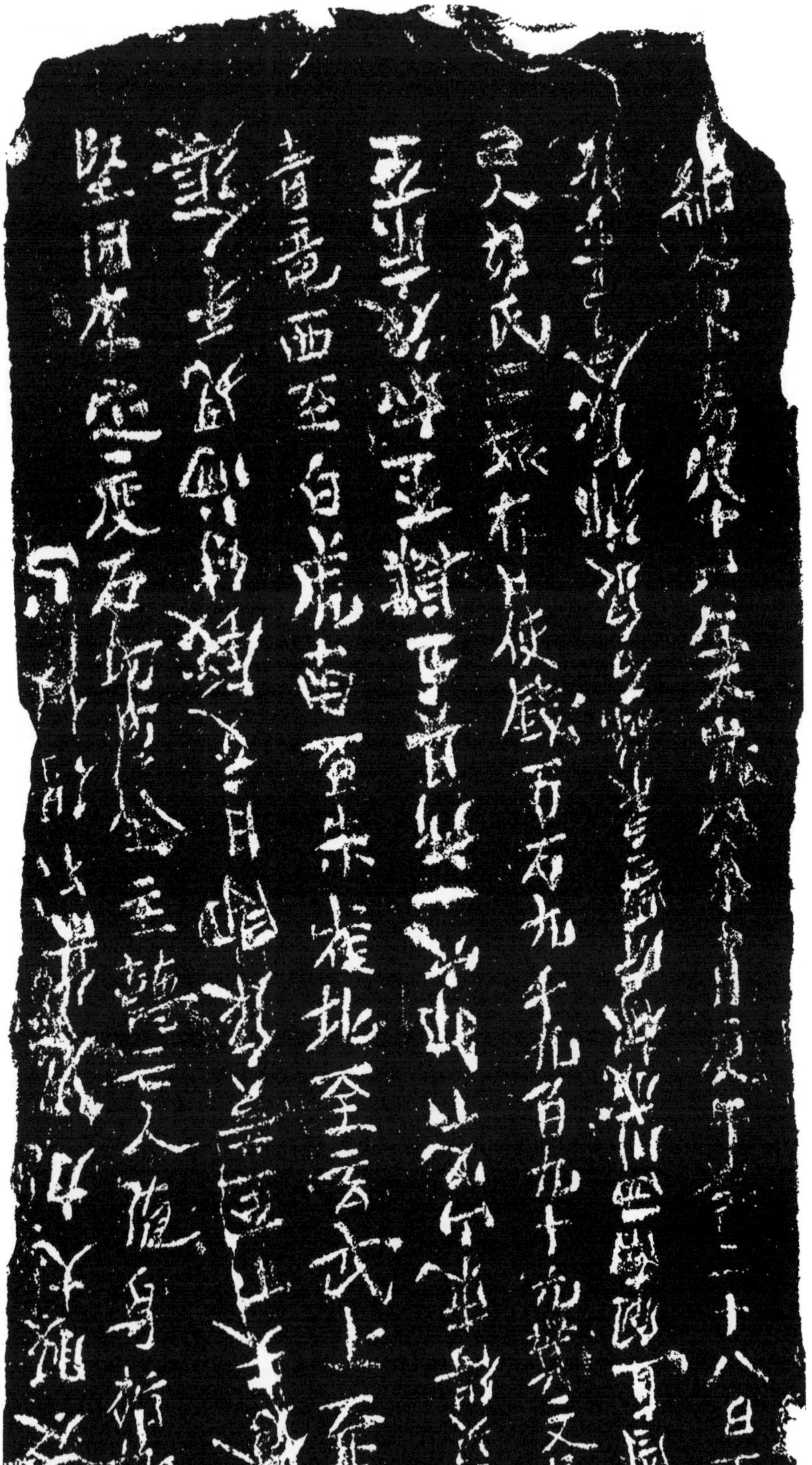

二四一　胡氏二娘買地券

二四一　胡氏二娘買地券　嘉定十六年（一二二三）十月二十八日

【題解】

一、名稱：胡氏二娘買地券

二、文獻形態：紅砂石質，長方形，長四十二點五厘米，寬二十四厘米，厚五厘米。上端右側有殘缺，券文正向書寫反向書寫相間，行楷八行，行二十字。

三、卒葬時間：嘉定十六年（一二二三）十月二十八日葬。

四、文獻著録：成都文物考古研究所、成都博物院：《成都出土歷代墓銘券文圖録綜釋》，北京：文物出版社，二〇一二年，第四五七至四五八頁。

五、出土及收藏情況：一九八九出土於年成都市龍泉驛區柏合鎮馬壩村，現收藏於成都市龍泉驛區文物保護管理所。

【釋文】

維大宋嘉定十六年太歲癸未十月庚午朔二十八日丁/酉，直劍南西川成都府鹽泉縣石泉鄉義會里[一]，殁故/亡人胡氏二娘，存日使錢萬萬九千九百九十九貫文足，/買得東山之下卯穴一所，具立肆至如後：東至/青龍，西至白虎，南至朱雀，北至玄武，上至/蒼天，下至黄泉。即日交錢付與見牙人：張/堅固、李定度、石功曹、金主簿。亡人隨身棺槨/交付[二]大力鬼兵，不得侵占。

【校注】

〔一〕劍南西川成都府鹽泉縣石泉鄉義會里：鹽泉縣：本漢涪縣地。後魏于此置魏城縣。唐武德二年（六一九）分魏城置鹽泉縣。宋屬成都府。《太平寰宇記》卷八三《劍南東道》載：鹽泉縣下設五鄉。《元豐九域志》卷七《成都府路》載，鹽泉縣下設五鄉、二鎮。石泉鄉爲其轄鄉之一，下有義會里。

〔二〕交付：原文作「交服」，今據文意改。

二四二　聶應麟母楊氏買地券

二四二　聶應麟母楊氏買地券　嘉定十七年（一二二四）十二月十七日

【題解】

一、名稱：聶應麟母楊氏買地券〔一〕

二、文獻形態：長方形；長二十九點五厘米，寬二十二點五厘米；圓頭，上横寫隸書一行「墓券」，券文自右至左書寫，楷書十二行，行十四至十五字。

三、卒葬時間：嘉定十七年（一二二四）十二月十七日葬。

四、文獻著録：黄頣壽：《江西清江出土的南宋青白瓷器》，《考古》一九八九第七期，第六六九至六七二頁；陳柏泉：《江西出土墓誌選編》，南昌：江西教育出版社，一九九一年，第五六八至五六九頁；高朋：《人神之契：宋代買地券研究》，北京：中國社會科學出版社，二〇一一年，第二二〇頁；魯西奇：《中國古代買地券研究》，厦門：厦門大學出版社，二〇一四年，第三九八頁。

五、出土及收藏情況：一九八〇年出土於江西清江縣（今樟樹市），券石現收藏於樟樹市博物館。

【釋文】

墓券

維皇宋嘉定十七年歲次甲申十二/月癸巳朔越十七日己酉，孤哀子應/麟，謹泣血以告于曲水溪/山神而言曰：「吾母之生也，長我鞠我。吾/母之死也，必當擇吉地而安厝焉。然宅/兆興工，不無觸犯之虞，惟陰嘿容畀之。/其地乃曲水之原，行龍自坎過龍於艮，/坐寅甲作穴，以庚爲向。四山圍繞，一水/環抱。使葬之後，魑魅魍魎，不敢咆唬〔二〕於/左右。牛鬼蛇神，毋得陸梁〔三〕於前後。神既/有以護衛，靈則得以安妥。春秋二祀，/益當報其無窮之休焉。」謹券。

【校注】

〔一〕據陳柏泉《江西出土墓誌選編》，此券主爲楊氏，聶應麟之母。

〔二〕咆唬：即「咆哮」，本虎叫聲，此處指鬼怪叫聲。

〔三〕陸梁：跳躍的樣子，此處指鬼怪亂跳。

二四三　陳氏中娘子買地券

二四三　陳氏中娘子買地券　寶慶元年（一二二五）四月三日

【題解】

一、名稱：陳氏中娘子買地券

二、文獻形態：地券爲八面四角攢尖頂形經幢，幢高三十二厘米，置于四邊形底座上，底座邊長十四厘米。券面八面，每面一行，共八行，文字正文反文相間，行十六至二十一字。

三、卒葬時間：寶慶元年（一二二五）四月三日葬。

四、文獻著録：莫洪貴：《仁壽縣古佛鄉宋墓清理簡報》，《四川文物》一九九二年五期，第六七至六九頁；《人神之契：宋代買地券研究》第二五七頁；魯西奇：《中國古代買地券研究》，厦門：厦門大學出版社，二〇一四年，第四七四至四七五頁。

五、出土及收藏情况：一九八六年出土於四川仁壽縣古佛鄉池家村，券石現收藏於仁壽縣文物保護管理所。

【釋文】

□□□庚申，謹有殁故陳氏中娘/子命歸大夜，周公擇卜良辰，送葬還山。/先使大錢萬萬九千九百[一]九十九貫，買得西南山下坤/穴墓田一所，東至青龍，南至朱雀，西至白/虎，北至玄武。上至蒼天，下至黄泉。四至界/畔分明，即日錢財分付與[二]天地神明訖。保人[三]：張堅固。/□□人：東王父、西王母。領券亡人陳氏中娘收執照用。/皇宋寶慶元年太歲乙酉四月三日□□。

【校注】

〔一〕百：原文作「伯」，今改。

〔二〕與：原文作「与」，今改。

〔三〕保人：原券脱「人」字，今補。

地券

維皇宋寶慶元年歲次乙酉十二月
丁亥朔越十有六日壬寅孤子揭
九思九德謹泣血告于蓉黨坡之
山神曰山發龍自南而來疊二
崇陵如在而復盤植落沆壓壬亥
面向丙是為回龍戀祖顧尾作案
外則奇峯秀島如幢節如誥軸如
廣漠回環四繞水則自穴前歸丑
艮轉彖後屈曲長流 皇考卜兆
于此今奉靈櫬歸焉惟尒有靈
神尚克抶護相我 皇考永安斯
寢子孫昌榮顯時思展敬亦不敢
後乎 神也謹券

二四四　揭九思亡父地券

二四四　揭九思亡父地券　寶慶元年（一二二五）十二月十六日

【題解】

一、名稱：揭九思亡父地券

二、文獻形態：拓本長方形抹角，長三十五厘米，寬三十厘米，上部左右抹角，題額「地券」，券文自右至左書寫，陰刻行楷十三行，行六至十四字不等。

三、卒葬時間：寶慶元年（一二二五）十二月十六日葬。

四、文獻著録：胡抗美、曾翔主編：《書法文獻》（宋代地券卷），青島：青島出版社，二〇一四年，第八一頁。

五、出土及收藏情況：江西出土，原石收藏於百石齋。

【釋文】

地券

維皇宋寶慶元年歲次乙酉十二月/丁亥朔越十有六日壬寅，孤子揭/九思、九德謹泣血告于莽黨坡之/山神曰：「此山發龍，自南而來，疊疊/崇陵，如往而復，盤植落穴。座壬亥，/面向丙。是爲回龍戀祖，顧尾作案，/外則奇峰秀島，如幢節，如誥軸，如/簾幙，回環四繞。水則自穴前歸丑/艮，轉冢後屈曲長流。皇考卜兆/于此。今奉靈櫬歸焉。惟爾有□/神尚克拱護，相我皇考永安斯/寢，子孫昌榮。願時思展敬，亦不敢/後乎神也。」謹券。

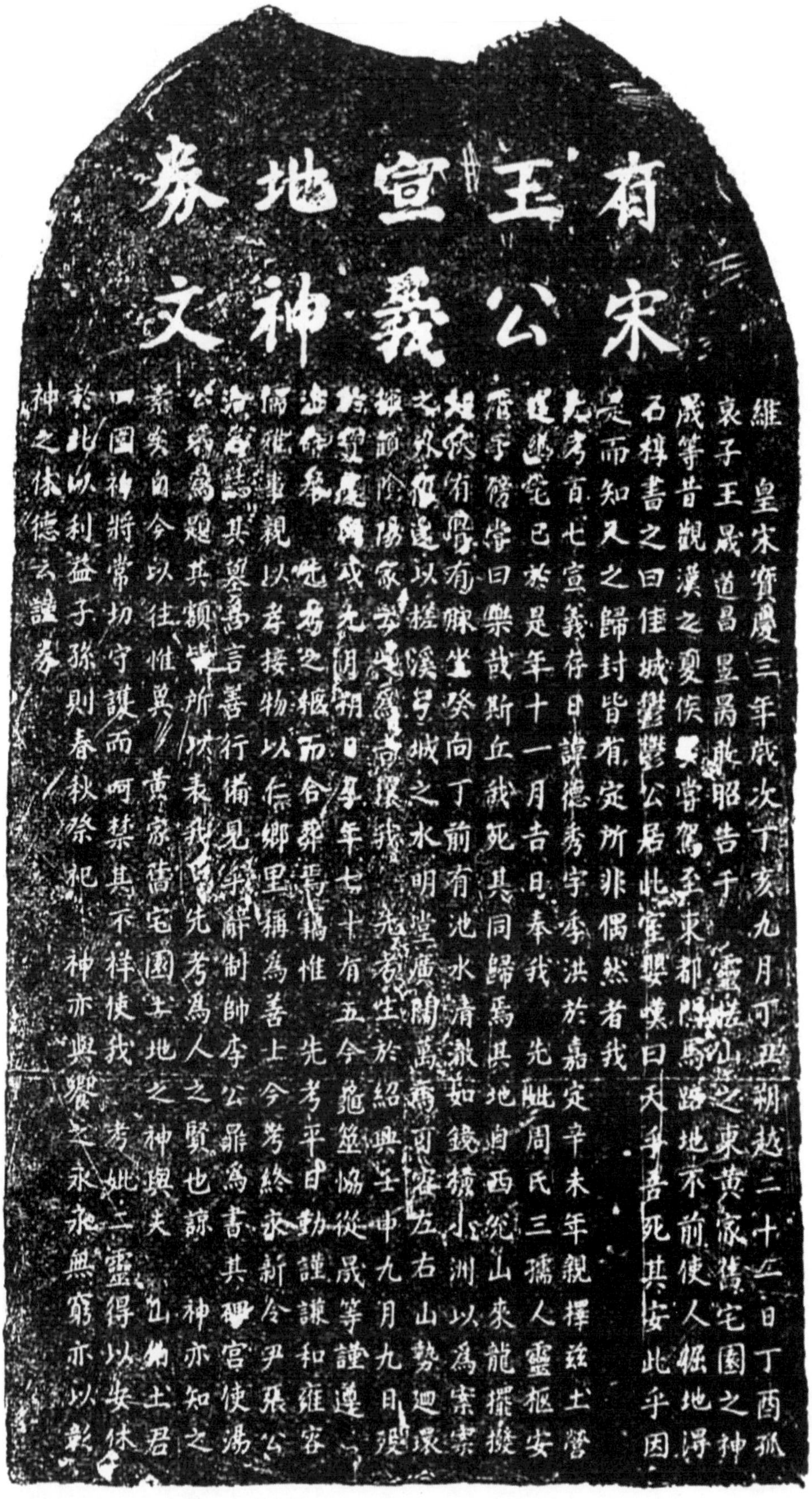

二四五　王晟父王德秀買地券

二四五　王晟父王德秀買地券　寶慶三年（一二二七）九月二十一日

【題解】

一、名稱：王晟父王德秀買地券

二、文獻形態：青石質，圓首方座，長八十四厘米，寬四十九厘米，厚二厘米。額題五行，行二字「有宋王公宣義地神券文」，券文自右至左書寫，楷書二十行，行十六至二十五字。

三、卒葬時間：寶慶三年（一二二七）九月二十一日葬。

四、文獻著録：薛堯：《江西南城、清江和永修的宋墓》，《考古》一九六五年一一期，第五七一至五七六頁；陳柏泉：《江西出土墓誌選編》，南昌：江西教育出版社，一九九一年，第五六九頁；高朋：《人神之契：宋代買地券研究》，北京：中國社會科學出版社，二〇一一年，第二二〇至二二一頁；魯西奇：《中國古代買地券研究》，厦門：厦門大學出版社，二〇一四年，第四〇〇頁。

五、出土及收藏情況：一九六五年出土於江西清江縣（今樟樹市）薛溪鄉，券石現收藏於江西省博物館。

【釋文】

有宋王公宣义地神券文

維皇宋寶慶三年歲次丁亥九月丁丑朔越二十一日丁酉，孤／哀子王晟道昌、昱、昺，敢昭告于靈槎山之東黄家舊宅園之神：「晟／等昔觀漢之夏侯嬰，嘗駕至東都門，馬踣地不前，使人掘地得／石槨，書之曰：『佳城鬱鬱，公居此室。』嬰嘆曰：『天乎，吾死其安此乎。』因／是而知，久之歸封，皆有定所，非偶然者。我／先考百七宣義[一]，存日諱德秀，字季洪，於嘉定辛未年，親擇茲土，營／建幽宅。已於是年十一月吉日，奉我先妣周氏三孺人靈柩，安／厝于傍。嘗曰：『樂哉斯丘，我死其同歸焉。』其地自西兑山來龍，擺撥／起伏，有骨有脉，坐癸向丁，前有池水，清澈如鏡。横小洲以爲案，案／之外復遶以槎溪、弓城之水，明堂廣闊，萬馬可容。左右山勢，迴環／擁顧。陰陽家云：『是爲吉壤。』我先考生於紹興壬申九月九日，殁／於寶慶丙戌九月朔日，享年七十有五。今龜筮協從，晟等謹遵／治命，奉先考之柩而合葬焉。竊惟先考平日勤謹謙和，雍容／儒雅，事親以孝，接物以仁，鄉里稱爲善士。今考終，永新[二]令尹[三]張公／洽爲誌其墓，善言善行，備見乎辭。制帥[四]李公鼎爲書其碑，宫使[五]湯／公壽爲題其額，皆所以表我先考爲人之賢也。諒神亦知之／素矣。自今以往，惟冀黄家舊宅園土地之神，與夫山伯土君，／四圍神將，常切守護，而呵禁其不祥，使我考妣二靈得以安休／於此，以利益子孫，則春秋祭祀，神亦與饗之。永永無窮，亦以彰／神之休德云。」謹券。

【校注】

〔一〕宣義：即宣義郎。宋文臣寄禄官名，元豐三年（一〇八〇）置，相當於舊寄禄官光禄、衛尉寺丞，將作監丞。

〔二〕永新：宋時屬吉州。

〔三〕令尹：縣令别稱。

〔四〕制帥：此爲制置使别稱。北宋前期，以文臣爲群牧制置使、江淮制置茶鹽使、陝西制置使。以武臣爲制置使領軍事起於熙寧、元豐以後，如涇原路經略安撫制置使、河北路制置使、陝西路制置使。南宋制置使多統兵制置軍事，名目不一。參見龔延明《宋代官制辭典》「制置使」條。

〔五〕宫使：宫觀使簡稱，祠禄官名。宋某宫使、某觀使合稱宫觀使。首置於北宋大中祥符四年（一〇一一），以首相領玉清昭應宫使。仁宗天聖七年（一〇二九），罷宰執兼宫觀使，其後只以使相、節度使、宣徽使、宗室、戚里或曾任宰執官領使，無職掌，奉朝請、享廪禄而已。南宋時，前執政爲經筵官，皆帶宫觀使；居外州府者，必官至三少許除宫觀使。參見龔延明《宋代官制辭典》「宫觀使」條。

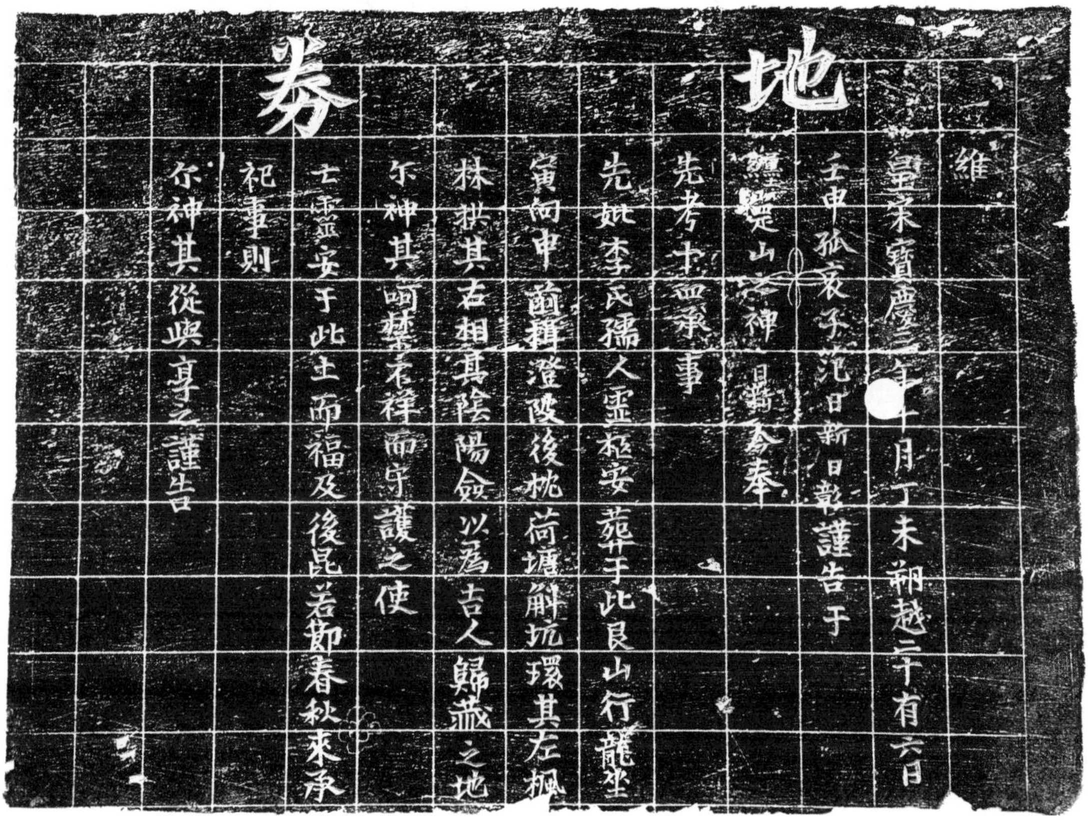

二四六　范十四承事、妻李氏買地券

二四六　范十四承事、妻李氏買地券　寶慶三年（一二二七）十月二十六日

【題解】

一、名稱：范十四承事與妻李氏買地券

二、文獻形態：拓本長三十五點五厘米，寬四十九厘米，長方形，券面陰刻横竪綫條的方格，每格内兩字。首題「地券」一行。券文自右至左書寫，楷書十二行，行一至十七字。

三、卒葬時間：寶慶三年（一二二七）十月二十六日葬。

四、出土及收藏情况：江西出土，拓本現收藏於河北大學宋史研究中心。

【釋文】

地券

維/皇宋寶慶三年十月丁未朔越二十有六日/壬申，孤哀子范日新、日彰謹告于/纏崗山之神：「日新今奉/先考十四承事、/先妣李氏孺人靈柩安葬于此，艮山行龍坐/寅向申，前揖澄陂，後枕荷塘，斛坑環其左，楓/林拱其右，相其陰陽，僉以爲吉人歸藏之地。/爾神其呵禁不祥而守護之，使/亡靈安于此土而福及後昆。若節春秋來承/祀[一]事，則/爾神其從與享之。」謹告。

【校注】

［一］承祀：主持祭祀。

二四七　章季穎母揭氏地券

二四七　章季穎母揭氏地券　紹定元年（一二二八）十一月二日

【題解】

一、名稱：章季穎母揭氏地券

二、文獻形態：拓本圓頭方形，長五十一厘米，寬四十二厘米，題額「地券」，券文自右至左書寫，陰刻行楷十二行，行十一至十二字不等。

三、卒葬時間：紹定元年（一二二八）十一月二日葬。

四、文獻著録：胡抗美、曾翔主編：《書法文獻》（宋代地券卷），青島：青島出版社，二〇一四年，第八二頁。

五、出土及收藏情况：江西出土，原石收藏於百石齋。

【釋文】

地券

皇宋紹定元年十一月二日/壬申，孤哀子章季穎謹昭告于/厚源之山神：「以昨用錢置買斯/土，安厝先妣夫人揭氏，仗神/威靈，環衛四維，鞏固真宅。或有/不正不直之魑魅魍魎，妄敢侵/犯，神其殛之，無作神羞。春秋祭/祀先靈，神與饗之，以報神德，惟/神默會。左右前後，一切有位之/神，陰扶顯祐，保吾家道昌隆，子/孫繁衍，富貴壽考，五福備全。荷/神之休，更圖後報。」急急如律令。

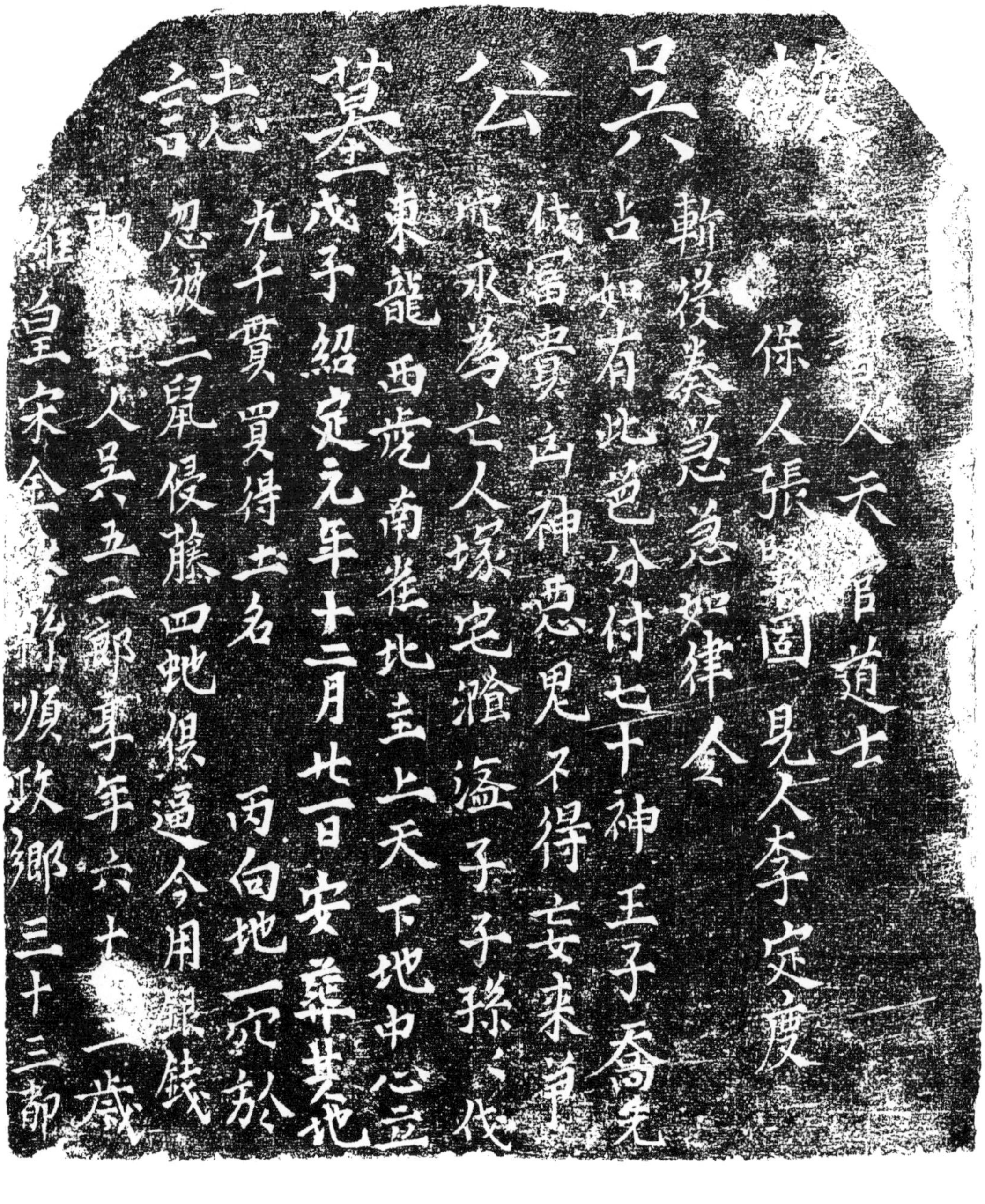

二四八　吴五二郎買地券

二四八　吴五二郎買地券　紹定元年（一二二八）十二月二十一日

【題解】

一、名稱：吴五二郎買地券

二、文獻形態：券石方形，上部左右抹角，拓片長四十一點五厘米，寬三十五點五厘米。上部有券額，楷書「故吴公墓誌」，五行，行一字。券文自左至右書寫，楷書十二行，行六至十五字不等。

三、卒葬時間：紹定元年（一二二八）十二月二十一日葬。

四、出土及收藏情況：拓片現藏河北大學宋史研究中心。

【釋文】

故吴公墓誌

維皇宋金谿縣順政鄉三十三都，/即有亡人吴五二郎，享年六十三歲。/忽被二鼠[一]侵藤，四蚍俱逼。今用銀錢/九千貫買得土名丙向地一穴，於/戊子紹定元年十二月廿一日安葬。其地/東龍西虎，南雀北圭，上天下地，中心立/穴，永爲亡人冢宅。蔭溢子子孫孫，代/代[二]富貴。凶神惡[三]鬼，不得妄來争/占，如有此色，分付七十神、王子喬先/斬後奏。急急如律令。/保人：張堅固，見人：李定度，/書人：天官道士。

【校注】

〔一〕鼠：原文作「鼡」，今改。

〔二〕代代：原文作「伐伐」，今改。

〔三〕惡：原文爲「悪」字。

二四九　謝□買地券

二四九　謝□買地券　紹定二年（一二二九）十月三日

【題解】

一、名稱：謝□買地券

二、文獻形態：紅砂石質，長十八點五厘米，寬十九厘米，厚一厘米。右上角殘缺，券文自右至左書寫，行楷七行，行十字。

三、卒葬時間：紹定二年（一二二九）十月三日葬。

四、文獻著録：成都文物考古研究所、成都博物院：《成都出土歷代墓銘券文圖録綜釋》，北京：文物出版社，二〇一二年，第四五九至四六〇頁。

五、出土及收藏情況：一九九二年出土於成都市西郊撫琴社區，券石現藏於成都文物考古研究所。

【釋文】

［上缺］紹定二年太歲己丑/十月乙未朔[三]日丁酉，故/謝祖□地券，憑此於/成都縣延福鄉[一]福地。左至/青龍，[右]至白虎，前至朱/[雀]，後至[玄武]，中[方]勾陳，/分掌四域，存亡安吉。

【校注】

［一］成都縣延福鄉：見一三四《楊氏買地券》。

二五〇　吴榮祖父吴壬行、母黄氏金娘買地券

二五〇　吴榮祖父吴壬行、母黄氏金娘買地券　紹定三年（一二三〇）二月二十七日

【題解】

一、名稱：吴榮祖父吴壬行、母黄氏金娘買地券

二、文獻形態：紅砂石質，長四十厘米，寬三十四厘米，厚三點四厘米。券文自右至左書寫，楷書九行，行十七字。

三、卒葬時間：紹定三年（一二三〇）二月二十七日葬。

四、文獻著録：成都文物考古研究所、成都博物院：《成都出土歷代墓銘券文圖録綜釋》，北京：文物出版社，二〇一二年，第四六一至四六二頁。

五、出土及收藏情况：二〇〇一年出土於成都市蒲江縣甘溪鎮共和村，券石現收藏於成都市蒲江縣文物保護管理所。

【釋文】

維皇宋邛州蒲江縣皈寧鄉静務里西界鎮[一]，/孤哀子吴榮祖奉亡父壬行宣義[二]、母親黄/氏金娘之柩，葬于本里佛頭山乾山□□之原。/謹以牲幣告于后土，卜於斯址，創建幽堂，以/藏遺體。上極太虚，下盡厚地，東西南北，無有/底止。所有先居伏尸故氣，暨夫山澤妖精鬼/魅，各仰明知，急急遠避，如有干犯，主者收/治。太歲庚寅月建卯□葬日庚申吉時，掩/閉宅兆于兹，千秋寧敉。

【校注】

［一］邛州蒲江縣皈寧鄉静務里西界鎮：邛州蒲江縣見〇〇二《魏訓買地券》。《元豐九域志》卷七《成都府路》載：蒲川縣有六鄉。皈寧鄉爲蒲川縣轄鄉之一，有静務里西界鎮。

［二］宣義：宣義爲官稱，指宣義郎，文散官名。

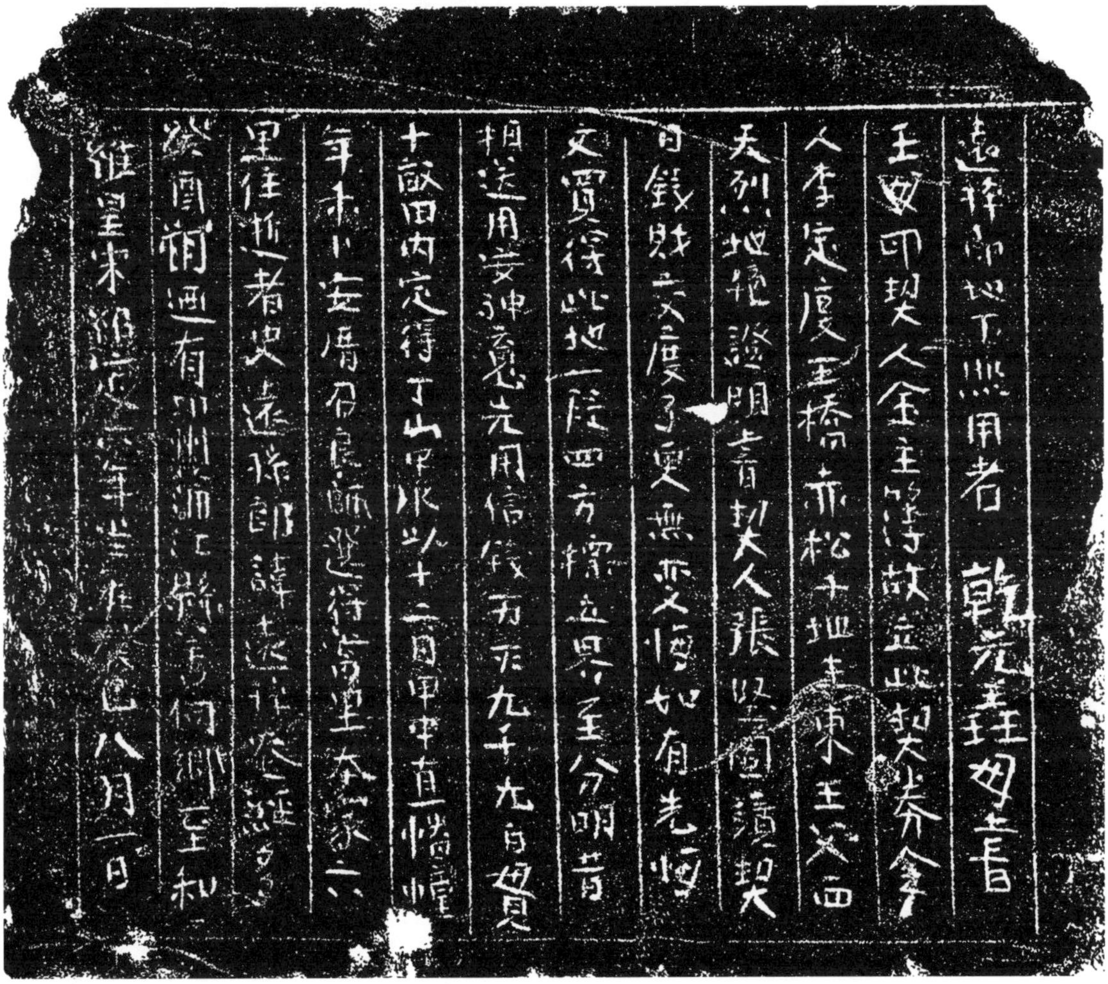

二五一　史遠孫買地券

二五一　史遠孫買地券　紹定六年（一二三三）八月一日

【題解】

一、名稱：史遠孫買地券

二、文獻形態：紅砂石質，長方形，長二十八厘米，寬三十三點五厘米，厚二點三厘米。券石上端左右抹角，四周陰刻單綫邊框，内刻十一條界欄，券文自左至右書寫楷書，十二行，行十三至十九字。

三、卒葬時間：紹定六年（一二三三）八月一日葬。

四、文獻著録：成都文物考古研究所、成都博物院：《成都出土歷代墓銘券文圖録綜釋》，北京：文物出版社，二〇一二年，第四六九至四七〇頁。

五、出土及收藏情況：一九八四年出土於四川省原温江地區蒲江縣插旗鄉金家村，券石現收藏於成都市蒲江縣文物保護管理所。

【釋文】

維皇宋紹定六年歲在癸巳八月一日/癸酉朔，迺有邛州蒲江縣善何鄉至和/里[一]住逝者史遠孫，郎諱遠孫，奄經多/年，未卜安厝，召良師選得當里本家六/十畝田，内定得丁山甲水，以十二日甲申直幡幢[二]/相送，用安神魂。先用信錢萬萬九千九百貫/文，買得此地一段，四方標立，界至分明。昔/日錢財交度了，更無变悔，如有先悔，/天裂[三]地絶。證明書契人：張堅固；讀契/人：李定度、王橋[四]、赤松子；地主：東王父、西/王母；印契人：金主簿。故立此契券，令/遠孫即地下照用者，乾元𠀤母書。

【校注】

〔一〕邛州蒲江縣善何鄉至和里：邛州蒲江縣見〇〇二《魏訓買地券》。《元豐九域志》卷七《成都府路》載：蒲江縣有六鄉。本書一六七《李氏戍娘買地券》、二五一《史遠孫買地券》、〇三〇《周氏買地券》《史仲元買地券》載蒲水鄉，爲蒲川縣轄鄉之一。

〔二〕幡幢：亦稱「幢幡」。「幢」原指支撑帳幕、傘蓋、旌旗的木竿，後指有執竿的寶蓋。「幡」指用竹竿等挑掛的長條形旗子。「幡幢」此處指法事所用的經幢與旗幡，用以爲死者招魂。

〔三〕天裂：原文作「天烈」，今據文意改。

〔四〕王橋：即「王喬」。見〇二〇《王仁明買地券》校注。

地券

維皇宋嘉熙四年歲次庚子閏十二月庚申朔越十三日
壬申祖周約禮謹昭告于 赤朱崑主土之神曰長女
孫柔順幼而聰慧將笄而失 母事 嚴父撫弟妹於孝愛
曲盡於勤勞備至歲在戊戌出適于會昌黃憲祖之子承孫
時黃已父急柔順奉承惟謹越期年黃殁泚戚執喪禮舅姑
恩養蔑如艱苦得疾常語吾家往來客婦曰君姑數昌言我
必改儷它族然我自安分鞠孤孩而守之無他志也自是鬱
愈寒而疾愈進冬十月朔其 父一龍與其弟元承復老二
妹感懷疇昔且諗其在黃有弗堪者俾暫還調理禱醫禱
神靡不盡瘁而竟弗之救可不痛心也耶嗚呼柔順志行如
是向使得年以充所守真可與哲人烈士爭不朽名惜蘭馨
還沉玉光還韜而人實禍之至此也柔順生於嘉□甲戌之
二月卒於嘉熙庚子之十一月年纔二十有七男孩韶孫猶
在襁褓母因子之子其不母乎然不忍返其柩而葬於黃蓋
以其舅姑殘忍刻薄出於天性不能有之於生□有之於
死是用歸藏于我周氏赤朱崑之土其地祖株□蜿蜒而
來坐兌向卯山環水繞宜可安其靈而安之維 神呵禁
不祥則春秋祭祀 神其與享謹告

二五二　孫祖周女孫柔順地券

二五二　孫祖周女孫柔順地券　嘉熙四年（一二四〇）閏十二月十三日

【題解】

一、名稱：孫祖周女孫柔順地券

二、文獻形態：拓本圓頭方形，長五十八厘米，寬三十九厘米，題額「地券」，券文自右至左書寫，陰刻行楷十八行，行十三至二十三字不等。

三、卒葬時間：嘉熙四年（一二四〇）閏十二月十三日葬。

四、文獻著録：胡抗美、曾翔主編：《書法文獻》（宋代地券卷），青島：青島出版社，二〇一四年，第八八頁。

五、出土及收藏情況：江西出土，原石收藏於百石齋。

【釋文】

地券

維皇宋嘉熙四年歲次庚子閏十二月庚申朔越十三日/壬申，祖周約禮謹昭告于赤朱崗主土之神曰：「長女/孫柔順，幼而聰慧，將笄而失母，事嚴父，扶弟妹，於孝愛/曲盡，於勤勞備至。歲在戊戌，出適于會昌[一]黄憲祖之子承孫，/時黄已[二]久恙，柔順奉承惟謹。越期年，黄歿，悲戚執喪禮。舅姑/恩養，蔑如艱苦，得疾，常語吾家往來客婦曰：『君姑數昌言我/必改儷它族。然我自安分，鞠孤孩而守之，無他志也。』自是節/愈寒而疾愈進。冬十月朔，其父一龍與其弟元承復老，二/妹感懷疇昔，且諗其在黄有弗堪者，俾暫還調理，謁醫禱/神，靡不盡瘁，而竟弗之救，可不痛心也耶。嗚呼！柔順志行如/是，向使得年以充，所守真可與哲人烈士爭不朽名，惜蘭馨/遽沉，玉光遽韜，而人實禍之至此也。柔順生於嘉定甲戌之/二月，卒於嘉熙庚子之十一月，年纔二十有七。男□韶孫猶/在繦褓，母固子之，子其不母乎？然不忍返其柩而葬於黄，蓋/以其舅姑殘忍刻薄，出於天性，不能有之於生，安耐有之於/死？是用歸藏于我周氏赤朱崗之土。其地祖株宗□，蜿蜒而/來，坐兑向卯，山環水繞，宜可妥其靈而安之。維神呵禁/不祥，則春秋祭祀，神其與享。」謹告。

【校注】

〔一〕會昌：會昌縣，宋時屬虔州。

〔二〕已：原文爲「巳」，今改之。

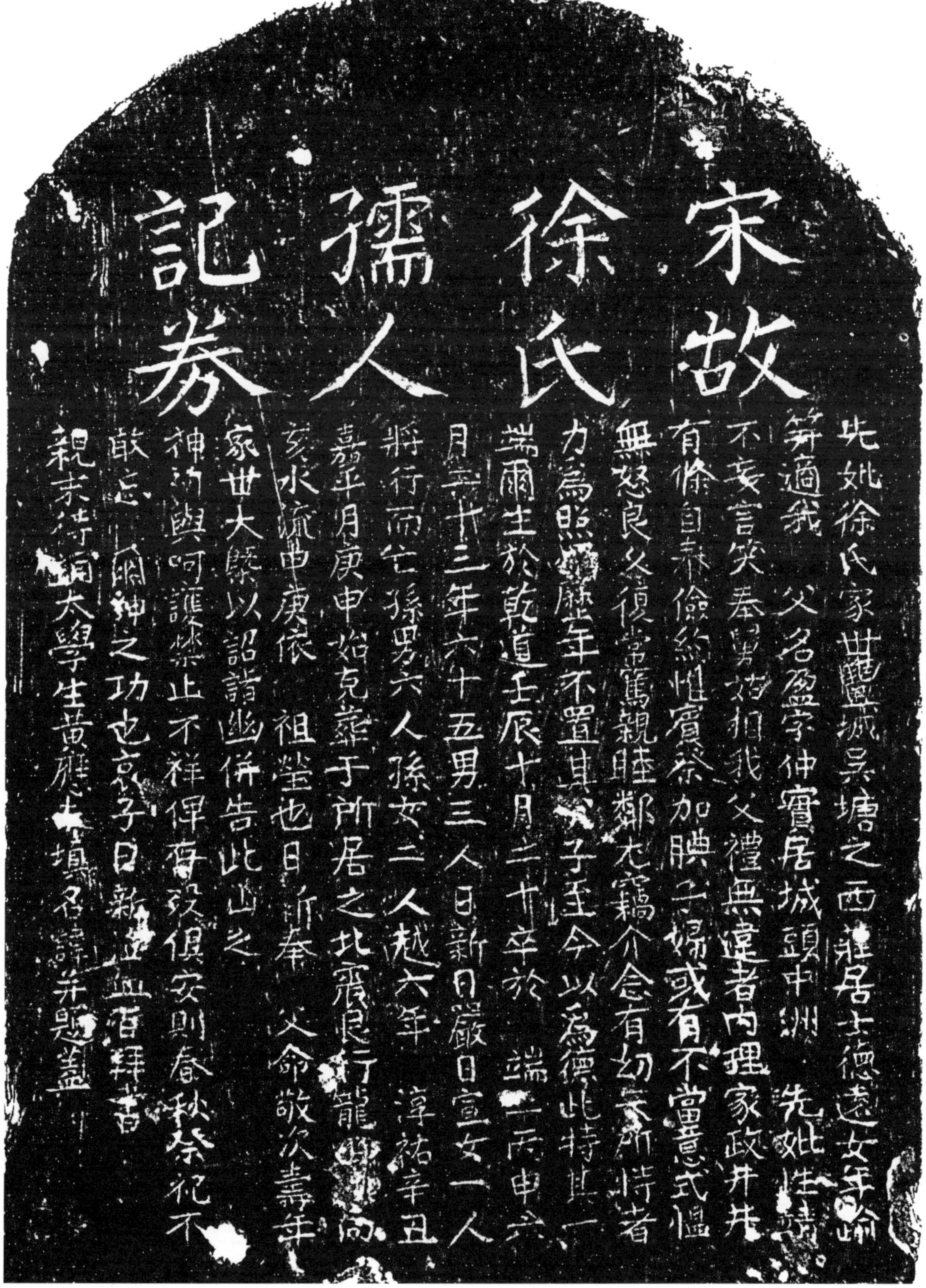

二五三 黃日新母徐氏地券

二五三　黄日新母徐氏地券　淳祐元年（一二四一）十二月七日

【題解】

一、簡稱：黄日新母徐氏記地券

二、文獻形態：拓本圓頭方形，長四十六厘米，寬三十三厘米，題額二行，「宋故徐氏孺人記券」，券文自右至左書寫，陰刻行楷十五行，行十三至二十字不等。

三、卒葬時間：端平三年（一二三六）六月二十三日卒，淳祐元年（一二四一）十二月七日葬。

四、文獻著録：胡抗美、曾翔主編：《書法文獻》（宋代地券卷），青島：青島出版社，二〇一四年，第八五頁。

五、出土及收藏情況：江西出土，原石收藏於百石齋。

【釋文】

宋故徐氏孺人記券

先妣徐氏，家世豐城[一]吴塘之西莊，居士德遠女，年逾/笄，適我父，名盈，字仲實，居城頭中洲。先妣性靖，/不妄言笑。奉舅姑，相我父，禮無違者。内理家政，井井/有條，自奉儉約。惟賓祭加腆，子婦或有不當，意式慍，/無怒，良久復常。篤親睦鄰，尤竊介念有幼失所恃者，/力爲照顧，歷年不置，其父子至今以爲德。此特其一/端爾。生於乾道壬辰十月二十，卒於端平丙申六/月二十三，年六十五。男三人，日新、日嚴、日宣。女一人，/將行而亡。孫男六人，孫女二人。越六年，淳祐辛丑/嘉平月庚申[二]始克，葬于所居之北，震艮行龍，□□向/亥，水流申庚，依祖塋也。日新奉父命敬次壽年，/家世大概，以詔諸幽，并告此山之/神：「所與呵護，禁止不祥。俾存殁俱安。則春秋祭祀，不/敢忘爾神之功也。」哀子日新泣血百拜書。/親末待補太學生黄應□填名諱并題蓋。

【校注】

〔一〕豐城：本書地券所見有豐城縣，二三一《甘氏地券》載豐城縣富城鄉□□里。本券載豐城吴塘之西莊，應指豐城縣。

〔二〕淳祐辛丑嘉平月庚申：淳祐辛丑即淳祐元年（一二四一）。嘉平月，農曆對十二月的一種別稱。據陳垣《二十史朔閏表》，葬時應爲淳祐元年十二月初七日。

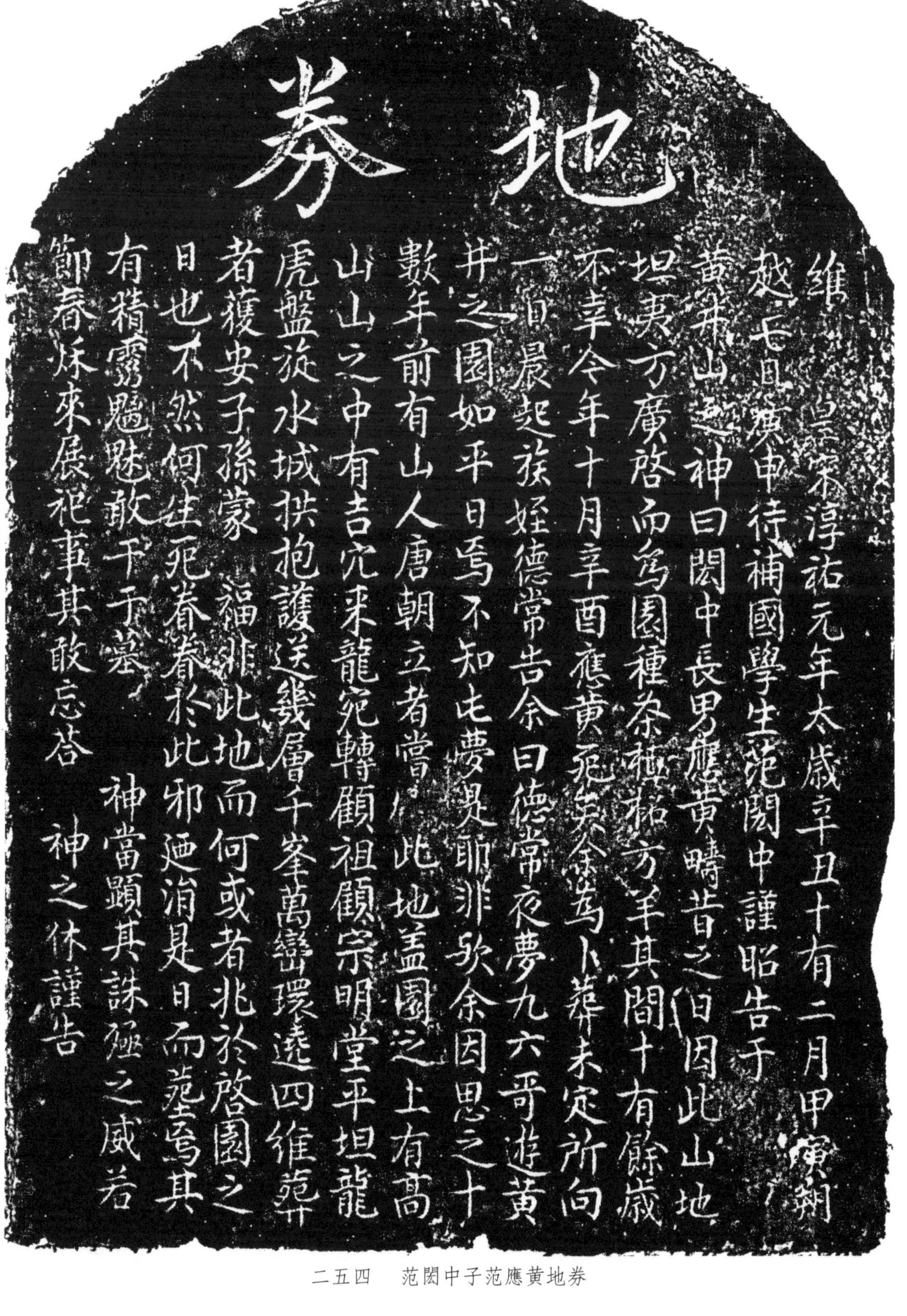

二五四　范閎中子范應黄地券

二五四　范閎中子范應黄地券　淳祐元年（一二四一）十二月七日

【題解】

一、名稱：范閎中子范應黄地券

二、文獻形態：拓本圓頭方形，長五十九厘米，寬四十二厘米，題額「地券」，券文自右至左書寫，陰刻行楷十四行，行十六至二十字不等。

三、卒葬時間：淳祐元年（一二四一）十二月七日葬。

四、文獻著録：胡抗美、曾翔主編：《書法文獻》（宋代地券卷），青島：青島出版社，二〇一四年，第八九頁。

五、出土及收藏情況：江西出土，原石收藏於百石齋。

【釋文】

地券

維皇宋淳祐元年太歲辛丑十有二月甲寅朔/越七日庚申，待補國學生[一]范閎中謹昭告于/黄井山之神曰：「閎中長男應黄，疇昔之日，因此山地/坦夷方，廣啓而爲園，種茶植柘，方羊其間，十有餘歲。/不幸今年十月辛酉應黄死矣！余爲卜葬，未定所向。/一日晨起，族侄德常告余曰：「德常夜夢九六哥游黄/井之園，如平日焉。不知此夢是耶非歟？」/余因思之，十/數年前有山人唐朝立者，嘗□此地。蓋園之上有高/山，山之中有吉穴，來龍宛轉，顧祖顧宗，明堂平坦，龍/虎盤旋，水城拱抱，護送幾層，千峰萬巒，環遶四維。葬/者獲安，子孫蒙福，非此地而何？或者兆於啓園之/日也。不然何生死眷眷於此邪？迺涓是日而葬焉。其/有精靈魑魅敢干于墓，神當顯其誅殛之威。若/節春秋[二]來展祀事，其敢忘答神之休。」謹告。

【校注】

〔一〕待補國學生：北宋國子學與國子監合而爲一，慶曆四年（一〇四四）後國子學從國子監分離，與太學并立，地位日降。南宋中央官學爲太學、武學、宗學，已無國子學之名，但有國子生，屬太學之一部。

〔二〕秋：原文作「炑」，改之。

二五五　范翔鳳妻方氏地券

二五五　范翔鳳妻方氏地券　淳祐九年（一二四九）八月三日

【題解】

一、名稱：范翔鳳方氏地券

二、文獻形態：拓本圓頭方形，長四十八厘米，寬四十厘米，篆書題額「地券」二字，券文自右至左書寫，陰刻行楷十行，行九至十四字不等。

三、卒葬時間：淳祐九年（一二四九）八月三日葬。

四、文獻著録：胡抗美、曾翔主編：《書法文獻》（宋代地券卷），青島：青島出版社，二〇一四年，第九〇頁。

五、出土及收藏情況：江西出土，原石收藏於百石齋。

【釋文】

地券

皇宋淳祐九年己酉八月壬寅，澧州/慈利[一]主簿[二]孫范翔鳳偕男彦秀、彦穎/敢昭告于潭岡之麓后土之神曰：/「惟我家世有兹土，今奉我亡室方氏/靈柩。坐艮向坤兼申而葬焉。惟/神護之。其有山精石靈、木魈水怪等/，敢肆憑陵，惟神盡斥，逐屏除之。務/俾亡人妥安宅兆，芘蔭子孫，戴/神休于無斁。若節春秋來展時祀，/神亦與享焉。」謹告之券。

【校注】

〔一〕澧州慈利：《太平寰宇記》卷一一八《江南西道十六》：隋唐時置，宋因之，屬江南西路。領澧陽、安鄉、石門、慈利四縣。

〔二〕主簿：縣主簿，始置于東漢，掌本縣官物出納、注銷簿書。兩宋沿置。

二五六　趙繼和亡父母地券

二五六　趙繼和亡父母地券　淳祐九年（一二四九）十二月八日

【題解】

一、名稱：趙繼和亡父母地券

二、文獻形態：拓本圓頭方形，長六十六厘米，寬四十二厘米，題額「地券」，券文自右至左書寫，陰刻行楷十三行，行十七至二十字不等。

三、卒葬時間：淳祐九年（一二四九）十二月八日葬。

四、文獻著録：胡抗美、曾翔主編：《書法文獻》（宋代地券卷），青島：青島出版社，二〇一四年，第九一頁。

五、出土及收藏情况：江西出土，原石收藏於百石齋。

【釋文】

地券

維皇宋淳祐九年歲次己酉十二月戊戌朔越初/八日乙巳，孤哀子趙繼和敢昭告于富城鄉〔一〕/南崗之山神曰：「惟我皇考葬于此地，惟我皇妣/附于此地。父生于淳熙乙未之仲夏而終於嘉熙己/亥之仲秋。母生于乾道己丑之孟夏而終於淳祐己/酉之季秋。今决其地而合葬焉，孝子泣血，送于厥中。卜其宅兆，于兹協從，載惟兹山名曰南崗。形如猛虎，/坐踞欲吼。前株林溪，後黄榴腦，右揖界嶺水，左接城/崗山。其山唯何？來龍乃乙而坐向作辛；其水唯何？始/發乎辛而終歸乎辛。自十月己未開基，百役皆興，干/犯無時。敬恭神明，謝此愆尤。願禁不祥，而畀洪休，/護我先靈安于九泉。願無前累，賜以後福，永世無/窮。自今以始，春秋祭祀，與神同享，永矢弗渝。」謹告。

【校注】

〔一〕富城鄉：宋時屬豐城縣，見〇六八《孫七郎買地券》。

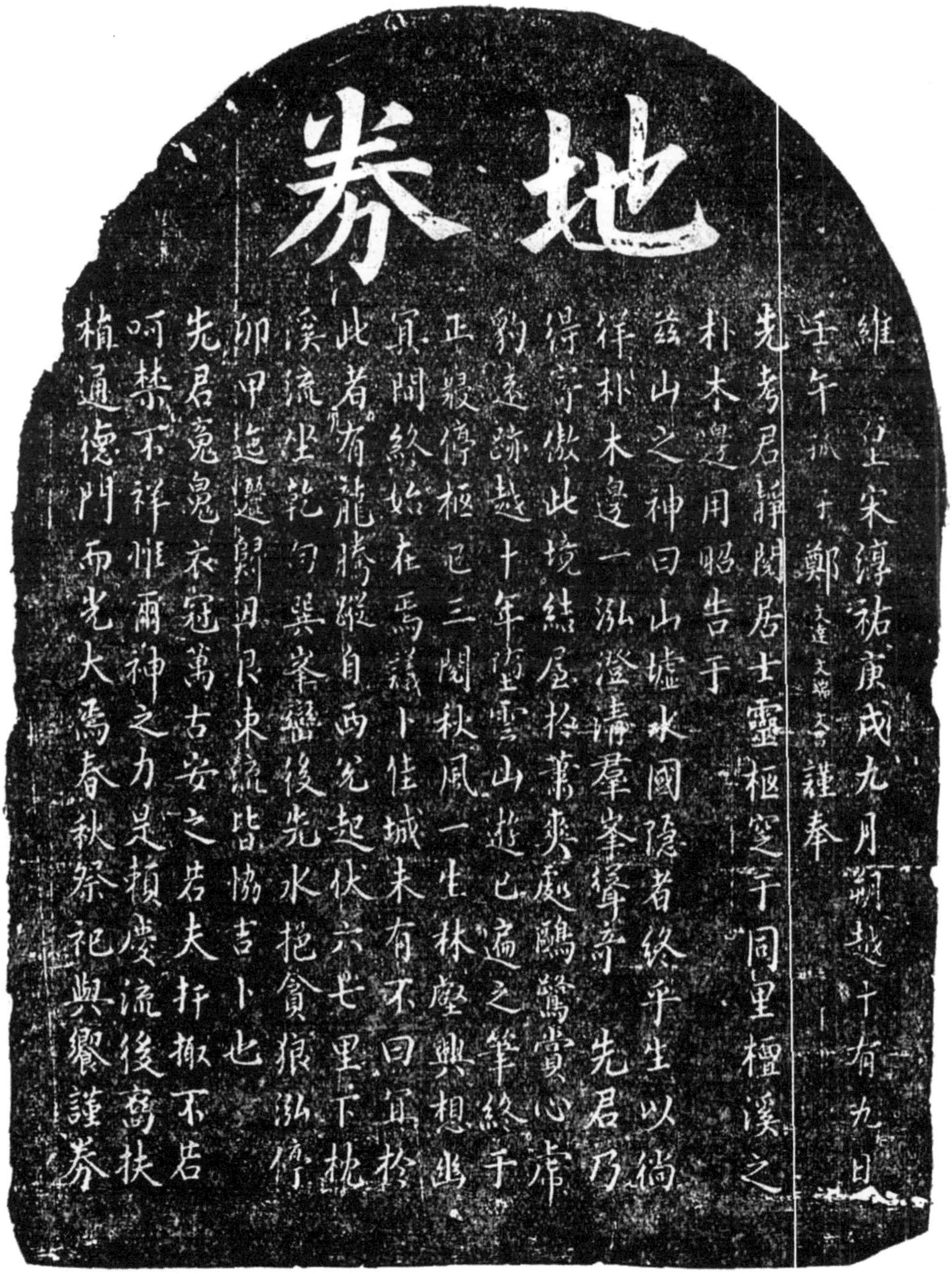

二五七　鄭文達父鄭静閲買地券

二五七　鄭文達父鄭静閲買地券　淳祐十年（一二五〇）九月十九日

【題解】

一、名稱：鄭文達父鄭静閲買地券

二、文獻形態：拓本長方形，題額「地券」，長四十二厘米，寬三十五厘米，券文自右至左書寫，陰刻文字十行，行七至十八字不等。

三、卒葬時間：淳祐十年（一二五〇）九月十九日葬。

四、文獻著録：陳柏泉：《江西出土地券綜述》，《考古》一九八七年第三期，第二一九、二二三至二三一頁。

五、出土及收藏情况：一九七三年出土於江西景德鎮。

【釋文】

地券

維皇宋淳祐庚戌九月朔越十有九日/壬午孤子鄭文達、文瑞、文昌，謹奉/先考君静閲居士[一]靈柩窆于同里檀溪之/朴木邊，用昭告于/兹山之神曰：「山墟水國，隱者終乎！生以徜徉朴木邊，一泓澄清，群峰聳奇。先君乃/得奇傲此境，結屋於蕭爽處，鷗鷺賞心，虎/豹遠迹。越十年，墮雲山游已遍之筆，終于/正寢。停柩已三閲秋風，一生林壑興想，幽冥間終始在焉。議卜佳城，未有不曰宜于/此者。有龍騰蹤，自西兑起伏六七里，下枕/溪流，坐乾向巽，峰巒後先，水挹貪狼，泓停/卯甲，迤邐歸丑艮東流，皆協吉卜也。/先君魂魄衣冠，萬古安之。若夫扞掫不若，/呵禁不祥，惟爾神之力是賴。慶流後裔，扶/植通德，門而光大焉，春秋祭祀與饗。」謹券。

【校注】

〔一〕居士：古代泛稱在家修道之人爲居士。

二五八　查曾九買地券

二五八　查曾九買地券　淳祐十二年（一二五二）七月五日

【題解】

一、名稱：查曾九買地券

二、文獻形態：拓本長方形，長四十二厘米，寬三十五厘米，券文自右至左書寫。陰刻文字十行，行十七字。

三、卒葬時間：淳祐十二年（一二五二）七月五日葬。

四、文獻著録：陳柏泉：《江西出土地券綜述》，《考古》一九八七年第三期，第二一九、二二三至二三一頁。

五、出土及收藏情況：一九七三年出土於江西省景德鎮。

【釋文】

皇宋淳祐十二年歲次壬子七月癸/未朔初五日歿故查公曾九朝奉[一]用錢九萬九千九/百九十九貫九百九十九文，就皇天父、后土/母、社稷主立契買得饒州浮梁縣[二]福西上義/都土名大潮□烟竹塢地作陰宅安厝。其地/亥山巳向，東至甲乙，南至丙丁，西至庚辛，北/至壬癸，上至青天，下至黄泉。界至分明，□□/兩相分付訖。見人：年神；保人：月將。書契：功曹；/印契：主簿。歸葬之後，千年安吉，陰益子孫。如/有精邪，遠避千里，不得干犯。急急如律令。

【校注】

〔一〕朝奉：宋朝奉大夫簡稱朝奉。寄禄官名。北宋元豐後，爲文臣京朝官寄禄官階三十階之第十九階。

〔二〕浮梁縣：宋屬饒州。《太平寰宇記》卷一〇七《江南西道五》載：饒州，領縣五：鄱陽、餘干、浮梁、樂平、德興。本券所見有浮梁縣福西上義都。

二五九　黄子朝父黄四六公地券

二二五九　黃子朝父黃四六公地券　寶祐元年（一二五三）十二月二十八日

【題解】

一、名稱：黃子朝父黃四六公地券

二、文獻形態：券石方形，上部左右抹角，拓片長四十一點五厘米，寬三十五點五厘米。上部有券額，楷書「宋故黃公墓□」，五行，行一字。券文自右至左書寫，楷書十二行，行十六至二十五字不等。

三、卒葬時間：寶祐元年（一二五三）十二月二十八日卒。

四、出土及收藏情況：拓片現藏河北大學宋史研究中心資料室。

【釋文】

宋故黃公墓□

維皇宋寶祐元年歲次癸丑，撫州臨川縣長安鄉過訓/里壕上保居孝男黃子朝、子□、子□上侍母親劉氏，孝女/四娘、孝新婦黎氏、槐氏、陳氏，孝孫必富、必明、必□、必志□□/□哩寄哩□哩，女孫一娘、三娘、四娘、五娘，孫婦吳氏、金氏，/□孫寧哩□爲亡父四六公元命辛丑十月生，享年七十三/歲，不幸於十二月二十三日□□命□□生二十八日壬申安厝。/當備錢財香酒，就于陂□南坑開皇地主、五土尊神□□/□庚山甲向地一穴，水帰癸艮長流。東止甲乙青龍，南止/丙丁朱雀，西止庚辛白狩，北止壬癸玄武，上止青天，下止/黃泉。當□立□，永與亡人作一萬年冢宅。外道不得/妄符□□急急如律令。/保人：張堅固，保人：李定度，書人：天官道士。

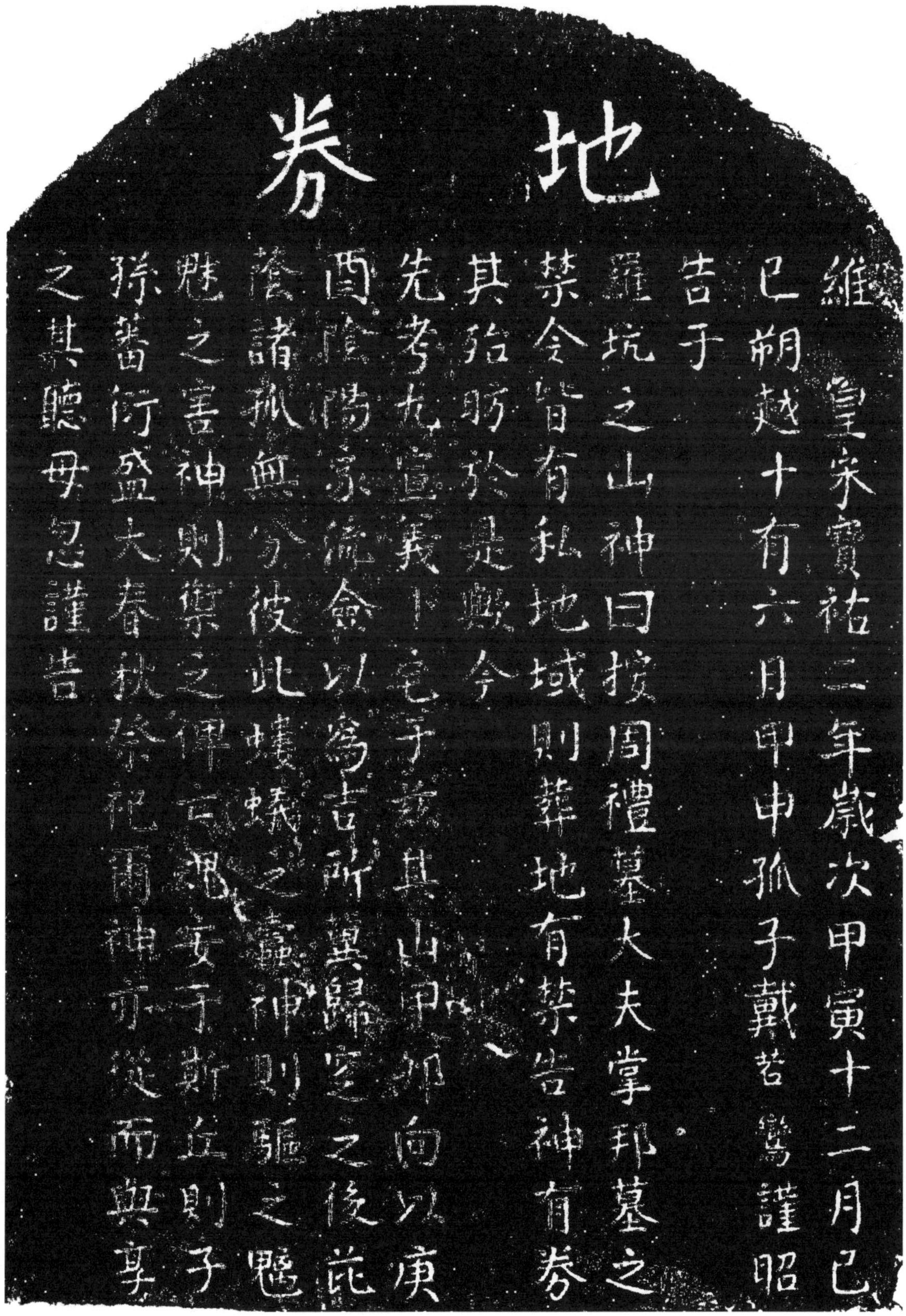

二六〇　戴若鸞父戴九宣義地券

二六〇　戴若鸞父戴九宣義地券　寶祐二年（一二五四）十二月十六日

【題解】

一、名稱：戴若鸞父戴九宣義地券

二、文獻形態：拓本圓頭方形，長五十五厘米，寬三十九厘米，題額「地券」，券文自右至左書寫，陰刻行楷十二行，行二至十六字不等。

三、卒葬時間：寶祐二年（一二五四）十二月十六日葬。

四、文獻著録：胡抗美、曾翔主編：《書法文獻》（宋代地券卷），青島：青島出版社，二〇一四年，第九四頁。

五、出土及收藏情況：江西出土，原石收藏於百石齋。

【釋文】

地券

維皇宋寶祐二年歲次甲寅十二月己/巳朔越十有六日甲申，孤子戴若鸞謹昭/告于/羅坑之山神曰：「按《周禮》『墓大夫掌邦墓』之/禁令，皆有私地域，則葬地有禁，告神有券，/其殆昉於是歟。今/先考九宣義卜宅于兹，其山甲卯向以庚/酉，陰陽家流僉以爲吉。所冀歸窆之後，庇/蔭諸孤，無分彼此。螻蟻之蠹，神則驅之。魑/魅之害，神則禦之。俾亡魂安于斯丘，則子/孫蕃衍盛大。春秋祭祀，爾神亦從而與享/之，其聽毋忽。」謹告。

【校注】

〔一〕宣義：宣義郎，寄禄官名。爲宋文臣京朝官寄禄官三十階之第二十七階。

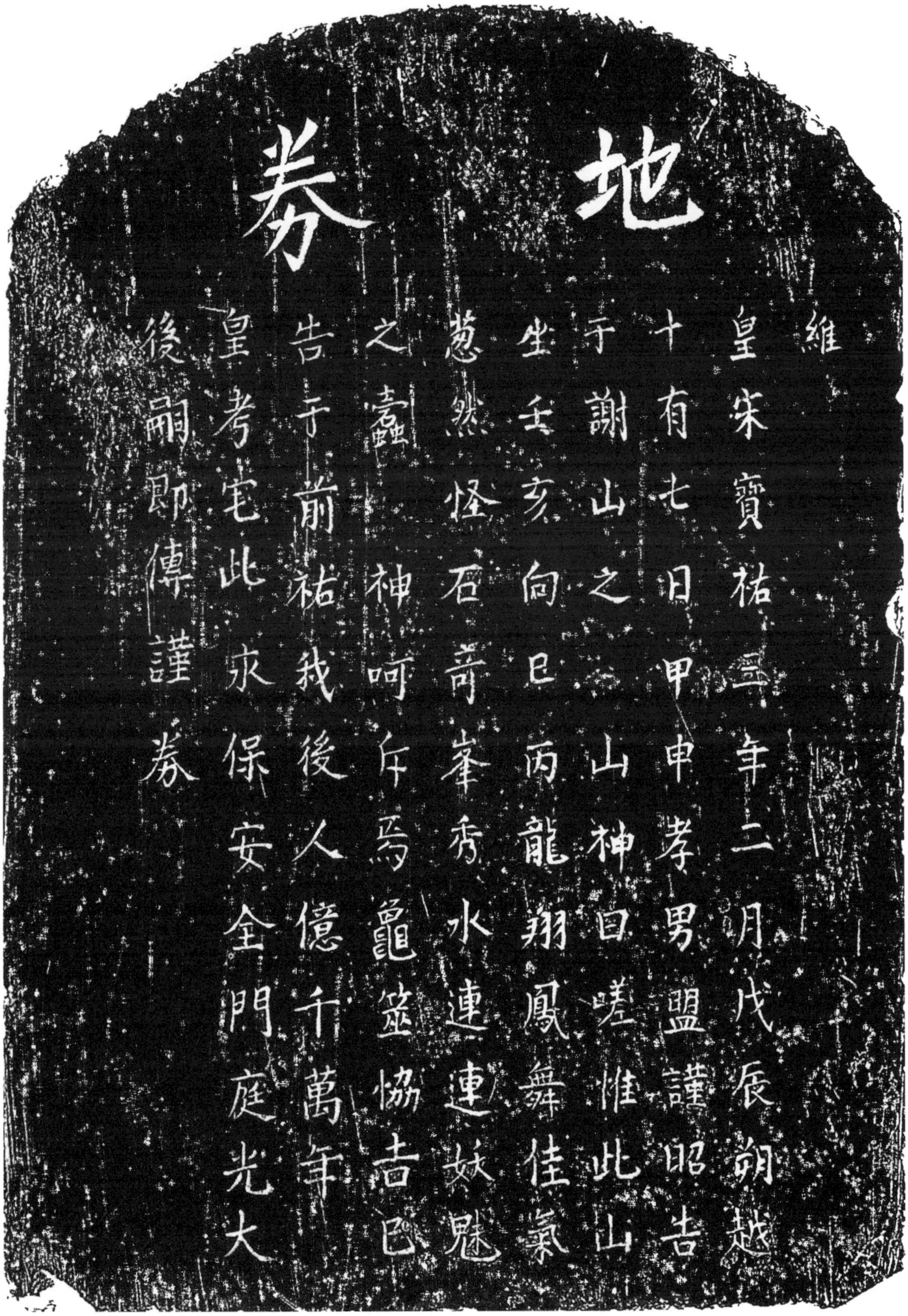
地券

維
皇宋寶祐三年二月戊辰朔越
十有七日甲申孝男盟謹昭告
于謝山之山神曰嗟惟此山
坐壬亥向巳丙龍翔鳳舞佳氣
葱然怪石奇峯秀水連連妖魅
之蠱神呵斥為龜筮協吉已
告于前祐我後人億千萬年
皇考宅此永保安全門庭光大
後嗣卽傳謹券

二六一　盟亡父地券

二六一　盟亡父地券　寶祐三年（一二五五）二月十七日

【題解】

一、名稱：盟亡父地券

二、文獻形態：拓片成圓頭方形，長五十八厘米，寬四十一厘米，題額「地券」，券文自右至左書寫，陰刻行楷十行，行一至十二字不等。

三、卒葬時間：寶祐三年（一二五五）二月十七日葬。

四、文獻著録：胡抗美、曾翔主編：《書法文獻》（宋代地券卷），青島：青島出版社，二〇一四年，第九六頁。

五、出土及收藏情況：江西出土，原石收藏於百石齋。

【釋文】

地券

維／皇宋寶祐三年二月戊辰朔越／十有七日甲申，孝男盟謹昭告／于謝山之山神曰：「嗟惟此山，／坐壬亥向巳丙，龍翔鳳舞，佳氣／葱然，怪石奇峰，秀水連連。妖魅／之蠹，神呵斥焉。龜筮協吉，已／告于前，祐我後人，億千萬年，／皇考宅此，永保安全。門庭光大，／後嗣即傳。」謹券。

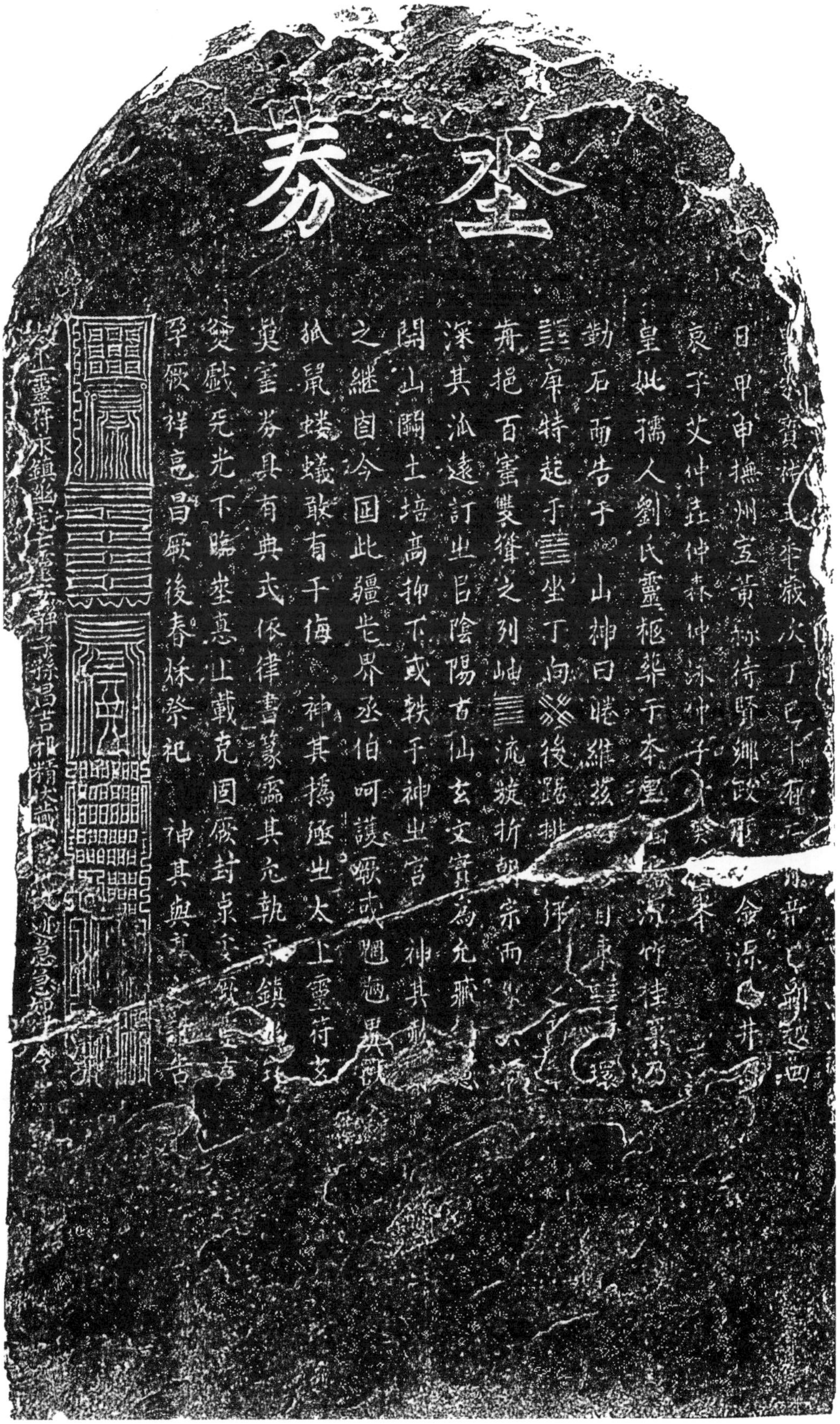

二六二　艾仲垚母劉氏地券

二六二　艾仲喆母劉氏地券　寶祐三年（一二五五）十二月四日

【題解】

一、名稱：艾仲喆母劉氏地券

二、文獻形態：拓本圓頭方形，長六十八厘米，寬四十二厘米，題額「地券」，左側刻有道教符篆，券文自右至左書寫，陰刻行楷十六行，行十五至十九字不等。

三、卒葬時間：寶祐三年（一二五五）十二月四日葬。

四、文獻著録：胡抗美、曾翔主編：《書法文獻》（宋代地券卷），青島：青島出版社，二〇一四年，第九八頁。

五、出土及收藏情况：江西出土，原石收藏於百石齋。

【釋文】

地券〔一〕

皇宋寶祐三年歲次丁巳十有二月辛巳朔越四/日甲申，撫州宜黄縣待賢鄉政順□〔二〕宗源□井□，/哀子艾仲喆、仲森、仲泳、仲子、仲癸□奉/皇妣孺人劉氏靈柩，葬于本里□□源竹佳窠，乃/勒石而告于山神曰：「睠維兹□□自東□□，環/䷁庚，特起于䷝，坐丁向※，後踞排□□之□□，/前挹百寶雙聳之列岫，䷀流旋折朝宗而東□□/深其泒遠訂之以之巨陰陽古仙玄文，實爲允臧□□，/開山鬬土，培高抑下，或軼于神之宫，神其赦□/之繼。自今囩此疆此界，丞伯呵護，厥或魍魎異獸、/狐鼠螻蟻，敢有干侮，神其撝殛之，太上靈符玄/□寶券，具有典式，依律書篆，靈其允執，永鎮幽宅，/□戲元光下臨，地德〔三〕上載，克固厥封，克妥厥□，□/孕厥祥，□昌厥後。春秋祭祀，神其與享之。」謹告。

太上靈符，永鎮幽宅，亡靈安静，子孫昌吉，邪精伏藏，□□□迹。急急如律令。

【校注】

〔一〕地，原文爲「𡍮」。

〔二〕撫州宜黄縣待賢鄉政順□：《元豐九域志》卷六《江南路·西路》載：宜黄縣下設三鄉，據本券待賢鄉爲宜黄縣三鄉之一。

〔三〕地德：原作「埊悳」，今改之。

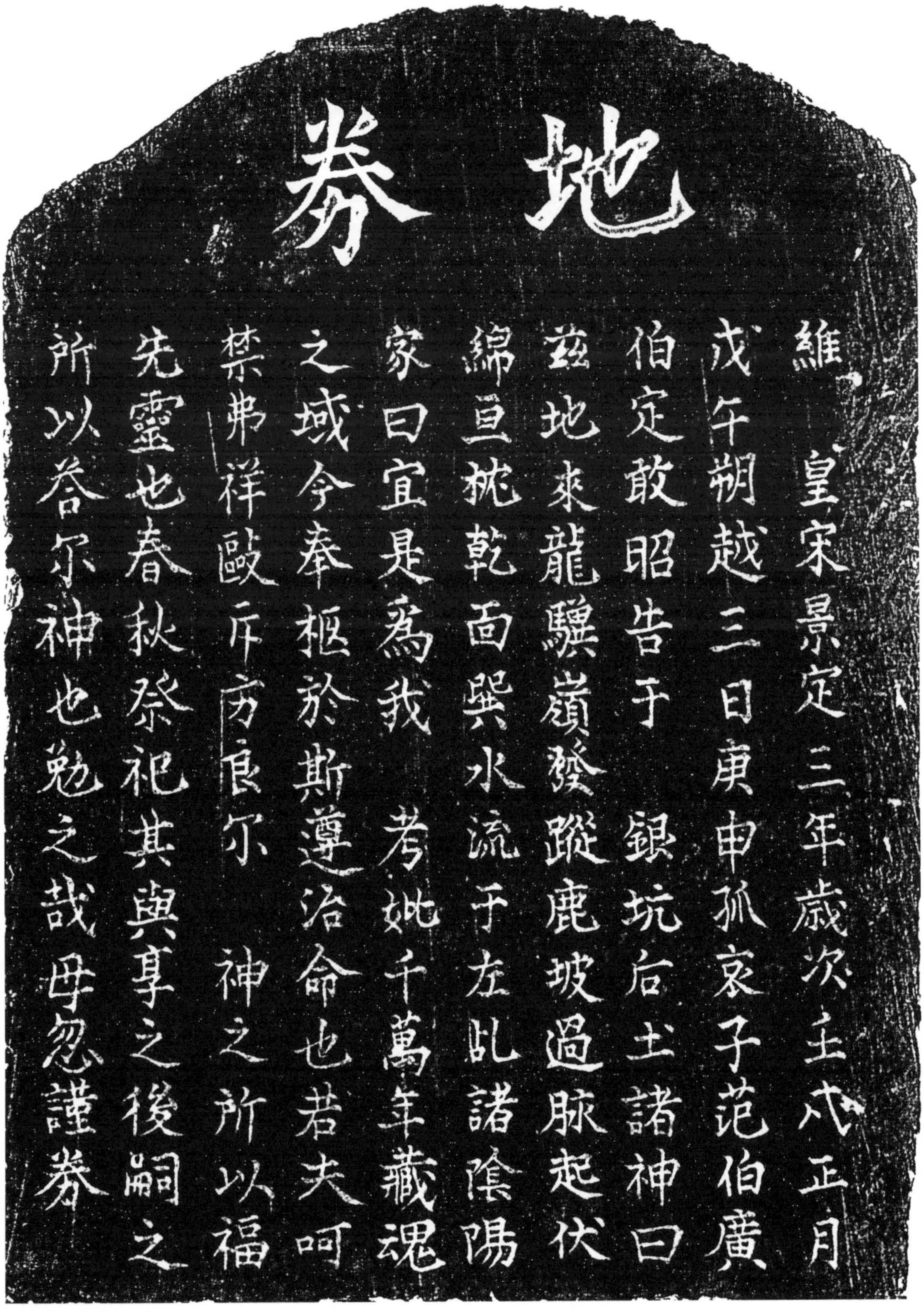
地券

維 皇宋景定三年歲次壬戌正月
戊午朔越三日庚申孤哀子范伯廣
伯定敢昭告于 銀坑后土諸神曰
茲地來龍驤嶺發蹤鹿坡過脉起伏
綿亘桃乾面巽水流于左此諸陰陽
家曰宜是爲我 考妣千萬年藏魂
之域今奉柩於斯遵治命也若夫呵
禁弗祥敺斥方良尔 神之所以福
先靈也春秋祭祀其與享之後嗣之
所以答尔神也勉之哉毋忽謹券

二六三　范伯廣亡父母地券

二六三　范伯廣亡父母地券　景定三年（一二六二）正月三日

【題解】

一、名稱：范伯廣亡父母地券

二、文獻形態：拓本圓頭方形，長三十八厘米，寬二十八厘米，題額「地券」，券文自右至左書寫，陰刻行楷十行，行十三至十四字不等。

三、卒葬時間：景定三年（一二六二）正月三日葬。

四、文獻著録：胡抗美、曾翔主編：《書法文獻》（宋代地券卷），青島：青島出版社，二〇一四年，第九九頁。

五、出土及收藏情況：江西出土，原石收藏於百石齋。

【釋文】

地券

維皇宋景定三年歲次壬戌正月/戊午朔越三日庚申，孤哀子范伯廣、/伯定敢昭告于銀坑后土諸神曰：/「兹地來龍驥嶺，發蹤鹿坡，過脉起伏/綿亘，枕乾面巽，水流于左。乩諸陰陽/家，曰：『宜。』是爲我考妣千萬年藏魂/之域。今奉柩於斯，遵治命也。若夫呵/禁弗祥，驅斥方良，爾神之所以福/先靈也。春秋祭祀，其與享之，後嗣之/所以答爾神也。勉之哉！毋忽！」謹券。

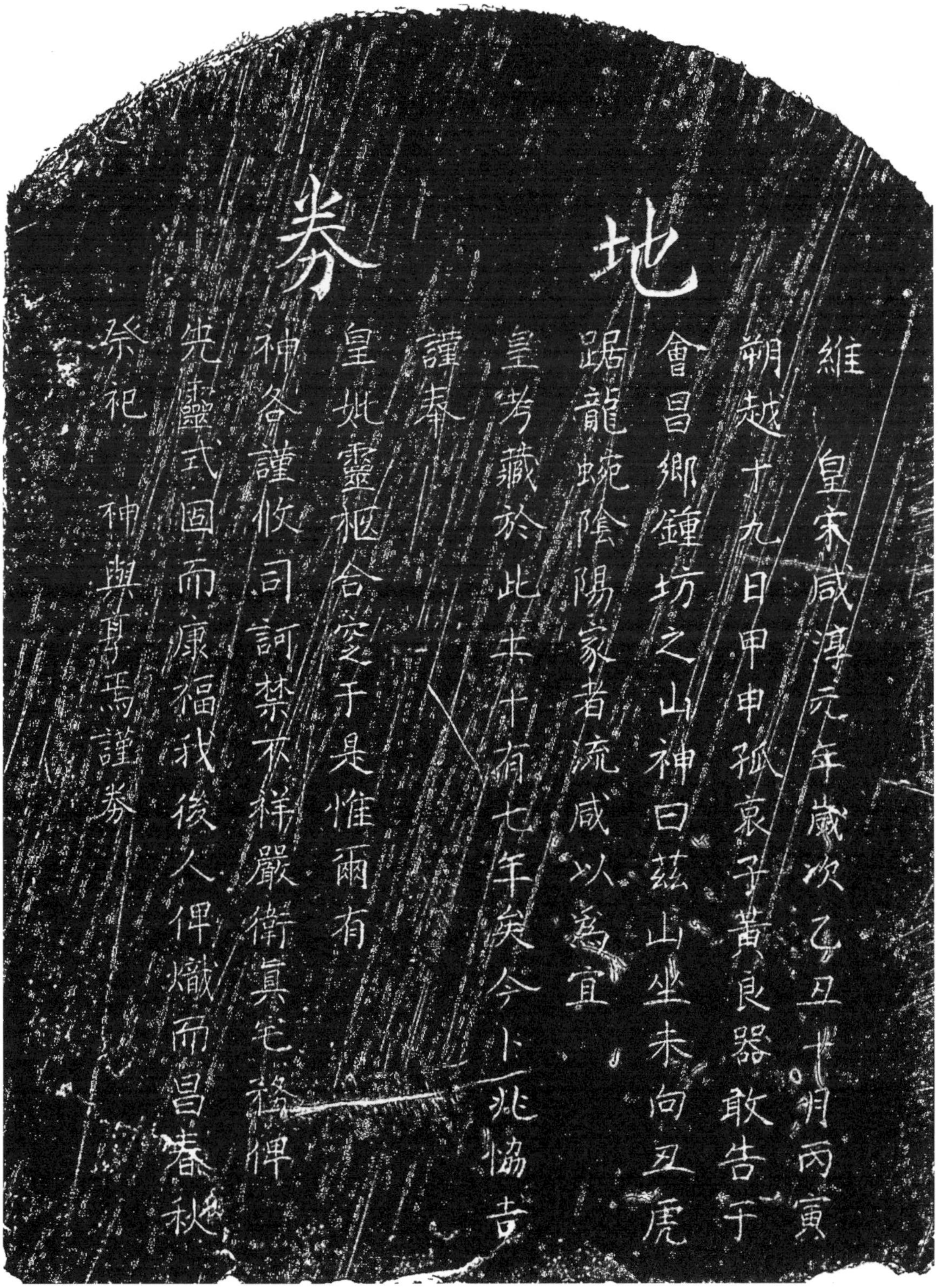

二六四　黄良器亡父母地券

二六四　黄良器亡父母地券　咸淳元年（一二六五）十月十九日

【題解】

一、簡稱：黄良器亡父母地券

二、文獻形態：拓本圓頭方形，長五十七厘米，寬四十八厘米，題額「地券」，券文自右至左書寫，陰刻行楷十行，行二至十六字不等。

三、卒葬時間：咸淳元年（一二六五）十月十九日葬。

四、文獻著録：胡抗美、曾翔主編：《書法文獻》（宋代地券卷），青島：青島出版社，二〇一四年，第一〇一頁。

五、出土及收藏情况：江西出土，原石收藏於百石齋。

【釋文】

地券

維皇宋咸淳元年歲次乙丑十月丙寅/朔越十九日甲申，孤哀子黄良器敢昭告于/會昌鄉[一]鍾坊之山神曰：「兹山坐未向丑，虎/踞龍蜿，陰陽家者流咸以爲宜。/皇考藏於此土，十有七年矣。今卜兆協吉，/謹奉/皇妣靈柩合窆于是。惟爾有/神，各謹攸司，訶禁不祥，嚴衛真宅，務俾/先靈式固而康福我後人，俾熾而昌。春秋/祭祀，神與享焉。」謹券。

【校注】

［一］會昌鄉：宋有虔州會昌縣，會公昌鄉是否屬會昌縣不詳。

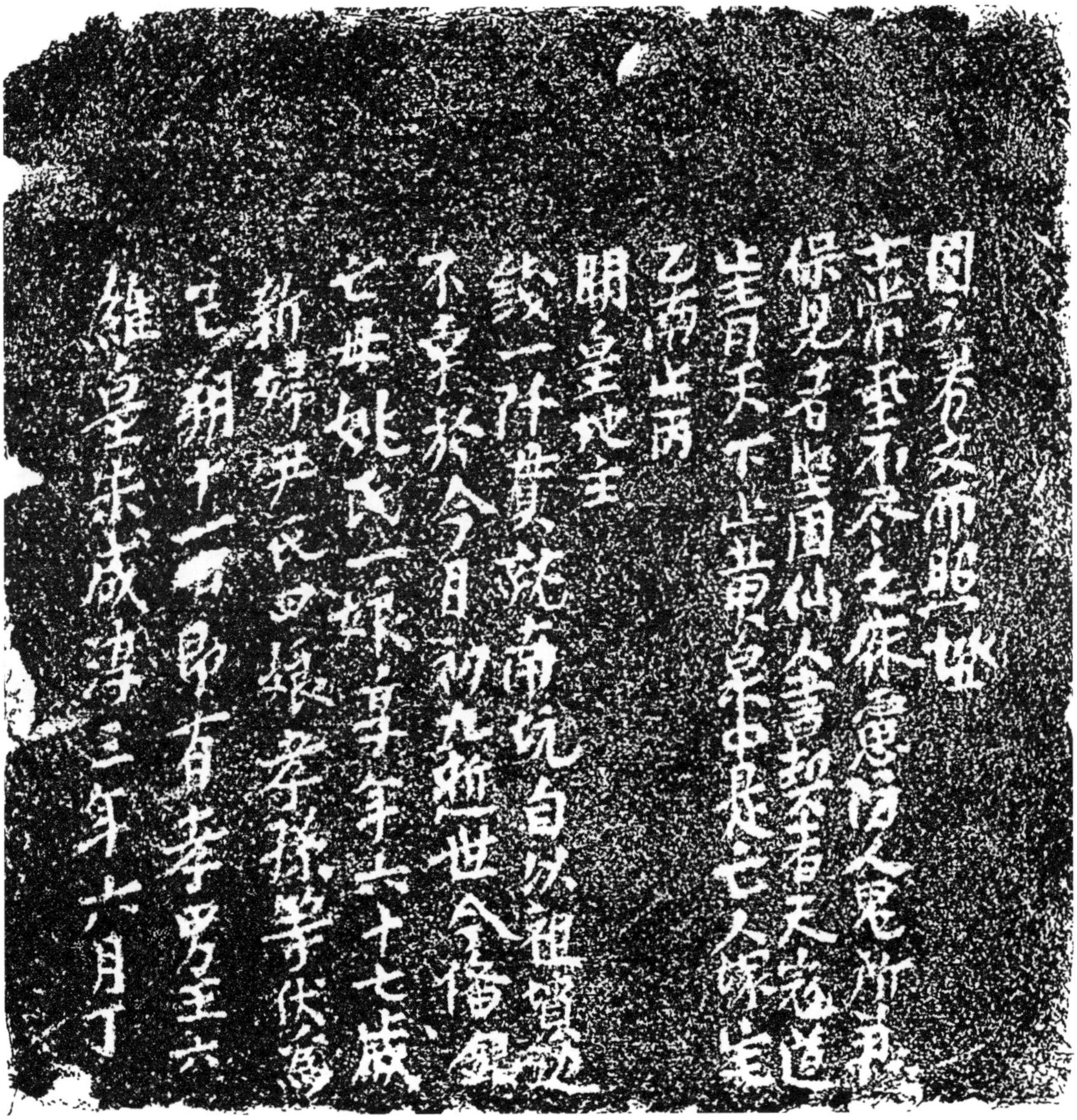

二六五　王六母姚一娘地券

二六五　王六母姚一娘地券　咸淳三年（一二六七）六月十一日

【題解】

一、名稱：王六母姚一娘地券

二、文獻形態：拓本正方形，邊長三十二厘米，無題額，券文自左至右書寫，陰刻行楷十二行，行四至十三字不等。

三、卒葬時間：咸淳三年（一二六七）六月十一日葬。

四、文獻著録：胡抗美、曾翔主編：《書法文獻》（宋代地券卷），青島：青島出版社，二〇一四年，第一〇五頁。

五、出土及收藏情況：江西出土，原石收藏於百石齋。

【釋文】

維皇宋咸淳三年六月丁/巳朔十一日，即有孝男王六、/新婦尹氏四娘、孝孫等伏爲/亡母姚氏一娘，享年六十七歲，/不幸於今月初九逝世。今備銀/錢一阡貫就南坑自以祖墳边/開皇地主/，乙南止丙/止青天，下止黄泉，中是亡人冢宅。/保見者：堅固仙人，書契者：天冠道/士[一]。常垂不尽之庥，慮防人鬼所争，/固立券文而照證。

【校注】

〔一〕天冠道士：即天官道士。

二六六　范必大母甘氏地券

二六六　范必大母甘氏地券　咸淳三年（一二六七）十二月二十日

【題解】

一、名稱：范必大母甘氏地券

二、文獻形態：拓本圓頭方形，長四十七厘米，寬三十四厘米，題額「地券」，券文自右至左書寫，陰刻行楷十行，行十二至十四字不等。

三、卒葬時間：咸淳三年（一二六七）十二月二十日葬。

四、文獻著録：胡抗美、曾翔主編：《書法文獻》（宋代地券卷），青島：青島出版社，二〇一四年，第一〇二頁。

五、出土及收藏情況：江西出土，原石收藏於百石齋。

【釋文】

地券

維皇宋咸淳三年太歲丁卯十/二月癸丑朔越二十日壬申，孝男范/必大、孝孫范興宗謹昭告于孤坑守/土之神曰：「皇妣甘氏孺人，不幸於/咸淳二年丙寅九月初二日棄世。/今奉柩以袝葬于皇考之墓之右。/其向丙位，其坐壬方，龍盤虎踞。參陰/陽書而允爲吉藏。惟爾有神，尚克/兹相而呵禁不祥。二靈安安，子孫/其昌。春秋祭祀，曰篤不忘。」謹告。

二六七　范夢薦父范石崖地券

二六七　范夢薦父范石崖地券　咸淳六年（一二七〇）閏十月十日

【題解】

一、名稱：范石崖地券

二、文獻形態：拓本成圓頭方形，長四十一厘米，寬三十三厘米，題額「地券」，券文自右至左書寫，陰刻行楷十三行，行九至十四字不等。

三、卒葬時間：咸淳六年（一二七〇）閏十月十日葬。

四、文獻著録：胡抗美、曾翔主編：《書法文獻》（宋代地券卷），青島：青島出版社，二〇一四年，第一〇八頁。

五、出土及收藏情況：江西出土，原石收藏於百石齋。

【釋文】

地券

維皇宋咸淳六年歲次庚午閏十/月丁酉朔越十日丙午，里人孤哀子/范夢薦偕弟必興謹執券盟于/葛坑山之神曰：「皇考石崖居士，生/爲世吉人，殁宜得吉窆以歸。相是幽/扃，山環水聚，左龍蟠縈，右虎蹲踞，前/唐嶠之巑岏，後爐岫之巀嶭。倈峰筆/聳，堯嶺屏列。陰陽家僉曰：『是吉人之/攸宅。』請與爾神約，自今日既堋之/後，其毖爾職，以衛此兆域，毋使山夔、/沉履、石蛔、土羵是震是嚇，以妥我/先靈，以昌我後人。則祀事致嚴，侑享/于爾神，萬有千春。」謹券。

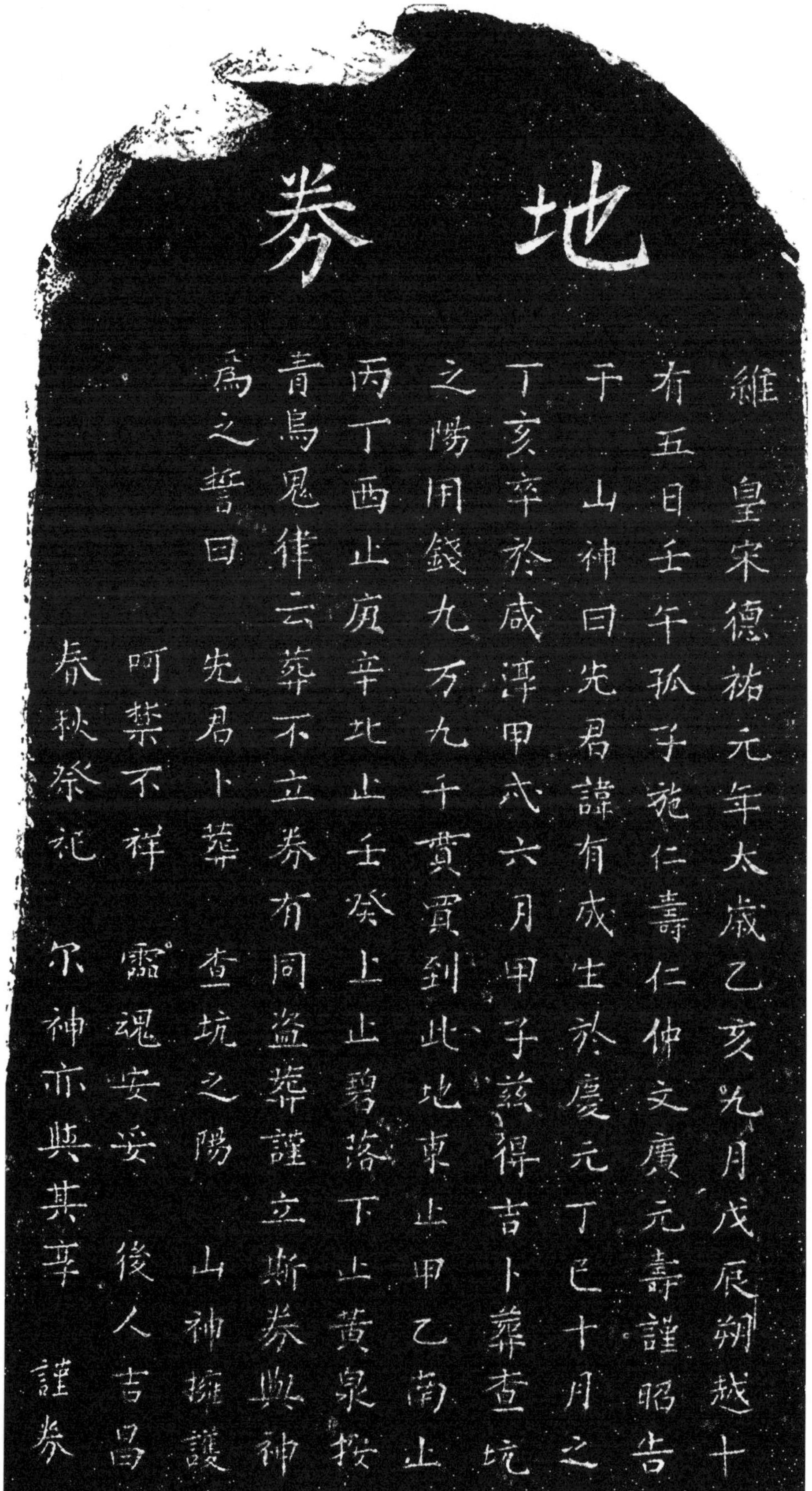

二六八 施仁壽父施有成地券

二六八　施仁壽父施有成地券　德祐元年（一二七五）九月十五日

【題解】

一、簡稱：施仁壽父施有成地券

二、文獻形態：拓本圓頭方形，長五十八厘米，寬三十二厘米，題額「地券」，券文自右至左書寫，陰刻行楷十二行，行十至十九字不等。

三、卒葬時間：德祐元年（一二七五）九月十五日葬。

四、文獻著録：胡抗美、曾翔主編：《書法文獻》（宋代地券卷），青島：青島出版社，二〇一四年，第一〇九頁。

五、出土及收藏情況：江西出土，原石收藏於百石齋。

【釋文】

地券

維皇宋德祐元年太歲乙亥九月戊辰朔越十/有五日壬午，孤子施仁壽、仁仲、文廣、元壽謹昭告/于山神曰：「先君諱有成，生於慶元丁巳十月之/丁亥，卒於咸淳甲戌六月甲子。兹得吉卜，葬查坑/之陽，用錢九萬九千貫買到此地。東止甲乙，南止/丙丁，西止庚辛，北止壬癸，上止碧落，下止黄泉。按/《青烏鬼律》云：『葬不立券，有同盗葬。』謹立斯券，與神/爲之誓曰：『先君卜葬，查坑之陽，山神擁護，/呵禁不祥，靈[一]魂安妥，後人吉昌。/春秋祭祀，爾神亦與其享。』」謹券。

【校注】

〔一〕靈：原文爲「霛」，今改。

附録

出土宋代買地券著録簡目表

編號：〇〇一

名稱：陶十九郎（仁悊）買地券

一九八三年出土於江西省九江市賽揚公社湯橋。券石青石質，上端截角，爲不規則六边形。以鎖鏈條紋圈邊，上端二道繩索狀紋。長三十三厘米，寬三十二厘米，厚零點七厘米。券文字體、行數、字數不詳。太平興國八年（九八三）七月六日卒，同年十二月二十八日葬。著録於梅紹裘、李科友：《九江市、樂安縣的兩座宋代紀年墓》，《江西歷史文物》一九八三年第二期，第一七至一九、二一頁。

編號：〇〇二

名稱：楊氏買地券

一九九四年出土於四川省成都市。石質，長方形；長四十二厘米，寬三十六厘米，厚三點五厘米。卒葬時間爲天禧五年（一〇二一）。著録於鄭偉：《新津五津鎮宋代磚室墓清理小記》，《成都文物》一九九五年第一期。高朋：《人神之契：宋代買地券研究》，北京：中國社會科學出版社，二〇一一年，第二二九頁。

編號：〇〇三

名稱：何蕢買地券

一九九六年出土於四川省蒲江縣五星鎮犀牛村。券石青石質，呈碑形；通高五十九點五厘米，碑座長四十二點五厘米，高十四厘米，底座厚十一厘米，碑身寬三十二厘米，高二十八厘米，上部厚三厘米，下部厚五厘米。券首半圓形，陰刻雲紋與日月圖案。券文行書十二行，行十至十八字。卒葬時間爲乾興元年（一〇二二）九月二十五日。著録於龍騰：《蒲江縣宋墓出土文物》，《成都文物》一九九七年第二期，第六五至七〇頁；高朋：《人神之契：宋代買地券研究》，北京：中國社會科學出版社，二〇一一年，第二二九至二三〇頁；魯西奇：《中國古代買地券研究》，厦門：厦門大學出版社，二〇一四年，第四三五至四三六頁。

編號：〇〇四

名稱：王仁明買地券

一九九六年出土於四川省蒲江縣五星鎮犀牛村。券石青石質，呈碑形；通高六十二點五厘米，碑座長四十四厘米，高十七點五厘米。券首半圓形，最寬處四十厘米，高十六點三厘米，陰刻雲紋與日月圖案。券身寬三十一厘米，高二十九厘米，券文陰刻行書十一行，行五至十七字。乾興元年（一〇二二）九月二十九日葬。著録於龍騰：《蒲江縣宋墓出土文物》，《成都文物》一九九七年第二期，第六五至七〇頁；高朋：《人神之契：宋代買地券研究》，北京：中國社會科學出版社，二〇一一年，第二三〇頁；魯西奇：《中國古代買地券研究》，厦門：厦門大學出版社，二〇一四年，第四三六至四三七頁。

編號：〇〇五

名稱：僧陳義女買地券

一九八二年出土於江西瑞昌縣黄橋公社白楊大隊新屋王村（今屬於白楊鎮），現收藏於瑞昌縣博物館。券石青石質，上端左右抹角，呈梯形，長四十三厘米，寬三十九厘米，厚一厘米。券首上部刻二横綫，其上陰刻纏枝花紋，其下由竪綫分爲十五行，券文自左向右閲讀，行楷十行，字跡刻劃較淺，每行字數不詳。天聖三年（一〇二五）九月葬。著録於劉禮純：《江西瑞昌發現兩座北宋紀年墓》，《文物》一九八六年第一期，第七〇至七二頁；高朋：《人神之契：宋代買地券研究》，北京：中國社會科學出版社，二〇一一年，第二〇二頁；魯西奇：《中國古代買地券研究》，厦門：厦門大學出版社，二〇一四年，第三四八至三四九頁。

編號：〇〇六

名稱：四娘買地券

一九八三年出土於江西省瑞昌縣大德山林場，券石現收藏於瑞昌縣博物館。券石青石質，長四十一點五厘米、寬三十七點五厘米、厚一厘米。券首部陰刻單綫，其下由竪綫十四條，行楷十四行，字跡刻劃較淺，每行字數不詳。景祐二年（一〇三五）三月初四日葬。著録於劉禮純：《江西瑞昌發現兩座北宋紀年墓》，《文物》一九八六年第一期，第七〇至七二頁；魯西奇：《中國古代買地券研究》，厦門：厦門大學出版社，二〇一四年，第三四九頁。

編號：〇〇七

名稱：程法傳買地券

券石現藏於湖北省英山縣博物館。券石已斷爲三塊，中間及下方均略殘；券文楷書十四行，刻痕甚淺，不易識讀，行與行之間刻有直綫，刻痕淺細。券主景祐五年（一〇三八）四月二十二日卒，寶元元年（一〇三八）十二月二十三日葬。著録於魯西奇：《中國古代買地券研究》，厦門：厦門大學出版社，二〇一四年，第三一六頁。

編號：〇〇八

名稱：戴十娘買地券

二〇〇二年出土於江西省峽江縣，券石現收藏於峽江縣文物管理所。券石青石質，長五十六厘米，寬五十五厘米，厚一厘米。康定元年（一〇四〇）葬。著録於高立人：《廬陵古碑録》，南昌：

江西人民出版社，二〇〇七年，第三六二頁；魯西奇：《中國古代買地券研究》，厦門：厦門大學出版社，二〇一四年，第三五〇至三五一頁。

編號：〇〇九

名稱：趙榮甫買地券

一九八四年出土於山西省太原市舊火車站。此買地券爲墓誌銘附録買地券，具體文獻形態不詳。慶曆七年（一〇四七）二月九日葬。著録於李裕群：《宋元買地券研究》，《文物季刊》一九八九年第二期，第七二至八一頁。

編號：〇一〇

名稱：顔南買地券

二〇〇二年出土於江西省峽江縣，券石現收藏於峽江縣文物管理所。券石青石質，長五十四厘米，寬四十七厘米。皇祐二年（一〇五〇）十一月十三日葬。著録於高立人：《廬陵古碑録》，南昌：江西人民出版社，二〇〇七年，第三六三頁；魯西奇：《中國古代買地券研究》，厦門：厦門大學出版社，二〇一四年，第三五二頁。

編號：〇一一

名稱：楊六郎買地券

一九八八年於湖北省武穴市北境兩路鄉静金坡村嶽山坳發現，券石現藏湖北省武穴市博物館。券石青石質，長四七厘米，寬四二厘米，厚一點五厘米；已殘爲四塊。四周有邊框，分上下兩部分，上部抹角呈梯形，内飾卷雲紋。券面爲長方形，框内有綫刻黑格十五行，一行無文。券文行書十四行，滿行二十三字。皇祐五年（一〇五三）九月葬。著録於魯西奇：《中國古代買地券研究》，厦門：厦門大學出版社，二〇一四年，第三一七頁。

編號：〇一二

名稱：程氏買地券

一九八六年出土於江西省德安縣城南，券石現收藏於德安縣文管所。券石長四十五厘米，寬四十厘米，厚二厘米；上刻「程氏買地券」四字。券主皇祐五年（一〇五三）四月卒，同年十月十一日葬。著録於于少先：《江西德安北宋墓》，《文物》一九九〇年第九期，第九五頁；于少先：《江西德安發現北宋皇祐五年墓》，《南方文物》一九九二年第三期，第三二至三三頁。

編號：〇一三

名稱：胡進買地券

一九五五年出土於河南省鄭州市舊城南門外。券磚質，呈方形；邊長三十一點六厘米，厚五厘米；券文墨書九行，行五至十二字。至和三年（一〇五六）三月八日葬。著録於河南省文化局文物工作隊第一隊：《鄭州南關外北宋磚室墓》，《文物參考資料》一九五八年第五期，第五二至五四頁；高朋：《人神之契：宋代買地券研究》，北京：中國社會科學出版社，二〇一一年，第二八一至二八二頁；魯西奇：《中國古代買地券研究》，厦門：厦門大學出版社，二〇一四年，第二六五至二六六頁。

編號：〇一四

名稱：曹十四娘買地券

一九八六年出土於江西省横峰縣姚家鄉邱家村，現收藏於横峰縣博物館。券石質，半圓首，下端有两个半月形碑垫，長四十七厘米，寬四十四厘米，厚三點五厘米；券文自右至左楷書十二行。嘉祐三年（一〇五八）七月十六日葬。著録於滕引忠：《江西横峰縣大山坳宋墓》《南方文物》一九九二年第一期，第八五至八六頁；高朋：《人神之契：宋代買地券研究》，北京：中國社會科學出版社，二〇一一年，第二〇三頁；魯西奇：《中國古代買地券研究》，厦門：厦門大學出版社，二〇一四年，第三五五頁。

編號：〇一五

名稱：田□□買地券

一九九八年出土於成都市龍泉鎮。券石呈正方形，邊長四十厘米，厚二厘米；券文楷書陰刻十三行，滿行十七字。嘉祐七年（一〇六二）八月二十二日葬。著録於薛登：《成都龍泉出土部分買地券彙輯》《成都文物》二〇〇八年第一期，第二四至三二頁。

編號：〇一六

名稱：郭五娘買地券

出土地點不詳，券石現收藏於湖北省浠水縣博物館。券石已斷爲四塊，刻痕較淺；碑右側中間偏上直書「地券文」三字；券文楷書十四行，行十至十七字。治平二年（一〇六五）正月初四日卒，正月初七日葬。著録於劉安志：《從泰山到東海——中國中古時期民衆冥世觀念轉變之一個側面》《新資料與中古文史論稿》，上海：上海古籍出版社，二〇一四年，第八七至一一七頁；高朋：《人神之契：宋代買地券研究》，北京：中國社會科學出版社，二〇一一年，第二六〇頁；魯西奇：《中國古代買地券研究》，厦門：厦門大學出版社，二〇一四年，第三一七至三一八頁。

編號：〇一七

名稱：費得中買地券

一九八五年出土於四川省邛崍縣南河鄉，券石現收藏於邛崍縣文管所。券石紅砂石質，長方形，風化嚴重；券額呈弧形，中部刻「日」字，兩旁刻雲紋，券身長方形，兩側刻長草紋，長四十九厘米，寬四十二厘米；券文由右至左刻寫，楷書十三行，滿行八至十八字。治平四年（一〇六七）二月十七日葬。著録於李子君：《邛峽縣發現一座北宋墓》，《成都文物》一九八七年第四期，第七六至七八頁；高朋：《人神之契：宋代買地券研究》，北京：中國社會科學出版社，二〇一一年，第二三二頁；魯西奇：《中國古代買地券研究》，厦門：厦門大學出版社，二〇一四年，第四四〇頁。

編號：〇一八

名稱：佚名買地券

一九五五年出土於四川省成都市東郊華陽縣管轄的三聖鄉上河村。券石紅砂石質，呈方形；尺寸不詳，字迹已漫漶不清，無法辨識。卒葬時間爲治平四年（一〇六七）。著録於四川省文物管理委員會：《四川華陽縣北宋墓清理簡報》，《文物參考資料》一九五六年第十二期，第四一至四二頁；高朋：《人神之契：宋代買地券研究》，北京：中國社會科學出版社，二〇一一年，第二三三頁。

編號：〇一九

名稱：程氏夫婦買地券

二〇〇七年出土於四川省彭山縣江瀆鄉正華村，券石現收藏於四川省文物考古研究院。券石紅砂岩質，呈碑狀，長八十厘米，寬五十厘米，厚十四厘米。熙寧元年（一〇六八）葬。著録於劉志巖：《四川彭山正華村宋墓發掘取得重要收獲》，《四川文物》二〇〇八年第四期，第九五至九六、九九至一〇〇頁；魯西奇：《中國古代買地券研究》，厦門：厦門大學出版社，二〇一四年，第四三四頁。

編號：〇二〇

名稱：昝德旭買地券文

一九八三年出土於湖北省浠水縣清泉鎮北胡坪村，券石現收藏於浠水縣博物館。券石已斷裂爲三塊，長四十六厘米，寬四十二厘米，券首長十厘米；券首刻有花紋圖案，右側單列正書「地券文」三字；券文楷書十二行，行十九至二十字。熙寧元年（一〇六八）七月十二日卒。著録於魯西奇：《中國古代買地券研究》，厦門：厦門大學出版社，二〇一四年，第三一八頁。

編號：〇二一

名稱：袁八娘買地券

一九八二年出土於江西省瑞昌縣横立山鄉光輝村。券石青石質；殘長三十二厘米，寬三十八厘米，厚一厘米；券文由豎綫分爲十三行，刻字潦草，券文自右向左楷書十三行，滿行二十二字。熙寧三年（一〇七〇）十月二十六日葬。著録於劉禮純：《江西瑞昌縣發現七座宋代紀年墓》，《考古》一九九二年第四期，第三三一至

三三四、三三〇頁；高朋：《人神之契：宋代買地券研究》，北京：中國社會科學出版社，二〇一一年，第二〇三至二〇四頁；魯西奇：《中國古代買地券研究》，厦門：厦門大學出版社，二〇一四年，第三五七至三五八頁。

編號：〇二二

名稱：曹三娘買地券

券石現收藏於湖北省浠水縣博物館。券石尺寸不詳，左右兩側略有浸蝕，券首横刻正書「曹氏三娘墓誌」六字，左側末一行漫滅過甚，僅於左上首可辨認「者地」二字，左下方可辨認「寧六年七月八日」七字。右側居中直書「具買地券文」五字，券文直書十一行，行十四至二十字。券主熙寧六年（一〇七三）五月初一日卒，同年七月八日葬。著録於魯西奇：《中國古代買地券研究》，厦門：厦門大學出版社，二〇一四年，第三一八至三一九頁。

編號：〇二三

名稱：劉十三娘買地券

券石現收藏於湖北省英山縣博物館。券石尺寸不詳，券文直書十二行，行十五至二十一字。書法樸拙，刻痕較深，易辨識。每行之間刻有直綫，刻痕較淺。熙寧六年（一〇七三）十一月二十一日葬。著録於魯西奇：《中國古代買地券研究》，厦門：厦門大學出版社，二〇一四年，第三一九頁。

編號：〇二四

名稱：牛懿四郎買地券

券石現收藏於湖北省英山縣博物館。券石已裂爲三塊，券石尺寸不詳；券文直書十一行，行二至十九字。字體樸拙，刻痕較深。行與行之間刻有直綫，刻痕較淺，僅依稀可見。元豐元年（一〇七八）十一月十二日葬。著録於魯西奇：《中國古代買地券研究》，厦門：厦門大學出版社，二〇一四年，第三二〇至三二一頁。

編號：〇二五

名稱：王三郎買地券

一九八三年出土於湖北省浠水縣城清泉鎮沿河街，券石現收藏於浠水縣博物館。券石已斷裂爲二，中間數字不能辨識，券石尺寸不詳；券首横書「王三郎地券」五大字；券文直書十四行，行三至十八字。書法規範規整，刀法均匀。元豐元年（一〇七八）八月二十五日卒，元豐元年（一〇七八）十一月十四日葬。著録於魯西奇：《中國古代買地券研究》，厦門：厦門大學出版社，二〇一四年，第三二一頁。

編號：〇二六

名稱：鄭昌四郎買地券

券石現收藏於湖北省英山縣博物館。券石保存完整，尺寸不詳，券文刻痕較淺，無碑首文字，直書十二行，行一至十九字。元豐元年（一〇七八）十二月葬。著録於魯西奇：《中國古代買地券研究》，厦門：厦門大學出版社，二〇一四年，第三二一至三二二頁。

編號：〇二七

名稱：王友生買地券

出土於四川省廣漢縣西外公社八大隊三小隊，券石現收藏於廣漢縣文化館。券石尺寸不詳，券文字數不詳。元豐四年（一〇八一）正月十九日葬。著録於胡昭曦：《巴蜀歷史考察研究》，成都：巴蜀書社，二〇〇七年，第七頁。

編號：〇二八

名稱：胡六娘買地券

出土於湖北省今英山縣城北，券石現收藏於英山縣博物館。券石保存完好，尺寸不詳，文字刻痕較淺，稍有漫漶。券石右側居中直書「墓止地券文記」六字；券文十八行，行二十至二十四字。元豐四年（一〇八一）四月一日卒。著録於劉安志：《從泰山到東海——中國中古時期民衆冥世觀念轉變之一個側面》，《新資料與中古文史論稿》，上海：上海古籍出版社，二〇一四年，第八七至一一七頁；高朋：《人神之契：宋代買地券研究》，北京：中國社會科學出版社，二〇一一年，第二六二頁；魯西奇：《中國古代買地券研究》，厦門：厦門大學出版社，二〇一四年，第三二二至三二三頁。

編號：〇二九

名稱：王二十三郎買地券

券石現收藏於湖北省羅田縣博物館。券石已斷爲兩截，尺寸不詳；券文刻痕較淺，字體十分樸拙，個別字不能辨識。券文直書十三行，行十九至二十三字。元豐五年（一〇八二）十二月二十四日葬。著録於劉安志：《從泰山到東海——中國中古時期民衆冥世觀念轉變之一個側面》，《新資料與中古文史論稿》，上海：上海古籍出版社，二〇一四年，第八七至一一七頁；高朋：《人神之契：宋代買地券研究》，北京：中國社會科學出版社，二〇一一年，第二六三頁；魯西奇：《中國古代買地券研究》，厦門：厦門大學出版社，二〇一四年，第三二三頁。

編號：〇三〇

名稱：楊大郎買地券

一九八九年出土於湖北省武穴市北境兩路鄉静金坡村，券石現收藏於武穴市博物館。券石青石質，長四十厘米，寬三十五點五厘米，厚零點五厘米；已殘爲十二塊，基本可以通讀，以欄綫爲界，分上下兩部分，上呈梯形，飾綫刻卷雲紋，間以波浪紋三道；下爲長方形，框内有綫刻黑格十四行，楷書陰刻，刻痕較深，易辨識。券文十四行，行七至三十字。元豐七年（一〇八四）五月二十二日葬。著録於魯西奇：《中國古代買地券研究》，厦門：厦門大學出版社，二〇一四年，第三二三至三二四頁。

編號：〇三一

名稱：鄧七郎買地券

一九八六年出土於湖北省武穴市兩路鄉永西村，碑券石現收藏於武穴市博物館。券石呈長方形，長三十六厘米，寬三十三厘米，厚零點八厘米；券首上端左右抹角，呈梯形，梯形部分刻畫對角綫，内刻雲紋。字體樸拙，刻痕較淺，行與行之間刻有直綫十五條，券文行楷十三行，行十五至二十一字。元豐七年（一〇八四）十二月十日卒。同年十二月十九日葬。著録於程達理：《廣濟縣發現北宋時期地契》，《江漢考古》一九八七年第四期，第五六、九九頁；高朋：《人神之契：宋代買地券研究》，北京：中國社會科學出版社，二〇一一年，第二六三頁；魯西奇：《中國古代買地券研究》，厦門：厦門大學出版社，二〇一四年，第三二四頁。

編號：〇三二

名稱：謝定買地券

一九九四年出土於成都市東部成華區。謝定夫人張氏，本書已收録（見下編號〇三八）。券石紅砂石質，呈方形，殘損嚴重，券石尺寸不詳。券文行數、字數不詳。元豐八年（一〇八五）十一月十九日葬。著録於劉駿：《成都東郊北宋謝定夫婦墓清理簡報》，《成都文物》一九九五年第二期；高朋：《人神之契：宋代買地券研究》，北京：中國社會科學出版社，二〇一一年，第二三六頁；魯西奇：《中國古代買地券研究》，厦門：厦門大學出版社，二〇一四年，第四四四至四四五頁。

編號：〇三三

名稱：胡三郎買地券

一九八三年出土於江西省新餘市，券石現收藏於新餘市博物館。券石呈長方形，長四十二點五厘米，寬三十七厘米；券文直書十五行，行字數不詳。元豐八年（一〇八五）三月十五日卒，元祐元年（一〇八六）七月二十七日葬。著録於陳柏泉主編：《江西出土墓誌選編》，南昌：江西教育出版社，一九九一年，第五五三頁；高朋：《人神之契：宋代買地券研究》，北京：中國社會科學出版社，二〇一一年，第二〇五頁；魯西奇：《中國古代買地券研究》，厦門：厦門大學出版社，二〇一四年，第三六一頁。

編號：〇三四

名稱：李氏買地券

一九八九年出土於四川成都。券石紅砂石質，呈長方形，長五十厘米，寬三十九厘米。券文直書，券文行數、字數不詳。元祐二年（一〇八七）葬。著録於江雄：《邛崍縣河鄉宋墓清理記》，《成都文物》一九九〇年第二期；高朋：《人神之契：宋代買地券研究》，北京：中國社會科學出版社，二〇一一年，第二三七頁。

編號：〇三五

名稱：徐氏買地券

二〇一二年出土於四川省彭州市紫光興城建築工地，券石現收藏於彭城市文保所。券石青磚質，正方形；邊長三十七厘米，厚四點五厘米；券文自右向左楷書十一行，文字多漫漶不清，每行字數不詳。元祐二年（一〇八七）葬。著録於龔揚民：《四川彭州市北宋徐氏墓發掘簡報》，《考古》二〇一四年第四期，第五四至六二頁。

編號：〇三六

名稱：劉文襲買地券

券石現收藏於四川省英山縣博物館。券石已殘，斷裂爲數塊，券文尺寸不詳；券文行數、字數不詳。元祐三年（一〇八八）十一月初八日葬。著録於魯西奇：《中國古代買地券研究》，厦門：厦門大學出版社，二〇一四年，第三二五至三二六頁。

編號：〇三七

名稱：余毅二郎買地券

券石現收藏於四川省英山縣博物館。券石尺寸不詳；券文字體、行數、字數不詳。元祐四年（一〇八九）九月十三日卒，元祐四年（一〇八九）十二月二十四日葬。著録於魯西奇：《中國古代買地券研究》，厦門：厦門大學出版社，二〇一四年，第三二六頁。

編號：〇三八

名稱：張氏二娘買地券

一九九四年出土於成都市東部成華區。其夫謝定，本書收録有「夫君謝定買地券」。券爲紅砂石質，長四十一厘米，寬四十厘米，厚二點八厘米，略有殘損，券文字體、行數、字數不詳。元祐八年（一〇九三）葬。著録於劉駿：《成都東郊北宋謝定夫婦墓清理簡報》，《成都文物》一九九五年第二期；高朋：《人神之契：宋代買地券研究》，北京：中國社會科學出版社，二〇一一年，第二三七頁；魯西奇：《中國古代買地券研究》，厦門：厦門大學出版社，二〇一四年，第四四四至四四五頁。

編號：〇三九

名稱：張確買地券

一九八四年出土於四川省成都市東郊聖燈鄉。券石紅砂石質；券文尺寸不詳；券文字體、行數、字數不詳。元祐八年（一〇九三）葬。著録於翁善良、羅偉先：《成都東郊北宋張確夫婦墓》，《文物》一九九〇年第三期，第一至一三頁、九八至九九頁；高朋：《人神之契：宋代買地券研究》，北京：中國社會科學出版社，二〇一一年，第二三七頁。

編號：〇四〇

名稱：佚名買地券

一九五九年出土於江蘇省淮安楊廟鎮。券木質，券文尺寸不詳；券文字體、行數、字數不詳。紹聖元年（一〇九四）葬。著録於羅宗真：《江蘇淮安宋代壁畫墓》，《文物》一九六〇年第八九合期，第四三至五一頁；高朋：《人神之契：宋代買地券研究》，北京：中國社會科學出版社，二〇一一年，第二七〇頁。

編號：〇四一

名稱：胡十一娘買地券

券石現收藏於四川省英山縣博物館。券石已裂爲六塊，拼接後中間仍有殘缺，券首横刻正書「内牌記」三字，右側中間直書「地契文壹道」五字；文字刻痕較深，行與行之間刻有淺細直綫，券文十三行，行十至二十字。紹聖三年（一〇九六）葬。著録於劉安志：《從泰山到東海——中國中古時期民衆冥世觀念轉變之一個側面》，《新資料與中古文史論稿》，上海：上海古籍出版社，二〇一四年，第八七至一一七頁；高朋：《人神之契：宋代買地券研究》，北京：中國社會科學出版社，二〇一一年，第二六四頁；魯西奇：《中國古代買地券研究》，厦門：厦門大學出版社，二〇一四年，第三二七頁。

編號：〇四二

名稱：張愈買地券

一九七四年出土於江西省彭澤縣，券石現收藏於江西省博物館藏。券石質，呈長方形；長四十七厘米，寬三十三厘米；券文直書十二行，行十至十八字。元符元年（一〇九八）二月二十五日卒，元符二年（一〇九九）十月十一日葬。著録於陳柏泉：《江西出土買地券綜述》，《考古》一九八七年第三期，第二一九、二二三至二三一頁；陳柏泉：《江西出土墓誌選編》，南昌：江西教育出版社，一九九一年，第五五四頁；高朋：《人神之契：宋代買地券研究》，北京：中國社會科學出版社，二〇一一年，第二〇六頁；魯西奇：《中國古代買地券研究》，厦門：厦門大學出版社，二〇一四年，第三六一至三六二頁。

編號：〇四三

名稱：趙□買地券

一九五一年出土於河南省登封縣東南境白沙水庫。券磚質，長三十二厘米，寬三十一點五厘米，厚五點三厘米；券文朱書十六行，行十二至二十一字。元符二年（一〇九九）九月葬。著録於宿白：《白沙宋墓》，北京：文物出版社，一九五七年，第四四至四五頁；池田温：《中國歷代墓券略考》，《東洋文化研究所紀要》第八六號，一九八一年，第二四四至二四五頁；高朋：《人神之契：宋代買地券研究》，北京：中國社會科學出版社，二〇一一年，第二八三至二八四頁；魯西奇：《中國古代買地券研究》，厦門：厦門大學出版社，二〇一四年，第二六八頁。

編號：〇四四

名稱：明子文買地券

二〇〇五年出土於四川省彭州市天彭鎮七里村。券磚質；長三十六點五厘米，寬三十厘米，厚三點九厘米；券文字體、行數、字數不詳。崇寧元年（一一〇二）十一月初四日葬。著録於沈洪民：《彭州七里村北宋墓清理簡况》，《成都文物》二〇〇七年第三期第十三至十六頁。

編號：〇四五

名稱：文延福墓牌

出土於湖北省英山縣，券石現收藏於英山縣博物館。券石右側殘缺，券首横刻正書「延福墓牌」四字，前缺一字，當爲地券主人姓氏；券石尺寸不詳。文字刻痕較深，券文直書十一行，行二十至二十二字。崇寧二年（一一〇三）十二月一日葬。著録於劉安志：《從泰山到東海——中國中古時期民衆冥世觀念轉變之一個側面》，《新資料與中古文史論稿》，上海：上海古籍出版社，二〇一四年，第八七至一一七頁；高朋：《人神之契：宋代買地券研究》，北京：中國社會科學出版社，二〇一一年，第二六五頁；魯西奇：《中國古代買地券研究》，厦門：厦門大學出版社，二〇一四年，第三二七至三二八頁。

編號：〇四六

名稱：李宣義買地券

一九五六年出土於江西省武寧縣，券石現收藏於江西省博物館。券石質，長方形；長五十厘米，寬三十四厘米；券文直書十八行，行六至十三字。崇寧三年（一一〇四）六月二十九日卒，崇寧四年（一一〇五）正月二十八日葬。著録於陳柏泉：《江西出土買地券綜述》，《考古》一九八七年第三期，第二一九、二二三至二三一頁；陳柏泉：《江西出土墓誌選編》，南昌：江西教育出版社，一九九一年，第五五四至五五五頁；高朋：《人神之契：宋代買地券研究》，北京：中國社會科學出版社，二〇一一年，第二〇六頁；魯西奇：《中國古代買地券研究》，厦門：厦門大學出版社，二〇一四年，第三六二至三六三頁。

編號：〇四七

名稱：何延祚買地券

出土於今湖北省英山縣城附近，券石現收藏於英山縣博物館。券石已斷爲七塊，但可完整拼接，首横刻正書「地券契書」四字；券石尺寸不詳；券文直書一八行，行八至十九字。崇寧四年（一一〇五）正月二十三日卒。著録於劉安志：《從泰山到東海——中國中古時期民衆冥世觀念轉變之一個側面》，《新資料與中古文史論稿》，上海：上海古籍出版社，二〇一四年，第八七至一一七頁；高朋：《人神之契：宋代買地券研究》，北京：中國社會科學出版社，二〇一一年，第二六五頁；魯西奇：《中國古代買地券研究》，厦門：厦門大學出版社，二〇一四年，第三二八至三二九頁。

編號：〇四八

名稱：牛九娘買地券

券石現收藏於湖北省英山縣博物館。券石已斷爲四塊，左上角殘，拼接後可通讀。券首横刻正書「地券」二字，券石尺寸不詳。券文直書十七行，行十一至二十三字。崇寧四年（一一〇五）八月二十一日卒，崇寧四年（一一〇五）十一月二十六日葬。著録於魯西奇：《中國古代買地券研究》，厦門：厦門大學出版社，二〇一四年，第三二九至三三〇頁。

編號：〇四九

名稱：鄭福買地券

券石現收藏於湖北省黄梅縣博物館。券石已斷爲三塊，券石尺寸不詳；字體樸拙，刻痕較深，行與行之間有刻綫，刻痕較淺。券文直書十一行，行七至十一字。建中靖國元年（一一〇一）卒，崇寧四年（一一〇五）十一月二十六日葬。著録於魯西奇：《中國古代買地券研究》，厦門：厦門大學出版社，二〇一四年，第三二九頁。

編號：〇五〇

名稱：鄭氏八娘子買地券

券石現收藏於四川省廣漢縣文化館。券石尺寸不詳；券文字體、行數、字數不詳。崇寧四年（一一〇五）十一月初二日葬。著録於胡昭曦：《巴蜀歷史考察研究》，成都：巴蜀書社，二〇〇七年，第七頁。

編號：〇五一

名稱：佚名買地券

一九九八年出土於四川成都。券紅砂石質，呈方形；長三十九厘米，寬三十八厘米，厚約二厘米；券文從右向左書寫，楷書十二行，因地券質地較差，只有部分文字可以識别。崇寧五年（一一〇六）葬。著録於高朋：《人神之契：宋代買地券研究》，北京：中國社會科學出版社，二〇一一年，第二四一頁；朱章義、劉雨茂等：《成都市龍泉驛區青龍村宋墓發掘簡報》，《成都考古發現》，二〇〇一年，第二七八至二九四頁。

編號：〇五二

名稱：郭旻二郎買地券

出土於湖北省武穴市鳳嘴鄉（今武穴市區北約十公里處），券石現收藏於武穴市博物館。券石質，長四十一厘米，寬三十四點五厘米，厚〇點六厘米；稍殘，券首行居中直書「地券」二字；券文直書十一行，字體樸拙，刻痕較淺，不易辨識，行十二至二十字。大觀元年（一一〇七）十月卒。著録於魯西奇：《中國古代買地券研究》，厦門：厦門大學出版社，二〇一四年，第三三〇頁。

編號：〇五三

名稱：孔士和買地券

一九七六年出土於甘肅省臨夏市城西。青磚質，長三十一厘米，寬三十厘米，厚六厘米，券石四周陰刻邊框，框内陰刻界欄，券文行楷十一行，行一十二至十四字。大觀元年（一一〇七）十一月九日葬。著録於張思温：《積石録》，第六〇頁；他維宏、康兆庆：《宋金對河州的經略——以買地券爲中心的考察》，《青海民族大學學報》（社會科学版），二〇一六年第三期，第七四至七九頁。

編號：〇五四

名稱：錢氏九娘子買地券

出土於四川省廣漢縣南門外女二墳，券石現收藏於廣漢縣文化館。券石尺寸不詳，券文字體、行數、字數不詳。大觀元年（一一〇七）十一月十九日葬。著録於胡昭曦：《巴蜀歷史考察研究》，成都：巴蜀書社，二〇〇七年，第七頁。

編號：〇五五

名稱：張承貴買地券

一九八七年出土於四川省廣漢縣雒城鎮。券紅砂石質，呈圭形；只有部分文字可以辨識，券文字體、行數、字數不詳。大觀元年（一一〇七）十一月十九日葬。著録於陳顯雙、敖天照：《四川廣漢縣雒城鎮宋墓清理簡報》，《考古》一九九〇年第二期，第一二三至一三〇頁；高朋：《人神之契：宋代買地券研究》，北京：中國社會科學出版社，二〇一一年，第二四一頁；魯西奇：《中國古代買地券研究》，厦門：厦門大學出版社，二〇一四年，第四三四頁。

編號：〇五六

名稱：靳尚明買地券

一九九八年出土於河南省新密市平陌村。券磚質，呈正方形；邊長約三十一厘米，券文朱書八行，脱落較甚，不能通讀，只有少數文字可以辨識。大觀二年（一一〇八）三月初十葬。著録於張建華等：《河南新密市平陌宋代壁畫墓》，《文物》一九九八年第十二期，第二六至三二頁；高朋：《人神之契：宋代買地券研究》，北京：中國社會科學出版社，二〇一一年，第二八四頁；魯西奇：《中國古代買地券研究》，厦門：厦門大學出版社，二〇一四年，第二六五頁。

編號：〇五七

名稱：楊皋買地券

券石現收藏於湖北省黄梅縣博物館。券石已斷爲大小七塊，不易拼接，券首横刻正書「宋故楊公墓」五字。券石尺寸不詳；券文刻痕較深，行與行之間刻有直綫，楷書十八行，行六至十六字。券載撰人等：刊字人，李行者□□；佛母堂主朱和尚書；修造僧□□。大觀二年（一一〇八）五月初二卒，大觀二年（一一〇八）十一月十五日葬。著録於魯西奇：《中國古代買地券研究》，厦門：厦門大學出版社，二〇一四年，第三三〇至三三一頁。

編號：〇五八

名稱：佚名殘買地券

出土於四川省廣濟縣圖書館地基，券石現收藏於武穴市博物館。券石僅存右上角，券石尺寸不詳，券文可識讀僅五行。大觀五年（一一一一）葬。著録於魯西奇：《中國古代買地券研究》，厦門：厦門大學出版社，二〇一四年，第三一六頁。

編號：〇五九

名稱：胡氏墓記

一九八六年出土於湖北省英山縣楊柳區西莊畈鄉茅竹灣村。券青灰石質；已殘損；長三十八厘米，寬三十二厘米，厚〇點八厘米；上額自右向左横書「宋故胡氏墓記」六字，券文刻痕較深，行與行之間刻有直綫，刻痕較淺，文字楷書，十八行，行十三至二十字。政和四年（一一一四）十二月二十日葬。著録於吴曉松等：《英山縣茅竹灣宋墓發掘》，《江漢考古》一九八八年第一期，第二三至三一頁；高朋：《人神之契：宋代買地券研究》，北京：中國社會科學出版社，二〇一一年，第二六六頁；魯西奇：《中國古代買地券研究》，厦門：厦門大學出版社，二〇一四年，第三三一頁。

編號：〇六〇

名稱：□五郎地契文

出土於湖北省武穴市石佛寺區，券石現收藏於武穴市博物館。券石右上角殘缺，尺寸不詳；字迹樸拙潦草，難以辨識。券文十六行，行與行之間刻有直綫，有的文字超出框綫。政和五年（一一一五）五月葬。著録於魯西奇：《中國古代買地券研究》，厦門：厦門大學出版社，二〇一四年，第三三一至三三二頁。

編號：〇六一

名稱：趙貨生買地券

於四川省廣漢縣南門外女二墳出土，廣漢縣文化館藏。券石尺寸不詳，券文字體、行數、字數不詳。政和六年（一一一六）五月十三日葬。著録於胡昭曦：《巴蜀歷史考察研究》，成都：巴蜀書社，二〇〇七年，第七頁。

編號：〇六二

名稱：陇西李遇同妻吕氏二娘買地券

一九八一年出土於江蘇省揚州市東風磚瓦廠蕭山工地。券木質，墨書，地券尺寸字體、行數、字數不詳。政和六年（一一一六）葬。著録於張南：《揚州發現北宋買地券》，《揚州師院學報》（社會科學版），一九八一年第三期，第七三頁；高朋：《人神之契：宋代買地券研究》，北京：中國社會科學出版社，二〇一一年，第二七一頁；魯西奇：《中國古代買地券研究》，厦門：厦門大學出版社，二〇一四年，第三一六頁。

編號：〇六三

名稱：佚名買地券

一九八四年出土於四川省雙流縣永福鄉。券石紅砂石質，呈長方形；長四十厘米，寬三十七點五厘米，厚二厘米。券文字體、行數、字數不詳。政和八年（一一一八）葬。著録於劉平、王黎明：《雙流縣發現北宋磚室墓》，《成都文物》一九八四年第一期；高朋：《人神之契：宋代買地券研究》，北京：中國社會科學出版社，二〇一一年，第二四一至二四二頁；魯西奇：《中國古代買地券研究》，厦門：厦門大學出版社，二〇一四年，第四三四頁。

編號：〇六四

名稱：李九郎買地券

券石現收藏於安徽省黄山學院徽州文化資料中心。券青石質，券石尺寸、字體、行數、字數不詳。政和八年（一一一八）九月十一日葬。著録於吴秉坤：《新發現的徽州買地券》，《黄山學院學報》二〇一一年第六期，第一至三頁；魯西奇：《中國古代買地券研究》，厦門：厦門大學出版社，二〇一四年，第三六五頁。

編號：〇六五

名稱：張樸買地券

一九七四年出土於江西省德興縣，券石現收藏於江西省博物館。券石質，長方形；長四十九厘米，寬三十八厘米；券文楷書二十四行，行九至二十字。宣和二年（一一二〇）四月初八日卒，宣和三年（一一二一）九月葬。著録於陳柏泉：《江西出土地券綜述》，《考古》一九八七年第三期，第二二三至二三一頁；陳柏泉：《江西出土墓誌選編》，南昌：江西教育出版社，一九九一年，第五五六至五五八頁；高朋：《人神之契：宋代買地券研究》，北京：中國社會科學出版社，二〇一一年，第二〇八至二〇九頁；魯西奇：《中國古代買地券研究》，厦門：厦門大學出版社，二〇一四年，第三六九至三七一頁。

編號：〇六六

名稱：楊氏買地券

二〇〇一年出土於四川省成都市青羊區蘇坡鄉西窯村。券紅砂石質，呈長方形；券石尺寸不詳，券文楷書十行，行八至十七字。宣和三年（一一二一）五月六日葬。著録於劉雨茂、王仲雄、王軍等：《成都博瑞「都市花園」漢、宋墓葬發掘簡報》，《成都考古發現・二〇〇一年》，二〇〇三年，第一二〇至一六二頁；高朋：《人神之契：宋代買地券研究》，北京：中國社會科學出版社，二〇一一年，第二四二頁；魯西奇：《中國古代買地券研究》，厦門：厦門大學出版社，二〇一四年，第四四九至四五〇頁。

編號：〇六七

名稱：佚名買地券

一九五七年出土於江蘇省揚州市鳳凰河宋墓中。券鐵質，呈長方形；長五十八厘米，寬三十一厘米；券文字體、行數、字數不詳，僅可辨認「皇宋宣和五年」六字。宣和五年（一一二三）葬。著録於屠思華：《江蘇鳳凰河漢、隋、宋、明墓的清理》，《考古通訊》一九五八年第二期，第四五至四七頁；魯西奇：《中國古代買地券研究》，厦門：厦門大學出版社，二〇一四年，第三一六頁。

編號：〇六八

名稱：蔣師益買地券

一九九九年出土於江蘇省泰州市東郊，現收藏於泰州市博物館。券木質，長四十一點五厘米，寬三十九點五厘米，厚一點三厘米；券文墨書十三行。宣和五年（一一二三）正月二十八日葬。著録於王爲剛、潘耀：《泰州市北宋墓群清理》，《東南文化》二〇〇六年第五期，第三一至三六頁；魯西奇：《中國古代買地券研究》，厦門：厦門大學出版社，二〇一四年，第三三二至三三三頁。

編號：〇六九

名稱：徐延襲買地券

出土於湖北省浠水縣清泉鎮南嶽村，券石現收藏於湖北省浠水縣博物館。券石尺寸不詳，四周漫漶過甚，左側末兩行尤甚，不能辨識。券首無題銘。券文十二行、行十八至二十二字。宣和五年（一一二三）五月十七日葬。著録於劉安志：《從泰山到東海——中國中古時期民衆冥世觀念轉變之一個側面》，《新資料與中古文史論稿》，上海：上海古籍出版社，二〇一四年，第八七至一一七頁；高朋：《人神之契：宋代買地券研究》，北京：中國社會科學出版社，二〇一一年，第二六六頁；魯西奇：《中國古代買地券研究》，厦門：厦門大學出版社，二〇一四年，第三三三頁。

編號：〇七〇

名稱：沈九郎買地券

二〇〇二年出土於江西省新干縣，券石現收藏於新干縣文物管理所。券爲青石質，券石尺寸不詳，券文字體、行數、字數不詳。宣和五年（一一二三）八月初二日葬。著録於高立人：《廬陵古碑録》，南昌：江西人民出版社，二〇〇七年，第三七九頁；魯西奇：《中國古代買地券研究》，厦門：厦門大學出版社，二〇一四年，第三七一至三七二頁。

編號：〇七一

名稱：孟氏三娘子買地券

一九八七年出土於成都市龍泉鎮合龍村。券石呈正方形，邊長三十六厘米，厚一點八厘米；券文楷書陰刻十二行，滿行十三字。券文正反書寫，單行正書，雙行反書。宣和五年（一一二三）十一月二日葬。著録於薛登：《成都龍泉出土部分買地券彙輯》，《成都文物》二〇〇八年第一期，第二四頁。

編號：〇七二

名稱：何毅買地券

一九八二—一九八六年出土於江西省瑞昌縣范鎮鄉范鎮村。券爲青石質，長三十八厘米，寬三十四厘米，厚六厘米；梯形額，券額刻有「故何毅買地券」六字；券文由右至左楷書十六行，行一至二十一字。宣和六年（一一二四）葬。著録於劉禮純：《江西瑞昌縣發現七座宋代紀年墓》，《考古》一九九二年第四期，第三三一至三三六頁；高朋：《人神之契：宋代買地券研究》，北京：中國社會科學出版社，二〇一一年，第二〇九至二一〇頁；魯西奇：《中國古代買地券研究》，厦門：厦門大學出版社，二〇一四年，第三七二至三七三頁。

編號：〇七三

名稱：高通奉爲亡祖父母等買地券

一九五一年出土於河南省白沙水庫，券石現收藏於故宫博物院。券石尺寸不詳，券文字體、行數、字體不詳。宣和六年（一一二四）十月初六日遷葬。著録於宿白：《白沙宋墓》，北京：文物出版社，一九五七年，第三頁注一六、第四五至四六頁注九五、第八三頁中著有部分録文；高朋：《人神之契：宋代買地券研究》，北京：中國社會科學出版社，二〇一一年，第二八四頁；魯西奇：《中國古代買地券研究》，厦門：厦門大學出版社，二〇一四年，第二六九至二七〇頁。

編號：〇七四

名稱：郭度爲亡妣杜氏一娘買地券

一九七六年出土於湖北省孝感市白沙區花西鄉大灣吉村。券鐵質，呈長方形；長三十一點五厘米，寬二十二厘米，厚一點五厘米；券文以朱砂書寫，楷書十六行，行十一至二十二字。宣和二年（一一二〇）三月十三日卒，靖康元年（一一二六）三月初七日葬。著録於李端陽、陳明芳：《湖北孝感大灣吉北宋墓》，《文物》一九八九第五期，第六九至七〇頁；高朋：《人神之契：宋代買地券研究》，北京：中國社會科學出版社，二〇一一年，第二六七頁；魯西奇：《中國古代買地券研究》，厦門：厦門大學出版社，二〇一四年，第四三〇至四三一頁。

編號：〇七五

名稱：喻世德買地券

二〇〇七年出土於四川省郫縣唐昌鎮戰旗村，與「喻□□買地券」同一地出土。券石現收藏於郫縣文管所。券石呈正方形，邊長三十九厘米，厚三點五厘米，臨四邊外沿陰刻細小單欄，券文十六行，每行文字之間用竪綫隔開。紹興五年（一一三五）十一月二十七日葬。著録於代自明：《郫縣唐昌宋墓出土文物簡述》，《成都文物》二〇〇八年第三期第二十五頁。

編號：〇七六

名稱：劉三買地券

券石現收藏於江西省吉安縣文物管理所。券石青石質；長四十厘米，寬二十八厘米，厚三厘米；券文字體、行數、字數不詳。紹興十一年（一一四一）十一月初五日卒，紹興十一年（一一四一）十二月初九葬。著録於高立人：《廬陵古碑録》，南昌：江西人民出版社，二〇〇七年，第一一九頁；魯西奇：《中國古代買地券研究》，厦門：厦門大學出版社，二〇一四年，第三七五頁。

編號：〇七七
名稱：周氏六娘買地券
券石現收藏於江西省吉安縣文物管理所。券爲青石質；長三十四厘米，寬二十八厘米，厚三厘米；券文竪排左讀，具體行數不詳。紹興十一年（一一四一）十一月初六卒，紹興十三年（一一四三）十二月初三日葬。著録於高立人：《廬陵古碑録》，江西人民出版社，二〇〇七年，第一一九至一二〇頁；魯西奇：《中國古代買地券研究》，厦門：厦門大學出版社，二〇一四年，第三七六頁。

編號：〇七八
名稱：謝一郎買地券
券石現收藏於江西省新干縣文物管理所。券青石質；長一百厘米，寬五十厘米，厚二厘米；題額「殁故謝一郎地券」，券文字體、行數、字數不詳。紹興十四年（一一四四）十一月初三日卒，紹興十七年（一一四七）十月初二日葬。著録於高立人：《廬陵古碑録》南昌：江西人民出版社，二〇〇七年，第三七九頁；魯西奇：《中國古代買地券研究》，厦門：厦門大學出版社，二〇一四年，第三七七頁。

編號：〇七九
名稱：郭三郎、聶十五娘買地券
一九九六年出土於福建省泉州市城東郊，券石現收藏於福建泉州閩臺緣博物館。券陶質，呈碑形；長三十二點五厘米，寬二十二點六厘米，券首刻有北斗七星圖案，券底堆疊蓮瓣。券文字體、行數不詳。紹興十九年（一一四九）十月二十三日遷葬。著録於陳健鷹：《讀碑三題》，《閩臺民俗》創刊號（一九九七年），第六五至七三頁；陳進國：《信仰、儀式與鄉土社會：風水的歷史人類學探索》，北京：中國社會科學出版社，二〇〇五年，第七四至七五頁；高朋《人神之契：宋代買地券研究》，北京：中國社會科學出版社，二〇一一年，第二七五至二七六頁；魯西奇：《中國古代買地券研究》，厦門：厦門大學出版社，二〇一四年，第四二二至四二三頁。

編號：〇八〇
名稱：易氏五娘買地券
一九九〇年出土於廣西省容縣松山鄉下河村。券青灰色陶質，長三十一點五厘米，寬三十點七厘米，厚三點二厘米；券文朱書十四行。紹興二十三年（一一五三）三月二十日卒，紹興二十三年（一一五三）十月十八日葬。著録於肖清薇：《容縣出土宋代陶質朱書買地券》，《廣西文物》一九九〇年第二期；高朋：《人神之契：宋代買地券研究》，北京：中國社會科學出版社，二〇一一年，第二八八頁；魯西奇：《中國古代買地券研究》，厦門：厦門大學出版社，二〇一四年，第四八六至四八七頁。

編號：○八一

名稱：喻□□買地券

二○○七年出土於四川省郫縣唐昌鎮戰旗村，與「喻世德買地券」同一地出土。券石呈正方形，邊長三十九厘米，寬四十點二厘米，厚四十二厘米。券文字體、行數、字數不詳。紹興二十三年（一一五三）卒。著録於代自明：《郫縣唐昌宋墓出土文物簡述》，《成都文物》二○○八年第三期。

編號：○八二

名稱：□氏六娘買地券

一九九八年出土於成都市洪河鎮。券石長方形，長四十點五厘米，寬三十三點八厘米，厚二十二厘米。券石四角抹角，四周陰刻回紋邊框。券文楷書陰刻十四行，滿行十七字。紹興二十五年（一一五五）九月二十九日葬。著録於薛登：《成都龍泉出土部分買地券彙輯》，《成都文物》二○○八年第一期。

編號：○八三

名稱：胡□買地券

一九五五年出土於四川省官渠埝。券石磚質，長三十六厘米，寬十八厘米，厚三厘米。券文朱書，字體漫漶不清，僅見「皇宋紹興二十八年」字樣。紹興二十八年（一一五八）卒或葬。著録於沈仲常等：《四川官渠埝唐、宋、明墓清理簡報》，《考古通訊》一九五六年第五期，第三一至三八頁。高朋：《人神之契：宋代買地券研究》，北京：中國社會科學出版社，二○一一年，第二四七頁。

編號：○八四

名稱：胡六郎買地券

一九八二年出土於江西省樂安縣敖溪鎮，券石現收藏於樂安縣博物館。青石質，長八二厘米，寬五六厘米，厚二厘米。券文字體、行數、字數不詳。紹興二十九年（一一五九）五月初二日卒，紹興三十年（一一六○）九月初一日葬。著録於楊後禮：《新建縣樵舍南宋墓》，《江西歷史文物》一九八三年第二期，第二○至二一頁；梅紹裘、李科友：《九江市、樂安縣的兩座宋代紀年墓》，《江西歷史文物》一九八三第二期，第一七至二一頁。

編號：○八五

名稱：帥二郎買地券

券石現收藏於江西省新干縣文物管理所。券青石質；長五十五厘米，寬三十五厘米，厚二厘米。首題「歿故帥二郎地券」，券文字體、行數、字數不詳。紹興三十年（一一六○）十一月二十八日卒。著録於高立人：《廬陵古碑録》，南昌：江西人民出版社，二○○七年，第三八○頁；魯西奇：《中國古代買地券研究》，厦門：厦門大學出版社，二〇一四年，第三七七至三七八頁。

編號：〇八六
名稱：佚名買地券

二〇〇一年出土於四川省成都市青羊區蘇坡鄉西窯村。券石尺寸、字體、行數、字數不詳。文字風化嚴重，只有部分文字可以辨識。隆興元年（一一六三）三月葬。著録於劉雨茂、王仲雄、王軍等：《成都博瑞「都市花園」漢、宋墓葬發掘簡報》，《成都考古發現》，二〇〇一年，第一二〇至一六二頁；高朋：《人神之契：宋代買地券研究》，北京：中國社會科學出版社，二〇一一年，第二四八至二四九頁。

編號：〇八七
名稱：柳□買地券

出土於四川省灌縣玉堂公社南華大隊，現藏灌縣文管所。券石長四十五厘米，寬六十四點五厘米，厚六厘米，券文字體、行數、字數不詳。隆興二年（一一六四）六月二十一卒。著録於胡昭曦：《巴蜀歷史考察研究》，成都：巴蜀書社，二〇〇七年，第二〇八頁。

編號：〇八八
名稱：錢五十四秀才買地券

一九八六年出土於江西省臨川縣行橋鄉陳家村。石質，長方形，券石尺寸不詳，券文陰刻楷書，部分文字已無法辨識。乾道元年（一一六五）二月一日葬。著録情况：陳定榮：《南宋立鳥龍虎人物堆塑瓷瓶》，《文物》一九九〇年第九期，第九六頁；高朋：《人神之契：宋代買地券研究》，北京：中國社會科學出版社，二〇一一年，第二一〇頁；魯西奇：《中國古代買地券研究》，厦門：厦門大學出版社，二〇一四年，第三七八頁。

編號：〇八九
名稱：張寧買地券

二〇一三年出土於江西省吉安市西坑村委會里塘山自然村的將軍山，券石現收藏於江西吉安市博物館。券石青石質；長八十厘米，寬四十八厘米，厚二厘米；券頭刻有：「青龍秉炁，朱雀□非，玄武延軀，虎嘯八垂。」每行四字，楷書竪排，間隔卷草紋。券文竪排，楷書十二行，青石板四周刻卷草紋，券頭與正文間也間隔卷草紋。乾道三年（一一六七）六月十四日卒，乾道四年（一一六八）三月十日葬。著録於王臻等：《江西吉安南宋紀年墓》，《南方文物》二〇一四年第四期，第二五至二七頁。

編號：〇九〇
名稱：仲昌言買地券

於四川省灌縣中興公社和樂大隊三隊出土，現收藏於灌縣文管所。地券陶質泥胚刻字燒制，兩邊長三十三厘米，中間長四十五厘米，上邊寬二十厘米，下邊寬三十點五厘米，厚三厘米，券文字體、行數、字數不詳。乾道七年（一一七一）十月初八日葬。著録於胡昭曦：《巴蜀歷史考察研究》，成都：巴蜀書社，二〇〇七年，第二一〇至二一一頁。

編號：〇九一

名稱：趙世朝、趙熙朝買地券

現收藏於四川大學博物館。石質，長方形；長二十九點五厘米，寬三十厘米，券文字體、行數、字數不詳。乾道七年（一一七一）十月二十日葬。著録於張傳璽：《中國歷代契約會編考釋》（上），北京：北京大學出版社，一九九五年，第六一六至六一七頁；魯西奇：《中國古代買地券研究》，厦門：厦門大學出版社，二〇一四年，第四五九頁。

編號：〇九二

名稱：秦秘校買地券

一九八五年出土於江西省臨川縣，現收藏於臨川縣博物館藏。石質，長方形；長三十六厘米，寬三十一厘米；券文楷書十七行，每行字數不詳。淳熙元年（一一七四）十二月十四日卒，淳熙二年（一一七五）十一月二十五日葬。著録於陳柏泉：《江西出土墓誌選編》，南昌：江西教育出版社，一九九一年，第五五九頁；高朋：《人神之契：宋代買地券研究》，北京：中國社會科學出版社，二〇一一年，第二一一頁；魯西奇：《中國古代買地券研究》，厦門：厦門大學出版社，二〇一四年，第三七九頁。

編號：〇九三

名稱：胡㦸買地券

現收藏於江西省吉安縣文物管理所。券青石質，長方形，長五十八厘米，寬五十六厘米；題作「宋故洺光縣尉胡公地券」。券文竪書左讀，行數不詳。淳熙元年（一一七四）九月一日卒，淳熙二年（一一七五）十二月葬。著録於高立人：《廬陵古碑録》，南昌：江西人民出版社，二〇〇七年，第一二四頁；魯西奇：《中國古代買地券研究》，厦門：厦門大學出版社，二〇一四年，第三八〇頁。

編號：〇九四

名稱：趙容買地券

一九九一年出土於四川省成都市郫縣崇興鄉魚塘村。券陶質，方形，邊長四十點六厘米，厚四點三厘米；文字多不可辨識。券文字體、行數、字數不詳。淳熙六年（一一七九）十月葬。著録於陳厲清：《郫縣崇興鄉南宋墓》，《四川文物》一九九二年第六期，第五七至五八頁；高朋：《人神之契：宋代買地券研究》，北京：中國社會科學出版社，二〇一一年，第二四九至二五〇頁；魯西奇：《中國古代買地券研究》，厦門：厦門大學出版社，二〇一四年，第四五九至四六〇頁。

編號：〇九五

名稱：吕忠盛、楊氏八娘買地券

一九九二年出土於四川省成都市西郊金牛區金魚村。與「吕享、文氏順娘買地券」「古氏十九娘買地券」「吕忠慶買地券」「謝□□買地券」出土於同一地點。本券紅砂石質，方形，券石尺寸不詳，券文字體、行數、字數不詳。淳熙九年（一一八二）葬。著録於劉雨茂、黄曉楓：《四川成都市西郊金魚村南宋磚室火葬墓》，《考古》一九九七年第十期，第六一至七二頁；高朋：《人神之契：宋代買地券研究》，北京：中國社會科學出版社，二〇一一年，第二五〇頁。

編號：〇九六

名稱：古氏十九娘買地券

一九九二年出土於四川省成都市西郊金牛區金魚村。與「吕享、文氏順娘買地券」「吕忠盛、楊氏八娘買地券」「吕忠慶買地券」「謝□□買地券」出土於同一地點。文獻形態：紅砂石質，方形；券石尺寸不詳，券文字體、行數、字數不詳。淳熙十年（一一八三）葬。著録於劉雨茂、黄曉楓：《四川成都市西郊金魚村南宋磚室火葬墓》，《考古》一九九七年一〇期，第六一至七二頁；高朋：《人神之契：宋代買地券研究》，北京：中國社會科學出版社，二〇一一年，第二五〇頁。

編號：〇九七

名稱：唐氏十四娘買地券

一九七二年出土於安徽省太平縣烏石鄉。券磚質，長約四十厘米，寬三十五厘米；背面刻「唐氏十四娘買地券」八字，正面楷書十三行。淳熙十一年（一一八四）九月十一日遷葬。著録於吴興漢：《安徽出土歷代買地券研究》，《文物研究》第三期，合肥：黄山書社，一九八八年，第二四三至二五三頁；魯西奇：《中國古代買地券研究》，厦門：厦門大學出版社，二〇一四年，第三八一頁。

編號：〇九八

名稱：胡氏二娘買地券

一九七三年出土於江西省金溪縣，券石佚。券石磚質，長方形；長三十六厘米，寬四十二厘米；券文正書十四行，每行字數不詳。淳熙十二年（一一八五）葬。著録於陳柏泉：《江西出土墓誌選編》，南昌：江西教育出版社，一九九一年，第五六〇頁；高朋：《人神之契：宋代買地券研究》，北京：中國社會科學出版社，二〇一一年，第二一二頁；魯西奇：《中國古代買地券研究》，廈門：廈門大學出版社，二〇一四年，第三八二頁。

編號：〇九九

名稱：曾三十七買地券

一九七五年出土於江西省新干縣，現收藏於江西省博物館。石質，長方形；長一百厘米，寬六十三厘米；券文楷書十八行。淳熙十五年（一一八八）十一月葬。著録於陳柏泉：《江西出土地券綜述》，《考古》一九八七年第三期，第二一九、二二三至二三一頁；陳柏泉：《江西出土墓誌選編》，南昌：江西教育出版社，一九九一年，第五六〇至五六一頁；高朋：《人神之契：宋代買地券研究》，北京：中國社會科學出版社，二〇一一年，第二一二至二一三頁；魯西奇：《中國古代買地券研究》，廈門：廈門大學出版社，二〇一四年，第三八二至三八三頁。

編號：一〇〇

名稱：胡氏夫人買地券

二〇〇二年出土，現收藏於江西省吉安市博物館。券青石質，長六十一厘米，寬三十九厘米，厚一厘米；券文字體、行數、字數不詳。淳熙十六年（一一八九）六月初八日卒，紹熙元年（一一九〇）四月葬。著録於高立人：《廬陵古碑録》，南昌：江西人民出版社，二〇〇七年，第四至五頁；魯西奇：《中國古代買地券研究》，廈門：廈門大學出版社，二〇一四年，第三八五至三八六頁。

編號：一〇一

名稱：張氏買地券

一九九九年四川省成都市西南郊高新區石羊場石墻村出土。與「唐□□買地券」出自同一墓穴，爲夫妻合葬墓。券紅砂石質，方形，邊長約二十八厘米；券文楷書，行數不詳。紹熙三年（一一九二）十二月十四日葬。著録於張擎、程遠福、鄧遠波、李福秀：《成都市高新區石牆村宋墓發掘簡報》，《成都考古發現》二〇〇〇年，第二五二至二五九頁；高朋：《人神之契：宋代買地券研究》，北京：中國社會科學出版社，二〇一一年，第二五一頁；魯西奇：《中國古代買地券研究》，廈門：廈門大學出版社，二〇一四年，第四六二至四六三頁。

編號：一〇二

名稱：葛仲吉買地券

二〇〇二年出土，現收藏於江西省吉安市博物館藏。券青石質，長五十八厘米，寬三十九厘米，厚一點五厘米，題做「宋故葛公主簿地券」，券文從左至右竪排，字體、行數、字數不詳。紹熙五年（一一九四）閏十二月七日葬。著録於高立人：《廬陵古碑録》，南昌：江西人民出版社，二〇〇七年，第七頁；魯西奇：《中國古代買地券研究》，厦門：厦門大學出版社，二〇一四年，第三八八頁。

編號：一〇三

名稱：戈氏買地券

一九八〇年出土於四川省廣元市河西公社下西大隊。本書收録有其夫「杜光世買地券」。券石石質，呈方形；長三十一厘米，寬三十三厘米，厚六厘米；券文陰刻行書，内填硃砂，行數不詳。葬於慶元元年（一一九五）之後。著録於楊文成、匡遠瑩：《四川廣元石刻宋墓清理簡報》，《文物》一九八二年第六期，第五三至六一、一〇三頁；魯西奇：《中國古代買地券研究》，厦門：厦門大學出版社，二〇一四年，第四六三頁。

編號：一〇四

名稱：姚暉買地券

一九九八年出土於江西省安福縣楓田鎮大汾村。券青石質，長方形；長五十五厘米，寬三十五厘米，厚二厘米；楷書，行數不詳。慶元二年（一一九六）三月二十七日卒，慶元三年（一一九七）九月葬。著録於刁山景：《安福發現宋代地券》，《南方文物》一九九八年第四期，第一二〇頁；高朋：《人神之契：宋代買地券研究》，北京：中國社會科學出版社，二〇一一年，第二一四頁；魯西奇：《中國古代買地券研究》，厦門：厦門大學出版社，二〇一四年，第三八九頁。

編號：一〇五

名稱：萬三十買地券

一九八二至一九八六年出土於江西省瑞昌縣城南大路口山坡上，現收藏於瑞昌縣博物館。券青石質，長方形；額題「墓致」，一行；雙綫邊緣，長四十一厘米，寬三十一點五厘米，厚一點五厘米；券文從右向左書寫，楷書十一行，行十七至十八字。慶元五年（一一九九）三月二十八日，與《萬三七郎》《邵氏令五娘買地券》同時下葬。著録於劉禮純：《江西瑞昌縣發現七座宋代紀年墓》，《考古》一九九二年第四期，第三三〇、三三一至三三四頁；高朋：《人神之契：宋代買地券研究》，北京：中國社會科學出版社，二〇一一年，第二一五頁；魯西奇：《中國古代買地券研究》，厦門：厦門大學出版社，二〇一四年，第三九二頁。

編號：一〇六

名稱：彭氏念一娘買地券

一九六一年出土於江西省分宜縣城西南約四公里山崗，現收藏於江西省博物館。券爲磚質，正方形；邊長二十九點三厘米；券文楷書二十一行。慶元五年（一一九九）十一月二十八日葬。著録於彭適凡、劉玲：《江西分宜和永豐出土的宋俑》，《考古》一九六四年第二期，第七二、八五頁；陳柏泉：《江西出土墓誌選編》，南昌：江西教育出版社，第五六四至五六五頁；高朋：《人神之契：宋代買地券研究》，北京：中國社會科學出版社，二〇一一年，第二一六至二一七頁；魯西奇：《中國古代買地券研究》，厦門：厦門大學出版社，二〇一四年，第三九三頁。

編號：一〇七

名稱：温氏九孺人買地券

一九九〇年出土於江西省新餘市南安鄉朱家村。券石青石質，呈長方形，長五十九厘米，寬四十五厘米；額題：「故賢淑温氏九孺人買地券」；券文正書，具體行數及每行字數不詳。嘉泰三年（一二〇三）九月一日葬。著録於李小平：《新餘市渝水區發現南宋紀年墓》，《南方文物》一九九三年第一期，第九八頁；高朋：《人神之契：宋代買地券研究》，北京：中國社會科學出版社，二〇一一年，第二一七至二一八頁；魯西奇：《中國古代買地券研究》，厦門：厦門大學出版社，二〇一四年，第三九五頁。

編號：一〇八

名稱：鄭氏買地券

一九七五年出土於四川省廣元市〇七二醫院基建工地，同時出土的有其夫「王再立買地券」。券黄砂岩質，正方形；邊長約三十三厘米；券文陰刻，順逆相間，周圍刻有八卦符號。嘉泰四年（一二〇四）修造墓室。著録於廖奔：《廣元南宋墓雜劇、大曲石刻考》，《文物》一九八六年第十二期，第二五至三六頁；馮健：《四川瀘州宋墓雜劇、大曲石刻考》，《四川文物》二〇〇九年第六期，第六八至七一、七六頁。雖有券石照片，但較模糊，現納入此叙録，魯西奇：《中國古代買地券研究》，厦門：厦門大學出版社，二〇一四年，第四六七頁。

編號：一〇九

名稱：王再立買地券

一九七五年出土於四川省廣元市〇七二醫院基建工地，同時出土的有其妻「鄭氏買地券」。券黄砂岩質，正方形；邊長約三十三厘米；券文陰刻，順逆相間，周圍刻有八卦符號。嘉泰四年（一二〇四）修造墓室。著録於廖奔：《廣元南宋墓雜劇、大曲石刻考》，《文物》一九八六年第十二期，第二五至三六頁；馮健：《四川瀘州寧夏雜劇、大曲石刻考》，《四川文物》二〇〇九年第六期，第六八至七一、七六頁。雖有券石照片，但較模糊，現納入此叙録，魯西奇：《中國古代買地券研究》，厦門：厦門大學出版社，二〇一四年，第四六七頁。

編號：一一〇

名稱：周必大買地券

一九八二年出土於江西省吉安市，現收藏於吉安市博物館藏。券石質，長二百厘米，寬一百厘米；券文刻於壙志之陰，額題「宋少傅大觀文益公贈太師地券」；楷書十四行，每行字數不詳。嘉泰四年（一二〇四）十月初一日卒，嘉泰四年（一二〇四）十二月葬。著録於高立人：《廬陵古碑録》南昌：江西人民出版社，二〇〇七年，第九至一〇頁；陳柏泉：《江西出土墓誌選編》，南昌：江西教育出版社，一九九一年，第五六六至五六七頁；高朋：《人神之契：宋代買地券研究》，北京：中國社會科學出版社，二〇一一年，第二一八頁；魯西奇：《中國古代買地券研究》，廈門：廈門大學出版社，二〇一四年，第三九六頁。

編號：一一一

名稱：黎氏慶娘子買地券

二〇〇六年出土於四川省成都市温江區。券陶質，正方形；邊長三十九點五厘米，厚四厘米；券文字體、行數、字數不詳。嘉定二年（一二〇九）二月十八日葬。著録於陳西平：《成都市温江區檢察院辦公樓、塞納河畔工地五代及宋代墓葬發掘簡報》，見成都文物考古研究所編：《成都考古發現二〇〇五年》，北京：科學出版社，二〇〇七年，第三三七至三五二頁、五二九至五三二頁；魯西奇：《中國古代買地券研究》，廈門：廈門大學出版社，二〇一四年，第四六八頁。

編號：一一二

名稱：姚氏買地券

一九五五年出土於四川省綿陽市北郊平政橋。券石質，八棱柱形，八面皆有券文，僅有部分文字可以辨識。券石尺寸不詳，券文字體、行數、字數不詳。嘉定二年（一二〇九）。著録於李復華：《四川綿陽平政橋發現宋墓》，《考古通訊》一九五六年第五期，第四九至五〇、二二至二三頁；高朋：《人神之契：宋代買地券研究》，北京：中國社會科學出版社，二〇一一年，第二五二至二五三頁。

編號：一一三

名稱：唐□□買地券

一九九九年出土於四川省成都市高新區石羊場石墻村。券紅砂石質，正方形；邊長約二十八厘米，楷書，行數、字數不詳。嘉定四年（一二一一）四月十四日葬。著録於張擎、程遠福、鄧遠波、李福秀：《成都市高新區石墻村宋墓發掘簡報》，《成都考古發現一九九九》，北京：科學出版社，二〇〇一年，第二五二至二五九頁；高朋：《人神之契：宋代買地券研究》，北京：中國社會科學出版社，二〇一一年，第二五三至二五四頁；魯西奇：《中國古代買地券研究》，厦門：厦門大學出版社，二〇一四年，第四七〇至四七一頁。

編號：一一四

名稱：陳氏買地券

二〇〇三年出土於四川省成都市青龍鄉磨盤山。券灰陶質，正方形；邊長三十九厘米，厚三厘米，券文衹有部分内容可識。嘉定六年（一二一三）葬。著録於馮先成、颜勁松、葉劍等：《成都市青龍鄉石嶺村宋墓發掘簡報》，《成都考古發現二〇〇三》，北京：科學出版社，二〇〇五年，第三九七至四一七、五五九至五六一頁；高朋：《人神之契：宋代買地券研究》，北京：中國社會科學出版社，二〇一一年，第二五四頁。

編號：一一五

名稱：許廿三郎、叶十五娘買地合同地契

出土於福建省晉江市東石鎮井林村。券磚質，墨書，券石尺寸不詳，券文字體、行數、字數不詳。嘉定十五年（一二二二）四月二十八日遷葬。著録於鄭國棟、林勝利、陳垂成編：《泉州道教》，厦門：鷺江出版社，一九九三年，第一六九至一七〇頁；陳進國：《考古材料所記録的福建「買地券」習俗》，《民俗研究》二〇〇六年第一期，第一六五至一八四頁；魯西奇：《中國古代買地券研究》，厦門：厦門大學出版社，二〇一四年，第四二五頁。

編號：一一六

名稱：祖氏二娘買地券

一九八八年出土於成都市柏合鎮，同穴出土有「董士和、任氏大娘買地券」。券石形制不規則，大致呈長方形，長約四十厘米，寬約三十厘米，厚約二點九厘米，券文陰刻九行，滿行二十二字。嘉定十六年（一二二三）八月二十八日葬。著録於薛登：《成都龍泉出土部分買地券彙輯》，《成都文物》二〇〇八年第一期，第二四頁。

編號：一一七

名稱：董士和、任氏大娘買地券

一九八八年出土於成都市柏合鎮，同穴出土有「祖氏二娘買地券」。券石長三十六厘米，寬二十九厘米，厚二點九厘米，券文字迹潦草，陰刻十一行，滿行十六字。嘉定十六年（一二二三）十月二十八日葬。著録於薛登：《成都龍泉出土部分買地券彙輯》，《成都文物》二〇〇八年第一期，第二四頁。

編號：一一八

名稱：苟氏二娘買地券

出土於四川省成都市龍泉驛區柏合鎮馬壩村。券紅砂石質，長方形；長四十一厘米，寬二十三點五厘米，厚五厘米，券文八行，從右至左書寫，一行順書，一行倒書，行九至二十二字。嘉定十六年（一二二三）十月二十八日葬。著録於著成都市龍泉驛博物館：《成都市龍泉驛區出土的宋明石質買地券與鎮墓券》，《考古與文物》二〇〇二年漢唐考古增刊；高朋：《人神之契：宋代買地券研究》，北京：中國社會科學出版社，二〇一一年，第二五六頁；魯西奇：《中國古代買地券研究》，厦門：厦門大學出版社，二〇一四年，第四七四頁。

編號：一一九

名稱：無名買地券

二〇一三年出土於四川省成都市高新西區雙柏村，券石現收藏於成都文物考古研究所。券石紅砂石質，呈方形，券石尺寸不詳，陰刻文字，上塗硃砂，字體、行數、字數不詳。嘉定十七年（一二二四）一月。著録於索德浩：《成都市高新西區雙柏村宋、明墓發掘簡報》，《成都考古發現》二〇一三年，北京：科學出版社，二〇一五年，第六〇五至六四三頁。

編號：一二〇

名稱：徐德寶爲先妻潘氏九娘子買地券

清道光中出土於浙江省永嘉縣江北千石村山中。券石尺寸不詳，券文十八行、行九至十八字。寶慶二年（一二二六）二月初五日卒，寶慶二年（一二二六）六月葬。著録於戴咸弼：《東甌金石志》卷九，光緒九年瑞安孫氏刻本，第一七頁下至第一九頁上；池田温：《中國歷代墓券略考》，《東洋文化研究所紀要》第八六號，一九八一年，第二四九至二五〇頁；魯西奇：《中國古代買地券研究》，厦門：厦門大學出版社，二〇一四年，第三九九頁。

編號：一二一

名稱：謝□□買地券

一九九二年出土於四川省成都西郊金牛區金魚村，與《呂忠盛、楊氏八娘買地券》《呂享、文氏順娘買地券》《古氏十九娘買地券》《呂忠慶買地券》出土於同一地點。券石紅砂石質，呈方形；券石尺寸不詳，券文字體、行數、字數不詳。紹定二年（一二二九）葬。著録於劉雨茂、黄曉楓：《四川成都市西郊金魚村南宋磚室火葬墓》，《考古》一九九七年一〇期，第六一至七二頁。

編號：一二二

名稱：舒氏買地券

一九八七年出土於江西省進賢縣，券石現收藏於進賢縣文管所。券石質，長方形；長三十一厘米，寬六十八厘米；券文楷書十三行，每行具體字數不詳。紹定二年（一二二九）十月十二日葬。著録於陳柏泉：《江西出土墓誌選編》，南昌：江西教育出版社，一九九一年，第五七〇至五七一頁；高朋：《人神之契：宋代買地券研究》，北京：中國社會科學出版社，二〇一一年，第二二一頁；魯西奇：《中國古代買地券研究》，厦門：厦門大學出版社，二〇一四年，第四〇一頁。

編號：一二三

名稱：曹氏買地券

一九六五年出土於江西省永修縣羅亭公社義坪大隊，爲宋魏王后裔趙時及其妻曹氏的合葬墓。券青磚質，正方形；邊長三一厘米，厚三厘米。券文已不可識，嘉熙四年（一二三〇）葬。著録於薛堯：《江西南城、清江和永修的宋墓》，《考古》一九六五年第一一期，第五七一至五七六頁；高朋：《人神之契：宋代買地券研究》，北京：中國社會科學出版社，二〇一一年，第二二三頁。

編號：一二四

名稱：王興、李八娘買地券（左室）

一九八六年出土於貴州省仁懷市三合鎮兩岔河右岸棨昌壩，券石現收藏於貴州省博物館。券白沙石質，長方形；長三十九厘米，寬二十八厘米；券文從左向右竪刻楷書十四行，行字數不詳。紹定三年（一二三〇）造墓立券。著録於張合榮：《貴州古代墓葬出土的買地券》，《貴州文史叢刊》二〇〇二年第四期，第四三至四六頁；徐文仲：《兩岔宋墓群》，《貴州文史天地》一九九六年第二期，第六一至六二頁；高朋：《人神之契：宋代買地券研究》，北京：中國社會科學出版社，二〇一一年，第二九一至二九二頁；魯西奇：《中國古代買地券研究》，厦門：厦門大學出版社，二〇一四年，第四七五至四七八頁。

編號：一二五

名稱：曾氏太君買地券

一九八五年出土於江西省進賢縣，券石現收藏於進賢縣文管所。券石質，長方形；長六十一厘米，寬三十四厘米；券文楷書十八行，每行具體字數不詳。紹定五年（一二三二）十二月葬。著録於陳柏泉：《江西出土墓誌選編》，南昌：江西教育出版社，一九九一年，第五七一至五七二頁；高朋：《人神之契：宋代買地券研究》，北京：中國社會科學出版社，二〇一一年，第二二一至二二二頁；魯西奇：《中國古代買地券研究》，厦門：厦門大學出版社，二〇一四年，第四〇一頁。

編號：一二六

名稱：陳氏二孺人買地券

道光十九年（一八三九）出土於江蘇省揚州甘泉縣北湖僧道橋東阮氏萬柳堂前耕地中。券磚質，徑一尺，兩面有文，一面刻地契正書十三行，行五至十五字；一面四旁刻八卦，中刻云：「券文一道，給亡人陳氏二孺人永爲執照。紹定六年十二月二十七日，給者」，共五行。紹定六年（一二三三）葬。著録於韓崇：《寶鐵齋金石文跋尾》卷下，《宋陳孺人地契》，見嚴耕望主編：《石刻史料新編》，臺北：新文豐出版公司，一九七九年，第二輯，第二〇册，第一四四二〇至一四四二一頁；陳槃：《於歷史與民俗之間看所謂「瘞錢」與「買地券」》，附録《續買地券征藏》，見「中央研究院」歷史語言研究所編：《「中央研究院」國際漢學會議論文集·歷史考古組》，臺北：「中央研究院」，一九八一年，第八八一至八八二頁；池田温：《中國歷代墓券略考》，《東洋文化研究所紀要》第八六號，一九八一年，第二五一至二五二頁；高朋：《人神之契：宋代買地券研究》，北京：中國社會科學出版社，二〇一一年，第二七二頁；魯西奇：《中國古代買地券研究》，廈門：廈門大學出版社，二〇一四年，第三三六至三三七頁。

編號：一二七

名稱：李氏買地券

一九五三年出土於江西省餘干縣。券磚質，長方形；邊長三十一厘米；券文楷書，朱書十六行，單行正寫，雙行倒寫，行八至十六字。嘉熙元年（一二三七）三月二十一日卒，嘉熙元年（一二三七）五月初十日葬。著録於陳柏泉：《江西出土地券綜述》，《考古》一九八七年第三期，第二一九、二二三至二三一頁；陳柏泉：《江西出土墓誌選編》，南昌：江西教育出版社，一九九一年，第五七二至五七三頁；高朋：《人神之契：宋代買地券研究》，北京：中國社會科學出版社，二〇一一年，第二二二頁；魯西奇：《中國古代買地券研究》，廈門：廈門大學出版社，二〇一四年，第四〇二頁。

編號：一二八

名稱：黄氏買地券

一九七五年出土於福建省福州市北郊浮倉山。券磚質；長二十九點五厘米，寬三十一點五厘米；正面楷書十六行，行二十五字；背面有丹書符法一道。淳祐三年（一二四三）七月初十日卒，淳祐三年（一二四三）十一月二十三日葬。著録於福建省博物館：《福州市北郊南宋墓清理簡報》，《文物》一九七七年第七期，第一至一七頁；福建省博物館編：《福州南宋黄昇墓》，北京：文物出版社，一九八二年，第一至十七頁；高朋：《人神之契：宋代買地券研究》，北京：中國社會科學出版社，二〇一一年，第二七六至二七七頁；魯西奇：《中國古代買地券研究》，廈門：廈門大學出版社，二〇一四年，第四二六頁。

編號：一二九

名稱：孺人熊氏墓券

一九八四年出土於江西省清江縣臨江鎮江西省煤炭機械廠廠房。券石尺寸不詳，券文字體、行數、字數不詳。淳祐元年（一二四一）卒，淳祐四年（一二四四）九月八日葬。著録於黄頤壽：《江西清江出土的南宋青白瓷器》，《考古》一九八九第七期，第六六九至六七二頁。

編號：一三〇

名稱：孺人李氏買地券

一九七五年出土於福建省福州市浮倉山。券磚質，券文内容不詳。淳祐七年（一二四七）葬。著録於福建省博物館：《福州市北郊南宋墓清理簡報》，《文物》一九七七年第七期，第一至一七頁；高朋：《人神之契：宋代買地券研究》，北京：中國社會科學出版社，二〇一一年，第二七七頁。

編號：一三一

名稱：聶八宣教買地券

券石現收藏於江西省新干縣文物管理所。券青石質；長四十六厘米，寬三十六厘米，题作「宋故先君聶八宣教地券」，券文字體、行數、字數不詳。淳祐三年（一二四三）五月卒，淳祐七年（一二四七）六月初一葬。著録於高立人：《廬陵古碑録》，江西人民出版社，二〇〇七年，第三八四頁；魯西奇：《中國古代買地券研究》，厦門：厦門大學出版社，二〇一四年，第四〇三頁。

編號：一三二

名稱：余六貢士買地券

一九五七年出土於江西省南昌市，券石現收藏於江西省博物館。券石質，長方形；長四十九厘米，寬三十三厘米；券文楷書九行，行九至十四字。淳祐十二年（一二五二）十二月十日葬。著録於陳柏泉：《江西出土地券綜述》，《考古》一九八七年第三期，第二一九、二二三至二三一頁；陳柏泉：《江西出土墓誌選編》，南昌：江西教育出版社，一九九一年，第五七五頁；高朋：《人神之契：宋代買地券研究》，北京：中國社會科學出版社，二〇一一年，第二二四頁；魯西奇：《中國古代買地券研究》，厦門：厦門大學出版社，二〇一四年，第四〇五頁。

編號：一三三

名稱：蔣氏孺人買地券

一九八三年出土於湖北省武漢市青山區工人村十五舍附近，同時出土其夫「任忠訓買地券」。券磚質，正方形，邊長三十點八厘米；額題：「宋故蔣氏孺人契券」，一行；楷體十五行，行十七至二十二字。文字順逆相間，單行正寫，雙行倒寫，大部分文字已漫漶不清。寶祐四年（一二五六）六月卒，寶祐四年（一二五六）

八月二十四日葬。著録於蘭蔚：《武漢市青山宋墓清理簡報》，《江漢考古》一九八六年第四期，第一二至一六頁；高朋：《人神之契：宋代買地券研究》，北京：中國社會科學出版社，二〇一一年，第二六七至二六八頁；魯西奇：《中國古代買地券研究》，厦門：厦門大學出版社，二〇一四年，第四三一至四三二頁。

編號：一三四

名稱：任忠訓買地券

一九八三年出土於湖北省武漢市青山區工人村十五舍附近，同時出土其妻「蔣氏孺人買地券」。券磚質，正方形，邊長三十點八厘米；額題：「宋故任公總管忠訓契券」；券文楷體朱書，十五行，滿行殘存九字。文字順逆相間，單行正寫，雙行倒寫。寶祐四年（一二五六）七月十九日卒，寶祐四年（一二五六）八月二十四日葬。著録於蘭蔚：《武漢市青山宋墓清理簡報》，《江漢考古》一九八六年第四期，第一二至一六頁；高朋：《人神之契：宋代買地券研究》，北京：中國社會科學出版社，二〇一一年，第二六八頁；魯西奇：《中國古代買地券研究》，厦門：厦門大學出版社，二〇一四年，第四三一頁。

編號：一三五

名稱：黄六十三娘買地券

一九五九年出土於福建省金門縣。券磚質，近正方形；邊長約二十六厘米，厚約一點二厘米；券文楷書十二行，行八至十八字。寶祐五年（一二五七）立契。著録於方豪：《金門出土宋墓買地券考釋》，初刊於（臺灣）《「中國歷史學會」史學集刊》一九七一年第三期，後收入氏著：《方豪六十至六十四自選待定稿》，臺北：臺灣學生書局，一九七四年，第一八七至二〇二頁；高朋：《人神之契：宋代買地券研究》，北京：中國社會科學出版社，二〇一一年，第二九四頁；魯西奇：《中國古代買地券研究》，厦門：厦門大學出版社，二〇一四年，第四二七至四二八頁。

編號：一三六

名稱：李孺人齊氏買地券

一九八二至一九八六年間出土於江西省瑞昌縣城西潘家堡山坡上。券青石質，長方形，長三十一點二厘米，寬二十四點五厘米，厚〇點六厘米；梯形額，額題「有宋李孺人齊氏券」，兩字一行，直書；券文楷書，十行，行十二至二十字。寶祐六年（一二五八）十二月初七日葬。著録於劉禮純：《江西瑞昌縣發現七座宋代紀年墓》，《考古》一九九二年第四期，第三三〇、三三一至三三四頁；高朋：《人神之契：宋代買地券研究》，北京：中國社會科學出版社，二〇一一年，第二二五至二二六頁；魯西奇：《中國古代買地券研究》，厦門：厦門大學出版社，二〇一四年，第四〇六至四〇七頁。

編號：一三七

名稱：王百四買地券

一九八二出土於江西省峽江縣，券石現收藏於峽江縣博物館。券石質，長方形；長六十七厘米，寬四十六厘米；券尾有符篆；券文楷書十六行，行二十字。淳祐三年（一二四三）二月卒，景定元年（一二六〇）八月二十一日葬。著録於陳柏泉：《江西出土墓誌選編》，南昌：江西教育出版社，一九九一年，第五七五至五七六頁；高朋：《人神之契：宋代買地券研究》，北京：中國社會科學出版社，二〇一一年，第二二六頁；魯西奇：《中國古代買地券研究》，厦門：厦門大學出版社，二〇一四年，第四〇七至四〇八頁。

編號：一三八

名稱：無名氏買地券文

出土於貴州省仁懷市。券石尺寸、字體、行數、字數不詳。景定四年（一二六三）葬。著録於仁懷政協學習文衛委編：《仁懷歷代文鈔》，北京：中國文史出版社，二〇〇九年，第二頁。

編號：一三九

名稱：佚名買地券

二〇〇一年出土於四川省成都市青羊區蘇坡鄉西窯村，現收藏於成都文物考古隊。券石紅砂石質，呈方形；仅存下半部，券石尺寸不詳；券文楷書一五行，因風化嚴重，文字漶漫不清，每行字數不詳。卒葬時間爲北宋早期。著録於高朋：《人神之契：宋代買地券研究》，北京：中國社會科學出版社，二〇一一年，第二六〇頁；劉雨茂、王仲雄、王軍等：《成都博瑞「都市花園」漢、宋墓葬發掘簡報》，《成都考古發現》，二〇〇一年，北京：科學出版社，二〇〇三年，第一二〇至一六二頁。

編號：一四〇

名稱：潘五娘買地券

券石現收藏於湖北省羅田縣博物館。券石尺寸不詳；券文楷書十六行，行十二字。保存完好，書法樸拙，刻痕甚深，文字易辨識。卒葬時間爲北宋元豐以後。著録於劉安志：《從泰山到東海——中國中古時期民衆冥世觀念轉變之一個側面》，《新資料與中古文史論稿》，上海：上海古籍出版社，二〇一四年，第八七至一一七頁；高朋：《人神之契：宋代買地券研究》，北京：中國社會科學出版社，二〇一一年，第二六八至二六九頁；魯西奇：《中國古代買地券研究》，厦門：厦門大學出版社，二〇一四年，第三三四至三三五頁。

編號：一四一

名稱：謝文襲買地券

券石現收藏於湖北省英山縣博物館。券石已殘，僅餘下半部分，券石尺寸不詳；券文楷書十三行，行與行之間刻有直綫，刻痕較深。滿行殘存十四字。卒葬時間爲北宋元祐以後。著録於魯西奇：《中國古代買地券研究》，厦門：厦門大學出版社，二〇一四年，第三三五至三三六頁。

編號：一四二

名稱：鄭賢買地券

券石現收藏於湖北省黄梅縣博物館。券石已斷爲五塊，券石尺寸不詳；券文楷書十四行，行十五至二十五字。卒葬時間爲北宋末。著録於魯西奇：《中國古代買地券研究》，厦門：厦門大學出版社，二〇一四年，第三三五頁。

編號：一四三

名稱：吴七娘買地券

一九八九年出土於福建省南平市大風鄉店口村。券磚質；長二十四點四厘米，寬十五厘米，厚四厘米；券文楷書，行數不詳。卒葬時間爲南宋早期。著録於張文崟：《南平大鳳店口宋墓》，《福建文博》一九八九年第一、二期合刊，第四二八至四三〇頁；張文崟：《福建南平店口宋墓》，《考古》一九九二年第五期，第四二八至四三〇頁；高朋：《人神之契：宋代買地券研究》，北京：中國社會科學出版社，二〇一一年，第二七七至二七八頁；魯西奇：《中國古代買地券研究》，厦門：厦門大學出版社，二〇一四年，第四二二頁。

編號：一四四

名稱：宋興仁買地券

一九九八年出土於四川省成都市龍泉驛區洪河鄉三橋村，同時出土有其妻「程氏六娘子買地券」。券紅砂石質，呈長方形；長三十五厘米，殘寬二十九厘米，厚二點八厘米，券文風化嚴重，文字無法辨認。紹興年間（一一三一—一一六二）葬。著録於高朋：《人神之契：宋代買地券研究》，北京：中國社會科學出版社，二〇一一年，第二四八頁；成都市文物考古研究所、龍泉驛區文管所：《成都市龍泉驛區南宋宋興仁夫婦墓清理簡報》，《考古與文物》（二〇〇二年漢唐考古增刊）。

編號：一四五

名稱：佚名買地券

一九五八年出土於河南省方城縣城南朱莊。券磚質，呈長方形；長三十厘米，寬十五厘米，厚四點五厘米；券文正書八行，滿行十字。卒葬時間爲宋代，具體時間不詳。著録於方城縣文物工作隊：《方城縣朱莊宋墓發掘》，《文物》一九五九年第六期；高朋：《人神之契：宋代買地券研究》，北京：中國社會科學出版社，二〇一一年，第二八七頁。

編號：一四六

名稱：王興買地券

一九八六年出土於貴州省仁懷市三合鎮兩岔河右岸榮昌壩，現收藏於貴州省博物館。券鐵質，正方形，長三十九厘米，寬二十八厘米，券文行數不詳。卒葬時間爲宋代，具體時間不詳。著録於張合榮：《貴州古代墓葬出土的買地券》，《貴州文史叢刊》二〇〇二年第四期，第四三至四六頁；徐文仲：《兩岔宋墓群》，《貴州文史天地》一九九六年第二期，第六一至六二頁；高朋：《人神之契：宋代買地券研究》，北京：中國社會科學出版社，二〇一一年，第二九一至二九二頁；魯西奇：《中國古代買地券研究》，厦門：厦門大學出版社，二〇一四年，第四七五至四七八頁。

編號：一四七

名稱：佚名買地券

一九九二年出土於湖北省襄樊市樊城華鋒路中段西側劉家埂。券石質，正方形（一角已殘），邊長二十二點八厘米，厚一厘米；楷書四行，行四字；周邊有「八卦」文；背面爲楷書十六行，具體字數不詳，僅殘存十六字。卒葬時間爲宋代，具體時間不詳。著録於襄樊市文物管理处：《湖北襄樊劉家埂唐宋墓葬清理簡報》，《江漢考古》一九九九年第二期，第三〇至三六、四十頁；高朋：《人神之契：宋代買地券研究》，北京：中國社會科學出版社，二〇一一年，第二六九頁。

編號：一四八

名稱：李八娘買地券（右室）

一九八六年出土於貴州省仁懷市三合鎮兩岔河右岸榮昌壩，現收藏於貴州省博物館。券鐵質，正方形，八字形頭，券文四周陰刻一框綫，券文從左到右十四行。卒葬時間爲宋代，具體時間不詳。著録於張合榮：《貴州古代墓葬出土的買地券》，《貴州文史叢刊》二〇〇二年第四期，第四三至四七頁；徐文仲：《兩岔宋墓群》，《貴州文史天地》一九九六年第二期，第六一至六二頁；高朋：《人神之契：宋代買地券研究》，北京：中國社會科學出版社，二〇一一年，第二九二頁；魯西奇：《中國古代買地券研究》，厦門：厦門大學出版社，二〇一四年，第四七五至四七八頁。

編號：一四九

名稱：佚名買地券

一九八四年出土於江西省南豐縣桑田鄉。券石紅砂，呈長方形；長四十點二厘米，寬三十五點四厘米，厚四厘米；券文楷書，原有文字十五行，滿行十五字；因買地券被農民洗去他用，大部分文字已不可識別，僅可識別九行。卒葬時間爲北宋時，具體不詳。著録於高朋：《人神之契：宋代買地券研究》，北京：中國社會科學出版社，二〇一一年，第二二八至二二九頁；陳定榮：《江西南豐縣桑田宋墓》，《考古》一九八八年第四期，第三一八至三二八頁。

編號：一五〇

名稱：張氏買地券

二〇〇二年出土於四川省成都市保和鄉東桂村。券石質，呈方形；券石殘損嚴重，大小不詳，文字無法辨識。卒葬時間爲北宋年間。著録於高朋：《人神之契：宋代買地券研究》，北京：中國社會科學出版社，二〇一一年，第二四五頁；陳平、劉守强、曹桂梅、劉雨茂：《成都市保和鄉東桂村宋墓發掘簡報》，《成都考古發現》二〇〇二年，北京：科學出版社，二〇〇四年，第三五九至三八三頁。

編號：一五一

名稱：黎二買地券

出土於貴州省懷仁市兩岔河沙壩，現收藏於仁懷市博物館。券白砂石質，長三十二厘米，寬二十六厘米；券文楷書，具體行數、字數不詳。卒葬時間爲南宋末。著録於張合榮：《貴州古代墓葬出土的買地券》，《貴州文史叢刊》二〇〇二年第四期，第四三至四六頁；徐文仲：《兩岔宋墓群》，《貴州文史天地》一九九六年第二期，第六一至六二頁；高朋：《人神之契：宋代買地券研究》，北京：中國社會科學出版社，二〇一一年，第二九二至二九三頁；魯西奇：《中國古代買地券研究》，廈門：廈門大學出版社，二〇一四年，第四七九至四八〇頁。

參考文獻

一、古籍：

［宋］歐陽忞撰，李勇先、王小紅校注：《輿地廣記》，成都：四川大學出版社，二〇〇三年。

［宋］王存撰，王文楚、魏嵩山點校：《元豐九域志》，北京：中華書局，二〇〇五年。

［宋］王象之撰，李勇先校點：《輿地紀勝》，成都：四川大學出版社，二〇〇五年。

［宋］樂史撰，王文楚點校：《太平寰宇記》，北京：中華書局，二〇一三年。

［元］脱脱等：《宋史》，北京：中華書局，一九八五年。

［清］戴咸弼：《東甌金石志》，光緒九年（一八八三）瑞安孫氏刻本。

二、今人著述：

宿白：《白沙宋墓》，北京：文物出版社，一九五七年。

羅振玉：《羅雪堂先生全集》五編《地券徵存》，臺北：大通書局，一九七三年。

方豪：《方豪六十至六十四自選待定稿》，臺北：臺灣學生書局，一九七四年。

嚴耕望主編：《石刻史料新編》，臺北：新文豐出版公司，一九七九年。

「中央研究院」歷史語言研究所編：《「中央研究院」國際漢學會議論文集·歷史考古組》，臺北：「中央研究院」，一九八一年。

池田温：《中國歷代墓券略考》，《東洋文化研究所紀要》第八六號，一九八一年。

福建省博物館編：《福州南宋黄昇墓》，北京：文物出版社，一九八二年。

張思温：《積石録》，兰州：甘肅民族出版社，一九八九年。

北京圖書館金石組編：《北京圖書館藏中國歷代石刻拓本彙編》，鄭州：中州古籍出版社，一九八九年。

陳柏泉：《江西出土墓誌選編》，南昌：江西教育出版社，一九九一年。

張沛：《安康碑石》，西安：三秦出版社，一九九一年。

馮亦吾主編：《中國書法今鑒一九四九至一九九〇》，北京：中國旅游出版社，一九九三年。

鄭國棟、林勝利、陳垂成編：《泉州道教》，厦門：鷺江出版社，一九九三年。

張傳璽：《中國歷代契約會編考釋》（上），北京：北京大學出版社，一九九五年。

重慶市博物館編：《中國西南地區歷代石刻彙編》（四川重

慶卷)，天津：天津古籍出版社，一九九八年。

四川省地方志編纂委員會編：《四川省志·文物志》，成都：四川人民出版社，一九九九年。

高峽主編：《西安碑林全集》，廣州：廣東經濟出版社；深圳：海天出版社，一九九九年。

陝西省古籍整理办公室編：《新中國出土墓誌·陝西·壹》，北京：文物出版社，二〇〇〇年。

成都文物考古研究院編：《成都考古發現》(一九九九)，北京：科學出版社，二〇〇一年。

康蘭英：《榆林碑石》，西安：三秦出版社，二〇〇三年。

成都文物考古研究院編：《成都考古發現》(二〇〇一)，北京：科學出版社，二〇〇三年。

陝西省古籍整理辦公室、咸陽市文物考古研究所編：《咸陽碑刻》，西安：三秦出版社，二〇〇三年。

成都文物考古研究院編：《成都考古發現》(二〇〇三)，北京：科學出版社，二〇〇五年。

張勳燎、白彬：《中國道教考古》，北京：綫裝書局，二〇〇六年。

陳進國：《信仰、儀式與鄉土社會：風水的歷史人類學探索》，北京：中國社會科學出版社，二〇〇五年。

成都文物考古研究院編：《成都考古發現》(二〇〇四)，北京：科學出版社，二〇〇六年。

高立人：《廬陵古碑録》，南昌：江西人民出版社，二〇〇七年。

唐曉軍：《甘肅古代石刻藝術》，北京：民族出版社，二〇〇七年。

胡昭曦：《巴蜀歷史考察研究》，成都：巴蜀書社，二〇〇七年。

成都文物考古研究院編：《成都考古發現》(二〇〇六)，北京：科學出版社，二〇〇八年。

成都文物考古研究院編：《成都考古發現》(二〇〇七)，北京：科學出版社，二〇〇九年。

鄭嘉勵：《浙江宋墓》，北京：科學出版社，二〇〇九年。

仁懷政協學習文衛委編：《仁懷歷代文鈔》，北京：中國文史出版社，二〇〇九年。

成都文物考古研究所：《成都考古發現》(二〇〇八)，北京：科學出版社，二〇一〇年。

程雲霞：《固原歷代碑刻選編》，銀川：寧夏人民出版社，二〇一〇年。

高朋：《人神之契：宋代買地券研究》，北京：中國社會科學出版社，二〇一一年。

成都文物考古研究所、成都博物院：《成都出土歷代墓銘券文圖録綜釋》，北京：文物出版社，二〇一二年。
張智全：《慶陽金石碑銘菁華》，蘭州：甘肅文化出版社，二〇一三年。
成都文物考古研究院編：《成都考古發現》（二〇一一），北京：科學出版社，二〇一三年。
魯西奇：《中國古代買地券研究》，厦門：厦門大學出版社，二〇一四年。
成都文物考古研究院編：《成都考古發現》（二〇一四），北京：科學出版社，二〇一六年。
楊巴金：《廬陵史事考述》，南昌：江西人民出版社，二〇一四年。
曾翔、胡抗美主編：《書法文獻·宋代地券卷》，青島：青島出版社，二〇一四年。

三、期刊、論文：

何國維：《江西省考古工作的概况》，《考古通訊》一九五五年第三期。
李復華：《四川綿陽平政橋發現宋墓》，《考古通訊》一九五六年第五期。
四川省文物管理委員會：《四川華陽縣北宋墓清理簡報》，《文物參考資料》一九五六年第一二期。
屠思華：《江蘇鳳凰河漢、隋、宋、明墓的清理》，《考古通訊》一九五八年第二期。
河南省文化局文物工作隊第一隊：《鄭州南關外北宋磚室墓》，《文物參考資料》一九五八年第五期。
方城縣文物工作隊：《方城縣朱莊宋墓發掘》，《文物》一九五九年第六期。
江蘇省文管會、南京博物院：《江蘇淮安宋代壁畫墓》，《文物》一九六〇年第八期。
解希恭：《太原小井峪宋、明墓第一次發掘記》，《考古》一九六三年第五期。
代尊德：《太原小井峪宋墓第二次發掘記》，《考古》一九六三年第五期。
彭適凡：《江西分宜和永豐出土的宋俑》，《考古》一九六四年第二期。
薛翹：《南城清理北宋墓一座》，《文物工作資料》一九六五年第二期。
沈仲常等：《四川官渠埝唐、宋、明墓清理簡報》，《考古通訊》一九五六年第五期。
薛堯：《江西南城、清江和永修的宋墓》，《考古》一九六五年第一一期。
王洪濤：《泉州、南安發現宋代火葬墓》，《文物》一九七五年第三期。
李家和：《介紹江西出土的幾件宋代瓷器》，《文物》一九七六年第六期。
福建省博物館：《福州市北郊南宋墓清理簡報》，《文物》一九七七年第七期。
張南：《揚州發現北宋買地券》，《揚州師院學報》（社會科學版），一九八一年第三期。
楊文成：《四川廣元石刻宋墓清理簡報》，《文物》一九八二年第六期。
苏州博物館、江陰縣文化館：《江陰北宋「瑞昌縣君」孫四娘子墓》，《文物》，一九八二年第一二期。
梅紹裘：《九江市、樂安縣的兩座宋代紀年墓》，《江西歷史文物》一九八三年第二期。
楊後禮：《新建縣樵舍南宋墓》，《江西歷史文物》一九八三年第二期。
劉平、王黎明：《雙流縣發現北宋磚室墓》，《成都文物》一九八四年第一期。
劉長源：《漢中市北郊石馬坡南宋墓清理記》，《考古與文物》一九八四年第五期。
襄樊市博物館：《襄陽磨基山宋墓發掘簡報》，《江漢考古》一九八五年第三期。
殷崇浩：《北宋弓箭手屯田制度》，《河南大學學報》一九八六年一期。
蘭蔚：《武漢市青山宋墓清理簡報》，《江漢考古》一九八六年第四期。
劉禮純：《江西瑞昌縣李洋湖南宋墓》，《考古》一九八六年第一一期。
馮普仁：《無錫市錫惠橋北宋墓》，《考古》一九八六年第一二期。
廖奔：《廣元南宋墓雜劇、大曲石刻考》，《文物》一九八六年第一二期。
陳定榮：《江西吉水紀年宋墓出土文物》，《文物》一九八七年第二期。
程達理：《廣濟縣發現北宋時期地契》，《江漢考古》一九八七年第二期。
陳柏泉：《江西出土地券綜述》，《考古》一九八七年第三期。
黄炳煜：《江蘇泰州北宋墓出土器物》，《東南文化》一九八七年第三期。
方建國：《簡陽縣發現南宋紀年墓》，《四川文物》一九八七年第三期。
李子君：《邛崍縣發現一座北宋墓》，《成都文物》一九八七年第四期。

吴曉松：《英山縣茅竹灣宋墓發掘》，《江漢考古》，一九八八年第一期。

吴興漢：《安徽出土歷代買地券研究》，《文物研究》一九八八年第三期。

陳定榮：《江西南豐縣桑田宋墓》，《考古》一九八八年第四期。

張文崟：《南平大鳳店口宋墓》，《福建文博》一九八九年第一、二期合刊。

李裕群：《宋元買地券研究》，《文物季刊》一九八九年第二期。

李端陽：《湖北孝感大灣吉北宋墓》，《文物》一九八九年第五期。

黄頤壽：《江西清江出土的南宋青白瓷器》，《考古》一九八九年第七期。

王吉允：《吉安發現一座北宋紀年墓》，《考古》一九八九年第一〇期。

龍騰：《蒲江發現後蜀李才和北宋魏訓買地券》，《四川文物》一九九〇年第二期。

江雄：《邛峽縣南河鄉宋墓清理記》，《成都文物》一九九〇年第二期。

陳顯雙、敖天照：《四川廣漢縣雒城鎮宋墓清理簡報》，《考古一九九〇年第二期。

肖清薇：《容縣出土宋代陶質朱書買地券》，《廣西文物》一九九〇年第二期。

翁善良、羅偉先：《成都東郊北宋張確夫婦墓》，《文物》一九九〇年第三期。

倪任福：《餘江縣錦江紀年宋墓出土文物》，《江西文物》一九九〇年第三期。

陳定榮：《江西金溪宋孫大郎墓》，《文物》一九九〇年第九期。

于少先：《江西德安北宋墓》，《文物》一九九〇年第九期。

陳定榮：《南宋立鳥龍虎人物堆塑瓷瓶》，《文物》一九九〇年第九期。

劉禮純：《江西瑞昌發現南宋紀年墓》《考古》一九九一年第一期。

謝辰：《河南駐馬店市出土一塊宋代買地券》，《中原文物》一九九一年第二期。

劉曉祥：《江西九江縣發現兩座北宋墓》，《考古》一九九一年第一〇期。

滕引忠：《江西横峰縣大山坳宋墓》，《南方文物》一九九二年第一期。

李清淩：《試論北宋的弓箭手田制》，《西北師大學報》一九九二年一期。

于少先：《江西德安發現北宋皇祐五年墓》，《南方文物》一九九二年第三期。

劉禮純：《江西瑞昌縣發現七座宋代紀年墓》，《考古》一九九二年第四期。

莫洪貴：《仁壽縣古佛鄉宋墓清理簡報》，《四川文物》一九九二年第五期。

張文鋻：《福建南平店口宋墓》，《考古》一九九二年第五期。

陳厲清：《郫縣崇興鄉南宋墓》，《四川文物》一九九二年第六期。

洪剛：《湖北英山三座宋墓的發掘》，《考古》一九九三年第一期。

李小平：《新餘市渝水區發現南宋紀年墓》，《南方文物》一九九三年第一期。

周春香、何國良：《江西瑞昌白楊鎮宋墓》，《南方文物》一九九三年第四期。

王樂群：《樅陽發現北宋時期地券》，《文物研究》一九九四年第九期。

鄭偉：《五津鎮宋代磚室墓清理小記》，《成都文物》一九九五年第一期。

劉駿：《成都東郊北宋謝定夫婦墓清理簡報》，《成都文物》一九九五年第二期。

徐文仲：《兩岔宋墓群》，《文史天地》，一九九六年第二期。

龍騰：《蒲江北宋宋燧墓出土文物》，《四川文物》一九九六年第五期。

陳健鷹：《讀碑三題》，《閩臺民俗》創刊號，一九九七年。

南陽市文物研究所、鄧州市文化館：《河南省鄧州市北宋趙榮壁畫墓》，《中原文物》一九九七年第四期。

劉雨茂、黃曉楓《四川成都市西郊金魚村南宋磚室火葬墓》，《考古》一九九七年第一〇期。

刁山景：《安福發現宋代地券》，《南方文物》一九九八年第四期。

張建華：《河南新密市平陌宋代壁畫墓》，《文物》一九九八年第一二期。

襄樊市文物管理处：《湖北襄樊劉家埂唐宋墓葬清理簡報》，《江漢考古》一九九九年第二期。

成都市文物考古工作隊：《成都北郊甘油村發現北宋宣和六年墓》，《四川文物》一九九九年第三期。

岳釗林：《巴中「九天玄女地券」考》，《四川文物》一九九九年第五期。

謝明剛：《安縣南宋紀年墓清理記》，《四川文物》二〇〇〇年第六期。

張馳：《寧縣境内出土的買地券綜述》，《隴右文博》二〇〇一年第一期。

王方：《成都市南郊北宋趙德成墓清理簡報》，《四川文物》

二〇〇一年第三期。
鄭州市文物考古研究所、登封市文物局：《河南登封黑山溝宋代壁畫墓》，《文物》二〇〇一年第一〇期。
成都市龍泉驛區博物館：《成都市龍泉驛區出土的宋明石質買地券與鎮墓券》，《考古與文物》二〇〇二年《漢唐考古》增刊。
成都市文物考古研究所、龍泉驛區文管所：《成都市龍泉驛區南宋宋興仁夫婦墓清理簡報》，《考古與文物》二〇〇二年《漢唐考古》增刊。
曾清華：《井研縣北宋黄念四郎墓清理簡訊》，《四川文物》二〇〇二年第一期。
張合榮：《貴州古代墓葬出土的買地券》，《貴州文史叢刊》二〇〇二年第四期。
郝思德、王明忠：《海南瓊山美秋宋代積石墓》，《南方文物》二〇〇三年第一期。
王仲雄：《成都市二仙橋南宋墓發掘簡報》，《考古》二〇〇四年第五期。
汪煒：《安徽合肥出土的買地券述略》，《文物春秋》二〇〇五年第三期。
陳進國：《考古材料所記録的福建「買地券」習俗》，《民俗研究》二〇〇六年第一期。
魏天安：《宋代弓箭手營田制度的興衰》，《中國社會經濟史研究》二〇〇六年第一期。
王爲剛、潘耀：《泰州市北宋墓群清理》，《東南文化》二〇〇六年第五期。
李緒成：《四川成都北宋宋京夫婦墓》，《文物》二〇〇六年第一二期。
馮務建：《湖北鄂州汀祖南宋吕文顯墓發掘簡報》，《江漢考古》二〇〇八年第一期。
薛登：《成都龍泉出土部分買地券彙輯》，《成都文物》二〇〇八年第一期。
郎俊彦：《北京圖書館藏北宋「彭司空買地券」考釋——兼與韓森（Valerie Hansen）女士商榷》，《四川文物》二〇〇八年第二期。
程義、李鬱宏：《跋寶鷄政和七年〈馬翁墓誌〉》，《四川文物》二〇〇八年第三期。
代自明：《郫縣唐昌宋墓出土文物簡述》，《成都文物》二〇〇八年第三期。
劉志巖：《四川彭山正華村宋墓發掘取得重要收穫》，《四川文物》二〇〇八年第四期。
王平：《達州出土的四方買地券考略》，《四川文物》二〇〇九年第二期。
陳杏留：《「歿故」疏證：兼談〈漢語大詞典〉之不足》，《神州民俗》二〇〇九年第一期。

高文傑：《海南出土宋代買地券考》，《中原文物》二〇一一年第二期。

吴秉坤：《新發現的徽州買地券》，《黄山學院學報》二〇一一年第六期。

龔揚民：《四川彭州市北宋徐氏墓發掘簡報》，《考古》二〇一四年第四期。

王臻：《江西吉安南宋紀年墓》，《南方文物》二〇一四年第四期。

章紅梅：《〈成都市二仙橋南宋墓發掘簡報〉釋録校補》，《考古與文物》，二〇一五年第三期。

他維宏：《宋金對河州的經略——以買地券爲中心的考察》，《青海民族大學學報（社會科學版）》，二〇一六年第三期。

蔣曉春、員鑫：《西華師範大學博物館所藏墓券述論》，《西華師範大學學報（哲學社會科學版）》二〇一六年第五期。

張敏：《揚州四季金輝南唐墓和宋墓考古發掘簡報》，《江漢考古》二〇一七年第一期。